U0079556

蔡鍔將軍
未解之秘

軍韜
——著

THE UNSOLVED MYSTERY OF
GENERAL CAI E

網址

interstellar-agenda.com

此網站是在探討地球種種危機的根源，並提供挽救的方法。歸根究柢，地球種種的危機乃起因於人心的沈淪、人道的變質和人引的偏移。欲救人心、欲匡人道，必先從『陶鑄』人們的新魂魄，轉變人們的性格和氣質做起。

《蔡鍔將軍未解之秘》一書旨在發揚先賢先烈忠孝節義的精神，藉由向人們傳正、傳德、傳行、傳義、傳信、傳忠、傳勇、傳品、傳順、傳和、傳恕、傳祥、傳善、傳識、傳情、傳規、傳劃、傳責、傳守、傳精的過程，砥礪人們拓展視野、悛改劣習、導正思維，以共建共造地球文明新秩序。

蔡鍔將軍相關歷史照片

蔡鍔將軍就讀東京陸軍成城學校時照片

蔡鍔將軍就讀日本軍校時照片

1904年底蔡鍔將軍學成歸國時照片

1904年蔡鍔將軍任江西材官隊教練官照片（左一為蔡鍔將軍）

蔡鍔將軍任雲南省都督時照片

蔡鍔將軍懷抱長子蔡端照片

蔡鍔培練雲南新軍照片

蔡鍔將軍與夫人潘蕙英在日本就醫前合影

1915年蔡鍔將軍逃離北京潛回昆明時照片　　蔡鍔將軍任護國第一軍總司令時照片

蔡鍔將軍與兩位夫人在北京將軍府合照

蔡鍔將軍生前住所和遺物

2011/3/15 蔡鍔故居內蔡氏先祖牌位

2011/3/15 蔡鍔將軍湖南邵陽故居

2011/3/15 蔡鍔故居內廚房與臥室生活用品

2011/3/15 湖南洞口蔡鍔公館

蔡鍔公館內護國軍神銅像

護國戰爭時蔡鍔將軍所用望遠鏡

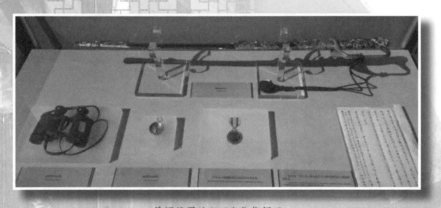

蔡鍔將軍的配刀九獅指揮刀

蔡鍔將軍遺墨與手稿

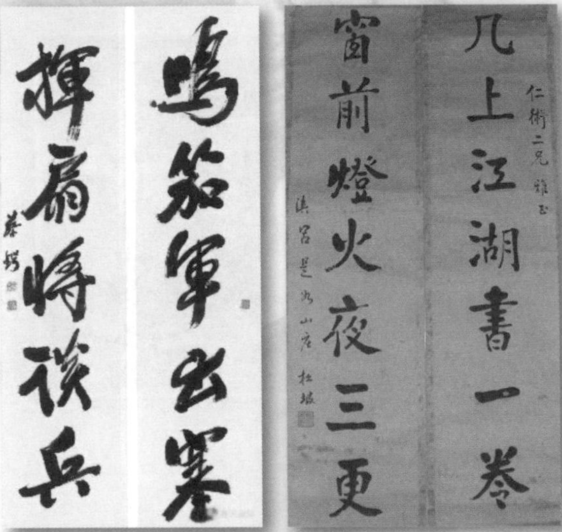

蔡鍔將軍書法對聯

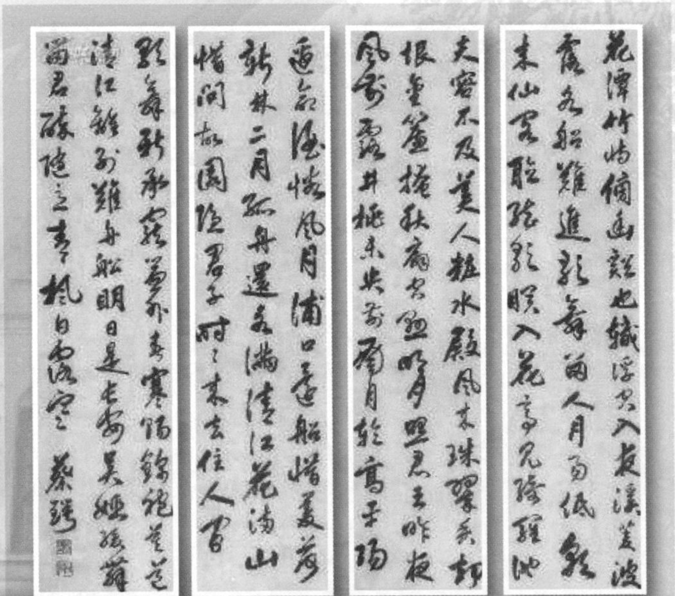

蔡鍔將軍行書書法

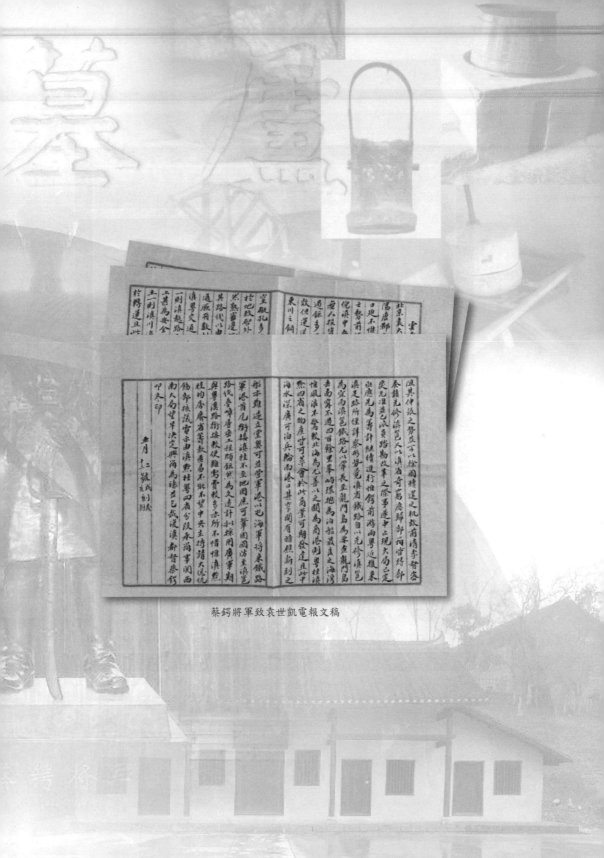

蔡鍔將軍致袁世凱電報文稿

2016 年 1 月 6 日畫於杭州南宋御街

護國岩銘

護國之要，惟鐵與血。精誠所至，金石爲裂。

嗟彼袁逆，炎隆耀赫。曾幾何時，光沉響絕。

天厭兇殘，人誅穢德。敘瀘之役，鬼泣神號。

出奇制勝，士勇兵驍。鏖戰匝月，逆鋒大撓。

河山永定，凱歌聲高。勒銘危石，以勵同胞。

蔡鍔將軍題

導讀

穿越時空一百年，與蔡鍔將軍有約

這本書，其實是記述一段奇特的因緣——清末民初蔡鍔將軍穿越百年時空，與我的心靈相遇，在精神上、工作上及生活上給予我的種種教導和指引。

不過，當你閱讀這本書的內容時，可能會認為這僅是一本描述近代烈士史蹟的書籍。然而，隨著品讀的深入，你將會在書中探索到各式各樣的生命課題，從而開闊視野、深化精神，啟發人生獨立思考的能力。

蔡鍔將軍多年來的教誨，就蘊藏在書裡的人物經歷中。若細心體會，將書中一個個人物的精神串連起來，你必會有意想不到的感受和收穫，而非僅僅是瀏覽一本枯燥的傳記。

當我初遇蔡鍔將軍時，他曾對我說過這一番話：

生命中總有太多始料不及，太多興衰起伏，烈士們如此，每個人的人生何嘗不是如此？穿梭在地球悠悠巨擘的時空中，不難發現，每個年代都有形成苦難的因子，以及所必須面對的艱辛和承受的挑戰，人類現今這個第三次工業革命時代也是如此。

人類以為的當今太平繁華之世，其實隱藏著種種巨大的危機。當某個地球系統因人類施壓過度的貪婪重力而產生失衡的危機時，其他系統的危機將會像骨牌效應一連串地爆發，瞬間破壞地球運轉的方程式，把人間捲入阿毗地獄！

眼前地球的各種危機正在快速成形，而人類轉變的步伐卻是如此緩慢！為了不使前人辛苦建立的各大洲文明毀於一旦，我必須穿越時空而來，竭盡

所能向人類說明人道所面臨的這場全球性緊急狀況，同時給予新的指導。只要人們肯耐心接受考驗和挑戰，鍛鑄人格，改變自我，居安思危，勇於跟時空漩渦斡旋，積極重建人道秩序，那麼必能順利遏止危機的發生。人類必也能如烈士們的生命那般芬芳莊嚴，在淬煉中昇華，在絕境中重生。

現在，就讓我來描述這本書出生的因緣吧。

民國 100 年 1 月 11 日晚間 8 時許，我的母親因癌末病逝於梧棲童綜合醫院。當初母親住院時，醫生檢查出她的癌細胞已經擴散至全身，屬於癌末中的最後階段，醫生說母親只剩下一個禮拜的壽命。

聽聞突如其來的噩耗，我陷入悲痛的低潮不已。那時天氣開始冷了，我的心也隨之涼了大半。雖然感到淒涼，但最終還是說服了自己，成為一名安靜的旁觀者，默默地陪伴母親。就在這時，母親的靈魂溫柔而輕聲的說話了，她說：

世上誰人不死？誰又能永生？任你風華絕代傾國傾城，百年後仍要化為一具慘寂骷髏。任你魁梧精悍七尺男兒，到頭還是要臥落土泥。

「死」，只需要一時的時間，而「生」，卻需要一世的勇氣和膽識。既然來到世上走一遭，就要好好把握、珍惜生命的價值，開創富有意義的人生。話雖如此，但是人活在世上，需要考慮的東西太多，需要背負的責任太大，很多人都是活在別人的眼裡，為他人的感受而活。直到要死了，才知道已是枉縱、虛度了一生，從沒有好好的為自己的精神和理想而活出自己！

看著我將死，你應該好好思考何謂生命的本質。當生命遭遇巨大的艱難時，一定要勇於面對生命的困境，以剛韌的意志力，不屈不撓堅定向前的態度，做一個生命鬥士，展現生命光輝的內涵。我的生命即將結束，我已圓滿此生，但你的生命能否充滿意義，需要你自己去創造生命的意義和價值。要

主動去選擇自己可以掌握的人生，真誠面對自己，歷練生活，修正錯誤，改變習氣，轉化狹隘，主動回應自己人生的選擇，並把人生的真、善、美推至生命的巔峰。

很多人把物質看得很重，認為擁有了優渥的物質條件，才叫幸福。但是這種幸福在肉體生命結束後，就會隨之灰飛煙滅。能讓人真正快樂的，並不是物慾的多寡，也不是名利的深淺，而是靈魂高貴的品質！

什麼是幸福？不是你擁有高貴樓房、每天吃香喝辣叫幸福，也不是你活得長壽、子孫滿堂叫幸福。幸福，是不論你人生的時空位置在哪？人生遭遇的功課是什麼？你都願意去承擔生命中所體會到的責任感和使命感，義無反顧向前行，去承擔應扛的責任，去履行應盡的任務，那才叫幸福！人，要懂得善用物質，來增加生命的美、真、善感，而不能淪為被物質掌控的工具。

即使，你必須經歷人生的別離愁傷，感受生命接踵而至的生老病死，又或是為了理想和目標，你必須面對可怕的磨難，忍受巨大的煎熬，但你依舊不改初心，不違背良心血性，繼續勇於向前，做那些有價值和有意義的事情。那麼，執行人生使命的那種覺受，將是無以言喻的清涼，那就是真正的幸福。

由於天生的「電磁能量感應體質」，從小到大，我的松果體、腦幹、眉心和耳朵經常會應感到許許多多的宇宙訊號，而且這些訊號是全面性的呈現在腦海中，並以弦波和電磁粒子群的組合方式，浮現出多維立體影像。由於這種特殊的經驗，使得我能與多維世界互通有無。

母親一席話，感人至深！的確，人要歷練如何掌握自己的人生，主動出擊，開創生命，而不要活在那種虛無飄渺的生命體驗中，日復一日，年復一年，直至生命無意識、無感地死去。

時光在母親臉上悠悠流過，經歷55天的病床光陰，她終於安詳離開人世。有時想想，人生果真如此戲劇性！前一秒，煩躁人間的塵絮倏然亂飛；後一

秒，混沌世界的噪音嘎然靜止。生命如此，人間亦如此。

　　或許，每個人的生命就如一顆顆的樹，每顆樹在春天時必然會迸出嫩芽，生機盎然；每棵樹也都會在秋風中搖落，甚至在寒冬裡枯萎。秋風吹落葉、寒雪壓枯枝本是生命必經的過程，我們無從選擇，這是常態，也是定數。然而，在不能延伸生命長度的情況下，我們卻能去拓展生命的寬度，讓生命中的每一天，從容自在而富有意義。希臘人曾經說過，「生命的意義是死亡賦予的」，告訴我們正是因為「死亡」，才讓我們格外珍惜生命。

　　為母親辦完喪事後，那時已接近農曆過年，一日，我的好友康德斯邀我陪他去大買家買些年貨。那時大買家擺出了許多象徵好彩頭的蘿蔔盆栽，我也順道買了一盆。回家後，我把盆栽擺放在陽台角落，讓它在煦煦陽光的照耀中自然生長。

　　翌日，我決定誦念梁皇寶懺，來清淨與安定這些日子以來的意識震盪粒子波。誦念梁皇寶懺時，我試著安住在上丹田重力密度球中，以清淨意識來持念。學習「自性持自性經」，經典句句字字不為功德而修，不為福報而懺。字字咒咒、音音頻頻，一切波動震盪只有感戴父母親無私的養育之恩，無私的奉獻。只有帶著母親來懺自心，來禮敬行星大地，感恩生生世世的輪迴，成就了她自己的物質經歷。

　　人的一生，總會經常犯錯，這是塑造生命密度必經的過程。當我們在孩提時代的時候，心智會因家庭教育和周遭環境被塑造成某種類型的心靈密度。長大進入學校就讀之後，課堂上老師會灌輸我們許多知識，但老師教授的知識之中難免隱含許多偏雜的見解，這些見解會再一次扭曲我們的心靈密度。接著進入大社會後，我們的心靈又因各種流風的熏習，又會被大環境塑造成另一種密度。就這樣，我們的一生，往往是以偏差的信息為參考數，並依之思考和做事，我們經常會有意無意的犯錯。

所謂修法、練功、持咒、誦經、禱告、念佛，或是新時代光能投射，都是作為一種凝聚意識、提振心靈波盪的目的，無量法門也只能作為提供體會生命經驗的工具。因此自己修持梁皇，不過是在參自心，參自我習氣，參生命航道。參了後，更要勉勵自己知行合一，以「行」去檢視、勘驗所知的事理、所解的答案，讓理想和願景付諸實現。

　　很多時候，我們的人生方向若不參，思想行為若不察，就很容易受殘留在大腦中的外來訊號波左右意志思維，然後做出無意識或渙散的行為。久而久之，這樣的「慣性思維模式」會在大腦中慢慢定型成一種意識神經電磁迴路，只回應社會上的某些訊號波，且越形固執和貪著，佛家稱之為「習氣」。很多習氣長期積累下來，會形成不良的壞習慣，也就是惡習劣氣。倘使人人都在流行如何積累壞習慣，讓慾望和貪婪無止盡的放大，那麼有朝一日，人類文明將被自己所積累的無窮慾望質量所壓垮。一面誦持著梁皇，一面從梁皇傳來了這些訊息。

　　在誦念梁皇寶懺的過程中，一日無意間，在百度新聞上看到辛亥百年（民國 100 年）的紀念專輯。烈士們用自己的鮮血構築了守衛家園的長城，這是何等感人肺腑的故事，一幕幕催人淚下的畫面，在我心中久久無法抹滅！

　　我想，既然梁皇寶懺稱為「護國梁皇」，所要表達的就是大無畏的大覺精神，而清末民初的這些先烈們，所展現的救國情懷，所踐履的革命道路，不就是大醒大悟、大孝大忠、大義大勇的精神志節嗎？他們每個人、每個生命，不也是一部部的「護國梁皇寶懺史」嗎？這部歷史，源於他們觀見了政治人物的昏庸無能之錯，百姓爭黎無從醒覺之迷，民族發展方向之偏，故而挺身而出，走向他們認為應該荷擔起救民大業。

　　看著他們一個個的故事，我震撼不已！於是深深地向他們的精神和願行鞠躬、再鞠躬！爾後，每次練功時，也願以此微薄之力，透過誦念的光頻、

聲波力道，把電磁粒子聚集成巨人的能量團，投射（迴向）給近代烈士們。

幾天後，在一次修法中，我又看見了辛亥革命和護國戰爭當時的情景。孫中山、蔡鍔、李烈鈞及無數的烈士們，為了創造共和自由之地，領軍帶將衝鋒陷陣，浴血奮戰。多少烈士前仆後繼，後繼前仆，拋頭顱，灑熱血，一點一滴的凝聚成巨大堅固的「忠義密度球體」，並不斷向外擴張，重力波消融、弭平了邪惡勢力的暗能量——那些是一直殘留在地球上，由許多嗜權野心家所凝聚而成的暗物質能量。

看完這一幕幕的歷史布幕，我長嘆不已，也對蔡鍔將軍留下了極深刻的印象！畢竟，以前教科書鮮少提及這位「再造共和大將軍」，所提到的幾乎都是出身於國民黨的烈士，對於這些無黨派將領的介紹，簡直少的可憐。

當晚睡夢中，在星光世界裡，我繼續以多維腦體觀看著蔡鍔將軍的人生經歷。突然，蔡鍔將軍出聲了，他說：

生而為人，誰無習氣？誰不會犯錯？誰又沒有恐懼害怕之時？即使這些出生入死的將士們和烈士們，在戰場上也有飽嚐恐懼折磨之時。但他們明瞭，恐懼是一種心理作用，因此他們會運用心理法則，化恐懼為「無畏無懼」之心，讓心中的正氣綻現，使人格昇華，置生死於度外，從而踏出堅定無悔的步伐，拯民於水深火熱，救國於危亡之秋！這是何等的人生信念！何等的英勇！所謂不懼生，何懼死！

現代人每一天的生活模式其實也是源自自己的心理作用，自己的心態。但現代人與烈士不同的是，現代人做任何一件事時，是以能擁有什麼個人利益為心理，他們需要強大的利益來支撐他們活著。所以，他們活著，他們有生命熱度，必須在這個爾虞我詐的大社會中擁有更多、更高的利益。

當他們的人生要走向死亡時，他們的心理多半是恐懼、後悔心理。他們恐懼看不到另一半、兒女，恐懼財產還沒做好規劃，恐懼再也看不到平日的

朋友，恐懼將要離開這個世界了！於是，任何一件他們在世時候的人或事，都會勾起他們強烈回憶，即使明明得離去了，他們依然執著著、後悔著，不願脫離肉軀，不想離開人世，整個身、心、魂充斥著無邊的恐懼！

人們常說，「新的時代」終於要來了，這個行星的意識正在轉化、正在轉移！但我想問問朋友們，憑何有這種見解？這種意識的轉化內涵和轉移方向，對你們是好的嗎？你們的身和心真的已經充分提升，足以轉移至另一個密度時空了嗎？這是需要你們再三檢視的問題！「轉變之路」難免陣痛，執行過程充滿艱辛，往往也會遍佈失落和痛苦，這是一名想要獲得身心成長的人所必須建立起的正知見。有時候，「苦的體會」甘美芬芳，「樂的快感」卻令人昏沈易忘，但世人卻誤以為「樂的密度中」並不包含苦，這其實是現代人對靈性的極度渴求中，最容易掉進去的陷阱。

現在的世界非常流行一種「吸引力法則」，認為只要善於運用思想、情感的吸引和投射法則，就能把所要的標的物吸引過來為己用。這樣的法則看似正面光明，實則蘊藏著極大的誤謬。

世上成功的人士，他們為何可以成功？因為他們不怕磨練，不怕辛苦，不怕逆境，不怕挫折，更不怕失敗。他們明瞭：

1、磨練：是自我價值的肯定和設定。

2、辛苦：是積存面對挫折的能力，以準備隨時應戰。

3、失敗：是獲取經驗，藉以通往成功的最快路徑。

4、逆境：是危險的盡頭，機會的開端。

但是大多數學習吸引力法則之人，他們厭惡奮鬥、辛苦、逆境和失敗。他們覺得：

1、磨練：是痛苦和受難，不適合這個物質優渥的高科技時代。

2、辛苦：是錯誤的人生觀，只要充滿愛、喜悅、感恩，就可吸引一切。

3、失敗：是不允許的，因為失敗是羞辱、是輸家。

4、逆境：是老天不公平，把好運、好事給了別人，卻苛薄我。

　　學習吸引力法則的人，是在學習理論，是在看知識，缺乏在逆境和辛苦中實戰的經驗。每當遇到挫折，他們不是迎戰，而是回到辦公室和房間，繼續拼命投射正面的能量。以為只要運用能量技巧，就可以幫助自己接收好運好事，完全忽略了耐力、經驗、執行力的重要性。若只是成天想著如何把財富、好事、輕鬆、安逸、簡便吸引過來，卻缺乏磨練和歷練，沒有心力和心量，吸引的向量標的縱使順勢而來，也將在日後粉粹自己。再說，這樣的人心安逸思維，當國際局勢瞬間變天時，平時沒有做好萬全準備的國民，如何對抗外來勢力的侵略？

　　成功人士是讓自己成為一塊磁石，透過實戰所獲得的經驗參數散發出同頻波，自然能與該數值的標的物產生共鳴迴圈和共振，這便是吸引力法則。烈士也是如此，他們具有強大的信念和實戰經驗，綻放出一種忠孝節義的氣質，能令人心所嚮往，氣血沸騰。

　　你們每個人都有自己的人格特質和氣質，那是建立在良心血性上的一種氣場，一股磁力，它擁有自然驅動力，能驅策你們開創正向積極、富有價值意義的人生。然而，這世間有太多的誘惑拉力，拉走了你們身而為人的精神和本質，你們覺得自己活得愈來愈不值得，迷茫不知所措，最後乾脆依附形形色色的團體尋求慰藉，成為「可能被人利用」的信徒，為人傳教、播種思想。而有關國家民族未來、地球安危的大奉獻思想卻無人問津，這何其的偏頗？

　　因為人們的本質已經被外在形式拉走了，所以現代世界很需要一種具有正念正思惟、正定正行的烈士！這些烈士具有良心血性，能看清人心和事物的本質。這些烈士也具有智慧心機，不會爛慈悲，被人愚弄詐騙還牽著鼻子走。這些烈士更具有組織力、執行力和團結力，能進退自如、知行合一，為

家為國為世界。

當你們在執行許多任務時，可能會因經歷不足而犯下過錯，這是正常的現象。就拿我們清末民初的烈士們來說，由於我們都是平常人，在執行許多重要計畫時也會因判斷錯誤而鑄下大錯！然而，我們犯錯時，我們願意去糾正錯誤，直至找出錯誤原因，改正、熟練掌握新技巧為止。我們深刻明瞭，「過錯」是生命必須積累的經驗，過錯，提供我們找出問題的癥結點，從而重新組織新的力量，突破眼前的困難。

過錯，提供了我們轉變自己、蛻變重生的機會。但今天有些人犯了過錯後，卻是急著掩飾自己的過錯，深怕丟臉沒面子，最後索性將錯就錯，讓過錯越滾越大，掩蓋了生命最初該有的航行方向，甚至沉淪於不復之地。也有些人，犯了過錯後，無法原諒自己的行為，只能日日沉緬於宗教的救贖，試圖減輕心理的負擔。還有一些人，十分清楚自己的過錯是源於不良的壞習慣所致，但卻因缺乏革新劣習的意志力，在人生戰場上屢戰屢敗，最後只好選擇放棄原有的堅持。

我擔心的是，人們一直放縱、姑息錯誤，導致人性歪曲，自由民主濫用。人們以為，再大的浩劫，只要眼睛一閉，明天太陽升起時，自然會平安渡過！上至各國政府，下至平民百姓，大家都是抱持僥倖心態，得過且過，都在等待別人出頭來做利益群眾的事。

人道重力、地球方程式，就在人們的錯誤中逐漸偏離了主運軌、主程式、主秩序，接著走向一發不可收拾的境地！「自由」已成口頭禪，人們誤把自由與安逸劃上等號，以為自由就是不辛苦、不麻煩、不艱難。以為自由就是講求權益，不可侵犯。於是，自由成了迫害、侵略、壓榨、歧視、屠戮，甚至戰爭的代名詞！西方國家如此濫用，而被思想訊號波入侵大腦的東方人，也起而效尤，以西方文明為優越代表，遺棄自己民族的優良傳統。

這個世界正在被那些貪婪的野心家導向毀滅的方向，但由於人們的正念不足、容易被洗腦、分化，因此很難阻擋惡勢力的不斷滲透和擴大。我們那個時代所面臨的是國破民死的危亡考驗，你們這個時代所面臨的卻是地球即將進入「沙漠化時代」的考驗。一旦地球真的進入了荒漠時期，食物、能源、資源、土地爭奪戰將快速爆發，席捲全球，浩劫也將遠比我們那個時代的還慘重！

所以，我們在百年辛亥時期相見，是一段奇遇，更是為了要延續先賢先烈的「品格紮根工作」。讓人們的人格、思維、心態、體魄、人生觀和精神都獲得新的陶冶，鑄就新的身心密度，如此才有可能因應人道接踵而至的混亂危機。

每天整理完蔡鍔將軍的「訊息」後，我會用心體會和做筆記，然後繼續誦持梁皇寶懺。大年初八，數部梁皇已全誦畢。向午時分，我推開房間陽台窗戶，好讓新鮮空氣和陽光照射進來。窗戶推開時，我突然瞥見陽台角落的大蘿蔔上結了許多的蛹，靠近仔細一看，原來當時買盆栽的時候，沒有細察蘿蔔上面有蟲繭。沒想到幾天後，蛹居然破繭成蝶，這些小毛蟲通過痛苦的掙扎和不懈地努力後，終於化為白蝶，在陽台上成群翩翩飛舞，形成一幅生動燦爛的畫面，令我感動不已！

這時我恍然大悟，原來，這就是母親生前說要送我的禮物：「蛹破繭成蝶的蛻變過程」！

蛹蛻變了，至於你自己的蛻變過程是什麼？你自己要用心去體會，在人生的每個關卡中用心去體會。

當天晚上，我回想起白天蝶群飛舞在陽台上的畫面，竟是如此感動！接著靈光乍現，我想，蔡鍔將軍立下救國救民的願行後，「更名立志、棄文習武」，造下轟轟烈烈的史蹟，其一生不就是「蛻變的印證」？

於是，為了尋訪蔡鍔將軍蛻變的足跡，我決定跨出我的步伐，背起行囊，毅然踏上尋訪先賢先烈足跡的神州旅程！

重走長征路，與蔡鍔將軍相約在萬古長青岳麓山

2011 年 3 月初，當油菜花開的暮春時節，我覓得了一個黃金機會，悄然展開了尋訪蔡鍔將軍足跡的旅程。

春雨綿綿，淋淋瀝瀝，落英紛紛，這樣的情景正好襯托著去憑弔一代護國軍神的心境——長沙西郊岳麓山上蔡公松坡墓。

岳麓山是南岳衡山 72 峰之一，地處湘江西岸，總面積 31 平方公里，包括麓山、天馬山、桃花嶺、石佳嶺四個景區及新民學會、南津城土城頭兩個景點。山中古樹環抱，深澗幽谷，奇石盤道，雄秀兼備。相傳南嶽七十二峰，回雁為首，岳麓為足，故名岳麓。 自古有無數的文人墨客、達官顯要到這裡遊賞，從而留下眾多的歷史故事和文化古蹟。

向午時分，沿著岳麓山路迤迤而行，山林中散發出一陣陣清香，微風從岳麓山巔撫吹下來，風裡嗅得到這座千古流芳忠義山的氣息。這座山上有許多位護國救民的英雄長眠在此，因此走著走著，漸漸放輕了踏著的步履，就深怕自己踩重了會驚動這些烈士們的英靈。

山路盡頭是愛晚亭，愛晚亭旁清風徐徐，流雲飄過山頂沒去了身影，但見亭上杜牧詩文不朽。繼續往上，越過階階梯梯，很快就抵達了麓山寺。過了麓山寺，再過白鶴泉不遠，置身在古楓翠柏中，一座高高的利劍一樣的碑石映入眼簾，正面刻著「蔡公松坡之墓」，終於抵達了蔡鍔將軍長眠之處。

蔡鍔墓三面環山，一面臨水，幾顆數百年的楓香樹圍繞，見證了歲月的

滄桑，時代的變遷。墓由花崗岩砌成，基座寬闊，尖頂碑塔高6米，繞以石欄，24塊石板上刻有當時各省軍政界人士的悼念詩文與題字。而與此不相符的是，有的石板上，竟刻著「到此一遊」的字跡。

靜靜肅立在蔡鍔將軍墓前，遙想當年將軍開國，馳騁縱橫，濺血滿袖，捨生忘死的情操，不禁令人動容。突然旁邊一位遊客告訴我：有人說，這樣的群山擁拱之姿，墓地排列之法，乃為頌聲載道，護國軍魂蔡鍔將軍帶領四方群雄發起救國救民、守護神州大地的革命運動。

公墓廣場前，是一堵垂直的峭壁，站立其上，當山風嗚咽吹來，你便會聽見一首無言的生命讚歌和大自然融為一體，持久而激動。蔡鍔將軍曾寫過《登岳麓山》詩：

蒼蒼雲樹直參天，萬水千山拜眼前。
環顧中原誰是主，從容騎馬上峰巔。

汪洋恣肆，毫氣縱橫，而今，這位戎馬一生的革命者，從容地在岳麓峰巔長眠了。然而，他醒著的靈魂可能還在悠看白雲蒼駒，還在感慨中華民族至今依然破碎的命運。

拜訪完蔡公松坡墓後，繼續謁見岳麓山上其他忠烈墓塚，只是一路參拜下來，許多烈士的墓碑文字已經模糊難辨，即使撥開雜草努力細看，依然無法查證是誰的墓塚？只徒留一聲空嘆！

岳麓山是一座文化底蘊悠長、厚重的奇山，它的厚重源於一個英烈群體。其中的每一位，在歷史上都曾經顯赫一時，聲名遠播，他們用生命之光寫就一部叫做「近代英烈傳」的大書。

這部大書是由激壯的墓銘、靜穆的墓塚及感懷的輓聯作成轟烈的封面，再由蔡鍔將軍、黃興、蔣翊武、劉道一、禹之謨、焦達峰、陳作新、陳天華、

姚宏業，以及許許多多未具名的墓塚烈士們，用血淚撰著內文。他們密密麻麻、星羅棋佈分佈在這座千年風雨、百年興衰的忠義山上，耐心地等著後人不遠千里而來來翻閱。

沒有人能夠解釋，為何這群生前遍佈於大江南北、五湖四海的烈士們，死後要魂聚岳麓山上？或許他們本就有志一同，生時攜手共赴時艱，死後當然也要相約共葬在此。借此方地靈和地氣，讓他們的精、氣、神如眼前奔騰北去的湘江水，激進、翻滾、不息，化為一種堅毅的信念和行力，穿越時空，嫁接、浸潤在現代人的 DNA 裡，激勵他們毅然前行，繼續為建設華夏文明而努力，也繼續救國救民救地球未竟的志業！

來到這座山的每一據點，仿佛就翻開了歷史的某一頁。只在開合的一瞬間，眼前便是砲聲隆隆、硝煙彌漫。盪氣迴腸的近代革命，讓全中國人壯懷激烈、血脈噴張。

然而，暢遊岳麓山的旅客絡繹不絕，但是真願停下腳步，用心去體會烈士精神的，卻少之又少。如織的旅客似乎只願在這秀麗的山上安享盛世的成果與祥和，在繁榮熱鬧的景象中逃避現實的種種壓力。所以，歷代這些人物的墓塚，少有人問津，只能任憑歲月的雜草掩埋愈來愈蒼白的記憶，直至消逝在時光的長廊中。

現代歌舞昇平中，長眠於此的烈士們，當年為崇高理想拋頭顱，灑熱血。而在享受著他們當年之夢的後人，卻捨不得在此駐足省思，取而代之，是嘻笑玩樂，任憑小孩在墓塚上攀爬，這是何其的諷刺？這些大概是選擇自己的靈與肉煉獄在血與火的交鋒中的先烈們始料未及的。然而，這些遊客卻沒有細心去想，在這喧鬧踏青的背後，其實還有別的寶貴東西……。

有人踏青郊遊旨在走馬看花，隨意瀏覽。但對我而言，走訪這些點，是為了尋找他們的節和氣，編輯一冊冊的先賢先烈傳，傳承他們的精與魂，讓

一首首的民族止氣歌長留人們心中，深層紮根，化為人們思想密度中的一種思維力量。

這趟旅行，讓我感到莫大的悸動，它開闊了我的視野，堅韌了我的性格，豐富了我的人生觀。那些在旅程上隨見一切的人事和景物都讓我的熱血在澎湃激盪，讓我的心靈震撼不已。我決定把這趟時光旅程詮釋為重新打開那扇任務之窗，為的是，在我記憶深處，曾有一扇為了我的生命旅程而開啟的門扉，在生命的許多歷練之處永恆不朽，摺摺發光。

站在岳麓山頂，凝望遠方，山風從耳邊呼嘯而過，是蔡鍔將軍想說話了嗎？他要說什麼？

夢中與蔡鍔將軍再次相遇，瞥見地球未來景象

走遍岳麓山上的一些主要景點，回到酒店已是向晚時分。走進酒店庭院，突然三兩隻斑斕的蝴蝶不經意地撲了過來。習習涼風吹撫而過，蝴蝶漸飛漸遠，在金色夕照下，他飛翔，他美麗，他自由。蝴蝶，那芬芳的氣息，不就如蔡鍔將軍那短暫而輝煌燦爛的一生嗎？他的光芒雖如流星般的短促，卻照亮了凡人黯淡的心靈。

返回房間後，我搬了張椅子坐在陽台上，凝望湖湘大地，只見夕照染紅了湘江。百舸爭游，湘水北流而去，此時別有一種逝者如斯的心境。

夜晚睡前，望著皎潔明月，我思索著，蔡鍔將軍是一個人品和事功均為一流的人物，只可惜，天不假年，他在盛年時期就已離世，給世人留下了莫大遺憾！想著想著，逐漸沈沈睡去。睡夢中，突然又回到了白天岳麓山蔡鍔墓旁，只見蔡鍔將軍佇立墓前，說道：

生命本來就是無常而短暫的，稍縱即逝。因為死亡，才讓人懂得生命；因為死亡，才讓人學會珍惜。但死亡只是肉體生命的結束，而非精神的滅亡，靈魂仍舊在這個時空或其他地方延續著不朽的生命力。因此，雖然生命短暫，人們卻可以通過不懈的努力去創造生命無限的價值，讓生命穿越時空，綻成永恆。

　　很多人以為，生命既然短暫，就該讓有限的生命煥發光彩，因此不如好好抓緊時間吃喝玩樂，盡情享受生活。這是時下很多及時行樂主義者的人生觀，他們感受不到生命的價值為何物？也不懂人為何要珍惜「青年時光」？為何要樹立崇高理想，加強自身修養，增強自身能力？這些人在享樂潮流的滲透和影響下，已逐漸變成一個麻木不仁的族群！

　　當玩樂潮流肆虐的時間超過數十年後，人們將對潛伏在四周的各種危機變得愈來愈沒有警覺性，直至被危機所引發的浩劫所吞噬殆盡！這非假設之詞，而是人間目前的現況。試想，一個漠不關心眼前危機的族群，如何能主持人間大局？所以說，「人心思想的偏移」是地球目前最大的危機！

　　蔡鍔將軍接著說：

　　你知道一個國家本身的內涵和存在價值是什麼嗎？那就是文明傳承。

　　文明傳承來自對歷史的重視！歷史本身沒有所謂的遺忘或捨棄，因為無論人們選擇記住還是遺忘，歷史都在那裏！是那段歷史、那段奮鬥史，形成現在的人類歷史！

　　歷史是最好的教科書，它總是默默教導著、警惕著人們。可當人們選擇漠視，歷史不再發揮出應有的作用時，它就會要求人類不斷的重複上演，直至人心猛然醒悟，注意到它所要表達的訊息。

　　不要以為歷史重複上演，只是一個笑話奇談！要知道，歷史的演進，總

是以一種偶然和必然的形式，交替出現。歷史是人類種族的本錢，是進入全球時代或星際紀元與「他人」交往所依據的本錢，它蘊含著人類ＤＮＡ模型的塑造過程，也編寫著人類的精神發展秩序。沒有它，誰又能知道人類這支種族存在於宇宙間的演進過程？

但是，總有人選擇性的遺忘歷史，甚至認為銘記它的人太過落伍、老土！還有人為了個人私慾，試圖肢解歷史人物，詆毀先賢先烈的精神以達篡改歷史的目的。然而，歷史就是歷史，被篡改的，終有一日，要在高科技的ＤＮＡ圖板中被還原。一個不懂歷史的人沒有根，一個淡忘歷史的民族沒有魂，一個背離歷史的國家更是沒有精神。歷史沒有對錯，但它終究是滋養你們靈魂的沃土。

借鏡近代歷史，人們可以省思幾個問題：

第一點：落後就要挨打

別以為，宗教上講的神愛或慈悲，可以拿到國際局勢上來談！懦弱就得被欺侮，落後就會被消滅！一個國家、一個民族，不能把命運寄托在他人、他國身上，要想免於被欺凌，只有壯大，發展自己的優勢，實踐精兵政策，成為一個在武力、政治和經濟上都強大的強國。

第二點：穩固民族的精神源頭才能使社會永續發展

一個國家的人民要具備旺盛的生命力，才能使社會蓬勃發展。同樣地，一個國家人民的靈魂要擁有豐富的精神教誨，才能使人民的精神發展富有神聖的價值意義。國難當前，乃至地球危機當前，唯有重新組織古聖先賢的教誨，去糟糠，留精華，穩固民族的精神力，才能使民族的發展方向在精神和物質層面上達到平衡發展。

第三點：訓練高昂的戰鬥意志，阻止邪惡侵犯

很多人說：「痛恨戰爭，並不能帶來和平。唯有愛好和平，才能帶來和平。」此話沒錯，但是愛好和平，並不能阻擋別人的侵犯，因此，愛好和平的同時，還要強兵強國，才能有效遏止邪惡勢力的進犯。要強兵強國，每個人必須奮發圖強，砥礪志節，讓民族徹底覺醒，訓練出高昂的戰鬥意志，強兵理想才有可能實現。同時，強兵系統才能掌握精良先進武器，在國際上取得優勢，才會有國家的富強，民族的獨立。

蔡鍔將軍接著說：

這個世界必須處於正／負（陰／陽）極性平衡的運作中，才能生生不息。既然有沉淪的痛苦，就該有揚升的自如。然而，目前這個世界卻是負能量、負物質過於熾盛，幾乎佔滿了地球行星所有的空間。試問，處在這種失衡機制中的人們和大地眾生，怎能擁有和諧的生活空間？接著，我想跟大家談談地球目前所遭遇的幾個重要危機，而這些危機也是人類的考驗。

地球每隔一段時間，磁場就會進行一次大規模的調整。20 世紀初期和中期，第一次、第二次世界大戰奪走了全球近 1 億 2000 萬條生命，造成地球行星前所未有的傷痕和破壞。

繼 20 世紀的巨大浩劫後，地球運軌行至了 21 世紀，人類科技文明的鼎盛達到有史以來的最高峰。然而，由於人心無窮的貪慾和掠奪習性，為了追求物質生活的享受而不斷剝削環境和大地眾生，破壞了所有物種賴以為生的大自然結構，使得地球行星的各個系統深陷困境，瀕臨崩潰邊緣，人類再次面臨生死存亡的巨大考驗！

目前人類所面臨的幾個重大考驗：

一、核武戰爭所引發的毀滅性威脅

1991 年冷戰結束時，芝加哥「末日時鐘」的分針被撥回到午夜前 17 分鐘，

象徵核戰爆發的時間已迫在眉睫。在核子武器日新月異的劇進之下，21世紀中晚期，全球就會出現可將地球球體炸碎的可怕武器。

為何全球如此懼怕核戰的威脅？無庸贅述，大規模的核戰一旦爆發，人類所面臨的將是毀滅性的災難！由於核爆會產生可怕的「終極破壞力」，除了會奪走數以億計的生命之外，倖存者也將因放射性有害物質的污染，造成細胞病變而飽受疾病折磨。尤有甚者，大量輻射過後，地質壞死，物能不存，倖存者還得面臨長達數十年至百年的飢荒。

還有，大規模的核戰爭，也將對全球氣候和生態環境產生極其重大的影響。臭氧層的破壞、致命的霜凍、大氣結構的改變，都會對生態環境帶來嚴重衝擊，導致地球不再適合物種居住。現代美國國防部曾就核戰進行過多次模擬和演練，他們呼籲，一旦全球性的核戰爆發，美國境內約莫有80%的人口將「瞬間死亡」，其他國家的人民也將因戰爭形勢的不斷擴張而被捲入其中，成為無辜的犧牲者。

核戰爆發的可能性絕非聳人聽聞！冷戰結束後，國際局勢的發展暗潮洶湧、詭譎多變，倘使人們能預先覺察出潛伏在四周各種不同型態的危機，從而去改變根深蒂固的想法和觀念，凝聚彼此的精神力，那麼多一分預防，必能少一分危害，更能阻止浩劫的發生。

二、各式各樣的嚴重性污染所帶來的生存威脅

「製造毒物」和「排放毒素」已成為現代人日常生活中不可或缺的習慣——如同喝水一般自然。

當今，地球上大多數的毒素都非來自大自然，而是人類自身所製造。人們不但製造化學物質，還利用化學物質製造電池、塑膠、人工樹脂、尼龍及其他人造纖維物品。除此之外，人們還利用「苯」來製造橡膠、潤滑油、染劑、洗滌劑、農藥、藥物及殺蟲劑。

人們享受物慾的同時，卻忽略了這些製品需要耗費千年才有可能被地球所分解，它們已嚴重影響地球的生存。人們享受大自然所提供的「永久免費服務」之餘，不但不肯奉獻半點心力來照顧她，取而代之，卻是任意踐踏糟蹋，導致地球已是奄奄一息。

除了這些污染毒素，人們還生成了各種各樣的有毒物質，從大氣污染、水污染、土壤污染、固體廢棄物污染、生化污染、放射性污染、重金屬污染、毒素污染、噪音污染、光污染到能量污染等，全球近70億的人口天天都在排放劇毒給地球行星！然而，令人擔憂的是，並非每一樣劇毒，地球都可以將之轉化、再造，成為自己可用的質能和物能。

隨著污染範圍的持續擴大，地球母親罹患了一種名為「各個系統失控」的不治絕症！她的溫度調節系統、海水循環系統、水質過濾系統、地層能源運轉系統、大氣品質流速系統、重力運軌系統等，正在一步步瀕臨失控，因此，地球隨時都有可能在太空中殞歿！

人們明明有能力保護地球，讓她免受巨大的破壞，成為所有生物的安全家園。但由於人們缺乏良知良能，沒有崇高而光輝的品德和人格，卻只是不斷尋找各種貌似合理的藉口來為自己開脫，因而時至今日，即便滅絕危機已悄然降臨，人們依然故我，選擇對危機視而不見。

三、氣候變異所造成的潛伏危機

近數十年來，人類科技突飛猛進，由於工業進程的加快使得全球氣溫發生了急遽的變化，「全球暖化」所帶來的直接影響就是極地冰川的融化。海水變膨脹後使得全球水平面開始上升，海平面不斷上升後，地球球體的質量將因不平均的分佈而促使重力勢能發生改變，間接造成氣候的大變遷，使自然環境和生態系統遭到徹底破壞。

地球表面雖然有71%的面積被水覆蓋，但是97%為無法飲用的海水，只

剩不到 3% 可使用的淡水。在這 3% 中，其中又有 2% 封存於極地冰川之中，而僅有的 1% 淡水中，25% 為工業用水，70% 為農業用水，只剩下極少部分可供飲用和其它生活用途。極地冰川融化後，人類將因一系列嚴重的缺水問題而大量滅絕。

全球變暖後，生物鏈發生巨大變動，許多物種也將被無情捲入滅絕的危機當中。而肥沃土地也將因沙漠化和乾涸化，導致無法耕種農作物，加上世界人口的不斷增多，糧食產量暴跌的結果，國際危機立馬出現。許多國家的人們除了被活活餓死之外，為了搶奪土地和糧食，土地爭奪戰的發生勢必在所難免。

四、致命傳染病（瘟疫）的大流行所帶來的滅絕

傳染病是一種經由一個人或其他物種，透過各種途徑傳染給另一個人或物種的感染病。生化武器（生物武器和化學武器）則是一種以細菌、病毒、毒素作為媒介，使人或其他物種被感染或攻擊致死的武器。

全球氣候轉變後，許多病毒和細菌也因此而變得活躍，加上交通的便利性，人們可以搭乘各種交通工具至世界各地，導致感染不同傳染病的風險漸增，也使得傳染病更容易在世界各地擴散，造成流行。

人類免疫不全病毒即是罹患愛滋病的元兇，這種病毒已是全球大流行的疾病之一。其他如 SARS 病毒、H1N1、H7N9、H5N1、新型冠狀病毒等，也都是在人間流行甚久的傳染病。然而，日後這些病毒一旦蛻變為「超級新病毒」，對人類所帶來的巨大傷害將不堪設想。

這是人類目前所遭遇的四大毀滅性危機。除了這些危機之外，尚有會耗盡天然資源及帶來終極污染的奈米科技危機；以細菌、病毒、毒素為材料所製成的大規模毀滅性生化武器；還有，為了貪享研發樂趣，不問嚴重後果的基因人、合成生物實驗等等。

隨著各個系統的坍塌，地球在不遠的未來，就會進入食物、能源、物資短缺的窘境中。土地死化、污染、傳染病、缺食、缺水、缺氧、經濟蕭條等問題將陸續接踵而至！生活環境惡劣，各國必然駛往太陽系尋求新的資源，藉以維繫母國的生存和發展！然而，競相掠奪的情況下，必然爆發大規模的衝突！因此，糧食、資源爭奪戰，乃至未來的太陽系能源爭奪戰都有可能成為下一次世界大戰的爆發點。

　　然而，就在危機一波波席捲而來時，人們依然心存僥倖心態，認為災難不會降臨在我頭上，因此日復一日，對地球保護革命家所發出的警告和呼籲依舊視而不見，充耳不聞。就這樣，一場日益加深的空前浩劫，即將在不遠的未來，以排山倒海之勢鋪天蓋地湧向全球，徹底將人類的文明吞歿！

　　在人類面臨地球各個系統崩潰的衝擊之時，應當反思的是──要如何著手進行一系列的拯救措施，才能真正解決目前的各項危機。但可惜的是，各國這些號稱高知識的政府人員，在展開防治措施時，注重的卻是如何提升人民的智育，而非德、智、群育三者的均衡推廣。要知道，現代人的知識非常高深，但卻缺乏正確的思想行為，這是功利潮流所致。

　　看看現今的世道，功利主義昌盛，社會趨於現實，渾厚純樸之風盡失！隨著腐敗流風的盛行，世人貪婪無度，只重個人利益，不問國家利害，民心澆漓，人倫乖離，不正、不公、不忠、不孝、不仁、不義等惡行處處顯現。君臣二心、父子相殘、兄弟姊妹爭訟、朋友互害、公務員濫用職權、商人見利忘義、律法欺壓善民，世道淪喪可見斑斑。

　　再看看當今政黨，各黨為了尋求自身利益，不能相互謀國，只知日日惡鬥攻訐，置百姓疾苦於不顧，更陷地球於萬丈深淵。這些視政治為騙術的政客，沒有擔當，缺乏節操廉恥，更無道德正義，為了選舉愚民做秀，只會分化人心，搞對立鬥爭！這些人，掌握著國家發展和生殺大權，卻不務正業，

他們正是社會亂象的主要根源。但可悲的是，不少民眾的心智發展尚不成熟，甘願接受這些政客的洗腦，成為他們分化人心、為禍社會的馬前卒，不斷把世道、把世界推向更沉淪腐化的深淵。

要對治這些棘手的難題，其實是要從「恢復人心的本質和良知」下手做起！而近代先烈的革命志業，適足以作為喚起人之良心血性的道德教育！因為發揚先烈精神可以喚醒人們的愛國心，愛國心原是一種高維（崇高）品質的表現。它具有大我的思維，崇高的情感，它能凝聚一個行星居民的向心力和團結力！它由古老的宇宙一脈傳承而下，延續著如何維護眾生慧命，推動地球文明進化的神聖使命！而你們許多人都曾是推動此計畫的偉大生靈。

這些先烈在民族革命過程中，為了民族解放而英勇獻身。他們在面臨生死存亡的關鍵時刻，表現出那種捨生忘死、為國捐軀的大無畏精神，是整治地球各個系統所需要的心靈元素。

如今地球已走到「人類必須決定要不要拯救她」的關鍵點上了，但由於人們早已過慣了舒適的生活，日日聲光幻影，沒有任何刺激，大家必然穩坐泰山，任憑有志者一再鼓吹警告，依然充耳不聞。「改變人心」才是這個新的時代中最難的一件事，而非不斷強塞給人們高深的智識。智識再高，人格有所偏差，智識所研發的產品只會淪為禍害人群的工具。有了正確的人格，所發展的智識才能使地球運轉及太陽環運行的方程式趨於平衡和諧。

編寫忠烈英魂書籍，架設地球高善經緯電磁柵

在蔡鍔將軍的引導下，暨蔡鍔公墓後，我還走過時務學堂舊址，在遺跡中感受當年意氣風發的學堂師生們，如何批尖銳甲，作國家先聲。也到過洞

口「蔡鍔公館」，撫摸正在修補中的危樓。在凜冽的寒風中，我默然佇立在蔡鍔將軍大銅像前，默想著當中國歷史的列車駛出封建王朝的終點站，將要倒退或走向岔道的時候，一代軍神如何力挽狂瀾，處險不驚，氣貫虹兮力拔山兮，將列車引向了通向共和的光明之路！

後來也去了邵陽「蔡鍔故居」，在幽清、寂靜的無人農村中，感受著如何從這簡樸平房中走出一位拔山扛鼎級的人物。正當故居下起綿綿春雨時，倏聞雷聲隆隆擂鼓撼天地！這聲響雷，使我精神陡漲，氣勁倍增，於是，我向故居蔡鍔將軍的照片一鞠躬後，就大步朝響雷的方向走去……！我發誓，即如自己目前的修為非常粗淺，能力微薄，也要向蔡鍔將軍的精神看齊，努力推動先賢先烈的人格教育，讓人們架設起「知行合一」的肉體密度，為人道和地球危難獻上一份心力。

後來我還走訪過許多革命陣地和烈士足跡，比如雲南護國軍基地、護國戰場、歐洲第一次世界大戰戰場、集中營、對日抗戰遺跡，以及孫中山、蔣介石、毛澤東、李烈鈞、譚嗣同、周恩來、鄧小平、黃興、秋瑾、宋教仁、張振武、孫武、蔣翊武及許多未具名烈士駐足過的地方。也參拜過許多古聖先賢足跡，如三皇五帝、五嶽、四大聖山、各省遺跡……。

在採訪先烈遺跡的過程中，我冒著時而風雨交加、時而和風冉冉、時而電閃雷鳴、時而陽光明媚、時而瑞雪紛飛、時而雲霧披身的種種天氣，在一條條淺淺深深、深深淺淺的曲巷中，來來回回、進進出出、日復一日、年復一年地探索著，只為能將他們的精神彙集成冊，介紹給廣大的朋友們。

不過由於自己的資質魯鈍，因此在採訪、彙整這些資料時，我必然會去拜訪當地的一些歷史學者，請其給予知識上的協助。

經歷數年的採訪，我歸納出一個非常重大的心得，即近代烈士們普遍具有幾個共同的人格特質：他們有遠大的志向、崇高的人格、堅貞的操守，他

們對國家、民族和世界的無私奉獻，全都是良心血性使然，全都出於自願！

　　他們每一個人、每一種見解、每一段事蹟，都隱藏著端正人心的方法與拯救世界的方針，足以作為我們修養身心、鍛鍊性格的標竿。而當我們的心志、思維、性格和行為有所轉變時，我們也才能從當下個人的座標行起，以自己的「真實轉變」起到幫助社會和國家的作用。畢竟，若自己的心性不改變，那麼縱然看了再多「有關提升心靈或拯救地球方面的書籍」，依然只能活在美好訊息的安慰話語和假象中，想要幫助地球則成空談。

　　我不斷地走，不斷地收集，數載人們ＤＮＡ思想的收集，終得知「人心混亂、道德淪喪、是非錯亂、價值觀念混淆」的原因，是因為人們不再注重「人格和品行教育」的養成所致。隨著時代和環境的變遷，人們的價值觀也發生了巨大的動搖，「手機、網路、娛樂」人格的養成快速橫遍全球，成為人們心智活動的核心。享樂主義盛行、極端利己主義膨脹，隨處可見人們因「自由放縱」所造成的破壞！

　　這種人格，是建基在「個人主義」的享受上，也就是一切以個人為中心，一切從個人需要出發。為了達成個人的需求和願景，人類不惜凌駕於萬物之上，不准萬物與自己並駕齊驅。人們踐踏萬物的同時，也把侵略、破壞、傷害的戰爭行為帶入了人道世界。逐漸地，人類不再抱持良能良知，也不再崇尚無形的人格力和精神力，人們帶給這個世界的只有無止盡的破壞。

　　隨著人類對世界的肆意破壞，大自然的衰亡也導致了人類文明的衰落和轉移。尤有甚者，整個人類世界將在大自然的崩解中毀於一旦。

　　由上述種種可知，若要改變人心的淪喪、世道的偏頗，則人類唯有齊心協力，再次落實「品格教育」的推動，才有機會轉化眼前的危機，讓已然崩毀的精神文明再次重建起來！然而，所謂的「本質恢復工程」，卻是人類世界中最為艱難的一道工程！於是，為了讓世人暸解先烈精髓，讓道德提昇不

流於空談，於是我決然展開「忠烈英魂」書籍的編寫工作，把蔡鍔將軍多年來的教誨融入近代歷史中，成為一部教化、訓練人心的書籍。

這本書，正是我在神州尋訪先烈們的足跡時，配合蔡鍔將軍的教誨，所編寫的一本愛國主義書籍。它是以蔡鍔將軍所親身經歷的歷史事件及其時空背景為主軸，以其崇偉的「人格情操」和「愛國精神」作為貫穿全書的主線，並循序漸進向讀者烘托出作為一名剛正堅貞的愛國將領，如何屢破險關，征戰沙場，以拯救民主，再造共和！

與此同時，本書也提及了許多英勇烈士「拯救民族危難，力挽狂瀾」的事蹟，他們在龐大繁複的歷史舞台上，英勇奉獻出他們的生命和愛，才使民族的命脈得以綿延不斷，地球正善的元素得以永存人間。他們的精神，為近代地球史鋪成了一篇篇鐵骨錚錚、可歌可泣的詩篇，他們是我們後輩永遠的表率！

蔡鍔，原名艮寅，字松坡，湖南武岡州（今邵陽縣洞口鎮）人士，是中國近代史上一位具有愛國主義思想的民主革命家、軍事家和政治家。他學貫中西，博學多才，在政治體制、憲政研究、軍事思想教育和詩詞楹聯等諸多方面均有建樹。

他所處的時代正是清王朝處於風雨飄搖的時代，列強用槍砲轟開了中國古老的大門，接連發動大規模的侵略戰爭，使中國幾被瓜分殆盡。在此危殆情勢下，許多愛國志士紛紛挺身而出，探索「救國救民」之路，蔡鍔將軍便是其中的一位。

在他一步步走向一名愛國軍人的歷程中，他經歷了許多次的打擊和挫折。然而，打擊和挫折並沒有將他擊倒，相反地，其氣愈挫愈勇，其志愈激愈堅，經過幾番的磨練和考驗，終於成為一名堂堂正正的軍人，為近代中國闖出了一條光明坦途。

本書主要敘述蔡鍔將軍人生的五大經歷：

一、投筆從戎、寄身鋒刃的心路轉變過程。

二、在廣西總理兵備處事務時，如何背起創練「新式強軍」的神聖使命，
　　並致力使廣西成為「全國軍事之樞紐」，以提升現代化國防的實力。

三、領導辛亥革命重九起義，光復雲南，在 29 歲時被推舉為雲南都督。

四、勵精圖治，保國衛民，組織「援川軍」、「援黔軍」和「西藏遠征軍」，
　　實踐其戡定內亂、抵禦外侮的愛國精神。

五、1915 年，袁世凱利令智昏，竊國恣為申令帝制，蔡鍔將軍如何發動
　　討袁護國戰爭，歷盡千辛萬苦，挽救民國，再造共和！

　　作為一位民主革命家，「愛國主義精神」正是貫穿蔡鍔將軍一生的軸線。
他無比地忠心愛國，將自己的生命都投入到民主共和的鬥爭中。「拯救國難」
是他行動的指南，行為的準則，也是推動他不斷前進的強大精神動力！

　　他在堅決反對列強侵略的同時，更是不遺餘力積極學習借鑒近代西方政
治文明的成果，以此結合清末內憂外患情勢，形成一套獨特的軍事救國理論！
他再以這套軍事理論體系和作戰模型，積極投身革命運動，爭取民族獨立，
努力建設心目中的共和強國！

　　他的一生始終浸沁著追求民主共和的赤誠熱愛，他的人格光輝磊落，堅
守高尚道德情操，誓死維護共和國體。在護國戰爭中，他抱病參戰，指揮處
於劣勢的護國軍對抗北洋軍隊，由於他有堅定不移的志向、臨危不懼的精神，
及為國為民戰鬥到底誓死不屈的英雄氣概，終於擊垮了袁世凱，實現他維護
民主共和的願力！他的一生不愧為愛國的一生、為國的一生、報國的一生及
救國的一生。

　　蔡鍔將軍病逝後，他的愛國之情、報國之志、護國之勇和作戰技巧激勵
了千千萬萬的中國人民，後來國軍在八年對日抗戰中，更引用他的軍事戰略

來抵禦日軍的侵犯。蔡鍔將軍的人生經歷是他留給中華民族的精神遺產，其中「如何陶鑄人格，進而發揮確切而堅定的愛國思想行為」，更是我輩應當遵循和努力的目標。

我們現在身處的年代是一個局勢詭譎多變、戰爭蓄勢待發的年代。但由於我們早已過慣了安逸的日子，致使精神意識渙散，絲毫未察覺到潛藏於四周的危機。因此，我們更需要大力疾呼「愛國主義思想」的重要性！

中華民族精神作為一種先進的文化，對人們具有產生潛移默化和深遠持久的影響。而愛國主義精神，是組成中華民族精神當中不可或缺的重要部分。這種精神，使中華民族歷經無數艱辛坎坷，終於獲得民族共和。雖然，眼前的大中華局勢依舊令先賢先烈不甚滿意！但是若要實現民族復興願景，對抗美帝主義所佈下的全球侵略網，突破經濟封鎖和政治壓制，那就必須堅持發揚愛國主義精神！堅持先烈們對國家的那種赤誠忠心。

所以這本書是在喚醒世人對國際局勢的重視，莫忘了歷史的軌跡是由上一時代不斷地走向現代。忘記了過去的歷史教訓，或刻意扭曲歷史真相，以私心換得自我權力的擴張，滿足自我的名利慾望，那麼這樣的國家政治環境，最後必然遭致可怕的滅亡！

發揚義士、烈士們的戰鬥精神，也是為了讓我們現代人在面對各種社會亂象時，能升起戰鬥的意志和能力，為自己而戰鬥，護衛自己的身體—心智—靈性，不被世間各種各樣偏頗的資訊所侵略。為心中的真理而戰鬥，為社會、民族、國家，乃至地球行星而戰鬥！

蔡鍔將軍有良心血性，有崇高的人格，能為心中所執持的真理而戰鬥！然而，我們的內在也有這樣一份堅定的信仰，只是我們總不經意的讓它進入了無意識的休眠狀態！我們只相信物質至上、精神虛幻，我們寧可追逐慾望，沉湎於安逸。為了貪圖榮華富貴，擁有豐沃的物質條件，我們不惜出賣人格，

縮小視野。

我們認為自己是萬物之靈，是天地間的主宰者，萬物皆歸我們所有，山林河海都是我們的後花園。為了霸佔地球以享有萬物，我們更不斷利用高科技來摧毀、侵略他人他物，於是地球長年兵燹不斷，甚至即將全數敗亡！

我們不再仰賴道德，不再自律，卻只有無止盡的貪念慾望！我們跟著大眾一起掠奪大自然，破壞地球，甚至人與人之間的信任也已蕩然無存，剩下的只有無窮的壓榨、欺騙和迫害！這種要不得的思想行為，其實都是人類養尊處優後所培育出來的「唯我獨尊」思想！

然而，人類聰明反被聰明誤。要知道，不論是社會、國家還是地球，都是一個不可分割的生命共同體。人類毀了社會，換來的便是經濟的蕭條，民生的拮据；人類不愛祖國，只知相互爭鬥，換來的便是遭致他國無情的侵略，導致國破家亡！人類缺乏良能良知，沒有人格，換來的也是地球的崩解！

高山是地球的脊梁，現在脊梁逐漸坍塌了；地幔是她的臟器，現在臟腑開始腐爛了；雨林、森林是她的心肺，現在心肺開始衰弱了；地表是她的肌肉，現在肌肉開始乾涸了；海洋是她全身的液體，現在海洋開始變質了；溪流是她的血管，現在血管開始阻塞了；草原是她的皮膚，現在皮膚開始潰爛了；大氣是她的體溫，現在體溫開始升高了。

覆巢之下，焉有完卵？皮之不存，毛將焉附？倘若地球崩解，人類與萬物豈能續存？大地不存，人類「創造宇宙繼起之生命」的精神傳承又有何意義？人類的人格如果不能重新陶鑄，貪婪之性如果不能轉變，人心不能大忠大義、大孝大悌，不能愛國愛民族、愛大地萬物，那麼最終人類或將因彼此爭戰不休而導致全數滅絕。或也有可能亡於大自然的反撲！

有鑑於此，我們更要知曉「品格養成教育」的重要性！因為一個具備良好品德和操守的人，他必然不會刻意破壞人間的和諧，當然也不會處心積慮

破壞大自然的平衡發展，更不會置人類和無數生物於毀滅一途！這樣的人必然具有深切的愛民族、愛國家、愛世界的情操！

蔡鍔將軍心願：
建造地球要塞，守護人心，防禦外敵

革命，是革命家經歷了所謂的慘革運動所發起的一種獨特的思想。革命，必須慘改過往惡習，轉變不可能的任務為可能的任務，這樣就是革命家的精神了。然而，所謂的改革之道，最難付諸實行的卻是自我習氣的轉變！因為我們總是對自己的習氣視而不見，看見的都是他人的缺點和習氣。我們每個人都只能稱得上是理論革命家，一旦遇到事情時，不滿、怨懟、批評、爭鬥心就會一股腦兒全部浮現出來，阻礙了生命格局的發展。

蔡鍔將軍留學日本時著有《軍國民篇》一文，內容旨在向人民介紹如何陶鑄國魂，強健武魄和體能，實踐軍國民主義，藉以抵禦列強瓜分中國的危機。

「軍國民主義」是一種相當高明的手段！他認為，要喚醒沉睡已久的中華民族之國民和國魂，非陶鑄剛毅、強健、旺盛、團結的國魂無以達到這個目的！

從這一點我們就能感受到，蔡鍔將軍的政治、軍事及國防思想對於國家和人民的重要，至今仍未過時。想想，如今台海兩岸周邊國際環境的險象環生與惡雲密佈，不能不讓世人與國民更加懷想蔡鍔將軍其人的雄才偉略。因為唯有遵循他的教誨，歷經性格的修煉、魂魄的鍛鑄及精神力的陶冶，生命才能展現它應有的韌性、深度和強度，處理事情的心力和能力也會變得鞏固

而壯大。

在川南瀘洲尋訪護國戰場時，當天晚上，蔡鍔將軍再次前來夢中，告訴我一些訊息，他說：

之前我說過，世界各國正面臨著能源供應不足、經濟體制轉軌、社會結構變化等問題。人們的思想意識、價值取向、道德觀念正呈現出多元多樣多變的變盪趨勢。在這種大環境下，社會的各個層面樂於安逸享受、疏於熱忱奉獻的現象將會愈來愈深，而願意不拘泥於宗派、黨派，挺身而出關懷人道和地球的人將變得愈來愈少。

同時，隨著人們對人道主義的誤解，法律鬆散，成了倡導邪惡的間接幫兇。人們為了保護自己，挺身而出的正知正見活動也將愈來愈稀少，剩下的是帶有利益、偽裝、功德的大型活動。這是人道的巨大危機，也是地球運轉方程式崩盤前的前兆。

為何說人心密度偏移的軌道非常巨大？我們看看現在的年輕人，他們要承受哪些因世道價值觀念的偏移所產生的壓力？做父母親和長輩的認為，現在是一個物質至上的時代，年輕人就是要求取好的學歷、功名、地位，才能在社會上出人頭地。年輕人要是沒房、沒車、沒存款，就會被說是沒出息、沒能耐的表現。

作為年輕人，沒錢會被他人視為無能，沒權會被他人視為無用，沒名沒地位也會被他人視為沒出息。縱然年輕人心存遠大志向和崇高精神，想要去做有意義的事，但世人瞧不起他們的沈重眼光，壓得他們抬不起頭來，最後只能「面對現實，放棄理想」，過著與世同流合污的日子！

為了生活，年輕人早已被金錢、地位、名聲等物質慾望打磨得黯淡無光，成了一具名符其實「應付日子」的軀殼。為了爬得更高，利慾薰心，在愛慕虛榮心理的作祟下，年輕人離本性愈來愈遠，在事業上不斷相互利用和猜疑，

於是他們在所謂設定的人生目標中，埋下了冷漠、自私、殘忍、無情、猜忌和利用等元素，在地球土壤上不斷滋長、深根，終至淹沒這一代、下一代、下下一代的人類，這叫做「人道重力」運行上的偏移！

偏移什麼？偏移了人類身心整合發展的主運軌，一個真誠的、信義的、樸實的、善意的、中正的、果敢的、堅忍的、熱情的、穩定的、和諧的、富有人性的、富有價值和意義的，能夠讓人感受到人性的真、善、美、愛、喜的軌道。

由此可知，當你們不斷探討著人的本性為何喪失了？人的本質跑到哪裡去了？其實，是被你們當代錯誤的慾望價值觀所埋葬了！當長輩的在罵年輕人愛慕虛榮、價值觀念偏差、個性懶散、好逸惡勞、只知玩樂時，可曾想過，是什麼原因造成他們人格的異常？你們中生代是否反思過你們做父母親的錯在哪裡？

地球若要有希望，那就要想方設法來拯救、協助這些年輕人們，透過百年教育的長期作戰，逐步調整你們因個人主義膨脹所發展成的現代社會功利模型，慢慢拉回你們年輕人的人道重力，回歸正常的生活軌道。否則，人道的沉淪只會愈演愈烈。你們不去正視問題的嚴重性，卻只是天天積極的去參與各種各樣的法會活動，想要仰靠神明的力量來「迴向」給這些無路可走的年輕人。試問，迴向了再多，或是學了再高深的宇宙高靈訊息，對人道整體的偏移密度調整能起到任何幫助嗎？這個答案必須由你們自行去收集和勘驗！

透過你與世人溝通至此，世人應可明瞭，所謂的危機問題，都是源自於人心思想的偏移。要拯救地球，唯有從「人心教化」興起！然而，「人心的轉變」是一個相當複雜的過程，無法一蹴而就。百年教育，無法立即看到成果。但即使轉變的過程十分緩慢，面對一個終須解決的大問題（人心密度偏

移的問題），眼前不去面對和解決，讓問題一直積累，只會如滾雪球般愈滾愈大，終至無法收場！最後，地球文明只能再次被你們狠心放棄。

就比如目前存在於地球各個系統中的有害污染，國際組織和各國政府若沒有破釜沈舟的決心，誓死要打贏這場環境保衛戰，而是始終以政治利益做出考量，互推皮球，對危機處理一再拖延。那麼未來十年後，當地球進入食物、能源、物資短缺的窘境中，土地死化、污染、傳染病、缺食、缺水、缺氧、經濟蕭條等問題必然陸續接踵而至！

人們面對眼前的困境，倍感無力，認為只能將希望寄託於科學家身上。但是科學界真正投入宇宙生存學研究的機構少之又少，很多研究路線和方向仍是以為人類研發更為安逸舒適、慵懶簡便的生活為目的。人們又想到了火星改造計畫，移民至火星居住，以解決地球因氣候暖化和土地沙漠化而不適合人類居住的難題，可是火星改造計畫的速度根本趕不上地球各個系統崩塌的速度！所以，與其抱著僥倖心理，拿人類全體性命來與火星計劃賭，不如好好整頓人心，從人的現實根本問題去進行救治。如此，才是追根究底之法。

有鑒於當前人道重力的軌道已經偏移，且大有愈演愈烈之勢，因此如何結集人心，共同推動人道本質的恢復工作，就成了當務之急！為了這項工程，我希望能透過你們這些有志之士，來建造地球行星「星際防衛要塞（堡壘）」，以作為陶冶人們人格、鑄造身心強健體魄、發展防衛軍事力量的一處中心！

我們可以把「地球星際防衛要塞」看成是設置在地球平台上的軍事防衛措施，一種精神結構堡壘。它是由人們的正、中、性、品、忠、義、勇、信、恕、德、儀、和、能、量、角、度、衡、規、矩、圓、平等高善元素所架構而成，這些元素都是地球要塞的建材。它能使人心集結起來，精誠團結以因應地球種種的變化。

星際防衛要塞目前的工程在於喚醒人們的良心血性與良知良能，樹立人

們「知行合一」的人生密度，好讓人們自發性的主動去關懷民族國家，去關懷地球的一切變化。否則，凡事處於被動，沒有自主性的覺察力和行動力，沒有憂患意識，那麼再多的知識宣導，再多的軍事結集，地球文明日後依然要被人心所毀滅。

在要塞中，人人未必是軍人，但人人都懂得如何透過提升自己，來成為一種人格武器，保護家園，防衛地球，而不再被坊間目前各種黑暗勢力所釋放的狂歡玩樂訊號波所滲透，成為心、物不平衡的種族。這就是地球星際防衛要塞建造的目的。

你們無須訝異，星際防衛要塞的出現是地球未來必然會走入的一個里程碑，這是一個高度進化的行星文明所要進展的大和諧目標！

當你們越團結一致，以「知行合一」作為你們的利器，以高善元素作為你們的精神糧食，你們所建造起來的星際要塞就會越形鞏固。就如先前所說，未來的戰爭形式將演變成能源瓜分爭奪戰，太陽系戰爭或星際戰爭是遲早之事！我在此不是要說服人們去相信什麼，或是去期待戰爭！而是要人們以自己的智慧去觀照、覺察我所說的，細心去分析當前的國際局勢發展，並進行勘驗。

軍人的本質是忠貞愛國，人人皆有之，人人還擁有中庸和諧的思想和人格，這在地球日後將起到的重要力量！因為地球未來所進入的星際防衛戰當中，防衛自己的行星居民是最重要的！但現代人的性格過於委靡柔弱，禁不起挫折和考驗，若遇到大戰來時，只能淪為他人刀俎下的魚肉！

雖然這是整個大環境的轉變所致，把現代人灌養成嬌生慣養的一群，但這不能成為放縱自己的藉口。有心要轉變自我的人們，在這種惡劣的環境下，更要堅持磨練自己，以成就大我大業。

要走這條路，除了要克服心中的恐懼，還要有不畏艱難的毅力和決心！

人的許多困難，原本不是那麼艱難，雖然困難是有，但由於自己的心理障礙，把困難提升了好幾層，加深了好幾倍，造成自己深信不疑地以為永遠也無法跨越這條溝渠！

所以，修煉無畏力、意志力和精神力無比重要！因為，願意發揮堅定的意志力時，困難的阻力會被降低，以致能按部就班度過。這是為何我要強調修煉的重要性了！

今日，你走過我曾經走過的足跡，我沒有什麼能給你，只有一番鼓勵和祝福！

上述這些話，是蔡鍔將軍給我們的鼓勵和啟發。

發揚蔡鍔精神 —— 無畏無懼，知行合一

行筆至此，千言萬語傾訴不盡。最後，想與諸君分享的是，我所體會到「蔡鍔精神」。什麼是蔡鍔精神的核心？蔡鍔將軍曾經在夢中向我提及，他的精神內涵就是「知行合一」！理解了人間的苦難之後，要能真切行動，以艱苦奮戰、不屈不撓、果勇拼搏、敢於犧牲的大無畏心力，完成使命，這就是他所教導的精神內涵。

護國戰爭前夕，他曾發出擲地有聲的誓言——如果勝利則功成身退，不爭個人名譽地位；如果失敗則獻身祖國，絕不亡命！從這番誓詞中顯示出了立國者的風範和胸襟。他發動護國戰爭，為的是替四萬萬國民爭人格，而不是為一己圖私利。他的人格和精神也讓我們看見了他的心態和操守。

這些年來，蔡鍔將軍的諄諄教導一直使我受益良多，使我在做人處事上變得更加成熟，性格也較以往更堅毅積極。所以，「蔡鍔精神」實際是一種

能改變惡習的力量，而這種知識教導在這本書裡隨時都可以輕易找尋到。然而，知識是死的，它不能找到智慧與真理，因為智慧和真理只能靠由自己親身去體驗。蔡鍔將軍的教導是工具和方法，自己必須發出轉變的心力，並據以行動，如此才有可能獲得身心的提升，與星際防衛要塞在某種層面上共振，否則就只是在閱讀一本歷史傳記書而已。

人生最難得的，是自始至終對初衷的堅持。毋論逆境怎麼考驗，前途怎麼多變？永不放棄自己的天命。努力實踐，以求完成，這是最難能可貴的堅持！烈士們革命的精神，想必就是「堅持初衷、貫徹到底、永不妥協和放棄的決心」！

古有云：「有志者不在年高，無志者空長百歲。」蔡鍔將軍的一生雖然短暫，但其崇高的人格卻永遠為世人所懷念！其實，在人類精神文明發展史的長河中，一個人即使長命百歲，也僅是短短一瞬。唯一能獲得永恒的，是他／她在人民心中留下了多少值得效尤和留念的東西。記得 2000 年開始，坊間突然竄起談論生活品質的書籍，然而，究竟什麼是好的生活品質？遙想這些先賢先烈們的事蹟，或許你會真正領悟到些什麼。

人不可能永生，但精神可以因昇華而化蝶，長傳大地。蔡鍔將軍為人民謀，為國家計，為天下憂，即使匆匆走過，人民就有理由記住他，就該記住他！

本書是一場穿越近代時空的旅程的書籍，乃是基於對近代革命史的梳理和探索而生的。你可以將此書視為一扇門窗，透過這扇窗你會目睹清末民初那個時空背景所呈現的故事，你的心靈也可能會連結至新的一番風貌，你當下的機緣將一望無際地展開。

我們期許，這本書能為先賢先烈的精神張幟（能為地球的心靈革命張幟），作為「塑形人心」的一本「行動工具書」，這是走訪各個烈士據點，

規劃忠義經緯，拉引剛正磁力線，佈下整體防護電磁柵的目的！

同時也希冀這本書能重新凝結您的心靈意識，為您找到重塑思想人格和陶鑄武魂氣魄的方法。也由衷希望這本書能喚醒人們的良心血性，讓所謂的「人心亂象」和「地球危機」現出一道曙光！讓大家養成一股自覺、自省、自愛、自動、自發、自治的自律意識，起心起行皆以正念為出發，發展出一套愛人愛己愛萬物的「物我一體」生命觀。如此，便是不辜負先烈們的犧牲奉獻！

在此由衷的盼望，從現在起，每個人能為自己的生命負責，去轉變生活當中許多偏頗的思想和行為，並為眼前已然喪失的愛國主義發聲，為眼前岌岌可危的地球發聲！也為全體人類的福祉和未來發生！這即是編寫這本書的因由！謝謝各位！

2014 年 6 月寫於杭州解放路

目 次

第一章

出身貧寒，少年苦學鬥志高

　　在孩子幼年時，就要開始鑄造他們的心智，讓他們從日常生活培養勤奮、負責與刻苦耐勞的精神，以養成他們具有正直、光明磊落、寬廣的人格與氣概，懂得時時反省自己的行為。

　　孩子在陶鑄心智的過程中，也要時時教育他們，人生不能沒有憂患意識，一定要具有自我督促的功夫，如果心智從小就易於怠惰、渙散或安逸，缺乏憂患意識，那麼長到後就很容易禁不起挫折與困難的磨練而身心潰散。

第一節 斑寅嘯威，蔡艮寅出世

革命是推動社會前進的歷史火車頭

近代中國百年風雲突變，硝煙四起，無時無刻不發生動亂。先有清末混亂的局勢，帝國主義列強蜂擁入侵；接著民國軍閥混戰，兵連禍結；繼而日本犯華，山河染血；緊接著國共內戰，國本動搖。整個神州大地就在槍林彈雨中，鬼哭神號，瘡痍滿目。

中國近代史的幕布雖然是泣血摧膺，然而，它卻是一部錚錚鐵骨、鑲嵌著四方豪杰奮起尋求救國救民道路的英雄史。正所謂「滄海橫流，方顯出英雄本色；國難當頭，更見證民族品格」。在那個大時代的背景下，戰爭固然給人民帶來了深重災難，卻也造就了一批挽狂瀾於即倒的人物，他們前仆後繼，在歷史舞臺上縱橫馳騁，為民族、為國家瀝肝瀝膽，無私奉獻，終至開創了中國近代史上最輝煌的畫卷，也譜出氣勢磅礡、蔚為大觀的豪闊史蹟。

在近代民族運動整體的歷程中，「辛亥革命」和「護國運動」正是災難深重的中華民族由黑暗駛向光明的曲折航程中，承前啟後的關鍵渡口。這兩場革命運動所代表的意義是中華文明歷史前進和倒退的分水嶺。

我們可以把辛亥革命看成是前期的革命活動，護國戰爭則是後期的革命運動。在這兩場革命運動裡，國父孫中山先生與蔡鍔將軍代表的正是中國從帝制時代走向民主共和的區隔線。一者「開創民國」；一者「再造共和」。而偉大的先總統蔣公領導群雄，北伐東征和對日戰爭，則是讓共和的果實牢牢地縈根於神州土地上，並保存、延續了中華文明歷朝歷代傳承至今的優良精神命脈。

國父、蔡鍔將軍和先總統蔣公所領導的救國運動，脈絡分明地顯現了炎黃印記的重要性，而這份印記即是代代流傳於人民心中的龍族精神！

當然，除了這幾位代表性的人物之外，尚有無數的烈士們也在革命運動中扮演著承先啟後、繼往開來的角色。他們同赴時艱，共紓國難，當「革命火車頭」一出發，他們隨之在各省各地紛紛崛起，沿著革命路線的軌跡，浴血奮戰，直至生命的最後一刻！

　　他們站在時代前列，為追求民族獨立和民主自由而陸續向反動勢力宣戰。作為堅定的愛國主義者，他們有崇高的人格，堅確的信念，他們的愛國意志愈激愈堅，愈挫愈奮，愈戰愈勇，從未有過畏懼和退縮。

　　他們在一次次起義失敗的經驗中不斷汲取新的思想和凝聚新的力量，他們不停修正前進的方向和奮戰的目標。為了民族、為了適應歷史發展的趨勢，他們不斷犧牲奉獻，與時俱進。正因為有了這樣一大批的革命先驅和仁人志士，近代中國才得以絕地逢生，開拓一番新氣象。而正因為他們的人格與精神，也才得以讓淹沒已久的華夏精神文明維度得以再次綻放！

　　當革命風雷炸響，老舊帝國轉瞬即被推翻，然而，所謂的「革命」，卻是要經過多少次、多少年的實踐，不斷地探索其方向和道路，積累經驗和教訓，才能輾轉功成，為人類開創出精神進化的新扉頁！

　　這些奮起救劫的英豪，幾乎都是平凡出身，他們有理想，有抱負，有崇高的人格，他們都是鑄就地球新文明的貢獻者。在這些人物當中，我們要與各位介紹一位扛山拔鼎級的人物，他就是蔡鍔將軍！

　　蔡鍔將軍，是中國近代史上一位具有愛國主義思想的民主革命家、軍事家和政治家。其一生戎馬倥傯，因憂於民族危亡而銳意流血救國，寄身鋒刃，傳奇一生譜寫了中國近代史上理想而絢麗的一幕。

　　他學貫中西，博學多才，在政治體制、憲政研究、軍事思想教育和詩詞楹聯等諸多方面均有建樹。本書是以其崇偉的「道德情操」和「愛國精神」作為貫穿全書的主線，並循序漸進向讀者烘托出作為一名鐵骨錚錚的愛國將

領，蔡鍔如何屢破險關，征戰沙場，演繹跌宕起伏的精彩人生。

　　接著就讓我們進入清末民初那個詭譎多變的時代裡，一同尋訪蔡鍔將軍與諸位烈士們的英雄足跡。

在貧寒中出生的蔡艮寅

　　古人常有「英雄莫問出身」一說，但是依照介紹先賢哲人的習慣，我們仍不免要從蔡鍔將軍孩提時期的奮鬥故事細細說起……。

　　蔡鍔初名艮寅，字松坡，1882年12月18日（清光緒八年農曆十一月初九）出生於湖南武岡州（今洞口縣）山門鎮水東鄉楊灣村大壩上一個貧寒的農家。父親蔡正陵，母親王氏，兄弟姐妹共五人：大姐榮閨，人稱大姑；蔡艮寅排行第二，為長男；大弟蔡鍊（字松垣）排行老三；幼弟蔡鐘（字松墀）排行第四；最小的妹妹是榮娥，人稱晚姑。

　　有關蔡艮寅（蔡鍔）父母的情況，歷史上記載甚少，主要都是透過家族後人的片段回憶得知，因此生平事蹟無從考證。蔡艮寅的父親去世得早，他在日本唸書期間（1901年左右），父親就已過世。母親從小父母雙亡，孤苦無依，處境淒涼困苦，身世的查證也有相當程度的困難。

　　根據《蔡氏三修族譜》和王氏《榮哀錄》所載，蔡正陵祖輩原籍河南上蔡，世代務農，後來遷往江西泰和，明朝洪武年間，又遷移至湖南寶慶府（今邵陽）定居。蔡正陵的父親蔡國珍以縫紉為業，底下有三個兒子，分別是止陽、正陵和正價。蔡正陵從小家境清貧，生活十分困苦，曾讀過私塾，但時間不長。

　　筆者曾去過湖南紹陽、洞口和隆回採訪，據蔡鍔故居負責人所述：蔡正陵為人性格剛毅，勤快能幹，以剛正不阿聞名鄉里。他原先是一個勤勞樸實的農民，但由於生計艱難，為了維持生活，孳孳工作的他在躬耕之餘，還會幫人裁剪縫紉衣物。蔡正陵也做過蒸酒、磨豆腐、打鐵的生意，也曾在商店

當過店員，負責記帳。綜觀蔡正陵的一生，就是在勞勞苦苦中度過的。

蔡正陵雖家境貧苦，但生性至孝，冬天必先到母親床上將被子暖熱，其孝行廣為鄰里流傳及讚許。

蔡艮寅的母親王氏也是一位艱苦的勞動者。她沒有名字，也不清楚自己姓什麼？根據《邵陽縣誌》裡頭所載：「蔡鍔之母王太夫人，約1862年出生。二三歲時，由其生父用籮筐挑之四方求乞，後歲時愈艱，父女難以兩全。生父便將其綁於道旁樹上，棄之而去。太夫人幸被谷州鎮式南村桐梓坪一王姓人家救養，遂姓王。然王家亦窮，家無水田，僅靠挖山土種雜糧糊口，且養父早亡，養母失明。太夫人自幼打柴、挖土，終日辛苦。」

蔡艮寅的母親王氏

這是說王氏兩三歲時，就跟隨著父親在外逃荒，當時世亂時艱，民不堪命，適逢武岡發生大旱，一時赤地千里，餓莩遍野，後來王氏與家人失散了，獨留在一顆大樹底下，最後被王姓人家救養才得以存活下來。但是王家本身也是十分窮苦的人家，僅能依靠挖些山土種的雜糧來糊口，勉強度日。王氏小的時候，養父死得早，而且養母的雙眼也幾近失明，因此王氏小小的年紀必須經常出外打柴，採摘野果和野菜野菇，以此養活母親和自己。王氏一直到去世之前從未有過自己的名字。

王氏初嫁到蔡家時，在新婚當晚就聲淚俱下向自己的夫婿哭訴道：「我的命十分淒涼，我連自己的生身父母是誰都不知道，直到要嫁給你，養母才把我小時候的遭遇一五一十告訴我。母親含辛茹苦撫養我長大，我卻如此不孝離她而去，嫁給了夫君你，從此再也無法時時陪侍在母親身旁，照顧她的

生活起居！聽鄉里長輩說，夫君是一位忠厚上進的有為青年，十分孝順。我雖然命苦，能嫁給如此上進的你卻是我的福份！希望你不要嫌棄我，從現在開始，我願意與你一起相互扶持，彼此提攜，為我們的生活共同奮鬥，直到生命結束！」

王氏畢生的心願，是夫妻倆一生相互扶持，攜手共進退，執夫之手與之偕老。蔡正陵聽完妻子的心聲後，打從心裡敬佩自己的妻子。他對王氏說：「我們都是同命人，經歷過困苦的煎熬，儘管生活依舊一貧如洗，我們也要熱愛生活，一同開創美好輝煌的時光。從今而後，我一定會盡全力保護妳，讓妳幸福。你若不離，我定不棄；妳若悲傷，我定痛苦！我會陪妳一起去面對生活當中所有的困難。」

王氏是一位非常賢淑的女性，待人接物和藹可親，雖然蔡家是一個家無鬥儲的農村家庭，但是王氏非常體諒自己的夫婿，也非常孝順親上。平時除了在家照料老老少少之外，還會和夫婿一起下田工作。蔡艮寅父母忠厚良善的個性，對他後來一生的成長與發展，起到了深遠的影響。

就像歷代的哲人一樣，蔡艮寅出世前也有異兆。關於他的降生，蔡艮寅的鄰里流傳著數個版本的傳說，其中以猛虎來謁與金龍出世最廣為人知。

蔡艮寅的幼弟蔡鐘曾在《哀述》中說：「先兄鍔生之夕，先慈夢行山坡間，倏有虎自松林來，撫之甚馴，寢頃之，而先兄呱狐墜地，故先慈呼之以虎兒，字之以松坡，所以志也。」蔡鐘之意是說，他的母親王氏在分娩之前，曾做了一個夢。夢中她在一片茂盛的松林中踽踽獨行，突然從遠處草叢間蹦出一隻大老虎，老虎吼聲震天，騰風勁跑向她快速衝過來。正當她驚魂未定之際，老虎縱身一跳，已經撲入她的懷中。王氏一覺醒來後，望見窗外瑞雪紛飛，大地一片蒼茫皓白，不久蔡艮寅就呱呱墜地了。

蔡正陵聽了夫人所描述的夢境後，認為此兒大有來歷，難不成是飛虎將

軍轉世不成？自古聖哲降世多有異兆或聖蹟，比如北宋末年愛國名將岳飛出生時，有大鵬鳥飛鳴掠過屋頂，故取名飛、字鵬舉。王陽明誕生前，其祖母曾夢到仙人前來送物，明末玉琳國師出身前，其母也曾夢到觀音大士抱子前來，欲託付於人間大地，叩劫傳妙法。

蔡正陵心想，我兒必定與虎淵源甚深，既然此虎出現於山坡松林之間，不如就取名「艮寅」吧！「艮」乃屬八卦中的山卦象，起因於王氏夢中與老虎相遇的山林奇地；「寅」則為地支中的第三順位，屬虎。虎出松林山坡，所以字「松坡」，蔡艮寅的父母還給他取了個乳名，叫「虎兒」。

「艮卦」是周易第52卦，乃一陽在二陰的上方，陽已上昇到極點，故可寓意為「止」。又艮卦一陽，在象徵地的坤卦的最上方，乃山的形象，而二山相重，也可比喻為靜（止）的意思。與艮卦物儀相反的是「震卦」，卦形有時被比喻為天下滔滔局勢，震動不已，變化莫測，故需要艮卦為之壓抑，為之安定。

所以「序卦傳」上說：「物不可以終動，止之，故受之以艮；艮者止也。」意思是事物不可以老是震動，一定要遵守一動一靜的規則。世事的震動頻率太頻繁時，一定要讓它停止下來，否則動盪過於劇烈，人間將蒙受重大災劫。

清朝末年，世局崔苻不靖，狼煙遍地，正是震卦的能量過於巨大所致。然而，這隻「山來之虎」長大後，果真斑寅嘯威銳不可擋！這隻猛虎以泰然不移、歸勢不倒的氣勢，懷拳拳赤膽之心，奮志士之氣，騁勍賁之姿，盡夙夜之勞，挽狂瀾於既倒，最後終於完成人間階段性的使命——拯國家與人民於危難之中，再造共和！

蔡艮寅剛烈耿直的性格與他所生長的環境也有巨大的關連。湖南這個地方，山川雄奇，土厚水深，源遠流長，負載著豐富的民族資訊和文化底蘊，居住其中的人們在這種環境的鑄冶中，自然養成了心胸開闊，樂天知命的個

性。而洞口山門鎮歷史悠久，西靠雪峰山，與桐山、大屋交界，北與石柱、蔣田毗鄰、東與水東接壤，南臨岩山，黃泥江穿鎮而過。山門人民勤勞樸實，得天獨厚，代代一直在這種如詩如畫的旖旎風光中刻苦成長。

2011/3/15 美麗的黃泥江

巍巍雪峰山，雄踞湖南中部核心地帶，南起於湘桂邊境的大南山（綏寧縣境），尾翼傾伏於洞庭湖區（益陽縣境），綿亙 300 餘公里，橫跨 80 至 120 公里，涉及土地域面積非常廣大。其地位之重，影響之大，無可爭雄，因山頂長年積雪而得名。雪峰山素以天險聞名於世，乃兵家必爭之地，有史以來它就為華夏中原大地通向大西南的天然屏障。像這種山川形勝的地方，地象萬千，地氣罡沛，很容易造就出具有堅強性格的人。

對洞口而言，雪峰山就是洞口的父親山，那鐵骨錚錚的男子漢，護衛著峽峒廣大人民。雪峰山的五穀雜糧、湘資沅澧四水的甘甜乳汁，養育著世世代代的洞口人。從蔡艮寅誕生那天起，他第一次眺望遠處天際之時，瞥見人世間第一道的山脈，就是高聳的雪峰山。蔡艮寅目光觸及瞬間，雄峙山影，剛毅山色，從此定格在他的視野之中，雋刻進骨肉，在他的心靈深處迴盪。

蔡艮寅從小就在泥土堆裡聞到了土地的芬芳，也看見了她的偉大，因此，他對中國這片土地一直有著深厚的愛護之情。在蔡艮寅往後人生的漫漫旅途上，他將日夜去守護雪峰山下一望無際的母土大地——中國。

從「極底層」磨練出來的剛毅人格

1883 年，蔡正陵夫婦帶著不足周歲的小艮寅在武岡山門青山鋪的一座涼亭裡，開始了蒸酒打豆腐的營生。由於家中生計困難，1886 年，蔡正陵夫婦帶著 4 歲的蔡艮寅遷至青山鋪附近的「紅廟」居住。在這裡，蔡正陵在家接活為人縫紉，後在鎮上一家商店當店員，還做過一些小生意。蔡母王氏則在家煮酒、磨豆腐、操持家務。儘管如此，蔡正陵一家的生活仍相當艱困，常有捉襟見肘難以為繼的窘況。

蔡艮寅從小在這樣清寒的環境中長大，又在父母烏哺事親的耳濡目染之下，自小就能體會到父母的辛勞，於是會主動幫父母做些簡單的農務，因而養成了「刻苦耐勞、克勤克儉」的性格。可以說他後來治軍和從政，之所以能做到「廉潔自守，一心為公」的風範，與他在小時候所磨練出來的自律意識和自守性格有著非常緊密的關聯。

蔡艮寅自小徇齊黠智，領悟力強，喜歡閱讀各種書籍，但家裡無力供其上私塾唸書，因此在 5 歲以前，由父親親自啟蒙。蔡正陵曾在私塾教過書，粗通文墨、算術，對於蔡艮寅的學習從小就打下良好的基石。對於父親所教，蔡艮寅有矢而發，每每總能觸類旁通，舉一反三。父親對蔡艮寅期望甚殷，「認為這個孩子聰穎好學，遂加意培養，督導嚴格」。

蔡艮寅五歲就能賦詩，他曾做過一首詩《烤酒》：

天鍋燉白雪，紅火燒黑鐵；
烤蒸出米酒，糖茶宴賓客。

1888 年，蔡艮寅 6 歲，受當地秀才劉輝閣所資助，進入山門水東鄉路邊

村太學生劉蔾閣所開設的私塾啟蒙讀書，與劉家子弟一同接受舊式教育。話說蔡正陵舉家遷至紅廟時，剛好離秀才劉輝閣的住家不遠，蔡艮寅幼時即顯露出聰穎機捷，劉輝閣讚嘆不已，認為此兒絕非池中物，倘若好好調教，來日必定前程遠大。於是在小艮寅4歲時，劉輝閣欲招為乘龍快婿，但自己的女兒尚在襁褓，便與兄長劉蔾閣商量，將其長女劉長姑許配給蔡家，日後一併留在劉府家塾讀書，此即俗稱的童養媳。

劉長姑生於1875年，比蔡艮寅足足大了7歲，劉府許婚時蔡艮寅才4歲，劉長姑卻已是11歲的小姑娘了。當時的婚嫁重門戶，劉長姑出身書香世家，有財有勢；蔡艮寅只不過是一個打豆腐、挑貨小商販的犬子，這怎麼看都是一樁門不當戶不對的婚事。雖然女大男小，是當地的婚風，但年齡相隔十分懸殊，因此劉長姑對這門婚約相當不滿，對寄讀劉氏家塾的小女婿也就沒有好臉色，後來還引出了「妹替姐出嫁」的趣事。

在劉家私塾，老師要蔡艮寅先學習《三字經》和《論語》，然後依序研讀《孟子》、《大學》、《中庸》。蔡艮寅非常勤奮好學，恰聞彊記，每日別人背書一、二回，他經常背上四、五回，甚或更多，因此對於所學內容，過目成誦，純熟精湛，同時也打下了厚實的文學功底。

由於他非常精進用功，僅用一年的時間就把《四書》、《五經》通讀完畢，小小年紀已能寫出流暢的文章，因而在當地有神童之稱。小艮寅出口成章、巧應對聯的故事，在湘西一帶流傳甚廣。

有一次，蔡艮寅與小時同伴放風箏，玩得正起勁時，線斷了，風箏掉進太守家的花園裡。一時，無人敢去取，唯小艮寅大膽前去，被門衛攔住而發生爭執，吵鬧聲驚動了太守大人。太守見蔡艮寅談吐不凡，頓生好感，於是以進園找風箏為題，出了個上聯：「童子六七人，無如爾狡」；蔡艮寅想了想，對了個下聯：「太守二千石，唯有公X⋯⋯」他故意不往下說，太守再三追問，

他便答曰：你還我風箏，就是「唯有公廉」，你若是不還，便是「唯有公貪」了！太守誇他機靈過人，自然是把風箏還他。

又有一次，蔡艮寅隨父親去寶慶買書，時值中秋佳節，金風颯颯，濃雲斂月，父子倆途經寶慶知府衙時，望見府衙大門左側貼著一幅楹聯上聯，並在旁邊張貼著「徵聯」佈告，廣求寶慶各地文人墨士前來獻對。這幅楹聯正是知府李蟒牛所撰寫，聯文是：

中秋月不明，掛一盞燈，替乾坤增色；

據晚清姚晴芳老人回憶：李蟒牛貼出楹聯後，頗為得意。中秋天心月圓，燈籠高掛傳祥光，正是暗喻他為官清廉、勤於政務的好品行，如紅光普照，乾坤無暗。徵聯既出，一時轟傳四方，招來寶慶各地秀才、貢生、舉人聚會於府衙前。大家絞盡腦汁，卻無法應對下聯，因無時令氣候的巧合，無法獻對，眾人只得掃興而歸。李知府得知後大為失望，搖頭不悅，噓唏長嘆說：「寶慶無才子，可嘆可悲！」

眾人散去後，蔡艮寅小聲告訴父親，說：「上聯貼切地描述了中秋的時令景貌，下聯的應對當然也必須與時令相關，我們翌年正月再來吧。」

第二年驚蟄節氣那天，天氣晴朗，蔡艮寅央求父親再次帶他到寶慶府來獻對，父親允諾了他的要求。父子倆來到府衙門口，小艮寅騎在父親肩上，手執鼓槌朝衙門外的驚堂鼓猛擊三下，大嚷：「擊鼓應對」！李知府聞聽鼓聲後以為有人喊冤報案，傳令即刻升堂，並交代衙役「傳擊鼓人」上堂來。不料衙役卻說：「稟大人，擊鼓者並無冤情，是一個黃毛娃娃想應對門前的楹聯。」李知府得知後又驚又喜，立即命衙役備齊筆墨紙張，府外應對。

衙役來到門首，一邊遞過紙筆一邊輕蔑地說：「黃毛娃娃，也敢獻對？」蔡艮寅接過紙筆，一揮而就：

驚蟄需未動，擂三通鼓，代天地回春。

下聯辭情並茂，對仗工整，含義深刻。小艮寅所獻下聯意境耐人尋味：擂響聲聲戰鼓，叩向李知府心坎，教其心不能慌、意不能亂，要正心正念，正命正思維以為百姓做事，頗有警惕為官者的意味。李知府閱後直呼：「奇才，奇才，此子不愧神童也！」於是連忙趕緊躬身迎接，並宴請蔡正陵父子。

蔡艮寅雖有神童之稱，但他不自恃聰明，學習更加勤奮刻苦，在湘西至今還流傳著他童年時代勤奮好學的佳話。那時他白天幫家人做農活，晚上便點上油燈讀書，為了能多學一會兒，他經常瞞著父親在燈碟裡多盛些油，獨自學習到深夜。有時候為了節省油燈開支，當月色明亮的時候，他就會利用月光伴讀。就這樣流風搖曳弄清影，陣陣吾伊讀書聲，天上人間，抹上童少深深的赤子情懷。

蔡艮寅非常喜歡讀書，但因為家貧，沒法買書。十歲以後，他更感到無書可讀的痛苦，每當聽到親友家中有藏書，即便相距數十里，他也要翻山越嶺去借閱。他不但樂於讀書，還善於讀書，他喜歡邊讀邊抄錄，邊寫邊筆記，因而能夠深刻理解書中所闡述的內容。

雖然蔡艮寅嗜書如癡，但他可不是書蟲，他認為君子之為學，以明道也，以救世也，惟有「心行合一」，才是「真讀書」。雖家境清寒，但他人小鬥志高，磨煉出一番吃苦耐勞的精神。他特別獨鐘「忠孝節義」的故事，對韓信和張良猶感欽佩，認為既要讀書，當有凌雲壯志，轟轟烈烈地活一場，因此嘗立志向韓信與張良看齊。

除此之外，蔡艮寅也非常喜好閱讀有關孝道的書籍，小小年紀，獨愛《詩經‧小雅‧蓼莪》首章中的孝道義：

蓼蓼者莪，匪莪伊蒿。哀哀父母，生我劬勞。

蓼蓼者莪，匪莪伊蔚。哀哀父母，生我勞瘁。

瓶之罄矣，維罍之恥。鮮民之生，不如死之久矣。

無父何怙，無母何恃。出則銜恤，入則靡至。

父兮生我，母兮鞠我。拊我畜我，長我育我。

顧我復我，出入腹我。

欲報之德，昊天罔極。

南山烈烈，飄風發發。民莫不穀，我獨何害。

南山律律，飄風弗弗。民莫不穀，我獨不卒。

他的父親經常告訴他：「孝是一個人天生的良心血性，是出於自然。你這一輩子一定要好好地去體會孝道的本質，並把對父母和長輩的孝愛，擴展為愛天下、愛萬物的奉獻之愛，如此便是報答你母親和我的養育之恩了。」

蔡艮寅從小跟隨父母親，習於勞苦，忠厚誠僕，潛移默化之中陶鑄出一種悲天憫人、剛毅不屈的個性！正是這種忠厚博大的情懷，使得他在日後複雜艱難的環境中取得了令人矚目的成就。

投到維新人士樊錐門下，深受民主思想薰陶

雖然蔡艮寅在私塾讀書非常刻苦用功，但若要出人頭地，終歸不是辦法。父親認為兒子少不更事，必須繼續向上深造，因此為了使孩子將來有一個光明的前程，蔡正陵決定把兒子送到寶慶民主進步人士樊錐的門下繼續攻讀，那一年蔡艮寅剛好 11 歲。

樊錐，字一鼐，一字春徐，又作春渠，少時好學，意氣不凡，性格膽大，直言無忌，鄉里視之為狂生。曾就讀於長沙城南書院，博通群經，涉獵諸子，旁證西學，除了學識淵博，而且是遠近聞名、善於獎掖後進的新式知識家。

樊錐見著蔡艮寅後，為了試探這位神童，隨口便說出一聯試他：千年柳

樹做衣架；只見蔡鍔不假思索，連忙應聲答曰：萬里山河當澡盆。樊錐聽後驚訝不已，立即答應收其為門生弟子。樊錐十分疼愛器重這個徒弟，視如己出，悉心加以教誨，還願意負擔他的所有生活費用。

蔡鍔將軍部下雷飆曾在《蔡松坡先生事略》中提到：「適名士樊錐好奇士，識其非凡，攜家教養，松坡乃得學先秦諸子，尤喜韓非、老子，進步極速。」石建勳《樊錐傳略》中也說：「君（樊錐）一見奇之，攜而授之讀，衣之食之，有所適，輒徒跣從，昕夕講授不輟。」

在名師的指點下，蔡艮寅開始接受樊錐新式思想的薰陶，他的學業獲得飛速提升。除先秦諸子之學外，他還讀了《孫子》、《吳子》、《司馬法》之類的兵法書，對孫子奇兵兵法，戰爭觀、戰略戰術、治軍原則留下深刻印象。有一天，樊錐想考蔡艮寅的反應能力，便以什麼是最高、最深交代其撰一副對聯。蔡艮寅稍微考慮一下後答曰：

高，高於人心；
深，深於書籍。

此聯蘊含了蔡艮寅的「讀書之志」，樊錐非常滿意。從此以後，蔡艮寅進步飛快，在老師的引領之下，他逐漸注意到當前國家內憂外患的嚴峻形勢，也看見了存在於民族之中逐漸擴大的裂痕，他的愛國意識正在不斷萌芽。在蔡艮寅的一生當中，樊錐不僅是他學問上的老師，也是他思想上的第一位啟蒙者。樊錐的教育、引導和示範，對於蔡艮寅從「鄉村神童」蛻變為日後的「愛國志士」產生了至關重要的影響。

1895 年 4 月，正逢寶慶縣裡舉行童生考試（童子試），13 歲的蔡艮寅便在父親的陪同下前去應考。山門到寶慶有 200 多里山路，途中蔡艮寅走不動了，父親就背著他走。有個鄉紳見了，隨口吟出一句：兒將父作馬；蔡鍔隨

口便答：父願子成龍。鄉紳讚其反應快，思緒精。

　　父子倆到了寶慶府，先去城裡逛了一番，隨後即到一家筆店買作文格紙。筆店老闆得知他是來趕考的，有意考他，便出了個上聯：小相公三元及第；蔡艮寅不假思索回說：大老闆四季發財。聽到這對仗工整的恭維話，老闆心花怒放，當場免費贈送他一疊作文格紙和三支狼毫。

　　父子又經過一家商店，蔡艮寅見櫃檯上擺著一塊畫著福祿壽三星的鏡屏，便佇立把看，老闆得知他是來趕考的，也有意試探一下蔡艮寅的文學底子，還說如果能答上對子，就送他鏡屏。老闆隨口造出：福祿壽三星拱照；蔡艮寅即刻對上：公侯伯一品當朝。老闆聽後大喜，就並把鏡屏送他，還說：「恭喜，恭喜！此次考試一定高中！」

　　臨考前一天，蔡正陵帶著父子前來考場察看，碰巧遇到試館主人，他便送給蔡艮寅一枝鮮花，祝他「妙筆生花」。考試當天，蔡艮寅便將花插在衣袖裡，瀟灑走進考場。主考官江標見他衣袖裡藏有「鮮花」，便有意出對難他一下，說：小童子袖裡插花暗藏春色；蔡艮寅知道這是在說他，見案臺上擺有一對紅燭，靈機一動答道：大老爺堂前擺燭明察秋毫。

　　主考官江標見他人瘦衣長，可對子對的伶俐，於是又出題：小後生長袍拖地；蔡艮寅隨口應答：大老爺洪福齊天。江標又以他年少為題出聯：邵陽考生八十名，唯汝最小；蔡艮寅不慌不忙，即吟下聯：孔門弟子三千眾，屬回（顏回）領先。江標又把難度加大，出了上聯：寶塔七層，四面八方；蔡艮寅略加思考答曰：玉掌五指，兩短三長。

　　江標聽後又驚又喜，於是把蔡艮寅叫到跟前來，給他一張紙，問說「你能在這張紙上寫一萬個字嗎」？蔡艮寅低頭凝神一會，然後答道：能！於是即刻在紙上寫出：「一而十，十而百，百而千，千而萬！」把這十二字遞呈江標。江標看後直呼：「此兒真神童也！」

考試結束後，湖南學政江標很賞識蔡艮寅的文章，便將他補為廩貢生（秀才）。江標同樊錐一樣，是當時著名的維新人士，任湖南學政時，致力於改革學風，興辦新學，以輿地、掌故、算學、方言諸科選拔人才，成績卓絕。這次院試後，江標特意約見了中試的蔡艮寅、石陶鈞、李本深等人，對他們說：「劭陽先輩魏源，你們得知嗎？讀過他的書嗎？你們要學魏先生講求經世之學。中國前途極危，不可埋頭八股試帖，功名不必在科舉。」

這一席話深深種植在蔡艮寅心田中，也為後來他去長沙進時務學堂埋下伏筆。蔡艮寅考中秀才後，曾立誓「當學萬人敵，不應於毛錐中討生活」！少年英才志氣長，已可看出他擊楫中流，報效國家的決心。

13歲的蔡艮寅精神奕奕，活潑灑脫，但父親此時卻已是疲憊不堪了。父親的背脊因勞累而顯得愈來愈彎曲，就像是柑橘樹彎彎曲曲的枝條，隨風搖擺低垂不堪。父親為家計四處奔波，在蔡艮寅的心靈深處，流下了永不抹滅的印象！雪峰山何嘗不是自己的父親山呢？在他成長的歲月裡，父親與雪峰山終日相伴，從識字讀書、鍛鍊體魄，父親始終是那雪峰山的位置。

蔡艮寅日夜守護、思念的那一抹深沉的藍，就像父親那一身藍布汗衫，如雪峰山巒的弧度，又恰似父親辛勤勞作時那彎曲的脊背。這個背脊——在他日後成為一位大將軍後，毅然成為中國不失之街亭，不彎之脊骨，不倒之長城，守護著四萬萬同胞！

即使日後出國而去，他始終都記得父母親陪他一起走過的路途。他從小就能體會到下層人民的疾苦和謀生的不易，後來他成為了一名堂堂正正的軍人，操危慮患，治軍嚴明，體恤民情，其保持廉潔簡樸的作風，備受部屬愛戴崇敬而這些，都一路陪他走過的雙親，留給他最寶貴的人生禮物。

第三節　甲午戰爭喚醒了少年愛國心

帝國主義所帶來的民族覺醒運動

　　自明朝中葉起，資本主義就已開始在中國萌芽，然而，發展速度卻是相當緩慢。直至第一次鴉片戰爭（1840 年 6 月～ 1842 年 8 月）之前，中國社會仍舊是處於獨立封建的狀態，社會經濟主要仍以農業和家庭手工業為主。在以農業為主的社會裡，農產的收穫處處仰賴土地，於是土地就成為了一種稀有財產。

　　所謂物以稀為貴，寸土寸金的土地自然就成為了各方野心人士掠奪的焦點。加上土地是採「私有制」，可以買賣，有權有勢有錢者，無不巧奪心機，想要佔盡便宜，吞併更多的土地。在這樣的潮流下，無形加深了人性的貪慾和佔有慾，致使土地兼併的問題日益嚴重，成為全中國普遍的亂象。

　　吏治敗壞，貪污橫行，封建專制的發展已是勢不可為。然而，清廷不思改革，致使強盛國勢自乾隆末年就呈現江河日下之勢，封建制度嚴重阻礙了社會新的生產力發展。

　　在這樣的情況下，清廷對內仍然思索著以四書五經來禁錮人們的思想，對於不滿朝政或評議時政者，一律予以殘酷鎮壓。由於統治階層貪贓枉法，苟且因循，致使國防空虛，軍備廢弛，縱使養兵無數，卻派不上用場。而在對外關係上，清廷始終自居為天威王朝，視其他國家為蠻夷之邦，守舊心態十分嚴重，因而長期實施「閉關鎖國政策」，只能壓迫剝削人民，加重稅賦，累月經年不斷增加百姓的負擔。

　　在當時，世界大潮民主思想正在一波波湧向全球，亞洲各國也難攖其鋒，難擋其勢，民主的種子正在各國遍地開花！可是清廷不願正視世界大潮的局勢，卻依舊活在舊封建的思想體系中，無疑更嚴重阻礙了中國對外貿易和經

濟的發展，加深了人民對清廷的厭惡。

隨著封建統治日趨腐敗，階級矛盾（不同階級之間因經濟、政治以及其他方面的利益和要求不同所產生的矛盾）日趨激化，人民的反清活動此起彼伏。發生於第一次鴉片戰爭之前 1826 年的回酋張格黃爾起事；1831 年的永州錦田黃金龍起兵楚粵；1832 年的「連州八排瑤起事」，都是清王朝不思改革，導致起義爆發的原因。可以說，清王朝的統治實際在鴉片戰爭前夕就已出現嚴重危機。

正當清廷國勢日益衰落之時， 英、法、美各國的資本主義卻在此時蓬勃發展，與清王朝拉開了彼此之間的進化程度！

18 世紀後期到 19 世紀前期這段期間，英國的資本主義生產完成了從手工業生產轉向機器大工業生產的過渡階段，後來更逐漸擴散至世界各國，這是工業產量急遽上升的結果，象徵著地球文明發展的新里程碑。法國則是僅次於英國的資本主義國家，直至鴉片戰爭前夕，法國的工業產量仍位列世界第二位，對世界的工業發展也起到了舉足輕重的作用。

18 世紀初期至 19 世紀中葉，美國的資本主義工業雖然並不發達，但為了掠奪世界其他國家的資產，美國卻甘願作為英國的馬前卒，一起侵略世界。而俄國自 1861 年農奴制度改革後，資本主義工商業也開始迅速蓬勃發展，從那時起，俄國也成為了一隻侵略中國領土的貪狼！

從 19 世紀四十年代開始，西方資本主義國家為了擴大商品市場，爭奪原料產地，英法等國於是快馬加鞭加緊開拓殖民地的腳步，中國周邊國家及其鄰近地區，陸續成為其殖民地或勢力範圍。當這些國家被瘋狂掠奪殆盡後，由於中國幅員遼闊，還是開發緩慢的封建專制國家，自然成為殖民主義者侵略擴張的新對象。

當中國鄰近的國家被摧毀後，清廷統治階層居然毫無憂患意識，依舊醉

生夢死，臨近歷史岔路口而不覺，仍緊固著閉關鎖國政策！英國完成工業革命後，亟需要一個廣大的市場作為貨品的出口地，而中國剛好符合此條件，能成為英國廣大商品的傾銷地，於是英國遂把目標集中在清王朝身上，企圖用商品貿易打開中國的大門。

幾年的往來試探後，英國為了加快對中國的輸出貿易量，便想到了一個極其殘忍的手段，那就是向清廷輸入大量的鴉片，以提升他們在中國的利潤。

鴉片大量輸入中國後，使中國每年的白銀外流高達 600 萬兩，甚至爆發嚴重銀荒，原本枯竭、空虛的國庫，更是雪上加霜。同時，鴉片的「物慾刺激」對人民的身心更是帶來莫大的戕害，當時一些維權統治階級認為，倘若讓鴉片繼續入侵，最後人民的身體將因孱弱不堪而無法從事生產，整個國家的經濟將因此陷入蕭條，財政狀況也將惡化。

鴉片貿易逐年危害著國家與人民，引發了地方官員與百姓的不滿，道光皇帝為了維護自身利益，於 1838 年 12 月，正式頒佈鴉片禁令，命林則徐為欽差大臣，前往廣東禁煙。

林則徐為官清廉，正直嚴明，十分關心民間百姓疾苦，1839 年 3 月，他僕僕風塵抵達廣州後，全國性規模的禁煙運動隨即進入高潮。林則徐決定先通過行商讓鴉片商人自動上繳鴉片，但是此一政策效果不彰，於是林則徐再採取封閉商館的辦法，逼迫各個商館自動上繳鴉片，期許讓鴉片完全銷聲匿跡！

林則徐將收來的鴉片全數在虎門銷毀，然而，鴉片貿易已經為英國帶來了驚人的暴利，英國資產階級更需要透過鴉片貿易來對中國進行其他更廣大的貿易活動，因此堅決不願退讓！隨著國際政治的強權貫穿其間，英國的氣焰愈發囂張，於是禁煙運動隨之崩潰，徹底失敗。鴉片貿易在中國不減反增，死灰復燃之勢一發難以收拾！

1839 年 6 月 3 日至 25 日，林則徐下達最後一次命令，命底卜人員全數銷毀英國在廣州各個據點的鴉片庫存，英國認為清廷的禁煙運動明顯已經侵犯私人財產，兩方的衝突愈演愈烈，終於在 1840 年 6 月 28 日，爆發了「中英第一次鴉片戰爭」。

　　這場戰爭持續打了兩年多，當時清王朝先後調集了約十萬左右的兵力參戰，而英國遠征軍前前後後卻只有約兩萬兵力參戰。由於中英雙方的實力差距過於巨大，清軍幾乎每戰必敗，死傷慘重，只得狼狽投降。

　　戰後道光皇帝派直隸總督琦善與英國議和，簽訂了第一個不平等條約《南京條約》，中國第一次向外國割地、賠款、商定關稅，嚴重危害自身主權。隨後又與列強先後簽訂了《天津條約》、《北京條約》及《璦琿條約》，在《中俄北京條約》中，清廷甚至喪失了 150 多萬平方公里的土地。

　　鴉片戰爭是中國歷史上劃時代的大事件，因為它正式打開了中華民族的屈辱之路，中國因愚昧落後而戰敗。自此，西方資本主義正式拉開了侵略中國的帷幕。隨著一系列不平等條約的簽訂，中國已逐步由一個獨立的封建國家，一步步淪為半殖民地半封建社會，傳統經濟受到侵襲後也逐步走向解體一途。

　　然而，儘管歷史給了中國一個走向世界的機會，但是鴉片戰爭的失敗並沒有喚醒沈痾難起的清王朝。朝內的統治階級認為這次戰爭的起因是外交處置不當所引發的偶然事件，他們把戰爭的失敗歸結為是因前線將領指揮不力的緣故，無須小題大作！他們甚至還荒爾以為，只要簽下了和約就能永保安康，與列強帝國繼續保持著和諧的經貿關係。這些統治階級對於土地的流失、主權的淪喪及民生的蕭條絲毫沒有半點擔憂之心，這就是為政者迂腐、不知民間疾苦的悲哀！

　　雖然戰爭失敗了，但它對中國仍起到了一定的震撼作用，至少對那些愛

國志士而言，他們的良心血性正在被激化而滾燙著！對於中國歷史來說，這場戰爭雖然慘烈、戰火無情，但它終究是一塊里程碑，標誌著中國社會維度轉型的來臨！當轉型契機一到，中國社會大轉型的序幕就會正式被揭開！

鴉片戰後，清廷為了支付戰後鉅額賠款，只能繼續剝削人民，這時貪官污吏、土豪劣紳便乘機勒索百姓，人民生活在水深火熱之中，反滿思潮遂日趨激烈。1851 年，太平天國大舉起事，席捲華中、華南等許多省份，清廷遭受重大打擊。太平天國起義爆發後，各國列強認為這是加緊從中國攫取利益的大好時機，1856 年 10 月，英法兩國以亞羅號事件及西林教案為藉口，聯手夾攻中國，造成「第二次鴉片戰爭」。

面對數千年來未有之變局，從 19 世紀 60 年代至 90 年代，清廷中以魏源、林則徐為代表的「洋務派」，為了扭轉中國自鴉片戰爭以來一直被動挨打的局面，提出「師夷長技以制夷」的主張，掀起了一場以自富、自強為口號的「洋務運動」。隨後清廷許多當權人物和某些開明的士大夫如奕訢、文祥、曾國藩、李鴻章、左宗棠、張之洞等為了自救，也紛紛繼承了師夷長技的思想，並且極力主張把這一思想付諸實踐，督撫試辦洋務以拯救已然頹危的國勢。

洋務運動的內容涉及了軍事、政治、經濟、外交等層面，但主要是以「興辦軍事工業」，建設擁有新式武器裝備的陸海軍，以及圍繞軍事工業發展的文教企業為主。

洋務派提出「中學為體，西學為用」的主張，軍事編制和軍事裝備都有了大幅度的提升。但由於洋務運動是以「維護歷代封建的專制結構」的目的為出發，而清王朝當時的官僚體制過於腐敗，官吏心性墮落，官場處處虛假，因此洋務運動在這些封建官僚的主導下，無疑為失敗埋下了伏筆。

清王朝自從開辦洋務運動之後，剛開始收效十分明顯，國力大增，軍事技術也大幅度的提高許多，取得了「清法戰爭」一役的勝利。在外交上還從

強鄰手中奪回了伊犁，清廷一度出現同治中興的景象。1888 年 12 月 17 日，清廷於山東威海衛的劉公島建立「北洋水師」，這是第一支近代化海軍艦隊，是亞洲最堅強的海軍力量，同時也是清廷建立的三支近代海軍中實力和規模最大的一支，即使歐美列強也對清廷心存三分忌憚，還因此放緩了侵略的步伐。

然而，就如剛才所說，洋務運動並非是以變革國家制度為出發，因此政治依舊十分腐敗，人民生活困苦，官場中各派系明爭暗鬥、爾虞我詐，國防軍事外強中乾，紀律鬆弛，因此同治中興更像是清末國勢迴光返照的現象。

洋務派所經營的這些近代企業，是在封建統治的前提下所興辦的，因此對西方列強還具有強烈的依賴性。在工業技術、資本乃至管理上，洋務運動實際是受到帝國主義的左右和牽制，因而在政治、軍事和經濟上，仍受到西方列強所掌控。

就在洋務運動如火如荼展開的同時，日本也於 1868 年 1 月 3 日展開了「明治維新」運動，走上歐式資本主義，建立近代化國家，國力也因此日漸走向強盛。

明治維新是日本受到西學東漸、明清鼎革的影響，所發展出來的一套強國理論。16 世紀末，豐臣秀吉曾經討伐過朝鮮，雖然最後以失敗告終，但是日本人卻逐漸培養出征服亞洲的慾望，明治天皇新政府基本上就是承襲了豐臣秀吉的意圖！

1868 年，明治天皇登基當日頒行了一道詔書，宣稱要實行「大陸政策」（神州大陸經略政策），要「經營天下，安撫汝等億兆，欲開拓萬里波濤，布國威於四方」！由於日本是島國，國內資源非常匱乏，加上市場狹小，因此急需從海外擴張的策略中尋求出路。這樣的地理條件和文化陶養，無形當中不斷刺激著日本人的意識，使他們養成了「侵略他人的性格」，與英國島

國的侵略主義意識形態不謀而合！所謂「布國威於四方」的大陸政策主要有「五個步驟」，即：

第一步是攻佔臺灣；

第二步是吞併朝鮮；

第三步是進軍滿蒙；

第四步是滅亡中國；

第五步是征服亞洲，稱霸世界。

明治天皇認為，要體現這個目標，首先就要先拿下朝鮮。在與朝鮮幾次交涉後，朝鮮拒絕了日本的政策要求，這樣的舉動讓日本感到十分焦慮和不安，於是在1871年，日本就向清廷提出了簽訂《中日修好條規》的要求。《中日修好條規》是中日兩國所簽訂的第一份條約，具有相當的國際公法效力，該條規第七條 說：「兩國既經通好，所有沿海各口岸，彼此均應指定處所，准聽商民來往貿易，並另立通商章程，以便兩國商民永遠遵守。」

第十五條又說：「嗣後兩國倘有與別國用兵事情事，應防各口岸，一經不知，便應暫停貿易及船隻出入，免致誤有傷損，其平時日本人在中國指定口岸及附近洋面，中國人在日本指定口岸及附近洋面，均不准與不和之國互相爭鬥搶劫。」

《中日修好條規》已然完成了明治政府侵略中國的最初計畫！不過看似友好的條約，實則包藏禍心，清廷很快就發現到條規的內容有所爭議，因此當日本想要再增加或修改條約時，清廷一概回絕。日本想增加的條約內容其實是想佔有臺灣、琉球和朝鮮，但既然清廷一再地回絕，軟的不行只能來硬的。

1874年，日本派遣重兵進攻臺灣，並於1879年併吞了琉球王國，改其為

沖繩縣。隨後，日本又依照其大陸政策的第二步，向清廷的另一個附屬國朝鮮進兵。1876年，日本大兵壓境，以武力打開了朝鮮國門，強迫朝鮮政府簽訂《江華條約》，取得了領事裁判權等一系列特權。

1882年7月23日，朝鮮爆發「壬午兵變」，這是一起具有反封建、反殖民、反帝制、反侵略的武裝起義活動，但是清政府與明治政府一致認為這場兵變是由士兵與市民階層所主導，因此判定是一場武裝暴動事件。兵變發生後不久，中日兩國同時出兵朝鮮，一個月的時間，壬午兵變就在清軍的鎮壓下以失敗告終。

在壬午兵變中，日軍吃了暗虧，因此耿耿於懷。為了逞其霸佔朝鮮的野心，1884年，日本蓄意擾動朝鮮內部政治風雲，幫助朝鮮開化黨發動「甲申政變」，企圖驅逐清廷在朝鮮的勢力。

清廷聞知朝鮮發生政變後，立即派命袁世凱親率清軍出征平叛，不到幾天的時間，日軍即被袁軍所擊潰。日軍敗後，明治政府隨即向清廷提出嚴重抗議，要求清廷賠償日本在朝鮮的所有損失。此時，昏庸無能的清廷，竟然接受了日本的條件，與其訂立了《天津會議專條》，規定中日兩國必須同時從朝鮮撤兵，日後兩國出兵朝鮮必須互相通知。清廷此舉，無疑為日後的中日甲午戰爭埋下伏筆。

1888年，參謀本部擬制了《清國征討方略》，內容分「趣旨」和「進攻方略」。進攻方略有三篇，彼我形勢（共十一項）、作戰計畫（共十一項）、善後（共七項）。

該方略在第三篇「善後」中指出：

第二項：清國雖困弊衰敗，但仍是亞洲大國。東洋命運關係清國興亡者甚多。若萬一清國成為他國蠶食對象，我國命運亦不可料。莫如為使歐洲不致侵入，我國先主動制定統轄清國之方略。

故達到戰爭目的，締結條約以後，自山海關至西長城以南，直隸、山西兩省之地，河南省之黃河北岸，山東全省，江蘇省之黃河故道、寶應湖、鎮江府、太湖，浙江省之杭州府、紹興府、寧波府東北之地，及列於第三項之地區，應屬我國版圖；東三省及內興安嶺山脈以東、長城以北之地分給清朝，使之獨立於滿洲；於中國本部割揚子江以南之地，迎明朝後裔，建王國，並使之成為我國之保護國，鎮撫民心；揚子江以北，黃河以南，再建一王國，使之屬於我國；於西藏、青海、天山南麓，立達賴喇嘛；於內外蒙古、甘肅省、準噶爾，選其酋長或人傑為各部之長，並由我國監視之。

如此分割十八省，於滿洲建一國，劃出西藏、蒙古，使其力量均衡，唇齒相依，並制訂進步計畫。如此，歐洲豺狼亦不足慮也。

第三項：於締結戰勝條約時，無論於任何情況下，一定要把下述六要沖劃入我國版圖：

一、盛京蓋州以南之旅順半島。

二、山東登州府管轄之地。

三、浙江舟山群島。

四、澎湖群島。

五、臺灣全島。

六、揚子江沿岸左右十裡之地。

旅順半島乃渤海之門戶，便於控制清國北部，並與對馬相對，便於控制朝鮮；更有大連灣、旅順口二良港，最便於艦船停泊。道光二十年，英法聯軍北侵時，英軍曾以此為根據地整頓艦船。

第四項：登州半島有芝果、威海衛二良港，同大連灣、旅順口相對，乃扼渤海必需之地，且是平時南北通商船隻必由之地，貿易利益不少。就清國而言，失旅順、登州二半島，則不能於渤海以巨艦護衛京徽，而只能以小軍

艦於大沽口內做河口防禦。所謂小軍艦者，即現有之龍驤、虎威、飛霆、策電、鎮東、鎮西、鎮南、鎮北等不能於大海自由運轉者。今後，清國海軍再不足慮。

第五項：俄羅斯之東進政策乃乘時機併合滿洲，以大連灣為艦隊根據地，蹂躪東洋之方略。萬一俄國先占旅順半島，東洋形勢可想而知。但俄羅斯有中亞之權衡問題，若不先達到中亞目的，而僅以符拉迪沃斯托克之懸軍則不易實行。於我國，現今乃最有利時機，必先佔領之。

第六項：舟山群島乃清國中部要衝，扼揚子江口，控制福建、浙江。一旦有事，便於彼尚未備先擊壓之。舟山若為外國所有，則不利於我國。臺灣和澎湖島乃清國重地，常令世界各國流涎不已。雖臺灣東部至今仍係化外蠻地，僅其西部服清國之教化，設二府八縣，但土壤極富饒，物產頗豐富。24年前已開臺灣、淡水、雞籠三港，次年又開打狗為西港，乃各國貿易之地。由此可知其為要衝並富饒之地。故我國必當占此二島，於臺灣設重鎮；除常備軍外，當另訓練生蠻，編成一種軍隊；利用雞籠之煤炭，於澎湖島設一鎮守府，以控制清國中南各省，並作為他日向南洋發展之根據地。

日本在《清國征討方略》中已經暴露了欲全面置中國各處為烽鼓之地的野心！1894 年甲午戰爭就是日本實現「大陸政策」前兩個步驟的最重要環節。

甲午中日戰爭爆發，驚醒了學如穿井的秀才

日本雖然於甲申政變中戰敗，但為奪取朝鮮的野心不曾絲毫鬆懈。1888年，日本制訂《清國征討方略》後，在國家改革上改弦易轍，自 1890 年後，日本政府以國家財政收入的 60% 作為發展海軍、陸軍經費，1893 年起，明治天皇又決定每年從宮廷經費中撥出 30 萬元，再從文武百官的薪金中抽出十分之一，作為補充造船費用。日本為了超越中國，舉國上下團結一心，為即將

來臨的大規模中日戰爭作準備。

而在清廷方面，經過數十年的洋務運動，在多次對外的軍事對抗中初見成效後，便開始得意輕敵。北洋海軍自 1888 年正式建軍後，就再沒有增添任何艦隻，艦齡早已逐漸老化，與日本新添的戰艦相比之下，火力弱，射速短，行動遲慢。

清廷直至 1890 年，北洋海軍 2000 噸位以上的戰艦有 7 艘，總噸位 27000 多噸；而日本海軍 2000 噸位以上的戰艦僅有 5 艘，總噸位約 17000 多噸。然而，日本及鋒而試，至 1892 年，已提前完成了自 1885 年起的「十年擴軍計畫」，到了 1894 年甲午戰爭前夕，已經建立了一支擁有 63000 名常備兵和 23 萬預備兵的陸軍，包括 6 個野戰師和 1 個近衛師。而清廷到甲午戰爭前，軍事變革依舊停留在改良武器裝備的初級階段，改良軍事制度扞格不通。陸海軍總兵力雖多達 80 餘萬人，但編制落後、管理混亂、訓練廢弛，導致戰鬥力低下。

封建制度下的清廷因循泄沓，渙散不堪，當時最高統治者慈禧太后為了準備自己在 1894 年的六十壽誕，居然擅自挪用北洋水師購買武器的經費，將這些費用作為修建頤和園，使得海軍武器裝備無法提升，為甲午中日戰爭埋下敗筆。當時，中日兩國的最高統治者是慈禧太后和明治天皇，慈禧太后點卯應名，喜怒無常；明治天皇器量弘深、姿度廣大，兩相對比，也可知明治必將大敗慈禧。

1894 年，朝鮮爆發甲午農民戰爭（東學黨起義），這是一次聲勢浩大、反帝反封建的農民革命運動，直接導致了甲午中日戰爭的爆發。甲午農民戰爭爆發後，朝鮮政府軍節節敗退，情勢所迫只得向清廷求援。日本認為發動戰爭的時機已至，遂向清廷表示「貴政府何不速代韓戡？我政府必無他意」，誘使清廷出兵朝鮮。這明明只是日本欲挑起戰爭的陰謀，但清廷竟沒有識破，遂派出直隸提督葉志超和太原鎮總兵聶士成率淮軍精銳 2500 人，於 6 月 6 日

甲午戰爭我方軍艦

在朝鮮牙山登陸，準備鎮壓起義。

　　日本得知後，也於6月8日派先遣隊400人以保護使館和僑民安全為藉口，在朝鮮仁川登陸。與此同時，日本外務大臣陸奧宗光命令駐朝公使大鳥圭介見機行事，伺尋藉口挑起釁端，發動侵略戰爭。7月23日凌晨，日本軍突襲漢城，挾持朝鮮高宗李熙，並解散朝鮮親華政府，同時另立金弘集親日傀儡政府。日本控制朝鮮政府後，即於7月25日不宣而戰，向駐守朝鮮豐島的北洋水師戰艦「濟遠」、「廣乙」號發動砲擊，「豐島戰役」瞬間爆發，甲午中日戰爭正是引爆。

　　甲午中日戰爭共分為三個階段：

第一階段

　　從1894年7月25日至9月17日。在此階段中，戰爭是在朝鮮半島及海上進行，陸戰主要是「平壤之戰」，海戰主要是「黃海海戰」。

　　7月25月，中日兩軍在朝鮮豐島海面開戰，9月15日，雙方陸軍首次在平壤爆發大規模作戰。7月21日，清軍敗衄，渡鴨綠江回國，日軍佔領朝鮮全境。

　　9月17日，日軍聯合艦隊在鴨綠江口大東溝附近的黃海海面向北洋水師

發動猛烈轟擊，這是中日雙方海軍第一次主力構兵。

第二階段

從 1894 年 9 月 17 日到 11 月 22 日。在此階段中，戰爭是在遼東半島進行，有「鴨綠江江防之戰」和「金旅之戰」。鴨綠江江防之戰開始於 10 月 24 日，是清軍面對日軍攻擊的首次保衛戰。然而不到三天，駐守在鴨綠江近 30000 清軍重兵，防線被破，全軍潰敗。

金旅之戰始於 10 月 24 日，至 11 月 22 日旅順陷落，這是甲午戰爭期間中日雙方的關鍵一戰。

第三階段

從 1894 年 11 月 22 日到 1895 年 4 月 17 日。在此階段中，戰爭是在山東半島威海衛和遼東半島進行，有「威海衛之戰」和「遼東之戰」，北洋艦隊決心破釜沈舟，作殊死戰。

威海衛之戰是保衛北洋海軍根據地的防禦戰，1895 年 2 月 17 日，日軍在威海灣口劉公島登陸，威海衛海軍基地陷落，北洋艦隊全軍覆沒。

第三階段的戰事曠日持久，創痍滿目！從 1895 年 1 月 17 日起，清軍先後 4 次發動收復海城之戰，皆被日軍擊退。日軍拔幟繼續前進，於 2 月 28 日，從海城分路進攻，3 月 4 日侵佔牛莊，7 日取 6 口，9 日攻陷田莊台。僅 10 天時間，清廷百餘營 60000 多大軍便從遼河東岸全線鎩羽。

甲午中日戰爭期間，清廷盲目妥協退讓，致使戰事橫生枝節，清軍先敗於朝鮮，後敗於遼東，北洋艦隊全軍覆沒，京津告急。面對前所未有的局面，清廷驚駭萬狀，決意乞和。

1895 年 3 月 19 日，李鴻章、李經芳一行人抵達日本馬關，4 月 17 日，中方被迫與日本首相伊藤博文簽訂喪權辱國的《馬關條約》（又稱《春帆樓條

約》），包括《講和條約》十一款，《另約》三款，《議訂專條》二款，以及《停戰展期專條》兩款。

中日雙方代表簽訂《馬關條約》合影

《馬關條約》中日雙方代表及文件

《馬關條約》是自 1860 年中英、中法等《北京條約》以來，列強侵略者中最刻薄狠毒的不平等條約！日本從中獲得不可思議巨大的利益，同時帝國主義各國終如願向中國便於向中國輸出商品及資本：

1、 投資開工廠
2、 控制關稅權
3、 控制鐵路運輸
4、 政治大借款
5、 門戶開放

《馬關條約》的簽署標誌著甲午中日戰爭（第一次中日戰爭）正式結束，其主要內容為：

- 中國從朝鮮半島撤軍並承認朝鮮獨立自主；中國不再是朝鮮之宗主國；
- 中國將遼東半島、臺灣全島及所有附屬各島嶼、澎湖列島割讓給日本；
- 中國賠償日本軍費白銀兩萬萬兩（兩億兩），後來日本以退歸佔領的

遼東半島為由，又索取了三千萬兩白銀的贖還費；

- 中國開放沙市、重慶、蘇州、杭州四地為商埠（通商口岸）；

- 允許日本人在中國通商口岸設立領事館和工廠；

- 日本臣民得在中國通商口岸城市任便從事各項工藝製造，將各項機器任便裝運進口，產品免征一切雜稅，享有在內地設棧存貨的便利；

- 日本政府得派遣領事官在以上各口岸駐紮，日本輪船得駛入以上各口岸搭客裝貨；

- 片面最惠國待遇；

- 中國不得逮捕為日本軍隊服務的人員；

- 日本軍隊暫行佔領威海衛，由中國政府每年付佔領費庫平銀五十萬兩，在未經交清末次賠款之前日本不撤退佔領軍；

- 臺灣澎湖內居民，兩年之內任便變賣產業搬出界外，逾期未遷者，將被視為日本臣民；

- 條約批准後兩個月內，兩國派員赴台辦理移交手續；

- 允許日本在各通商口岸投資設廠，將產品銷往中國內地、免受內地稅。

當時，世界上主要的資本主義國家正逐步向帝國主義過渡，因此日本的侵略行徑必然得到西方列強的支援。畢竟，各國都持有相同的理念，因此侵華活動本是必然之勢！

甲午中日戰爭發生時，美國希望日本能成為其侵略中國和朝鮮的助手；英國也企圖透過日本以牽制俄國在遠東的勢力；德國、法國為了趁日本侵華之機，行進展下一波新的利益，也支持日本侵華；俄國雖然對中國東北和朝鮮懷有極大野心，但尚未準備就緒，對此次戰爭當然保持中立。於是列強各國縱容的態度，助長了日本肆無忌憚實施全面進攻。

從鴉片戰爭開始，列強對中國的侵略從不停止，當時朝中一些有識之士，如兩江總督沈葆楨、臺灣巡撫劉銘傳等人認為「倭人不可輕視」，應視之為大敵。然而，中央不知變通，對日本的認識竟還停留在「蕞爾小邦」的階段！

日本自明治維新開始，在幾十年內就前後實施了 8 次的《擴充軍備案》，足見其對中國勢在必得的決心。與之相比，清廷卻似日日沈湎於宮廷玩樂中，虛擲國力，對國家安全形勢的判斷錯誤百出，似有可無，對即將來到的侵略也缺乏警惕。

在戰爭危機日益迫近的緊要關頭，清廷還以財政緊張為由，削減軍費預算，停止購進軍艦。日本在戰爭前夕，就已制定了「作戰大方針」，統籌海陸軍作戰策略。日本認為能否達此目標，關鍵在於海軍作戰之勝負。反觀清廷，臨戰前沒有明確的戰略方針和作戰計畫，事先也未組成專門的作戰指揮機構，更無統籌全域的戰略指導。凡事稽遲，意見分歧，相互掣肘，戰爭行至一半時就已決定「主和」，注定嚐到戰敗結果。1895 年中日甲午戰爭以後，掀起了列強瓜分中國的狂潮，「瓜分中國」已成為列強口耳相傳的口頭禪，這時正是資本主義發展至帝國主義階段的時候！

帝國主義開始稱中國為「東亞病夫」，說這個國家「正躺在死亡之榻上」，他們還公開提出「分配這個病夫的遺產問題」，要把「瓜分中華帝國」的問題提上議事日程，企圖日後有所「劃分勢力範圍、瓜分中國殆盡」！

《馬關條約》的簽訂，給人民套上了沈重枷鎖，使中國陷入不可預知的民族危機之中，帝國主義也伴隨著血雨腥風源源不絕而入。

在這場戰役中，日本是最大受益者，從清廷手中獲得了白銀二萬萬兩賠款，這筆鉅款相當於日本當時 7 年的財政收入，日外相陸奧宗光曾說：「在這筆賠款之前，根本沒有料到會有幾億日元，本國全部收入只有 8 千萬日元，一想到現在會有 3 億 5 千萬日元滾滾而來，無論政府和私人都覺得無比的富

裕。」

日本憑藉戰後賠款，終於越過了資本主義發展過程中所必需的原始資本積累，國內經濟和軍事實力因此飛速擴張，為其在上世紀 30 年代大舉侵種下惡種。反觀清廷，為了籌備戰後賠款，只能大量舉借外債，國民經濟的命脈逐步成為列強囊中物。而開放沙市、重慶、蘇州、杭州四地為商埠，帝國主義的侵略勢力終得以延伸至中國腹地。

《馬關條約》無疑使中國社會半殖民地化的程度進一步加深！甲午中日戰爭可看成是近代中國國運興衰的轉捩點，甚至是中日兩國國運的轉捩點。這場戰爭就像一個分水嶺，涇渭分明，兩國國運就此轉折，如天淵之判。它不僅改變了近代東亞的政治和軍事格局，繼而對未來整個世界的格局也產生了深遠影響。

故壘蕭條大樹凋，

高衙依舊俯寒潮；

英名左鄧同千古，

白骨沉沙恨未消。

這是陳實銘所寫的《劉公島廟吊忠》一詩，從中不難體會北洋水師將士們英勇抗擊日本的錚錚鐵骨，剛正不阿，堅強不屈的骨氣。

滄海橫流，驚濤拍岸，似吟唱著甲午悲歌，斷腸消魂。然而，從更大的角度來看，戰爭卻是一面借鏡，讓人從悲壯中走向豪邁、醞釀希望、蛻變重生，蔡艮寅之於國家，正是在這樣的體認下，走上一條「流血救民」的革命道路。

蔡艮寅一生的命運，似乎註定與中國西南邊陲及東鄰日本有著微妙的關係。在他誕生那年，1882 年 3 月，法國軍隊侵略越南，攻佔河內，伺機進攻

雲南。12 月，清廷命雲貴總督岑統英督飭抗法。

1883 年 12 月，中法山西之戰爆發，1885 年 6 月 9 日，兩國在天津簽訂《中法會訂越南條約》，清廷被迫承認法國對越南的保護權；中越陸路交界開放貿易；中國邊界內開闢兩個通商口岸，「所運貨物，進出雲南、廣西邊界應納各稅，照現在通商稅則較減」；法國商人可在此長期居住。中法戰爭正式轟開了中國西南門戶，使法國取得了侵略西南各省的基地，西南邊疆從此不得安寧。

蔡艮寅 13 歲中秀才後，北洋水師在遼東之戰中全軍披靡。山河變色驚醒了當時只知揮翰臨池，飽讀四書五經的小秀才，這樣的結局深深刺痛了他的心。長歌當哭，碧血丹心酬壯志，這件事卻改變了蔡艮寅日後的人生道路。

當他在日本讀書時，曾慷慨激憤寫下《軍國民篇》，提及：「甲午一役當前，中國人士不欲為亡國之民者，群起以怒吼叫號，發鼓擊鉦，聲撼大地。或主意變法自強之議，或吹煽開智之說，或破威詞以警公民之新，或故自尊大以鼓勵公民之志。未多少而薄國內外，風靡回應，皆懼為亡國之民，皆恥為喪家之狗；未多少有戊戌變法自強之舉。此振興之自上者也。逾年有長江一帶之動亂，此奮起自下者也。同時有北方諸省之略冬此受外族之憑陵，忍之無可忍，乃轟然而暴發者也。」

1896 年 12 月，蔡艮寅 14 歲應歲試（歲考），名列第一，1897 年 9 月，他又跟隨老師樊錐趕赴秋闈（邵陽鄉試）。幾場考試下來，使蔡艮寅的眼界大為開闊，他看見了不少汲汲營營於追求功名利祿的學子，也認識了許多憂國憂民的愛國志士。

蔡艮寅從小聰穎過人，但家境貧困，無力供養他讀書，後來蔡氏族長說，這個孩子是我們蔡家的千里駒，將來蔡家得靠他光耀門楣，於是決定用宗族祠堂的公田（舊時鄉下宗族的公田，主要用於供養族中孤寡之人或培養有潛

質的貧寒子弟）供蔡艮寅前去長沙的時務學堂求學。

　　沒有他的父母、沒有那清貧刻苦的年少，中國就不會有後來「南天樹義幟，為民爭人格」的蔡鍔將軍。蔡艮寅的父親定住山門直至去世，而做兒子的已是愈走愈遠了。從洞口、寶慶府到長沙；再從南京、上海到日本；返國後又從江西、廣西到雲南，最後病逝他鄉。

　　這條風霜萬里、沒有回歸路線的路──起點，是從蔡艮寅騎在父親的肩膀上走出來的。父親，一直是他心裡雄偉的雪峰山；母親，也始終是他心中無悔付出、川流不息而多情的湘江。而他，注定一生以「苦志」來完成父母親對他的期許，來報答故鄉皇恩后土的滋潤。

參考資料：

- 《蔡鍔集》（蔡端編）
- 《蔡鍔集》上冊（曾業英）
- 《蔡鍔軼事》（陳晨）
- 《鴉片戰爭》（陳舜臣）
- 《清日戰爭》（宗澤亞）

第二章

長沙求學，初研民主思想

儒學在中國傳統文化中有一特點，即它的「入世」精神。承襲這股精神的先賢先烈們，正因懷抱此入世精神而有著較為強烈且異於常人的憂患意識！憂患意識可以說是一種不同於現代知識份子的批判精神，現代知識份子，所求多是利祿和爵位（金錢和權力），所作多是滿足人類追求高尚物質生活的學問，他們少了古代儒者對天下國家那種不可推卸的社會責任感和歷史使命感。

所謂的憂患意識是抱有一種居安思危的情懷，為天下憂。面對今日世道澆漓、社會風氣敗壞的現象，我們有必要把儒家所具有一定程度批判精神的憂患意識加以提升和深化，重新帶給從政者和人們，再次喚醒大家對歷史和社會的重視，對國際瞬息萬變的局勢產生客觀性的觀察和關懷，而不是日日只活在自己所以為的太平之世的假象裡！

正直的人，堅持真理不回頭，常被認為是迂腐！勇於奉獻的人，堅持付出不求代價，也常被嘲笑是笨蛋！然而，地球劫難當頭，若沒有更多的笨蛋走出來，恐怕人人都難以逃離一場大浩劫！

維新運動湧現，長沙時務學堂誕生

在中國近代反侵略的戰爭中，甲午戰爭可說是規模最大、失敗最慘、影響最深的一場戰役。大量的戰爭賠款給人民帶來了沉重的負擔，中國社會舉步維艱，國家朝綱一蹶不振，不僅面臨政治上和軍事上的破產，原本就已羸弱不堪的經濟也隨之傾倒崩塌！

當時正在北京參加第三次會試的各省舉人，聽到《馬關條約》簽訂的消息後，對日本的囂張行徑無不感到義憤填膺，紛紛要求朝廷盡快採取有力舉措，對日本作出嚴懲。

4 月 22 日，一千三百多名舉人在宣武城松筠庵集會，公推康有為、梁啟超為代表，起草一份萬言書，準備呈遞朝廷。這份萬言書名曰《上今上皇帝書》，共約一萬八千字。書中康有為強烈痛陳「割地棄民」的嚴重後果，指出拋棄台灣將失全國民心，割地賠款更會招來亡國大禍！因此他主張「拒和、遷都、練兵、變法」，並提出四項解決辦法：

1、　下詔鼓天下之氣；
2、　遷都定天下之本；
3、　練兵強天下之勢；
4、　變法成天下之治。

康有為希望光緒帝能下詔書承認朝廷的錯誤，嚴懲喪權辱國的官吏，並遷都西安，實行變法，加強兵力訓練，以免來日外國列強再次進犯時，朝廷被迫與之簽訂更多的不平等條約，飽受凌辱。

5 月 2 日，康有為、梁啟超帶領各省舉人集會於都察院門前，遞呈《上今

康有為

上皇帝書》，請都察院代奏光緒帝。然而，「遷都」茲事體大，「拒和」也恐引發日方更強烈的報復，最後都察院並未將奏章遞交光緒帝。雖然公車上書「宣告失敗」，但這篇大義凜然、氣勢宏偉的文章，卻在民間抄謄廣泛流傳，激起了民眾強烈的愛國意識。

史稱康有為所發起的上書運動為「公車上書」運動（康有為七次上書中的第二次）。由於康有為領導了這次的上書請命，因而確立了自己在維新變法運動中的領袖地位。這次的公車上書正式揭開了「變法維新運動」的序幕，使維新思潮發展成愛國救亡的政治活動。

公車上書失敗後，康有為並不氣餒，他深知若要實現自己變法救國的政治雄心，唯一可行的辦法就是獲得光緒帝和士大夫們的支持，直接進入內閣參政，掌握實際大權。因此，就在各省舉人紛紛離去後，他鼓起勇氣，把萬言書略作修改，再次遞呈光緒帝，這是他的第三次上書。

這一次的上書終於遞交到光緒帝的手裡，光緒帝看了康有為所獻的救國策略後，讚賞不已，於是下令大臣謄抄數份分送慈禧太后、軍機處與各省督撫，以廣徵意見。康有為得知光緒帝同意變法推行新政後，大為感動，認為救國契機已經來臨。不過，由於康有為書中內容過於挑戰傳統，軍機處和各省督撫無法認同，遲遲不肯上奏皇帝表達意見，因此第三次上書再次宣告失敗。

雖然第三次上書仍是以失敗告終，但康有為並沒有就此放棄，他重新修正了變法圖新的基本綱領，等待機會向光緒帝遞呈第四次請願書。康有為在這次的上書內容中闡明了維新變法的宗旨：以繼續維護「君權至上」

公車上書

為基本原則，不變更國體，並由皇帝帶領朝野推動變法維新，拯救朝廷。

不久康有為考取進士，擔任工部主事一職，原本他想利用職務之便遞呈請願書，但工部主事無權直接上奏皇帝，必須交由工部堂官轉呈。工部堂官閱後認為書中內容過於激進，因此遭到無情拒絕。最後，康有為的第四次上書仍是以失敗告終。

在這幾次的上書中，康有為有系統地擘劃了變法維新的實行脈絡，從政治、經濟、文化教育的方面提出了卓越的見解：

在政治方面：

興民權，修改專制制度，實行君主立憲。康有為指出：「東西國之強，皆以立憲法，開國會之故。國會者，君與國民共議一國之政法也。」

在經濟方面：

興辦實業，發展民族工商業，並保護民族資產階級的利益。

在文化教育方面：

他提出了廢八股、倡西學、興學堂，開民智的主張。

政治、經濟、文化教育的變革方針，就構成了康有為變法維新的基本綱領。

第四次上書仍告失敗，康有為痛定之後，決心辭官，轉而深入民間，繼續新學救國的推動。他認為：「思開風氣、開知識，非合大群不可。」又說「合群非開會不可」，唯有如此，才能使新法深植於民心。他的觀念非常新穎，所謂的合群即是集合眾人的「合群意識」。好比如愛國意識需要眾人皆有之，明瞭愛國意識的合群作用和力量，方能展開救國的確實方法。同樣地，維新運動也需要「合群意識」，上至士夫黨人，下及民間百姓，不論來自哪個知識階級，哪種身份地位，只要合群團結，齊心協力，那麼「救亡富強」就在

不遠了。

為了實踐這個理念和願景，1895 年 8 月 17 日，康有為、陳熾和梁啟超在北京創辦了《萬國公報》，入會者數千人。為了使士夫黨人「漸知新法之益」，刊物隨當時的「邸報」免費送給在京的政府官員，在官海中產生不小的影響。

《萬國公報》是資產階級維新派所創辦的第一份刊物，作為觀察西方世界的視窗，該刊物為維新志士提供了許多寶貴的借鑑資料。對於維新運動所主張的救國方針，有著鮮明的時代特徵和深遠的歷史意義。

11 月中旬，康有為、梁啟超又在上海成立「強學會」，號召維新志士發憤圖強。這段期間，康有為認識了幾位高層官吏，如軍機大臣兼戶部尚書翁同龢、湖廣總督張之洞、兩江總督劉坤一、新建陸軍督辦袁世凱等人。由於他們的鼎力支持和資助，強學會的變法主張方能快速遍植於民間。

強學會的成立帶動了國家改革運動的風潮，自此，人心開始思變，「救亡圖存」的呼聲於是日益高漲。

從民間到中央，不少人紛紛上書朝廷，希望進行徹底的變革。這批不甘於國破家亡的有識之士在此時相繼崛起，他們大力呼籲檢討時政弊害已是刻不容緩；探索新的救國之路，更是迫在眉睫。於是在內憂外患的衝擊下與中西文化的碰撞過程中，這些新式思想家逐漸發展為一批新式的知識份子。他們逐步形成了一個共識：唯有「變法圖新」，才能拯救眼前已然衰弱不堪的國家！

他們認為，要救中國，唯有「維新」（更新之意，變舊法，行新政）；要維新，只有學外國。他們具有十分強烈的愛國主義熱情，希圖通過全面性的改革，使中國由古代社會轉變為現代社會，一步步走向獨立、富強、繁榮的新道路。當時，因戰敗而深感奇恥大辱的光緒帝在一片的呼籲聲浪中，也更加堅定了行走「求變圖強」的志向。

「維新」：是致力於中國邁向現代化之意；

「變法」：是大力改革中國舊弊政之意。

康有為帶動維新新潮後，全國各地的維新志士遂開始在北京、上海、湖南、廣東、天津等地積極策劃推動各項變法活動。他們開設學堂、創辦報刊、組織學會，以務實的精神和卓越的才幹，表現了超凡的落實力和執行力。

他們希圖製造變法輿論，培養變法人才，積聚變革力量，使維新變法運動逐漸高漲起來，最後風行草偃，在全國蔚為風氣。在變法圖強的過程中，康有為、梁啟超、譚嗣同、黃遵憲、張通典、陳三立、熊希齡、嚴復、唐才常、樊錐、江標等人發揮了突出的作用。

在維新思潮的擊蕩下，湖南是全國各省推行變法法令十分徹底的一省，尤其長沙被譽為是全國最富朝氣、最有生機、最為引人注目的地區，各種維新活動快速興起，蓬勃發展。在長沙維新志士中，有清末著名的維新派骨幹、湖南巡撫陳寶箴，他是當時地方督撫中唯一傾向變法的實權派風雲人物，與許仙屏並號為江西二雄。還有陳寶箴周圍的一些政要官員，如

晚清戰略家及維新政治家陳寶箴

按察使黃遵憲，曾充駐日使館參贊（外交人員）、三藩市（舊金山）總領事、駐英參贊、新加坡總領事等，被譽為「近代中國走向世界的第一人」，貢獻卓絕。

督學學政江標以及後來繼任督學的徐仁鑄，更是在發行報刊與督辦新學方面不遺餘力，起到轉變人心思想的作用。還有近代中國才華橫溢的一代天驕梁啟超；英雄橫刀向天笑；震撼無數民心的譚嗣同；帶動革命起義

近代中國走向世界第一人
黃遵憲

風潮的唐才常；倡導新學以救國的樊錐；主持新政籌辦學堂的熊希齡，還有清朝今文經學史上的關鍵人物、晚清變法和湖南改革史上的一位重要人物皮錫瑞，以及許多未具名的維新志士。他們湧自愛國血性，為義齊聚星城，在國勢傾墜、風雨如晦之際，艱難崛起，為國家注入了一股強大的希望。

這些人都是蔡艮寅的老師，對蔡艮寅一生的思想造化與人格養成可謂起到巨大的影響。這些老師當中，有一位性格剛烈，對維新變革極為活躍之人，他就是譚嗣同。

譚嗣同是湖南瀏陽縣人，年少時豪爽灑脫，胸有大志，博覽群書，深通群籍，廣習西方自然科學，是較早萌發維新思想的新知識份子。由於悲天憫人、憂國憂民的性格，譚嗣同 20 歲時就立志從軍，後來被分發至新疆，受到劉錦棠的賞識。劉錦棠認為國家正是需要譚嗣同這種具有大氣風度、忠義誠正、不畏生死的青年豪傑，因此決定向朝廷推薦他。不料劉錦棠必須回鄉看顧親人，加上譚嗣同不願與清廷內部的昏庸官吏為伍，因此此事便作罷！

離開新疆後，譚嗣同認為若要找出救國方針，那麼必得先從行訪各地，察看風土人情，瞭解百姓疾苦做起，於是他展開了十年的勘查旅途！他的足跡遍及了新疆、甘肅、河北、山東、陝西、河南、湖南、湖北、江蘇、安徽、台灣、浙江各省，留下了彌足珍貴的經驗！他經常獨自一人思索著，如何才能拯救國家的命運與民族的安危？百姓的疾苦又是什麼？最後他理出頭緒，認為中國積習太深，唯有向西方學習，致力於變法改革，中國才有出路！

譚嗣同回到湖南後，正好中日甲午戰爭爆發。然而，戰爭爆發以後，清軍節節敗退，不可收拾。為此，譚嗣同發奮要自立自強，倡導西方新學，以改變人民

期許為地球灑熱血的譚嗣同

的「軟弱思維」！剛開始他在瀏陽縣開設了一個學會，以教導西方新學為主，這個學會正是湖南全省新學的起點，可以說造就了全中國的新改革運動！不久，清廷與日本簽訂了喪權辱國的《馬關條約》，譚嗣同受到極大的刺激，認為再不加緊腳步推動新學，改造人心，則國家危矣！

譚嗣同雖然是維新志士，但他更像是革命先行者，他對君主制度充滿憎惡，恨那些昏庸官吏總是讀死書，貪贓枉法又欺壓百姓，把國家搞得殘破不堪！他曾經把歷代封建制度下的皇帝比喻為大盜，把歷代為封建統治服務的思想家罵為鄉愿，他以為正是這些大盜和鄉愿互相勾結，彼此利用，才織成了一張「盡窒生民之靈思」的封建天羅地網，陷中華民族於任人欺壓的地步！

譚嗣同早想將這張「禍害之網」除之而痛快，故而他說：「誓殺盡天下君主，使流血滿地球，以泄萬民之恨！」足見他對國家百姓的不捨，對清廷腐敗的痛心！

他還認為天地萬物，無不處在「變化日新」當中：「天不新，何以生？地不斷，何以運行？日月不新，何以光明？四時不新，何以寒暑發斂之迭更？草木不新，豐縟者歇矣；血氣不新，經絡者絕矣；乙太不新，三界萬法皆滅矣。」他所認知的維新，不僅是國家政治和策略的維新，實際上更是遍及天地寰宇，日日都在更新的維新，譚嗣同對國家和人民懷著無比赤誠的熱愛。

譚嗣同後來在北京結識了梁啟超，兩人志趣相投，因此結為莫逆之交，他們經常為了國家局勢互換意見。後來因緣際會下，一次譚嗣同在江南宣傳科學時，得到了湖南巡撫陳寶箴和按察使黃遵憲的賞識，與他們感情融洽，成為管鮑之交。

譚嗣同非常重視新式教育，他認為眼前若不能培育變法人才，則維新運動總有一天必將力蹙勢窮，走投無路。為了此一理想，他決定把在瀏陽開設學會、培養新學人才的理念投注在維新變法運動上。在他極力的推動下，「籌

辦學堂」以專門培養維新人才的計畫便大功告成！

湖南長沙「時務學堂」開始籌辦於 1897 年初，當時王先謙、張祖同、蔣德鈞、熊希齡等士紳「籌議成立寶善成製造公司，同時創為添設時務學堂之議」。這個提議獲得了巡撫陳寶箴和按察使黃遵憲等官方人士的認同，維新志士無不表示支持，因此在長沙維新人士的策動下，陳寶箴慨然以「變通湖南風氣」為己任，認為「國勢之強弱，繫乎人才；人才之消長，存乎學校」，於是出面在長沙籌辦時務學堂。

創設時務學堂之議既定，陳寶箴便委任黃遵憲、熊希齡具體負責學堂籌備事宜。1897 年 9 月，學堂在《知新報》發佈了《湖南時務學堂緣起》，闡明設立學堂與培養維新人才的辦學宗旨：乃「保國、禦侮、創新」、「提倡新學，鼓吹維新」、「廣立學校，培植人才」、「用可用之士氣，開未開之民智」以及培養「學通中外，體用兼賅」的新人才。

接著，陳寶箴又發佈了《時務學堂招考示》，宣佈「本年議定暫租衡清試館開辦，延聘中西學教習，擇期開學，先行招考六十名入堂肄業」。學堂招考公告一出，立即獲得官府撥款和各地紳商捐款，黃遵憲、熊希齡購得省城北門外侯家壟田數百畝，並立即建築學堂。新址竣工前，先是租用衡清試館，以後又假小東街（今長沙中山西路）劉權之故宅，最後遷至落星田（今長沙芙蓉區落星田街一帶）。

學堂既成，陳寶箴決定任熊希齡為提調（校長），主持一切行政事務。學堂爾後還決定聘請梁啟超擔任學堂中文總教習，李維格為西文總教習。譚嗣同也積極參與時務學堂的各項工作，還親手撰寫「攬湖海英豪力維時局，勗沅湘子弟共贊同華」的楹聯懸垂於學堂內，以示堅確決心。

學堂又另聘韓文舉、葉覺邁為中文分教習，王史為西文分教習，許奎垣為數學教習，唐才常、譚嗣同、黃遵憲、江標、韓文舉、歐榘甲等為中學分

教習（後來梁啟超離開長沙後，學堂又加聘歐榘甲、唐才常為中文分教習）。學堂體制完成後，黃遵憲與熊希齡即著手開始招生，於是在全國上下要求變法維新的高潮中，時務學堂應勢而出，在全國引起巨大轟動！

綜觀湖南推廣倡辦的新政績為數可觀，像內河小輪船、商辦礦務、湘粵鐵路、時務學堂、武備學堂、保衛局、南學會，都是譚嗣同提倡策劃的，這當中又以南學會最為盛大。開設南學會的用意是：集合南部諸省的志士，聯結為一氣，相互講述愛國的道理，謀劃救亡的辦法。

南學會會員決定先從湖南一省開辦，日後實行成功，可作為南方各省之楷模。同時，南學會還可作為一處會議廳，不管是維新運動措施上的探討，還是地方上的大小事，大家可以在會議廳裡一起議定而行。可以說，湖南全省維新風氣大開，譚嗣同功不可沒，除了為變法改革奠定基石外，也為救國運動紮下最厚實的根底！

在名師座下習得維新思想與觀見中國局勢的發展

時務學堂是湖南近代化教育的肇始，也是湖南所創辦的第一所新式學堂，它標誌著湖南教育已由舊式書院制度走向新式學堂制度。時務學堂招生的訊息發出後，很快就傳遍了湖南各地，蔡艮寅在老師樊錐門下學習時，已有耳聞梁啟超的大名，得知梁啟超即將到長沙辦學後，就十分盼望能進時務學堂深造，在梁啟超座下認真學習新學知識。

在老師樊錐的穿針引線下，蔡艮寅認識了當時的翰林院編修徐仁鑄。徐仁鑄非常賞識蔡艮寅，認為他年紀雖輕，卻滿懷理想抱負，倘若能好好栽培，來日必定可成為一名可造之材！於是在徐仁鑄的親自推薦下，蔡艮寅終得獲准參加時務學堂的考試。

蔡正陵和王氏得知這個消息後喜悅不已，但兒子此去進入省城讀書，前途滾滾，人生的際遇變化莫測，恐怕一年也見不到一次面了。離別就在眼前，

因此他們特別叮嚀蔡艮寅：「以後的日子，沒人陪在你身邊，你自己要照顧好自己。你的老師樊錐與你有約定，要你努力進取，增長見識，來日學成報效國家，這是你倆的約定，也是爸媽的期望。以後遇到什麼挫折都要勇敢去面對，朝著自己的目標邁進。」

由於家裡沒錢，經常捉襟見肘，蔡正陵和王氏把辛苦掙來的錢都拿來幫蔡艮寅準備食物。蔡艮寅拜別父母親友後，身上帶著幾顆鹹鴨蛋就出門了。母親特別囑咐他，說鹹鴨蛋不是正餐，是給他喝粥吃飯時的配菜，路上餓了時，「就只買飯不買菜」。接著父親又說：「洞口到長沙路途遙遠，能用走路的就走路，住得部分也是能省就省。」

父母倆邊說邊哭，依依不捨，然而，為了心中的理想，蔡艮寅不得不含淚拜別。由於必須徒步 700 餘里才能到達省城長沙，因此一路上蔡艮寅餐風露宿，只得在大樹底下過夜。雖然夢想就在前方，但可悲的是，此次的道別，竟是父親與蔡艮寅最後的訣別了！幾年後 1900 年至 1901 年期間，蔡艮寅在日本求學時，父親卻因重疾而病歿。

1897 年 9 月 24 日，時務學堂第一次招考，報名應考者達 4000 餘人，結果第一批只招收 40 人，蔡艮寅以第三名的成績被錄取為頭班學生，時年實歲 15 歲。結束了邵陽求學的歲月，投入代表國家新思潮運動的長沙時務學堂，蔡艮寅的少年生活到此就算正式結束，爾後換來的將是飽受風霜的考驗！然而，如果沒有風霜和磨難，又豈能造就一代軍神的堅毅人格？

同年 11 月，梁啟超和李維格先後離開上海，抵達長沙，他倆進駐後，第一批錄取的學生隨即正式開學。就在時務學堂開學不久，北京那邊傳來了德國強佔山東膠州灣的事件，帝國主義瓜分中國的狂潮正在不斷擴展著。當德國把山東劃為自己的勢力範圍後，其他列強也相繼效尤跟進，大家一致的目標就是瓜分掉這個資產豐盛的國家。為了救亡圖存，使愛國思想普及於更大

多數之國民，維新志士心懷「膠東之恥」，決定加快維新變法的步伐。

一日上課時，梁啟超告訴學生們：「各位同學，你們千里跋涉，不辭辛苦，從不同的鄉鎮來到長沙時務學堂求學，想必你們都懷有強烈的愛國之心，不忍見國家被帝國列強侵佔，百姓死於非命，才會毅然決然踏上這條救國之路！因此，在接下來的求學日子裡，你們一定要用功學習，才不辜負各位師長的期望！」

近代資產階級改良主義者梁啟超

提到時務學堂，就得談談中國近代這位大文豪梁啟超。他是戊戌維新運動的中堅分子，清末民初還曾執改良派牛耳，一生博學廣聞，對史學、文學、哲學、佛學及目錄學的研究頗多建樹，被譽為言論界驕子或輿論界權威。

梁啟超的稱號很多，靜的一面：他是資產階級思想家、史學家、文學家，畢生著述超過千萬字，是中國學術界一座難以逾越的高峰；動的一面：他是政治家、演說家、軍師。他曾遊歷西方列國，深感中國之所以落後在於「民智未開、教育落後」。因此回國後就積極宣傳建立學會、興辦學堂、出版報刊、創建中國近代圖書館等等。他是最早把西方資本主義文化教育介紹入國內，並提出改革中國文化教育的實踐者之一，也是率先提到「中華民族」一詞之人。

梁啟超抵達長沙後，親自起草了《時務學堂學約》十章，作為學生在日後學習上精神揚升的標的。學約十章包括「立志、養心、治身、讀書、窮理、學文、樂群、攝生、經世、傳教」，旨在培養學生維新變法的堅強毅志和不屈精神，並且特別強調經世之用，「以求治今日之天下所當有」。

第一章「立志」就是時務學堂的教學目的。立志章裡頭說：「《記》曰：『凡

學士先志』。孟子曰：『士何事？曰尚志。』朱子曰：『書不熟，熟讀可記；義不精，細思可精；惟志不立，天下無可為之事。』又曰：『學者志不立，則一齊放倒了。』今二三子儼然服儒者之服，誦先王之言，當思國何以蹙，種何以弱，教何以微，誰之咎歟？四萬萬人，莫或自任，是以及此。我徒責人之不任，我則盍任之矣！」

梁啟超認為學生必須具有志向，如果缺乏志向，「雖束身寡過，不過鄉黨自好之小儒；雖讀書萬卷，只成碎義逃難之華士」。然而，志向雖然確立了，所要堅持的卻不是小志向，所要追求的也非富貴名聲，而是要立遠大之志，「先立乎其大者，則其小者不能奪也，此為大人而已矣。立志之功課，有數端。必須廣其識見，所見日大，則所志亦日大」。身在亂世，梁啟超當時的見解頗一針見血，對學生的要求誠如古聖先賢教導代代龍族子孫的做人基礎一樣。

梁啟超還認為，「有志須先有智識始得」，這是說遠大的志向必須以淵博的知識作為基礎，「志既立，必養之使勿少衰。如吳王將復仇，使人日聒其側，曰：『而忘越人之殺而父乎？』學者立志，亦當如此。其下手處，在時時提醒，念茲在茲。此又一端也。志既定之後，必求學問以敷之，否則皆成虛語，久之亦必墮落也。此又一端也。」

既然志於道，更應該以天下為己任，他說：「學者既有志於道，且以一身任天下之重，而目前之富貴利達，耳目聲色，遊玩嗜好，隨在皆足以奪志。八十老翁過危橋，稍不自立，一落千丈矣。他日任事，則利害毀譽，苦樂生死，樊然淆亂，其所以相撼者，多至不可紀極；非有堅定之力，則一經挫折，心灰意冷，或臨事失措，身敗名裂。」

以天下為己任應「切於今日之用」，「凡學焉而不足為經世之用者，皆謂之俗學可也」。他主張學堂應該試著去聯繫當時中國的實際局勢和切身需要來教學，學生要能關心國家大事，學習既要窮其理，還要致知以為「經世

之用」，「於當世有所救」。他認為真正的教學在於啟發學生能於所學的內容「發明深義」，學生學習若不能觸類旁通，那麼再好的成績也是枉然。因此，學生學習應該啟發「深造有得，旁通發揮」的作用。

時務學堂除了立學嚴謹外，其教學內容也非常新穎，直接影響了蔡艮寅和其他同學們的思維發展。時務學堂的教學著重的是「中西並重」，也就是融中學與西學為一爐，傳授知識與道德並重。學生們除了學習中國古典史書，還要學習物理、化學、數學、地理、天文、憲法等學科，以瞭解當今國外政治局勢動態。正所謂「中學以經義掌故為主，西學以憲法官制為歸。遠法安定經義治事之規，近采西人政治學院之意」。

這種教學十分先進，目的是為了培養學生的自學意識，養成自律習慣，並進行因材施教，希圖所有學生產生獨立思考的能力，明辨是非以知天下事。決不要像清廷那些讀死書的官吏一樣，即便知曉天下事，卻是是非不分，間接禍害百姓之輩。

維新運動所闡揚的中西並重口號，其實是承自洋務運動的「中體西用」策略。其中的差別是，時務學堂在教導西學的同時，也會格外強調「研習中國舊學」的重要性。

梁啟超對舊學的重視，其實是承自其師康有為的教導。因此梁啟超在《時務學堂學約》第四章讀書中說：「今時局變異，外侮交迫，非讀萬國之書，則不能通一國之書。然西人聲、光、化、電、格、算之述作，農、礦、工、商、史、律之紀載，歲出以千萬種計，日新月異，應接不暇。惟其然也，則吾愈不能不於數十寒暑之中，劃出期限，必能以數年之力，使學者於中國經史大義、悉已通徹；根柢既植，然後以其餘日肆力於西籍。夫如是而乃可謂之學。今夫中國之書，他勿具論，即如注疏、兩經解、全史、九通，及國朝掌故、官書數種、正經正史、當王之制，承學之士所宜人人共讀者也。」

梁啟超曾多次表示對舊學的消亡感到憂慮，他說：「啟超竊以為此後之中國，風氣漸開，議論漸變，非西學不興之為患，而中學將亡之為患，至其存亡絕續之權，則在於學校。」因此他強調學堂學生首先須通曉「中國經史大義」，然後方能致力於「西籍」的教導。

學生既要「精通中國要籍一切大義」，還要「旁征遠引於西方諸學」。因此，他主張把儒家六經和周秦諸子與「西人公理公法之書」、「歷朝掌故沿革得失」、「泰西希臘羅馬諸古史」、「今日天下郡國利病」以及「西國近史憲法章程之書」進行對比以研習之、融合之，並從中求得「治天下之理」和「治天下之法」。

他也在第九章「經世」中說：「必深通六經製作之精意，證以周秦諸子及西人公理公法之書以為之經，以求『治天下之理』；必博觀歷朝掌故沿革得失，證以泰西希臘羅馬諸古史以為之緯，以求古人『治天下之法』；必細察今日天下郡國利病，知其積弱之由，及其可以圖強之道，證以西國近史憲法章程之書，及各國報章以為之用，以求『治今日之天下所當有事』，夫然後可以言經世。」

中國經史大義就是傳孔子「太平大同」之教於萬國，梁啟超還為學堂撰寫了《讀春秋界說》和《孟子界說》，藉此向學生灌輸變法改制思想和大同民權學說。在講學過程中，教習們會不斷嚴以要求學生們反覆鑽研，以契入《春秋公羊傳》和《孟子》中所闡述的民權思想，然後再擇取中外政治法律來進行比較參證，讓學生能明瞭維新變法的真實目的。

教習們還「與諸君子共發大願，將取中國應讀之書，第其在誦課之先後，或讀全書，或書擇其篇焉，或讀全篇，或篇擇其句焉，專求其有關於聖教，有切於時局者，而雜引外事，旁搜新義以發明之，量中材所能肄習者，定為課分，每日一課。經學、子學、史學與譯出西書，四者間日為課焉；度數年

之力，中國要籍一切大義，皆可了達；而旁證遠引於西方諸學，亦可以知崖略矣。夫如是則讀書者，無望洋之歎，無歧路之迷，而中學或可以不絕。今與二三子從事焉，若可行也，則將演為學校報以質諸天下。」

在「旁證遠引於西方諸學」方面，梁啟超則撰編了《讀西學書法》和《西學書目表》，藉此向學生介紹西學著作及其源流，並灌輸西方資產階級社會政治學說。

根據學堂中西並重的教學原則，學堂課業分為博通學與專門學兩類，博通學有經學諸子學、公理學、中外史志及格算諸學基礎四門；專門學有公法學、掌放學、格算學三門，學生所讀之書，有專精之書和涉獵之書。學堂尚有萬國家書，包括聲光化電格算之述作以及農礦工商史律之紀載，還包括憲法官制之學，可以說時務學堂是中國近代教育史上傳授知識極為開放而博通的先驅。

時務學堂還規定教習們在每天講課完畢後，要向學生提出有關「目前事理或西書格致淺理」、「各報所記近事」等方面的問題。目的是讓學生養成自動自發、精思以對的學習精神，以及勇於抒發自己所見、發表自己看法的習慣。梁啟超說：「經世之功課，每柔日堂上讀書功課畢，由教習隨舉各報所記近事一二，條問諸生以辦法，使各抒所見，對既遍，然後教習以辦法揭示之。」

在當時，時務學堂的教學方法與實踐方針可謂之前衛和新穎，以致有學者認為，現今的大學教學方式，還不見得能與時務學堂相提並論。而後來時務學堂也向世人證實了一件事，他們所教導出來的學生，日後都是具有能左右中國局勢的英雄偉人，這是極其令人讚嘆的一點。

革新出征戰鼓擂響，激盪著蔡艮寅的胸懷

時務學堂還規定學生上課時每人要準備箚記本，將每月所讀書籍的筆記

和心得詳細記載於上面。有什麼疑問也可以寫成字條投入「待問匭」，教習們將會逐一回答指導，問題詳細者則刊登在學校的報紙上，以供大家研討。學堂每月還有幾天為「同學會講之期」，亦即學生們在教習的指導下互相交流劄記本，切磋所學，「或有所問，而互相批答，上下議論，各出心得」。

時務學堂總教習合影

學堂教習：左起葉覺邁、譚嗣同、王史、歐榘甲、熊希齡、韓文舉、唐才常、李維格

教習們對學生的劄記課卷都會認真批改，每一劄記或課卷都會寫上批語，有的竟長達上千言。有時為了批改劄記和課卷，教習們竟然徹夜不眠。

1897年秋，梁啟超抵達時務學堂後，曾在《清代學術概論》中曾這樣描述，自己「以《公羊》、《孟子》教，課以劄記；學生僅四十人，而李炳寰、林圭、蔡鍔稱高才生焉。啟超每日講課四小時，夜則批答諸生劄記，每條或至千言，往往徹夜不寐；所言皆當時一派之民權論，又多言清代故實，臚舉失政，盛倡革命；其論學術，則自荀卿以下漢唐宋明清學者，掊擊無完膚。時學生皆住舍，不與外通，堂內空氣日日激變，外間莫或知之，及年假，諸生歸省，出劄記示親友，全湘大嘩。」

學校雖然「不與外通，關閉辦學」，但是「批評時政、盛倡革命」卻比誰都還激烈！當頑固派仍堅持「天不變道亦不變」、「祖宗之法不可廢除」的同時，時務學堂已經擂鼓出擊了！他們甘冒天下之大不諱，背叛傳統祖制，

為的就是替中華民族爭得繼續生存下去的生機。

面對來自西方文明的挑戰和中國前所未有的危機，他們深刻認識到，「半部《論語》治理天下」的時代已經過去了！聖賢書籍和傳統武庫或許仍舊具有規範人心、穩定社會秩序的作用，但已不足以應對眼前的巨大危機了！

儒家愛好和平，教導以德報怨，處處以禮優先，一廂情願追求安定祥和的民族密度，的確是十分崇高的文化水平，但卻無法阻擋蠻橫勢力的侵犯。原因是那一套存留在中國文化裡的「士大夫」和「文人」的封建思想，世世代代根深蒂固紮根在人民心中，人民認為這是至優、至高、至上的文化水平，故而不願意改變這種制度。

加上民眾誤解了百家當中無為、無我、空性、仁慈的思想內涵，固守無為，柔弱不堪，當西方帝國主義國家以堅甲利兵不斷進行侵略時，中國只能乖乖就範。如果不改變，中國就難以逃脫淪為階下囚的悲慘命運。因此，時務學堂願意作為那個時代的火車頭，荷擔起革新的使命，帶領各省已然覺醒的仁人志士，一同面對眼前的巨大浩劫！

對於中國文人來說，這是一個蛻變的起點，然而，「蛻變」何其艱辛？又談何容易？並非把新學當作茶餘飯後談天說地的話題，或是大家口耳相傳，極力讚賞它的優點和好處，就能導致人民心靈意識的集體轉變！蛻變需要迎接舊體制的衝擊與挑戰，倘若智力、心力和定力不足，就會被打得粉身碎骨，最後煙消雲散。

清末至民初，革命黨人與維新派所帶領的「蛻變運動」，大約持續了半個世紀多，時至今日，兩岸依然分裂，種族分歧意識盤踞人們心中，因此，「蛻變依然尚未功成，革命依舊尚未成功」！可想而知，蛻變是何其的艱辛？從個人、家庭、機關團體、社會、民族、國家，到整個地球，數千年來，蛻變始終沒有成功過，人心密度的轉型也依舊是失敗的。然而，只要秉持先賢

先烈的精神，繼續奮鬥下去，階段性的社會蛻變或許仍能功成。

時務學堂的講授和批答，發前人所未發，是非常先進的教育方式。教習們對學生表現出來的進步思想給予熱情鼓勵，加以點撥，同時教習們在批答箚記時，往往會透過批答學生箚記本的時機，借題發揮，鋒芒直指封建專制的腐敗，讓學生們能沿波討源，融會貫通，瞭解民權平等思想的真諦。

時務學堂第一次招考後，梁啟超曾於 1898 年 1 月，在題為《論湖南應辦之事》的致陳寶箴書中說：「今之策中國者，必曰興民權。興民權斯固然矣，然民權非可以旦夕而成也。權者生於智者也，有一分之智，即有一分之權；有六七分之智，即有六七分之權；有十分之智，即有十分之權。」梁認為時務學堂辦學目的本就在於「興民權」，但若要民權興，首務之要乃應先「開民智」，廣招新生。「是故權之與智，相倚者也，昔之欲抑民權，必以塞民智為第一義；今日欲伸民權，必以廣民智為第一義。」

梁啟超主張學堂應擴大招生名額，為湖南真正廣植人才。除了學堂「內課生」之外，另再招收「外課生」，吸收 20 歲以上的有為青年，讓各州、縣鹹調人來學也，「大抵欲厚其根柢，學顓門之業，則以年稚為宜；欲廣風氣觀大略，速其成就，則以年稍長為善。蓋苟在二十以上，於中國諸學曾略有所窺者，則其腦筋已漸開，與言政治之理，皆能聽受，然後易於有得。故『外課生』，總以不限年為當」。

學生上課後，「先須廣其識見，破其愚謬」，再「與之反復講明政法所以然之理；國以何而強，以何而弱；民以何而智，以何而愚；令其恍然於中國種種舊習之必不可以立國。然後授以東西史志各書，使知維新之有功；授以內外公法各書，使明公理之足貴；更折衷於古經古子之精華，略覽夫格致各學之流別」。

如此使他們粗明新學，日後方有可能成為國家棟才。「大約讀書不過十

種，為時不過數月，而其見地固已甚瑩矣」，久而久之，不斷摩激他們的熱力，「鼓勵其忠憤，使以保國、保種、保教為己任，以大局之糜爛為一身之恥疚」。

梁啟超提到當前「大局之患，已如燎眉，不欲湖南之自保則已耳，苟其欲之，則必使六十餘州、縣之風氣，同時並開，民智同時並啟，人才同時並成，如萬毫齊力，萬馬齊鳴，三年之間，議論悉變，庶幾有濟，而必非一省會之間，數十百人之局可以支援，有斷然矣」。從這裡可看出梁啟超推動維新運動的雄魄企圖。

最後梁啟超總結說到，湖南眼前應立即著手進行三件大事：「一曰開民智，二曰開紳智，三曰開官智。」以為日後變法運動做好萬全計策。又說：「竊以為此三者，乃一切之根本，三者畢舉，則於全省之事，若握裘挈領焉矣」。梁啟超還勉勵大家說：「其事至繁，其勢至散，一人之精神，有萬不能給之勢，然舍此則又無可倚畀。」

在看完梁啟超獨闢的見解後，湖南巡撫陳寶箴決定悉數採納梁的建議，時務學堂後來招考遂招收了外課生和附課生。陳寶箴大倡新政，令時務廣招新生與廣植人才之舉，終使得湖南學風丕變，民智大開。在時務學堂的帶動下，湖南各地紛起仿效，全省學堂林立，於全國首屈一指。新式思想知識份子大出，對日後國家的命運產生了巨大的影響。

梁啟超後來曾回憶說：當時學科的設置「殊簡陋，除上堂講授外，最主要者為令諸生作箚記，師長則批答而指導之，發還箚記時，師生相與坐論。時吾儕方醉心民權革命論，日夕以此相鼓吹」。梁啟超的意思是說，當時學堂的條件比較差，學堂除了上堂講授外，最主要的方式是讓學生作箚記，師長則是透過批答來給予學生指導。發還箚記時，師生相坐討論，醉心民權，討論革命，日夕以此相鼓吹。

雖然時務學堂的條件比較差，但是它所起的作用卻非同小可！然而天底

下沒有不透風的牆，時務學堂的上課情況被傳出去後，就成為了後來戊戌政變最有力的一堵牆。時務學堂的用心，也為日後苦難的中國鑄就了一批真正的革命先行者！

我們都知道，人格特質可以透過教育學習而有所改變。但若要促使人格發揮強大的力量，則不僅要具備優良的教育，還要透過意志力的鍛鍊，讓人格淬煉成具有耐壓抗難的特質。時務學堂培育人才的方式即：讓學子把先進的知識和耐苦的意志融合在人格裡面，並運用於志向所及的各種環境中，去伸展抱負。在當時，時務學堂這些激昂的言辭，對於那些深受思想禁錮的青年學子來說，猶如是出征的戰鼓，聲聲擂響在胸腔裡，跌宕澎湃，不斷激勵著他們投身到改造社會、拯救民族中去。並化為最堅韌的力量，撐起民族脊樑。

第二節　變法大幕蒼涼落下，
「時務」之心永誌不忘

梁蔡師生建立起歷久彌堅、終身不渝的深厚感情

蔡艮寅進入時務學堂學習後，篤志好學，上課聚精會神，勤奮向上，老師梁啟超、譚嗣同和唐才常對這位小學生都留下了極深刻的印象。

梁啟超對這位年紀最小的高材生深覺滿意，平時還勤加扶掖點撥，期許他能出人頭地，為國家、為民族幹一番大業！蔡艮寅特別珍惜這份知遇之恩，也愈來愈能明瞭學堂教習們為維新變法運動四處奔波的苦心。他與老師們的互動一直是建立在憂國憂民的教學上，也因此培養出濃厚的師生情誼。

在班上，蔡艮寅雖然年紀很小，但即使如此，他在學習上懂得溫故知新，

新發於硎，成績卻非常出色，無論算術、語言，還是經史子集，猛著先鞭，「在堂上每月月考，皆居前列，英氣蓬勃，同學皆敬慕之」。蔡艮寅、李炳寰和林圭並稱為學堂三大高材生，深得師儒器重。

據當時一同考進學堂的唐才質回憶到，在同學中，他對李炳寰與蔡艮寅二人的印象最深，因為「虎村（李炳寰）年長於余，且同住一宿舍，意氣投合，遂換帖為兄弟。松坡（蔡艮寅）在同班年齡最小，體質亦復文弱，初不為人重視，然而言論見解，有獨到之處，知少年好學，根底甚為深厚也。」

在一大批知名維新人士的教誨、陶冶和影響下，蔡艮寅的學業、思想和心智都得到了更大的長進和突變。蔡艮寅課暇之餘還會和師友言學論政，每每談到時下政治敗壞的話題，義憤填膺的他，總立誓要貢獻自己的一切力量，挽救國難。此後，蔡艮寅便緊緊跟隨梁師學習，師生兩人默契十足，建立起了歷久彌堅、終身不逾的深厚感情。在時務學堂艱苦的學習過程中，蔡艮寅鐵中錚錚，他所寫的箚記，體系恢弘，理論深邃，大多數都得到梁啟超的認可。

從 1898 年長沙版的《湖南時務學堂初集》中，可以看到保留下來的部分箚記，從蔡艮寅所寫的箚記與梁啟超的批語中，可以窺見時務學堂當時的教學情況。蔡艮寅所寫的箚記中，梁啟超雖然時有辯駁，然而更多的批語則是「極通」、「比例精當，見地瑩澈」或「若能每條以此求之，則聖人之意不難見矣」。

現在我們就從 1898 年長沙版的《湖南時務學堂初集》來看看蔡艮寅的部分箚記。

蔡艮寅向老師梁啟超問道：

孔子大一統所以泯殺機也。今之賢士大夫欲督其督、郡其郡、邑其邑，無乃與夫子大相剌謬乎？

教習梁啟超批：

古今萬國，所以強盛之由，莫不由眾小國而合為一大國，見之美國、英國、德國、義大利、奧斯馬加、日本、瑞士皆是也。前此互爭，是以弱，今合為一，是以強。孔子大一統之義，正為此也。見美、日諸國所辦各事，皆有數種大政提歸政府辦理，如海軍、陸軍、刑律、交涉之類；其餘地方各公事則歸各地方自理，政府不干預之。此是最善之法。今中國則反是。如海軍之類，應歸於一者也。而南、北洋各自為政，不相顧焉。一盜案之微，州、縣治之足矣，而上勞朝審，皆極可笑。然至今日，方且並此之法而不能整頓，於是，中國不徒變為十八國，並且變為四萬萬國矣。國權之失，莫過於是。政府現無可望，則不得不致望於督撫、州、縣，若能有一省、一府、一縣之整頓，則餘省、府、縣亦不無萬一之望。

蔡艮寅認為，現今的大小官吏、有學問者，總是喜歡各自為政，各做各的，違背了孔子當初周遊列國時所推廣的「大一統思想」。中國歷朝歷代藩鎮割據、宦官為患、朋黨連營三大頑疾，正是造成國家屢屢分裂的緣故。

梁啟超閱後說：古今各國之所以強盛的原因，莫不是知曉由眾小國合為一大國的道理，美國、英國、德國、義大利、奧斯馬加（澳大利亞）、日本、瑞士這些強國就是最好的例子。

當時教習們在學堂上無不大力鼓吹平等、民權學說，孔子的大一統思想並非是建立在各督、各郡、各邑各自為政的基礎上，而是建基於「民主」、「民本」、「民權」的思想和制度上。孟子就曾說過：國君在用人、去人、殺人時，應該傾聽國人的意見。他還提到：天子不能以天下與人，舜得天下是「天與之，人與之」，充分詮釋了民貴、民優、民本、民權的思想。

蔡艮寅深受教習們的影響，曾著文指斥「伸君權思想流弊無窮」，還著文主張中國應「益之以西人之法」，學習西方的「議院之制」。

與此同時，1898年2月，蔡艮寅和同學還積極加入譚嗣同、唐才常兩位老師所發起的「南學會」。長沙南學會成立後，蔡艮寅的老師樊錐也立即做出回應，並在邵陽組織「南學分會」，被公推為分會長，常奔走於邵陽和長沙之間。

1897年11月發生德國強佔山東膠州灣事件後，其他帝國主義紛起效尤，中國面臨被瓜分的命運，因此譚嗣同做了最壞的打算。他認為中國一旦被列強瓜分而亡國，若那一天真的來臨，則須「作亡後之圖，思保湖南之獨立」（腹地自立），使「南支那」不致滅亡。

聽到譚嗣同的這一番話，維新志士們便開始大張旗鼓，積極籌畫各項新學推廣，宣傳救亡。他們還發展地方自治，並聯絡廣東，試圖以湖南和廣東為中心，實行維新變法。倘使變法有成，而後再圖如何救中國。

譚嗣同的作法，獲得了康有為、梁啟超和時務學堂師生的鼎力支持。康有為認為，如果中國被列強瓜分，則湖南還「可圖自主」，即使中國最後被割分殆盡，也能留下湖南這一片南方淨土，作為日後「黃種之苗」。梁啟超也認為，「為今日計，必有腹地一、二省可以自立，然後中國有一線之生路」。

局勢惡化至此，怎不讓人感到憂心忡忡，困惑不已？所以維新志士與時務學堂的老師們才希望能為中華民族留下最後的炎黃印記，希圖這份命脈來日可以再次茁壯盛大，把古聖先賢良好的精神再次傳揚人間，遍植大地。

緊接著，3月7日，《湘報》成立，把維新運動推向了更高峰。《湘報》是湖南近代新聞史上的第一份日報，也是湖南戊戌變法運動中最具影響力的日報。《湘報》以「開風氣，拓風聞」為主旨，宣揚「愛國之理」和「救亡之法」，同時倡導「變法改制」，以西方資產階級政治改革的歷史和社會學說為範本，試圖收攬更多的愛國有為青年，與封建頑固勢力展開長期對抗，以期拯救國家當前頹勢。

《湘報》問世後，樊錐曾積極參與《湘報》的編輯工作，與梁啟超、譚嗣同、唐才常等人成為主要的撰稿人，並先後在該刊發表了《開誠篇》、《發錮篇》和《勸湘工篇》等文章。在《開誠篇》中，樊錐說：「革從前，搜索無剩，唯泰西是效」。他猛烈抨擊封建頑固派的因循守舊，故而大聲疾呼：「時勢所迫，運會所趨，不窮則不變，不變則不通，不通則不久，不久則中國幾乎絕也。」樊錐認為，中國唯有「全盤西化」，讓歐學成為社會時下思潮，中國才有出路。

維新志士《湘報》，宣傳變法維新

一味盲目崇拜西方文化，在現代人看來覺得頗不可思議，畢竟，東西方文化各見所長，也各有所缺，並無法去評斷孰優孰劣？唯有互補與調和，才能促使地球邁入祥和之境。然而，在那個年代，那個處處以封建思想約束人心的年代，學習西方的憲政民主與法治規章卻是拯救腐敗中國不得不為之舉。

樊錐還在《發錮篇》中鞭撻封建統治者的愚民政策，指出「自民之愚也久矣，不復見天日也亦已甚矣。其上以是愚之，其下復以是受之，二千年淪肌浸髓，桎夢桎魂，酣嬉怡悅於苦海地獄之中，縱橫馳逐於醉生夢死之地，束之縛之，踐之踏之，若牛馬然，若莓苔然」。

他認為中國人既是「桎夢桎魂，酣嬉怡悅於苦海地獄之中，縱橫馳逐於醉生夢死之地」，則唯有維新變革，向西方的專長學習，方得以救亡圖存。他說：「夫新學與舊學相水火……吾新今，夫吾之所以不能不新，而不忍不新者，非獨為一人之美名也，非獨為一人之私利也……其意不過止於存中國，保教種，勿使數千年神聖之區，一旦殄滅以澌盡，踏波蘭、印度、阿非之覆轍而已。」

如要使中國保教種，不致覆滅，則唯有「四海一心，一心者人人所自主

之權，人人以救亡為是。窮極生變，禦極生智」。但要如何「窮極生變」？聰明絕頂的樊錐提出了與孔子大一統理想相仿的論點——公天下！他說：「夫天下之理，天下公之；天下之事，天下公之；天下者，天下公之。公天下而為之，為之而效之，效之而成之。雖不新可也，不新猶新也。雖不同可也，不同猶同也。」

在倡導「人人救亡」時，樊錐還主張「資產階級的民權平等學說」。他要求「起民權、撰議院、開國會」，使「人人有自主之權」。民權若得以伸張，民意若有所依附，則人人關心國家大事。人人覺醒，社會集合意識抬頭，「大興藝學，眾建學堂，宏創工廠，富購機器」，則人心高尚、中國富強指日可待。

在那個年代，樊錐的這種思想可謂相當前衛和新穎，其見解細緻周詳，所提出的方案鏗鏘有力，以致這些針砭時弊、慷慨激昂的文章在當時產生了主導性的影響，而他也順理成章成為了維新運動中最重要的代表人物之一。

他還曾上書湖南巡撫陳寶箴，要求「開拓用才之術」，並具體提出「變科目之才」、「變農之才」、「變工之才」、「變商之才」、「變天下之才」、「變婦女之才」的實際方法。這類的思想和見解在當時都是首開新學之風，足見他對維新變法方針的獨到見解，也足可瞭解他對國家百姓的赤誠與熱愛。

在老師樊錐的影響之下，蔡艮寅也常在《湘報》上發表激烈文章，鋒芒初露，引人注目。比如他在 1898 年 7 月 12 日所發表的《〈後漢書‧黨錮傳〉書後》一文：

《〈後漢書‧黨錮傳〉書後》

有以心黨，有以氣黨。無量世界食其賜，不無畛域，氣黨也。言為天下法，行為天下賜。人力所通，舟車所至，凡有血氣，莫不尊親。匯萬流之精，貫百王之英，是謂心黨之上。合大群，立大功，成大業，救大危，釋大難，有所畛域，是謂心黨之次。揭大義，號召天下，挺然其獨立也，莽然其眾適也，

萬槍不敢過，萬挫不可鈍，視人之仇，如己之恨，破身爛肉，以伸人義，是謂氣黨之上。理不必直，義不必宜，惟以一腔熱血，數片橫骨，是謂氣黨之次。

嗚呼！心黨尚矣，吾不得而見矣。竊汗且喘，揭蘖走天下，欲求古人所謂氣黨者，而亦跫然足音，千載寥廓，罔一遇焉。嗚呼！其故何由哉？其在上者，秦政剝之，漢桓、靈剝之，魏武剝之，兩晉、南北、五祀、唐、宋、元、明之民賊，靡不出死力以剝之；其在下者，漢之訓詁剝之，六朝、唐之辭章剝之，宋之章句剝之，自元至今帖括剝之，以至有匈奴之禍，五胡之禍，突厥、吐蕃之禍，契丹、回回之禍，金、遼、蒙古之禍，今則有無面無禍，無地不禍，無日不禍。其剝愈甚，其受禍更不可拯。悠悠千年，往車來軫，何其哀也！

祖龍之鞭笞諸侯也，孟嘗、信陵黨出，而秦氣奪矣，山東黨出，而氣銷矣。呂氏之篡也，朱處（虛）黨出，而大亂滅矣。王莽之弒也，白水黨出，而中原恢復矣。董卓之劫也，關東黨出，而奸首授矣。曹武之逆也，涿郡黨出，而瞞魂折矣。符堅之囂張也，安石黨出，而賊破矣。武氏、韋氏之僭也，狄、張、隆基黨出，而宗廟寧矣。惇、蔡之弄也，洛、蜀黨出，而心志稍蘇矣。中興之亂也，曾、胡黨出，而大亂弭矣。美之制於英也，華盛頓黨出，而大阱出矣。德之滅於法也，俾斯麥黨出，而抽複矣。法之覆於德也，爹亞黨出，而國勢張矣。日本之劫於餓、英、美也，薩長浪士黨出，而維新成矣。

嗟夫！中國亦天下之雄國也，初挫於英，不知振；再挫於法，不知振；三挫於日，不知振，以致君無黨君，卿無黨卿，士無黨士，農無黨農，工無黨工，商無黨商，婦無黨婦，無氣之氣，無心之心。嗚呼！尚能有為哉！尚能有為哉！不寧惟是，一、二豪傑之士，告之以黨術，授之以黨權，導之以黨路，求所以藥其不黨之痼疾而起者，而舉天下非笑之，戮辱之。甲與乙相善也，甲處大澤，群虎相與謀之。乙乃大聲呼也，而授之以禦虎之器，而指之以禦虎之方，甲謂乙誑己，莫之信。未幾，而爪牙臨身，乙愈憐之，而呼

之愈疾，而語之愈哀。又視為驚己，將信而將疑之。未幾，而虎果來矣，知乙之不誑己，不驚己，靡及己。

哀乎！今之計也，四萬萬人不足恃，足恃者自一人而已。一可十，十可百，百可千，千可萬，萬可四萬萬。不然，秦賴楚，楚賴秦，究無一可賴。今日之中國，深中此弊也。國之破，不足慮，種之厄，不足慮，惟教之亡，足慮，心之死，氣之銷，足為大慮。心不死，氣不銷，則可望俾斯麥生，爹亞生，薩長浪徒生也。中立而不倚，強哉矯！國無道，至死不變，強哉矯！此保教之道也。籲！孟子所以不動心於戰國之時也。

9月22日，蔡艮寅還發表了《秦始皇功罪論》：

《秦始皇功罪論》

千古之罪，未有一人成之者；千古之功，未有一人樹之者。堯不舜，必為鯀惑已；舜不得皋陶，必為瞽瞍惑已；武王不得薑召，必為管蔡惑已；桓公不得仲，必為豎刁諸人惑已。紂有飛廉，故其爆成；平有無費，故其奸成；蜀有黃皓，故其記亡成；魏有司馬，故其篡成；宋有京檜，故其和成。秦得非然歟？有商鞅並井田廢成，詩書燔成，宦游禁成。有穰侯而奢侈成，吞吃苦民；有白起，蒙恬而殺戮成；殘酷成。始皇被臣下之錮蔽，因數祀之遺規，非心為此也，勢此也。非自然之勢成之，不獲已之勢成之也。始皇痛當世之士各以其繒繳之說以弋其上，所用非所吐，所吐非所用，此其禁宦遊、燔詩書之不獲已也。痛周天下之亡，亡於諸侯，諸侯之亡，亡於世卿，此其夷封建為郡邑之不獲已也。至一其廢井田，好殺戮，好奢侈，此其成於祖宗限於臣下之不獲已者也。然則無片過乎？曰：始皇乃千古之大罪人也，烏無過！過何？不智民而愚民而已。然亦由於私天下之心不獲已。一言蔽之：始皇之功不成功者，不獲已也；罪不成罪者，不獲已也。師之，當師其所以興；革之，

當革其所以亡，可也。籲！聽言不可不慎也，用人不可不慎也，始皇其高抬貴手歟！

蔡艮寅在文中揭露，正是歷代獨夫民賊，以及訓詁、帖括的剝民之舉，方造成中國今日「無面無禍，無地不禍，無日不禍，其剝愈甚，其受禍更不可拯」的境地！他還在《秦始皇功罪論》中披露秦始皇的罪過，在「不智民而愚民而已」，雖一統霸業，看似建長城貢獻後人良多，但為了霸權而實施「控民政策」，使得當時中國人民智慧教育不進反退，愚民增多，有福而無智，身為人之不幸莫過於此。

蔡艮寅所寫的文章都是借古鑑今、針砭時政的激進文字。即使當時蔡艮寅才16歲，但是對歷史、對國家、對社會、對民族，卻能夠有如此深刻的認識，而痛下緘砭，在在都體現了他救國救民的決心。

讀古人書，能夠體會聖賢本意，發掘如此精闢之新意，而且思深慮遠，憂國憂民之情，溢於墨紙：「揭大義，號召天下，挺然其獨立也，莽然其眾適也，萬槍不敢逼，萬挫不可鈍，視人之仇，如己之恨，破身爛肉，以伸大義。」這不能不使同樣滿腔熱血、憂國熱腸的教習們為之感動了！「惟以一腔熱血，數片橫骨」，已表露了蔡艮寅的心跡，他願如梁啟超、譚嗣同、唐才常等人一般，為了國家，在所不辭。

時務學堂宣導人人平等的民權思想，以及師生共同切磋、探尋真理的學風，在蔡艮寅的心靈深處留下了不可磨滅的印記。在湖南維新運動風起雲湧的高潮中，他已是氣血翻騰，逐步確立了自己報國、救國的志向！

他更期許自己在未來國難當頭時，一定要百折不撓，銳意向前走去！老師們已經注意到他慷慨激昂的救國切志正在茁壯，於是紛紛讓他從中參與維新會議，共商大計。

變法大幕蒼涼落下，百日維新宣告失敗

1897 年 11 月，德國強佔山東膠州灣，德軍蠻橫殘暴，破壞孔子像後，又將其雙目挖去，引起舉國民眾的強烈憤怒。當時在廣州的康有為聞知後，認為「京師門戶洞開，國勢可危」，於是急忙趕赴北京，於 12 月 5 日展開第五次上書。

第五次書全文 6000 餘字，書中他說：「地雷四伏，藥線交通，一處火燃，四面皆應，膠警乃其藉端，德國固其嚆矢耳。」又說：列強瓜分中國，已如箭在弦上，十分危急。如此下去，恐自爾之後，皇上與諸臣雖欲苟安旦夕，歌舞湖山而可不得矣，「宗社存亡之機，在於今日」！

由於措辭過於激進，康有為的上書遭到扣壓，因此，光緒並沒有立馬看到第五次上書的內容。雖然如此，康有為對局勢分析懇切，條條切重要害，因此書中內容很快就在京城內外傳播開來。不久，軍機大臣翁同龢把康有為引薦給光緒帝，說：「康有為之才過臣百倍，請舉國以聽！」光緒聞後大喜，於是決定親自召見。雖然恭忠親王奕訢阻攔，光緒仍於 1898 年 1 月 24 日，邀請康有為至總理衙門一晤。

為了考驗康有為的能力，光緒要他與與李鴻章、翁同龢、榮祿等幾位大臣展開有關維新變法的辯論。會後，光緒親閱康有為第五次上書的內容，被書中精闢言辭所打動，認為務必招攬此人為重臣，共商國家大計。

得到了光緒帝的肯定，維新變法運動的曙光漸露！1 月 29 日，康有為向光緒呈遞《應詔統籌全局折》奏摺，請其下定決心「發動新政」，這是他的第六次上書。

在奏摺中，康有為引述了波蘭、埃及、土耳其、緬甸等國身臨危境的例子，認為他們實因固守沉痾，才會導致這樣的結局。他說：「法人據越，職於此時，隱憂時事，妄有條陳，發日本之陰謀，指朝鮮之蓄患，以為若不及

時變法，數年之後，不能立國。」還說「俄、德、奧之於波蘭是也；有盡奪其政權、利權，而一旦一亡之者，法之於安南是也；有遍據其海陸形勝，而漸次亡之者，英之於印度是也。此皆泰西取國之勝算，守舊被滅之覆轍，近事彰彰者也。」

既然「守舊不變，必遭分割或危亡的險境」，但要如何推行新政？康有為把自己所著的《日本明治變政考》、《俄羅斯彼得變政考》兩書呈遞光緒，希望光緒能參照上述兩人為榜樣，實行新政。

康有為說，若要推行新政，就要走明治維新的道路！他認為明治維新的要義有三個方面：

一曰大誓群臣以定國是，

二曰設對策所以征賢才，

三曰開制度局而定憲法。

以此為依據，他請求光緒帝儘快作好三件事：

一、在天壇或太廟或乾清門召集群臣，宣佈維新變法，「詔定國是」。

二、在午門設立「上書所」，派禦史二人監政，准許人民上書，不得由堂官代遞；有稱旨的，召見察問，量才錄用。

三、在內廷設制度局，訂立各種新章，下設十二局。

由於《應詔統籌全局折》對於新政實行的具體方針闡述鉅細靡遺，因此可看成是戊戌變法的施政綱領。不久，康有為上了他最後一次的上書、第七書，向光緒引述彼得大帝是如何勇於向西方學習，從而挽救了俄羅斯。

第六次和第七次上書深深打動了光緒的心，畢竟，大清王朝在政治與經濟的內憂外困之下，已是奄奄一息，倘若再不大刀闊斧推倡新政，前方再也無路可走了！

光緒變法的決心大大鼓舞了康有為，1898 年 5
月，洋務派大老恭親王奕訢病死，康有為認為時機
已至，於是敦促光緒帝執行變法。6 月 10 日，光緒
命戶部、工部尚書翁同龢起草《明定國是詔》，送
呈慈禧審查，獲得批准。光緒就於次日 11 日頒布
《明定國是詔》，表明變更體制的決心，開始進行
朝政體制的變革，希圖中國走上君主立憲的道路，
於是「戊戌變法」就此浩浩蕩蕩展開。

光緒皇帝領導百日維新

《明定國是詔》內文一開始提到：「數年以來，
中外臣工，講求時務，多主變法自強。邇者詔書數下，如開特科、裁冗兵、
改武科制度、立大小學堂，皆經再三審定，籌之至熟，甫議施行。惟是風氣
尚未大開，論說莫衷一是，或狃於老成憂國，以為舊章必應墨守，新法必當
擯除，眾喙嘵嘵，空言無補。試問時局如此，國勢如此，若仍以不練之兵，
有限之餉，士無實學，工無良師，強弱相形，貧富懸絕，豈真能制梃以撻堅
甲利兵乎？」

從這段話可以看出，《明定國是詔》的改革內容與時務學堂的辦學方針，
以及南學會的設立目的如出一轍，可以說就是照著這兩個機制的模子印出來
的企劃書，只不過，維新志士這次獲得了光緒帝這位最佳的得力助手。

《明定國是詔》頒佈後，光緒特別在詔書中重申：「用特明白宣示，嗣
後中外大小諸臣，自王公以及士庶，各宜努力向上，發憤為雄，以聖賢義理
之學植其根本，又須博采西學之切於時務者實力講求，以救空疏迂謬之弊。
專心致志，精益求精，毋徒襲其皮毛，毋競騰其口說，總期化無用為有用，
以成通經濟變之才。」

詔書還說：「博采西學是國是，變法自強是國是，乃大清帝國治國之基

本方針。各位王公大臣、封疆大吏和各級官員皆必須貫徹執行，不允許再加阻撓，不允許再說三道四、橫加指責。」光緒嚴格交代朝中上下，務必全力配合維新派的改革方針，貫徹各項改革。

維新新政的內容主要涵蓋經濟、軍事、政治、教育等多方面的政策和體制。主要有：

- 經濟上，設立農工商局、路礦總局，提倡開辦實業；修築鐵路，開採礦藏；組織商會；改革財政。
- 政治上，廣開言路，允許士民上書言事；裁減綠營，編練新軍。
- 文化上，廢八股，興西學；創辦京師大學堂；設譯書局，派留學生；獎勵科學著作和發明。

這些新政的目的在於學習西方文化、科學技術和經營管理制度，建立君主立憲政體，使國家富強。

變法實行數天後，光緒首次正式召見康有為，調任他為「總理事務衙門章京行走」，作為變法的智囊。其後又提拔黃遵憲、譚嗣同、張元濟、梁啟超、楊銳、林旭、劉光第等人作為康有為的得力助手，協助新政實施。

維新派得到了光緒帝的支持，變革事業如日中天，一切似是大有希望。然而，表面上看起來的平靜，暗地裡卻是波濤四伏！

早在《明定國是詔》頒佈後，朝廷頑固保守派立馬感到備受威脅，因為詔書中維新派嚴厲譴責了頑固派種種誹謗、抵制和破壞改革變法的行徑，加深了與保守派之間的嫌隙。因此新政推行沒幾天，雙方就經常為了新法留或廢的問題而劍拔弩張，明爭暗鬥。

在興民權、提倡西學、實行君主立憲、辦實業、發展民族工商業等話題方面，誰也不肯讓誰，鬧得沸沸揚揚。然而，保守派本身有慈禧與後黨做為

靠山，根本不把維新變法看在眼裡。

雖說光緒有心力挽狂瀾，改革弊端，拯救國家於危難之中，但由於光緒本身有名無權，只是慈禧玩弄政治的傀儡。加上戊戌變法中的各項新政實際阻礙到朝中高層的利益集團，這些高層幾乎都是慈禧的親信，頑固跋扈，目無法紀，因此新政實行沒幾天，就遭到保守派的阻擾。

6月15日，也就是光緒宣佈變法的第5天，不滿新政的慈禧，立即要求光緒下三道諭旨：

1、 罷免帝師翁同龢的職務；
2、 規定今後新授二品以上的大臣須到太后面前謝恩；
3、 任命慈禧親信榮祿為北洋大臣及直隸總督，統率董福祥甘軍、聶士成武毅軍和袁世凱新建陸軍。

榮祿本是慈禧最得力的親信，所統率的三軍就是北洋三軍，如此一來，就算光緒新政實行再多，京畿地區的軍政大權依然掌握在慈禧手上。

戊戌變法一開始就遭遇如此巨大的阻礙，光緒惶惶不知所措，於是接連下了兩道密詔，急召康有為、譚嗣同等人急商對策。康有為一直十分推崇日本明治維新的變革，因此建議光緒聘請明治維新大臣伊藤博文為客卿、英國傳教士李提摩太任顧問，試圖借重日本和英國的勢力，打擊慈禧保守派。

由於維新人士盡皆是書生，手中並無兵權，因此康有為還向光緒建言，拉攏北洋新建陸軍的將領袁世凱為己用，好對抗直隸總督榮祿。光緒採納了康有為的建議，連續兩天召見袁世凱，授予他侍郎侯補，專辦練兵事宜。然而，袁世凱並非省油的燈，他權衡新舊雙方的勢力之後，認為慈禧保守派盡皆朝中高層，掌握著實際的權力，而維新人士的理想不過是曇花一現，根本鬥不過朝中高層。於是袁世凱對維新人士的拉攏便虛與委蛇一番，草草應付，

私底下正準備出賣維新人士，向保守派告密，求取功賞。

1898 年的 8、9 月，整個朝廷大有山雨欲來風滿樓之勢，9 月 17 日，光緒得知在朝中眾大臣的擁護下，慈禧將準備垂簾聽政，取消新政，對自己不利。隨後又聽說保守派將策劃於 11 月在天津舉行閱兵大典，屆時發動政變，取消新政，廢掉自己。明瞭大勢已去的光緒，立即命楊銳迅傳密詔，要康有為火速離京，趕赴上海督辦官報，以保存維新派最後的一線力量和一絲希望。

康有為接密詔後，決定孤注一擲，爭取最後的生機！他想，或可倚重袁世凱，叫他舉兵勤王，殺榮祿，再派兵包圍頤和園。18 日晚，康有為立即讓譚嗣同火速前去遊說袁世凱。當夜，袁世凱正在天津小站訓練新軍，兵力約有七八千人，和董福祥、聶士成的軍隊相比旗鼓相當、勢均力敵。

譚嗣同見著袁世凱後，曉以大義說：頑固派策劃趁十月天津閱兵時發動政變，廢黜光緒帝，希望袁兄率兵殺榮祿、除舊黨、圍困頤和園，逼慈禧太后歸政皇帝，如果袁兄不願，大可拿譚某的頭去榮祿那裡請賞。袁世凱聽完後並未當面拒絕，而是慷慨說道：「聖主是我們大家共同擁戴的君主，你我同受皇上特殊的恩寵，救護皇上的責任，並非只你一人，也是我的責任。你有什麼吩咐，我願洗耳恭聽，萬死不辭。」

譚嗣同聽後大喜，當晚立即冒著淒風冷雨，回去向光緒帝報喜。然而，這只是袁世凱欲向慈禧邀功的說詞，他深知維新人士雖然曲突徙薪，兼籌兼顧，但是依靠的卻是一個無權的皇帝，與慈禧保守派實力相差懸殊，擁戴光緒是沒有前途的。9 月 20 日，袁世凱向榮祿告密，當日夜半，光緒被囚。9 月 21 日，慈禧垂簾聽政，歷時 103 天的百日維新宣告結束。

光緒被囚後，康有為隨即在英國公使秘書護送下逃往香港，譚嗣同則將好友梁啟超送入東交民巷的日本公使館避難。9 月 22 日，譚嗣同前往日本公使館察看梁啟超，同時將自己的著作、詩文辭稿本數冊、家書數封交全數給

梁啟超，梁勸譚嗣同一起到天津日本領事館避難，再逃往日本。譚嗣同卻對梁啟超說：「各國變法，無不從流血而成，今日中國未聞有因變法而流血者，此國之所以不昌也。有之，請自嗣同始！」譚嗣同已抱著必死的決心，他希望透過自己的犧牲，來喚醒千千萬萬的中國人醒過來。

9月24日，譚嗣同在「莽蒼蒼齋」被捕入獄。當晚，他在牆上題下血詩：

望門投止思張儉，忍死須臾待杜根；

我自橫刀向天笑，去留肝膽兩昆侖。

這首血詩充斥著譚嗣同神情自若、大義凜然、視死如歸的情操，也表達了他對逃亡日本的康有為等人無限的思念。

9月28日，北京籠罩在一片陰氣寒森裡，宣武門外菜市口金風肅殺，殺人不眨眼的劊子手凜然佇立，手上緊握的屠刀寒光雪亮，正等待著行刑時間的來臨。午時一到，譚嗣同、楊銳、林旭、楊深秀、劉光第、康廣仁等「六君子」被推上刑場強按在地，準備引頸就戮，此時六君子卻是面不改色，橫眉冷對。這時譚嗣同奮力轉頭，突然大叫：「某有一言！」監斬官軍機大臣剛毅扭頭不理會，譚嗣同朝著剛毅的背影，悲憤仰天長嘯：

有心殺賊，無力回天；死得其所，快哉，快哉！

譚嗣同大聲呼罷，遂哈哈大笑，這等血性和情操，將行刑的劊子手笑得心裡發毛。剛毅果真不剛不毅，無血無淚，倏地提起朱筆，勾掉六個名字，筆擲於地，大喊，斬！只見六名劊子手同時掄起鋼刀，砍向忠義，頓時紅雨紛飛，遮天蔽日，菜市口一片血腥，戊戌六君子雄謨粉碎，轟轟烈烈的百日維新，就此落下蒼涼帷幕。當時楊銳血吼丈餘，「冤憤之氣，千秋尚凜然矣」，劉光第屍身不倒，觀者無不驚懼不已。

譚嗣同是中國近代為革新事業流血犧牲的第一人，其獻身精神，鼓舞了

無數愛國志士。梁啟超後來在《清代學術概論》中稱譚嗣同為「中國為國流血第一烈士」，並指出：「譚瀏陽之《仁學》，以宗教之魂，哲學之髓，發揮公理，出乎天天，入乎人人，沖重重之網羅，造劫劫之慧果，其思想為吾人所不能達，其言論為吾人所不敢言，實禹域未有之書，抑眾生無價之寶」！他不愧是「晚清思想界」的一顆「慧星」。

1898 年這一年「戊戌年」是中國現代化進程的起點，維新人士發動的政治改革運動史稱「戊戌變法」，又叫「百日維新」，即從 1898 年 6 月 11 日至 9 月 21 日，歷時 103 天。

維新運動是中國歷史上影響較為深遠的改革運動之一，它既是一場救亡圖存的愛國運動，也是一次思想解放運動。它可以說是中國近代史上「民族覺醒」的重要轉捩點。

戊戌變法雖然失敗了，但是，作為中國現代化這一歷史過程的開端，它的巨大意義卻是顯而易見：

第一、維新運動是以「民族資產階級」的樣貌，初次走上政治舞臺，在這次資產階級的政治運動中，站在前列的都是上層民族資產階級份子，象徵著新型階級的政治追求已然誕生。

第二、維新志士維護民族獨立和發展資本主義的救國運動，反映了當時時代的要求，亦即人民的意志和中國社會必然向上發展的趨勢，它標誌著中華民族的覺醒。

第三、維新運動積極提倡資產階級新學、追求西方先進政治制度、傳播西方社會政治學說和科學文化的過程中，喚醒了沈睡已久的民族意識，更促進了後來孫中山所領導的資產階級革命的早日到來。

1898 年 8 月，湖南巡撫陳寶箴曾在長沙選拔出國留學生，應試者達五千餘人，蔡艮寅也欣然應考，以第二名的優異成績入選，具有留學歐美日等地

區的優先資格。如今慈禧發動戊戌政變，時務學堂首當其衝，風雲突變，學生星散，蔡艮寅已無法在時務學堂繼續學習，留學一事也成泡影了。

即便如此，老師譚嗣同的流血精神卻激勵了蔡艮寅，他立志繼續求學，將來成為國家棟梁，在腐敗的清王朝統治下，為中國闖出一條民主之路。

戊戌以來的一百年，儘管阻礙重重，但中國進入現代社會的進程始終沒有斷絕，這個過程依然前進著，在困難中掙扎著，曲折地發展著，任誰也扼殺不了它。

天下第一班──時務學堂，徹徹底底地影響中國歷史走向

清朝中葉，湘軍首領曾國藩率領子弟兵捍衛疆土，平反太平天國叛亂，使一代湘軍蔚為全國典範。爾後曾國藩又承湖南邵陽名人魏源之志，「師夷之長技以制夷」督辦洋務運動，使湖南人民新式思想開放，愛國精神熱熾，敢為天下先，為湖南日後成為維新運動首當其衝的核心點埋下了伏筆。

湖南成為維新志士的大本營後，在巡撫陳寶箴、署按察使黃遵憲、學政江標、徐仁鑄等地方官員的強力支持下，維新運動一時成為全湘新氣象，湖南更成為維新運動中最為活躍的一省，起著領導群雄的作用。湖南維新志士積極開展移風易俗運動的過程中，時務學堂扮演著舉足輕重的地位，學堂應天下風雲之勢而設立，乃戊戌變法運動的先聲。

既然時務學堂如此特別，當然要考進就讀就絕非易事。1897 年 9 月 24 日，時務學堂第一次招考，在考前 7 天，陳寶箴特別把《時務學堂招考示》刊發在《湘學新報》上，並在省城大街小巷張貼。當時適逢清廷三年一屆的秋闈鄉試，參考的學生將這個消息帶到了湖南各地，吸引了 4000 多名考生報考。

初辦招生，第一次的招考審查和招錄都極為嚴格，在 4000 多名考生中，各府州的名額是採「分配製」，除了長沙府 24 名外，其他府州 5 至 12 名不等。考試經過挑選後還要再複試，最後只錄取了 40 人。到了第二年 4 月，時務學

堂又根據學生平日功課分數及性情舉動合校互勘，第一班 40 名同學甄別完之後，還要再淘汰 13 人，最後學生只剩下 27 人。

學堂上課也非常詳細，在梁啓超的回憶文章中曾提及「時務學堂的章程和上課方式」：規定教習講習時，特選兩位高才生做書記，分坐在講台兩側，記下講席所講內容。教習旁還設有「待問題匭」，學生可自行將學習過程中的疑義和問題投入其中，待教習予以解惑。

1898 年 3 月 22 日，時務學堂舉辦第二次招考，作文考題為《論黃老之學最能害事》、《論孟子惡鄉愿》、《論南學會有益》。這次確定下來的各課學生為內課生 30 名，外課生 18 名，附課生 7 名，共 55 名。為了加緊招攬學子，一個月後，又舉辦了第三次招考，由皮錫瑞和譚嗣同擔任考官，考試項目同樣是作文，題目為《無敵國外患者，國恆亡論》、《漢光武治天下亦以柔道行之後》。此次招考又錄取內課生 46 名，外課生 52 名，備送北洋學生 10 名，共 108 名。

三次招考人數約 200 人左右，卻培養出了一批傑出的人才，其中大多集中於第一班的 40 名中。如果某個學校的某個班級，存在時間不到一年，它的學生卻在短短十幾年間兩次劇烈搖晃國家，影響中國歷史走向，那麼，它應該可以被稱為「天下第一班」！這所學校就是時務學堂；這個班級就是第一期學生。梁啟超曾說：「時務學堂曾辦了三班，第一班四十人吃我的迷藥最多，感化最深；第二班，我也教授過；第三班，我全未教過。」從 1897 年 9 月至 1898 年戊戌政變這段期間，時務學堂創辦未滿一年，但其嚴謹新穎的教學方法，卻栽培出了一批能「改變一個時代」的能人志士，這是一件不可思議的奇蹟！

在時務學堂維新思潮的帶領下，湖南各地新式學校紛紛林立，受它的影響，湖南各府、州、縣甚至相繼將書院改為學堂，或大改書院的制度和課程，

以接受中西合體的新式思想。繼湖南之後，各省也紛紛捲起新思潮之風，可以說時務學堂對中國教育近代化進程起了很大的推動作用。

儘管維新志士最終離開了時務學堂，但是時務學堂作為近代中國維新運動中最重要的標誌之一，它所傳播的人文改革和那血誓晴天的忠義力道，卻不斷地扎根在人民心中。作為中國第一所以宣傳改革、民權為中心的學校，時務學堂培養出了許多革命巨擘和不朽人才，如蔡鍔、秦力山等日後中國著名的

天倪廬裡的時務學堂碑坊

軍事家或改革家。為革命鋪路或許就是時務學堂的時代意義，在交予深重託付後，它終也崩然倒下了。

正如梁啟超在《戊戌政變記》中所描述的：「自時務學堂、南學會等既開後，湖南民智驟開，士氣大昌，各縣州府私立學校紛紛並起，小學會尤勝。人人皆能言政治之公理，以愛國相砥礪，以救亡為己任，其英俊沉毅之才，遍地皆是。其人皆在二、三十歲之間，無科第，無官銜，聲名未顯著者，而其數不可算計。自此以往，雖守書者日事遏抑，然野火燒不盡，春風吹又生，湖南志士之志不可奪矣。」

1922年，時務學堂的幾位師生曾陪梁啓超重遊時務學堂舊址，他們是專門去尋訪蔡艮寅（蔡鍔）的宿舍。後來梁啟超在宿舍裡泣不成聲，足見他對愛徒的深深思念和不捨。

舊地重遊後，梁啟超被邀至長沙演講，回憶說道：「當時湖南的撫台是陳右銘先生（陳寶箴）。他是曾文正的門生，當代的大理學家，專講宋學的古文，氣象莊嚴而不頑固；對於時局，很熱心圖謀，造成一個新局面。我們，

以一群青年在他的旗幟下大活動，是很高興做事的，故朝氣很大。他有一位公子陳伯嚴（陳三立）先生也很喜歡贊助我們，而學台系江建霞（江標）、徐仁鑄，梟台系黃公度（黃遵憲）都是開明的。地方官如此，地方紳士則有熊秉三（熊希齡）、譚復生（譚嗣同）、皮鹿門（皮錫瑞）、歐陽瓣姜諸先生。熊、譚皆係青年，而有猛進精神，皮和歐陽都是老先生。」

1938 年，時務學堂慘遭祝融肆虐，學堂和宿舍幾被焚燒殆盡！雖然，它有形的軀殼已經消逝，然而，它的靈魂、它的精神卻依然在時空的迴廊上熠熠生輝，不斷召喚著有心人前去探索內心的真理及每個時代的意義。

天倪廬公館，時務學堂舊址的一部分

有關時務學堂的評價甚多，比如，時務學堂學生、著名文字學家楊樹達就說過：「一千九百年庚子反清之役，民四倒袁之役，皆時務師生合力為之，以一短命之學堂而能有如此事業者，古今罕見也。」

參考資料：
- 《維新主帥康有為》（舒大剛）
- 《蔡鍔集》上冊（曾業英）
- 《湖南時務學堂初集》（1898 年長沙版）
- 《湖南時務學堂劄記批》（曾業英所編蔡鍔集）
- 《梁啟超年譜長編》（丁文江、趙豐田）
- 《戊戌政變記》（梁啟超）

第三章

負篋東瀛，參加自立軍起義

　　近代中國革命史是一場用生命感動生命的歷程，英勇的烈士們，為了尋求救國救民的道路，毅然背起行囊，奔向天涯海角，走過萬里風霜。為了偉大而光榮的使命，他們在異國他鄉相互砥礪、共同切磋，不僅開闊了眼界，也明確了服務人群和地球的方向。

　　他們用生命進行著搏擊，忠貞、精誠、果敢、責任、大義、擔當、使命、團結、行動力，是他們磨練出來的崇高元素。他們不忘國家和人民的囑託，也不負晴天下的鏗鏘誓言。他們將生死拋諸腦後，點亮心輝，在風雨中同行，為地球行星的和平遠景與高維模型的鑄就方法作了最好的詮釋！

不畏困難險阻，在逆境中再次重尋己志

「戊戌政變」這一幕，蔡艮寅受到了巨大的打擊！他的兩個老師，一個慷慨就義，一個逃亡海外，其他師生亦是風流雲走，所有孜孜努力全都付之一炬。

在分襟之際，蔡艮寅的同學們有人提倡到：「既然老師們都已經作鳥獸散，所有的救國志業與理想只剩下空談，我們不如就此放棄，回鄉去找份活幹，把所學知識運用到社會的各個層面中，也算是報答老師們的教育之恩了。」

就在眾人猶豫不決之時，只見蔡艮寅念念有詞說道：「我們不能辜負老師唐才常、譚嗣同及梁啟超等人的一番苦心！只要我們堅信付出努力，一切的困難和挫折就會迎刃而解。山不轉，路轉；路不轉，人轉，倘使我們的心態轉變，眼前的逆境也能成為機遇，拐彎也是前進的一種方式。大家尚且年少學淺，眼下的當務之急是找到可託付的學堂，繼續求學深造，學習新的知識，增長歷練，如此才有辦法履踐老師們未竟的救國志業。」他的一席話，驚醒了在場許多猶徘徊在使命進退邊緣的同學們，唐才質與範源濂率先響應了蔡艮寅的建議。

唐才質接著說，環顧國內，我的胞兄唐才常與老師譚嗣同曾就讀過的「武昌兩湖書院」應可讓我們繼續就學。兩湖書院是洋務派湖廣總督張之洞一手創辦，學風鼎盛，培育出不少的國家棟梁，在當時非常受到知識份子的青睞。於是蔡艮寅一行三人不顧險阻，歷盡艱辛來到武昌，決定投靠在兩湖書院洋務派前輩門下，等待時機與時務學堂的老師們會合。不料兩湖書院已經被清廷保守派掌控，蔡艮寅三人一進校門，馬上就被拒於門外，誰都不願與發動

戊戌變法的時務學堂師生搭上關係。

　　滄海橫流，路途多舛，蔡艮寅與唐才質、範源濂不知何去何從，一路跟跟蹌蹌來到了長江江畔。望著江水逶迤蒼茫，滾滾向東流去，蔡艮寅突然想起了號稱「東海褰冥氏」的譚嗣同老師。如何是「敢說敢作敢為，無怨無恨無悔，狂風暴雨驚雷，天下舍我其誰」的稜稜風骨？世局動盪，百姓疾苦，方有英雄豪傑輩出，力挽狂瀾，拯救浩劫！然而，犧牲卻是在所難免，譚嗣同老師的犧牲，在蔡艮寅的內心深處留下了無法抹滅的印記。他向江水立誓，今生一定要將起譚老師的精神嵌植在心中，在未來的歲月裡，繼續深造以報師恩！

　　蔡艮寅一行三人倉促之間進退無路，突然聽說梁啟超老師可能潛逃在上海，因此他們決定暗中查探，與梁師會合。打定主意後，他們風雨無阻，沿著長江而下，途經南京，再轉赴上海。但是上海腹地廣闊，人生地不熟，茫茫人海，根本無從下手。加上清廷正大力通緝梁啟超，連問都不行，何況明著尋訪。剛到上海就遇到了這個難題，蔡艮寅百般思索後，決定先在上海落腳，再試圖尋找老師與其他同學的下落。他明白，就算局勢疊莽，東海揚塵，最後眾人無法相聚，自己也當奮發圖強，朝救國之路不斷邁進！

　　1899 年 6 月，上海南洋公學外院第三次招收學生，蔡艮寅以第六名的成績考入公學外院，時年 17 歲。這時正值暑假，蔡艮寅在上海舉目無親，一籌莫展。正窘迫間，幸遇上時務學堂教習李逸群，原來他此時正在南洋公學任教，兩人相見不勝欷歔。李逸群特許蔡艮寅在學校住宿，這才解決他四處奔波的難題。

　　蔡艮寅在南洋公學學習一個月後，他收到梁啟超的來信，原來蔡艮寅的幾個同學輾轉打聽到梁師的下落。戊戌政變發生後，梁啟超逃亡日本，卻非常懷念時務學堂的學子們，但是最初不知道他們浪跡何方，因此無法聯繫。

蔡艮寅的同學們費了許多周折，四處探問，才打聽到梁師在日本的住址，與他取得聯繫。而梁啟超也從學生的信中獲知蔡艮寅在上海就讀的消息，因此特別來信相邀，希望他能到日本學習，打開學識上的侷限，邁向豐偉的國際思想旅途。並將自己所學所行奉獻國家，造福人群。

蔡艮寅接到梁師的來信後，腦中不停想像著梁師信中所說的那種國際景象！他期許自己也能如梁師一樣，意氣風發，承襲著國際間的新思潮脈動，學有所成，日後回國為國家幹出一條希望之路！但是自己的家境十分貧寒，生活尚且難以為繼，哪有多餘的旅費出國？想及此，蔡艮寅滿腔的熱血頓時澆熄了一半！

原來，現實的環境本就殘酷，往往可以不費吹灰之力摧毀一個人的崇高理想。人生的理想，從來都不是輕而易舉就可實現！但是好不容易走到了這個地步，就此放棄豈不可惜？蔡艮寅無論如何絕不願向命運低頭！他決定去找李逸群老師談談，看能不能在課後之餘為他介紹幾份能在晚上工作的差事？自己決定開始籌錢，哪怕是一文一分，他也要省吃節用，一點一滴的存起來，直至存夠去日本的旅費！

一日，唐才質來南洋公學的學校宿舍拜訪蔡艮寅，得知他正在為錢所苦，唐就給梁師寫了封信，告訴梁師蔡艮寅的困難。後來老師唐才常挺身而出，從日本寄來路費，這才解決了蔡艮寅金錢上的難關！也有一說是袁世凱慷慨解囊，相贈蔡艮寅一千大洋，助其出國留學。對於老師及時來的春風夏雨，蔡艮寅感激涕零，他告訴自己，此去日本一定要成為國家棟梁之材，以報答老師們關切相助的恩情！

1899 年深秋時分，蔡艮寅和其他 11 位趾高氣揚的同窗同學，便浩浩蕩蕩從上海啟程，搭上客輪東渡日本，開始了新的人生旅途。而這一次的人生際遇，竟然讓蔡艮寅徹徹底底的脫胎換骨，成為一位鍔刀血刃邪惡的救國將軍！

觀蔡艮寅一路從長沙至湖北武昌，轉江蘇南京到上海，再東渡日本輾轉求學，其立志救國之路飽嚐煎熬。當時在滿清頑固派的壓迫下，不少學員選擇放棄自己的理想抱負，悻悻離去。但蔡艮寅不怕艱難，發憤圖強，在艱難中重尋己志，他相信有志竟成，只要堅定信念勇往直前，必然會走出一條大路。若不是他披銳意甲堅持下去，排除眾難，非要繼續向學不可，那麼蔡艮寅早就在歷經戊戌政變風濤後，被無情捲向沉沒一途了。

東渡日本求學，燈下彬蔚赴時艱

　　蔡艮寅一行人抵達東京後，終於得嘗所願，與梁師再次聚首。當時戊戌政變失敗後，梁啟超立刻前往日本使館向日本駐華代理公使林權助請求庇護。林權助將消息呈報伊藤博文，伊藤瞭解維新運動的來龍去脈之後，覺得維新派本身有親日傾向，因此決定協助梁啟超逃亡日本。伊藤博文說梁啟超是「中國罕見的高潔志士，使人佩服，是中國最珍貴的靈魂」。

　　1898年10月16日，梁啟超抵達日本，在日本友人的協助下，住進了東京小石川區久堅町的一個院落。為了躲避清廷的耳目，他取了日本名吉田普（因為梁啟超十分景仰吉田松陰及高杉晉作的緣故），院子則叫吉田宅。10月25日，梁啟超的恩師康有為在宮崎寅藏的幫助下也來到神戶，康梁師生再度重逢，不勝唏噓！

梁啟超

　　戊戌政變後，一股悽愴氣氛籠上全中國和海外華僑界，然而，隨著康有為和梁啟超的到來，愁雲破開，中國重獲新生的曙光隱隱乍現……。

　　吉田宅有三間斗室，其中一間供梁啟超與夫人李蕙仙、女兒梁思順居住，另外兩間則作為中國留日學生的居所和教室。原本大家僅有一席容身之地，

現在又擠進來 11 個學生，整個院落人滿為患，大家的生活過得非常凶苦。此時蔡艮寅的身上已經不名一文了，他正為繳不出房租苦惱著，梁啟超得知後，決定讓他免費租房，還讓他跟著大家一起吃住，學習新潮的國際思想。

關於這段歷史，梁啟超曾在《蔡松坡遺事》一文中回憶說：

到了戊戌政變時，時務學堂解散，我亡命到日本，當時那些同學雖然受社會上極大的壓迫，志氣一點不消極。他們 40 人中有 11 人相約來找我，可是並不知道我在什麼地方。他們冒了許多困難，居然由家裡逃出來跑到上海。可是到上海後，一個人不認得，又費了許多手續，慢慢打聽，才知道我的地址，能夠與我通信。

後來我聽說松坡到上海住在旅館的時候，身上不多不少，只剩下 120 個有孔的銅錢，他在還沒有得到我的回信之前，也曾進南洋公學，在那裡一個多月。其後我接到他們的來信，湊點盤纏，讓他們到日本來。但是我在那個時候，正是一個亡命的人，自己一個錢都沒有，不過先將他們請來，再想辦法。

他們來了之後，我在日本小石川久堅町租了三間房子，我們十幾個人打地鋪，晚上同在地板上睡，早上卷起被窩，每人一張小桌念書。那時的生活，物質方面雖然很苦，但是我們精神方面異常快樂，覺得比在長沙時還要好。

當時革命派孫中山與陳少白也在日本，得知康、梁流亡的消息後，認為愛國志士相互融合的時機已經來臨，因此邀康、梁在東

革命先行者孫中山先生

京一晤。但可惜的是，康有為仍存在著十分傳統的保皇思想，無法認同革命黨人的所作所為，因此藉故不見。反觀梁啟超，具有宏觀的思想和遠見，不斷極力爭取雙方互動的契機，最後在宮崎寅藏的幫助下，終於如願在早稻田大學與孫中山相會。雙方初次見面，各抒己見，談的都是國家當前的情勢與未來的展望，此後一別，雙方對彼此都留下了深刻良好的印象。

　　這個時期的的梁啟超雖然仍秉持著老師康有為的保皇維新教導，但對孫中山所提出的救國理論，卻又打從心底的佩服和讚賞！孫中山說：「救國必須革命，革命必須流血，清政府在甲午戰爭中已然出賣了洋務人士，戊戌政變中，又狠心殘殺維新志士，像這樣昏庸腐敗的政府，如果不推翻它，日後國家主權將殘破不堪，土地四分五裂，百姓流離失所，這可是梁兄所欲見到的未來嗎？」這一番話正好不偏不倚刺中梁啟超的心坎，因此當孫中山提議合作、共同武裝對抗滿清時，梁啟超二話不說便答應了！

　　這是一次十分成功的會談，為救國家危難，革命黨與維新派各自開始了自身的計畫。每當梁啟超回到吉田宅時，便會一五一十把新的消息告訴蔡艮寅他們，並要他們以國家興亡為己任，不可忘廢古聖先賢所傳承下來的忠孝節義精神。古聖先賢所表露的精神不外乎是中、正、品、德、規、矩、禮、仁、義、信、勇、忠、恕、孝、悌、廉、恥、和等平衡社會發展的元素。然而，這些元素卻因滿清的昏庸無能及百姓守舊的頑劣心態而不斷的流失消逝，以致中國愈陷愈深，終至醒不過來！

　　蔡艮寅日日在這種救國思想的薰陶下，心中的武魂烈魄正在不斷萌芽、茁壯，他心中苦苦思索著，如何才能竭盡所能和全力，來報效祖國，以全天下大義。梁啟超注意到了蔡艮寅身上所流露出來的氣勢，為了成其所願，他決定幫助蔡艮寅「深造自己」，爭取向上發展的機會，讓他一步步湧入國際風雲之間，成為國家未來的棟梁之材，左右國家的局勢！

蔡民寅懷著不勝孺慕的感恩之情，十分珍惜這樣難得的機會，在古田宅內的學習過程中，他科科刻厲攻讀、樣樣融會精通，在外語、政治、哲學和經濟上，都取得了不錯的成績。同時他還暗自決定，一定要以捨身報國之心來回報梁師的相遇之情與提攜之恩！

　　1898 年 12 月 23 日，梁啟超在革命派興中會橫濱分會會長馮鏡如及其弟馮紫珊的資助下，創辦了一個機關報《清議報》。為免清廷起疑，由僑商馮紫珊署名編輯兼發行人，梁啟超與麥孟華則私下執行主編工作。該報刊式與《時務報》多有相似處，在《清議報》第一期上，梁啟超在其所寫的《清議報敘例》中，闡明了發行報紙的目的：

激起國民正氣和開發民智
的《清議報》

一、維持支那之清議，激發國民之正氣；

二、增長支那人之學識；

三、交通支那、日本兩國之聲氣，聯其情誼；

四、發明東亞學術，以保存亞粹。

　　由此可知，「主持清議，激起國民正氣，開發民智，增長中國人的學識」就是當時留日維新派志士的主張。《清議報》採旬刊發行，設論說、名家著述、文苑、外論匯譯、紀事、群報擷華等欄目。

　　梁啟超雖與革命黨人交從甚密，但為了維護老師康有為的顏面，在刊報上仍以鼓吹「尊皇斥后、愛國救亡、伸張民權」等思想為主，一方面痛斥逆后賊臣，歌頌光緒聖德；一方面繼續宣傳維新，倡導民權，著重以哲理啟迪國民。梁啟超為該報撰寫了三十多篇論說文及大量詩文，其中有《戊戌政變記》、《論變法必自平滿漢之界始》、《戊戌六君子傳》等文章。

除了抒發對戊戌同志的思念及對其精神的崇敬之外，梁啟超也大肆抨擊滿清專制與官吏昏庸的弊病，還說這是導致「民不聊生，國權喪失」的原因！他同時還不遺餘力號召國內外同胞要愛國救亡，讓民權自由在遍地開花。梁啟超、麥孟華等人不斷奔走鼓吹，終於讓《清議報》得以順利行銷海內外，讓更多華人汲取到這股愛國清流！

梁啟超為《清議報》撰稿期間，還積極介紹唐才常與章太炎等人給孫中山結識，為日後兩方武裝革命反清運動的合作打下最厚實的基礎！1899 年 8 月，梁啟超在橫濱華僑商人鄭應儒、曾卓軒等人的資助下，在東京創立「大同高等學校」，並自任校長。

大同高等學校的學生大多來自上海南洋公學與橫濱大同學校，教學內容以自由平等、天賦人權等革命思想及語言課程為主。雖然課綱單純，科目不多，卻頗受日本政府與中國留日學生重視，視之為「中國民主運動的人才培育中心」！

蔡艮寅在吉田宅摩肘而習、抵足而眠的學習時間過了 9 個月後，終於如願以償考進東京大同高等學校，一邊接受日語學習，一邊研究歐美與日本的憲政體制及政治思想，並補習普通學科。這是他生平第一次有系統地接受西方資產階級的新式思想。

當時，大同高等學校還是初創階段，設備簡陋，沒有運動場，學生們常自行到外面體育會去練習運動。在這個時期，蔡艮寅開始嘗試透過跑步與各項運動來增強自己的體力，他認為，一名新思潮志士除了要有堅定剛毅的心力之外，還需具備強健的體魄，如此在拯救國家的過程中，才能不被疲憊打倒，以致功虧一簣。

儘管大同學校的生活十分艱苦，但蔡艮寅卻在這個時期認識了許多有志一同的朋友，如秦力山、馮自由等人。這些人日後都成為了左右中國局勢的

歷史人物，決定著國家的前途和命運！

　　蔡艮寅在大同高等學校就讀期間，受到梁師與留日愛國志士的影響，顯得非常關心國家和世界大事，曾以蔡孟博、奮翮生、劫火仙、擊椎生等筆名給《清議報》撰稿，發表大量思想激進的文章，並一度擔當「瀛海縱談」的專欄作者。

　　《蔡公松坡年譜》中 1899 年條中說：「時投稿於《清議報》，署名孟博、奮翮生者是也。」蔡艮寅取的這些筆名都有很深的寓意，比如「奮翮生」一名是希望自己能奮勇興起，以強烈的民族危機感與救亡圖存的意識做為動力，拯救病奄奄的中國。「擊椎生」則是將自己比喻為刺殺秦始皇的勇士，大有荊軻刺秦人不還捨生取義的意味。「孟搏」一名也是期許自己能效法秦時勇士滄海君，以尖銳思想和武器狙擊邪惡勢力，實踐以命承諾、捨身取義的情操！

　　據曾業英所編《蔡鍔集》，1899 至 1901 年這段期間，蔡艮寅在《清議報》上所發表的文章就有 37 篇，總字數洋洋灑灑多達 10 萬字之多。這些文章包含學校課卷、政治、戰爭、外交、時評以及詩歌等內容，反映出蔡艮寅關心祖國局勢和未來，以及關注世界形勢發展的激烈情感。

　　在《愛國心》一文中，蔡鍔指出：「執今日之中國而較諸十年前之中國，其愛國心熱度之漲率，蓋不可以尺寸計矣。嗚呼！烈雷一震，萬蟄齊春，我國民之前途，豈有等哉！」可看出他對人民愛國意識甦醒抱持著很大的信心。所以，他鼓勵中國人民應當自信，應當自強自優：「蓋強者自強，人不得而弱之；弱者自弱，人不得而強之；優者自優，人不得而劣之；劣者自劣，人不得而優之。強弱無定地也，優劣無定人也。惟竟自強自優者，得以昂首雄視於世界焉。」

　　1899 年，孫中山先生在東京與興中會革命黨人秘密進行了幾場重要的會

議，當時戢翼翬和沈翔雲等人皆是興中會內重要的會員，也參與了這幾場的秘密集會。會後，戢翼翬的朋友吳祿貞來訪，戢翼翬告訴孫中山先生，他這位朋友出生於知識分子家庭，雖然年紀輕輕，但頗有謀略長才，應可成為我們興中會的中堅份子！

吳祿貞

興中會中堅吳祿貞

當晚孫中山即與吳祿貞展開徹夜長談，他們談到了國家當前晦暗不明的局勢，一致認為唯有推翻腐敗的滿清，才能重建全新的國家遠景。孫中山明瞭吳祿貞的救國理想和抱負後，頗為重視和珍惜，後來又帶他與唐才常秘密進行了多場的會談，準備在正確的時機發動武裝起義，一舉扳倒清政府。

這一年秋，蔡艮寅從大同高等學校畢業，隨後又進入了橫濱「東亞商業學校」，繼續探求新知。橫濱商業學校創設於 1882 年，採五年制，專門招收男生，以培育出色的國家人才為目的。該校十分注重品格教育，校風嚴謹，管理嚴格，日常事務均由學生自行負責。每天清晨五六點，蔡艮寅即帶領同學到操場練操、跑步，鍛鍊身心體魄，以培養堅毅刻苦的律己意識。

蔡艮寅留日期間非常活躍，認識了一群同樣具有高度愛國情操的留日學生，如吳祿貞、劉成禺、沈翔雲、戢翼翬、戢翼翹等人。1899 年底，革命思潮風起雲湧，在東京肅殺的氣氛中，留日中國學生的革命情緒已然激盪到最高潮，有人主張應立即發動革命武裝鬥爭，「光復漢室」！

在這股潮流下，1900 年春，吳祿貞、劉成禺和蔡艮寅等人便以「聯絡情感、策勵志節」的目的為號召，在日本留學界創辦了「勵志學會」，期許以此作為留學界革命活動的核心，同時吸引更多的愛國志士前來共襄盛舉，為正在秘密進行的革命武裝活動注入新血！勵志學會成立後，蔡艮寅等人還發

刊《譯書彙編》和《國民報》，鼓吹變革思想。後來有部分的成員還參加了唐才常的「自立軍」起義，蔡艮寅也是其中一員。綜觀梁啟超在亡日期間，對蔡艮寅的最大幫助並非是供其免費租房，而是一步步幫助蔡艮寅確立自己的人生道路！

梁蔡師生之間所建立起的這段歷久彌堅的深厚情誼，如同星輝般泛起點點光芒，由小漸大，由近漸遠。誰也沒料到，這股星輝最後竟轉成了壯闊天地的璀璨光明，徹底剷除了邪惡的封建帝制，使中國走上共和之路。

第二節　辛亥革命的先聲——自立軍起義運動

金風肅殺，雄魂壯魄血碧秋紅

1898 年戊戌變法失敗後，已暴露了滿清的無能，也證明了想在半封建、半殖民地的中國推行「改良主義」是行不通的，許多愛國志士開始對維新派的政策產生了質疑，認為實行「君主立憲」無疑是自尋死路。

此時，以孫中山為首的革命黨人所宣傳的「革命理念」逐步影響和深入到海內外，致使許多知識分子，紛紛走上資產階級民主革命的道路。蔡艮寅的老師唐才常及其所帶領的自立軍起義，就是在這種背景下發生的。

唐才常出身於封建士大夫家庭，自小接受封建教育，19 歲時，參加了縣試科考。縣試包括縣、府、院三輪考試。三輪考試，他接連考了三個第一，省院學政陸寶忠稱：「大清曆兩百多年，在瀏陽以縣、府、院三連冠，小三元及第者，唯有唐才常一人耳。」原本以為學而優則仕，但看到國事艱難，血淚難書！

唐才常向父親呈報自己報國救民的志向後，決定不再繼續科考，取而代之，考進嶽麓書院和兩湖書院，成為張之洞的學生。唐才常久聞張之洞是洋務派的先進人士，因此十分仰慕他的為人。他在兩湖書院讀書的時候，就經常與張之洞互相切磋國事，並常撰寫與當前局勢緊密結合的文章，深得張之洞喜愛。

　　唐才常與譚嗣同並稱「瀏陽雙傑」，均以變法維新縱橫天下為志，兩人在年少時就認識了，他們曾結伴出遊，共察民間疾苦。兩人的性格都十分剛烈，好打不平，惺惺相惜，因此曾對天立誓，訂為生死至交。

　　唐才常與譚嗣同在兩湖書院求學時，一日，唐才常正在與同窗同鄉劉淞芙研究中西兵法，忽然，譚嗣同怒氣沖沖走進教室，把在撫台院見到的《馬關條約》公報說明給眾人聽，說「中國慘敗於甲午戰爭，兵挫地削，國勢益危」！唐才常聽完後忿忿不平，說「民族危機日益深重，清廷還一再退讓，實在無能」！於是他決定「以救中國為事」，專力研究各國政治外交情事，離開兩湖書院後，便與譚嗣同積極辦理各項新學推廣。

　　唐才常初時與譚嗣同在湖南瀏陽興辦算學館，招攬學生提倡新學。後來趕赴長沙，與一群愛國志士會合，積極推動維新運動。1897年曾負責編輯《湘學報》，以「講求中西有用之學，爭自濯磨，以明教養，以圖富強，以存遺種，以維宙合」為理念，向廣大民眾傳播西方自然科學知識，介紹西方國家的社會經濟和文化情況，藉以宣揚民權學說。

自立軍起義首領唐才常

　　同年又與熊希齡、譚嗣同、蔣德鈞、陳三立等創立長沙時務學堂，1898年2月又與譚嗣同、江標發起創立「南學會」。時務學堂和南學會設立後，許多有識之士不斷捲入到

維新運動中來，革新氣氛十分活躍。

　　維新人士為了製造更大的輿論聲勢，將改革思想推及全國，於是一家《湘學報》已經不復需求，1898 年 3 月，熊希齡等就開始集資籌辦了一份新日報──《湘報》，繼續由唐才常執筆。巡撫陳寶箴還為之釐定章程，指出它應與時務學堂、南學會「聯為一氣」，「專以開風氣、拓見聞為主」。從此，《湘報》就成了維新志士的喉舌，成為對付腐敗滿清、伸張公理正義的宣傳單位。

　　戊戌變法期間，譚嗣同在京師做了軍機章京，1898 年 9 月，唐才常應譚嗣同邀請前去京師參加新政機要，協助變法。唐正欲北上，行至漢口突然得知慈禧發動政變，光緒帝因而被囚、譚嗣同等人被擒的噩耗。

　　好友被囚，自己卻束手無策，唐才常不禁哀嘆憂傷。後來得知譚嗣同喋血菜市口，他愴然淚下，遙望頓穎於故人時，唐才常做了一首詩《戊戌八月感事》：

　　　　蕭牆禍起蔓難圖，朝右紛紛各被拘。
　　　　盡陷網羅堪歎息，更誰薏苡訟冤誣。
　　　　謠生市虎人疑信，影出杯蛇事有無。
　　　　掛壁龍泉光睒睒，不知誰是好頭顱？

　　　　殷憂耿耿在神州，時事如斯孰與謀？
　　　　南海行蹤空想像，中原大局半沉浮。
　　　　滿朝舊黨仇新黨，幾輩清流付濁流。
　　　　千古非常奇變起，拔刀誓斬佞臣頭。

　　　　幾回搔首問穹蒼，徒灑傷時淚數行。
　　　　豈有鳩人羊叔子，恨無草檄駱賓王。
　　　　聞謠早已虞飛燕，占象由來凜履霜。

大物覬覦非一日，禍心知是久包藏。

違山十裡蟪蛄聲，依樣葫蘆畫已成。
昨夜月圓今夜缺，出山泉濁在山清。
豺狼當道危機伏，魑魅為心詭計生。
匹馬短衣江海畔，自慚無策救神京。

　　戊戌一夜逆天蒼，顧盼國門，到頭依舊是血淚未澄清！耿耿殷憂神州時，唐才常難以忘記佞臣等是如何戕汙忠義志士，他決意斬除奸宄，為好友譚嗣同報仇，繼續他未竟的使命，血濺沙場人不回！

　　為了籌備日後的起義活動，唐才常去了上海，一面對作戰部署進行實地勘查；一面深入民間與各方志士取得聯繫。後又輾轉至香港、新加坡和日本等地，在日本之時，他特地去拜見維新派領袖康有為和梁啟超。

　　梁啟超曾是唐才常在時務學堂時的同事，他建議唐可以拜康有為為師，藉助康的勢力和人脈組織救國團體。這時康有為正在華僑界組織「保皇會」，準備向華僑籌集鉅款，返國起兵「勤王」，救出在戊戌政變中被慈禧軟禁的光緒帝。康有為得知唐才常的意圖乃在延續維新志士的使命後，便決定收他為入門弟子，參與保皇會的各項決策。

　　在日本，經畢永年介紹，唐才常也特地去橫濱謁晤孫中山先生。 畢永年和唐才常是同年中考的湖南丁酉拔貢，也是湖南維新運動時期南學會的會員，更是譚嗣同的好友。經畢永年介紹，唐才常與孫中山及其興中會人士接觸頻繁，開啟了他救國道路的另一個機會之窗。

　　在當時，雖然有不少人對維新派主張的君主立憲產生了質疑，但仍囿於康有為的威望，因此只敢暗中支持孫中山。由於早年已對保皇運動紮下深厚的根，礙於這個因素，唐才常無法完全贊同孫中山的主張，但他仍願意敞開

自己的心門，來傾聽和瞭解孫中山的救國理念。後來受到孫中山革命思想的薰陶和啟發，唐才常的救國理念居然發生了微妙的變化和巨大的革新。他產生了一種「樹大節，倡太難，行大改革」的革命情操，與興中會產生牢不可破的共鳴。

當時孫中山正在醞釀發動「惠州起義」，部署起事計畫，唐才常就將自己計畫在湖北、湖南和長江流域一帶的起兵計謀據實面報。孫中山聽聞後認為唐的起義計畫十分周密，面面俱到，大可為之。受到孫中山的鼓舞後，唐才常蘊藏著行大改革之志，圖大舉之血氣兜滿胸臆，他決定廣泛聯繫革命志士，匡救國家之險。

1899 年春，唐才常回國，在上海籌辦《亞東時報》，他以開拓民智，宣揚愛國思想、激發民眾的愛國情操為己任。同年夏天他再次趕赴日本，當時興中會密謀發動的「反清武裝起義」已進入如火如荼階段，孫中山力邀唐才常一同參與，唐深表支持。

革命派起義部署展開的同時，在東京的康有為、梁啟超等人也傾巢而出，持續大力倡導「保皇維新運動」。得知革命黨人鼓譟唐才常返國起義後，康也不遺餘力，竭盡所能慫恿唐在長江流域一帶起兵「勤王」。革命派和保皇黨都非常倚重唐才常，不時交予拯救國家的重責大任，唐夾在中間進退兩難，只好選擇一面繼續追隨堅持改良道路的康有為，一面與孫中山等革命志士密切往來。

1899 年 5 月，康有為、梁啟超和唐才常在日本橫濱成立了「自立會」，康有為任會長，梁啟超任副會長，並在《清議報》上發表《自立會序》，宣佈以勤王為幟，展開保皇維新運動。

自立會成立後，孫中山為促成兩方團結共同舉事，立即主動聯繫康有為和梁啟超，為他們分析當前中國戰略局勢和周邊形勢，並倡議合作，在長江

沿岸地區發動武裝起義。孫中山更命吳祿貞、傅慈祥、畢永年與戢元丞等興中會中堅共同參與舉事，有了孫中山先生的規劃和興中會菁英的加入，自立軍起義的勝算自是加大了不少。

然而，可惜的是，當兩方進入最後階段的合作議題時，起義運動卻出現了隱憂！原來康有為一貫的政治理念並非在於推翻滿清，而是如何輔佐當今皇帝，以求變法穩固大清皇脈。維新派始終認為，中國必須實行「君主立憲」，給封建王者足夠的皇權勢力，由他們掌控並支配國家的政治意圖，如此中國才不致因缺乏主子的領導而走入分崩離析的局面。

康有為認為君王體制是中國固有的優良傳統，必須維護，因此對革命黨人亟欲「廢除皇室的救國理念」存有成見，故而拒絕與革命勢力互動，於是雙方合作頓成僵局。

但是反觀梁啟超的思路變化，在西方資產階級思想的影響下，梁啟超的政治主張已由保皇逐漸轉向革命。1899 年夏天，梁啟超與同門梁子剛、韓文舉等人與孫文、陳少白來往密切，每星期必有二至三日相約聚談。會面時，他們經常談到革命與保皇立場相左的話題，然而，他們左提右挈，氣味相投，有時甚至到了三更半夜還會擁被長談，最後他們決定攜手合作，不辭萬難也要為國家開創新局。

康有為拒絕與革命黨人合作後，梁啟超依然不放棄合作的希望。1899 年夏秋間，一日，日本進步黨領袖犬養毅在私邸款待孫文和梁啟超等人，雙方晤談結果商定，合併之後推戴孫中山任會長，梁啟超任副會長。

梁啟超甚至還召集其他 13 位同門師兄弟，聯名給老師康有為寫了一封數千言的長信，信中說：「國事敗壞至此，非庶政公開，改造共和政體，不能挽救危局。今上（即光緒）賢明，舉國共悉，將來革命成功之日，倘民心愛戴，亦可舉為總統。吾師春秋已高，大可息影林泉，自娛晚景，啟超等自當繼往

開來，以報師恩。」

此封信可看出梁啟超亟欲「改造共和政體」的決心！他認為，老師康有為若真想拯救腐敗的滿清，就必須看清國事衰敗的起因為何？而不是一味固守成規，不知變通。然而，梁啟超畢竟不能代表保皇黨，要談合併，終須康有為點頭才行，但是革命黨與保皇黨的宗旨畢竟背道而馳，一邊要推翻滿清，一邊要保皇，現實層面本就缺乏合作的基礎。情勢演變至此，恐將夢碎一切成空。

康有為看到這封大有「欺師滅祖之嫌」的書信後，怒不可遏，他在斥責革命派理念錯謬的同時，為了遏制保皇會內部組織傾向革命陣營，還立即把這些學生紛紛調往世界各地保皇會的其他組織任職。康有為更嚴令梁啟超離開日本轉往檀香山辦理保皇會事宜。

康有為牢牢地守住保皇會，不准各埠再言革命，不准保皇黨人有絲毫動搖的情形，保皇會中許多人看到這種封建家長的作風，大搖其頭，只能敢怒不敢言。康有為畢竟是梁啟超的老師，更何況在維新運動中他們已培養出深厚的情感，於是梁啟超只得在表面上允諾悔改，方得以繼續留在日本。然而，實際上梁啟超並沒有放棄對革命思想的崇敬，依然繼續與革命黨人保持密切聯繫。而唐才常本身由於受到孫中山革命思想的薰陶甚篤，他欣然表示願意與興中會聯合起事，回國發難。

漢口起事，打響自立軍起義第一槍

唐才常起義之舉，獲得學生們的大力支持，這些學生大部分都來自時務學堂，他們早已與老師在患難中培養出生死相伴、休戚與共的情感。在唐才常和梁啟超的佈局中，預定安排學生們陪側唐才常左右，互相照應。

回國之前，唐才常、沈翔雲、沈藎、林圭、秦力山、吳祿貞等在東京進行最後一次的秘密集會，商討起義的具體部署和人力分佈。最後大家一致決

定先襲取漢口作為基地，再試圖號召全省發兵起義。由於漢口地處長江西北，地理位置得天獨厚，攻佔漢口後，則可在長江沿岸集結和調動兵力，待各地起義軍就位完畢，一舉起兵。至於海外募集經費和接濟起義軍的工作，則由康有為全權負責。

1900 年冬，孫立興自立軍骨幹人物合影
（左起尢列、唐才質、孫文、秦力山、沈翔雲）

1899 年深秋時分，吳祿貞、唐才常及時務學堂學生林圭、楊述堂、李虎和湖北留學生傅慈祥等一群人準備踏上歸國征途，臨時前，孫中山、梁啟超相偕前來送別。孫中山讚嘆唐才常是一位富於強烈愛國思想的熱血青年，此去路途凶險，他要唐才常萬般小心。

梁啟超則隱約感覺事有蹊蹺，畢竟革命黨與保皇黨合作的過程中，自己的老師康有為表現得十分冷淡與反感，就怕起義運動又如戊戌變法運動一樣，力有未逮，導致功虧一簣！

餞別席上，唐才常慷慨激昂，表示此去定要「冒死發難，推行大改革」，這番泰山崩於前而色不變、從容就義的決心，令聞者無不動容！

接著唐才常倒了三杯清酒，第一杯先祭自己的結拜兄弟譚嗣同，望他九泉之下有知，庇佑此次起義成功，以慰戊戌變法中犧牲的眾兄弟英靈！第二杯敬孫中山、梁啟超、吳祿貞、沈藎、畢永年等兄弟，唐才常說，倘使此次起義不成，請求大家務必再接再厲，直至剷除滿清這個大毒瘤為止。第三杯則敬自己所有的學生，感激他們患難與共，生死相伴！

1899年冬，吳祿貞、唐才常等一行人抵達上海。唐立即派林圭、傅慈祥等一行人去漢口聯絡會黨，並交代完事後，立即返回湖南，在長沙設立「哥老會中央本部」。唐才常則和沈藎、畢永年等人在上海英租界成立「正氣會」，以「糾合愛國正氣之仁人君子」，共圖扶顛方略，並「號召人民抵禦侵略、奮起救國」為目的。

在唐才常廣泛聯絡各方有識之士期間，1900年1月24日，慈禧動作頻頻，先召集王公、軍機大臣和各部尚書開會，集議廢光緒，改立溥儁為帝。又為了解決中央各項吃緊的開銷，擬科重賦，加重人民負擔。

慈禧此舉引來外國列強和朝野人士強烈的反彈，也直接刺激了民間起義運動的發酵！與此同時，唐才常利用日人田野桔次的名義，組織「東文譯社」，並主編《同文滬報》，以翻譯和出版書刊作掩護，不斷對外宣傳自立會的主張，期許加快起義的步伐。

同年春，義和團運動在中國北方迅速竄起，打著「反清復明」、「掃清滅洋」、「扶清滅洋」的口號，見洋人就殺。原本，慈禧對列強在中國專橫跋扈的行徑蓄怨已深，見時機來臨，遂想利用義和團來對抗外國列強。

義和團戰士

然而，義和團空有名聲，卻無真正的武力和實戰經驗，最後竟演變成八國聯軍侵華之舉。八國聯軍很快就攻陷北京，在一片混亂中，慈禧帶著光緒帝、眾大臣倉皇狼狽逃往西安，北方一時陷入無政府的狀態。

　　形勢演變至此，唐才常不假思索，立即加緊上海起義活動的部署。為了擴張人員，唐才常在長江中下游地區發行「富有票」，並在票上寫著：憑票發典錢一千文，即可成為自立會會員，參加自立軍起義。在正氣會志士們大力奔走下，起義運動的武裝力量發展十分迅猛，至 1900 年 7 月間，人數已多達 10 萬多人，遍及湖北、安徽、江西、湖南各省中。

　　眼見時機已經成熟，林圭建議應儘快部署起義事宜，於是唐才常立即改正氣會為「自立會」，並於 8 月 2 日在漢口成立自立軍總部，組建「自立軍」。與此同時，興中會首領林圭、傅慈祥也於漢口英租界李慎德堂設立「自立軍機關總部」，加快武裝起義的腳步。

　　唐才常又遣秦力山和吳祿貞秘密前往安徽大通，告知自立起義軍的動態。當時安徽巡撫署衛隊管帶孫道毅是唐才常的童年好友，也是哥老會會員，孫道毅得知自立軍即將起義後，義不容辭表示願意鼎力密助，供給軍械武器。得到孫道毅的支助後，大通即刻成為安徽的自立軍總部，這時南陵、青陽和裕溪等地自立軍也秘密向大通靠攏，進入準備狀態。接著，清軍長江水師駐大通的一營士兵，也願反戈加入作戰，安徽的自立軍氣勢於是快速壯大起來。

　　安徽準備就緒後，漢口自立軍總部即刻開始部署，林圭、傅慈祥將各地自立軍分為中、前、後、左、右五路軍，以及總會親軍和先鋒營，共 7 軍，兵力約 2 萬人，部署如下：

一、總會親軍和先鋒營駐紮在上海，由唐才常親自指揮，並負責中央指揮、統籌諸軍；

二、中軍是自立軍本所在，設在漢口，由林圭、傅慈祥統領；

三、前軍駐紮仕安徽大通，由秦力山、吳祿貞指揮；

四、左軍在湖南常德，由陳猶龍統之；

五、右軍在湖北新堤（今洪湖縣城關），由沈藎統率；

六、後軍在安徽安慶，由田邦璿負責。

話說時務學堂這批參與自立軍起義的學生中，屬蔡艮寅年紀最小，而譚嗣同與唐才常這對生死至交的兄弟都很疼愛這個小牙尖。當初唐才常要回國時，曾經告訴梁啟超說：「誠不忍讓松坡參加此次的起義活動，屆時應作其他安排。」這個安排就是要梁啟超把蔡艮寅留在日本，一邊繼續讀書，一邊看守。

然而，紙終究包不住火，蔡艮寅發現同學們都不在日本，肯定是出發回國了。蔡艮寅在東京坐立難安，日夜懸念擔心眾人安危，他不禁自問，讀聖賢書，所為何事？再說，千里迢迢來到日本求學是為了什麼？不就是為了求仁求義嗎？

蔡艮寅毅然決定放下學業，向梁師慷慨激昂說道：「決心跟隨老師和同學們同赴大義，共紓國難，絕不退縮！」梁啟超知道挽不住他，便決意直接帶他回國去。梁啟超要蔡艮寅務必小心，直接從上海輾轉趕赴漢口與眾人會合，他則另外去處理其他的事。

大夥見到蔡艮寅來到後，一陣雷聲歡呼，師生相擁而泣。這樣的肝膽，是因銘戢在心的──永遠是那知遇之恩，和那一路走來對國家和人民永不能放下的堅持！蔡艮寅願為義而死，他的決心震撼了老師和同學們！

對於蔡艮寅的決心，唐才常雖然很高興，但他經過一夜思索，此心永難割捨，他認為蔡艮寅年齡著實太小，不適合打仗，不如把他調開，也不至讓他枉死沙場。翌日一早，唐才常就告訴蔡艮寅，說有重要的任務要他去執行，唐要蔡艮寅給湖南全省巡防營統領兼中路巡防營統領黃忠浩送信去，希望黃

忠浩將軍相助，回應起義。

　　唐才常等人最初決定於 8 月 9 日在在安徽大通和安慶、湖北漢口以及湖南常德同時起義，其他各路軍見信號後再一起接應回應。但現在問題來了，原本康有為答應的匯款遲遲沒到，槍械無法交付，起義日期只得延期。然而，因長江戒嚴，駐守在安徽大通的秦力山、吳祿貞前軍未接獲通知，起義時間眼看就到了。

　　8 月 9 日，自立軍前軍人馬迅速往安徽桐城境內長江北岸聚集，準備部署出發兵力。然而，由於行程過於倉促，加之組織內部成員龍蛇混雜，有人跑去向清廷告密。秦力山得知事機暴露後，不得不痛下決定立即起事，他靈機一動，立刻在大通建立起「起義指揮部」，並迅速趕印張貼漢口自立軍總部發來的文告和法令：

　　1、保全中國自立主權；

　　2、請光緒皇帝復位；

　　3、無論何人，凡有保全中國者，皆可入會；

　　4、會人必須禍福相依，忠難相救，且當一律以待會外良民；

　　5、不准姦淫；

　　6、不准酗酒逞兇；

　　7、不准用毒械殘待仇敵；

　　8、凡捉獲頑固舊黨，應照文明公法辦理，不得妄開殺戮；

　　9、保全善良，革除苛政，共進文明而成一新政府；

大通鎮印

　　9 日當天，自立軍前軍氣勢薰天，秦力山率義士數百人出發，打響了自立軍起義的第一槍。清駐大通水師砲船四艘，見自立軍人馬蜂擁而至後，率先

158

反戈，將砲口掉轉，一舉轟向督銷局和厘金局。清軍參將張華照聞風色變，嚇得投江自殺，自立軍隨即俘獲厘卡炮船共八艘，連續轟毀鹽務、厘金和藥械三局，佔領大通縣城。並開獄釋囚，貼出告示昭明天下。

自立軍起義引起了清廷的極大恐慌，安徽巡撫王之春、兩江總督劉坤一急忙調集大軍馳往大通。安徽巡撫王之春也火速調遣安徽省內營官邱顯銘的武衛楚軍和蕪湖防營管帶李本欽的部眾合力圍剿大通，省內清兵幾乎全部出動。緊接著，兩江總督劉坤一也派龍驤、虎威，策電兵輪 3 艘與長江水師提督黃少春調江明水師 3 營，湖標舢板 30 只駛入大通江面進行堵截，並分水陸兩路進剿大通。

清軍兵力眾多，秦力山、吳祿貞因得不到後方回應，兵力不繼，最後不敵退出大通，率眾退往南陵，等待援軍。8 月 10 日至 13 日，自立軍且戰且退，與清軍在橫港、楊家山、汀家洲和南陵境內等地展開激戰，前後相峙七晝夜，終因孤軍奮戰，全數殉難（除秦力山一人潛逃至日本外），自立軍起義第一批部隊宣告失敗。

武裝反清鬥爭鎩羽，庚子六君子殉難

8 月 11 日當天，唐才常從上海沿長江西進，抵漢口指揮起義，但因餉械延誤，起義時間一拖再拖，這時前軍大通起義戰敗的消息傳來，軍心受到動搖，反觀湖北清軍卻是氣焰高張，蠢蠢欲動。

唐才常、林圭等人默察形勢對自己不利，於是決定一鼓作氣破釜沉舟，約定於 23 日在漢口發動起義，湖北、湖南各地同時舉事，計畫先奪取漢陽兵工廠，解決自立軍軍械短切之處，然後一舉佔領武漢三鎮（武昌、漢口、漢陽），接著揮師挺近西安（此時八國聯軍攻陷北京，光緒隨慈禧逃往西安），救出光緒帝。

唐才常起義前兩天，由於有內奸向清廷都司告密，清軍聞風聲後立即加

緊沿長江戒嚴。自立軍起義計畫外洩，張之洞聞報後，也作出了回應，與英國領事館英軍協同，破獲自立軍設在漢口的總機關。

唐才常當時不在總部，追隨他多年的戰友李榮盛勸他走避，另起爐灶，但他卻堅確表示：「我決心為國捐軀，你自己快走吧。」李榮盛感動得放聲痛哭，說「先生捨生忘死，我怎麼能做怕死鬼」！兩人決定捨生取義。最後清兵旋至，唐才常、林圭、傅慈祥、李炳寰、李榮盛等二十餘人被捕。

唐才常是兩湖書院的學生，因為學習成績優秀，很得張之洞器重。張之洞特派鄭孝胥前去詢問唐才常，孰料唐說：「湖南丁酉拔貢唐才常，為勤王事，酬死友，今請速殺！」張之洞得知後悵然不已，雖感佩學生唐才常的人格，但發動起義是殺頭大罪，豈能為他平反？

兩人師生一場，最後竟落得如此下場，令人不勝唏噓！在獄中，唐曾題詩：

> 賸好頭顱酬故友，
>
> 無損面目見群魔。

1900 年 8 月 21 夜，唐才常、林圭、李炳寰、傅茲祥、田邦璿、蔡鍾浩等一行人被押至武昌紫陽湖畔行刑。臨刑前，唐才常昂首血淚問蒼天：「天不成我的大事！天不成我的大事！」又說「七尺微軀酬故友，一腔熱血濺荒丘」，然後從容就義，時年 33 歲。唐才常殉義後首級被懸掛於漢陽門上，以儆效尤，此六人史稱「庚子六君子」。

自立軍前軍大通起義失敗暨漢口方面失事之後，駐守在湖北新堤的右軍統領沈藎率領部分自立軍進入湖南臨湘灘頭一帶，與清軍展開殊死戰。由於漢口總中軍既已覆亡，軍心渙散，自立軍右軍沈藎已是氣力全失，結果同樣慘遭全軍潰敗的命運。

自立軍左軍湖南方面，本擬計畫與唐才常、林圭等人同時發動起義，但湖南巡撫已事先從張之洞處知悉左軍密謀起事的消息，於是大肆逮捕，唐才常弟唐才中、蔡鐘浩等多名長沙義士均被俞廉三先後殺於長沙瀏陽門外，自立軍起義完全失敗。

沈藎為人「性情耿直，雄於膽略」，曾擁護維新變法。百日維新失敗後，認為維新派的策略無法救國，於是轉而投入孫中山所領導的革命陣營，成為一名心行如一的革命主義者！

沈藎

他在漢口籌備起義工作時，曾大力疾呼「我等認為滿洲政府不能治理中國，我等不肯再認此國家，變舊中國為新中國，變苦境為樂境」，並要以「新造自立之國」為目標。如今失敗告終，沈藎潛回上海。

唐才常是中國近代史上的重要人物，他的一生主要做了兩件大事。一是積極參與維新運動，在救亡圖存和維新變革的行動中，推動近代中國產生第一次的思想解放運動。二是發動和領導自立軍起義，首次嘗試將革命派和維新派整合起來，完成中國民族資產階級從改良走向革命的轉折，開闢了民族資產階級的革命新氣象。

1898 年戊戌政變後，唐才常逐漸從改良派走向了革命派，自立軍透過武裝起義，戮力齊心要廢除「所有清朝專制法律」、「變舊中國為新中國」的理想，徹底點燃了中國近代起義運動熊熊的火焰！

可以說，自立軍起義是中國歷史新舊轉捩點上產生的事件：既是 19 世紀末改良運動的繼續，又是 20 世紀革命運動行將高漲的徵兆。是它促成革命時代的來臨，它是中國起義運動轉型至革命時代的轉捩點，自立軍起義不是改

良主義的尾聲，而是革命的起點！

唐才常、秦力山等人血淋淋的殉難，換來的是「革命輩出，共赴國難」！鮮血無價，血性無咎，自立軍起義使得當時一些還徘徊於改良和革命之間的志士們，猛然醒悟到，想通過維新派「君主立憲」的策略來拯救中國無異於與虎謀皮。他們轉而大聲疾呼，喚醒世人毋為奴隸，要勇於拋棄改良的幻想，毅然堅定地走上反清革命的道路。

正如近代著名的革命黨人章太炎所說的：「唐才常，近代中國曾起進步作用之人物，自立軍亦應視為一次起義也。」那些鬥士為人們留下了寶貴的經驗，讓後人們得以繼續儲蓄力量，它的精神足以名留青史。

第三節　更名立志，刀鍔開鋒流血救民

鍔之所出──鐵骨雄魂鑄刀鍔，敢立驚濤駭浪中

自立軍起義前夕，唐才常以蔡艮寅年齡尚小，為避免他無辜犧牲，因此不肯讓他擔任艱鉅任務。為支開蔡艮寅，唐才常便委派他一個任務，要他給湖南訓練新軍的威字營統領黃忠浩送信去，請求黃在武漢起義發動後，同時在湖南起義，以相策應。

當時黃忠浩正在訓練軍隊，看到蔡艮寅來，便強行將他扣留。黃告訴蔡艮寅：唐才常武裝起義的精神固然可嘉，但由於自立軍的組建過於倉促，欠缺周詳的計劃，條件不算完全成熟，貿然行動只會白白犧牲無數的青年們。

蔡艮寅年輕氣盛，聽到黃忠浩批評自己的老師，竟與之辯論起來！然而，黃忠浩故意充耳不聞，就是不肯放行。他要蔡艮寅在湖南多待幾天，時間一到自然護送他回去。

當時蔡艮寅凹返祖國，是由梁啟超親自送護，如今蔡被黃忠浩扣住，梁見不到他的行蹤，便十分焦急，於是決定買張船票，親赴漢口找人。然而，梁啟超也是亡命之身，不敢多逗留，當他到上海碼頭要上船趕赴漢口時，才知道那班船因貨物太少已提前半小時啟程了。梁啟超急得捶胸頓足，驚呼吾松坡、吾松坡！後來漢口起事計畫敗露，唐才常一行人被張之洞殺害，由於蔡艮寅被黃忠浩所扣；而梁啟超也因船期之誤，兩人才得倖免於難。

　　自立軍起義頗有「風蕭蕭兮易水寒，壯士一去兮不復還」的寫照，「出師未捷身先死，長使英雄淚滿襟」，沉摯悲壯，震撼人心的起義運動，對於飽經戰亂的人們，怎能不激起悲壯之志和歎惋之情呢？

　　幾天後，蔡艮寅得知老師唐才常和許多同學們不幸殉難的消息後，疾痛慘怛，悲傷欲絕，他恨不能也像同學一樣壯烈捐軀！猶記1899年時，一群由上海東渡日本的時務學堂學生共計有蔡艮寅、林圭、秦鼎彝、範源濂、李群、周宏業、唐才質、陳為璜、蔡鐘浩、田邦璿、李炳寰等11人，如今只剩得年紀最小的一位臨江獨沐秋風。經過這一事變，蔡艮寅再一次目睹山河破碎、國勢危亡之景，感觸良多，竟悲痛數日，久久才能平復。自立軍起義失敗後，樊錐想到蔡艮寅的處境也極為危險，乃想方設法，托江南水師提督楊晉岩資助經費，讓他趕緊逃離。於是，蔡艮寅再次踏上重返日本之路。

　　蔡艮寅回到日本，痛定之後，他的心靈正醞釀著一股前所未有的大轉變，他憤國事日非，認為「非軍事無以救國」，遂立志「流血救民」，走上革命道路，毅然將蔡艮寅的名字改為蔡「鍔」。

　　「鍔」者，刀劍之「刃」也，堅固銳利，一如蔡鍔所立非凡之志！「鍔」還有取其「鍔鍔烈烈」、誓開血路之意；並期許自己「砥礪鋒鍔，重新做起」，永遠記取戊戌變法和自立軍起義失敗的教訓！

　　此後，蔡鍔的精神獲得無比鋒鍔的灌注，他勇於擔當，學習本領，積蓄

能量，不再灰心，振作精神，捲土重來。在未來的征途上，他砥礪自己要像刀鍔那樣光芒四射、鋒利無比，為國為民，勇往直前。悍刀出鞘，誓斬邪惡。

1900 年 10 月 23 日，蔡鍔以「奮翮生」之名在《清議報》上發表了《雜感十首》，以述懷明志、傾吐滿腔的愛國抱負：

拳軍猛焰逼天高，滅祀由來不用刀；

漢種無人創新國，致將龐鹿向西逃。

前後譚唐殉公義，國民終古哭瀏陽；

湖湘人傑銷未冗，敢諭吾華尚足匡。

聖躬西狩北廷傾，解骨忠臣解甲兵；

忠孝國人奴隸籍，不堪回首矚神京。

歸心蕩漾逐雲飛，怪石蒼涼草色肥；

萬里鯨濤連碧落，杜鵑啼血鬧斜暉。

卅年舊居今重演，依樣星河拱北辰；

千載湘波長此逝，秋風愁殺屈靈均。

（1860 年，英法聯合軍破天津，入北京，帝避難熱河，其情形與今無異。）

哀電如蝗飛萬里，魯戈無力奈天何；

中原生氣戕磨盡，愁殺江南曳落河。

天南煙月朦朧甚，東極風濤變幻中；

三十六宮春去也，杜鵑啼血總成紅。

賊力何如民氣堅，斷頭臺上景愴然；

可憐黃祖驕愚劇，鸚鵡洲前戮漢賢。

（法國革命，斷民賊之首天臺，以快天下）

爛羊何事授兵符，鼠輩無能解漢訣；

馳電外強排復位，逆心終古筆齊狐。

164

（前某督曾致電某國某君，乃地可割，款可賠，惟今上復位則不可。並令某君轉達其國之外務大臣，懇其先各國以倡此議。）

而今國土盡書生，肩荷乾坤祖宋臣；
流血救民吾輩事，千秋肝膽自輪囷。

這首詩義憤填膺地表現了蔡鍔救國救民的殷殷期盼，在字裡行間，凝結著蔡鍔強烈的血和淚、義和憤、願和力，更抒發了他寄予國家和民族前途無限之厚望。

11月22日，蔡鍔又以「衡南劫火仙」之名，在《清議報》上發表另一篇文章《世界之魂》，表明自己的大志向：

以一心之力，而囊括八荒，陶鑄眾生，窮極幽奧，出鬼沒神，使天下後世，仰之若泰華，尊之若神明，其古今眾大儒傑士是也。如吾華之孔孟莊老，程朱陸王，天竺之釋迦，泰西之瑣格剌底、佛拉、亞里斯多托、培根、斯比樂薩、堪德、彌爾、達爾文、斯賓塞諸大儒，皆以一時學者，而顯然執世界思想之轡，握改革腦筋之權，使天下傾首低眉，滌肝蕩肺，相將以入彼範圍之中，人間世為之燦然光明，齊民為之奮發鼓舞，吾無以名之，強名之曰世界之魂！

蓋人無魂則死，世界無魂則僵矣，魂其足重矣哉。法國革命之大事業，演奇偉之歷史，誰造之乎？君查克、赫百旭斯、孟德斯鳩、盧梭、巴路達諸儒者造之而已。斯諸儒者，法蘭西之魂也，使法無諸儒文出而倡公義公理，則其國民至今尚沉淪於苦海地獄之中，腐敗委頹，殆無生氣，亦未可知矣。

由上述可知，古今儒士的魂和精神，就是他們的宏偉心志、遠大抱負和崇高理想。他們的魂，結集而凝聚成「世界之魂」！蔡鍔心中希望，自己也當如古今儒士一樣，在這世上留下一抹燦爛，一筆輝煌！追求名譽，當以奉獻天下之志而追求之，懷抱理想，也當以能利益天下眾生、拯民於苦海而懷抱之。倘能如此行之，其魂其精神必然長存天地之間，世界也因此而有了生

存、發展下去的契機。

蔡鍔，一名常人也，不是什麼天才，也沒啥天賦異稟之處！但他和當時許多有血有淚的青年一樣，憑恃的不是先天的優勢環境，而是一股不畏艱難、不怕磨練的勇氣毅力，在絕境中闖出生路！

在清王朝的統治下，當他看到帝國主義蠻橫侵略，導致山河破碎、國家危在旦夕之時，他的血性終於被徹底激發而出！他懷著滿腔報國的熱情，定要實踐他「流血救民吾輩事，千秋肝膽自輪囷」的誓言！他立誓決不辜負前輩們的殷殷教誨，即使最後一如老師和同學一樣被送上斷頭臺，他也要矢志不移，為「延續國脈以拯民族存亡」的大業奉獻一生！

蔡鍔立誓後，此後一生，他果然沒有違背自己的諾言，從投筆從戎身為一名軍人，到返國創練新軍、從事軍事教育改革，他都在踐行著「更名立志」的志向，直至最後病死他鄉。

舉共和之劍，以憲政為鋒，以民軍為鍔，斬除妖邪

- 鍔之所以為「鍔」，乃是願為刀劍之刃，並且是最精華、最粹煉、最鋒銳之刃；
- 「鍔」之所出，是要所向披靡，大勢所至，辟惡除患；
- 「鍔」之所向，是要為自己的剛毅大志鍔鋒出鞘，為國家興亡而奮戰；
- 「鍔」之所行，是要斬斷自身惡習，還要能直刺邪惡勢力；
- 「鍔」之所證，是要完完全全地改革自己和他人，作一個正正真真的革命行者。

《莊子說劍篇》裡頭曾說到劍種與劍事：「天子之劍，以燕谿石城為鋒，齊岱為鍔，晉衛為脊，周宋為鐔，韓魏為夾，包以四夷，裹以四時，繞以渤海，帶以恒山，制以五行，論以刑德，開以陰陽，持以春夏，行以秋冬。此劍，直之無前，舉之無上，案之無下，運之無旁。上決浮雲，下絕地紀。此劍一用，

匡諸侯，天下服矣。此天子之劍也。」

　　當時文王芒然自失，請教莊子曰：「諸侯之劍何如？」

　　莊子曰：「諸侯之劍，以知勇士為鋒，以清廉士為鍔，以賢良士為脊，以忠聖士為鐔，以豪桀士為夾。此劍，直之亦無前，舉之亦無上，案之亦無下，運之亦無旁。上法圓天以順三光；下法方地以順四時；中和民意以安四鄉。此劍一用，如雷霆之震也，四封之內，無不賓服而聽從君命者矣。此諸侯之劍也。」

　　王又曰：「庶人之劍何如？」

　　莊子再曰：「庶人之劍，蓬頭突鬢垂冠，曼胡之纓，短後之衣，瞋目而語難，相擊於前，上斬頸領，下決肝肺。此庶人之劍，無異於鬥雞，一旦命已絕矣，無所用於國事。今大王有天子之位而好庶人之劍，臣竊為大王薄之。」

　　不論天子之劍、諸侯之劍或庶人之劍，其劍種有上下之分，蔡鍔之鍔劍鋒刀乃是其發出的鍔心鍔願，是共和之劍，也是斬斷邪惡大刀。蔡鍔有了這樣的體悟，鍔之所行，鍔之所趨，必然要斬斷一切邪惡，以立共和為鋒，以召民軍為鍔，立志報國，流血救民，無所退讓。當時蔡鍔正值 18 歲年華。

　　二次抵達日本後，蔡鍔準備開啟一系列的心志，並從改變體力和體魄做起。他想起歸來之時，海面波瀾連天濤，無盡天光照人間的畫面，心中便覺壯志淩雲，巨擘萬千。那無窮碧波嘯湧激盪，重重起伏直至胸前，正是在告知自己，要激起滔滔良心血性，以血開路，救國救民。

　　他要在日本開始進行更宏大的理想，堅固種種志行，讓流血救國的力量更深廣、更踏實。他將以其大智大願、大力大行，將思想與行動鋒鍔深入至革命運動的各個角落！梁蔡師徒二人的關係，早期是師生，中期乃同僚，後

期則為戰友。作為師生，他們相親相敬；作為同僚，他們共生共榮；作為戰友，他們同進同退。經過自立軍運動後，蔡鍔毅然走入革命派激烈的組織活動中，儘管他和梁師某些手段和方法不盡相同，但深情厚意始終貫穿。同樣的信念，同樣的期許，把他們緊緊連在一起。

1900年6月，八國聯軍侵華戰爭愈打愈激烈，隨著義和團運動的失敗，清廷決定與列強簽署《辛丑條約》，以保全自己。《辛丑條約》的簽訂，使國家內外的矛盾迅速激化，國家局勢更呈現出一種紛紜複雜的局面，最終陷入了半封建半殖民地社會的深淵。

《辛丑條約》是中國近代史上喪權最多、對中國社會危害最大的條約。

《辛丑條約》簽訂代表合影

《辛丑條約》簽訂儀式

空前巨額的賠款，白銀總數竟達10億兩，相當於清廷年財政收入的12倍，這是清廷財政的沉重負擔。因此戰後清廷為了彌補財政虧欠，不得不大量借外債來償付賠款。這些外債往往附有苛刻的條件，從而使中國經濟命脈掌握在帝國主義列強的手中。清廷的財政收入除田賦外，幾乎全部被帝國主義列強所控制。這些賠款又被中央層層轉嫁到人民頭上。條約簽訂後，江蘇上交的錢稅每年增加250萬兩、四川增加220萬兩、廣東增加200萬兩。關於劃定使館界、拆毀炮臺及在軍事要地駐兵的規定，使從渤海灣到北京城的通道完全處於帝國主義直接的軍事控制之下，從此北京大門洞開，大大便利了帝國

工義的軍事侵略。

總之《辛丑條約》的簽訂，使滿清實際上變成了洋人的朝廷，成了帝國主義統治中國的工具。從此中國完全陷入半殖民地半封建社會的深淵。

近代民主革命家章炳麟（章太炎）曾經諷慈禧七十生辰：

今日幸頤和，明日幸北海，何日再幸古長安？

億萬民膏血全枯，只為一人歌慶有；

五十割交趾（越南），六十割臺灣，七十更割遼東地；

廿餘省版圖漸蹙，預期萬壽祝疆無。

這一首詩深深哀嘆著清廷的腐敗無能，也諷刺著慈禧的昏庸跋扈，更道出了國家財政權、鐵道權、用人權、土地權等等的瓜分危機早已行之有年，只要列強下一個號令，滿清就立刻奉行，拱手送人。

國格蕩然不存，民族危機悄然逼近，就在這時，「民主革命運動」也開始在中國各地迅速爆發！

參考資料：

- 《戊戌變法史》（湯志鈞）
- 《晚晴史事》（楊天石）
- 《梁啟超與清季革命》（張朋園）
- 《蔡松坡遺事》（梁啟超）
- 《飲冰室合集・文集》（春田）
- 《唐才常傳》、《唐才常集》
- 《自立會史料》（杜邁之、劉泱泱、李龍如）
- 《唐才常和自立軍起事》（皮明庥）
- 《蔡鍔集》上冊（曾業英）

第四章

投筆從戎，踐行軍事救國

　　堅定理想信念是十分重要的！因為理想和信念是一個人的精神支柱和動力源泉，人之一生的精神維度塑形，莫不與理想和信念密切相關。遠大的理想、崇高的信念能點燃人生的激情，激發我們的才智，策勵我們奮發向上。古今中外，凡是為人類進步事業作出傑出貢獻的人，無不具有遠大的理想和崇高的信念。

　　人類的歷史就是一部部的「信念歷史」。像孔夫子、釋迦牟尼、耶穌、鳩摩羅什、玄奘、穆罕默德、哥白尼、哥倫布、尼古拉特斯拉、孫中山、蔣介石、毛澤東、經國先生、鄧小平、愛因斯坦及無數未具名的偉人等，他們都是因懷抱崇高的理想，並以強大而堅定的信念改變世界的。信念就像指南針和地圖，能指引出我們要去的目地及所要實現的目標。然而，沒有理想信念的人，就像沒有馬達和方向盤的汽車，哪兒也去不了。

　　蔡鍔立志後，懂得播種理想，透過堅確的信念來引導人生，從而規範生命和規劃未來，這是他人生成功的原因之一。

洞甲心力，進入日本陸軍士官學校

蔡鍔更名立志後，二度赴日，繼續在東亞商業學校就讀。回顧 1900 年，祖國局勢的發展瞬息萬變，蔡鍔不禁感到憂心忡忡，八國聯軍侵華之舉只是中國空前危機之一隅。然而，祖國國力已是強弩之末，更大的危機卻緊跟在後面。

蔡鍔認為，國家危難迫在眉睫，非「武裝革命」無以推翻滿清。但若要武裝革命，又「非軍事無以救國」！軍人的武魂，軍法的紀律，軍隊的現代化，軍力的強盛，乃至軍中武器的專業優良都起著能否推翻滿清、建設祖國的決定性作用。然而，革命貴在「真實行起」，重於身體力行，徒託改革空言，無疑是紙上談兵。

蔡鍔曾與梁師侃侃而談，回顧波瀾壯闊的自立軍起義，他說：就算自立軍在漢口、湖北新堤、湖南常德和安徽大通等地獲得了短暫性的成功，但接下來自立軍所要面對的是具有新式武器和裝備的「北洋陸軍」，這將是一場沒有任何勝算的戰鬥！況且，即使自立軍真的勢如破竹，攻陷京城，但後續國家的建設工作又該如何來進行，才能不讓西方列強有機可趁。

蔡鍔明瞭，非推動軍事教育無以救國！因為具有合群意識、沉毅果敢、意志堅定、精實體魄，且擁有專業技能和精良武器的現代化軍隊，才有能力推翻滿清，為中華民族求富強，為四萬萬同胞謀幸福。也才能在抵禦外國武裝侵略、爭取民族獨立的鬥爭中，奏響凱歌。

正是在這種認識下，蔡鍔下定決心，要先從自己的「人格改變」做起。唯有徹底改造自我的身心，鍛鍊出強健的意志與體魄，鍥而不捨，方能以真正的鋒鍔之力來實踐革命志業。況且，當自己真實改變後，也才能影響人民

的思想觀念和行事作風，進而影響國家的整體風氣。

面對自己人生的前程，蔡鍔決定做出一項重大的抉擇，他決心「投筆從戎，棄文習武」，改學軍事，以實現自己「流血救民」及「以軍事建設強大祖國」的宏偉抱負。他決定——進入軍校學習軍事，掌握世界目前先進的知識和技術，力挽狂瀾於既倒。

革命之路，堅心石穿，蔡鍔向梁師談起自己想改學軍事的想法，並徵詢梁師的意見。梁啟超看著蔡鍔那單薄瘦臞的身子，不禁笑道：「你以一文弱書生，恐怕難以擔當軍事重任。」

眼見梁師無法苟同於自己的決定，蔡鍔遂堅決而自信地回答說：「今日講救國，拿槍桿子比拿筆桿子重要，只須先生為我設法學得軍事，將來不做一個有名的軍人，不算先生門生！」蔡鍔的答覆擲地有聲，決心堅無可摧，令梁啟超感到震驚不已！他終是注意到，眼前的蔡鍔已不是一介文生的氣度，蔡鍔散發出來的是驚天地、泣鬼神的氣魄。梁啟超不禁頻頻點頭，表示首肯。

1901 年，在梁啟超的幫助下，蔡鍔以私費進入東京「陸軍成城學校」（1903年更名為振武學校）學習，學費來自投稿和譯著的報酬。東京陸軍成城學校是一所專為中國陸軍留學生開辦的「預科軍事學校」，隸屬於為日本陸軍參謀本部，從此蔡鍔開始了軍人氣質的磨練。東京陸軍成城學校的初期修業是 1 年 3 個月，畢業後先下部隊見習，合格之人才有機會升入日本陸軍士官學校。該校畢業生人才濟濟，對中國近代歷史影響深重。

1902 年 8 月，蔡鍔從陸軍成城學校畢業，因為成績優異，以陸士候補生的身份投入日本「仙台騎兵」第二聯隊當入伍生。1903 年 11 月，又自費考入東京「陸軍士官學校」第三期騎兵科，12 月正式開課。

陸軍士官學校第三期的中國學生是日本進行大規模軍練的第一批，蔡鍔的同學還有高爾登、蔣尊簋、陳文運、王丕煥、齊灝、程侍墀、苑尚品、黃瓚、

張仲元、楊壽杜和幹玉龍等人。後因成績優異，不久補為官費生，從此之後，蔡鍔開始有計畫地深入學習軍事技術，一步步朝著他的理想邁進。

騎兵寇里，學習軍事知識和戰爭技藝

1861 年開始的洋務運動（自強運動）是中國近代史上的一次工業革命，洋務運動強調「中體西用」，亦即以中學為體，西學為用。在西學部分，清廷積極仿照西法，進行中國工業改革。在軍事武器和訓練方面，也大量購買了洋槍、洋砲，並按照「洋法」來操練軍隊（北洋、福建、南洋艦隊），各項的自強洋務運動如火如荼展開著。

當時洋務運動已經進展了一段不短的時間，中體西用的策略也為國家訓練出一支威力強大的鐵甲軍艦，對中國軍事的現代化起到了卓著的提升作用。但為何這些改革皆無法阻止清廷屢敗疆場、先敗於法國，後敗給日本的命運？

蔡鍔痛心刻骨，百般思索尋求，他不解的是，當時鐵甲軍艦的數量更勝日本，武器之先進，軍力之強盛，與日本對戰應是進退自如、遊刃有餘，卻為何最後折戟沉沙、損失慘重？後來蔡鍔歸納出了中國在甲午一役敗給日本的兩個原因：

一、海戰失敗的最直接原因是承包商在砲彈裡面灌入泥沙，商人道德低落，愛國心不強。因此，如何強化國人的愛國思想和信念，對日後的國際戰爭必然會起到勝敗的關鍵影響。

二、中國艦隊在數量上雖遠遠多於日本，但臨戰時猶不知道應該聽從誰的指揮，縱然有再好的「軍事科學」，仍要敗衄。

蔡鍔認為，軍事科學卓越並不等於軍事計畫完備，再好的武器，若沒有良好的軍事制度和軍事訓練，武器先進就不等於「軍事技術優良」。一個國家的國防基石，一開始首重於「軍事制度」是否完善，沒有軍事制度，再好的技術和計畫也必然失敗。

中國開辦洋務運動後，反觀日本在 6 年後也如火如荼展開明治維新運動，然而，日本卻只用短短 25 年的時間就成為雄步世界的一大強國。洋務運動和明治維新都是兩國先進的愛國人士向西方學習、探索救國之道的運動，也是為了謀求國家強大，以解除民族危機，改變落後挨打的局面。

　　然而，明治維新自上而下的改革是不斷持續在進行的，其中「吸其精華，棄其糟粕」尤為徹底。日本派出使團周遊列國，吸取各國經驗，最後選擇走上仿效德國國體的資本主義路線。首先是向西方的民主政體學習，通過議會公決，採取一系列破除封建制度束縛的改革措施。並充分運用國家法律手段，頒佈工商業法令，以保護新興企業和資助弱小的民族工商業得以發展。

　　明治維新還動搖了日本的上層封建體系（這是中國極難碰觸的一環），為了徹底發展資本主義，開闢國家生路，以適應社會經濟繁榮進步，日本明治政府除實行一系列有利於發展經濟的政策和措施外，對舊有的封建制度，也採取了若干重大改革。

　　1868 年，明治天皇頒佈「五條誓文」外，同時又頒佈了「政體書」，決定仿照近代西方國體，採取立法、行政、司法三權分立的辦法，強調世論公議和公選官吏。根據這些改革方針，日本制訂了一系列的改革封建政治體制的措施，如其中兩條：

　　一、破除封建分邦割據制度；

　　二、廢除封建特權，取消諸侯公卿稱號，解除束縛平民的一切法規，做到「四民（士農工商）平等」，一概禁止根據世襲制度而享受的免稅特權，以增加財政收入；取消武士階級的特殊身份；使平民百姓獲得人身、就業、居住、婚姻、穿戴的自由。

　　蔡鍔認為，中國洋務運動的領導者，由於害怕民主政治危及他們既有的特權，因此在推動改革上無法貫徹執行。洋務領導人諸如恭親王奕訢、軍機

大臣文祥、兩江總督曾國藩、北洋大臣李鴻章、閩浙總督左宗棠等人都是朝廷重臣，卻受制於慈禧太后，為了保住自己的烏紗帽，只得竭力效忠皇室。

同時這些洋務領導人還認為，中國的封建政治制度和立國精神極其至善至美，是古聖先賢「一脈傳承」下來，歷史源遠流長，不可動搖，君權神聖不可侵犯。既然封建傳統是中國的國情和固有特色，因此根本無須採用西洋那套民主體制。上述種種原因，導致洋務派只熱心於發展國家「軍事工業」，只想利用西洋的工業技術和軍事裝備來強化封建統治，維護封建統治秩序，以求政局穩定，故而甲午一役後注定徹底垮台。

洋務運動和明治維新幾乎同處在相似的基礎和起跑點上，但改革過程卻南轅北轍，日本的國力、軍事和經濟獲得全面上升，實現了經濟現代化；而中國的經濟卻未能起飛，國體仍停留在半封建半殖民地的狀態。

蔡鍔二次抵日後，強烈意識到，惟有革新中國的政治國體，建立民主體制，中國方能富強。中國的軍隊決不能再任意充當腐敗的封建官僚政治下的走卒，清廷剝削民脂民膏，又任意犧牲這些年輕有為的軍人，蔡鍔感到萬分悲痛，他決心在日本開闢出一條真正的軍事救國、強國道路。

蔡鍔進入東京陸軍成城學校就讀後，騎兵寇里，不斷努力學習，掌握了諸多重要的軍事知識。軍事技術方面的體會也逐日加深，體能還獲得飛速提升。軍事技術是軍事科學的重要組成部分，是構成軍隊戰鬥力、決定戰爭勝負的重要因素，也是衡量國家軍事實力

東京陸軍士官學校

的重要標誌之一。

然而,若沒有健全的軍事制度和能掌握軍事教育管理的新式軍人,那麼,軍事技術在「建設武裝力量」、「鞏固國防」、「進行戰爭」和「遏制戰爭」方面,將再重蹈甲午戰爭之下場,一敗塗地。蔡鍔實習軍事教育,其目的就在鞏固日後國防。

刀耕火耨,組織愛國運動

文可興邦,武可救國,蔡鍔縱然棄文習武,但對於「文字救國」的思想卻從沒斷過。上一章說過,自立軍起義前,蔡鍔曾與劉成禺、吳祿貞等人在東京創辦了「勵志會」,勵志會即是留學界創設團體的先河。

1900 年 8 月,自立軍起義爆發,殉義的黎科、傅慈祥、蔡丞煜、鄭葆晟以及脫險的戢元丞、秦力山、吳祿貞等人,其實都是勵志會會員。他們雖然兵敗於漢口,卻直接激勵了許多依然徘徊在改良和革命派之間的人們,讓他們猛然醒悟到:期許清廷高層改變的保皇改良思想本來就是幻想,唯有從事武裝起義的革命運動才能徹底剷除滿清這個毒瘤!

同月,《清議報》的創始人之一鄭貫公在東京創辦《開智錄》,這是中國留學生在海外所創辦的第一個刊物。

12 月,該刊物得到孫中山領導的興中會資助,改為鉛印半月刊,並由鄭貫公主編,馮自由、馮斯欒、秦力山、蔡鍔等為撰稿人。

該刊先後譯載了盧梭的《民約論》、《自由原論》、《民權真義》和《法國革命史》等專著。又陸續發表了《論帝國主義發達及 20 世紀之前途》、《義和團有功於中國說》等政治文章,還在中國報刊上率先使用「帝國主義」一辭,並

中國留學生在海外所創辦的第一個刊物《開智錄》

對其侵略本質予以揭露批判。

鄭貫公在《論閱新聞紙之益》一文中指出：「欲使國為文明之國，國民為文明之國民，當先革除野蠻政府，歐美其先開先河矣！」顯示出愛國志士反帝、反封建的愛國思想。報刊發行前，蔡鍔曾以奮翮生筆名，為開智會寫序，期許啟發群眾的智慧，發動群眾進行革命鬥爭。

1900 年尾，自立軍漢口起義兵敗後，秦力山逃往東京，又與沈雲翔、戢元丞、蔡鍔、王亮疇、沈虯齋、楊圃堂、楊廷棟、楊蔭杭、雷奮、王寵惠、張繼等人共同發行了《國民報》月刊，企圖挽救民族危亡與改造中國社會。

《國民報》內容分為八類：一、社說，二、時論，三、叢談，四、紀事，五、來文，六、外論，七、譯編，八、答問。

《國民報》裡頭文章充斥著宣導革命、仇視滿清政府的思想，措辭激昂，開啟了留日學界革命新聞的先河。

為了實現自己的救國抱負，蔡鍔課餘之暇也會積極參與中國留日學生的政治活動。

1902 年 2 月 8 日，梁啟超在日本橫濱創辦《新民叢報》──「大力鼓吹人們都要擺脫封建奴性，樹立獨立、自由和愛國家、愛民族的思想，激勵人們都要具有自尊、進步、利群以及進取冒險等奮發圖強、積極向上的精神。」該報為半月刊，由梁啟超負責主編，馮紫珊負責編輯兼發行。

梁啟超《新民說》發表後，立即在國內外引起強烈迴響，人們開始意識到「國民」對於國家的重要性！尤其是「新民」對於「新國家」的迫切與必要。當時蔡鍔已經在陸軍成城學校就讀，梁啟超特邀請其入社裏，擔任筆政。就在《新民叢報》創刊這個月份 2 月，蔡鍔 20 歲，以「奮翮生」的筆名在《新民叢報》上發表了長篇政論文章《軍國民篇》，該篇長達約一萬五千字，詳細闡述蔡鍔的軍事救國思想。

是年冬，他還與老師樊錐及好友黃興、楊篤生等人在東京成立「遊學編譯社」，共同編辦了《遊學譯編》，藉以收集大量的政治與軍事資料，以為日後武裝起義做準備。後來蔡鍔又聯絡在日湖南同鄉梁鼎甫等人一同參與，創立了「湖南編譯社」，他並以「湖南留學生同上」為落款，向國人介紹西方資產階級的政治學說，以打開國人認識民主與科學思想的契機。

武裝起義推翻滿清的前聲《遊學譯編》

陳新憲所編《蔡鍔年譜》中有記載：「（王寅）是年冬，蔡鍔從仙台返東京，與黃興、楊篤生，以及老師樊錐等在東京創辦《遊學譯編》。接著又邀魏肇文、陳范、許直、張孝准、陳整等湘籍留學生創辦湖南編譯社，並建議將《遊學譯編》從第二期起併入湖南編譯社發行。」

蔡鍔在成城學校讀書時，還倡議創立「留學館」，在校內建立「成城學校校友會」，與留日學生中思想比較先進之人秘密結社，經常集會，議論時政。而後又與東京留日學生三十餘人歃血為盟，將校友會改名為「秘密結社」，以武裝革命推翻滿清，建設新中國為宗旨。這期間，蔡鍔慢慢形成了自己的救國主張。

1903 年 7 月，蔡鍔投入日本「仙台騎兵」第二聯隊當入伍生，正式接受部隊的磨練。同年 9 月，轉為江南官費生，12 月初，又考入日本陸軍士官學校第三期，分入騎兵科，展開非常嚴格的軍官素質養成教育和軍事訓練。從此，努力朝著自己的救國主張前進！

第二節　雄圖遠略，踐行軍事救國

《軍國民篇》——實踐軍國民主義

清末之際，中國正掀起編練新軍、改革軍制的熱潮，把練兵作為「救國之第一要務」！

據軍事科學院施渡橋、毛振發等所著《中國軍事通史》第十七卷記載：甲午戰爭前後，清政府派出許多學生前往歐洲學習軍事，1898 年開始，清政府逐漸把國外軍事學習的目標轉向日本。張之洞、袁世凱都曾下令派遣學生赴日本學習。日本也專為中國軍事留學生開辦了進入陸軍士官學校的預科學校，稱為「振武學堂」。

這一時期的軍事留學生中，有著名的中國軍事學和國際軍事學專家，如蔣百里、楊傑。也有實幹軍事家，親身帶領辛亥重九起義和護國戰爭的愛國蔣領蔡鍔。當然，也有汲汲營營於權力慾望追逐，成為倒行逆施的軍閥頭子，如孫傳芳、徐樹錚等人。這些人，留學日本的目的或有不同，但所抱持的救國主張當中，卻一致認為：「唯有發動武裝起義，推翻滿清，新中國的遠景才會現前！」

所謂的新中國，不僅是政體上的變更，對於蔡鍔而言，它還是人民的自主意識、魂魄模型、人格結構、思想價值觀的徹底轉型！

而當前，軍人作為塑造國家政體結構與人民身心模型的先鋒，更要先行轉變自己，才有資格在「國家密度即將轉變的轉振點上，帶引人民一同向上提升」！

為此，蔡鍔認為，軍人尚武不僅需要刀劍，更需要精神；禦侮不僅需要槍砲，更需要國魂，因此提出了「軍國民思想」，亦即對全民進行軍事教育和軍事訓練，以提高國民的體能和素質。

蔡鍔當時的見解，遠猷壯闊，十年樹木，對於中國日後所要對付的列強帝國主義侵略，實是最「根本扼要」提升國力之法。這種在大處落墨的見解，與單純旨在「改革軍制以求強兵禦侮」的思想相比，顯然視野更為遼闊，前景更為深遠，實際起到了房謀杜斷之功用。

　　為了使人們看清中國歷代屢遭異族、異邦進犯的原因，以及推廣人民陶鑄國魂、轉變人格的救國教育，1902 年 2 月，他特地以「奮翮生」的筆名在《新民叢報》上發表了一篇救國文章《軍國民篇》。

　　《軍國民篇》約一萬五千字，按其大意可分為三部分：

第一部分

　　旨在分析中國近半個世紀以來屢挫於外國列強的敗因，蓋在漢族崇文抑武、馴良懦弱，導致「國力孱弱，生氣消沉」，成為外國的刀上俎肉。蔡鍔還從「教育、思想、文學、風俗、體質、武器、音樂、國勢」等八個方面進行國人弊病的剖析，認為非實行「軍國民主義」無以救眼前奄奄一息的中國。

第二部分

　　旨在分析「近代世界各國的軍備」，蔡鍔從世界汽機的興起所帶來的交通競爭慘烈狀況，提醒國民莫故步自封，以天朝居民自居。而是要看清世界爭相競爭的原因何在？本質何在？更要明瞭「各國皆有自危之心，於是互相竭精殫神，爭求所以相攻相守之道」。

　　為了不落於人後，成為列強欺侮的對象，他更建議中國當務之急乃在於奉行「鐵血主義」。他認為，「鐵血主義乃立國之大本，世界列強無不奉為神訓，一若備之即足以亡國者然」。

第三部分

　　旨在頗分析「軍國民的要素」，蔡鍔說：「欲建造軍國民，必先陶鑄國魂。

國魂者，國家建立之人綱，國民自尊自立之種子。其於國民之關係也，如戰陣中之司令官，如航海之指南針，如槍砲之照星，如星辰之北斗。夜光不足喻其珍，幹將不如喻其銳，日月不足喻其光明，海岳不足喻其偉大，聚數千年之訓詁家而不足以釋其字義，聚凌雲雕龍之詞人騷客而不足以形容其狀貌，聚千百之理化學士而不足以剖化其原質。」

倘使國家缺乏國魂，人民缺乏人格，那麼就離國破家亡的日子不遠了！

接著來粗略剖析《軍國民篇》中蔡鍔所提到的幾個重點。

在《軍國民篇》的第一部份中，蔡鍔首先回顧了中國在甲午戰爭失敗後的震顫、奮起及其結局。他說：

甲午一役以後，中國人士不欲為亡國之民者，群起以呼嘯叫號，發鼓擊鉦，聲撼大地。或主張變法自強之議，或吹煽開智之說，或立威詞以警國民之新，或故自尊大以鼓舞國民之志。未幾而薄海內外，風靡回應，皆懼為亡國之民，皆恥為喪家之狗；未幾有戊戌變法自強之舉。此振興之自上者也。逾年有長江一帶之騷動，此奮起自下者也。同時有北方諸省之亂，此受外族之憑陵，忍之無可忍，乃轟然而爆發者也。

蔡鍔說，清廷在甲午戰爭中敗北後，人民堅決不做亡國奴，故乃有維新運動之興起。然而，社會上雖人人思變、言變，但中國仍是處於「毫無生氣」的病弱狀態。針對此現象，他進一步說，中國現前有如在睡夢之中，毒蛇猛獸環伺四周而不自覺，因此，當務之急是要大聲疾呼，把她喚醒過來！維新變法的來臨象徵的是人們已如大夢初醒，但由於人民「長期積弱，氣力不足」，單靠慷慨激昂仍不足與毒蛇猛獸相抗爭。

若要改變這種「國力孱弱，生氣消沉」的局面，蔡鍔認為非實行「軍國民主義」不可！他說：

文字之力，不亦大且速哉！昔中國罹麻木不仁之病，群醫投以劇藥，朽骨枯肉，乃獲再蘇，四肢五內之知覺力，逐日增加。然元氣冷零，體血焦涸，力不支軀，行佇起臥，顫戰欲僕，扁和目之日，疾在筋骨，非投以補劑，佐以體操，則終必至厥痿而死矣。人當昏憒與睡夢之中，毒蛇猛獸，大盜小竊，環而伺之。懼其不醒也，大聲以呼之，大力以搖之；既醒矣，而筋骨窳弱，膂力不支，雖欲慷慨激昂，以與毒蛇、猛獸、大盜、小竊爭一日之存亡，豈可得哉！中國之病，昔在精神昏迷，罔知痛癢；今日之病，在國力屓弱，生氣銷沉，扶之不能止其顛，肩之不能止其墜。奮翮生曰：居今日而不以軍國民主義普及四萬萬，則中國其真亡矣。

　　由於中國歷代以降，重視科舉考試，文人弄墨，文學至上，除了追逐功名利祿以外，其餘政策就被視為「勞民傷財」之舉。然而，過於著重文學科舉，不提倡「武學」及法家「以法治國」的「法治」精神，最後政客就只會成了「為攀附名利而努力」的一群族群。

　　但是何謂「軍國民主義」？他說：

　　軍國民主義，昔濫觴於希臘之斯巴達，汪洋於近世諸大強國。歐西人士，即婦孺之腦質中，亦莫不深受此義。蓋其國家以此為全國國民之普通教育，國民以奉斯主義為終身莫大之義務。帝國主義，實由軍國民主義胎化而出者也。蓋內力既充，自不得不盈溢而外奔耳。

　　軍國民主義不同於近代日本帝國的「軍國主義」。軍國民主義產生於 19 世紀後期的德國，主張把軍事訓練運用到學校的體育教學中，讓學生接受如士兵般的體能訓練，以培育身心強健的心智。因此，軍國民思想乃以民眾為依歸，以國力為宗旨。民主為先，民權為大，與軍國主義的國家軍權至上的手段天差地遠。

軍國主義則是以擴充軍備、稱霸世界為目的。為了擴充軍備，國家的政治、經濟和文化教育等生活的各個層面，都必須對「軍事對外擴張」作出最大的貢獻！為了達成稱霸世界的目的，實踐軍國主義的國家會把侵略擴張和對物戰爭作為立國之本，並把國家完全置於軍事控制之下。即使民生拮据，人民苦不堪言，仍要對軍國政府絕對服從和效忠，不可違抗命令。

實踐軍國主義的國家，其政治目標往往充滿殘酷與反動，會不斷向人民灌輸侵略思想，讓人民認為戰爭本身是美好與令人神往的，是絕對的真理，從而義無反顧加入國家的戰鬥組織行列，對他國進行掠奪、侵犯、干涉與顛覆，以達到征服他國的目的。日本明治維新就是一個典型的軍國主義運動。

軍國民主義雖然也是一種嚴格的改造思想，但它是以鍛鍊人民的體魄和改造國力為目標，而非以發動戰爭，侵略他國為目的，這兩種確有著天淵之別。

蔡鍔說，「軍國民主義」其實是「國民以奉斯主義為終身莫大之義務」。西洋軍國民主義就是發端於古希臘的斯巴達，而為近代各國列強所繼承並加以發揚。斯巴達教育包括身體訓練和戰爭技巧教導，目的在於培養優良戰士。中國若能取其精華，棄其糟糠，學習好的方面，則當時國內新軍訓練必能培練出一批優秀的將領。

面對外國列強屢屢的進逼，蔡鍔認為當前國家一落千丈，岌岌可危，因此國人當要有「全民皆兵」的認知和準備，這即是他發揚軍國民主義的初衷。若不是到了生死緊要關頭，何需全民皆兵？全民皆兵為的是對抗邪惡、進擊敵人，以獲取生機。這是蔡鍔一貫奉守的是公義和公理。

發揚「尚武精神」，改變國人文弱氣質和劣根性

蔡鍔認為，「培養優良戰士」或發揚「軍國民思想」，不是只有軍人的責任，而是人人共同的責任。每個人心中皆有「軍之心」和「武之魄」，「心

軍精神」在於「剛武不屈之氣」和「尚武情操」，舉凡全國國民，皆當具有之。為此，他接著在《軍國民篇》中說：

日人有言曰：軍者，國民之負債也。軍人之智識，軍人之精神，軍人之本領，不獨限之從戎者，凡全國國民皆宜具有之。嗚呼！此日本所以獨獲為亞洲之獨立國也歟。**日本之國制，昔為封建，戰爭之風，世世相承，剛武不屈之氣，彌滿三島。蓄蘊既久，乃鑄成一種天性，雖其國之兒童走卒，亦莫不以「大和魂」三字自矜。**

大和魂者，日本尚武精神之謂也。區區三島，其面積與人口，遙不及我四川一省；而國內山嶽縱橫，無大川、長河，故交通之道絕；舉全國財力，僅及百二十萬萬，其民之貧乏無狀，可以概見。然而能出精兵五十萬，擁艦隊二十五萬噸，得以睥睨東洋者，蓋由其國人之腦質中，含有一種特別之天性而已。

日本尚武之精神，本學自中國先秦武德思想，然中國文化發展至現今，已流於「求取功名利祿」和「消災求功德」等「偽善形式」，人民早已忘乎國民應盡保家衛國的責任！試問，武魄軍膽不存，國勢如何強盛？若想國家強盛，那就樣從人民的身心靈著手進行改造，那就是「尚武」的目的。

蔡鍔認為，人民不透過找出自己的病根，進而努力改變自己，以求精神飽滿、體能強健和創造力足，卻百般想著如何藉助外力來提昇自己，那無疑是炊沙煮飯。一個國家的人民如果都具備這樣的思維，那麼想要達成國強民富的理想，甚至抵禦列強的屢屢進犯，則再給中國數百年的時間，一樣不堪一擊！

為此他說：

漢族之馴良懦弱，冠絕他族。伈伈俔俔，俯首貼耳，呻吟於異族之下，

奴顏隸面，恬不為恥。周之於西戎，漢之於匈奴，晉之於五胡，唐之於突厥，宋之於金遼，明之於今清，今之於俄、於英、於法、於德、於日本、於意奧、於美利堅，二千餘年以來，鮮不為異族所踐踏。鐵蹄遍中原，而中原為墟。羶風所及，如瓦之解，如冰之判（消）。黃河以北之地，儼為蠻族一大遊牧場。嗚呼！舉國皆如嗜鴉片之學究，若罹癲病之老婦，而與獷悍無前之壯夫相鬥，亦無怪其敗矣。

尾崎行雄於甲午之歲著《支那處分案》中，有一段最能探漢族致弱之病根。其言曰：「國民之戰鬥力，保國之大經也。一國之內，地有文武之差，民有勇怯之別，如九州之壯武，中國（日本地名）之文弱是也。天下之大，種族之多，國民有勇怯文武之差異，故亦理勢之當然已。**自歷史上之陳跡征之，支那人係尚文之民，而非尚武之民；係好利之民，而非好戰之民。今日支那之連戰連敗者，其近因雖多，而其遠因實在支那人之性情也。**

蔡鍔還下斷言，倘使中國如下「五項觀念」未肯改，則國家永無雄飛之望。這五項觀念是：

A、支那民族之性情習慣，尚文好利，非尚武好戰。

B、以尚文好利之民，雖積節制訓練之功，亦不能匹敵尚武民族。

C、支那人乏道義心，上下交欺，恬不可怪，畢竟不能舉節制訓練之實。

D、支那無固有之軍器。其所謂軍器者，非殺人器，而嚇人器也。

E、既無軍器，固無戰爭之理。

雖然蔡鍔革命之精神在於推翻滿清，建立五族共和之景象，然而，他認為「漢族之馴良懦弱，冠絕他族」。列強稱我中華為異邦，中華稱他們為異族，毋論異邦或異族，他認為中原屢屢遭受異族入侵，可從「自歷史上之陳跡征之，支那人係尚文之民，而非尚武之民；係好利之民，而非好戰之民。今日支那之連戰連敗者，其近因雖多，而其遠因實在支那人之性情」的原因中看

出端倪。

　　蔡鍔認為，中國自長久以來，崇文不尚武的惡習實乃中原屢屢慘遭異邦或異國入侵的原因。先秦時期，諸子百家爭鳴，然而先秦以後，皇親國戚卻獨尊儒家儒學，忽略了兵家、法家、墨家、縱橫家、道家等的其他精髓。只知發展溫文儒雅之學，尚文好功名，卻疏於推廣武備、法治或強兵之學，使得中國人歷代以來，只知崇文，不知尚武，這種情形自北宋以降，最能看得清清楚楚，分分明明。

　　文武本該並重，治學與練兵更不可偏衡，否則崇文的結果，就只會不斷栽培出一群只知爭權奪利，而不會治理國家的文儒。蔡鍔十分強調，好戰並非不好，也非野蠻行為。實際上，處在這種國與國之間互為利用、狡詐奸險的局勢中，好戰才能退敵，殲滅邪惡勢力！但是好戰的前提是，國家「如何教育和培養用兵之人的正確武德」，並讓武德的修養在社會中蔚為風氣，否則軍人專政，國家政權又將落入新的野心弄權者的手中。

　　文可興邦，武可定國，文武兼備，才是一位優秀的政治家或軍事家應具備的條件。

　　為了發揚尚武精神和建造軍國民，蔡鍔提出了中國人身心疲弱病根的八大原因：教育、學派、文學、風俗、體魄、武器、政聲、國勢等。

　　若要尚武，非鍛鍊體魄無以達成，這點蔡鍔極為重視，因此他在關於「體魄」病根部分如此說：「體魄之弱，至中國而極矣。人稱四萬萬，而身體不具之婦女，居十之五；嗜鴉片者，居十之一二；埋頭窗下，久事呻吟，龍鍾傴甚而若廢人者，居直之一。其他如跛者、聾者、盲者、啞者、疾病零丁者，以及老者、少者，合而計之，又居十分之一二。綜而核之，其所謂完全無缺之人，不過十之一而已。此十分之一中，復難保其人人孔物可恃。以此觀之，即歐美各強棄彈戰而取拳鬥，亦將悉為所格殺矣。」

蔡鍔認為，國民的體力是國力之基礎，而加強國民的體力訓練，便是加強國民的基礎，使他們的體質獲得轉變。體力是可以訓練的，但人民首先要有「愛國」和「救國」心切的認知。在兵荒馬亂的時代，國家興亡，匹夫有責，如果匹夫要徹底承擔國家興亡之責，那麼非教導人民鍛鍊體力、強健體魄而不可行。

他還說：「日本自甲午戰勝中國以後，因擴張陸海軍備，益知國民之體力，為國力之基礎；強國民之體力，為強國民之基礎。於是，熱心國事之儔，思以斯巴達之國制，陶鑄大八洲四千萬之民眾（斯巴達之國法，凡係強健男兒，至七歲則離家受國家公共之教育，其教育專主體育。兵役義務之年限，至六十乃終，而婦女之教育，與男子頗相仿佛，其主旨在勇壯活潑，足以生育健兒雲），乃創體育會。」

「陶鑄國魂」，以建造軍國民國家

《軍國民篇》的第二部分談的是「近世列國之軍備」。蔡鍔以發生於庚子年八國聯軍入侵中國的八國為例，舉出列強陸軍現役兵與全國人口的比較表：

國名	全國人口數	現役陸軍員	戰時員
德	46，844，926	483，000	3，000，000
法	38，138，545	550，000	4，350，000
俄	103，912，640	892，000	3，500，000
意	29，699，785	280，000	——
奧	37，869，000	302，000	1，750，000
日本	42，089，940	150，000	500，000
美	62，600，000	——	8，500，000

國名	陸軍費（元）	海軍費（元）	人口
英	109，215，540	97，911，250	318，796，000
法	137，663，101	49，433，276	38，138，545
德	135，528，766	16，345，027	46，844，926
意	71，134，490	28，000，000	29，699，785
俄	150，898，657	25，599，033	103，912，640
奧	63，593，777	7，073.891	37，869，000
日	12，810，664	5，639，989	41，089，940
美	——	——	62，600，000

對照各國的總人口數、現役軍隊兵數、戰時員和軍費後，蔡鍔說：

由是觀之，以中國人口之數而計，則現役陸軍員應得四百萬眾，而戰時人員應在二千萬以上。苟如斯，則雖傾歐美、日本全國之師以加吾，自足以從容排禦而有餘裕。即使排闥外向，步成吉思汗之舊軌，橫衝直撞，以與他族為難，恐巨獅爪牙之下，必無完軀者矣。

故雖至小之國，勝兵數萬，可指顧而集，與今日歐美諸強國殆無以異。三千年以前之制度，尚復若是之精密，餘於是不得不深感吾人之祖先矣。漢代調兵之制，民年二十三歲為正，一歲為衛士，二歲為材官騎士，習禦射騎馳戰陣，至六十五乃得為民歸田。北齊軍制，別為內外二曹，外步兵曹，內騎兵曹，十八受田，二十充兵，六十免役，與斯巴達之國制頗相仿佛。唐、宋以降，始專用募兵，而國民皆兵之制掃地矣。

民既不負捍衛國家之義務，於是外虜內寇，而中夏為墟，數千年神器，遂屢為外族所據，久假不歸，烏知非有。瞻望中原，不僅為愴然傷心者矣。

甲午戰爭時，中國的常備陸海軍為 80 餘萬，接近俄國，常規軍隊占總人口的比例約為 0.2%，軍費開支每年保持在 6000 萬兩。與同一時期的日本相比，

無論是軍隊的總兵力抑或軍費支出，中國都要遠勝日本，卻為何打了一場敗戰，使中國逐漸走向日後半封建半殖民地的命運？

蔡鍔認為，問題的癥結點在於人民的精神力、魂魄和氣質過於謙遜退讓，以致發展至今，委靡柔弱、不堪一擊所致。

中華民族文化自古與歐美隔絕，因此她能不受外擾，並在自己的母大陸上發展出一套優良的文化底蘊。然而，中華文化代代相傳至今，由於缺乏外來的刺激，因此自先秦以降，「愛好和平」就成為了歷代奉為治國的圭臬。但是所謂愛好和平的另一層涵義即是：不善應戰！

由於一直處於被動的狀態，不善應戰，因此當侵略主義思想濃厚的列強興兵來犯時，中國只能屢屢搖尾巴乞和。蔡鍔不願當「喪門狗」，因此當他深入日本軍事學校學習軍事教育時，他苦苦思索，認為唯有重新「陶鑄國魂」、改造「人民的性格」，讓身心鍛鍊蔚為國內的一種風氣，使中國人的精神抖擻起來、體魄強健起來，如此才能因應眼前的巨大危機。

若要轉變人民的性格，必須讓人們接受軍國民意識的洗禮，鑄造一種能夠適應國際時代潮流，並且異於往昔的全新民族精神，蔡鍔稱之「國魂」。

在蔡鍔看來，**中國的前途和希望以及中國由弱變強的關鍵就在於──「陶鑄國魂」，以「建造軍國民」，從而達到國家的富強。**

然而，國魂不只需要探討，最重要的是要開發與陶鑄。但什麼是國魂呢？蔡鍔做了如下的解釋。他說：人有靈魂，國有國魂，苟喪厥魂，即陷滅亡。**國魂者，國家建立之大綱，國民自尊自立之種子。其於國民之關係也，如戰陣中之司令官，如航海之指南針，如槍砲之照星，如星辰之北斗。夜光不足喻其珍，幹將不如喻其銳，日月不足喻其光明，海岳不足喻其偉大。**

世界上的每個人皆有靈魂，各國也有各自的國魂。蔡鍔說：日本之武士道，日本之國魂也，大家都以「大和魂」三字稱呼。德國有所謂《德意志高

於一切》的國魄，美國也是以「美洲者，美人之美洲。美洲之局，他國不得而干涉的孟魯主義（門羅主義）」為國魂，俄國也有泛斯拉夫統一主義。但什麼是中國的國魂？

雖然蔡鍔並未明確表示中國國魂為何？但他說「孟子止所謂浩然之氣，老子之所謂道，其殆與之相類似乎」。因此，中國國魂也可看成是代代傳承至今的忠義精神。即以至正至中、至大至剛、刻苦耐勞、勤奮向上的龍族精神為國魂也。

蔡鍔接著解釋：「國魂者，淵源於歷史，發生於時勢，有哲人以鼓鑄之，有英傑以保護之，有時代以涵養之，乃達含弘光大之域。然其得之也，非一日而以漸。其得之艱，則失之也亦匪矣。是以有自國民之流血得之者焉，有自偉人之血淚得之者焉，有因人種天然之優勝力而自生者焉。」

蔡鍔的意思是說，人有人魂，國有國魂，而國魂則是所有人魂的總和。一個國家的國魂是什麼？那就要看這個國家人民的精神和所嚮往的事物都在哪裡？所有人的文化內涵、歷史素質、思想結構、精神目標、價值觀念、道德修養及個體行為在哪裡，這個國家的國魂密度就會是什麼？

中國曾有過輝煌的國魂，那是五千年來龍族生存和發展的基礎，也是人民立於天下的精神支柱。這個國魂密度就是由中、正、誠、信、禮、忠、義、勇、廉、節、孝、悌、武、魄、健、恕、仁、品、格、德、儀、規、矩、沖、和、平、衡、性、愛等祥和平衡的元素所組成。這是什麼意思呢？也就是說，所有人民的社會活動全都離不開這些元素的醞釀和擴展，人民之所以會向善，社會之所以會繁榮，國家之所以會進步，就是因為舉國上下都在推行這些元素，這些本質，這些質能，才導致人魂不斷被轉化，國魂不斷被塑造。

所以蔡鍔認為，國魂是可以塑造的，但如今國魂已經淪喪，所以要從西方及日本社會中去尋找重新鍛鍊國魂的方法。

我們可以試著想想，清末民初時期，為何會有如此之多的學子選擇踏上留學東洋或歐美的這條人生道路？其實，他們多數都是懷著偉大的理想與抱負，毅然決然走上這條艱辛旅途。他們不為什麼，為的是親赴他國，學習他人的長處，釐清祖國的惡習與弊端，待學成歸國後，把這些新式思想與救國理論落實於祖國的各個層面上，與中國古老固有的思想結合，創造出一條嶄新的救國道路。

在這些志士當中，像蔡鍔這樣痛心刻骨，積極尋求救國方針的志士可謂多不可數，《軍國民篇》就是在這種反思與省察中誕生的。

《軍國民篇》專門反省漢民族馴良懦弱的民族性格，故而強調「鑄造國魂」。鑒於中國歷代重文輕武，文人體質柔弱，因此大力聲明：欲建造軍國民，必先陶鑄國魂！同時唯有提倡「軍國民思想」，推崇尚武精神，強健體魄，方能塑造國魂密度以振奮民族精神，使國強民富。

最後蔡鍔總結《軍國民篇》而說：「奮翮生（蔡鍔）沉沉以思，舉目而觀，欲於四千年漢族歷史中，搜索一吾種絕無僅有之特色，以認為吾族國魂，蓋乎其不可得矣。謂革命為吾族之特色歟？則中國歷祀之革命，皆因私權私利而起，至因公權公利而起者，無有也。以暴易暴，無有已時。謂為吾族之國魂，吾族不願受也。謂排異種為吾族之特色歟？則數千年來，恒俯首貼耳，受羈於異種之下，所謂排異種者，不過紙上事業而已。欲強謂為吾族之國魂，吾族所愧受也。籲！執筆至此，吾汗顏矣。忍而吾腦質中，有一國魂在。」

蔡鍔所宣傳的軍國民，是繼戊戌變法與自立軍起義後的改革聲音，在日本留學生界引發了不小的聲浪。可以說，梁啟超給了蔡鍔一個鍛煉的機會，也為他提供了展現自我的舞臺。

蔡鍔把「軍國民」與「國魂」聯繫在一起，其實就是為了提倡民族主義和愛國主義。民族主義者，中國自古以來的忠孝節義精神，愛國主義者，中

國歷代古聖先賢的教誨，無不是教導人民要誠正修身、忠義愛國。

從蔡鍔棄文習武的決定，不難看出是因他看透了中國歷代歷史上的陳跡，眼見清政府的高層，又是懦弱無能，不思國恥，令列強百般索求之輩。因此他立誓身為一軍人，畢生躬踐——強兵壯國，阻遏列強侵犯中國疆土，毀中華慧命。

時至今日，他這種「剛武不屈之氣」和「尚武精神」，依然值得我輩效尤，這是一項人類歷史精神資產，綿延不息的剛正典範。小至個人、大到國家、遠及全球，他這種精神實堪為「改造人格，提升道德，以拯救人類世界」。他所說的武德實乃各宗各派之脊髓。

蔡鍔日後在中國所帶領的各個戰役，戰事連連告捷，觀其軍隊戰力，不外乎是由《軍國民篇》中的國魂粹練所促發。儒家所謂「歲寒然後知松柏之後凋也」，國魂剛毅之品德，亦如是乎。事實上，他後來的所作所為，也展現了他嶔崎磊落、氣節高操的胸懷。

《軍國民篇》一刊出後，不僅受到中國人的矚目，在日本也產生了劇烈影響。日本人河邊半五郎把它和刊登在《民報》上的蔣方震《軍國民之教育》編成軍事重篇，合訂出版，10 年間再版 6 次，可見蔡鍔和蔣方震在日本的影響力。

致湖南士紳諸公書——軍志扛鼎，赤心報國

在日本，蔡鍔一面如饑似渴地學習軍事知識，一面苦苦地思索拯救中華的途徑。在學習空閒之餘，1903 年 1 月 13 日，他又在《遊學譯編》第三期發表《致湖南士紳諸公書》，洋洋灑灑五萬多字，寄往湖南巡撫趙爾巽。

他向湖南鄉親父老懇切彙報自己在日本的見學和觀感，並詳細敘述日本在明治維新後，如何迅速由弱轉強的過程，指出日本強盛的原因「不過純用西法，而判斷決定，勉強蹈厲，稽合國情已耳」。

他稱讚日本的現代城市文明：道路修夷，市廛雅潔，郵旅妥便，法制改良，電訊，鐵軌縱橫通國，員警嚴密，游盜絕蹤，學校會讓，公德商情，家工實業，軍備生要，日懋月上，不可軌量。國民上下，振刷衙枚，權密陰符，無孔不入，志意道銳，欲凌全瀛。推其帝國干涉之主義，恐怖堅忍之情形，殆無晶不若趨五域之大戰，臨東西太平洋而有事。以此感激憤屬，抑塞蒸鬱。以我四百餘州之土地，五百兆眾之人民，勢利社會，國體精神，一切授人以包辦，任人以奴肉，而我主人全家父子兄弟，猶然日日酣嬉，寄敖於水深火熱，砲煙彈雨之上，則誠不喻其何衷，而亦實痛其無睹。若使某等鎮日守鄉里，抱妻子，黜聰墜明，深閉固拒，一無聞睹於外務，則等此黃胄之腦質，亦寧有望今日一得之解乎？語云：「若非身歷親見，猶然不悟。」此之謂也。

蔡鍔說，「以我四百餘州之土地，五百兆眾之人民，勢利社會，國體精神，一切授人以包辦，任人以奴肉」，真是令人痛心疾首。但正是這次跨出國門的機會才使他們猛醒！

十九世紀末，西方列強入侵東亞，中日兩國都經歷到了戰敗的恥辱，進而簽訂喪權辱國的不平等條約。然而，列強入侵的舉動卻客觀地打開了中日兩國與西方交流的通道。他們都意識到唯有向西方學習，才能提高自身的地位，避免成為殖民主義國家的「海外領地」，於是中日兩國各自走上了截然不同的改革道路。鴉片戰爭後，中國與西方各國的交流日趨頻繁，洋務運動期間，清廷引進了西方的技術和軍工，由於國力快速增長，西方媒體曾用敬畏的字眼來形容中國的軍工發展效率。

當時的漢陽兵廠已經能高效率生產世界上最先進的德國步槍，中國的造船業發展速度也非常驚人，英國媒體甚至這樣評價：「中國已經具備了生產世界一流船舶的能力，按照現在發展速度和規劃，中國將在五至十年擁有世界一流的造船能力，這一切得益於穩定的國內發展速度，尤其是農村經濟的

改善，使得中國不必像日本那樣工業的發展為基礎經濟所裨袢。」

　　在政治方面，中國也經歷到相當大的改制。以前清廷下達決策主要是通過朝議，最後再獲得皇帝的批准，皇帝可以依照個人的喜怒、好惡來左右決策的進行。但洋務新政改革時期，清廷卻增設立了「總理衙門」（類似今日議會的機構），重要的立法和審批必須通過總理衙門處理。雖然皇帝仍舊可以對總理衙門的決議結果作最終的批示，但實質上，朝政重心已經由皇帝個人掌生死的方式轉變到總理衙門討論決議的方式，這在當時是頗大的改進。

　　在外交方面，新政的成就也非常突出。中國派遣了大批的官員前往歐洲學習，這些人開創了中國外交的先河。西方列強當時對中國外交的成就讚賞不已，曾說「中國在短時間內已經具備了相當純熟的外交技巧，外交能力已經不遜於西方列強」。

　　當時清廷無論在經濟、軍事或外交上，都比日本要強大許多。然而，中國的變革道路卻是阻礙重重，或者淺嘗則止，反觀日本的變革代價雖然慘痛，卻是本質上向資本主義趨近轉變，因而大放異彩。

　　蔡鍔說：「當明治以前，資遣青年留學歐美，維新諸傑遂有影響，幕府之力也。治和蘭學，幕後府數百年所養之士也。福澤諭吉首倡國論，盡輸文明，承幕府盛興文學以後也。具茲三因，而歐美藍革籍積漸東瀛，丁，英、法，俄、德蟹行字，盡變平片假名雜漢文矣。然則日皇尊焉傾焉而復權可也；復權而能破攘焉排焉主開放，能純用西法革制俗，變本加屬，踵事增華，益甚幕府所為矣。不知排攘者烏成其為排攘？而奚惟為情？曰：是亦因耳，而非日皇智且力徑能違決及此也。因何在？以國民原反動力之理想故。理想何在？在譯書爾。文明譯書遍大陸，而胡以感東瀛者獨猛效？曰：歐之化，其理想胎於文，其精神胎於武。精神武而文中之理想實靡，非武精神也。是故甚至大因果，違謬甚繁。」

日本的改革之所以能堅持到底，和其「武」精神的發揚密不可分。所以他又說：「噫！非博深名群演哲之澳，洞澈大陸三宗之微，不能一語盡而一夕通也。夫以武精神而能力擴文理想，重以文想之武命，雖有物號稱絕笨重，不患不舉矣。歐洲近三期之進步，大抵希、羅以來之武命文想基之也。而東瀛自上古草昧，文想武命已混合一氣，成不解緣。即徐福三千東渡，可謂奇俠絕倫。神道怪瑋，足湧志氣於九天之崇，噴熱血於大瀛以外。特別性質，於斯定矣。漢、唐、宋、明以來，遣學同文，遣僧說法。中原之文物制俗，一效即工。流幻變遷，亦靡不改移競爭，期於符軌和魂漢才，自成風氣。全國佛徒，卓絕閎放。審時變，而必達所希。飛揚跋扈，而獨立無倚。自大秦鑿通智識，鬥革破壞冶化，日月一新，巨細精粗，消納無遺。和膽洋器，乃語耳。然而文想以之橫溢，武命以之暴吼。綜其原有之精神，實不過提刷逾出耳，改進加良耳，非加緊爺爺天地而現舊天地也。無他，想耳，武耳。」

為了讓國人深入瞭解日本的改革決心，蔡鍔還提到：「夫日本，固天下之新國也，政教學術素取於人，而力足以張於己矣。而又三島小國也，懸居海中，阻絕一切，危亡易見，民氣易團，背水陣也。神道狂俠，不傷邊幅，輕而易動，無呆板心。伊呂波文，婦孺咸喻，無精深心。吊從古之戰場，謁大賢之名墓，譚宋明之理學，慕歷史之英雄，人觀感心。諸侯養士，文武抗曆，有競爭心。是皆明治以前事，足以助文想、激武命者也。」

蔡鍔大篇幅介紹日本的改革精神，希望中國官吏也能學習他人長處，喚醒人民的「武」精神！武的精神即是大正、忠誠、信義、剛毅、勇猛，武者乃血性之人，具有奉獻的決心，武在人內即是「威武而能做天下正事」，在軍事上能保家衛國，在世間能合德儀配天地正炁。

蔡鍔對祖國的前途充滿擔憂，因此他說：「凡我國民，固當人人持愛國之誠熱，以日相推挽摩擦，而有以應之也。」他勉勵湖南人應該承當起救國

圖存的責任，因為「湖南素以名譽高天下，武命自湘軍，占中原這特色，江、羅、胡、左、彭沾丐繁多。人人固樂從軍走海上，以責償其希冀矣。文想則自屈原，濂溪、船山、默深後，發達旁，羊角益上，馱無垠之哲界矣。然而終覺所希之猶狹也。今某等留學此都，日念國危。茹含苦，已匪伊，觸目隨遇，無非震撼，局外旁矚，情尤顯白。彼中政府舉措，社會情形，書報論說，空際動盪，風聲唳，動啟感情。又湖南夙主保守，近稍開放。壯烈慷慨，鷙險絚，故其學派，又近泰西時斯多喝。至於開新群彥，其進步之疾速，程度之高深，凡夫東西政法科學之經緯，名群通之譚奧，語方文字既通，沈潛探索有日，斐然可觀，足餉友朋也。時難驅近，兩美合符。通西籍則日力維艱，求速便則惟有東澤。及今以美為農工，以日本為商販。吾輩主人，取而用之，足近需。當斯時也，其尚有以鐵道電線為隱憂者耶？」

湖南的地理位置和歷史使命既然如此重要，因此他說：**「我湖南一變，則中國隨之矣。報國家而酬萬民，外族而結團體，天下無形之實用，固有大於史達林者乎？」**

蔡鍔把他心中湖南的未來徹徹底底勾勒了出來，他所構想的湖南，是中國近代歷史上，帶引變革運動的火車頭。因此他認為，湖南人註定要帶領中國進入現代世界，只要「湖南一變，則中國隨之矣」。

他還敦促湖南當局成立「編譯局」，以為移民風、啟民智，為除舊履新做好準備：「此所以不避煩瀆，為同胞陳也。頃各省鹹集鉅款，開澤局，殆此志也。知我湖南必不讓焉。緣譯事重大，或為全國教育章程，科學及理法，實業起見，或為溝通全省修學牖下志士起見，或為智民，彌消教禍起見，或為提紅給費，資助索留學過遊起見，或為競爭商務，預防外人干預版權起見，目不暇接的繁多，悉根愛國，無他謬見也。尤複酌和平，力主漸進，顧全大局，維持同類。是數端者，竊願我全省達官長者，熱血仁人，普鑒苦衷，提倡贊成，

集成世股。」

蔡鍔表示自己身處異域而心繫祖國，時時「瞻望鄉關」，「憾不能插翅鵬飛」，與祖國同胞共同擔負改造中國的時代重任。他希望國家：「以新國而能輸受舊學，擴張新學者，罔不興；以新國而能浸隸舊學，絕棄新學者，罔不亡；以舊國而能擴張舊學，輸受新學者，罔不興；以舊國而能浸隸舊學者，絕棄新學者，罔不仁。新舊興亡之數，約略四端，可以也。愛國君子，其有意乎？湘中志士，其有意乎？南望風煙，心怛惻矣！邦人諸友，兄弟父母，尚何念哉！讀《小雅》則知之矣。區區同舟，不盡多言。」

由於此時清廷已開始推行新政，所以蔡鍔的訴求沒有遭到冷遇。後來湖南巡撫趙爾巽將《致湖南士紳諸公書》展示給部屬們，甚至把它公開發表在報刊上，湖南官紳各界開始重視和矚目這位未來年輕的軍事家。由此，蔡鍔便在湖南和全國名聲大噪，使其成為各省督撫眼中的曠世奇才，紛紛爭而羅致手中。

蔡鍔為何負笈千里，留學日本？難道他不熱愛祖國？其實蔡鍔是希望向當時的軍事強國日本學習，再將新的軍事知識和技能帶回祖國，以強化國家國防。以子之矛，攻子之盾，知己知彼，百戰百勝。

在蔡鍔那個年代，有人認為，革命未必要往大城市去發展，比較不會被清廷所注意，致使功敗垂成。然而，蔡鍔卻持不同看法，他認為，「流血救民」一定要離開鄉邑來到城市，一是因為帝國主義的威脅多半出現於城市中心，所以人們必須在那裡對付它；二是城市和外國有「救國救民的真理」，要救國，就要革命，要革命，就要學外國，要學外國，就要到城市裡去活動。

上述兩個因素體現出中國紳士對民族主義和世界主義的確切領悟。到城市去反抗侵略者，此為民族主義；到外國去向侵略者學習，此為世界主義。縱使明知侵略者野心在即，也不能因痛恨而忽略其先進的地方，這是蔡鍔的

認識。

　　民族主義應當發展至世界主義，而不是只在民族觀念上去發揚什麼老祖先以前有多文明，那畢竟是過往之事。畢竟「安內攘外本乎一體二用」，能學習敵人之長，將之融入自己本國的軍事術裡邊而見長，一直是蔡鍔的智謀權量。

　　蔡鍔認為西方各國的入侵從另一種意義上說也是好事，因為它能夠激起國民的憂患意識和競爭意識。他說：「中國近二千年來，其所謂敵國外患，不過區區野蠻種族，逷然侵入。未幾皆為天演力所敗蝕，以致日就消亡。⋯⋯職是之故，而國民之憂患心與競爭心，遂益不振矣。⋯⋯自斯以往，其或感歐風美雨之震盪，知生存之維艱，乃發畏懼心、捍衛心、團結心，與一切勇猛精進心，則中國之前途，庶有望乎。」

　　可知民族主義發展至世界主義時，它裡頭的民族主義反而更清晰，世界主義與民族主義乃相輔相成。

　　他之所以發表《致湖南士紳諸公書》，為的就是讓國人瞭解日本發展「現代文明城市」的原因。他認為，城市的發展規模和文明秩序必然攸關著一個國家的強盛與否。不論是在哪一個先進國家裡，城市活動所帶來的救國的真知灼見都是一樣的，這就是他虛心向日本學習的原因。

　　當時遠赴歐洲和日本的這些愛國志士們，無不盡其極來向祖國同胞介紹他們在國外的所見所聞，以及外國的強盛與進步。他們不是不愛國，也不是為了抬高對方、助長對方的聲勢，而貶低自己的國家。相反地，他們恨滿清腐敗，國是日非，因此思鄉情怯的同時，他們認為還有更重要的事非去履行不可，那即是救國救民！

　　蔡鍔在《致湖南士紳諸公書》一文切切語語，無非真誠、無非期許、無非思念，愛國志士情操滿懷熱與誠，因而打動了湖南上下。

軍國民教育會，展開激烈的愛國運動

在成城學校學習的時候，蔡鍔還參與了鄒容《革命軍》一書的起草工作。鄒容是我國近代著名的革命宣傳家，原名桂文，又名威丹、蔚丹、紹陶，留學日本時改名鄒容。鄒容出生於商賈家庭，十幾歲時從父命進入重慶經書書院就讀，但因厭惡科舉八股，蔑視舊學而被開除。

1901 年，鄒容赴成都投考留日官費生，因思想傾向維新，臨行時被取消資格。

1902 年秋，鄒容來到日本東京的同文書院學習，當時中國留日學界正處於革命思潮逐漸活躍的年代，與革命志士頻繁接觸後，鄒容逐漸放棄了出國以前所抱持的君主立憲思想。相反地，他積極投身於革命運動，處處展現出激烈的愛國情操，《革命軍》初稿就是在此時撰寫的。

鄒容在同文書院就讀期間，一次，他為了抗議駐日公使與學生監督處對學生的非難，就集合了一批同志，當場揭露學生監督處的惡行，並將自己的辮子剪下，懸掛在留學生會館上，足見他推翻滿清的革命意志是無比強烈的。《革命軍》問世之前，蔡鍔曾與鄒容、胡景伊、蔣方震等人圍爐座談，烘烤臘腸，討論《革命軍》一書的編寫方案。

蔡鍔後來又與範源濂等湖南和浙江籍的留學生秘密結社，歃血為盟，以推翻清朝、建設新國家為己任，這是東京留學生秘密結社的開端。

1903 年 4 月，沙俄毀約，拒不撤走霸佔中國東北的侵略軍，還向清廷提出了 7 項無理的要求，此舉激起了中國人民強烈的抗議。

29 日，留日學生黃興、蔡鍔、陳天華、方聲洞、秦毓鎏、葉瀾和鈕永建等人聯合發起抗議運動，500 多名留日學生在東京錦輝館集會，聲討沙俄侵華

罪行。大家一致決定成立「拒俄義勇隊」，準備開赴東北，與沙俄侵略軍決一死戰。

集會上有200多名與會男學生簽名參加，女留學生則組成「赤十字社」，參與隨軍看護工作。大會還決定派鈕永建、湯棲為代表回國宣傳呼籲，再往赴天津催促袁世凱對俄宣戰，並致電上海各愛國團體及派人到南洋各地宣傳拒俄。

5月2日，留日學生將拒俄義勇隊易名為學生軍，同時訂定《學生軍規則》，正式組編學生軍隊，由藍天蔚擔任隊長，下分3個區隊，每個區隊又設4個小分隊，每小隊10人，每天進行操練，隨時準備返國赴難。而鄒容等則先行返回上海，加入上海「愛國學社」，代表上海參與拒俄義勇隊。

這時腐敗的清廷獲悉留日學生組織拒俄義勇隊後，非但沒有支持，反而秘密逮捕回國代表，同時勾結日本強令解散學生軍隊。愛國的學生們於5月11日，將學生軍易名為「軍國民教育會」，以「養成尚武精神，實行民族主義」為宗旨，以鼓吹、起義和暗殺三種方式進行革命活動。

軍國民教育會會員約略200名學生，多為華南及華中沿海地區的留日學生，軍國民教育會成立後，即定期分派會員返國展開革命活動，策動反清起義。

軍國民教育會是中國最早參加革命的學術團體，為了喚醒國人，蔡鍔還積極發表革命文章，與留日激進同學日日議論國政，立志學成報國。

同年，上海的中國教育會和愛國學社也組成「軍國民教育會」，

從容就義誓死不屈的鄒容，及其著作《革命軍》

200

這個組織一直保持到1905年中國同盟會成立，以致於後來有鄒容發起創立「中國學生同盟會」，以圖在學生界建立起大一統的整合力量，展開愛國運動。

　　就在留日學生組成拒俄義勇隊不久，1903年5月30日，反清革命大作《革命軍》終於在上海正式問世。《革命軍》一書約2萬餘字，共分7章，主要以西方資產階級的革命理論為主要武器，宣傳推翻滿清統治。

　　全書以生動、激情、犀利、通俗的筆調和文字對革命的正義性、必要性和其方法、前途等做了詳盡的闡述，對於帝國主義的侵略也提出了強烈的抗議。

　　《革命軍》出版後不久，立即風行海內外，它是清末革命書刊中流傳最廣的，對散播革命思想有著卓越貢獻。

　　書中第一章緒論即以排山倒海之姿，強烈宣染革命的內涵：

　　吾於是沿萬里長城，登昆侖，遊揚子江上下，溯黃河，豎獨立之旗，撞自由之鐘，呼天籲地，破顙裂喉，以鳴于我同胞前日：

　　嗚呼！我中國今日不可不革命，我中國今日欲脫滿洲人之羈縛，不可不革命；我中國欲獨立，不可不革命；我中國欲與世界列強並雄，不可不革命；我中國欲長存於二十世紀新世界上，不可不革命；我中國欲為地球上名國、地球上主人翁，不可不革命。

　　革命哉！革命哉！我同胞中，老年、中年、壯年、少年、幼年、無量男女，其有言革命而實行革命者乎？我同胞其欲相存相養相生活於革命也。吾今大聲疾呼，以宣佈革命之旨於天下。

　　革命者，天演之公例也；革命者，世界之公理也；革命者，爭存爭亡過渡時代之要義也；革命者，順乎天而應乎人者也；革命者；去腐敗而存良善者也；革命者，由野蠻而進文明者也；革命者，除奴隸而為主人者也。是故一人一思想也，十人十思想也，百千萬人，百千萬思想也，億兆京垓人，

億兆京垓思想也。

鄒容的《革命軍》正如天清地白，霹靂一聲，驚數千年之睡獅而起舞，是在革命，是在覺醒。

書中第二章論「革命之因」說：「近世革新家、熱心家常號於眾曰：中國不急急改革，則將蹈印度後塵、波蘭後塵、埃及後塵，於是印度、波蘭之活劇，將再演於神州等詞，騰躍紙上。」鄒容壯烈的革命情懷彷彿在咆哮著，「為同胞革命，還我河山」。

《革命軍》像一聲春雷驚醒了萬馬齊喑的中國思想界，受到了社會各界的強烈關注與熱烈歡迎，同時也成為推翻滿清強而有力的工具。

鄒容在書中所倡導的「思想傳遞法」，在留日學界引起了不小的聲浪。一人一思想，十人十思想，百千萬人，百千萬思想也。

革命的結集力量就在於：以一傳十，以十傳百，再以百傳千，以千再傳萬，如是下去，讓千千萬萬人都知道革命的本質和目的是什麼。倘若能以此結集革命志士的力量，那麼武裝起義推翻滿清指日可待！

後來《革命軍》果然在中國和留日學界迅速廣傳開來，因為大家都應用了鄒容的人脈戰術，為革命運動打下十分良好的基礎！《革命軍》的問世，也象徵資產階級革命思想已取代資產階級改良思想，並逐步成為時代的主流，以及中國資產階級民主革命開始高漲的標誌之一。

士官學校畢業——歷經紮實的軍事磨練和革命洗禮

1904 年 11 月，歷經非常紮實的軍事磨練和革命洗禮的蔡鍔，畢業於日本東京陸軍士官學校。同期的同學有步科、騎科、砲科、工兵科、輜重科等一百多名。由於陸士第一、二、三期中國留日士官生並未單獨編班，因此直接進入日本陸士第十三、十四、十五期就讀。

近代中國軍事人才的主要來源可分為四個部分，即留日士官生、河北保定軍校生、廣東黃埔軍校生，以及一些省分的陸軍講武堂畢業生。其中以留日士官生發端最早，從 1898 年第一批留日士官生赴日開始，到 1937 年全面抗戰爆發，前後計有 29 期、1600 餘人。

作為一個最早接受近代軍事教育的群體，留日士官在清末民初的中國軍隊近代化過程中，扮演著開闢新局的角色，起著領導的作用。

這些留日士官歸國後，分佈在各省中，躍躍欲試，推動新式軍事教育，使得中國軍隊在編制、訓練、體制、思想和武器裝備上，逐漸由中世紀走向了近代。

在當時，不論是著名的保定軍校還是後來的黃埔軍校，在其創建者中，都不難看到留日士官生的身影。他們胼手胝足、披荊斬棘，奉獻軍事不遺餘力。雖然留日士官生的主要活動時期是清末民初，但是直到「八年對日抗戰」，乃至「三年國共內戰」，他們馳騁疆場的身影依舊意氣風發。至於清末各省講武堂的創辦者，留日士官生佔了大半以上，可以說他們是中國軍事教育轉型的推動者，功不可沒。

日本陸軍士官學校，簡稱「陸士」，開辦於 1874 年明治維新期間，其前身為 1868 年 8 月，創建於京都的「京都兵學校」。

陸士主要教授軍事課程，培養學生「武士道精神」，以極端殘忍的軍事訓練著稱。陸士在「軍事技術」上極為注重學生的全面性能力，在「軍事思想」上則著重實行「軍國主義」精神教育，以提高學生的文化水準和戰術素養。

可以說陸士畢業生是日本近代軍隊的骨幹，日本近代對世界所發動的「帝國主義侵略戰爭」，其領導將領，無論是將軍或少尉，幾乎都曾在陸士學習過，其中 6 人還曾擔任內閣首相。

雖然日本陸士著重軍國主義教育，但是其教學嚴謹科學，並非人人都可

以順利畢業。其軍事教育普及在各個方面，教授的課程十分繁複，想要畢業，首先要通過以下的課程：戰術學（戰術學）；戰史（戰爭史）；軍制學（編制學）；兵器學（武器學）；射擊學（射擊學）；航空學；築城學（工程學）；交通學；測圖學（繪圖學）；馬學；衛生學；教育學；軍隊教育；一般教育；外國語。

　　從日本陸士這裡走出的中國名將數量龐大，如：蔣方震、蔡鍔、張孝淮、

「中國士官三傑」留學生：左起蔣百里、蔡鍔、張孝准

李烈鈞、徐樹錚、許崇智、孫傳芳、閻錫山、尹昌衡、劉毓祺、蔣作賓、何應欽、湯恩伯、朱紹良、程潛等。

　　蔣方震和蔡鍔都是畢業於陸士第三期，蔣方震後來還曾留學德國，以德意志國防軍第7軍營長身份留德考察軍事，為興登堡元帥所器重，還舌戰過法西斯主義的創始人墨索里尼。

　　陸士第三期中國留日士官生可說是大放異彩，步兵科蔣方震以第一名的優異成績畢業；騎兵科蔡鍔則名列第二；第三名也是工兵科中國留日士官生張孝准。蔣方震、蔡鍔、張孝准，時稱「中國士官三傑」，他們的人生奮鬥史，不僅為疲弱不振的祖國爭了光，也得到了日本軍界的認可和尊重，一時聲名大噪。

凝聚堅定的刀鍔意志，劈出救國血路

滿清末年，中國傳統文化受到劇烈搖晃，國體變蕩，人民的苦難與折磨日益加深，蔡鍔處在這樣時代的，內心受到的煎熬是難以言喻的。就讀軍校，苦思百行，磨練性格，為的就是將西方文化和中國傳統思想牢牢結合和整合，以焠煉出一條真正的「救國道路」。但這樣的救國切願，若無鋼鐵意志，從中不斷砥礪自己奮勇向前，是無法成就這條理想道路的。

在日本留學這幾年中，蔡鍔由成城學校的預科生而至仙台騎兵的入伍生，再到東京士官學校的騎兵科，這一系列的經歷大大地開闊了他的視野。

隨著思想的進步和成熟，他已經覺悟到中國若要救亡圖存，就必須革命；要革命，就要用武力推翻清王朝的腐朽統治。惟此一路，別無捷徑。離開長沙時務學堂，負笈東瀛，他感恩著梁師一路上的支持和協助，讓他沒有走上衢路。

羈旅日本5載，蔡鍔嘗盡了生離死別的痛苦，但其行囊內卻裝滿了正忠正義和真情真愛。他結交了無數的革命志士，大家甘苦與共，為義挺身而出，許多朋友，甚至在你轉身之際，他們就已身赴黃泉，天人永隔。然而，正是他們一個個永不放棄的愛國情操，如浪激千尺，在蔡鍔心中澎湃不已！

如今所有的革命精神，已在蔡鍔心中鎔鑄成「鍔」，一把誓斬邪惡勢力、流血救國鋒利的刀鍔！

蔡鍔自幼羸弱多病，體力不比別人好，讀起軍校也就格外吃力。然而，既已并州快剪，壯志凌雲，就不能心如懸旌。惟有鍥而不捨，鞏固刀鍔意志，方能劈出救國血路。

當時，非中國官派的留學生不能自費讀日本軍校，為此，蔡鍔鬱鬱怏怏，憾恨不已。梁啟超感念其心志堅決，服其隱忍堅強，便通過日本政界之關係（有人猜測說這個貴人是大隈重信），讓蔡鍔得以入讀陸軍成城學校。後來

就讀東京陸軍士官學校第三期，湖廣總督張之洞將其補為官費，蔡鍔終如願以償，以優秀成績畢業於日本陸士第三期騎科（中國最早學習近代軍械化軍事學的，陸士第一、二、三期中騎科畢業者不出 10 人）。

1904 年 10 月，學成歸國的蔡鍔便身著戎裝踏上了回國的航程，從此開始了戎馬生涯。

由於在東京軍校成績斐然，蔡鍔一到上海馬上成為各省督撫爭奪的對象，新任湖南巡撫端方認為蔡鍔是湖南人，又為湖南寫下了五萬餘言字的意見書《致湖南士紳諸公書》，應該在自己家鄉做事。

他擬讓蔡鍔出任湖南新軍教練處幫辦，兼任武備學堂及弁目學堂教官之職。而已升任戶部尚書放任盛京將軍的趙爾巽（前湖南巡撫）價碼更大，他讚嘆蔡鍔才華，奏請朝廷請准派蔡鍔赴東三省編練新軍，做三省新軍的總教習。遠在廣西的巡撫李經義同樣非常愛才，他也邀請蔡鍔到廣西出任新軍總參謀官兼總教習，再添一個隨營學堂總理官的職務，即有心將廣西新軍全部納入蔡鍔的掌握之下。

東南各省督撫的聘文紛至遝來，爭相延請，讓蔡鍔成了近代中國留學教育史上最搶手的歸國人之一，也使他一開始就有了比較具挑戰性的軍界起點。

參考資料：
- 《蔡鍔大傳》（謝本書）
- 《蔡鍔集》上冊（曾業英）
- 《蔡鍔年譜》（陳新憲編）
- 《中國軍事通史》（施渡橋、毛振發）
- 《梁啟超與清季革命》（張朋園）
- 《致湖南士紳諸公書》（蔡鍔）

- 《革命軍》（鄒容）

- 《蔣百里傳》（陶菊隱）

第五章

學成歸國，廣西創練新軍

戊戌事敗，唐才常身死，羸弱如蔡鍔卻毅然投筆從戎，從書生蛻變為一名武將，這當中的心路歷程變化究有多大？又是需要怎樣的磨練才能造就他豐偉傳奇的一生？後人都說他是一位軍界奇才，卻不知他的非凡是透過後天努力煉就而成的。

他充滿了堅忍不拔的意志力，他是歷經艱難，但困難和挫折卻成為了他萃練意志、訓練性格的磨刀石。他在逆境中培養果敢與勇氣，在考驗中驗證自己的想法和作為，接著再一步步按部就班推進他所抱持的救國理想。

第一節　回國任職，履踐軍事救國的理想

初出茅廬，在湘桂訓練新軍

1904 年 10 月，蔡鍔終於踏上了歸國之路，回首前塵，波瀾起伏，這些年來國勢鼎沸，清廷板蕩，百姓多瘡痍，他立誓絕不苟全性命於國祚，身為一名軍人，唯有輸肝剖膽，拯國難於危急存亡之秋。

蔡鍔返鄉途中，先到上海，並與革命黨人取得了聯絡。應章士釗與楊篤生之邀，蔡鍔加入了華興會的週邊組織「愛國協會」，還給予軍事上的協助和指導。

據章士釗回憶：「松坡習陸軍，規久遠，以攫取清廷兵權為第一步，不可使滿族俊才如良弼等嫉妒陷害，故行動尤其矜慎。……吾憶 1904 年，即光緒三十年春，楊篤生與吾在上海創設愛國協會（此會即華興會之週邊，（楊）篤生為會長，吾為副會長），松坡正由日本畢業返國，道出滬瀆，應吾輩之要約，參加斯會。」

章士釗所說的「華興會」即是由黃興所領導的一個革命組織，目的在於推翻清王朝政權，建立民主自由國家。1903 年 5 月，日本軍國民教育會的會員黃興早蔡鍔一年回國，並於夏秋之交返抵湖南長沙，受聘為明德學堂的教員。11 月 4 日，黃興以慶祝自己 30 歲的生日為名，邀集宋教仁、劉揆一、章士釗、周震鱗、翁鞏、秦

華興會部分領導人，前排左起黃興、未知、胡瑛、宋教仁、柳揚谷；後排左起章士釗、未知、程家檉、劉揆一

毓鋆、柳聘農、柳繼忠、胡瑛、徐佛蘇等人，在長沙保甲巷彭淵洵家秘密集會。會上眾人商議組織反清革命團體「華興會」，並邀集四方有志之士組織力量，共同對抗滿清政府。

　　1904 年 2 月 15 日，華興會在湖南長沙正式成立。會上，眾人公推黃興為會長，宋教仁、劉揆一為副會長，並以「驅逐韃虜，復興中華」為號召，確立「雄踞一省，與各省紛起」的戰略方針。

　　愛國協會會長楊篤生是蔡鍔的同鄉好友，戊戌變法期間曾擔任《湘學新報》時務欄的編撰，並被湖南時務學堂聘為教習。1902 年，楊篤生赴日留學，與蔡鍔等留日學生加入了楊毓麟與楊度所創辦《遊學譯編》。1903 年 5 月，兩人也曾參與籌組拒俄義勇軍及軍國民教育會，楊篤生與蔡鍔濡沫涸轍，待人接物摳心挖膽，默契十足。

　　1904 年 10 月，黃興、楊篤生、章士釗、劉揆一與宋教仁等謀劃在湖南長沙策動武裝起義，楊篤生負責返回上海聯繫蔡元培和杭辛齋等人，秘密安排起義事宜。不料起義風聲走漏，清廷下令嚴密監視楊篤生一行人的一舉一動，10 月 24 日，清兵出動查封華興會，起義尚未發動即宣告失敗。

　　據說起義事跡外泄後，黃興等人在基督教聖公會教士黃吉亭的掩護下，從長沙潛逃至上海，再逃往日本。也有一說是黃興被捕入獄，正好蔡鍔從日本歸國，為了營救黃興，蔡鍔立即趕往江蘇泰興向知縣龍璋求援。

　　龍璋是左宗棠的外孫女婿、譚嗣同親家，與蔡鍔頗有交情。加上龍璋本身也是傾向支持革命活動，十分賞識孫中山、黃興和宋教仁，曾經積極為他們解決經費問題，先後為革命活動捐輸款項，約計二十萬元以上。因此龍璋二話不說，立即聯繫官場有力人士從中斡旋，經過多方面的努力，最後江西巡撫夏時出面營救，黃興才得免去牢獄劫難。經過這次事件之後，眾人之間的革命情誼為之昇華，愈加融合。

1904 年 12 月江西材官隊教練官，左一蔡鍔

同年 12 月，蔡鍔接到江西巡撫夏時的電報，聘請他入贛任職，出任江西續備左軍隨營學堂監督，負責編練新軍與軍事訓練的工作。後來隨營學堂改為材官學堂，蔡鍔又任材官隊的總教習和監督。

在清末的新政改革運動中，軍事改革是清廷最注重的一環，也是最重要的一面。清廷從 19 世紀末開始即著手進行改造舊軍、編練新軍的工程，因此需要一大批掌握近代軍事知識的軍官。蔡鍔回國那年，清廷正大力進行新政改革，招攬懂得新式軍事知識和技能的人才，各省紛紛掀起創辦「新式軍事學堂」的熱潮。

編練新軍既是新政中的重中之重，從日本學習軍事的畢業生回國後自然普遍受到各省重用。當時蔡鍔才二十出頭，年輕氣盛，很想有一番大作為。可是幾個月後，江西巡撫夏時被去職，連帶蔡鍔也被革去所有軍務。

1905 年早春，一身輕裝的蔡鍔便離開了江西，踏上返回湖南老鄉的路途。自從父親去世之後，蔡鍔一直未有機會返鄉探望母親，這次母親一直催促著

他，趕緊回鄉省親完婚。

蔡鍔回湖南閒暇之餘，常登臨岳麓山巔頂，望著遠處連綿起伏的山巒在藍天的映襯下，不時散發著遼闊壯麗的氣波，又見鬱鬱蒼蒼的樹林渲染成一片綠油油的海洋，更有湘江潀冽流水，滾滾東逝不捨晝夜，蔡鍔的胸懷也為之浩渺深廣。他常常賦詩明志，《登嶽麓山》一詩就抒發了他滿腔熱血、壯志豪雲的宏偉抱負：

> 蒼蒼雲樹直參天，萬水千山拜眼前。
> 環顧中原誰是主？從容騎馬上峰巔。

這首詩頗有睥睨風雲之氣慨，令人讀之熱血為之沸騰！蔡鍔就讀於時務學堂時，就對岳麓山鍾愛有加，常與同學渡江前去攀爬，對白鶴泉一帶景致尤為讚賞。從這首詩的意境不難理解，這位集頑強、剛直、英勇、堅毅、彪悍、豪俠等於一身的愛國青年志士，心繫國家安危，期許自己能橫刀躍馬，斬除妖佞，作一名驍將，搏擊在時代的漩渦裡，仗峰巔之氣勢，寄身鋒刃的決心。

1905年2月，蔡鍔尚在省城長沙，正值新任湖南巡撫端方對舊式軍隊積極進行大刀闊斧改革的時候。當時端方正在羅致新軍將領人才，得知蔡鍔其人有崇高的理想和抱負，便去信邀他前來協助編制和訓練新式軍隊。

端方早年曾與翁同龢、剛毅交好，傾向於維新改革運動。擔當封疆大吏期間，「奮發有為，於內政外交尤有心得」，為了使西學東漸，又經常鼓勵學子出洋留學，因此被譽為開明人士。能在他的麾下創練新軍，讓蔡鍔倍感榮耀。

根據清廷於1901年「函於各省會設立武備學堂，以培養將才，練成勁旅」的詔令，各省的武備學堂都剛剛成立不久，亟需制度上和人才上的整治。蔡鍔一到長沙武備學堂，隨即向兵備處總辦俞明頤表示，自己願意擔任教官的

工作，帶好學生們的思想、體力、技能和團體作戰技巧，使湖南新式軍隊成為一支鐵甲勁旅，得以為國為民奮戰，保衛社稷。

俞明頤與蔡鍔一番談話後，發現他在評論國家當前的時政弊端與諸多亂象時，可謂句句到肉，針針見血。談到救國的理想和抱負，又是如此懇切激昂，因此決定重聘他來協助武備學堂改造一番新境。俞明頤便任蔡鍔為湖南教練處幫辦，以及湖南武備學堂及附設兵目學堂兩校的教官，兼兵備處提調（校長）。

湖南武備學堂堂址設小吳門外大校場旁。經費每年需銀3萬兩，由善後局款項撥付。學制3年，學生由各州縣選送，年齡在十八至二十二歲之間，課程分內外場兩種：內場有漢文、東文（日文）、算學、倫理學、軍制學、戰術學、城壘學、地形學、測繪學、兵器學、圖書學、理化學、歷史學、地理等22門，外場有體操、馬術、劍術、步操、炮操、工程等6門。學堂實行分段教學制，即在學堂學習一年後，派赴部隊實習半年，然後再返回學堂完成其他學業。

蔡鍔在武備學堂和兵目學堂兩校教學期間，運用了大量的戰術學、兵器學與騎兵思想來充實學生們的軍事才華，也帶領他們實際演練步操和炮操，藉以鍛鍊學生們的體魄和體能。觀蔡鍔在湖南武備學堂任職的這半年

湖南武備學堂

時間，已漸漸摸索出帶領新式軍事人才的方法。由於他的教學新穎活潑，頗受兵目學堂學生們的喜愛，也與學生們建立起了歷久不衰的深厚情誼。

清廷曾於 1904 年 9 月頒佈《陸軍學堂辦法》，規定各省武備學堂要漸進廢除，轉由「陸軍小學堂」取代。因此 1905 年 7 月，湖南武備學堂第一期學生畢業後，端方隨即停辦武備學堂及將弁、兵目、陸軍速成三學堂，另在武備學堂原址上設立湖南陸軍小學堂。

政策既然修改了，教官們不得不離去，蔡鍔也再次踏上了離去的征途！

當時，湖南正在積極開辦武備學堂的同時，廣西巡撫李經羲（李鴻章姪子）也在廣西不遺餘力試辦新軍。1905 年的時候，李經羲曾委郭人漳赴湖南選募精壯鄉民，作為新軍人才的選拔。後來得知湖南兵目學堂停辦，其中一位精練的教官蔡鍔正欲離開長沙，於是李經羲立即迅速起稿，奏請京師，希望把蔡鍔調入廣西任職，為廣西新軍擴建獻上一份心力。

與此同時，曾任湖南巡撫和東三省總督、剛上任的盛京將軍趙爾巽一直十分欣賞蔡鍔，也希望調他前去奉天（瀋陽）任職，在自己的麾下效力。對於趙爾巽的邀請，有朋友勸蔡鍔應到東北發展，畢竟那裡是清王朝的大本營，肯定能有較大的發展空間。

面對趙爾巽的爭取，李經羲親自拍電報給他，說「廣西地處邊陲，面對越南，國防吃緊，且封閉落後，急需蔡鍔這樣的將才來廣西編練新軍，請大人成人之美」。蔡鍔的老師梁啟超則馳書告知，希望他去廣西發展，說廣西地處西南邊陲，是大西南樞紐，東連湘粵，西控雲貴，如此「戰略要地」正是英雄用武之地。

面對各方建議，蔡鍔權衡再三後，認為相較於奉天，他更瞭解廣西的風土民情。而且，由於地理形勢的關係，造成廣西得以保持住質樸忠厚的社會風氣，人民吃苦耐勞、天性團結。況且，廣西雖位處西南邊陲，彷彿是個窮鄉僻壤，但正因她特殊的邊疆位置，反而具有更大的軍事地理價值，所以廣西自古才會被譽為西南門戶、邊陲明珠。

蔡鍔認為上述這些因素，正是構成廣西成為「中國普魯士」的先決條件！倘若自己能在廣西創練新軍，培訓出一支武力強大的軍隊，假以時日，廣西被塑成「中國普魯士」後，就能發揮抵禦英法由越南入侵的作用！如此，也算是實現自己強兵救國的抱負！

是年 8 月，蔡鍔便離開了湖南，帶著自己的學生雷飆、譚道源、彭新民、羅質、周曰旦、易紹英、蘇國屏、馬孝篤、何上林、楊炳焱、肖錫贊、岳森、梅尉南等人，前往廣西桂林就職，於是一行人匆匆踏上了新的軍旅征途。

同盟會在日本成立時合影

蔡鍔一行人出發後沒幾天、8 月 20 日，孫中山所領導的革命政黨——中國同盟會在日本東京宣告成立！同盟會的成立，象徵著中國的革命運動正式進入了全新的時期。這些同盟會會員，許多都是蔡鍔的老友或同學，如石陶鈞、譚人鳳、李燮等。由於蔡鍔的掩護和協助，同盟會日後在廣西的革命活動才能激盪到最高潮。

蔡鍔一到桂林，李經羲即任命他為廣西新軍總參謀官兼任新練常備軍總教練官，並開辦「隨營學堂」，任隨營學堂總理官。同年 9 月，又受委為巡撫部院總參謀官；10 月又兼廣西測繪學堂堂長。蔡鍔見長官李經羲如此古道

熱腸，對自己如此器重又誠懇相待，深深感受到長官的厚愛。

蔡鍔任職新軍總參謀官與新練常備軍總教練官期間，治軍嚴明，一改當時軍人不守時（缺乏時間觀念）的劣風。加上蔡鍔非常重視軍人的體能，因此親自制訂功課，要求大眾要照表操課，加強訓練。

同時，蔡鍔還建議李經羲與廣西督辦，在軍事課程上加入新式武器與戰術課程，使軍人們得以吸收國際間最為先進的軍事知識。在蔡鍔的帶領下，廣西新軍的底子和陣容便一天天壯盛起來。後來，提到廣西新軍，民眾都會豎起大拇指，清廷更是對廣西新軍的成長被加關注。從此，蔡鍔就成為廣西新軍建設的核心人物。

1906 年 10 月，清廷在在廣闊的華北平原上、河南彰德府（今河南安陽市）舉行「南北新軍秋操」軍事大演習，參加這次野戰演習的北洋軍系（北軍）是由第五鎮及第一混成協組成，段祺瑞任總統官；南軍為湖北的第八鎮和河南第二十九混成協組成，由張彪任總統官。兩軍部隊總兵力 33958 人，戰馬 2743 匹，接濟車、彈藥車 898 輛，部隊運動區域 2000 餘里，戰線長 40 餘里。

彰德秋操是一次空前絕後的軍事操演，當時的媒體曾高度評價：「舉數省已編之軍隊，萃集一處而運用之，使皆服從於中央一號令之下，尤為創從前所未有，係四方之瞻聽。」

全國各省軍界菁英前來觀操者 200 餘人，由袁世凱和鐵良充任閱操大臣，署軍令司正使王士珍為總參議，署軍令司副使哈漢章為中央審判長，軍學司正使馮國璋為南軍審判長，軍學司副使良弼為北軍審判長，各省觀操大員一律被派為審判員。蔡鍔作為軍界新銳，奉令前往觀操，並充

彰德秋操演習規模空前

仕中央評判官。10 月 22 日至 24 日，作戰演習正式展開，25 日，壯觀的閱兵儀式震懾中外，會後並舉行盛大宴會，招待兩軍將佐和中外觀操人員。

在這次沙場秋點兵，蔡鍔首次見到全國練兵處會辦大臣兼任校閱官袁世凱，袁向來以驍勇善戰著稱軍界，他所創練的北洋陸軍也素以精實強悍出名。為了提升軍人的專業知識和技能，袁還特地請了許多日本和德國教官前來北洋陸軍任教。袁對北洋軍可謂用心良苦，然而，眼前這位年輕將領蔡鍔卻更令他感到興趣。

1898 年蔡鍔就讀於上海南洋公學時，計畫遠赴日本，與梁師會合。他從長沙出走時，只跟朋友借得二毛錢，到了漢口，又向親戚借得洋六元，轉赴上海後，雖有老師唐才常鼎力相助，但仍然維持不了多久。

正愁沒錢之際，據說袁世凱曾慷慨解囊，傾力鼎助他一千大洋，大大解除他金錢上所有的困難。當時兩人未曾謀面，蔡鍔也只是一介書生，如今校場上終於相遇，袁世凱有知人之明，明白這位氣勁內斂的年輕人，日後必將是軍界翹楚。

在那個風雲變色的時代，時局不靖，兵連禍結，沒人知道十年後，袁、蔡雙雄互視，竟會演變成軍戎相對——一者竊國恣為；一者執干戈以衛社稷，梟雄鬥英雄，成為決定歷史進退的關鍵點。他們完全意識不到，秋操演練場上，佇立在飄揚龍旗下的龐大軍隊，居然會是日後他們分庭抗禮的軍事資本。

創建廣西新軍，展露雄風

秋練結束後，蔡鍔隨即趕赴京師考察軍事，不久返回廣西。1907 年 12 月，同盟會所領導的廣西「鎮南關起義」爆發。鎮南關向來被稱為中國第一雄關，中法戰爭過後，清廷為扼守西南邊陲，以防列強軍力由此入侵，於是決定在西南邊陲線上建立起一道東起鎮南關、中經平而關、西至龍州水口關的堅固防線。三座雄關統稱三關，如一條巨大天塹，阻斷交通，易守難攻。

當時同盟會經常出入廣西，與蔡鍔互通往來，在蔡鍔秘密協助下，同盟會決定先取得鎮南關，再圖北上發動大規模的武裝革命。1907 年秋，孫中山與革命黨人先後南下，準備抗擊清軍。歷經欽州、廉州、潮州、惠州四次起義失敗後，蔡鍔向黃興剖析，此次起義當採取「軍人式的作戰戰術」，即：除了戰術運用得宜外，在武備方面一定要使用新式武器（早期的起義幾乎都是運用炸藥或手榴彈與清軍對峙），才有獲勝的把握。蔡鍔義不容辭，決定在武器和彈藥方面給予革命黨人協助。

1907 年 12 月 1 日午夜，孫中山見起義軍的部署已全數就位，立即命令駐守在鎮南關與水口關的革命軍同時發兵，夾路包操清軍。鎮南關的山頂上有三座山頭，中間高，兩旁矮，易守難攻，形成天然的防禦屏障。清軍並在三個山頭上設有砲臺，分別為鎮北臺、鎮中臺和鎮南臺。

孫中山一聲令下，黃明堂首先率領起義軍出發，他們佩帶短槍、馬刀，並帶有鞭炮，乘著星夜抄小路繞到鎮南關後面的背脊，並向山頂上的三座砲臺展開迂迴偷襲。聽到革命軍來襲後，鎮北砲臺的哨官李福南和姚子安為求自保，便倒戈歸向起義軍，鎮北砲臺不費吹灰之力輕鬆取下。起義軍乘勝追擊，先後又拿下鎮中、鎮南兩座砲臺，鎮南關起義首獲勝利，起義軍氣勢大振。

清廷聞報後，立即派遣大兵前來鎮壓，然而，鎮南關地形居高臨下，不利進攻，起義軍抓住機會，把所有砲門對準清軍，火力全開，造成清軍損失慘重。在鎮南關上，孫中山還親自發砲回擊，並為受傷的弟兄包紮治療。雖然起義軍大獲全勝，但此時隱憂乍現。

原本按照原定計畫，黃明堂隊發動起義後，防城起義部隊立即前來會合，但由於山路蜿蜒崎嶇，防城起義部隊遲遲無法趕來救援。這時起義軍的彈藥、糧食已幾乎用盡，於是，清軍決定採持久戰戰術，準備活活餓死起義軍。

迫於眼前亟待接濟的形勢，孫中山與黃興等人決定趁著傍晚，從小道下山，趕赴越南河內籌款購買軍械。孫中山等人離開鎮南關後，另一批火力強大的清軍已趕至，清軍立刻重新糾集隊伍，讓砲兵在最前面，持槍部隊分佈砲車兩旁，發動猛烈進攻。

　　由於救援部隊遲遲未到，起義軍數百人忍著饑寒，已是體空力盡。眼見起義軍即將潰散，黃明堂決定採近身肉搏戰，與清軍4000餘人短兵交接，展開廝殺。儘管起義軍不畏艱難，展現革命志士視死如歸的情操，拋頭顱、灑熱血，前仆後繼，後繼前仆，但終因彈盡糧絕，殘眾於12月9日撤離鎮南關，鎮南關起義宣告失敗。

　　蔡鍔得知鎮南關起義失敗後，哀傷不已！他明瞭，如要反清起義成功，一方面除了要加強各省革命志士的思想教育之外；一方面還要訓練具有新式軍事能力的軍人。因為在國家內憂外患相崢時，這些有素質的軍人可以挺身而出，為義而戰。

　　此時蔡鍔加強國防、訓練新軍的契機猛然來到！當時清廷在推行新政的過程中，由於缺乏軍事人才，各省決議從培養中下階級的軍官做起，先辦陸軍小學，數省再合辦為一所陸軍中學。陸軍小學直轄於各省兵備處，仿德國和日本軍制。

　　各省負責籌辦陸軍小學，中下級軍官學習基本學術科三年畢業後，就可以升入陸軍預備中學，兩年後畢業。陸軍中學生入伍見習後，成績優秀者得轉入河北國立保定軍官學堂，分科受訓二年，畢業後派充至各軍下級幹部，陸小的學生基本上都留在新軍中任下級官佐。

　　當時廣西巡撫張鳴岐（李經羲已調職）年輕有為，主政廣西後，銳意延攬人才，推廣新政。張鳴岐決意組設許多新的行政機構，並創建各種新式學堂，諸如政法學堂、警察學堂、農林學堂、優級師範、中小學、典獄學堂、

陸軍測量學堂和廣西陸軍小學堂等，以提升廣西新軍戰力。

　　張鳴岐屬意從日本學成歸國又富有革命思想之人，1907年2月，廣西陸軍小學堂成立，張鳴岐於是委派蔡鍔擔任廣西陸軍小學堂總辦，3月，又讓蔡鍔兼任廣西兵備處總辦。蔡鍔高瞻遠矚，接下重任後，憑著自己的理想和責任感，兢兢業業投入創練新軍的工作，一時軍隊步騎精銳，煙塵千里，蔡鍔創軍名聞天下。

　　1907年3月，廣西陸軍小學堂的籌備工作已全部就緒，蔡鍔於是宣布，陸軍小學堂正式開學！陸小除了提調（主辦總務）樓守愚係由撫署直接派任外，其他所有教職員皆由蔡鍔物色延聘。蔡鍔先後委任雷飆為監督兼兵學教員，唐巘為國文教員，余棟成為歷史教員，馬孝篤為數學教員，劉子平為日語教員兼教圖畫，楊穆、羅質、何衛林為學長等等。蔡鍔擇選教職員的重點在於品行良好、才學兼優，富有革命思想者。

　　在蔡鍔的帶領下，廣西陸小校風良好，教師熱心教學，循循善誘，深得學生們的愛戴。在當時文化落後的廣西，有不少學生初入學時文理欠缺通順，錯誤較多，但教師們不嫌麻煩，精心教育指導，學生成績獲得飛快進步，不到一年，就有許多學生能作長篇論文。蔡鍔對此深表滿意，後來廣西陸小為廣西栽培出不少的軍事人才，也成就了日後有名的桂軍精實戰力。

　　同年冬，陸小開辦第二期，蔡鍔挑選教職員更為慎重，他以何鵬翔為兵學教員，何錫伯為國文教員，陳子藻為數學教員，岳卓如為歷史教員，黃某為地理教

廣西陸軍小學堂

員，朱沛安為英語教員，周則範、蕭昌熾、陳時為學長。其餘法語、理化、圖畫等課仍由第一期的教員蟬聯，陣容更加整齊。由於在第一期教員的借鏡，第二期的教師們教學都非常熱心仔細，惟恐落於人後，廣西陸小也因此形成了良好的教學相長風氣。

　　蔡鍔創建陸小期間，也碰到不少的麻煩，首先是校址問題。由於陸小倉促開辦，因陋就簡，只得暫時將校址設於桂林南門外老巡防營的兵舍裡頭，然而該處茨簷殘破，雖進行修繕工程，仍不適用，並且離河甚遠，用水困難，特別是往後每年將添招一班新生，房間並不夠用。

　　蔡鍔認為學生的生活住息攸關能否增進學生的健康與教學品質，於是決定另選合適的地點重新改造。經他多處實地察看，最後選定桂林象鼻山右前方、文昌門外漓江右岸的一大塊荒地作為陸小基地。該處依山傍水，飲水方便，是訓練學生的好場所。為了讓學生日後住得舒適，蔡鍔還親自規劃房舍結構，督工興建，幾個月的時間，陸小便告落成。

　　蔡鍔訓練學生，首重學生的日常生活，食衣住行等等。他對學生的生活極為關心，經常到廚房檢查伙食，為學生挑選健康食材，還要求教師們與學生同在食堂用餐，以拉近師生距離，加強師生之間的接觸與情感交流。當時陸小的膳食由公家機關提供，學生服裝也是由公家供應，蔡鍔對經辦服裝人員監督極嚴，為防止偷工減料，他親自瞭解衣服質料，因此廣西新軍的服裝品質甚好，夏天是黃卡其制服，冬季是厚呢制服，還有皮靴、布鞋、棉衣、棉褲內衣以及被褥、床單、枕頭等，一應俱全。

　　在蔡鍔督練下，陸小學生身體健壯，精神抖擻，服裝整潔，紀律嚴明，受到社會廣泛的贊許。為了提高學生的體能和競鬥技能，蔡鍔公餘之暇，還會親率學生到戶外練習「器械體操」，這是他在日本軍校所習得的技能。蔡鍔雖然已經離開學生生活，但操作並不生疏，體力依然良好。學生們看到蔡

總辦如此熱心、技能精湛，無不受到巨大的鼓舞，發憤提升體能與技能，向蔡總辦看齊。

學校每逢夏季，蔡鍔還帶領學生們練習游泳，他的游泳技術臻於老練，肺活量也練得很好，能作長距離游泳和長時間潛水。他的技能就如軍事知識一樣精實，學生們之間經常頌揚：「我們的總辦真是文武雙全，無一不精！」蔡鍔以堂堂總辦之尊，親自帶頭學生操練技能，對於當時的社會風氣而言，誠屬難能可貴。

廣西陸小在蔡總辦的帶領下，具備了優秀的教師團隊和嚴謹的教學制度，學生素質因此不斷提升。1909 年初，清廷特派總兵處張懷芝到廣西陸小檢閱，發現學生的體能和成績均非常良好，所以特別表揚了一番。廣西陸小名聲開始遠播，許多人不遠千里而來，只為考進廣西陸小。

是年冬第一期學生畢業，升入湖北陸軍第三中學，考試成績居相鄰各省之冠，後來每次期考，總是廣西陸小的畢業生楊瑞麟名列第一。張鳴岐倍感榮耀，覺得陸小實在為廣西大大增光，因此他益加器重蔡鍔，重視他訓練新軍的能力，當時全省所有軍務，幾乎都交給他主辦，蔡鍔軍權在握，權傾一時。

整頓廣西講武堂，提升現代化國防實力

1850 年末至 1851 年初，中國發生洪楊之亂，太平軍自廣西一路北上，勢力所及，擴至十六省，幾乎席捲了大清的半壁河山。

洪楊之亂發生後，廣西無一日安寧，人民慘無天日。然而，雪上加霜的是，由於洪楊之亂的發起人之一楊秀清是廣西人士，清廷便藉此對廣西人民進行長達 20 餘年的鎮壓，致使百姓苟延殘喘，痛不欲生。

中國歷史的治亂迴圈，經常決定了造反的發生性。大抵來說，天下初定，休養生息，經濟發展，人口增加，承平日久；孰若官場腐敗，稍遇天災，則

民不聊生，然後盜賊蜂起。洪楊之亂當然事出有因，但清廷卻對此因欲蓋彌彰，造成廣西民眾強烈的不滿，也加深了中央與地方之間的仇恨。

洪楊之亂後，接著 1883 年中國又爆發「中法戰爭」，戰場從越南中部一路擴及廣西邊關。雖然清廷打贏了這場戰爭，卻也直接加深了廣西人民的負擔，使原本就已殘破不堪的社會經濟頓時陷入更加艱難的境地。

光緒年間《廣西通志輯要》序言介紹了當時廣西民不聊生的境況：廣西各地城市蕭條，巷裡膻腥，狐兔縱橫，盈心駭目，民間十室九空。中法戰後，由於當政者的短視及管理能力的低下，大量被裁的官兵紛紛成了遊勇，民間反政府的會黨又重新蜂起，加上天災，迄至 1904 年廣西成了盜匪世界，不啻於人間地獄。

在這樣艱難的處境下，既要改變蕭條經濟，還要提升新軍戰力，對於一位新軍將領蔡鍔而言，無疑是巨大的考驗。

蔡鍔接掌廣西兵權，其志在於「將軍隊帶至現代化國防實力」，因此訓練新軍本為標的。但廣西經歷種種戰禍後，餘波蕩漾，特殊的民情與蕭條景象，蔡鍔從中既要發揮他的軍事理想，又要顧及人民的生活，於是他決定親自考察民情，同時加強軍隊的專業訓練。

在加強軍隊訓練（編練新軍）的方面，蔡鍔深諳軍備之道，乃以「強化軍隊戰力」為急。軍以戰為主，戰以勝為先，優良的戰備訓練若能配冗當時先進之軍武，必能如虎添翼。1900 年自立軍起義失敗後，蔡鍔曾於日本發表《軍國民篇》，強調國魂陶鑄和氣質轉變的重要性，認為此乃強化軍隊戰備訓練當務之急。

只有經常保持對敵情、環境的敏感度與反應能力，才能訓練出一批強大的軍隊。憑恃國魂粹練而傳忠、傳義、傳信、傳勇、傳貞、傳嚴、傳武、傳精、傳實、傳德，造就一支忠貞不二、精誠團結的部隊。然而，廣西複雜的地理

環境，在強化精實部隊和軍隊戰力的同時，如何在複雜的環境中，令軍隊戰無不克，考驗的就是軍隊的作戰技巧與軍陣演練。

在「考察民情」方面，蔡鍔經常深入調查地方民情，體察民間疾苦，瞭解百姓需求。與此同時，他又深入探索廣西地理，繪測廣西地形，使他對廣西的民情與地形有了深透的瞭解。

廣西地處南疆，防務重要，但蔡鍔認為廣西是一個財政支絀、人際關係極為複雜的省份，亟待建設，疏通經濟，方能改善貧窮的條件。經濟改善後，也才能對軍隊戰力帶來間接的輔助效果。在這樣的形勢下，蔡鍔要在軍事上要作出重大的成效，的確不是一件容易之事。

然而，自蔡鍔到廣西坐鎮軍營後，不曾坐困愁城，而是主動出擊，他努力培訓軍界人才，演練軍隊地形作戰，又深入社會勘查民風。他憑藉自己的聲名和才幹，逐步在廣西創造出一帆風順的景象。

為了大力推動廣西變革，蔡鍔還延請老師樊錐入幕，恭執弟子之禮，共同研究改革方針。當時同盟會已在日本東京成立，蔡鍔雖未加入同盟會，但認同其革命理念。同盟會菁英譚人鳳、黃興、鄒永成等人經常往來於湘桂之間，與蔡鍔密切保持聯繫，蔡鍔為積極結集各方革命志士，以期彼此能相互照應，因此常力邀同盟會革命黨人一行，共商國事，以為日後革命大業做準備。蔡鍔安內攘外之策略，為廣西講武堂開啟多元化的革命思想，並造就了後來桂軍安內攘外的歷史使命。

1908 年 4 月，蔡鍔任廣西新練常備軍第一標標統，自桂林移駐南寧，同年年 7 月 3 日，廣西龍州陸軍講武堂正式開學，堂址設於龍州南標營。學堂開課後，因總辦吳元澤辦學無方，張鳴岐勒令其去職。1909 年 2 月，蔡鍔奉命前往龍州接任講武堂總辦一職，不久任「監督」兼辦「學兵營」，年中又組織「武德會」。

廣西新練常備軍

　　當時蔡鍔在龍州任講武堂總辦期間，已是心血耗盡。在他《致曾廣軾函》信中可見一斑：「抵龍後，奉大翰及葉書，時以堂事紛麻，遂稽籤答，罪甚。石、楊、袁（石陶鈞、楊源浚、袁華選）三君已於日內抵龍，派充學員隊長，以袁充測量局科長（月薪均百六十金，階級少佐），軍界得此數生力軍，足為前途賀也。延陵季子（吳元澤）之辦理講武堂，醜態怪狀，罄竹難書。海豐（指張鳴岐）以兄（指蔡鍔自己）承其乏，辭之不得，勉強就道。數月以來，心力卒瘁，第千荊百棘，俱能迎刃而解，既墜之局於以復振，勞力之價值尚足相償。前此學兵營聚眾毆官、圍堵殺人之事，層見迭出者，今則震懾於軍箭軍棍之下，不復萌故態矣。前此之全營出操之士兵，不過數人乃至數十人者，今則適成反比例矣（改革學兵營，尤為困難，以一日而撤換官長廿餘人之多，僅留一排長；裁散兵丁二百餘人，而毫無聲息，亦云幸矣）。**可知『不要錢、不怕死』六字，於辦事大有效力也。**』

　　這是說蔡鍔上任後，發現學堂學生軍紀渙散，經常藉故聚眾滋事，毆打官員，甚至還與百姓打架鬥毆、殺人；學兵營紀律鬆弛，早操也只有幾十、甚至十幾人出勤而已，人數居然不到三分之一。由此可知，廣西陸武堂軍人的品行極差由於缺乏組織紀律，相對地士兵軍事素質也一定差。這些士兵大

多從龍濟光等人統轄的舊軍隊中抽調出來的，流氓習氣重，安逸成性，非大刀闊斧改革一番無以成為國家真正的軍人。

蔡鍔臨危受命，銳意雷厲風飛，他鐵石心腸大力進行整頓，將學生「震懾於軍箭、軍棍之下」，還曾經在一日之內，汰撤掉二十多個學兵營軍官，僅保留一個排長，「不怕死，不要錢」是他行事的風範，「於辦事大得效力」。

一些高級軍官在改革中被汰撤後，不斷替自己求情，喊著自己如何公忠體國、體恤百姓……。然而，蔡鍔施謀用智，軍容整肅，刁斗森嚴，公事公辦，絕不給任何方便。這些軍官百般無奈下，只得忿忿離去。

並非蔡鍔剛愎自用，倘若一開方便，有前例後，軍紀逐漸渙散，將造成日後軍隊敗衄於沙場，不可不妨。蔡鍔這種剛毅不屈，智勇伏眾的措施，展現出他智勇雙全的軍人特質，因此大家都稱他為坦坦蕩蕩，「公心公膽鐵將軍」！

蔡鍔任職總辦期間，還特意聘用從日本留學回來的石陶鈞、楊源浚、袁華選等人來協助自己，這些從日本士官學校歸國的畢業生，思想進步，德才兼優，是蔡鍔得力的助手。他帶去廣西的學生也都成為他左右的軍事骨幹，在學堂區內擔任隊長或教官。蔡鍔做事深識長慮，實事求是，終於使廣西陸軍講武堂的面貌煥然一新，那些跟隨他精益求精的將士們，後來都成為了呼風喚雨，左右國家局勢的一方英雄。

9月，講武堂由龍州遷至南寧葛麻嶺，是年冬，第一期學員畢業。由於前後只招收一期，故成絕響。

叱吒風雲飛將軍，剛毅嚴正揚軍風

觀蔡鍔先後在江西、湖南、廣西練軍，造就了一批彪炳顯赫的將領們，如湖南的陳作新（辛亥時湖南副都督）、程潛（護國戰爭湘軍首領）、陳渠珍（沈從文筆下多次提到的湘西王）、張輝瓚、鄒序彬等均是湖南武備學堂

（及附屬介日學堂）學生，廣西陳炳焜（廣西龍州將武堂），和廣西陸小的李宗仁、白崇禧、黃紹竑、李品仙、廖磊等等。從這些學校培養出來的數百名學生，大都具有良好的軍人素質，不少人後來在軍界擔任要職，報效民國。

他們難以忘懷當年蔡鍔「治校嚴謹、峻法嚴明」的閃亮年代！他們在蔡鍔的帶領下，逐步養成胸懷報國之志，嚴於律己，善於治軍，在國家危亡、民族罹難的緊急關頭，毅然挺身而出，捨生取義。他們在辛亥革命、護國戰爭、北伐戰爭、抗日戰爭中，為中國歷史留下了無比燦爛的扉頁。

其中有一位赫赫有名、曾居副總統的李宗仁，對蔡鍔治理下的陸小留下深刻印象。李宗仁回憶說：「在廣西陸軍小學求學期間，學校總辦（校長）蔡鍔成為他心中的偶像。」

他接著說：「陸小的校風是極為嚴肅篤實的，全校上下可說絕無狎娼、賭博事情發生。學生日常言談行動，都表現得極有紀律。即使星期假日在街上行走，也都是挺胸闊步，絕少顧盼嬉笑，行動失儀的事。甚至學生在校外提取行李等物，校方亦規定不許負荷太多，以免有失青年軍人的儀錶……學生在這種風氣籠罩之下，學術訓練和德性薰陶的進步，可說是一日千里，非一般文科學堂所能及。」

年輕、英俊挺拔的蔡鍔，腳穿長統靴，腰挎指揮刀，每天揚鞭躍馬，威風凜凜，指揮練兵。他講解精闢，技藝嫻熟，要求嚴格，深受官兵敬佩。李宗仁還在後來的回憶錄中寫道：「我們的總辦蔡鍔將軍有時來校視察，我們對他更是敬若神明。那時蔡氏不過三十歲左右，可稱文武雙全，儀錶堂堂。他騎馬時，不一定自馬的側面攀鞍而上。他常喜歡用皮鞭向馬身一揚，當馬跑出十數步時，蔡氏始從馬後飛步追上，兩腳在地上一蹬，兩手向前按著馬臀，一縱而上。把學員一個個看得目瞪口呆。」

在李宗仁這些十七八歲的學生們看來：「這匹昂首大馬，看來已經夠威

風，而蔡氏縱身而上的輕鬆矯捷，尤足驚人。我們當時仰看馬上的蔡將軍，真有人中呂布，馬中赤兔之感。」

創辦廣西新軍是蔡鍔早年的軍事生涯中，精力耗費最大的一項軍事活動。當時蔡鍔只有26歲，但意志堅決，百折不撓；操危慮患，傾筐倒篋；辦事認真，坐言起行，故雖然練軍過程風雨如晦，終究不改其行，其人其勇，軍人本色也！

蔡鍔認為陸軍小學是培養陸軍軍官的預備學校，陸小學生將來都是有為的青年，是國家未來編練新軍的骨幹，故而初時的性格陶鑄和氣質養成格外重要。也因此他願意耗盡心血，竭其所能把陸小辦好，以實踐他「培養軍事人才、實踐軍事救國」的理想。蔡鍔不僅著重灌輸新思想，為革命打好基礎，就是對於一些事務性工作，也絲毫不馬虎，較為重大的事情都會親自處理。

由於廣西陸小軍格嶔崎，故在鄰近各省小有名氣，投考廣西陸小的條件便十分嚴苛。即便如此，蔡鍔身為總辦，不循私情，不暮夜金，嚴格把關，使得廣西陸小的嚴正風氣在全國蔚為風範。

當時李宗仁報考陸小第二期，放榜結果，正取生130名，備取生10名，李宗仁名列備取生第一名。到了開學當天，正在務農的李宗仁極為興奮，認為從此可以卸下扁擔，成為一名軍人，遂高高興興前往桂林報到去了，但因為時間沒有掌握好，李宗仁在城裡耽擱，比規定報到時間晚了十多分鐘。

僅僅因入學報到時遲了十分鐘，蔡鍔即勒令取消資格，必須延至第二年，重新報考陸小第三期，通過了才得以入學。由於李宗仁經歷過蔡鍔的嚴苛，因此隔年入學後，格為認真，後來以優異成績畢業。

又曾任國民黨將級軍官的唐希忭也回憶道：當時他的父親於1896年在湖南武崗縣山門辦紙廠時，深知蔡鍔的父親蔡正陵奉母至孝，雖然家境貧寒，甘旨卻奉之不缺，每晚必先到母親床上，先把被蓋睡暖，才請母親就寢。唐

希忭的父親非常敬佩蔡正陵，故經常雪中送炭，送錢接濟蔡氏一家。後來蔡鍔任職於廣西，擬借重唐父的技術與經驗，邀其前來廣西興安縣六峒開造紙廠。唐希忭的叔叔唐巇，更曾和蔡鍔同在樊錐門下讀書，兩人是非常要好的老同學。

唐希忭原就讀於湖南遊學預備科，因該科突然於 1907 年春停辦，唐便要求叔叔唐巇為其報名廣西陸小第一期的資格考。報考當天，唐希忭還在路上，十多天後才抵達廣西，誤了考期。唐父與蔡鍔的父親是世交，這時便請求通融入學。但蔡鍔秉實以告，說限於法令章程，實難通融，他要唐希忭依規定通過下一期的考試後，才能進入陸小。

蔡鍔為人處事一向如此，不接受賄賂，也不徇私包庇。他重於眼前的努力，也願意盡心盡力栽培那些勤勉向上之人，他辦學注重實際，不尚空談，昨日猶如明日黃花，唯有切實把握眼前，努力做事，才能有一番作為。

第二節　廣西驅蔡風潮，臨違不驚

建軍風波橫生，同盟會尋隙驅趕

蔡鍔自 1905 年應邀赴廣西編練新軍，5 年來他以其獨特的軍事才幹和幹練果敢、不辭辛苦的性格，深得歷任巡撫的信任和倚重，也深得部屬的愛戴和敬仰。但廣西政界軍界的複雜情況，使他的工作在進行上頗為不易，飽受各種刁難和挫折。

蔡鍔創練新軍以嚴格出名，卓有成效卻也招來不少人的嫉妒。督練新軍聲名鵲起後，廣西種種矛盾與風波接踵而至，許多人冷眼旁觀，蓄意挑釁，蔡鍔曾為此發出孤掌難鳴之慨。

1910 年 7 月，蔡鍔奉命從南寧調回桂林，不久，他擢升為廣西新軍混成協協統，兼學兵營營長，以及督練公所三處（參謀、兵備、教練）學堂總辦。廣西新軍大權全數落在蔡鍔手裡。

蔡鍔手掌兵符，坐擁重兵，為人又清正耿介，他這種韜光養晦，深藏不露的個性，從不支持任何人、偏袒任何黨的作法，曾引起廣西革命黨人的誤會和不滿。

話說蔡鍔來到廣西後，始終未肯加入同盟會，因此招來廣西同盟會會員強烈的質疑。革命黨人認為蔡鍔這樣一個總攬新軍大權的將領，如果他不是同盟會陣營的同志，那麼對於廣西同盟會的發展、革命的推動勢必是一個巨大的衝擊！萬一革命黨人發動起義時，蔡鍔不願為同盟會所用，那他必定會派兵鎮壓，革命黨人為此頗為憂慮。

於是，廣西同盟會便派何遂、耿毅、冷遹等人前去香港面見同盟會的領導人趙聲和黃興，不分青紅皂白把蔡鍔狠狠告了一狀！

蔡鍔為何不加入同盟會？其實，清末民初的革命團體不是只有同盟會而已，尚有 1904 年 7 月由呂大森、劉靜庵在武昌成立的科學補習所；1905 年由劉靜庵組織的日知會；1904 年 11 月，由蔡元培在上海成立的光復會；還有影響力遍及全國的革命團體、1907 年由張伯祥、焦達峰、孫武在東京成立的共進會，以及許許多多未具名的革命小團體。

對待這些拋頭顱、灑熱血的革命志士們，蔡鍔始終一視同仁，除了敬佩之外，更願意伴隨他們出生入死，推翻滿清。然而，蔡鍔更認為，做革命大事之人，未必一定得加入任何黨派，況且中國兵家四起，眾黨林立，以自己身為一名將領的身份和地位，應該保持中立，萬一國家發生內亂時，自己才能力排眾議，調解眾黨（會），甚至出兵弭平亂源。

以黃興和蔡鍔的交情，黃興告訴他們，「南寧講武堂總辦蔡松坡也是同

志」，要他們「多與松坡聯繫」，並寫了一封親筆介紹信，讓何、耿等人帶去給蔡鍔看。儘管有同盟會首領的認可，但何遂、耿毅資歷尚淺，不曾明白黃興和蔡鍔從日本一路走來的革命交情，他們只看到表面，也未深入多方查證，對蔡鍔究竟是否真的支持革命活動，仍心存疑慮。於是何、毅等人遂決心試探一番，看看蔡鍔葫蘆裡賣的是什麼藥。

何遂並未把信轉交給蔡鍔，冷遹反而是另附上一信，並約其相見：「蔡總辦惠鑒：我們行經香港，遇見你的好友黃興，帶來一信，稱有要事相商，請於明日晚九時至江南會館前門一敘。」同盟會見面地點約在江南會館是經過悉心籌畫，他們壓根子不相信蔡鍔，這個會館門前是一個小湖，他們提前在湖中準備了一隻小船，船上備滿武器，準備萬一有變，立即坐船逃走，或者當場將蔡總辦擊殺。

蔡鍔對於這種交代不清不楚的赴約從來不會參加。萬一這是佈好的「殺頭之局」，去了等於是自殺，並不會有這麼笨的高階將領。到了約定當天，何遂、耿毅和冷遹來到江南會館等候，從晚上 8 時等到深夜 11 時多，並未見到蔡鍔的身影，他們大失所望。桂林的同盟會員於是片面斷定蔡鍔不是革命黨人，他不可能革命！

何遂、耿毅、趙正平等人決定要對付蔡鍔，桂林同盟會打算利用廣西人排外的地域觀念，以及曾經受蔡鍔處理而對蔡鍔不滿的學生和將士，發起「驅蔡運動」，把蔡鍔趕出廣西。

話說原來廣西地處邊陲，清廷為了鞏固中越邊防，擬定計畫要在廣西建立一鎮（師）一協（旅）的新軍，以防止佔據安南的法國軍隊侵入侵中國。於是清廷預先開辦「幹部學堂」，準備按此計畫培養兩百餘名的下級軍官。然而，廣西是個窮省，一年地丁和各種雜稅收入僅有 305 萬兩，每年行政經費用都不夠，必須由四川、廣東、湖南三省補貼才能勉強維持百姓的生活。

訓練新軍需要龐大的經費，按照清廷計劃組建一個師的新軍，需白銀大約 130 餘萬兩，廣西根本作不到。

　　清庭很快就發現廣西經費不足的問題，既然無力應付建軍的財政負擔，中央索性便撤銷一鎮（師）的建軍計畫，把原定的一個師縮編為一個混成旅（混成協）。一下子縮編為 2/3，那麼當時清廷幹部學堂所培養的兩百多名下級軍官就太多了，這時就需要裁減人員。

　　這是一個相當棘手的問題，如果隨便勒令解散多餘軍官，恐會造成極大的反彈，中央不思處置，便把問題活生生丟給身兼學堂總辦和兵備處總辦的蔡鍔去煩惱。蔡鍔剜空心思想來想去，決定大刀闊斧裁員。他決定舉行甄別考試，以考試成績來決定淘汰名單。

　　1910 年 8 月末，蔡鍔會同監督、科長各員，調取各新生試卷及品行考語，將品行不端，國文成績低劣，並體弱者剔去。他的用意是：軍人的品行、知識素養與體魄鍛鍊是非常重要的，這些是軍人的魂和魄。不及格之人，難以擔當重責大任，只能接受被裁汰的命運。

　　時值暑假過後，返校學生共 178 名，其中桂籍學生 121 名，被剔去 49 名，外籍學生 57 名（內含湖南籍 29 名），被剔去 12 名（含湖南籍 6 名），結果淘汰名單共有 61 名被勒令退學。甄別考試的結果，留校的 120 人中，湖南籍竟然占了 90 多人，而留下的廣西籍學生竟然不到 1/4。也就是日後廣西新軍的軍官，絕大多數會由湖南人擔任，這樣的結果引起廣西籍學生強烈的不滿。

　　有人便放話說蔡總辦假公濟私，因為他也是湖南人，所以偏袒同鄉，輿論一出，桂人大嘩。

　　話說明、清兩朝，湖南人在廣西當官的不少，然而湘桂交惡已久，地方觀念（地域、省籍情結）非常嚴重，經過此事件後，一直積累在湘桂之間的矛盾於是如山洪爆發。但此次參與考試的學生中，湖南人本就不在少數，而

眾所周知的是，湖南籍學生的學業普遍較廣西籍學生高。清庭決意裁減軍官，對蔡鍔而言，無疑是最無奈的抉擇。考試本是各憑本事，況且計分者都是廣西籍軍官，何來袒護之說。

這事件對於桂林同盟會而言，算是抓到推翻蔡鍔的最好把柄，一些年輕的同盟會員於是乘機大肆宣揚：「蔡鍔任用私人，偏袒同鄉，排斥廣西人！」這時廣西新軍中較年輕的革命黨人，看到蔡鍔不動聲色，對他的政治立場更加深感懷疑，也就跟著同盟會一起鼓動風潮排擠蔡鍔。一時社會輿論喧嘩，一場轟轟烈烈、驚動全國的「驅蔡運動」遂以迅雷不及掩耳之勢，猝然興起，橫掃而來，迅速波及社會各界和臨省。

廣西各界群起攻擊，風潮震驚全國

事件發生後，廣西各界群起攻擊，而被立憲派控制的廣西諮議局也不明就裡，隨即開會彈劾蔡鍔。耿毅、何遂、趙正平等同盟會會員趁機放大聲勢，號召廣西各界，揚言即刻把蔡鍔驅逐出境。

驅蔡運動一發生，廣西陸軍幹部學堂和陸軍小學堂立即就加入驅蔡運動的行列，他們發動陸軍小學堂罷課，學兵營罷操，企圖把事情鬧大。廣西同盟會支部機關刊物主筆趙正平則趁機寫了一篇鬥爭文章，狠狠抨擊蔡鍔：「廣西省，廣西人之廣西，豈容蔡某排斥廣西人……。」

1910 年 9 月 21、24 日，陸小新班廣西籍學生先後又罷課，24 日後又連續向巡撫部院具稟並散發清單，「呈控蔡鍔劣跡五款」。驅蔡運動正值陸小蓬勃發展、蔡鍔事業日中天之時，學堂卻突然爆發驅蔡風潮，令人不勝欷嘘。

不僅如此，全校學生還整隊到撫台衙門請願，堅守不去，除非蔡鍔離開廣西。撫台派人軟硬兼施，學生竟毫無顧慮，連連高呼口號，情勢一發不可收拾。當年也在陸軍小學堂行列──蔡鍔有名部屬的李宗仁，後來回憶說自己也參與了這場運動，雖後來明白是大大誤會一場，但年輕人血性方剛，容易

受扇動，卻與當時同樣年輕的蔡鍔成為鮮明對比。

當時廣西新成立的諮議局與撫台衙門的態度不同，通過決議，諮議局決定解除蔡鍔的一切職務。廣西諮議局並向資政院提出有關本省辦學，應以招本省籍學生為主的議案。廣西諮議局就是廣西議會，諮議局中有馬君武等等大批同盟會員，參與驅蔡的廣西陸軍幹部學堂和廣西陸軍小學堂多數成員也是同盟會員。革命黨人手段極為卑劣，可以說這是大水沖了龍王廟，自家人不認自家人。

這事使蔡鍔十分難過，然而，蔡鍔身為一名革命志士的堅定重願不曾為此動搖，即使日後，蔡鍔不計前嫌，給予同盟會的協助仍未曾稍減。

雖然同盟會已鬧得轟轟烈烈，不可開交，可蔡鍔沉著應付，不加理睬，既不回應也不離開，穩坐釣魚臺。驅蔡派眼看此計不成，又繼而放大事件，鼓動師範學堂和法政學堂的學生罷課，並由諮議局議長甘德藩、副議長黃宏憲、議員蒙經等在諮議局彈劾蔡鍔，提議查辦蔡鍔罪狀十餘款。大體不外是「徇私、庇湘、仇桂，及貪婪舞弊各節」，要求撤退蔡鍔。

1910 年 9 月 29 日，陸小桂籍學生全體罷課聲援，但蔡總辦樹大根深，仍不為所動。最後同盟會一不做二不休，由趙正平組織商會罷市，並聯絡《梧州日報》主筆陳太龍，發動梧州各學堂、商會、報館，聯合打電報給當時的護理巡撫魏景桐，請其秉公處理此事。這時，張鳴岐已經調升為兩廣總督，廣西巡撫由藩台魏景桐護理，廣西人群情洶湧，鬧到巡撫魏景桐那邊。驅蔡風波愈演愈烈，舉國震驚，廣西頗有發動暴亂之徵兆，事情幾至一發不可收拾地步。

時任廣西按察使的王芝祥害怕事情越鬧越大，最後演變成暴動，為求息事寧人，於是勸魏景桐趕緊逼走蔡鍔。魏為人謹小慎為，惟恐事態擴大，加上他是湖南邵陽人，更害怕別人說他祖護同鄉，因而不敢出面主持正義。為

此，魏景桐只好強硬勒令蔡鍔「聽候查處」，形同去職。

這時罷課學生全數回堂，10 月 11 日後，學生陸續復課，但廣西籍學生恨火難洩，便故意多方挫辱湖南籍學生，甚至在廁所門上書繪殺湖南人等的圖畫字樣。湖南籍學生不甘被凌辱，於是集體在陸小學堂廣場上罷課抗議，後經蔡鍔多方勸導，事件才逐步平息。

中流擊楫，維護軍人清譽不為所動

廣西驅蔡風潮傳到北京，清廷怕事情鬧大，不可收拾，陸軍部軍諮處遂派廣東督練公所總辦吳錫永趕赴桂林，會同廣西巡撫部院，深入調查此事。吳錫永於 1910 年 12 月抵達廣西後，經過一番抽絲剝繭，會同廣西告要局深入查辦，於 1911 年 1 月 8 日正式向北京政府報告了事件始末，報告的最後結論說：

經博訪輿論，細核案卷，複於當時在事各員詳加詢問，平心而論，蔡鍔於別退學生之事，上係奉撫院嚴諭，下有監督、科長各員之分任試驗，去留之際，本無成心。調查該堂學生成績表及試卷，一再詳核，尚無不公之處。

惟查表內有湘籍學生賓心亞一名，其品行、國文分數均應別退，獨算術尚優，仍予留堂。查湘桂本屬聯界，湘人寓桂，本多於他省。蔡鍔平日用人，稍重鄉誼，似所難免。然而少數對蔡鍔有成見的學生，竟乘間聯合諮議局議員及其他學生等，不惜捏砌多款，稟訐蔡鍔，欲其必去而甘心。

細指查指攻各節，大半誣枉挾嫌，間或事近確鑿，亦均別有理由。所稟蔡鍔貪污舞弊各節，盡皆虛擬無實。

公文發出，廣西諮議局對蔡鍔之誣陷便得以澄清，恢復名譽，驅蔡風潮正式結束。對於清廷而言，蔡鍔是梁啟超、譚嗣同、唐才常等人的學生，戊戌政變與自立軍起義，中央對蔡鍔已存芥蒂，毋須袒護蔡鍔，為其擔保。陸

軍部軍諮處除秉公處理外，尚列出幾條處理辦法。

擬具處理辦法四條：

一、甄別剔退各生，經調閱原卷，均不及格，照章應行剔退，勿庸再行考驗；

二、斥革為首罷課各生，以肅軍紀；

三、誣控蔡鍔的諮議局議員，查照定章辦理；

四、對陸軍各學堂學生嚴加管束、教育，防止再滋生事端。

蔡鍔在廣西創練新軍時，雲南也正在擴充新軍，總督李經羲是前任廣西巡撫、蔡鍔的老上司，李在廣西時，曾電調蔡鍔離湘赴桂開辦隨營學堂，籌辦新軍。蔡鍔胸懷灑落，無隙可乘，加之績效斐然，李經羲極愛惜之。

李轉升雲貴總督後，常惦記著蔡鍔治軍能力，又深信其人品，故自1910年初開始，便多次派人給蔡鍔寫信，招他赴雲南任職，許以更好的地位與待遇。但蔡鍔一直未允，原因是他希望**「透過這一事件繼續教導軍人清譽的重要性」**。

有人說李經羲調蔡鍔赴滇，是給其臺階下，蔡鍔才走的。其實不然，那時蔡鍔還在廣西南寧，尚未接辦陸軍幹部學堂，也還沒回桂林，因此「甄別學生」尚且還未開始（1910年8月末方開始），何來下臺階之說？

蔡鍔一直受到李經羲、林紹年、張鳴岐先後三任廣西巡撫的信任，紛紛交與大任。蔡鍔視名譽為第二生命，即便魏景桐、王芝祥暗示他辭職，仍不為所動。在沒有還其清白之前，也不會勉為其難下臺階走人，這絕非蔡鍔的作風。況且，廣西長年軍費拮据，蔡鍔未嘗敷衍塞責，把指揮棒丟交他人，反而不怕牽連，恆勞庶事，兢兢翼翼，親訓練新軍有卓有成效，這便是他身為軍人的襟持。

自1905年起，蔡鍔在廣西開辦隨營學堂、陸軍小學、幹部學堂、講武堂，

統率新軍第　標學兵營，前後達6年之久。經他掌握，動用之公款，為數甚巨，但他廉潔自律，一毫不取。他平時自奉極儉，粗茶淡飯，家裡的伙食每日只有幾角錢。蔡離開廣西時，所有行李僅書籍和隨身衣服鋪蓋各一擔。

第三節　關懷備至軍人膽，志在加強國防挽國勢

猝然凌之而不驚，無故加之而不怒

蔡鍔臨走之際，特地邀請同盟會何遂等人前來相聚，這才首次坦露胸襟，一席話說得語重心長：「諸位同學，你們何苦趕我。你們是同盟會這我知道，在革命路上，我比你們資格更老，愛國心並不比你們差，經驗教訓也比你們多。告訴你們，幹革命不可性急，你們太年輕，渾身帶刺，一不小心就會招來殺身之禍。我在這裡，還可以掩護你們，現在我走了，你們更須收斂，以免鋒芒太露，今後行事務必謹慎！」

又說：「要知道，養樹要養大才能成可用之材，萬不可揠苗助長，我這是經驗之談啊！革命看重的不只是組織，不只是人與人之間的應對能力，更要看重的乃是經驗！」

廣西驅蔡風潮是落幕了，但廣西同盟會員卻對此深感抱歉。然而，蔡鍔一席絃外之音，泯滅了所有誤會和尷尬。蔡鍔繼續說道：「曾經班荊道故，至此情義亦不曾改，一切何需再掛心頭？」

蔡鍔在廣西建立新制，革除舊弊，本乃革命家鼎新革故之襟懷，既然坦蕩蕩，心無牽掛，剩下的只有別離前語重心長的叮嚀。聞聽此言，同盟會青年們這才恍然大悟，方知前輩心機和謀略至此，讓他們深感佩服。原來蔡鍔

胸有成竹，早知是他們在背後鼓舌搖脣。

席間，蔡鍔從桌上取了一個炮彈筒子，放在何遂面前說：「這個送給你做個紀念吧。成大事的人都要有個修養，不要做炮筒子！」你念過蘇東坡的《留侯論》嗎？

所謂「驟然臨之而不驚，無故加之而不怒，你們能做到這點，就可成大事」！這時冷遹朝前輩蔡鍔笑而不言，敬酒後，自己連喝三杯，表示道歉。蔡鍔看似讚揚冷遹和何遂，其實正是表明他們為了革命志業應當要經得起誤會，自己是當事人能經得起誤會，何遂等人為成革命大業應也可以。

要成大事，不能呈一時豪氣。革命固然要剛烈，但過於剛烈、缺乏韌性則易脆。蔡鍔比何遂、冷遹等人多了一股韌性，能在關鍵時刻忍辱負重，不怕誤解和蒙受自己人的壓力，方能在日後成就大業。胸中憋不下半點冤氣，藏不住一點秘密就容易壞大事，這是革命家的大忌。

若當時蔡鍔在驅蔡運動中，也忿恨不平怕遭誤會，不能忍一時之忍，貿然討伐何遂等人，那麼西南等地的革命黨人恐將因廣西境內的內鬥而慘遭波及。當革命黨人自曝身份後，那時就可能會被清廷逮捕，甚至喪命。「猝然淩之而不驚，無故加之而不怒」，正是蔡鍔剛毅堅忍可貴的性格。

蔡鍔離職前推薦他的好友、同盟會菁英方聲濤在兵備處任職，以便掩護同盟會，其胸襟之廣，令人不得不再三佩服。

志向在加強國防，抵禦列強侵略

蔡鍔在廣西任職期間，真正的志願就是──加強國防和培養軍事人才！他立志成為一名軍人之後，真正關心的就是國家國防、軍隊戰力。

由於廣西地處邊陲，邊防十分重要，不可輕忽和大意！因此，1906年廣西成立兵備處後，蔡鍔兼任兵備處會辦，曾深入考察與調查廣西邊境防務，並撰寫了《越南重塞圖說》（又名《越南用兵計畫》）和《桂邊要塞圖說》

兩書，在當時的歷史條件下，兩書的重要性是不言而喻的。可惜這兩本書與蔡鍔在廣西歷年所記日記數十冊，皆已遺失。

訓練新軍之餘，他曾撰寫《軍事計畫》一書，就加強國防建設、治軍及用兵指導提出獨到的見解，軍事注重總體戰略思想和戰術發揮，他培育出具有強大新式武器的軍隊和能運用精明戰術的將才，乃是希冀加強他們的「國防意識」，提升戰術謀略，使學生樹立起「居安思危」的思想和以「國家興亡為己任」的責任感。

蔡鍔十足的軍事熱誠令人讚嘆，1907年春，他身兼廣西測繪學堂堂長期間，曾經陪同廣西巡撫張鳴岐視察廣西邊防各地，長途跋涉考察四個月，短衣匹馬巡行四千餘里，悉心將邊疆各地的山川地勢與風土人情，逐一箚記寫下。還親手草繪略圖，並派人測繪地形，檢查舊儲槍炮，提出修建沿邊炮臺、改善防汛工作、整頓邊防軍備等建議，最後醞釀出關於加強廣西防務的完整計畫。

在那個人為刀俎，我為魚肉的年代，他一直都在提倡如何加強國防！因為加強國防乃著重國防領域裡的軍事教育，同時也是是軍職的重中之重。

蔡鍔非常重視一個軍隊要如何捍衛國家主權、領土完整和國備安全，以防禦外來的侵略和顛覆。在加強國防之前，他更重視「軍隊組織」，因為一個會抵禦外敵的軍隊，倘使沒有組織、沒有計劃，那麼臨到戰前只是一盤散沙。

蔡鍔在《軍國民篇》中極為重視「陶鑄國魂」，認為國防教育是全民素質教育重要的組成部分，將此計畫投射到訓練新軍上，就要從學生的思想品德、智力、體能等諸方面施加培訓與教育。他認為這是一項國家長遠的訓練任務，長期的軍事計畫。

蔡鍔也很重視族群提升，他說漢族之所以屢遭欺凌，原因是「長期積

弱」！如何增強民族向心力、凝聚力和武力就顯得格外重要。加強國防意識就是強化民族意識，自身國防素質的高低和國防意識的強弱，將直接影響軍隊的戰力和國防的更新建設，加強國防首重增強軍人／學生／百姓的民族意識，進而到世界民族意識（世界和平意識），這才是加強國防的真實含意。

培養新軍首重他們愛武、愛軍、愛國的情感，這些是一個革命家所擁有的革命情感。若不是為了國家，為了抵禦列強侵略，那麼革命家所謂的是什麼？蔡鍔志在國防，獻身軍旅，心繫天下安危；熱血方剛，用一顆堅強而脈動的心，來張弛他心中的理想，不就是他身為一名軍事革命家應有的風範。

他在廣西歷時 6 年，身兼數職，訓練新軍殫精竭慮，費盡心血。他和好友說到他在廣西練兵的長遠宗旨：

一、為求中國獨立自由，必須戰勝至少一個帝國主義的國家，以此為最高目的；

二、為達到此目的，必須全國一致；

三、廣西必須為把握全國之樞紐，為完成此事，必須培養和團結新人。

蔡鍔所說的「全國之樞紐」，不只是說廣西內部要團結而已，他也非常重視「新式武器」的發展。隨著軍事科技的發展，近代戰爭所重視的「技術含量」有越來越高之勢，也就是要想成為未來戰場上的贏家，培訓軍隊是第一要務，而培養具有科學觀念、武器知識的武裝部隊，即為第二要務，兩者在現代戰場上缺一不可。蔡鍔精闢見解，時至今日，猶然精華。

當時中國民生凋敝，經濟嚴重落後，國家事業百廢待興，蔡鍔面對一個滿目瘡痍的國勢，「滿腔熱血沸騰，男兒熱淚交織」，他並沒有畏縮，反而是勇往直前！

蔡鍔期許廣西訓練新軍能背起「新式強軍」的神聖使命，為將來進入國防作戰作好準備。他相信這些不懈的精英們會成為未來部隊中的生力軍，在

國防的偉大征程中貢獻出鍔鍔烈烈的力量，為鍛造國勢長空利劍獻出一份力。

1908 年，蔡鍔擔任廣西新練常備軍第一標標統期間，曾親自徵兵數百名，他的徵兵標準是：

一、必須是有一定文化的青年；

二、必須具有淳樸耐苦的品性；

三、要明確當兵的責任。

他曾在一封信中提到：「徵兵於日昨到百人，多讀書種子，詢其當兵之責任為何，莫不以『為國家』三字對。氣象俱淳樸耐苦，即其中有二三學生，亦無流行之國民氣習，善足慰也。」

惰窳之人，無以凝聚革命戰力；安逸之輩，何能結集革命志士？而一位戰將，不只要能戰鬥，還要能栽培出更多的戰士，那是戰將的使命，也是他不朽的精神。這一直是蔡鍔從軍的理念。

蔡鍔明白廣西的緣分盡了，一日，他望向潯淳江水，心中頓時升起萬般不捨，因為他愛過這裡，對這裡曾經有過深切的執著。如今，廣西是無法容忍他了，但他那對廣西的執著和關懷，將有如眼前的江水，洶湧激盪，滾動不已。他在軍事和國防方面的抱負，也將隨波瀾起伏的熱血至性，披星戴月到下一個軍事站——雲南。

參考資料：

- 《蔡鍔集》上冊（曾業英）
- 《蔡鍔大傳》（謝本書）
- 《蔡鍔與清末廣西幹部學堂風潮》（《史學月刊》1984(4)，謝本書）
- 《前清宣統年間廣西幹部學堂風潮始末文件》（雲南省文史研究館藏本複寫稿附、李文漢編）

第六章

赴滇任職，激流勇進展軍風

現今的地球文明，也可稱作是功利主義文明，也就是說人們的起心動念一切皆以功利思考為出發，不管一個人居心如何險惡，只要行動符合功利原則，就可被社會或世界視之為正確的。這樣的流風，為了功利，人人爾虞我詐，到處掠奪，分瓜掉了地球物能和資源，還要處心積慮想盡辦法去掠奪外星系資源，直至最後把銀河系吞併。

科技發達，物質條件迷人，導致人心變得自私貪婪，只注重個人利益，視他人他物性命於草菅，絲毫不懂得珍惜。為了滿足與擁有更大的慾利，人心變本加厲，迫害、暴力、掠奪、傷害、說謊、詐欺、性侵、陷害、戰爭等事件層出不窮。人類在瓦解自身文明的同時，還要破壞自然生態，置地球於不義，這便是功利主義所帶來的危機。

要如何避免這種功利信號波不斷注入我們的大腦和心智內？我們需要時時習練「物我一體」的生命觀照，讓良心血性自然而然啟動，體恤民族、國家和萬物，讓身體、夫妻、家庭、公司、社會、民族、國家、地球等生命共同體趨於正常運轉，讓人間再次生機盎然。

第一節　勇赴南天，展開新的戎馬生涯

養精蓄銳，靜待良機推翻清廷

1910年初，新任雲貴總督李經羲到昆明上任，頗希望有一番作為。李經羲曾上奏中央「雲南第四屆籌辦憲政的情形折」，裡頭列有八項他的理想與作為：

（1）為續辦城鎮鄉地方自治；

（2）為籌辦廳州縣地方自始；

（3）為彙報人戶總數；

（4）為覆查歲出入總數；

（5）為試辦預算、決算；

（6）為籌設省城及商埠各級審判廳；

（7）為推廣廳州縣簡易識字學塾；

（8）為籌辦廳州縣巡警。

李經羲擔任雲貴總督時，還兼任雲南講武堂的總辦，他曾對講武堂的學員宣佈：「他雲貴總督可以不做，但講武堂不可以不辦。」可見他一身忠義，盡職盡責，是清末時期難得的一位好官。

李經羲大刀闊斧推行改革時，正是蔡鍔在廣西南寧葛麻嶺任陸軍講武堂總辦的時候。李是蔡鍔昔日的長官，十分清楚蔡鍔的能為，他認為雲南陸軍講武堂若能由蔡鍔來編練，鐵定能帶出一支鐵甲勁旅，為人民、為國家鞠躬盡瘁，效犬馬之勞。

雖然李經羲屬意由蔡鍔來擔任雲南新軍新統領，但他仍想先聽聽底下部屬們的見解。一日，他召見昆明講武堂總辦李根源、陸軍小學堂總辦羅佩金和第19鎮參謀官殷承瓛，說：「北洋派軍人總參議靳雲鵬專權任私，眼斜心

不正，難以指揮，希望各位能為雲南推薦新的軍事人才。」

李根源懷疑李總督乃意在試探，因此不敢輕易應答。而羅佩金則向李經義推薦道：廣西兵備處總辦蔡鍔是難得的軍界人才，為人嶔崎磊落，眾目昭彰，是可以委以重任之人。羅佩金曾經在廣西任職，因此瞭解蔡鍔的為人和才能。而殷承瓛也向李總督推薦自己在日本士官學校就讀時候認識的的老同學蔡鍔，蔡鍔是日本士官學校第三期的，殷是第五期的，兩人關係友好，無話不談，而且還結拜過兄弟。

李總督聽後大喜，向眾人說：蔡鍔我是認識的，當初他從日本軍校留學歸來，在家鄉湖南任職。後來湖南巡撫離職，蔡鍔結束在湖南的一切軍職工作，正是我多次把蔡鍔邀請到廣西來任職。蔡鍔因我的一片盛情，就趕緊往赴廣西面謝，並準備在廣西考察遊歷。但意想不到的事，這一去，蔡鍔驍武勛勛，表現出了傑出的軍事才華。所以各省爭相力聘他去指導軍事時，是我堅決把他硬生生留在我身邊。我十分賞識蔡鍔的為人，他有崇高的人格，值得託付大任，日後各位就會明瞭我今天所說的話了。

或許兩人緣分頗深，羅佩金、殷承瓛的建議與李經義一拍即合，李經義決定採納他們的建議。翌日，李經義命羅佩金「密電召鍔來，勿與靳（靳雲鵬）知」。羅佩金即以李經義之意轉告蔡鍔，盛情邀請他來滇就任新職，施展才華，提升雲南新軍戰力。

對於李經義的邀請，蔡鍔婉謝了，在給好友曾廣軾（曾叔式，廣西員警學堂總辦）的信函中，蔡鍔就此事說到：「滇督屢有函電來邀，第聞彼中黨派林立，且以成鎮太速，一切紛如，位置固較此間為優，而辦理之難必較西省為甚。四五年來，與海豐（廣西巡撫張鳴岐）相處雖不見十分沉潭，其於兄亦未嘗稍衰醴遇，若忽然舍而之他，尚不能無介介耳。」

雖然蔡鍔婉拒了李經義的邀請，但他不是沒心動過。蔡鍔一直認為，邊

陸穩定和國防安全是整個國家安全體系的基本保障。廣西和雲南，作為中國南方邊境的兩個省，自古以來，國防問題就一直至關重要。

「加強國防」與「鞏固邊陲戌守」一直是蔡鍔身為一名軍人的理想，因此他認為，或許此次入滇帶兵會是個良好契機，可以在邊疆地區練兵，強固國防，抵禦外強侵略。然而，雲南和廣西一樣，是個窮省，入不敷出。正當蔡鍔猶豫之際，廣西突然發生驅蔡風潮，李經羲認為機不可失，於是再次致電蔡鍔。

李經羲一面給蔡鍔致電，一面奏請京城，請求允准調派廣西兵務處總辦蔡鍔至雲南，委以陸軍第 19 鎮第 37 協協統，協助清政府訓練新軍。然而，驅蔡風潮竟使蔡鍔對召喚不為所動。李經羲明白蔡鍔性格瞻前顧後，果斷堅毅，驅蔡風潮一日不平息，蔡鍔肯定不願前來就任。

作為一名有遠見、有抱負的軍人，驅蔡風潮更讓蔡鍔堅確其志：心繫天下安危者，必不在小事上執著，而是在大處上落墨。驅蔡風潮不足以驚心，心繫國家安危才是壯士本懷。

> 有勇無謀，難成大事。
> 大將雄圖，智深慧遠。
> 性穩意明，運籌帷幄。
> 前事不忘，後事之師。
> 群策群力，眾志成城。
> 未雨綢繆，欲速不達。
> 養精蓄銳，用兵千里。

忍人所不能忍，做人所不敢做，在真正的「時機」來臨時，方能戰無不勝，攻無不克，那才他身為軍人的擔當。事實上，蔡鍔一生所表現之軍風，乃頑

廉懦立之胸襟：使貪婪之人廉潔，使懦弱之人立志，如此而已！

蔡鍔不喜見軍人志在爭權奪勢，愛好鬥爭；或為官者貪污橫爆，喜逐名利，這樣是國家的不幸！他期許廣西新軍歸回本位，永不要捲入無謂的鬥爭之中。

雖然明確表示了自己的立場，驅蔡風潮仍對蔡鍔的心理造成了一定的情緒負擔，甚至讓他萌生了退出政壇的念頭！對此，他在給友人的信中說到：「唯進取之觀念日消，淡退之念頭日漲，此近狀也。講武堂三月卒業後，決擬奉家母回籍，如能耕釣糊口，不願作出世想矣。現預計行囊，無他項事實發生，除盤川外，約留三百金之譜。此居桂五六年之儲蓄也，以告吾弟，當為啞然失笑。」但就在這艱難時刻，「滇督念舊，托某君為先容，欲邀約赴滇。近日迭接前途函電，囑早日離桂前往，如允即奏調云云」。

由於雲南的地理位置和條件與廣西頗有雷同之處，都是地處西南邊陲，與越南緊鄰，如果前去雲南任職，可繼續實踐「加強邊防」的理想。蔡鍔在廣西任職時，曾微服潛入越南，偵察法軍陣營及各要塞的佈置狀況，對於法國的野心始終耿耿於懷。現在老上司要他過去，他可以更進一步瞭解法國在雲南的情況，必要時還建設一支「大西南軍隊」，抗衡法軍的侵略。

1911 年 1 月，蔡鍔終於接受李經羲的召喚。他覆電羅佩金，請其代為轉告李總督，將母親送返湖南老家後，即刻啟程赴滇。2 月，蔡鍔從湖南家中出發，經上海、廣東，抵雲南省城昆明，繼續激流勇進，揭開了自己戎馬生涯的新篇章！

蔡鍔初到雲南，李經羲擬打算讓他接任陸軍第 19 鎮統制職務，第 19 鎮是全國陸軍編制序列的番號。晚清新軍編制分為「軍、鎮、協、標、營、隊、排、棚」，分別相當於今日的「軍、師、旅、團、營、連、排、班」。軍一級的長官稱」總統」，鎮稱「統制」，協稱「協統」，標稱「標統」，營稱「管

帶」，隊稱「隊官」，排稱「排長」，棚則有「止目或副目」。

此外，新軍編制還有一種特殊的「混成協」，這種部隊除了有二標步兵外，還配有「工程、馬、砲、輜重」等兵種，近乎鎮的編制，但又隸屬於鎮，類似現在軍隊稱的「獨立師」、「獨立旅」等。

1903 年，京師「練兵處」成立，慶親王奕劻力總理練兵事務。1904 年，慶親王使於各省設立「督練公所」（督練處）——掌編練新軍，裁汰舊營。督練公所初設總辦、幫辦、提調等官，下分「兵備、參謀、教練」三處，另專置督辦一人，由各省的總督、巡撫或將軍兼任，總攬全所事務，統轄和整飭全省新軍。練兵處又將全國陸軍分設為「三十六鎮」，其分配和次序為：

近畿四鎮，直隸兩鎮，山東一鎮，江蘇兩鎮，江北一鎮，
安徽一鎮，江西一鎮，河南一鎮，湖南一鎮，湖北兩鎮，
浙江一鎮，福建一鎮，廣東二鎮，廣西一鎮，雲南兩鎮，
貴州一鎮，四川三鎮，山西一鎮，陝西一鎮，甘肅兩鎮，
新疆一鎮，熱河一鎮，奉天一鎮，吉林一鎮，黑龍江一鎮。

合共 36 鎮。第 19 鎮駐守在雲南，共有步、馬、炮等 21 個營。

以蔡鍔的年紀接任第 19 鎮統制的職務，可以說是全國第一人，足見李經羲對他的重視。但是當時陸軍第 19 鎮多為段琪瑞底下的北洋軍勢力所掌控，北洋軍派態度傲慢，根本無法屈服於南系軍人的管轄之下，一時抗議聲此起彼落，輿論大嘩。李經羲出於無奈，只能屈就於北洋勢力，決定先讓蔡鍔委任第 37 協協統（旅長）。

李經羲立刻給北京上了奏章，說：「第三十七協統領官分省補用知府王振畿，現經調充兵備處總力，遣差查有前充廣西兵備處總辦，留日士官畢業生蔡鍔，幹練果斷，經驗深，堪以補委充第三十七協統領官。」

1911 年 7 月，清政府上諭頒發下來：「前廣西兵備處總辦蔡鍔著派充陸軍第三十七協統領官，陸軍部隊第七十四標統帶曲同豐派充陸軍第三十八協統領官，並均賞給陸軍協都統銜。」蔡鍔正式升任新軍第 19 鎮第 37 協協統。

　　新軍第 19 鎮第 37 協協統，下轄第 73、74 兩標，蔡鍔一上任後，為了使軍隊戰力提升，立刻向李經羲舉薦了一批留日歸國的軍人或具有先進思想的革命人士到 37 協中任職。

　　李經羲非常重視蔡鍔的能力，還讓蔡鍔為雲南新軍作重大的人事調整，如羅佩金調任為第 74 標標統；劉存厚任第一營管帶；唐繼堯任第二營管帶，蔡鍔做出人事調動的目的在於「使革命黨人能集中到新軍第 37 協陣營來」。鎮南關起義後，全國局勢瞬息萬變，革命形勢不斷高漲，蔡鍔頻繁的調派行動，使得雲南第 19 鎮軍官的革命活動越來越高漲，態度愈加激烈。

　　雲南陸軍講武堂已秘密成為同盟會的活動場所，堂長李根源，教官李烈鈞、方聲濤、羅佩金、唐繼堯、顧品珍和李鴻祥等皆是同盟會革命黨人。

雲南陸軍講武堂

　　在蔡鍔的維護下，這些留日思想激進的青年軍官，正不斷積極策劃和組織武裝起義，亟待一舉推翻滿清。

　　蔡鍔具有高度的正義感和愛國主義思想，革命策略亦獨樹一格，即使日子一久，他已在雲南中下層官兵中建立起威望，但是他仍然「十分沉著，不露聲色」，等待著革命時機的到來。蔡鍔與革命黨人相識後，不但沒有格格不入，反而處得非常融洽，他這一支柱的來到，使得雲南的革命活動獲得了

極大的輔助與發展。

針對此事，曾是護國戰爭時蔡鍔所部營長李文漢在《我對蔡鍔的回憶》一文中說道：

蔡鍔到雲南後，不久就被委為三十七協協統。時雲南軍界，大多為北洋系和日本士官系，以所抱宗旨不同，競爭很烈。從蔡的表面看，似乎是不偏不倚，一視同仁；惟以砥礪志節，講求學術策勵所部。他的協司令部，就和講武堂同在一道門裡（同在舊日的洪化府），但他從來沒有到過講武堂，也沒有和學生們講過話（那時我是講武堂的學生）。

他真的是沉靜嗎？不！他內心是對革命事業非常熱烈的一個人。他同總督李經義是有淵源的，在廣西是長官部屬，調到雲南，更得到李的信任。鍾麟同、王振畿等對日本士官系屢搆讒言於李經義的面前，而蔡鍔則力為解釋，如羅佩金、韓鳳樓、謝汝翼、李鴻祥、唐繼堯、劉存厚等當時得不被排擠，皆鍔之力也。

時清廷改鐵路為國有，川中因爭路權，形成群眾運動，蔡逆料中國局勢將以此為導火線，即與同志諸人迭次密商，著手布置。斯時，李鴻祥充七十三標管帶，唐繼堯、雷飆充七十四標管帶。並伺機委派同志充任下級將校，黨人勢力遂幾與北洋派勢力相等。

當時蔡鍔的部下朱德也回憶說：「蔡鍔雖不是同盟會會員，也從來不公開和講武堂來往，可是他卻是一個具有愛國民主思想的人，暗中和同盟會保持著聯繫。當時清朝政府對革命力量的壓迫是極端殘酷的，蔡鍔當時對講武堂的革命活動作了很好的掩護。」

敏銳思想和堅韌不拔的工作態度

1911年春，朱德被調派至雲南第37協服役，不久當上司務長，授少尉銜，

負責管理兵庫房的槍支彈藥以及後勤事務。當時協統蔡鍔經常會來視察營區及官兵的生活情形，並給予精神講話，鼓舞將士們貫徹落實軍務責任，紮實做好各項工作，又會給予軍官們專業的軍事指導。

朱德一看到這位外表剛毅嚴正，內在卻飽嚐軍旅艱辛的長官，內心起伏不已。這位長官篳路藍縷一路行來的堅毅，全部表現在他的神情上，他的言話間透出的銳氣和剛正令人肅然起敬。

作為師生，朱德十分「崇拜蔡鍔的敏銳思想和堅韌不拔的工作態度」，在講武堂時，他經常會向同盟會的夥伴們談起協統的心靈精神，藉以積極推廣革命黨人革命綱領。

蔡鍔愛其才，認為他的思想可以再往上提升。朱德在蔡鍔那裡領受了很多的革命道理，後來還看到了蔡鍔在日本撰寫的《愛國心》、《支那人之特質》、《英雄國》、《支那現勢論》等文章。有時，蔡鍔會逐章向他講解，使他獲益匪淺。

此後，朱德常有機會到蔡鍔的辦公室出差，他驚覺蔡鍔的辦公室都是滿滿的書報，有的報紙是蔡鍔家鄉湖南的，有的是共和派（梁啟超）的秘密報紙，有的是孫中山、黃興革命黨派的，有一些則是來自東京和香港的書刊。

蔡鍔允許朱德在他的辦公室裏面閱覽這些報紙，當朱德提問蔡鍔的政治傾向或見解時，蔡鍔從不發表任何意見，而是只談正事。

對於那個年代，迷離惚恍、群黨（派）迭起的現象，蔡鍔認為：「那是一個進化的過程，推翻滿清不能單靠任一個黨派，而必須群集四方革命志士的力量，才能斬斷帝根。」因此，他從不表態支持任何黨派、任何團體，但只要這個黨派或團體是真為國家做事，那他將義無反顧，支持到底！

朱德在這些書報裡頭看到讚美共和，一些文章的作者更是公開呼籲武力推翻滿清，朱德於是小心翼翼把這些蔡鍔看過、整理好的書報堆疊起來。今

他驚訝的是 如此高的厚度，不正是代表眼前這位上司經歷過這個時代「種種變革」的長度？

朱德明白眼前這位亦師亦友的上司原來是位極優秀的革命家，他把眾人熱愛祖國的「革命心」堆疊好，然後如履薄冰、謹小慎微地擱置在他的心中。他不屬於任何黨派，卻又與孫中山、黃興、梁啟超、熊希齡等派系交好，朱德不由的對這位熱愛祖國的上司，獻上深深的敬佩。

蔡鍔曾經參加過自立軍起義，由於起義軍遭到密告，老師和同學們才會捐軀赴難，這事件讓他深知「謹言慎行、保密防諜」的重要性。蔡鍔一路軍旅，走過日本、上海、江西、湖南、廣西等地，當時省籍地方觀念強烈，人們甚少和外界交往，他在廣西算是吃足了苦頭。

現在他一個外地人，千里迢迢來到雲南，還不是同盟會會員，多少是有可能遭受排擠的。縱然一心嚮往革命，但在這樣撲朔迷離的環境中，他必須沉穩以對。日後，蔡鍔對於重大決策，從不輕易表態，也不貿然行動，他絕不讓秘密進行的革命活動稍有罅漏。

後來朱德與大自己四歲的蔡鍔互動逐漸頻繁，對蔡鍔的瞭解也逐日加深，朱德後來回憶說：「蔡鍔除了工作以外，便過著與人隔絕的生活，冷靜、穩健、隱退。」

蔡鍔曾經對廣西革命黨人說過：**「成大事的人要有個修養，你們念過蘇東坡的《留候論》嗎？所謂『卒然臨之而不驚，無故加之而不怒』，你們能做到這一點，當成大事。」**觀蔡鍔並非同盟會會員，但是 1911 年他來到昆明之後，立即就能主持一切重要軍務，主導大局，可見其處事之手腕，能力之強與威望之高。

軍人本色——以耿耿精忠之寸衷，獻之骨岳血淵之間

清末民初，英、法帝國主義曾多次騷擾、侵犯雲南和廣西地區，使整個中國西南門戶為之大開，中原腹地的危亡近在咫尺！就在蔡鍔來雲南就職前不久，雲南發生了一件震驚全國的大事件，也就是歷史上有名的「片馬事件」！

1910年12月26日，英軍趁高黎貢山冰雪鎖山，片馬與雲南內地交通暫時阻斷之機，派兵2000餘人東渡小江向滇南發動進攻，並於1911年1月4日抵達高黎貢山西麓，佔領片馬。

針對片馬事件，當時英軍的記載情形是：「英兵山緬甸出發，經兩月之久，中途小心惕慮，怕遇抵抗，沉著向片馬推進。一面又聽得謠言說：中國要打仗。實際此謠言僅由一品性謹慎之中國教書先生所流傳。英兵到時，請此鄉學究出面。此鄉學究從容不迫，待半點鐘之後，方緩步出來，

片馬事件抗英地址

鞠躬如也的見英官，對之曰：「我們要你即刻離開此地。」鄉學究應之曰：「唯」，即束裝跨過片馬，回中國而去。英軍遂進片馬，占領其地。」

據周鍾嶽《惺庵回顧錄》中所記載：「英國入侵片馬的消息傳入祖國內地，輿論沸騰，人民紛紛集會遊行，要求清政府出兵，收復失地。雲南省城昆明各界組織「保界會」，以為政府後援，雲南省咨議局推舉周鍾嶽、李曰垓為代表赴京，向外交部請願，要求向英國政府提出嚴重抗議，同時力爭收回七

府礦產。」

雲貴總督和清廷中央獲悉消息後，立即向英國當局提出嚴重抗議，但卻遲遲未派軍隊到片馬前線。英軍覺得滿清並沒有積極阻攔，因而在占領片馬、古浪、崗房以後，又繼續派兵深入，一步步掠奪當地農民的財富！

1911 年 2 月，蔡鍔由廣西西赴雲南擔任新軍訓練工作，對於英法帝國主義多次侵略雲南之舉，深感悲憤！對此，他曾以「擊椎生」筆名在《日法協約問題》一文中指出：「英法協約成於前，而雲南瓜分之局定。日法協約隨於後，而雲南實行瓜分之禍急。嗚呼，東北戰雲，不轉瞬布於西南，此吾人思之而心為之痛，膽為之裂，知我雲南滅亡之日至，中國全域分裂之勢成。」

後面又進一步說：「莽莽神州，河山破碎，茫茫大陸，土地分崩。此庸夫愚婦皆能逆睹而預知者。中國亡雲南必先亡，雲南亡而二十餘省必與之偕亡。藩籬潰決，堂奧莫保，腹心之患已入膏肓。而麻木不仁者，猶曰法兵未至，吾何憂；此不過普通協約，為外交上慣行政策，吾何懼。若是者，勢必兵臨城下，以刀斧加其頸，鞭撻臨於前，乃知法人果取雲南之不誣也。」

從這篇文章不難發現，蔡鍔深刻認識到「雲南之於整個中國的利害關係」，從而發出「中國亡雲南必先亡」的感歎！後來事實證明，英國對中國大西南的侵略的確從未停止過。1927 年，又先後占領了古浪和崗房，雖然中國發出嚴厲譴責，但英軍仍拒不撤兵，強占片馬不肯鬆手。直至 1961 年 6 月 4 日，緬甸政府把片馬、古浪、崗房等地歸還中國政府後，雲南邊界才得以徹底安寧。

最後蔡鍔還表示：「吾願我千餘萬同胞以日法一約為亡滇之紀念物，刻骨銘心，永矢弗忘，臥薪嚐膽，切齒痛心。以數年養精蓄銳之氣，為將來殺敵致果之功。」為了保衛祖國領土，為了對抗英法帝國主義的侵略，為了喚醒滇人和同胞，蔡鍔殷切拯救祖國的心情全然躍於紙上。

然而，自從 1905 年開始創練新軍後，數年的軍旅生活，使他慨嘆清廷新軍依舊是風氣敗壞，紀綱廢弛，而各國又不斷加緊侵略中國的腳步，奈何國家的基礎已壞，想要挽回補救，則必須即刻展開「提升軍人素質、加強軍事教育」的工作。

　　當時邊陲戰事頻催，片馬、古浪和崗房等地區依舊是戰火連綿，無一刻安寧，這讓蔡鍔感到既憤慨又無奈。一日，他兀自外出，蹣蹣而行，朔風冷冽，涼野蕭條，他望著這片山河，頓生莫名悲壯、意氣激昂的情懷。他想自己自返國以來，無時無刻不把自己的心血燃燒著，用盡精力，也要奮力一振，把他深愛的祖國給帶上來，帶到一個不再被侵犯、被瓜奪的富強領域。

　　他感到自己一定要繼之延續在廣西時訓練新軍的理想，眼前中國的軍事人才一定要再次獲得提升，否則列強日後必然再圖侵略分奪祖國。身為軍人，居安思危，要比他人更明白覆巢之下無完卵的道理；身為軍人，為國盡職，更要有驚天地、泣鬼神，生死付之度外的慷慨胸襟。

　　蔡鍔，赤膽忠心一軍魂，決定用自己心靈所有的熱度擊盪到自己的部隊，把自己一直以來所要表達的「為將」與「用兵」之道，整理成書，為民請命、為國效忠。正當蔡鍔有意伏案著書、編寫國防軍事以及如何提升國力的思想之際，新軍第十九鎮統制鐘麟同來到，欲委託蔡鍔編寫一份軍事教材，作為將士們的精神指導。

　　關於寫出的因緣，蔡鍔曾在給友人的信函中寫道：「蓋滇中軍事較桂省尤難，基礎已壞，欲挽回補救，決非一二人之力所能奏功耳。」還說：「聞彼中（滇中）黨派林立，且以成鎮太速，一切紛如，位置固較此間為優，而辦理之難必較西省為甚。」

　　蔡鍔臨危授命，百般思索後，認為湘軍統帥曾國藩、胡林翼乃「中興名臣中錚佼者也。其人其事，距今僅半世紀，遺型不遠，口碑猶存。景仰想象，

尚屬匪難。其所論列，多洞中竅要，深切時弊」。他們的教導震聾發瞶，一言興邦，實為軍人典範。

　　曾國藩、胡林翼是以鎮壓太平天國起義起家，他們的軍事思想，也是在

清王朝中興名臣：左起曾國藩、胡林翼

這一過程中逐漸形成和發展。蔡鍔認為，他們圍剿太平天國的經驗值得吸收，因為曾、胡善於從歷史和現實中總結成功的經驗和失敗的教訓，注意吸收和繼承中國古代軍事思想的精華。他們絕非紙上談兵的理論家，而是身經百戰、心行合一的實踐家。

　　蔡鍔遂伏案著書，從曾國藩和胡林翼的奏章、函牘和日記中，「爰就其治兵言論，分類湊輯」，擷取大量的軍事思想和品德教導，並按每一章節闡述自己關於治軍、練兵的見解，編撰了一本曠若發蒙的兵書《曾胡治兵語錄》。

　　《曾胡治兵語錄》是一部極具價值的軍事教材，作為訓練新軍的教材，起到了「陶鑄武魂」、「修練心性」、「合大群」、「提升作戰力」的作用。蔡鍔說：「我同袍列校，果能細加演繹，身體力行，則懿行嘉言，皆足為我師資，豐功偉烈，寧獨讓之先賢！」

《曾胡治兵語錄》序一文寫道：
「辛亥之春，余應合肥李公（李經羲）之召，謬參戎職。時片馬問題糾葛方殷，瓜分之謠諑忽起，風鶴頻驚，海內騷然。吾儕武夫，惟屬兵秣馬，赴機待死耳，復何暇從事文墨，以自溺喪？乃者統制鍾公有囑編精神講話之命，余不得不有以應。竊意論今不如述古；然古代渺矣，述之或不適於今。曾、胡兩公，中興名臣中錚佼者也。

黃埔軍校教材《曾胡治兵語錄》

其人其事，距今僅半世紀，遺型不遠，口碑猶存。景仰想象，尚屬匪難。其所論列，多洞中竅要，深切時弊。爰就其治兵言論，分類湊輯，附以按語，以代精神講話。我同袍列校，果能細加演繹，身體力行，則懿行嘉言，皆足為我師資，豐功偉烈，寧獨讓之先賢！宣統三年（1911年）季夏（農曆六月），邵陽蔡鍔識於昆明。」

由序得知，該書編寫大約完成於 1911 年 7 月。蔡鍔所說的「統制鍾公有囑編精神講話之命，余不得不有以應」，有人說蔡鍔故意選擇用曾國藩、胡林翼這兩位清朝中興名臣的治兵經驗作為治理新軍官兵的教材，是因為當時鍾麟同、勒雲鵬等人懷疑蔡鍔是雲南革命黨人的頭目。因此，這可以視為是鍾麟同對新軍將領蔡鍔的一番考察，鍾麟同意欲測試蔡鍔的軍事素養，更重要的是試探他的政治傾向。

穩重明敏一如蔡鍔，當然不會授人以柄。蔡鍔察言觀色後，決定側加自己的軍事評斷在每一章節之後，如此便不算違命，並且既不遠離時代的渺然述古，又不以留洋派自居。所以他在書中完全不談時下政治，也不抒發政治

理念，故意強硬先行帶出曾國藩和胡林翼的治軍思想，在註解的部分再留下寥寥數語，讓雲南高層官吏不知不覺被他誘入閱讀關於治軍與軍人德行的文章。

蔡鍔此舉，避重就輕，避開了當時清廷圍剿革命黨人的把柄，又反將鐘麟同、勒雲鵬一軍，手段可謂高明。當時鐘麟同、勒雲鵬等人，奉命嚴抓革命黨人，視為叛亂份子處以極刑。蔡鍔明知如此，卻用意深遠。《曾胡治兵語錄》只以西法為上，刺激鐘、靳等人，期望他們扶危持傾，拯民於水火，可謂正中他們的要害。

蔡鍔編寫曾胡語錄之時，恰巧是英軍對雲南邊陲片馬等地區發動猛烈攻擊之際，因此他就在這本書內文寫到：「中國的軍事力量現在還不如他國，若與他邦以兵戎相見，與其孤注一擲以墮其軍，不如據險以守，節節為防，以全軍而老敵師為主；俟其深入無繼，乃一舉而殲之。」

他舉出 1812 拿破崙法軍敗給俄軍的實例作為證明，當年不可一世的法皇拿破崙，突然向俄國發起大規模的進攻，法軍迅速向俄國腹地進軍，很快就奪下維爾諾、明斯克、波洛茨克等地。當時俄皇亞歷山大一世是個庸碌無能而又剛愎自信之人，缺乏指揮才能，俄軍節節敗退。

後來亞歷山大在束手無策下，決定任用大臣庫圖佐夫為總司令以發動反擊，庫圖佐夫一面立刻整頓軍隊，整合所有戰力；一面實行「堅壁清野」（類似撤退防守）戰術，亦即利用俄國腹地廣闊的條件，引誘敵軍不斷深入我方陣地，並移除陣地上的任何可用器具、武器和食糧，藉此消耗和遲滯敵軍，最後再尋機殲敵。

當然，「殲敵攻略」就要看指揮官本身的戰術運用。庫圖佐夫故意引氣勢洶洶的法軍長驅直入，讓其迅速佔領很多俄國腹地，然而，法軍佔領的地方愈多，進攻的兵力就愈來越弱。最後，庫圖佐夫讓俄軍直接揮師進入莫斯

科，再以火攻戰略擊敗法軍，俄軍獲得大勝。

蔡鍔認為雲南邊陲地形宜守不宜攻，適合採防守戰略，亦即「堅壁清野」戰術。南亞各國地形本就較為平坦，中國西南地勢複雜，內陸腹地又較為廣闊，因此他才呼籲「若與他邦以兵戎相見，與其孤注一擲以墮其軍，不如據險以守，節節為防」。最後趁敵軍精疲力盡之時，「以全軍而老敵師為主；俟其深入無繼，乃一舉而殲之」。他建議中央，「雲南應當參考俄軍戰略，在巔關擊潰敵軍」。

「軍事策略計畫」的演進程序、內涵，及其運用方式如何發展，均屬國防大事。擬定軍事計畫之將才，固然是要為國防建立國力，但歸根究底，強大國防實要溯源回到「治軍、用兵」的基礎軍事策略上——「陶鑄國魂，鍛造武命」，訓練出德才兼顧、智勇雙全的軍事人才。因為唯有具備優良軍事人才之國防，方能俾使「戰略之推動，武器之運用、戰術之精良」獲得提升，故治軍之道尤為重要。

敗兵不餒可再起，勝兵大意失荊州，天下沒有不敗的軍隊，沒有不犯錯的將領，若能知道自己的弱點所在，猶勝知道敵人的弱點所在。因為敵人何時悛改弱點，是自己無法預知的，但只要自己肯下定決心，努力找出自己的弱點所在，勇於面對轉變，時勢造英雄，每一個人、在每一個時空中，都會成為自己生命的改造者，意即英雄！當然，尤有甚者，更會成為別人的英雄！此書一出，立刻在新軍中灌輸普及，蔡鍔開始能按照自己的主張和理念，進行改造和訓練滇軍。

對於當時應付戰事疲於奔命的雲南中央而言，蔡鍔此書一出，正好為他們的心靈和作戰技巧補充了源源的能量，也集中了當時滇軍的向心力，使他們明瞭，軍人的品德、本分、素質、紀律、知識和作戰能力的紮實和完善與否，正是一場場戰爭能否打贏的關鍵！

號召同心同德之君子，相與提挈維繫，激蕩挑撥

現在茲將《曾胡治兵語錄》的涵義粗略淺釋如下：

蔡鍔將《曾胡治兵語錄》一書，分為「將才」、「用人」、「尚志」、「誠實」、「勇毅」、「公明」、「嚴明」、「仁愛」、「勤勞」、「和輯」、「兵機」、「戰守」等十二章，將曾國藩和胡林翼的治兵格言，分門別類進行了整理，各章同時附有蔡鍔的按語和評斷。按語是對該章內容的概括歸納，著重闡明該章的主旨和它的效用。

《曾胡治兵語錄》內文四分之三談的都是軍隊建設，所以該書實際上也是在闡明蔡鍔的「治軍思想」。蔡鍔案牘忘形，編撰該書的目的其實就是為了厲兵秣馬，對付各國列強的侵略。

我們可以假設自己是一位生命鬥士，蔡鍔將軍是我們的指導者，看看他如何為我們闡解《曾胡治兵語錄》，我們如何把這份「精神講話」教育在我們身上，成為一位陶鑄魂魄、改變氣質、塑造人格的新生命「將領」。

將領乃發號施令，戰爭成敗的關鍵！《曾胡治兵語錄》可以說是一部人人心中自我的「領導統禦」，我們都是將領，對生活發號施令，治整人生，其中人生良善與否的關鍵就在自己的「精神狀態」，這本書處處充斥著「自律意識」。

自律是一項能力，需要種種個人品質來塑造它。塑造它並非用喊口號來完成，而是透過《曾胡治兵語錄》裡頭所提到的這些「鍛鍊過程」方能冶之。「軍」之品質，「治」之能力，不過是一個人由無自主的狀態提升至有自主、有自律的狀態，再將其能力運用於周遭或各行各業。

自律就是自我約束的意思，自律意志的成形在於修煉「養成」，一旦養成，任何事情都會成為可能。自律也需要「訓練」和「磨練」，如果我們把自律比喻為一塊肌肉，那麼當我們訓練它的時間愈長，方式愈精確，我們就

會更茁壯。如果我們從小就嬌生慣養，貪圖享受，長大後必然會養成好逸惡勞的性格。也由於缺乏訓練自律的時間和精力，我們將因委靡而虛弱不堪。

當我們懂得「讓訓練成慣性」時，訓練就會成為自然而然的習慣，而這就是蔡鍔帶兵的重要核心思想之一。他要軍人們每天持之以恒不斷的訓練自己，養成一種自律習慣，也就是自律意識，最後自律習慣就會形成自律意志，無堅不摧。

也就是說自律意志是透過身心的培養和鍛鍊，養成一種自然而然的心靈自律狀態。自律養成後，還要每天「勤奮」地陶鑄某種性格，這樣心靈自律意識就會變得更加鞏固而穩定。

現在的 E 世代都市孩子，開口閉口聊的話題幾乎都與打電玩、追星有關，他們的這種魂魄、氣質和人格，其實已預告了人類文明日後的滅亡。隨著世界各國教育風氣日趨功利化的影響，他們的人格變得愈來愈浮躁、衝動、自私、暴戾，甚至動不動就要出手打人、傷人、殺人。然而，他們會有這樣的人格，其實是大人們的人格偏失所造成的。所謂拯救世界之法，不能只是強迫這些孩子去改變自己，還是要作大人的先從自己的思想、心態、性格和觀念改變做起，方能達到潛移默化改變社會主流價值觀的進程。

我們要勤奮地練習勇於面對事實與生活的條件，勤奮地去體會當中的內容，歷練其中，才能得到經驗。「經驗」，才是生活智慧，否則所得來的智慧，可能是大眾傳媒、書本或他人那裡擷取來的。擷取的知識並非不好，但那畢竟是別人的經驗和意識，而非自己的經驗和人生。

《曾胡治兵語錄》第一章「將才」就開宗明義說到：帶兵之人，第一要才堪治民；第二要不怕死；第三要不汲汲名利；第四要耐受辛苦。治兵之才，不外公、明、勤：不公不明，則兵不悅服；不勤，則營務巨細皆廢弛不治。故第一要務在此。不怕死，則臨陣當先，士卒乃可效命。故次之。為名利而

出者，保舉稍遲則怨，稍不如意則怨；與同輩爭薪水，與士卒爭毫釐。故又次之。身體羸弱者，過勞則病；精神短乏者，久用則散。故又次之。四者似過於求備，而苟闕其一，則萬不可帶兵。故吾謂帶兵之人，須智深勇沉、文經武緯之才。數月以來，夢想以求之，焚香以禱之，蓋無須臾或忘諸懷。大抵有忠義血性，則四者相從以俱至；無忠義血性，則貌似四者。終不可恃。

蔡鍔以此勉勵軍中將領，不可了不長進，而是當充實知識、增長經驗，培育出真實的才能。不怕死，方敢忠義持心，耐得住辛苦，才能恆久帶兵，不為挫逆所折腰。治兵之才，不外「公」、「明」、「勤」：不公不明，則兵不悅服；不勤，則營務巨細皆廢弛不治。

曾國藩的治軍思想以「勤字為先」，蔡鍔在談到曾國藩「治軍之勤」時說：「戰爭之事，或跋涉冰天雪窟之間，或馳驅酷暑惡瘴之鄉，或趁雨雪露營，或晝夜兼程行軍，寒不得衣，饑不得食，渴不得水……非於平日養其精神，鍛鍊其體魄，嫻熟其技藝，臨事之際，乃能有恃以不恐。故習勞忍苦，為治軍第一要義；而馭兵之道，亦以使之勞苦為不二法門。」

蔡鍔「勤奮」的個性也是鍛鍊出來的，他從小在父母親的教育薰陶之下，養成了「刻苦耐勞」的性格，因此他具有良好的抗壓性。

身為一名軍人，隨時都要承受著四面八方突如其來的壓力，平時如果沒有讓心靈接受「苦」的洗滌與磨練，心靈在承受巨大的壓力之後，重力就會潰散！

「苦」是一種元素，也是一種本質，苦沒有優／劣、好／壞之別，它是心靈層次的感受。如果苦是人生必經的路徑，那麼千萬不要試圖擺脫它。面斷它才能體悟到苦的實相，從而轉變人生無力的苦感。然而，現今人類精神文明發展的一項巨大偏差就是：怕吃苦而耽溺於享樂，以為生活愈是舒適方便、愈能滿足肉體的慾望，才叫進化。

那種進化，是一種暗藏著隨時垮台的陷阱，因為無法承受突如其來的巨大能量壓力的衝擊！有人覺得每天早起很苦，因為爬不起來，但對懂得磨練心智之人，它會利用早起的短暫昏沉之苦，去開發出更大的能量。他磨練自己早起，也從磨練心智的過程中體會到強韌的力勁。

在蔡鍔那個年代，「習勞忍苦」是一門心性功夫，立遠志之人，不能吃苦、不能習勞，雖有宏遠抱負，逆境一到，終將一落千丈！

良心血性是振起民族精神的最樸質有力的元素

在第一章的按語中，蔡鍔說到：「古人論將有五德，曰：智、信、仁、勇、嚴。取義至精，責望至嚴。西人之論將，輒曰『天才』。析而言之，則曰天所特賦之智與勇。而曾、胡公之所同唱者，則以為將之道，以良心血性為前提，尤為扼要探本之論，亦即現身之說法。」

在此章按語中，蔡鍔三次提到「良心血性」，可見他深深地認為，在為將者、統帥者的核心信念和本質中，良心、血性是他們養心立身的基石，也是他們之所以能發揮強大的號召力，凝聚部隊投身濟民救國的原因。當部隊的向心力被建造起來後，他們將把精誠團結作為一種政治傾向，把報效國家視為一項政治任務，這是一種良心血性的自然養成。

為什麼良心血性具有如此強大的感召力？蔡鍔認為，每個人都有良心、有血性，聽聞感人的事物會血性翻湧，熱淚盈眶，這是良心使然。還有，人聽見不義之事時，比如弱小被壓榨、國家被侵犯、種族被歧視、人格被踐踏、真理被扭曲、老弱婦孺被欺凌時，都會因良心使然，使血性沸騰，表現出一種公正無私的情操。

良心、血性存乎於人人心靈之內，它是人的精神本質，也是社會互助關懷的橋樑。只是人們在社會文化與民族習氣的薰陶之下，往往遺忘了自己的這種本能，選擇逃避自己的直覺基調，自己的核心信念。

蔡鍔也把良心、血性與「責任感」、「勇氣」劃上等號。良心意味著責任，血性則意味著果敢。人們每天都要面對各種突如其來的壓力，這些壓力來自個人、家庭、事業、民族、國家、地球等。

壓力驟然加身時，氣壓凝滯而下沉，人身的氣血受到重重的壓迫，自然會翻湧不已。這種氣血翻湧是人的血性，人的本能，是腎上腺充分分泌，準備戰鬥的時候。

當一個人選擇壓抑這種自然而然的血性，正意味著他缺乏勇氣，刻意逃避自我應負應扛的責任。

蔡鍔認為，人也好，國也好，一個有責任感和勇氣的民族，運途無論多麼艱難多舛，她必定是不甘被欺凌，不甘淪為階下囚的。人民必定會不斷激發自身的良心、血性，群策群力，號召同心同德的志士，相與提挈維繫，激蕩挑撥，試圖恢復國家與社會的秩序。人是如此，國是如此，乃至世界、地球、太陽系亦皆如此，這是人的良心血性使然！

在《曾胡治兵語錄》中，曾國藩說：「故吾謂帶兵之人，須智深勇沉、文經武緯之才。數月以來，夢想以求之，焚香以禱之，蓋無須臾或忘諸懷。大抵有忠義血性，則四者相從以俱至；無忠義血性，則貌似是而非四者，終不可恃。」

胡林翼則說：「求將之道，在有良心，有血性，有勇氣，有智略。」又說：「將以氣為主，以志為帥。專尚馴謹之人，則久而必惰；專求悍鷙之士，則久而必驕。兵事畢竟歸於豪傑一流，氣不盛者，遇事而氣先懾，而目先逃，而心先搖。平時一一稟承，奉命惟謹，臨大難而中無主，其識力既鈍，其膽力必減，固可憂之大矣。」

可知，「良心、血性」是蔡鍔在總結曾國藩、胡林翼二人文治武功時得出的結論。

所以蔡鍔才會說：「兩公（曾、胡）均一介書生，出身詞林，一清宦，一僚吏，其於兵事一端，素未夢見。所供之役，所事之事，莫不與兵事背道而馳。乃為良心、血性二者所驅使，遂使其『可能性』發展於絕頂，武功燦然，澤被海內。按其事功言論，足與古今中外名將相頡頏而毫無遜色，得非精誠所感，金石為開者歟？苟曾、胡之良心血性而無異于常人也，充其所至，不過為一顯宦，否則亦不過薄有時譽之著書家，隨風塵以殄瘁已耳！複何能崛起行間，削平大難，建不世之偉績也哉！」

蔡鍔認為，曾、胡二人本為書生，出身詞林，一個是清宦，一個是僚吏，卻可以躋身中外名將的行列，就是因為他們有良心和血性，並據之身體力行，從而發揮最大的潛能，使心力無遠弗屆擴張，建立不朽的功勳，拯民於水火之中。因此他認為，以良心血性為前提的思想，方是「扼要探本之論」，亦即整治人心與國家的治本之道。

蔡鍔還說，良心血性雖是自然而然的流露，但仍要以「智勇」為導航器，導向正確的路途，否則就會變質，被有心人所利用，流為政權鬥爭、種族分化的工具！不啻將才如此，人人都應該內省外察。

他說：「兵事不外奇正二字，而將材不外智勇二字。有正無奇，遇險而覆；有奇無正，勢極即阻。智多勇少，實力難言；勇多智少，大事難成。而其要，以得人為主。得人者昌，失人者亡。設五百人之營，無一謀略之士，英達之材，必不成軍。千人之營，無六七英達謀略之士，亦不成軍。」

又說：「統將須坐定能勇敢不算本領外，必須智勇足以知兵，器識足以服眾，乃可勝任。總須智勇二字相兼。有智無勇，能說而不能行；有勇無智，則兵弱而敗，兵強亦敗。不明方略，不知佈置，不能審勢，不能審機，即千萬人終必敗也。」

一個圖南鵬翼之人，其血性中必有血氣翻湧，不斷激勵自己達成目的。

做一位願力宏大之人，血氣不只翻湧，乃有蔡鍔所說的「成敗利鈍，非所逆睹，鞠躬盡瘁，死而後已」的「大勇」。

「勇」是一切良善品質的「利器」。

> 大愛無勇，顯為羞怯；
> 願海無勇，力不得彰；
> 良心無勇，正義不行；
> 智謀無勇，策略必衰；
> 人間無勇，奉獻不出。

「兵事不外奇正，將材不外智勇」，一位將領智勇雙全，是謀略兵事最根本的核心之道。

綜觀一位將領，尤其是起著「振興民族精神」任務的將領，對他們而言，良心意味著責任感，血性意味著勇氣，有責任、有擔當之人，是要具備勇氣的，尤其是身處逆境中的勇氣。謀略雖為後天的經驗和學習，但卻是在逆境危急中，更展現出非凡的力量，中國近代許多重要戰役，往往都是將才們在萬分危急的逆境中，逆轉局勢，方能出奇制勝。

然而，將才本無職業區分，只要有心，每個人都將是自己專業領域上的將才，以自己獨特卓絕的方式協助著社會密度的轉型。

蔡鍔仁者有勇，勇者有仁，既承襲鄒魯遺風，使英賢不絕；又傳遞忠勇軍風，使當時將才忠貞不退。而細察蔡鍔一生的事蹟可以知道，良心與血性實為他行事的根本原則。

他的一生所持所行，所作所為，皆是以良心血性為前提，以智勇謀略為根本，建立起救國救民的核心信念！人性是什麼？人性就是良心血性，是一種道德責任感，一種區別於獸性，是只有人類才有的品質。

第三節　運籌帷帳，文韜武略塑軍魂

治兵語錄「用人、尚志、誠實、勇毅、嚴明、公明」的內涵

第一章將才篇是蔡鍔對帶兵之人的建議：才堪治民、不怕死、不急急名利、耐受辛苦、勤奮。第二章「用才」篇蔡鍔則針對了當時新軍風氣敗壞的問題痛下針砭。

清末時期，中央大張旗鼓編制新軍，為的是培育一支具有現代化國防的軍隊。但當時新軍風氣非常敗壞，各種不守時、安逸懶散、爭名鬥利、欺侮平民、缺乏紀律等軍紀渙散的問題屢見不鮮。蔡鍔認為，縱然清廷擁有殺傷力強大的新式武器，但甲午一役活生生的例子不可廢忘！甲午戰爭時，清軍在軍艦、武器的數量和品質上雖然高出日本許多，但由於清軍紀律敗壞，將領不懂得用才帶兵，加上專業知識不足，才導致清軍潰不成軍。

因此，與敵軍對峙時，「用人」就成了真正的考驗。蔡鍔在《曾胡治兵語錄》第二章「用人」按語中闡述了：「曾謂人才以陶冶而成，胡亦曰人才由用才者之分量而出。可知用人不必拘定一格，而熏陶裁成之術，尤在用人者運之以精心，使人人各得顯其所長、去其所短而已。竊謂人才隨風氣為轉移，居上位者，有轉移風氣之責（所指範圍甚廣，非僅謂居高位之一二人言。如官長居目兵之上位，中級官居次級官之上位也），因勢而利導，對病而下藥，風氣雖敗劣，自有挽回之一日。今日吾國社會風氣敗壞極矣，因而感染至於軍隊。以故人才消乏，不能舉練兵之實績。頹波浩浩，不知所屆。惟在多數同心同德之君子，相與提挈維繫，激蕩挑撥，障狂瀾使西倒，俾善者日趨於善，不善者亦潛移默化，則人皆可用矣。」

國勢傾危，面對這種現狀，非憑靠一己之力就能力挽狂瀾。惟有開發具有新式軍事思想，且品德、才術兼優的軍人，才能集眾人之力，共赴時艱。

若要開發，必先號召「多數同心同德之君子，相與提挈維繫，激盪挑撥」，比如人才，十人中取一，百人中有十，用人不必拘定一格…用人者運之以精心，使人人各得顯其所長、去其所短而已。

清末朝廷官吏，上不能匡正，下亡以益民，多數皆尸位素餐，障礙國勢。故「用人舉才」（不侷限單一人才的用人）成為蔡鍔帶兵的重點之一。當時北、南洋軍人不同心，政策荒淫，舉棋不定，無疑埋下分裂中國的惡種。誰來分裂？當然是內清廷無能送財，外列強橫霸要地自造成的分裂。這就是民不聊生，分裂中國。

觀蔡鍔早年受過新學影響，後來還留學過日本，對西方資產階級的軍事理論等有著較多的接觸和瞭解，但歷史具有連續性，文化也具有連續性。

蔡鍔留學日本期間，1902 年，他在《致湖南紳士》一文中，曾高度稱讚曾國藩及其統率的湘軍：「湖南素以名譽高天下，武命自湘軍，占中原之特色，江、羅、曾、胡、左、彭沾丐繁多。人人故樂從軍走海上，以責償其希冀矣。文想則自屈原、濂溪、船山、默深後，發達旁白旁，羊角益上，駸駸駛入無垠之哲界矣。」

曾國藩逝世 10 年後，蔡鍔出世，當他留學日本接受西方先進思想的同時，對中國傳統文化中良好的「主體部分」並不排斥，反而大力稱讚。他對曾國藩這位同鄉先賢的事功所發出之共鳴，乃因其認同這位清王朝中興名臣的「治軍思想」和「治國平天下的功績」。

每個時代，都有其政治結構所衍生出來的治兵思想，曾國藩所處的大清王朝，其「時代任務」正是必須努力維護封建體制。雖然如此，蔡鍔認為曾國藩的思想言行賦予了「經世致用」的實學特色，並且在實踐中收到了預期的效果，值得軍人驗證之。

用人舉才，尚要眾眾「同心同德，相與提挈，激盪挑撥」，更要「障狂

瀾使西倒，俾善者日趨於善，不善者亦潛移默化」，這的確是「陶鑄武魂」的一大考驗。然而，「號召」卻是愛國精神中不可或缺的元素之一，憑何號召？

蔡鍔在《曾胡治兵語錄》第三章「尚志」中引述曾國藩的語錄說：「人才由磨煉而成，總須志氣勝乃有長進。成敗原難逆睹，不足以定人才。兵事以人才為根本，人才以志氣為根本；兵可挫而氣不可挫，氣可偶挫而志不可挫。」又說：「方今天下之亂，不在強敵，而在人心。不患愚民之難治，而在士大夫之好利忘義而莫之懲。」

蔡鍔接著在按語中提到：「右列各節，語多沉痛。**悲人心之陷溺，而志節之不振也。今日時局之危殆，禍機之劇烈，殆十倍於咸、同之世**。吾儕身膺軍職，非大發志願，以救國為目的，以死為歸宿，不足渡同胞於苦海，置國家於坦途。須以耿耿精忠之寸衷，獻之骨岳血淵之間，毫不返顧，始能有濟。果能拿定主見，百折不磨，則千災萬難，不難迎刃而解。」

人心若能改正，起正念，行正事，那麼志節就會有所長進，志願就會愈發堅固。當然，人心不是說改就能改，所以曾國藩與蔡鍔都十分強調，要在人生的各種經歷中去觀察至微，「磨練性格」，分辨清楚什麼是生命的本質，又要如何去更改志節以發揮生命的本質來利人利己，而不是沉溺在各種貪的誘惑中，成為誤己誤人之人！

蔡鍔直言道出，天下之亂，不在強敵而在「人心」。由於人心沈溺於貪權、貪位、貪財、貪懶、貪逸、貪名、貪利、貪慾、貪誘、貪功上面，所以品德陷落，志節不存。

對於將才而言，「以耿耿精忠之寸衷，獻之骨岳血淵之間，毫不返顧，始能有濟」就是他們的志節，而這種志節是因「吾人任事，與正人同死，死亦附於正氣之列，是為正命。附非其人，而得不死，亦為千古之玷，況又不

能無死耶！處世無遠慮，必有危機。一朝失足，則將以薰蕕為同臭。而無解於正人之譏評」的正念正願，才顯得其可貴，更富生存價值。

可見若要號召多數同心同德之君子，善用其長，就要先以身作則，以德服人，以專業攝服下屬，以經驗說服眾人。唯有品德、長才、經驗、精神四者合一的將才，方能令忠義精神震撼天地，使人心歸向。一支「正義軍隊」何以敢拋頭顱、灑熱血，群起奮勇在所不辭？原因還是戰士心魂中那「耿耿精忠之寸衷」，大正大義之情操。

故蔡鍔十分強調，「非大發志願，以救國為目的，以死為歸宿」之大志決心，「不足渡同胞於苦海，置國家於坦途」！蔡鍔說：「若吾輩軍人，將校但以躋高位、享厚祿、安富尊榮為志，目兵則以希虛譽、得餉糈為志，曾、胡兩公必痛哭於九原矣。」

接著在在第四章「誠實」篇中，蔡鍔針對曾胡的帶兵思想，說明了誠實的重要性！

他認為，中國人代代流傳至今的社會文化，已然成了一種「虛偽文化」。做官的為了巴結上司，盡顯巧言令色，阿諛諂媚，說的都不是真心話。不只官場如此，社會百姓亦復如此，宗教為了拉攏信徒，編織虛偽的功德文化，修的非是自性之道，而是諂媚神佛之法。

人與人之間也是如此，人們只知「利用」他人來成全自己的利益，沒有誠信，為了討好他人、利用他人，口蜜腹劍，講的都是違心之論。紅包文化也是一種虛偽狡詐的文化，人與人之間流於這種互動的模式，處處講人情，喜歡走後門，到處都是「偽利」行為，那麼國家談何強盛壯大？

人心為了自己都不團結了，又要如何對抗外來侵略勢力？況且，各個公司行號、學校、軍隊、道場、政府機構等單位如果都習慣以偽相待，不說真話，那麼真遇到大事件來了，就準備作全軍覆滅的準備！

蔡鍔一路走來，看了太多虛偽的人事物，所以談到誠實，他尤為痛切。他說：「上以偽驅下，下以偽事上，同輩以偽交，馴至習慣於偽。只知偽之利，不知偽之害矣。」

為何中國人這麼喜歡搞鬥爭？內鬥很在行，外禦沒能力？因為人與人、官與官之間早已習慣了「利益交往」的生活模式。一旦關係中斷，利益生變，偽心立刻生疑，由疑生嫉，恨火難消，就要處心積慮置對方於死地，這就是中國人的精神文明發展一代不如一代的原因！

因為每一朝代都承襲了上一朝代、上上一朝代，乃至上上上上…朝代的偽利思想，惡習愈積愈深，不斷積壓愈來愈多的猜忌嫉恨意識能量，最後整個國家都在流行批鬥、鬥爭，大家都想當皇帝，為了爭權奪利，把國家搞得四分五裂！

嗚呼哀哉！所以蔡鍔說：「誠者群亦莫知其為誠，且轉相疑駭，於是由偽生疑，由疑生嫉。嫉心既起，則無數惡德從之俱生，舉所謂倫常道德皆可蹴去不顧。嗚呼！偽之為害烈矣。」

既然偽利橫行，則人人身在其位，卻不謀其責其職，君不像君，臣不像臣，君臣與臣臣之間，日日只知進行偽利批鬥。最後，一國最重要的防禦機制——軍隊，將軍不成軍，兵無兵樣，人人競相學習阿諛奉承、巴結長官，導致性格安逸懶散，軍隊毫無作戰能力，那麼這個國家實際就離敗亡不遠了！

所以蔡鍔才說：「軍隊之為用，全恃萬眾一心，同袍無間，不容有絲毫芥蒂，此尤在有一『誠』字為之貫串，為之維繫。否則，如一盤散沙，必將不戰自潰。社會以偽相尚，其禍伏而緩；軍隊以偽相尚，其禍彰而速且烈。吾輩既充軍人，則將偽之一字排斥之不遺餘力，將此種性根拔除淨盡，不使稍留蘊蘖，乃可以言治兵，乃可以為將，乃可以為兵。惟誠可以破天下之偽，惟實可以破天下之虛。」

倘使國家能推行所謂的「誠實風」，讓人人感受到「誠實之人備受尊重」，那麼，「萬眾一心，同胞無間」，建設人心向善、社會祥和、國家進步的新國度就在不遠了！否則，繼續讓偽利之風盛行下去，最後將「如一盤散沙，必將不戰自焚」。

在第五章勇毅篇中，蔡鍔告訴大眾，軍人培養精實忠貞的軍風，內心需要具備「勇」的內涵和本質。他說：「『勇』有狹義的、廣義的及急遽的、持續的之別。暴虎馮河，死而無悔，臨難不苟，義無反顧，此狹義的、急遽的者也。成敗利鈍，非所逆睹，鞠躬盡瘁，死而後已，此廣義的、持續的者也。前者孟子所謂小勇，後者所謂大勇、所謂浩然之氣者也。」

「勇」，上甬下力，代表使盡力量，由下推動全身氣力，向上噴發而出的意思，所以「勇」的質量就是一個人的心、血、氣、力的組合。這是說當一個人要幹一件事的時候，必是心識先啟動了這個意願，接著心壓上衝，心血濡養全身的同時，並帶動全身的氣力爆發而出，猛猛烈列的幹出一件事。

古人常說，「重賞之下，必有勇夫」，指的就是在豐厚賞賜的刺激之下，一定會有勇敢的人出面接受挑戰。但這個挑戰有可能是勇夫在欠缺周密計畫的情形下，所做出的衝動決定。蔡鍔認為，這種勇的噴發往往是衝動的，所謂「有勇無謀」。他稱這種勇是「狹義的、急遽的」。

他認為，一名卓越的勇士，除了需要血氣噴發的這種力勁的「勇」，還需要把勇與一個人的志向、智謀、性格、計畫和指導方針一一的結合起來，如此在執行一件任務的時候，才能面面俱到，不因欠缺智略與周詳的計畫而屢屢敗北。像這種「具有指導行為的有效做事方式」，蔡鍔稱之為「毅」，也就是「大勇」。他更認為這種大勇才是「廣義的、持續的」。

但是當一個人的志向有所偏離自性，好行利偽之道，變得處處以私利和私慾為優先考量時，那麼這種志向、性格和謀略所開展出來的就不能稱做是

「勇毅」。所以，「毅」也必須與正確的思想、沉穩的謀略、中庸的心性及剛烈的性格有所結合，才能發展出合乎正常行為的力量，所謂志毅、剛毅、心毅、沉毅、勇毅、堅毅也。

軍隊是國家的防禦系統，而將領更是防禦系統的程式操控者，往往掌控著千千萬萬人的生殺大權，因此更需要修煉「勇毅之道」，以擔負起捍衛疆土的重責大任。所以蔡鍔說：「軍人之居高位者，除能勇不算外，尤須於毅之一字痛下工夫。挾一往無前之志，具百折不回之氣，毀譽、榮辱、死生皆可不必計較，惟求吾良知之所安。以吾之大勇，表率無數之小勇，則其為力也厚，為效也廣。」

蔡鍔自日本學成歸國後，曾先後在江西、湖南、廣西新軍培訓營任職，1906 年還參與過彰德「南北新軍秋操」，六、七年的軍旅生活，對新軍素質已有相當的瞭解與掌握。他認為，新軍的紀綱太過廢弛，賞罰沒有一定的標準，這乃是軍中大忌！

他說：「近年軍隊風氣紀綱太弛，賞罰之寬嚴每不中程，或姑息以圖見好，或故為苛罰以示威，以愛憎為喜怒，憑喜怒以決賞罰。於是賞不知感，罰不知畏。此中消息，由於人心之澆薄者居其半，而由於措施之乖方者亦居其半。」

軍隊講求的是「制度」，制度說一是一，說二是二，在執行時切要依據法度，公正嚴明，不可「率性而為」。法紀是否嚴明，是考察軍隊是否正規且富有戰鬥力的標誌之一。一支精神委靡、作風渙散的軍隊是不可能有戰鬥力，也不可能打勝仗的，因為戰爭最終將檢驗、證明一支軍隊的向心力。沒有法紀就沒有向心力，這是相對的。

用兵之道──兵貴精實，攻防並重

蔡鍔對將領的「帶兵之道」也有頗有整理，第八章「仁愛」中，他舉曾

國藩所說：

帶兵之道，用恩莫如用仁，用威莫如用禮。仁者，所謂欲立立人、欲達達人是也。待弁兵如待子弟之心，常望其發達，望其成立，則人知恩矣。禮者，所謂無眾寡、無小大，無敢慢泰而不驕也。正其衣冠，尊其瞻視，儼然人望而畏之，威而不猛也。持之以敬，臨之以莊，無形無聲之際，常有凜然難犯之象，則人知威矣。守斯二者，雖蠻貊之邦行矣，何兵之不可治哉！

吾輩帶兵，如父兄之帶子弟一般。無銀錢，無保舉，尚是小事。切不可使之因擾民而壞品行，因嫖賭、洋煙而壞身體。個個學好，人人成材，則兵勇感恩，兵勇之父母亦感恩矣。

愛民為治兵第一要義。須日日三令五申，視為性命根本之事，毋視為要結粉飾之文。

蔡鍔非常認同曾國藩所言：「吾輩帶兵，如父兄之帶子弟一般。」因此他在本章按語中就說：

帶兵如父兄之帶子弟一語，最為慈仁貼切。能以此存心，則古今帶兵格言，千言萬語，皆可付之一炬。父兄之待子弟，慮其愚蒙無知也，則教之誨之；慮其饑寒苦痛也，則愛之護之；慮其放蕩無行也，則懲戒之；慮其不克發達也，則培養之。無論為寬為嚴，為愛為憎，為好為惡，為賞為罰，均出之以至誠無偽，行之以至公無私。如此則弁兵愛戴長上，亦必如子弟之愛其父兄矣。

軍人以軍營為第二家庭，此言殊親切有味。然實而按之，此第二家庭較之固有之家庭，其關係之密切，殆將過之。何以故？長上之教育部下也，如師友，其約束督責愛護之也，如父兄。部下之對長上也，其恪恭將事，與子弟之對於師友父兄，殆無以異耳。及其同征戰役也，同患難，共死生，休戚無不相關，利害靡不與共。且一經從戎，由常備而續備，由續備而後備，其

間年月正長，不能脫軍籍之關係。一有戰事，即須荷戈以出，為國宣勞。此以情言之耳。國為家之集合體，衛國亦所以衛家，軍人為衛國團體之中堅，則應視此第二家庭為重。此以義言之耳。

古今名將用兵，莫不以安民、愛民為本。蓋用兵原為安民，若擾之害之，是悖用兵之本旨也。兵者民之所出，餉亦出之自民。索本探源，何忍加以擾害？行師地方，仰給於民者豈止一端；休養軍隊，採辦糧秣，徵發夫役，探訪敵情，帶引道路，何一非借重民力！若修怨於民而招其反抗，是自困也。

至於興師外國，亦不可以無端之禍亂，加之無辜之民，致上幹天和，下招怨憝，仁師義旅，決不出此。此海陸戰條約所以嚴擄掠之禁也。

帶兵猶如治軍，蔡鍔認為，「治軍之要，尤在賞罰嚴明」，對於「風氣紀綱大弛」的軍隊，「與其失之寬，不如失之嚴」，因此主張「以菩薩心腸，行霹靂手段」。

同時，他也提倡官兵之間要「和輯」，亦即和睦團結、融洽相處的意思。他的用意在於使士兵們都能把軍營視為他們的「第二家庭」，讓士兵都能感覺到長官無微不至的關懷，及兄弟之間互助真摯的情誼，讓他們感受到家的溫暖。

而對於「練兵之道」，他在第九章「勤勞」按語中說：「戰爭之事，或跋涉冰天雪窟之間，或馳驅酷暑惡瘴之鄉，或趁雨雪露營，或晝夜趲程行軍；寒不得衣，饑不得食，渴不得水。槍林彈雨之中，血肉橫飛，極人世所不見之慘，受恒人所不經之苦。其精神、其體力，非於平時養之有素，練之有恆，豈能堪此？練兵之主旨，以能效命於疆場為歸宿。欲其效命於疆場，尤宜於平時竭盡手段以修養其精神，鍛鍊其體魄，嫻熟其技藝，臨事之際，乃能有恃以不恐。故習勞忍苦，為治軍之第一要義。而馭兵之道，亦以使之勞苦為不二法門。蓋人性似猴，喜動不喜靜，宜勞不宜逸。勞則思，逸則淫。閒居

無所事事，則為不善。此常人恒態。聚數百千血氣方剛之少年於一團，苟無所以范其心志、勞其體膚，其不逾閒蕩檢、潰出堤外者，烏可得耶？」

一個軍隊本身即使具有非常高明的戰略思想或先進的軍事武器，別人稱其為「精實部隊」，但若部隊士兵慣於好逸惡勞，缺乏戰鬥力，那想要這支軍隊「效命於疆場」，根本是不可能的。蔡鍔認為：「練兵之主旨，以能效命於疆場為「歸宿」。」在那個兵荒馬亂的時代，「戰死沙場人不回」是一位軍人應有的警惕。

蔡鍔在第十一章「兵機」，總結曾、胡的「用兵經驗」時，也曾對戰線戰術問題提出了一些特殊的見解：「曾、胡之論兵，極主主客之說，謂守者為主，攻者為客；主逸而客勞，主勝而客敗。尤戒攻堅圍城。其說與普法戰爭前法國兵學家所主張者殆同（其時俄土兩國亦盛行此說）。其論出師前之準備，宜十分周到。謂一械不精，不可輕出；勢力不厚，不可成行，與近今之動員準備，用意相合。其以全軍、破敵為上，不以得土地、城池為意，所見尤為精到卓越，與東西各國兵學家所宣導者如出一轍。臨陣分枝宜散，先期合力宜厚，二語尤足以賅戰術、戰略之精妙處。臨陣分枝者，即分主攻、助攻之軍及散兵、援隊、預備隊之配置等是也；先期合力者，即戰略上之聚中展開及戰術上之開進等是也。所論諸端，皆從實行後經驗中得來，與近世各國兵家所論若合符節。」

這是他論及「殲滅和擊潰」敵方時，所談的「兵機」。亦即軍隊當以「破敵至上」，而不留戀於土地城池的掠奪上。此外，蔡鍔還對「戰略上聚中展開及戰術上之開進」的問題也發表了很有見地的看法，他說：「臨陣分技宜散，先期合中宜厚。」將相之器，不得不具雄才大略也，故而他極為重視一位將才的「戰略運用」。針對「戰略準備」，他說：「出師前之準備，宜十分周到，謂一械之精，不可輕出；勢力不厚，不可成行。」

在第十二章「戰守」方面，蔡鍔大讚曾、胡的「戰守之法」（進攻和防守戰術）並不拘泥墨守。在肯定他們的戰守思想的同時，他強調任何「軍事原則」的應用都要以「具體的戰術變化」、「武器裝備的新發展」、「地形地物的新情況」為歸依。

他在本章按語中說：

右揭戰守之法，意括而言賅。曰攻戰，曰守戰，曰遭遇戰，曰局地戰，以及防邊之策，攻城之術，無不獨具卓識，得其要訣。雖以近世戰術之日新月異，而大旨亦不外是。其論夜間宿營，雖僅一宿亦須深溝高壘，為堅不可拔之計，則防禦之緊嚴，立意之穩健，尤為近世兵家所不及道也。（按：咸、同時戰爭兩方，多為不規則之混戰，來去飄倏，不可端倪，故紮營務求堅固，以防侵襲。）

曾、胡論兵，極重主、客之見。只知守則為主之利；不知守反為主之害。蓋因其時所對之敵，並非節制之師、精練之卒。且其人數常倍於我，其兵器未如今日之發達，又無騎、炮兩兵之編制，耳目不靈，攻擊力複甚薄弱。故每拘泥於地形、地物，攻擊精神未由奮興。故戰術偏重於攻勢防禦，蓋亦因時制宜之法。近自普法、日俄兩大戰役以後，環球之耳目一新，攻擊之利，昭然若揭。各國兵學家，舉凡戰略戰術；皆極端的主張攻擊。苟非兵力較弱，或地勢、敵情有特別之關係，無複有以防守為計者矣。然戰略戰術須因時以制宜，審勢以求當，未可稍事拘滯。

若不揣其本，徒思仿效於人，勢將如跛者之競走，鮮不蹶矣。兵略之取攻勢，固也，必須兵力雄厚，士馬精練，軍資（軍需、器械）完善，交通利便，四者均有可恃，乃足以操勝算。四者之中，偶缺其一，貿然以取攻勢，是曾公所謂徒先發而不能制人者也。普法戰役，法人國境之師，動員頗為迅速，而以兵力未能悉集，軍資亦虞缺乏，遂致著著落後，陷於防守之地位。日俄

之役，俄軍以交通線僅恃一單軌鐵道，運輸不繼，遂屢為優勢之日軍所制。雖迭經試取攻勢，終歸無效。

以吾國軍隊現勢論，其數則有二十餘鎮之多，然續備後備之制，尚未實行。每鎮臨戰，至多不過得戰兵五千。須有兵力三鎮以上，方足與他一鎮之兵相抗衡。且一有傷亡，無從補充。是兵力一層，決難如鄰邦之雄厚也。今日吾國軍隊能否說到精練二字，此稍知軍事者自能辨之。他日與強鄰一相角逐，能否效一割之用，似又難作僥倖萬一之想。至於軍資、交通兩端，更瞠乎人後。如此而日吾將取戰略戰術上最有利益之攻勢，烏可得耶？鄙意我國數年之內，若與他邦以兵戎相見，與其為孤注一擲之舉，不如採用波亞戰術，據險以守，節節為防，以全軍而老敵師為主，俟其深入無繼，乃一舉殲之。昔俄人之蹴拿破崙於境外，使之一蹶不振，可借鑒也。

蔡鍔雖備極推崇曾、胡兩位老前輩，但在兵法運用上，他卻建議了：「曾、胡論兵，極重主、客之見。只知守則為主之利；不知守反為主之害。蓋因其時所對之敵，並非節制之師、精練之卒。」他舉「普法、日俄」兩大戰役為例，說：「各國兵學家，舉凡戰略戰術；皆極端的主張攻擊。苟非兵力較弱，或地勢、敵情有特別之關係，無複有以防守為計者矣。然戰略戰術須因時以制宜，審勢以求當，未可稍事拘滯。」

蔡鍔對這些戰術運用可謂淋漓盡致，在他往後軍旅生涯中，處處表現出非凡之奇正相生戰術。在中國近代史上，蔡鍔對國家遭遇強敵大軍進犯的戰略佈置問題，可謂貢獻卓越。

此書 1917 年在上海出版後，對中國軍界產生很大的影響，1924 年，蔣介石將此書增輯「治心」一章，加序言再版印行，作為黃埔軍校學員的軍事教材。這本書也是毛澤東的厚愛，毛澤東的秘書李銳曾回憶道：「有名的湖南人蔡鍔於 1911 年編有《曾胡治兵語錄》，就是一本毛認真讀過的書。」

抗日戰爭時期，延安八路軍《軍政雜誌》曾於 1943 年出版了《增補〈曾胡治兵語錄〉白話句解》，作為八路軍將士的軍事讀物。蔡鍔在此書中闡述的許多軍事思想，是中國軍事文庫中的寶貴財富，對後來的新式軍人的成長起到了一定的作用。

《軍國民篇》的陶鑄國魂、軍國民主義，《曾胡治兵語錄》的為將、用兵之道，相互整合，給了中國徹裡徹外的軍事計畫和軍人品質教育。

《曾胡治兵語錄》一書的編纂，使得清末許多將領開始注意到「鼓吹、發展軍人的道德素質和精神品質」的重要性，蔡鍔可謂開了先河。

「吾儕身膺軍職，非大發志願以救國為目的，以死力歸宿，不足渡同胞於苦海，置國家於坦途」。此言抒發出他立志為國捐軀之志向。榮膺軍職，他希冀自身能堅定於救國之切志，令所作所為，長為軍營圭臬。他來到雲南不久後，辛亥武昌起義爆發，如何帶領「昆明辛亥起義」就成了他發揮本書思想的真切考驗。

《曾胡治兵語錄》所探討的重要兵家思想

關於「帶兵之道」

帶兵之人，第一要才堪治民；第二要不怕死；第三要不汲汲名利；第四要耐受辛苦。治兵之才，不外公、明、勤：不公不明，則兵不悅服；不勤，則營務巨細皆廢弛不治。故第一要務在此。不怕死，則臨陣當先，士卒乃可效命。故次之。為名利而出者，保舉稍遲則怨，稍不如意則怨；與同輩爭薪水，與士卒爭毫釐。故又次之。身體羸弱者，過勞則病；精神短乏者，久用則散。故又次之。四者似過於求備，而苟闕其一，則萬不可帶兵。故吾謂帶兵之人，須智深勇沉、文經武緯之才。數月以來，夢想以求之，焚香以禱之，蓋無須臾或忘諸懷。大抵有忠義血性，則四者相從以俱至；無忠義血性，則貌似四者。

終不可恃。

關於「上將之道」

天下強兵在將。上將之道，嚴明果斷，以浩氣舉事，一片肫誠。其次者，剛而無虛，樸而不欺，好勇而能知大義。要未可誤於矜驕虛浮之輩，使得以巧飾取容。真意不存，則成敗利鈍之間，顧忌太多，而趨避逾熟，必至敗乃公事。

關於「廉正之將」

兵易募而將難求。求勇敢之將易，而求廉正之將難。蓋勇敢倡先，是將帥之本分；而廉隅正直，則糧餉不欺，賞罰不濫，乃可固結士心，曆久常勝。

關於「將才心氣與軍志」

將以氣為主，以志為帥。專尚馴謹之人，則久而必惰；專求悍鷙之士，則久而必驕。兵事畢竟歸於豪傑一流，氣不盛者，遇事而氣先懾，而目先逃，而心先搖。平時一一稟承，奉命惟謹，臨大難而中無主，其識力既鈍，其膽力必減，固可憂之大矣。

關於「兵事謀略」

兵事不外奇正二字，而將材不外智勇二字。有正無奇，遇險而覆；有奇無正，勢極即阻。智多勇少，實力難言；勇多智少，大事難成。而其要，以得人為主。得人者昌，失人者亡。設五百人之營，無一謀略之士，英達之材，必不成軍。千人之營，無六七英達謀略之士，亦不成軍。

關於「治軍以勤為先」

用兵久則驕惰自生，驕惰則未有不敗者。勤字所以醫惰，慎字所以醫驕。二字之先，須有一誠字以為之本。立意要將此事知得透，辨得穿。精誠所至，

金石亦開，鬼神亦避，此在己之誠也。人之生也直，與武員之交接，尤貴乎直。文員之心，多曲多歪，多不坦白，往往與武員不相水乳。必盡去歪曲私衷，事事推心置腹，使武人粗人，坦然無疑，此接物之誠也。以誠為之本，以勤字、慎字為之用，庶幾免於大戾，免於大敗。

關於「勇為戰法」

夫戰，勇氣也。再而衰，三而竭。國藩於此數語，常常體念。大約用兵無他巧妙，常存有餘不盡之氣而已。孫仲謀之攻合肥，受創于張遼；諸葛武侯之攻陳倉，受創于郝昭。皆初氣過銳，漸就衰竭之故、惟荀？茵之拔陽，氣已竭而複振；陸抗之拔西陵，預料城之不能遽下，而蓄養銳氣，先備外援，以待內之自斃。此善用氣者也。

關於「用兵之道，最忌勢窮力弱」

國家之強，以得人為強。所謂無競惟人也。若不得其人，則羽毛未豐，亦似難以高飛。昔在宣宗皇帝，亦嘗切齒發憤，屢悔和議，而主戰守，卒以無良將帥，不獲大雪國恥。今欲罷和主戰，亦必得三數引重致遠、折沖禦侮之人以擬之。若僅區區楚材，目下知名之數人，則幹將莫邪，恐未必不終折。且聚數太少，亦不足以分佈海隅。用兵之道，最忌勢窮力弱四字。力則指將士之精力言之，勢則指大局大計，及糧餉之接續、人才之繼否言之。能戰雖失算亦勝，不能戰雖勝算亦敗。

關於「持久戰術」

兵事有須先一著者，如險要之地，以兵據之，先發制人，此為扼吭之計，必勝之道也。有須後一著者，愈持久愈神妙，愈老到愈堅定，待敵變計，乃起而乘之，此可為奇兵為拊其背，必勝之道也。

- 帶兵之道，用恩莫如用仁，用威莫如用禮；

- 如父兄之帶子弟一般；
- 愛民為治兵第一要義；
- 治軍之道，以勤字為先；
- 用兵方面，兵可挫而氣不可挫，氣可偶挫而志不可挫；
- 用兵之道，最忌勢窮力竭四字；
- 戰陣之事，恃強者是敗機，敬戒者是勝機；
- 用兵之道，全軍為上策，得土地次之；破敵為上策，得城池次之；
- 主氣常靜，客氣常動。客氣先盛而後衰，主氣先微而後壯。故善用兵者，每喜為主，不喜作客；
- 軍事之要，必有所忌，乃能有所濟；必有所舍，乃能有所全；
- 凡人我之際，須看得平；功名之際，須看得淡；庶幾胸懷日闊；
- 凡人心之發，必一鼓作氣，盡吾力之所能為。稍有轉念，則疑心生，私心亦生。天地之所以不息，國之所以立，聖賢之德業所以可大可久，皆誠為之也。故曰：誠者，物之始終，不誠無物。
- 知己之過失，即自為承認之地改去，毫無吝惜之心，此最難之事；
- 兵事不外奇正二字，而將才不外智勇二字；
- 胸懷廣大，須從平淡二字用功；
- 喜譽惡毀之心，即鄙夫患得患失之心也。於此關打不破，則一切學問才智，實足以欺世盜名。
- 古人患難猶虞之時，正是德業長進之時。其功在於胸懷坦夷，其效在於身體康健。
- 人才由磨練而成，總須志氣勝，乃有長進。成敗原難逆睹，不足以定人才。
- 士人第一要有志，第二要有識，第三要有恆。有志則不甘為下流；

有識則學問無盡，不敢以一得自足；有恆則斷無不成之事；三者缺一不可。捨命報國，側 身修行。

- 知己之過失，即自為承認之地改去，毫無吝惜之心，此最難之事。
- 人貴專一，精誠所至，金石為開；挾智術以用世，殊不知世間並無愚人；
- 破天下之至巧者以拙，馭天下之至紛者以靜；
- 軍旅之事，勝敗無常，總貴確實而戒虛捏；
- 確實則準備周妥，虛飾則有誤調度，此治兵之最要關鍵也；
- 天下惟忘機可以消眾機，惟懵懂可以拔不詳；
- 用兵久即驕惰自生，驕惰則未有不敗者；
- 勤字可以醫惰，慎字可以醫驕，此二字之先須有一誠字以立之本。立意要將此事知得透，辦得穿，精誠所至，金石亦開，鬼神亦避，此在己之誠也。
- 凡人心之發，必一鼓作氣，盡吾力之所能為。稍有轉念，則疑心生，私心亦生。天地之所以不息，國之所以立，聖賢之德業所以可大可久，皆誠為之也。故曰：誠者，物之始終，不誠無物。

治兵語錄從不高睨大談，蔡鍔治軍總懷著羽檄交馳的心態，為傳軍人武德、為立軍人武命、為創練新軍戰力而日以繼夜焚膏繼晷，燃燒自己的生命。他曾以「在上者要毅，在下者要勇」為其軍人信條，在上謀略者，統覽軍權，應當性格堅毅，蓄志深遠，以帶好軍隊為其目標。

對於惡勢力毫不屈服，軍機深藏不露，臨危不亂，處理事情百舉百捷，一夫當關，亦不為懼。

參考資料：

- 《蔡鍔集》上冊（曾業英）
- 《英人經營滇緬邊境之史實》（楊體仁）

- 《惺庵回顧錄》（周鍾嶽）
- 《我和外公眼中的蔡鍔將軍》（袁泉）
- 《曾胡治兵語錄》（蔡鍔）

第七章

辛亥重九起義，鐵砲怒吼震全國

　　革命精神，它是中華民族的靈魂和脊骨，是中華民族傳統精神與新時代精神的融會。然而，時代總是不斷更迭，新的時代來臨了，舊的時代就將逐漸為人們所遺忘！人們忘記歷史的教訓也罷，但令人惋惜的是，人們也遺忘了那些時代所呈現的人類精神和生命真諦！

　　然而，若不是那個刀光劍影的時代，多少豪杰力挽狂瀾為人民鰲出安定之道，就不會有現今這個新時代的來臨！時代是歷史的連續載體，遺忘或截斷並不能創新，也無法超前，惟有記取當時未竟的歷史教訓，人們才能免於重蹈覆轍，那才是生存於新時代的時代意義。

　　那些烈士，可看成是地球整體意識提升的導航器，不斷在拉引著人們邁向新的人生遠景。由衷希望這本書鮮明的烈士印記，能提攜各位，鋪成「自我人格轉變」的道路，以成全各位此生精進自我、向上提升的人生目的！

第一節　辛亥革命鋪天蓋地，席捲全中國

黃花崗起義，促進全國革命運動高潮的到來

近代中國百年滄桑，充滿恥辱，「不平等條約」是留存於人民心中難以抹滅的傷痛。

1842 年起，第一批不平等條約《南京條約》、《五口通商章程》、《虎門條約》、《望廈條約》、《黃埔條約》的簽訂，使中國的領土、領海、司法、關稅和貿易等主權遭到嚴重破壞，中國獨立自主的國家地位也開始逐步喪失。

隨著列強的步步進逼，大清王朝四分五裂，社會迅速走向瓦解，人民生活在水深火熱之中，苦不堪言。然而，面對眼前危殆的形勢，清廷不思自悔振奮，卻是愈發腐敗無能，致使國力不斷疲弱，國勢搖搖欲墜。西方列強見清廷已無能為力，於是瞅準時機加快了侵略中國的步伐。1894 年甲午戰爭爆發，戰後清廷被迫租讓威海衛、膠州灣等地，引發山東百姓強烈的反彈。

備受欺凌的山東人民不堪重荷，於是在 1900 年爆發了浩浩蕩蕩的義和團運動。1901 年 9 月，義和團運動失敗，八國聯軍長驅直入攻陷北京，逼使清廷與大英帝國、美利堅合眾國、大日本帝國、沙俄帝國、法蘭西第三共和國、德意志帝國、義大利王國、奧匈帝國、比利時王國、西班牙王國和尼德蘭王國（荷蘭）簽訂《辛丑條約》。在這次奴役性的條約中，西方列強對中國進行了又一次駭人聽聞的經濟掠奪，巨額的賠款，再次加深了人民沉重的負擔。

雖然清廷有心議和，然而，自甲午戰爭後，中央國庫已是空蕩蕩，根本無法支付鉅額賠款！為此，列強為逞其繼續掠奪中國的野心，不肯善罷甘休，不願求和。他們一致決定變換方法，趁機透過「向中國傾銷商品」的方式，以海關稅收作保（免去關稅），欲藉此控制中國的經濟命脈。列強此舉，無疑更加動搖了大清封建王朝的根基。

《辛丑條約》軍事上和外交上的條款，使北京淪為列強武裝掌控的囊中物，清廷自此成為了「洋人的朝廷」，只能替洋人剝削民間百姓。自此，清廷原本就已積弱的國勢，更是江河日下，風雨飄搖，終至一蹶不振。

　　面對前所未有的局面，遭大投艱的革命黨人卻是愈挫愈勇，勇於犧牲。他們一致決定惟有推翻滿清的反動統治，才能拯救民族於危難之中。於是，中國從20世紀初開始，「革命」就成了勢不可擋、在所必行的的歷史潮流。

　　1905年8月20日，中國第一個資產階級政黨「中國同盟會」在東京成立。同盟會除了制定《軍政府宣言》、《中國同盟會總章》和《革命方略》等文件外，並決定在海內外建立支部和分會，聯絡會黨、新軍和華僑，成為全國性的革命組織。在同盟會的領導下，革命黨人發動了一次又一次的武裝起義，目的在於推翻腐朽的清朝封建統治、建立資產階級共和國。

　　歷經前幾次武裝起義的洗禮之後，1906年12月，在革命黨人的策劃下，湖南、江西邊界地區爆發了「萍瀏醴起義」──江西萍鄉、湖南瀏陽、醴陵地區的反清武裝起義。這是是同盟會成立後第一次大規模的武裝起義，由當時從日本回到湖南的同盟會會員劉道一所策動。

　　劉道一回到湖南長沙後，立即聯絡會黨，並積極策劃起義事宜。12月初起義爆發，各路起義軍短短不到幾天就攻佔麻石、文家市、上栗市等重要市鎮，推舉會黨首領龔春台為起義軍都督，並發佈「中華國民軍起義檄文」，細數滿清「韃虜逞其兇殘，屠殺漢族」等十大罪狀。文中還大聲疾呼：「凡我漢族同胞，無論老少男女農工商兵等，皆有殄滅韃虜之責任。務各盡爾力，各抒爾能，以速成掃除醜夷恢復漢家之鴻業。」

劉道一

檄文一山，起義軍士氣大振，屢敗清軍。然而，由於起義軍在組織上仍然依照舊式會黨的起義模式，組織較為鬆散。加上事前缺乏嚴密計畫，倉遑舉事，各會黨領袖之間號令不一，使得戰鬥計畫屢屢受阻。就在起義軍裹足未前之際，清廷急忙調集湖南、湖北、江西、江蘇四省軍隊約 5 萬多人四面圍剿，起義軍不敵，終因寡不敵眾而失敗。

在萍瀏醴起義中，起義軍數千人全軍壯烈犧牲，劉道一、蔡紹南、肖克昌、廖叔保等首領從容就義，僅龔春台都督順利逃出。

萍瀏醴起義後，清廷才驚覺革命黨人的勢力已日益壯大，因此決定寄出殺手鐧，在長江中下游部署大量兵力，大興黨獄，圍剿會黨首領和反清人士。即便如此，革命黨人不畏清廷的恐嚇，依然繼續在其他省分部署新的起義計畫。

1907 年、1908 年，同盟會又在中國西南邊陲地帶發動了六次武裝起義：「潮州黃岡起義」、「惠州七女湖起義」、「防城起義」、「鎮南關起義」、「欽廉上思起義」和「河口起義」。而另一著名的革命團體「光復會」也先後策動了幾次大規模的武裝起義：

1、1907 年 7 月 6 日「安慶起義」；

2、1908 年 11 月發動安慶新軍「馬砲營起義」。

光復會成立於 1904 年 11 月，蔡元培任會長，陶成章任副會長，總部設在上海新閘路仁和裡，後遷三馬路保安里。光復會的政治綱領即入會誓詞：「光復漢族，還我山河，以身許國，功成身退！」

1905 年，徐錫麟、秋瑾和陶成章等人在浙江紹興創辦「大通學堂」，以此號召革命志士，大通學堂遂成為光復會推翻滿清的核心機關，紹興也成為本部最重要的活動中心。

萍瀏醴起義後，清廷的武裝組織愈加嚴密，而革命志士僅憑赤手空拳，

光復會誓詞　　　　　　　　　　　　　　大通學堂

艱難無比，在起義的過程中本身就充斥著未知數。況且，革命志士每次精心
策劃的起義活動，花費的資金動輒數十萬，在籌款買武器方面也是一大問題。
因此，萍瀏醴起義過後，光復會與同盟會一致認為，武裝起義必須配合「刺
殺清官高吏」的行動，才能增加推翻滿清的成功率。所以光復會除了進行革
命文字宣傳外，更以暗殺行動為主要的革命手段之一。

　　徐錫麟在安徽安慶任警官會辦期間，秋
瑾也不遺餘力積極展開聯絡各地會黨的工作。
她先後在諸暨、義烏、金華、蘭溪等地秘密聯
繫革命人士，結集起義軍。後來又往來杭州、
上海之間，聯繫軍界和學生界人士，秘密組編
「光復軍」。光復軍制成形後，又起草《光復
軍起義檄文》，秘密發送告示，擬定先由浙江
金華起義，處州響應，誘清軍離開杭州後，再
由紹興渡江襲擊杭州。如順利攻克杭州，則以
杭州為革命軍基地，大舉北伐，如不克，則返

為反清革命壯烈犧牲的徐錫麟

回紹興，再經金華、處州，潛入江西、安徽，秘密與徐錫麟的起義軍相呼應。

　　秋瑾曾先後加入過反清革命組織光復會和同盟會，正因這層關係，她便

成為了融合兩會革命勢力不可或缺的重要橋樑，也是促成兩會日後並肩合作、攜手起義的大功臣。

1907 年，秋瑾帶領大通師範學堂的學生在龍山南麓的大校場上操練兵式體操，模擬出擊隊形，為武裝起義作準備。當時有人得知後，便賦詩讚秋瑾：

強權世界女英雄，尚武精神貫浙東

1907 年 7 月初，清廷在上海捕獲光復會會員葉仰高，兩江總督端方派人嚴刑拷打，想要逼出光復會人員名冊。葉仰高不堪嚴刑伺候，最後終於供出「安慶官場上的那位浙江人也是革命黨人」。徐錫麟得知後認為情勢緊迫，便決定於 7 月 6 日借安慶巡警學堂畢業典禮，倉促起義。

早上 8 點多，安徽巡撫恩銘在巡警學堂舉行畢業典禮檢閱學生時，徐錫麟火速起身向恩銘連開七槍，導致恩銘因失血過多死亡。但是當徐錫麟帶領幾十名學員衝出學堂大門，準備奪取安慶軍械所時，卻被清軍團團包圍，經過四小時的激戰，最後不幸失敗被俘。徐錫麟審訊時，揮筆直書：「蓄志排滿已十餘年矣，今日始達目的。本擬殺恩銘後，再殺端方、鐵良、良弼，為漢人復仇。」然後慷慨就義。

根據陶成章《浙案紀略》中的記載，安慶起義失敗後，清廷抓住了徐錫麟的弟弟徐偉。徐偉不堪嚴刑拷打，在供詞中牽出秋瑾以求自保。安徽方面立即把這個情況電告浙江巡撫張曾敭。幾乎與此同時，紹興士紳胡道南等人也向紹興知府密報：「大通體育會女教員革命黨秋瑾及呂鳳樵、竺紹康等，謀於六月初十日起事。竺號酌仙，平陽黨首領，餘黨萬人，近已往嵊縣糾約來郡，請預防。」

7 月 7 日，《上海時報》已經披露徐錫麟案發的消息，秋瑾在紹興大通師範學堂聞訊後，「執報紙坐泣於內室，不食也不語，又不發一令」。9 日，革

命黨人火速趕到大通師範學堂，勸秋瑾遷往上海暫避禍事，但她毅然拒絕革命黨人的安排！秋瑾認為，即使安徽那邊起義失敗了，但浙江這裡仍有光復軍，即使人員短缺了一半，但推翻滿清的志業不能就此打住！

秋瑾「知其不可為而為」的目的，乃是要為天下革命志士立下典範！鑄下模型！因為這時如果她逃走了，那麼革命黨人的士氣將大受影響，對於推翻滿清的革命運動也會帶來間接的負面效果。

堅定不退後，秋瑾把一些往來函件交托學生吳珉帶走燒毀，同時也給在潯溪女校讀書的學生徐雙韻寄去一首詩，詩中說：「雖死猶生，犧牲盡我責任；即此永別，風潮取彼頭顱。」局勢至此，犧牲在所難免，秋瑾已有拋頭顱、灑熱血，為國為民族戰死的決心！

7月11日，秋瑾集合大通師範學堂在校學生議事，有學生建議應提前起事，殺清軍個措手不及，佔領紹興城。但秋瑾不同意，她認為各方人馬已敲定起義日期（7月19日），如若臨時更改，造成各路起義軍亂了陣容，最後唯有招致滅亡。

7月12日，秋瑾接到杭州武備學堂送來的密報，說清軍擬進杭州城，圍剿革命黨人。於是秋瑾再次召開會議，調派一批學生軍前去杭州與會黨人員會合，加重杭州方面的埋伏，準備迎面痛擊清軍。秋瑾還派光復會骨幹周亞衛前去嵊縣與竺紹康聯繫，知會他們起義軍在各個據點的部署內容。

7月13日，嵊縣革命黨人前來紹興與秋瑾會商，商討19日起義事宜，但為時已晚，此時清軍已在前往大通師範學堂的路上。形勢至此已然十分緊迫，這時候，學堂的學生們無不哭著勸請秋督辦迅速離校而去，另覓據點，待來日時機成熟，猶可再造反清大業。

面對大眾的請命，只見秋瑾跪坐在草席上，向革命同志和學堂學生們說到：「秋某一生自許為競雄，俠骨前生悔寄身，感嘆自己在祖國危亡時分，

猶不能取賊人頭顱以祭大地及眾眾英靈，實感慚愧！但秋某明瞭，革命要流血才會成功！如滿奴將我綁赴斷頭台，可換得國人的覺醒，激起人民的忠義之心，明辨篤行，讓革命成功至少提早五年，那秋某從容就義，在所不辭！人活在世上，要有硬氣（骨氣），要有尚武的人格（破除國人一心一意只知崇文追求功名的軟骨氣），要如劍膽錚錚，誓殺邪惡勢力！如今，滿清腐敗至此，非奉行鐵血主義無以將其推翻也！秋某視死如歸，願身殉革命，以自己的生命作武器，向封建

脾性剛烈，嫉惡如仇，刻苦練武，誓為
人民瀝熱血的鑒湖女俠秋瑾

專制王朝發出最後的衝鋒。雖然秋某身將死，但必能喚醒千千萬萬人，發起革命，共紓國難，讓民主共和照臨大地！」

革命黨人與學生知曉秋瑾的決心，只得拜別督辦，黯然離去。下午4時許，清兵已團團包圍住大通師範學堂，秋瑾與程毅被捕。在獄中秋瑾飽嚐酷刑伺候，依然不改聲色，堅決不肯吐露革命黨派人員名單。秋瑾曾在牢壁寫書「秋風秋雨愁煞人」，7月15日凌晨，從容就義於紹興軒亭口，時年僅32歲。

劍膽錚錚鑄鐵血，斬盡妖魔天下清

秋瑾出生於浙江紹興，古稱會稽、山陰，簡稱越。這裡人傑地靈，歷史上英雄豪傑輩出，孕育著忠義俠膽的罡正氣場。秋瑾嘗向友人明志說道：戰國時期越王勾踐為了強兵強國，著力發展兵器的冶鑄，臥薪嘗膽，終至滅吳復國。越王和越人的精神，正是我輩革命人士的楷模！

越人愛劍、擊劍，以寶劍為榮。劍，也象徵著越人稱霸的意志與士氣。從那時起，「劍」的精神和文化便在各國逐漸流傳開來，成為一種精神、人

格和武術的修養。

為此，秋瑾曾在《劍歌》一詩中，刻骨銘心寫下自己對越劍及其所蘊藏的劍膽精神的崇尚：

若耶之水赤堇鐵，鑄出霜鋒凜冰雪；
歐冶爐中造化工，應與世間凡劍別。
夜夜靈光射斗牛，英風豪氣動諸侯；
也曾渴飲樓蘭血，幾度功銘上將樓？
何期一旦落君手？右手把劍左把酒；
酒酣耳熱起舞時，天矯如見龍蛇走。
肯因乞米向胡奴？誰識英雄困道途？
名刺懷中半磨滅，長歌居處食無魚；
熱腸古道宜多毀，英雄末路徒爾爾。
走遍天涯知者稀，手持長劍為知己；
歸來寂寞閉重軒，燈下摩挲認血痕。
君不見孟嘗門下三千客？彈鋏由來解報恩！

據說，在越國「十年生聚，十年教訓」期間，越王勾踐為了強兵強國，曾大力發展鑄劍事業，歐冶子還為其鑄造了湛盧、純鈞、勝邪、魚腸、巨闕五把寶劍。每一把劍均是由人的剛烈意志和尖銳劍氣所鎔鑄而成，削鐵如泥、吹毛斷髮，鋒芒無比！

鑄劍講究的不只是精準的技術和能力，更注重鑄劍師的人格。首先，在日常生活當中，鑄劍師必須先行修煉自身的心靈密度，具備中國傳統正、忠、義、恕、孝、禮、廉、恥、中的精神內涵。在鑄劍的過程中，再把這些元素自內而外灌注在劍身裡，以使心物合一，劍出即是斬斷邪魔魔性，銳殺敵軍！

正所謂「天地合其德，日月合其明，人劍合其鋒」，一把劍就是天地綱常與德儀品行的化現！

義劍者，「檢」也，意指擁劍者不能只徒具殺敵的技術或剛烈的脾氣，而要懂得時時內省內察，檢視自己的言語行為，是否合乎宇宙天地正陰正陽循環的中和能量？中和未必會與「剛烈」衝突，能斂能殺，或斬或藏，剛中帶柔，柔中蘊剛，才能將劍法揮灑得淋漓盡致！

春秋時候至聖先師孔子周遊列國時，右腰常隨佩紫微劍，他所要表達的便是：俠者之所以為俠者，是因懂得明是非、知禮義、顯慧智、重骨氣，而後發揮其專長和職責，做所當做，為所當為，行所當行，如此不失本分，便是俠者風範。可知，人人身上都有一把劍，人人都是鑄劍師，只是多數人不願正視和面對而已。

秋瑾是近代中國女權和女學思想的宣導者，為婦女解放運動的發展起到了強烈的推動作用。她也是傲骨嶙峋、誓流血以推翻滿清的革命家，她的性格就如銳劍一樣，劍膽錚錚，劍意凌人！由於她的堅持和奮鬥，才讓近代辛亥革命運動有了契機激盪到最高潮。

秋瑾十分擅長演說、寫詩、辦報、聯絡，是一個極具感染力的女革命家、宣傳家和詩人。留日期間，她十分積極參與留日學生的革命活動，經常登臺演說革命救國和女權運動的道理。每當她講到激動處，「淋灕悲壯，蕩人心魄，與聞之者鮮不感動愧赧而繼之以泣也」！

當時中國仍是一個半封建、半殖民地的舊中國，然而，在內憂外患的衝擊下，民心依舊沈醉，民智仍是未開，對此她表示十分悲痛！她曾在《同胞苦》一文中發出了苦嘆：

同胞苦，同胞之苦苦如苦黃連，壓力千斤難自便，鬼泣神號實堪憐。呼嗟乎！地方虐政猛如虎，何日復見太平年？釐卡遍地如林立，巡丁司事億萬

千，凶如豺狼毒如蛇，一見財物口流涎。我今必必必興師，掃蕩毒霧見青天。手提白刃覓民賊，捨身救民是聖賢。

同胞苦，同胞之苦苦如苦黃連。暴政四播逞奸蠹，民賊相續民烏咽。庚子創禍一二臣，今日同胞受熬煎。賠款四萬五十兆，竭我膏脂以付錢。我今必必必興師，掃蕩毒霧見青天。手提白刃覓民賊，捨身救民是聖賢。

同胞苦，同胞之苦苦如苦黃連。鞭笞同胞同犬馬，民賊自待若神仙。膏脂有捐酒有捐，房捐鋪捐無不全。襪履之微皆取捐，一草一木不寬便。我今必必必興師，掃蕩毒霧見青天。

她把人民的這種「麻木狀態」概括為「醉眠」二字！她認為，在大清王朝的統治下，人民的心靈受到了巨大的壓抑，絕大多數人都過著渾渾噩噩的「無意識生活」，不知生死存亡已在眼前，不知猛然醒悟投入救亡圖存的活動中，所以她為同胞的沈醉而深感苦不堪言！

意識到「多數人皆在沈醉」後，秋瑾體悟到，若要「喚醒這個昏沉沉的社會，則需要驚雷閃電，需要榜樣與表率」，因此她願身先士卒，以自己的犧牲來喚醒苦悲沈醉的國人！

雖為女人，但她卻道出了「身不得，男兒列；心卻比，男兒烈」的俠女氣慨！在那個重男輕女的年代，男權至上，男尊女卑，她卻認為「天下興亡，匹夫有責」！雖然眾人都投以異樣眼光，說三道四，但她的個性「硬氣」、「性烈」，大而化之，不予計較。當「大丈夫」立志於求取功名時，她卻「志在報國」，以「巾幗易兜鍪」。她還自稱「鑒湖女俠」，躍馬揚鞭馳騁於古城街頭，嶺間小道，絲毫不遜色於男兒。她曾在《感事》一詩中寫道：

竟有危巢燕，應憐故國駝。

東侵憂未已，西望計如何？

儒士思投筆，閨人欲負戈。

誰為濟時彥，相與挽頹波？

詩中所說的「閨人」即是婦女之意。秋瑾盼望女性同胞們也能拿起武器，衝鋒殺敵，投報國家，不要接受清王朝殘酷壓迫中國婦女及賣國的行徑！

她還要女性同胞們敢於挑戰「傳統的封建倫常禮教及男尊女卑的惡俗舊習」，不要再讓這種錯誤的思想行為扼殺了女性的心靈和自尊。她稱世界各國這種歧視女性的行為是「極度黑暗」，也「蘊含著邪惡」！正是這種錯誤的男權主義優越思想，從政治面、宗教面到文化面，造成全球數千年來兵燹不斷，無端加害弱勢族群！然而，秋瑾雖崇尚女權，卻不會貶低男權，她認為兩性在心靈發展和生活體驗的層面上，從來都是一樣的，或許生理不同，但那份「能體驗的心靈」從來沒有分別。因此，

秋瑾創辦「中國女報」，鼓吹男女平等，號召婦女自立

她對「苦難的婦女同胞表示無限同情」，她希望女性意識能抬頭，戳穿全球這種「黑暗勢力的偽裝與醜陋面具」！

在日本時，孫中山與秋瑾的關係也頗為密切，身為同盟會首領，孫中山經常給予秋瑾革命思想上的點撥，對秋瑾日後的革命道路產生不小的影響。孫中山稱秋瑾是「最好的同志秋女俠」，曾為其寫楹聯：

江戶矢丹忱，感君首贊同盟會；
軒亭灑碧血，愧我今招俠女魂！

還說，「為推翻專制、建立共和，紹興有徐錫麟、秋瑾、陶成章三烈士，

於光復事業，功莫大焉」！孫中山在其所著的《建國方略・有志竟成》中也再次把秋瑾、徐錫麟和熊成基等革命志士並稱，褒揚其革命功績。

日本留學期間，秋瑾也結交了一群革命好友，如陶成章、魯迅、黃興、宋教仁、陳天華等。由於他們經常一起秘密研商革命起義活動事宜，因此結為莫逆之交。

秋瑾常對身邊的人說：要救祖國，惟恃「鐵血主義」。所謂鐵血主義，源自普魯士宰相俾斯麥的一句名言：「今日之事，惟黑鐵與赤血耳」，指的是要以強硬的手腕靠武力和流血去爭奪政權，唯此一路，沒有二路可選。

她的這種「恃鐵血主義的革命信念」，對於時下過慣了安逸懶散生活的我們而言，簡直覺得不可思議！然而，時下地球各個系統的運作已然瀕臨崩潰瓦解的邊緣，這是人類的貪慾活動所造成的惡果。若要對治人類這種濫用民主法治的自我優越主義思想，拯救人類和地球免於毀滅危機，無疑的，秋瑾的理論將是很好的一劑強心藥！

秋瑾曾在《寶劍行》一詩中鮮明道出了「恃鐵血主義、斬盡妖魔、澄清天下」的胸懷。她說：

炎帝世系傷中絕，芒芒國恨何時雪？
世無平權只強權，話到興亡皆欲裂。
千金市得寶劍來，公理不恃恃赤鐵。
死生一事付鴻毛，人生到此方英傑。
饑時欲啖仇人頭，渴時欲飲匈奴血。
俠骨棱嶒傲九州，不信太剛剛則折。
血染斑斑已化碧，漢王誅暴由三尺。
五胡亂晉南北分，衣冠文弱難辭責。
君不見劍氣棱棱貫鬥牛？胸中了了舊恩仇？

鋒芒未露已驚世，養晦京華幾度秋。

一匣深藏不露鋒，知音落落世難逢。

空山一夜驚風雨，躍躍沉吟欲化龍。

寶光閃閃驚四座，九天白日暗無色。

按劍相顧讀史書，書中誤國多奸賊。

中原忽化牧羊場，咄咄腥風吹禹域。

除卻幹將與莫邪，世界伊誰開暗黑。

斬盡妖魔百鬼藏，澄清天下本天職。

他年成敗利鈍不計較，但恃鐵血主義報祖國。

綜觀秋瑾一生，以天下為己任，大義凜然！其人全身滾燙著熱血與劍膽，畢生投入革命志業，堅決流血救國的道路，雖然十分坎坷艱辛，卻把人性中的至正、至真、至情揮灑得淋漓盡致，令人動容！

秋瑾就義後，一大批受她影響的婦女，擺脫了封建家庭束縛，毅然投入了辛亥革命的滾滾洪流。她們組成了「女子北伐敢死隊」、「女子國民軍」、「女子經武訓練隊」等，以求實現秋瑾「國民女杰期無負」的遺願。

安慶起義雖然失敗了，但徐錫麟、秋瑾與諸位革命烈士的犧牲，就像是一顆威力強大的炸彈，在社會上引起了強烈的震動，更炸醒了那些猶在睡夢邊緣的中國人！

秋瑾從容就義的精神對革命起了很大的推動，「杭州方面，人心很是憤激；不知道秋瑾的人都因此知道了秋瑾；不懂得革命的人也因此受到了革命的教育」，此後，「革命風潮日形高漲」，許多志士誓拋頭顱、灑熱血，決意推翻清朝，拯救千千萬萬的中國同胞。

安慶起義過後，同盟會又陸續發動了防城起義、鎮南關起義、欽廉上思起義和河口起義，光復會也在 1908 年 11 月發動安慶新軍馬炮營起義。然而，

這些起義仍是因準備不足，倉皇行事，敵我力量懸殊而再次歸於失敗。

1910 年 2 月 12 日，同盟會員倪映典在廣州東北郊的燕塘新軍軍營內率三千新軍起義，兵分三路向廣州城進發，最後又遭失敗，這是孫中山領導革命黨人所發動的第九次反清革命，史稱庚戌廣州新軍之役。

革命黨連續的挫敗已使士氣大減，軍心渙散。為了再挽革命人心，1910 年 11 月 13 日，孫中山決定召集同盟會重要幹部黃興、趙聲、胡漢民等人，在馬來西亞檳城召開重大秘密集會，準備再發動一次大規模的武裝起義運動——廣州起義。

此次，革命黨人計畫以廣州新軍為起義軍主幹，同盟會人員則另組先鋒隊 800 名，準備在起義時分十路人馬進攻兩廣總督署、廣東水師行台、員警署、軍械局、砲營、電信局等，最後再打開廣州各大城門，迎接新軍入城。當廣州新軍攻克廣州後，黃興立即率領一批革命軍經湖南，攻湖北；趙聲率領另一批革命軍出江西，攻南京，譚人鳳與焦達峰則在長江流域舉兵回應，三方人馬最後會師南京，一舉北伐，拿下京師，底定中原。至於起義籌款購械方面，則由胡漢民全權負責。

為了確保廣州起義的成功，1911 年 1 月，同盟會決定在香港成立統籌部，以黃興、趙聲為正副部長，下設調度處、儲備課、交通課、秘書課、編輯課、出納課、總務課和調查課，負責在廣州設立革命據點，作聯絡革命黨人和儲備軍械之處。

1911 年 4 月 8 日，廣州城內外及各省革命力量大體就緒，4 月 27 日下午 5 時 30 分，黃興率領先鋒 120 餘名敢死隊員，臂纏白巾，手執槍械炸彈，直撲兩廣總督署，孫中山所領導的第十次武裝起義「廣州起義」正式爆發。

革命軍衝至督署門口時，立刻與衛兵發生激烈對抗，最後革命軍擊斃衛隊管帶，衝入督署。兩廣總督張鳴岐聞風聲後，立刻逃往水師提督衙門，革

命軍攻下督署後，遂放火燒毀督署衙門，繼續殺往水師提督衙門。革命軍小踏出門口，正好碰上水師提督李准的親兵大隊，兩隊人馬隨即展開廝殺。隨後，黃興將革命軍分為三路：

1、川、閩及南洋革命黨人往攻督練公所；

2、徐維揚率領花縣 40 餘名黨人攻小北門；

3、黃興則親率方聲洞、朱執信等出廣州南大門，接應防營。

川、閩及南洋革命黨人往攻督練公所途中，遇到清軍大批人馬圍剿，兩方人馬戰至半夜，革命軍終因寡不敵眾，死傷慘重。往小北門進攻的革命軍一路也很快遭遇清軍，雙方經過一夜作戰，最後，張鳴岐下令放火圍燒，徐維揚率部奮勇突圍，仍不幸被捕，而最後一路革命軍黃興等也慘遭敗衄，只好宣告起義失敗。廣州起義中 有 72 名烈士的遺骸被潘達微等人收葬於廣州東郊紅花崗，潘達微並把紅花崗改名為黃花崗，故此次起義也被稱作「黃花崗起義」。

崗上長聚忠烈魂，革命黃花使賊寒，黃花崗起義雖然失敗了，但卻徹底解放了人們禁錮的思想，為中國人民的民主革命運動開闢出大躍進的道路。烈士們用生命和鮮血獻身革命的偉大情操，終於在這一次廣州起義中，震動了全國，也震驚了全世界，人們渴望自由的心，猶如黃花綻放，一發不可收拾。

成都血案——用鮮血為辛亥革命保路

清末《辛丑條約》簽訂後，國權盡失，四海困窮，民眾反抗帝國主義侵擾的愛國意識卻逐漸高漲。即使清廷無能，世亂時艱，民眾仍希望中央能收回各項喪失的國權，維護「鐵路路權」即是其一。

當時，各國列強的胃口被《辛丑條約》餵大了，因此想進一步掠奪中國豐碩的資源和財富，於是競相投注大量資本在中國鐵路上，準備伺機搶奪鐵

路的「修築權」，其中粵漢、川漢鐵路是溝通大江南北和深入內地的兩條主要幹線，因而成為各國爭相競奪的目標。

隨著帝國主義侵略勢力的深入，民間收回鐵路主權的呼聲日益高漲。1903 年，湖南、湖北、廣東、四川等地人民率先發難，推出紳商代表，向政府極力爭取「鐵路民營」的自主權，以求捍衛多年來投注在國家建設上的心血。同時阻斷環伺的強權繼續敲骨吸髓、榨乾百姓。湖南等四省率先發難後，一時，全國各地紛紛掀起收回路權的鬥爭。

經過一番努力，清廷終於奏准鐵路民營化。在四川人民強烈的要求下，四川總督錫良率先在成都設立了「川漢鐵路總公司」，以「提振民間鐵路工業」為名，陸續收回鐵路路權。四川鐵路民營化卓有成效後，各省紛紛效仿，相繼成立「鐵路民營公司」，收回路權的鬥爭於是如火如荼地展開。

正當鐵路民營進展至中間時，由於川漢鐵路公司籌款不足，加之清廷又正陷入嚴重的財政危機之中，鐵路工業的進展為之淹蹇。然而，清廷此時不思解決之道，為了擺脫自身的財政危機，竟欲強行「厚集洋債」，實施「奪取路權」的政策，不惜出賣鐵路修築權，鋌而走險。

1908 年 7 月，清廷任命張之洞為督辦粵漢鐵路大臣，1909 年又命他兼辦湖廣鐵路（湖北境內的川漢鐵路與湖北湖南境內的粵漢鐵路）。張之洞秉行清廷「以官力壓商辦，以外資壓內資」的政策，隨即於同年 6 月，與由英滙豐銀行、德德華銀行、法東方匯理銀行組成的三國銀行團簽訂《湖廣鐵路借款合同》，借款 550 萬英磅及築路材料，並從五厘起息。

由於清廷與列強簽訂過不少不平等條約，故背負著沈重的戰後賠款，加上此次的國際鐵路借款和新政建設，軍餉和稅捐一日沉似一日！川漢鐵路籌款演變至此雪上加霜，民眾不滿情緒霎時急速醞釀。後來美國見有圖可貪，也強行加入，三國銀行團變成了四國銀行團。

1910 年 5 月，四國銀行團逼迫清廷訂立「借款修路合同」，強迫清廷向其借款 600 萬英鎊，並由張之洞代表簽署借款草合。事件一出，湖南與湖北民眾率先反對，並掀起拒債各國、集股救路權的保路運動（保有鐵路經營權的排外運動）。

保路運動掀起後，湖南留日學生率先在東京出版《湘路警鐘》雜誌，大力宣傳拒絕借款保路。緊接著，湖南立憲派紳商也成立了「湘路集股會」，創辦《湘路新志》月刊，抵制政府外債行徑。湖北紳商學界、軍界更於 1909 年 11 月組成「湖北鐵路協會」，宣傳集股保路，湖廣鐵路協會還派出代表張伯烈入京要求鐵路歸還民營。在重重輿論壓力下，四國銀行團的借款遲遲難以兌現，最後，郵傳部尚書（類似今交通部長）盛宣懷不得不於 1910 年 3 月宣布，同意湖北創辦粵漢和川漢鐵路公司。

雖然郵傳部在兩湖人民保路抗爭的事件中妥協退讓，但這僅是清廷為獲得帝國主義（英、德、法、美）的繼續支持，以換救行將崩潰的封建政權所不得不採取的手段。說到底，清廷始終惡性不改，不願放棄扼殺民營鐵路的企圖，仍與四國糾纏不清。

1911 年 5 月 9 日，盛宣懷驟然頒布「乾路均為國有」的政策，貿然取消鐵路民營商辦。並宣布「所有宣統 3 年以前各省分設公司集股商辦之乾路，延誤已久，應即由國家收回，趕緊興築」。政策頒佈後，盛宣懷即逕向四國銀行與日本分別貸款 1000 萬英鎊與 1000 萬元建造鐵路，並對人民宣佈把已歸回商辦的川漢、粵漢鐵路收歸國有，取消先前允諾四川民辦鐵路的成議。同時，還宣稱已動用的民間股金，將發行股票抵收。這道法令等同完全剝奪了各省商辦鐵路的權利，又寡廉鮮恥拒不歸還四川人民的股金。

四川修築鐵路的股金，不僅來自紳士、商人、地主，還有廣大的農民，農民購買的股份也占有很大的比例。清廷如此無能又跋扈，處處壓榨人民，

此舉分明是假借國有之名，行賣民之實，清廷此舉無疑是準備招致覆亡的命運！

　　乾路均為國有的消息傳開後，各省譁然，引發強烈反彈，民眾積壓甚久的情緒已到了爆發的臨界點。6月17日，川漢鐵路公司緊急召開臨時大會，大會上決議成立「四川同志保路會」，一場轟轟烈烈、浴血抵抗的保路運動於是排山倒海掀起。

　　四川保路運動掀起後，四川都督王人文為保住人民生機，遂具體上奏川民所求，希望清廷體恤民情，收回成命，莫將人民生財的最後微薄利潤也全數剝削。然而，清廷已經不能冒這個險，因為除了四川之外，湖南、湖北、廣東等省也正在積極爭取路權。倘使開此肇端，川地動搖，將無法壓制西南半壁，況且，雲南協統蔡鍔走的是革命派路線，倘使西南半壁發生暴動，蔡鍔必會率眾起義，屆時清朝必然被鍔刀翻起。

　　形式發展至此，清廷繼續苟延殘喘，面對四國的窺伺與無理要求，為了保住奄奄一息的政權，仍舊色厲內荏，加重苛稅，剝削人民。清廷還蓄意嚴責四川都督王人文的疏失，除了革職查辦外，並立時任命以血腥暴力著名、有「屠夫」之稱的趙爾豐上任川督一職，委以川漢鐵路「國有化」及監督四川鐵路風潮的職責。

　　封建體制下的官僚作風豈能容受民眾任何的抗議舉動，民間與政府的衝突愈演愈烈，終至不可收拾的地步。中央最後拒絕溝通，決定高舉屠刀殺向反抗者。四川人民對政府感到無比痛心，決定抗議到底，保路運動便在全國各地如火如荼揭竿而起。

　　這時四川同盟會認為推翻滿清的革命時機已經到來，8月4日，同盟會在四川資州（今資中）召開秘密會議，決定利用這次的保路風潮發動武裝起義。同盟會把四川保路同志會改稱為「保路同志軍」，並在新津和華陽設立總部，

準備在川東南和川西北進行起義佈署。在四川同盟會的宣傳、組織和運籌下，保路風潮徹底成為「推翻滿清」的武裝起義鬥爭運動，而且形勢銳不可擋，愈加激烈。

保路運動演變為推翻反清的起義運動之後，四川各地群起支持，同盟會於暗中密佈起義形勢，保路民眾則於明下與新任四川都督趙爾豐抗爭，一暗一明，雙管齊爭。抗爭民眾集體發動罷市、罷工、罷課，抗捐、抗稅等活動，自成都席捲四川各處，頓時四川如大江潰堤，陷入不可收拾的亂局。

初時，趙爾豐對抗爭百姓尚有所顧忌，後來清廷竟明降諭旨，敕令趙爾豐對參與保路運動的民眾「格殺勿論」，於是心狠手辣的新川督遂準備發動大規模的鎮壓行動。這時，伺機而動的革命黨人，也已經秘密部署在四川各地，準備利用街頭保路群眾的力量，發動起義，趙爾豐見事件一發不可收拾，恐丟官丟命，因此決意要剿平保路暴亂。

9月7日上午，趙爾豐一舉誘捕諮議局正、副議長蒲殿俊、羅綸、張瀾以及保路同志會和川路股東會等負責人，共羈押9人。消息傳開後，數萬群眾從四方聚集而來，要求放人。抗議聲浪此起彼落，就在這時，趙爾豐竟下令軍警向手無寸鐵的群眾開槍，現場血肉橫飛，慘絕人寰。

四川群眾並不畏死，人民依舊不斷蜂擁前來，決心護住蒲殿俊和羅綸等囚。這時趙爾豐已是喪心病狂，又再下令士兵開大砲轟擊民眾，成都頓成人間煉獄，滿目瘡痍，哀嚎、哭叫聲不絕於耳。清廷至此已是徹底失去民心，這就是清王朝覆亡前的血債──「成都血案」！

成都血案發生後，趙爾豐為免革命黨人聯絡聚集，立即下令全省斷絕一切郵電交通，四川進入戒嚴。當晚，革命黨人裁截木板數百塊，上面寫著「趙爾豐先捕蒲羅，後剿四川，各地同志速起自保自救」字樣，然後將木板塗上桐油，外面再裹上油紙，投入錦江，順流而下，這即是辛亥革命前四川有名

的「水電報」。

川民將木板撈起後，立即不斷把消息傳至川南、川東各地。9 月 8 日，保路同志軍率大軍挺進成都，與清軍展開對戰，幾天後，附近榮縣、華陽、新津、灌縣等地區亦群起響應，趕赴成都共同抗戰。

9 月 25 日，榮縣成立「榮縣軍政府」，逕自宣佈獨立，消息傳出後，井研、仁壽、威遠各縣也一一響應。各軍皆樹旗四面，上書「驅除韃虜、恢復中華、創立民國、平均地權」十六字。到此，四川各地已是草木皆兵，革命起義已燃燒成熊熊烈火，準備一舉推翻大清王朝。

武昌起義一呼百應，濃煙滾滾傳遍中國

黃花崗起義失敗後，以文學社和共進會為主的革命黨人決定把目標擴大至長江流域，以武漢為中心，在兩湖地區部署新的武裝勢力。文學社和共進會於是在湖北新軍中積極展開革命宣傳工作，發展革命力量。

文學社是清末湖北武漢新軍中的革命團體，其前身是群治學社改組的振武學社。1909 年暮秋時節，振武學社社長蔣翊武及中堅幹部張廷輔、劉複基、李擎甫、沈廷楨、張筱溪、唐子洪、商旭旦、謝鳴岐、蕭良才、曹珩和黃季修等 12 人在武昌黃鶴樓秘密舉行會議，將振武學社改組為文學社，並由蔣翊武、劉複基為正、副社長。文學社的宗旨是「興漢排滿，推翻專制，驅逐滿奴，奪回漢室江山」。

共進會則是中國同盟會週邊革命團體。1907 年 8 月，由同盟會會員焦達峰與日知會會員孫武在日本東京所創立，以孫中山為領袖，並以同盟會的綱領為綱領，除了「平均地權」被改為「平均人權」之外。1908 年深秋，共進會的主要成員分別回國活動，孫武、焦達峰等抵達漢口，於 1909 年 4 月在漢口法租界成立共進會機關，並在武昌設分機關多處，以因應革命形勢的發展。

文學社和共進會在同盟會的推動下，決定於 1911 年 9 月 14 日召開革命

會議，會上建立了統一的起義領導機關，並決定邀請黃興、宋教仁和譚人鳳等人前來湖北主持起義活動。

9月24日，兩個革命團體在武漢召開聯席會議，邀請各標營黨人代表與會，會上通過「人事草案」和「起義計畫」，大眾一致決定於10月6日，在武昌發動反清起義，並以蔣翊武為軍事總指揮官，孫武任參謀長，劉公任總理。四川成都血案發生半個月後，清廷為撲

辛亥革命元勳，左起蔣翊武、孫武

滅火勢，決定派遣大兵壓鎮川境。川漢、粵漢鐵路督辦端方立即率領部分湖北新軍挺進四川，結果致使清軍在湖北防禦力量減弱，武昌空虛，革命黨人見機不可失，便決定在武昌發動起義。

1911年10月9日，孫武等人在漢口俄租界配製炸彈時不慎引發爆炸，俄國巡捕聞聲而至，破獲漢口革命機關，搜去革命黨人名冊和起義文告等。由於機密洩露，湖廣總督瑞澂即刻下令關閉漢口、漢陽和武昌等城，四處搜捕革命黨人。情急之下，革命黨人決定於當晚午夜12時發動起義。然而，武昌城內戒備森嚴，各標營革命黨人無法取得聯繫，當晚的計畫便取消。

眼見事態嚴重，清吏緝捕革命黨人的行動持續擴大中，當晚，新軍首領張振武便找上朱次璋、李華模等人磋商，約定於明日（10月10日）晚7時發難。

武昌起義元勳張振武

各方代表接後消息後，10日清晨，共進會中堅方興邀約甘績熙、李華模、李南星和朱次璋等測繪學校革命黨人集會協商，會上大家決定仍由朱次璋、李華模前去與張振武聯繫，表達眾人一致願意發動起義，共紓國難的決心！

這時張振武向朱次璋和李華模說：「武昌省城的革命氣氛已是劍拔弩張，武裝起義蓄勢待發，因此煩請轉告方興同志，請他今夜必動！但由於武昌城內警戒防備極為嚴密，因此請各標營自行聯絡，約定以槍聲為暗號，於10月10日晚間聽到第一聲槍響時，立即發動起義。」蔡鵬來、朱次璋、李華模等以張振武膽識過人，欲推他為「武漢總代表」，可是張振武卻推辭不就！

起義計畫擬定後，10月10日晚，新軍工程第八營的革命黨人打響了武昌起義的第一槍，立刻奪下楚望台軍械所，吳兆麟被推舉為臨時總指揮，起義軍繳獲步槍數萬支，砲數十門，子彈數十萬發，為起義運動奠定下勝利的基礎。工程隊發動起義後，駐守於武昌城外的新軍輜重隊、砲兵營和工程隊也舉火為號，立刻發動槍響，回應武昌城內起義新軍，並快速向楚望台齊集。

武昌城內第29標蔡濟民和第30標吳醒漢，暨聽到城外槍響後，也率領部分起義士兵沖出營門，趕往楚望台。一時武昌城內槍響大作，武昌城內外各標營起義軍紛紛率眾起義，全部趕往楚望台，人數多達3000多人。10月10日晚間10點30分，起義軍分三路進攻總督署和第八鎮司令部。一開始，起義軍缺乏強而有力的指揮官，加上兵力不足，進攻過程碟躞受阻。到了午夜12點，起義軍決定集中火力，再次發動猛烈進攻，終於突破敵人防線，大兵邁進總督署附近。

起義軍砲兵在蛇山與中和門附近向總督署發動猛烈砲擊，湖廣總督瑞澂落荒而逃，第八鎮統制張彪仍不願放棄，與起義軍頑強對抗。到了天際乍放曙光，起義軍終於順利佔領總督署和鎮司令部，張彪狼狽退出武昌，起義軍徹底掌控武昌，新軍中一時歡聲雷動。漢陽、漢口的起義軍風聞武昌城內外

槍生大作後，也分別於 10 月 11 日夜、10 月 12 日光復漢陽和漢口。起義軍掌控武漢三鎮後，立即組建湖北軍政府，公推湖北新軍協統黎元洪為都督。

武昌起義一聲響，風聲所播，全國震動，各省迅速蹺捷響應，短短一個月內，全國 13 個省區和眾多州縣相繼起義，大清帝國岌岌可危。由於 1911 年為農曆上的「辛亥」年，故命名為辛亥革命。武昌起義之成，中華建國之果，四川保路之功不可沒。而策劃與發動此次武昌起義的蔣翊武、孫武和張振武三人，也被稱作「辛亥革命三武元勳」。

觀革命黨人前十次起義失敗，雖悲慟萬分，但卻未曾氣餒，反而積極蓄儲更強大的武裝能量，才能促使武昌起義成功。若說滿清亡於人民揭竿起義，未若說其亡於自身的顢頇專橫。古代「以民為天」，戕殺民心者必自取滅亡，無奈滿清總學不會，實是昏庸至極。

再觀，清廷轟然瓦解，當然絕不是單單一省武昌起義就能做到。事實上，它是集中國各省陸陸續續響應武昌起義，前仆後繼，在各省繳滅清軍力量，才得以讓辛亥革命發揮實際的作用。實際上，滿清真正垮台是發生在 1912 年的南北議和期間。

辛亥年中國 17 省（或 18 個位置）的武裝反清起義地點和時間：

湖北：辛亥武昌起義，發生於 1911 年 10 月 10 日；

湖南：辛亥長沙起義，發生於 1911 年 10 月 22 日；

陝西：辛亥西安起義，發生於 1911 年 10 月 22 日；

山西：辛亥太原起義，發生於 1911 年 10 月 29 日；

雲南：辛亥昆明起義，發生於 1911 年 10 月 30 日；

江西：辛亥南昌起義，發生於 1911 年 10 月 31 日；

貴州：辛亥貴陽起義，發生於 1911 年 11 月 3 日；

上海：辛亥上海起義，發生於 1911 年 11 月 3 日；

浙江：辛亥杭州起義，發生於 1911 年 11 月 4 日；

江蘇：辛亥蘇州起義，發生於 1911 年 11 月 5 日；

廣西：辛亥桂林起義，發生於 1911 年 11 月 7 日；

安徽：辛亥安徽起義，發生於 1911 年 11 月 7 日；

廣東：辛亥廣州起義，發生於 1911 年 11 月 9 日；

福建：辛亥福州起義，發生於 1911 年 11 月 9 日；

山東：辛亥濟南起義，發生於 1911 年 11 月 13 日；

重慶：辛亥重慶起義，發生於 1911 年 11 月 22 日；

四川：辛亥成都起義，發生於 1911 年 11 月 27 日；

海軍：辛亥大清國海軍起義，發生於 1911 年 12 月 7 日。

武昌起義後，17 省紛紛響應起義，宣佈獨立。12 月 17 日各獨立省代表在南京開會，中華民國成立，黎元洪為中華民國大元帥、黃興為副元帥。

辛亥革命是中國近代歷史上的一次偉大的資產階級民主革命，具有深遠的歷史意義。辛亥打開了中國社會進步的閘門，更成為中國人民前進道路上的一個偉大里程碑。這次革命並非一般意義上的改朝換代，而是從根部摧毀統治中國二千多年的君主專制制度，也結束了統治中國 267 年的清王朝，建立

革命軍占領武昌城後，軍政府掛起象徵十八省
團結一致的十八星軍旗

了亞洲第一個民主共和國。革命黨人取得勝利後，整個國家被拉入現代中國的歷史軌道，民主共和的新紀元由此開啟。

從辛亥這一年開始，中國「現代國家觀念」開始紮根，所謂「百年中國

現代化歷程」也是從這一年算起，作為這場革命的延續。

辛亥革命帶來的歷史意義：

（一）：推翻了封建君主專制制度。

（二）：民主共和的觀念從此紮根。

（三）：對民族資本主義的發展，起到一定推波助瀾的作用。

（四）：推翻了洋人的朝廷，沉重打擊了帝國主義的侵略勢力。

（五）：對近代亞洲各國被壓迫民族的解放運動，產生了鼓舞作用。

第二節　打響雲南辛亥昆明起義

蔡鍔謀劃舉事，回應武昌起義

武昌起義爆發後，消息一傳到雲南，蔡鍔立即果斷響應，約集幾位新軍中的革命黨人，自 10 月 16 日至 28 日，12 天內先後在劉存厚、李鴻祥、唐繼堯家中召開五次秘密會議，密謀回應湖北省，並同參與者相約定「嚴守秘密，有泄者共殛之」的誓言。

10 月 16 日，第一次秘密會議在講武堂教官劉存厚寓所舉行，與會者莫不抱持著殺身以成仁、從容就義之決心。會議一開始，李根源、羅佩金、殷承瓛等人認為，雲南革命理應由雲南人出來主持和領導，這樣有助於穩定雲南同盟會支部的領導地位。但唐繼堯、李鴻祥、劉存厚等人則主張，昆明起義非同小可，需要具備優良的軍事思想和軍備經驗的人來擔當，因此他們堅持推舉蔡鍔出來領導起義。

蔡鍔參與過維新運動和自立軍起義，在日本陸軍士官學校就讀時，又以第二名的成績畢業於騎兵科。《曾胡治兵語錄》的治軍和帶兵思想又在新軍

各營中備受將士的肯定，況且他還是駐昆明的清軍主力、第三十七協的協統（相當於旅長），兵權在握。在雲南新軍的革命策動中，他的職務最高、權威最大，由他來帶領昆明起義，自然最適合不過。

經過一番協商和討論，眾人最後決定公推蔡鍔為昆明起義的領導人。會上，蔡鍔審時度勢，堅決主張雲南應迅速舉旗，讓革命勢力連成一線。但此時新軍中有軍官認為：「雲南不宜輕舉妄動，待全域大定，再謀變革之舉以免外人乘機干涉。」

蔡鍔隨即答覆說：「雲南起義應盡速舉行，以作為東西各省的先導，縱然武漢失敗，滇中也可以於半年之內，整頓軍備，進退裕如。在這數月中，川、黔可以得手。得到這三省之地，與滿清抗衡，勝負也未可預決。」蔡鍔的意見得到了大多數參與者的贊同。

會議結束後，眾人決定「歃血為盟」，戮力齊心推翻滿清。蔡鍔隨即命部屬寫下「協力同心，恢復漢室。有渝此盟，天人共殛」的誓詞，並將之燒紙於酒中，然後要眾人同飲，誓為國家拋頭顱、灑熱血。這份十六字的誓詞，如同「光復會」所立下的誓詞一般——光復漢族，還我河山，以身許國，功成身退！

光復會，曾經是徐錫麟、秋瑾的革命基地，兩人先後加入光復會後，國內的革命形勢才有了迅速的發展。蔡鍔取秋瑾誓詞，頗有「雖千萬人，吾往矣」的氣慨！蔡鍔心想，秋瑾捨身取義、血灑大地的情操正是吾輩的典範！孟子嘗言：「生，亦我所欲也，義，亦我所欲也。二者不可得兼，捨生而取義者也。」敢以義拋生死，誓渡人間，這正是發動辛亥革命的意義！

還有，蔡鍔與眾將領歃血的誓詞中，雖言恢復漢族，但他始終明白，革命要創造的共和是「各族共和」——一個立基於各族平等的共和國家，而不是僅僅屬於漢人的共和國而已。誓詞提及的「光復漢族」、「恢復漢室」，

只是配合當時革命黨人所稱呼的口號「驅逐韃虜」，他的革命志業乃創造各族平等的共和國家。

　　會議結束後，深謀遠慮的蔡鍔此后又連續舉行了四次秘密會議，加快了起義的準備工作。據雲南相關史料，前后參加五次會議的人員計有蔡鍔、羅佩金、殷承瓛、李鴻祥、劉存厚、唐繼堯、沈汪度、張子貞、黃毓成、劉祖武、雷飆、謝汝翼、韓鳳樓、黃毓英、楊蓁、范石生、鄧泰中、黃永社等 18 人。其中，除蔡鍔、雷飆、黃毓英、黃永社 4 人外，其餘 14 人都是或曾是講武堂師生。

　　又根據李鴻祥所撰《雲南辛亥革命回憶錄》中提及：「10 月 28 日（九月初七）最後一次商量起義事宜的秘密會議，在唐繼堯臥室舉行。參與者有蔡鍔、謝汝翼、唐繼堯、李鴻祥、沈汪度、劉存厚、黃毓英、楊蓁、范石生、黃永社、鄧泰中等。張子貞才由日本回國，臨時加入。會上公推蔡鍔統率起義，擔任總司令。因蔡是士官學校第三期畢業生，資格較老，且有才華，有眼光，任職協統，階級較高；又由於雷飆、劉存厚、謝汝翼、唐繼堯和李鴻祥五個管帶都擁戴他而有較大實力，一旦起義，他最能掌握全域，所以主張選他。這一派人除以上五個管帶外，還有沈汪度等。」

辛亥重九起義重要領導幹部：左起李根源、羅佩金、唐繼堯

10 月 28 日，眾人在唐繼堯寓所舉行了最後一次（第五次）秘密會議，這次主要研究起義的兵力部署、攻擊計畫與起義時間。會上眾人一致決定於 10 月 30 日凌晨 3 點（農曆 9 月 9 日重陽節）發動武裝起義，採分路夾攻的戰術，予以殲滅清軍。蔡鍔隨即以總司令的身分，同大家協定了此次的起義部署：

一：蔡鍔統帥 37 協所屬步兵第 74 標和第 73 標（當時 73 標部分主力仍屬於標統丁錦所掌控），以及砲兵第 19 標為為起義軍兵力總統合與發配，同時也為起義軍主力；

二：第 73 標負責攻佔省城大東門至小西門以北地區，以軍械局和五華山為主要目標；

三：第 74 標負責攻佔省城大東門至小西門以南的地區，以巡防營、南門城樓、總督署等為主要目標；

四：砲標轟擊目標亦為總督署、五華山和軍械局；

五：講武堂的學生則負責打開省城各個城門。

起義軍這次的嚴密部署，計畫相當充分周全、縝密具體。

鐵砲怒吼，辛亥昆明起義爆發

武昌起義發生後，全國各地已是風聲鶴唳，草木皆兵，雲貴總督李經羲為防止雲南也發生同樣不測事件，遂下令總督署和各巡防營嚴加防範。李經羲還與新軍 19 鎮鎮臺鐘麟同秘議協商，請其擬定防範策略。鐘麟同認為清王朝已是遍體鱗傷，非嚴刑峻法伺候革命黨人不可。於是鐘遂下達命令，凡雲南新軍中擁護共和體制者，一律格殺非論。

蔡鍔在廣西時，李經羲視之為心腹，他知道蔡鍔非同盟會會員，平時亦深居簡出，是值得信賴的部屬。李經羲從 19 鎮鎮臺那邊回府後，立刻找來蔡鍔，同他說道：「你離桂赴滇任職，為國奮鬥，為滇奮鬥，亦為新軍奮鬥，然此次若不大開殺戒，恐難以穩定軍心民心！」

李經羲身為大清國棟樑大臣，認為有必要維護封建統治的舊道德，因此出此下策。然而，李經羲為人宅心仁厚，本非好殺之徒，他雖一面以朝廷股肱自居，想撲滅革命火苗，卻又一面深感滿清無能，實該實行新政。這或許是受到大伯李鴻章行事風格的影響，因此李經羲只能遊走於守舊和開放之間，拼命掙扎。

蔡鍔當然知道李上司老驥伏櫪，志在報國，出此下策實為不得已，於是不慌不忙勸他使不得。蔡鍔說：「殺戒一開，革命黨人被逼上梁山，昆明將成為第二個武昌！」在蔡鍔的再三勸阻下，李經羲、鐘麟同決定放棄大開殺戒，但仍撤換掉74標標統羅佩金，因為羅留日期間，與孫中山走得特別近，回國後其革命色彩又表現得非常濃厚。

鐘麟同還下了一道命令：「各營的彈藥除少數留做訓練打靶用外，其餘一律交回軍械局。」他認為既然無法在新軍中分辨出誰是擁護共和者，不如直接把革命黨人封喉，讓他們無法持有武器起義。

10月30日終於到來，這天晴空萬里，秋風肅殺，似凝聚著一股揮之不去的駭邊氣壓，一場光明與黑暗的較量、生與死的搏鬥，便悄然在中國西南重鎮昆明展開。

當天晚上，濃濃的夜色中，蔡鍔所屬第37協統、昆明北較場73標第3營排長黃毓英等人正在廣闊的空地上搬抬子彈，以為起義作準備。到了晚間8時40分，當晚值日隊官唐元良撞上第3營士兵，唐元良是北洋陸軍軍官，氣態焰然，不僅大聲斥責士兵，阻止其搬運子彈，還揚言要追緝元兇。

雙方爆發激烈衝突之際，第3營士兵開槍打死了唐元良和幾名軍官。不巧的是，士兵在回來的路上又遇上73標標統丁錦，他是總參議靳雲鵬的親信，一察覺士兵搶運彈藥，便知大事不妙。丁錦立即下令衛隊營朝第3營士兵開槍射擊，並直撲73標本部。第3營管帶李鴻祥當機立斷，集中火力予以還擊。

經過短暫激戰後，丁錦負傷率衛隊敗逃而去，丁錦雖為第 73 標標統，但並不得下屬擁戴，第 73 標和第 74 標將士反而是支持新軍協統蔡鍔，全部成為革命起義部隊。

北教場槍響大作後，附近新軍人馬立刻趕來支援，起義軍一舉擊退衛隊營，攻破北門，往五華山和軍械局挺進，並向其他標營起義軍舉火為號。這時蔡鍔正在昆明巫家壩第 74 標本部召集軍官會議，部署起義任務，決定由唐繼堯、劉存厚率步軍攻擊總督署；李根源負責率領 73 標；自己則和雷飆親率巫家壩步、砲兩標，往五華山挺進，與在五華山、軍械局的李根源、李鴻祥所部會合。

由於統一部署的起義時間（10 月 30 日凌晨 3 點）未到，蔡鍔部隊人馬還駐守在巫家壩，在他們積極落實武裝任務分配之際，忽見城內大火沖天，繼聞槍聲大作，蔡鍔知道北教場出事了，起義軍已經提前行動！

蔡鍔立即傳令鳴號，火速集合 74 標和砲標軍士兵，晚上 10 時左右，蔡鍔全副戎裝，腰佩銀劍，來到巫家壩的大草坪上。隨後將校亦全數到齊，蔡鍔即令分發子彈，整理裝械，整隊集合，隨後起義軍舉行誓師儀式，蔡鍔向全體官兵發佈起義的號令、目標和要求。

蔡鍔宣佈革命宗旨云：「滿清專制數百年，紀綱不振，政以賄成，四萬萬同胞如坐塗炭。現在武昌首義，四處回應，皆欲掃除專制，復我民權。我輩軍人，何莫非國民一分子。與其被疑繳械，徒手待戮，何如持此利器，同起義軍，革命清廷，造共和國！」

血誓一立，步、砲兩標官兵立即高呼：革命軍萬歲！以示回應！蔡鍔宣佈雲南辛亥革命起義！發佈進攻命令！為嚴肅軍紀，臨開拔前，蔡鍔下達軍令規定：「各軍不得妄殺一人，不得妄取民間一物，必須保護居民，防輯霄小。」再三叮囑後，蔡鍔率起義軍浩浩蕩蕩從巫家壩向昆明城內跑步進發。

起義軍行進間，前方突然傳來一陣馬蹄聲，跑來之人向蔡鍔報：「我奉總督之命，前來向協統報到，協助清剿叛匪。」原來，總督李經羲尚不知道蔡鍔就是起義軍總司令，北校場戰事起之時，李經羲還緊急去電蔡鍔，要他火速進城平叛。蔡鍔襟鬲開闊，並沒有殲滅來人，反而是曉以大義，要他們看清時勢，鄉親父老是誰的親？是誰人的肉？雙方相峙之際，俄而忽聞對方士兵啜泣，他們堅決要與起義軍一同推翻清王朝。

蔡鍔率領 74 標於 10 月 30 日 12 時抵達小西門時，小東門和小西門已由 73 標及講武堂學生所佔據，顧品珍等人遂率講武堂騎兵科學生及機槍營一部來迎，接應東南方向的起義軍入城。到了吳井橋時，駐守在財神廟的第 2、第 4 巡防營中的講武堂師生也相繼派人來迎。蔡鍔整合隊伍後，再次下達起義軍部署命令：

一：砲標由小西門入城，74 標各營由小東門入城，目標攻打城中的分佈於昆明城中部和南部的總督署、藩使署、鹽道署、交涉司署、臬司署、糧道署、糧餉局等官府衙門。

二：李根源則繼續率 73 標（10 月 30 晚間 9 時，73 標已先行攻入昆明北門，往軍械局挺進）向北攻打「軍械局」，與砲標和 74 標形成東、西、北三面呼應的攻擊隊形；

三：蔡鍔則率另外的起義軍由大東門入城，以步兵隊、砲兵隊、機關槍隊，分佈在東南城一帶，待拂曉發動總進攻。同時為防 73 標和 74 標在進攻時兵力發生不足，蔡鍔又另派遣一部分起義軍，準備協助攻打軍械局、五華山及總督署。

起義軍攻克五華山，光復雲南

蔡鍔率部入城後，隨即設指揮總部於江南會館（今連雲賓館），指揮各部隊進攻。

蔡鍔命令一發佈，羅佩金所率領的 74 標起義軍立即衝進昆明城，李根源所率領的 73 標起義軍也由城北展開猛烈攻勢，一群講武堂學生盧燾、蔣光亮、董鴻勳等人躍入戰壕，搭成人梯攀上城牆，擊斃巡哨清兵，並用大斧頭砍開城門。

根據李鴻祥《增補辛亥革命回憶錄》中所談：當夜，李根源、李鴻祥會合後，整頓了隊伍，率領新軍七十三標在濃濃的夜色中由北校場經蓮花池從昆明北門殺入城中。黃毓英身先士卒，衝鋒在前，率一排人馬搭成人梯越城而入，黃擊斃巡防的清軍，殺散守軍，用已備的大斧頭砍開城門，起義部隊一湧而入後，李根源派兵守住銀圓局、機器局、糧餉局、布政司等衙門，保護財產安全；又派部分官兵切斷清軍的通訊線路，扼守北門，阻擋清軍入城；另一部分佔領並守住小西門和大、小東門，迎接巫家壩義軍入城。然後命令劉祖武率兵猛攻螺峰街的軍械局，並搶佔圓通山。李根源即令義軍排長文鴻達率部進攻雲南昆明五華山南麓之紅柵子，「他身先士卒，爬上山去，露出半截身子，射擊敵人，被敵人機關槍掃射，胸部中彈如蜂窩，壯烈犧牲」。

城門大開後，73 標起義軍源源不絕蜂擁而入，李根源遂下令：

1、　部分起義軍守住銀圓局、機器局、糧餉局和布政司等衙門，保護財產安全；

2、　又派部分兵力切斷清軍的通訊線路，扼守北門，阻擋清軍入城；

3、　另一部分佔領並守住小西門和大、小東門，迎接巫家壩義軍入城；

4、　最後命令劉祖武率兵猛攻軍械局。

軍械局乃昆明清軍的彈藥儲藏之地，背靠五華山，是絕佳的天然屏障。軍械局大門、後門、及四周均部署重兵，尤其背後五華山上有一清軍碉堡，還架設著重重槍砲，防守十分嚴密。起義軍兵臨五華山下時，軍械局立即予以反擊，雙方展開激烈激戰，這時，駐守在五華山上碉堡的清兵立即由山上

座落於五華山東北側的軍械局

軍械局大門

俯射、砲轟而下，火力甚猛，73 標戰至 10 月 31 日凌晨 4 時，傷亡慘重，攻克軍械局計畫受挫。

蔡鍔得知 73 標攻佔軍械局受挫後，火速命羅佩金所屬 74 標第 3 營，配合謝汝翼砲兵 1 營，立刻跑步馳援 73 標起義軍。增援部隊趕到後，砲兵管帶謝汝翼率部眾由東門進城，由東城壕溝後面的土埂開砲轟擊軍械局，一時清軍兵力大挫，守防亂了陣腳。

這時李根源親向軍械局精神喊話，說革命乃是聽天命、順民意，是大勢所趨，人心所向，希望官兵們放下武器，停火談判。然而，軍械局卻倚仗堅固的工事、精良的武器和充足的彈藥，據險頑抗，抵死不從，加上軍械局裡藏有大量軍火，謝汝翼砲營也不敢再繼續冒然轟襲，於是雙方戰事頓陷僵局。

蔡鍔調派第 3 營和砲標 1 營前去增援 73 標的同時，也立刻與羅佩金率領第 1 營和第 2 營分別攻向五華山和都督署（總督署）。雲南總督署坐落在昆明城南門內、五華山南麓，衙門四周高牆轟立，牆內外修有堅固的工事，還有兩個營的兵力和兩個機槍連守衛，固若金湯。10 月 31 日凌晨，蔡鍔所率部眾和清軍展開了激烈較量，五華山上槍林彈雨，廝殺震天。

辛亥昆明起義，起義軍就像一把鋒利刀鍔，直插入昆明城內，昆明夜間到處都是槍聲和火光。經過一夜的戰鬥，10 月 31 日早上 6 時，蔡鍔下達對五

華山和總督署發射砲擊的命令，當時，總督署有千餘清軍以 10 多挺機槍死死把守，起義軍難以攻下。

蔡鍔、羅佩金所率 74 標激戰五華山時，李根源所率 73 標的「軍械局攻克戰」也進入最後作戰階段。這時李根源心生一計，下令士兵在軍械局牆角四周挖掘地道，並埋入黑炸藥，擬將四面圍牆炸開，以讓起義部隊直接殺入。黑炸藥連連引爆數次，最後終於在其中一面圍牆上炸出一個大洞，謝汝翼營見機不可失，立刻執手槍領軍衝入，與清兵展開廝殺，隨後 73 標也一湧而入，清兵不敵，敗衄作鳥獸散。10 月 31 日上午 10 時，73 標起義軍完全佔領軍械局，繳獲各式步槍萬餘支，砲彈數百發，子彈不計其數。

再看看五華山方面，辛亥昆明起義中，五華山一帶其實是最主要的戰場。五華山可俯瞰昆明全城，乃制高點，為這次敵我雙方光復昆明的必爭之地、關鍵之戰。在蔡鍔兵馬來到之前，清軍就已先行搶佔了五華山的武候祠、勞公祠等高地，可謂搶得了最佳戰線。當時因為 73 標久攻不下軍械局，74 標又無增援部隊，攻佔五華山和總督署就變得異常艱難。

昆明起義軍攻打軍械局

直到 73 標攻克軍械局後，繳獲了大批武器，槍彈也得到了大量補充，李根源遂率部眾匆匆駛赴五華山與蔡鍔會師。10 月 31 日上午 11 時，蔡鍔下達總進攻命令，起義軍火力全開，攻向五華山。清軍雲南總參議靳雲鵬、第 19 鎮統制鐘麟仍作最後苟延殘喘，親率巡防營、憲兵營、輜重營和機關槍隊等兵力死守在五華山。10 月 31 日下午 1 時左右，起義軍合力佔領五華山，攻克總督署。

依據李鴻祥《增補辛亥革命回憶錄》中所敘述：「清軍雲南總參議靳雲鵬、

第 19 鎮統制鐘麟同親率巡防營、憲兵營、輜重營和機關槍隊等重兵在五華山防守。74 標在山下的梅園巷附近與清軍發生了激烈的巷戰。當時 73 標在攻打軍械局時，為了壓制山上清軍的火力，也派出董鴻勳等部搶佔山上的勞公祠、潘

辛亥昆明起義激戰之地五華山

公祠、武侯祠和兩級師學堂等處高地，五華山上的清軍得知革命軍佔領了軍械局後四下逃散。經一番血戰，革命軍攻克五華山。」

這時，五華山上旌旗林立，隨風飄盪，雲貴總督李經羲被縛，昆明城全面肅清，辛亥重九起義獲得大勝。在起義軍強烈的要求下，李經羲立即寫信給滇東鎮守使夏豹伯，滇南蒙自關道尹龔心湛等，要他們停止抵抗，繳械投降。

11 月 1 日（初 11 日），起義軍在五華山建立「大中華國雲南軍都督府」，從此雲南的的政治中心也就從設置在昆明城西南的雲貴總督衙門轉移至五華山上。數日後，各府、州、縣傳檄而定，雲南 40 多個清朝的邊巡防營共一萬多人全數放下武器，不再負隅抵抗，雲南全省各地也紛紛換上了共和旗號，宣告光復，清王朝在雲南的統治終於被徹底推翻。

起義路線圖

- 1911 年 10 月 30 日晚 8 時 40 分，辛亥昆明起義因駐守北教場第 73 標基層官兵殺死反動軍官而提前數小時爆發。
- 蔡鍔聞訊後，即刻命令立即分發子彈，號召在巫家壩的第 74 標和砲兵第 19 標新軍發動武裝起義。
- 10 月 30 晚 9 時，李根源、李鴻祥率 73 標起義軍經蓮花池向昆明城

進軍；攻入昆明北門後，李根源派人向蔡鍔報告情況，繼續向軍械局發起進攻，並在雲南貢院（今雲南大學內），設立「起義軍司令部」。

- 10月30晚12時，蔡鍔、羅佩金率74標起義軍，從巫家壩由東門沖進昆明城。進入省城之後，蔡鍔在圓通山附近的「江南會館」設立「起義軍司令部」，開始進攻總督署和五華山，與73標的進攻形成遙相呼應之勢。

- 10月31日子時至上午6時，74標與清軍在五華山經過6個小時激戰後，74標起義軍決定發動砲擊和三面包抄攻擊。

- 10月30日晚9時後至10月31日上午10時，經過14個小時激戰，73標起義軍攻下軍械局。

- 10月31日上午11時，起義軍全力攻打五華山，起義軍在梅園巷與清軍展開激烈巷戰；蔡鍔在圓通山附近的江南會館、李根源在雲南貢院（今雲南大學內），分別建立了「臨時指揮部」。

- 10月31日下午1時左右，起義部隊拿下五華山，攻克總督署，辛亥昆明起義取得最終勝利。

昆明激烈戰事，媲美武昌首義

辛亥重九起義，蔡鍔起著舉足輕重的領導作用，他有組織地領導雲南新軍起義，很快控制了全省。起義軍整個軍隊人事組織架構圓滿呈現，可圈可點，這群菁英中，以29歲的蔡鍔資歷最老、名氣最大，他是梁啟超的學生，從1900年自立軍起義開始參與過各項愛國集會，他有深厚的革命經驗，當時的軍銜也最高，因此被大家公推出來帶領革命。

蔡鍔之外，這群人中數李根源威望最高。李根源既是陸軍講武堂的校長，又是同盟會昆明分部的負責人。蔡鍔和革命黨人掌握了駐守雲南省城新軍主

力部隊的指揮權。蔡鍔入滇對雲南辛亥革命具有重要意義。

辛亥昆明起義發生於農曆重陽九月九日,故被稱為「重九起義」。昆明起義在各省辛亥起義時間上名列第五,居湖北、湖南、陝西、江西之後,但激烈戰事,卻不亞於武昌。

史學家們曾多次評價昆明重九起義在全國辛亥武裝革命中,不僅是回應武昌起義較早的省會城市,而且是除武昌起義之外,各省革命黨人組織的省城起義中,戰鬥最激烈的、所付出的代價也可與武昌首義相媲美的武裝革命。

雲南辛亥起義創造了3個冠軍,一是起義激烈之冠;二是改革成效之冠;三是滇軍精銳之冠。馮自由在《辛亥雲南省城光復實錄》中說:「昆明重九起義,有150多名官兵血灑昆明城頭,受傷300餘人。而清政府方面,有200餘人死亡,傷者100餘人,雙方都付出了很大的代價。」而林增平等人主編的《辛亥革命史》中則說辛亥重九起義是「獨立各省革命黨人組織的省城起義中,戰鬥最激烈,代價也最巨大的一次」。昆明起義發喪之日,隊伍長六七里,送葬者數萬人場面令人哀淒。

辛亥昆明起義爆發後,砲火異常激烈。李經羲派雲南總參議靳雲鵬和第19鎮統制鍾麟圍殺起義軍,在昆明城內層層設防,部署重重兵力進行撲剿。然而,起義軍是一支組織嚴密、有統一思想的軍隊。蔡鍔任新軍第19鎮第37協協統時,在他的領導下,軍官和士兵素質已有改善,而且器械新置、武器精良,起義軍的組成架構也完整而精細:有旅長、團長、營長、連長、排長等各級軍官,並有著層層分明和可調動軍隊之實權。

加上雲南新軍將領多半是同盟會出身,如李烈鈞、唐繼堯、李根源、羅佩金、殷承瓛、謝汝翼、李鴻祥、張開儒、葉荃、黃毓成、黃毓英等。他們的思想新穎、理念一致、行事團結,所帶領的部屬、士兵泰半已有革命起義的新思潮,更大大增加了昆明起義的成功率。

在總司令的一聲令下，軍隊迅速有條不紊的展開行動，層層組合，默契無間，尤其起義軍總司令蔡鍔一直在前線指揮，直到戰鬥結束，這在無形中使得弟兄士氣大振。起義將領身先士卒，浴血奮戰，他們以大無畏的革命精神，終於震懾了清軍，締造了雲南光輝的革命史頁。至此，大清王朝結束了從 1659 年以來在雲南的 252 年統治。

雲南成為辛亥革命重鎮，絕非偶然

雲南雖地處西南邊陲，但在近代中國歷史的發展上，卻扮演著舉足輕重的角色。清末英國和法國在緬甸、越南建立了殖民地，雲南當然也成為了帝國主義踩躪瓜分的對象。然而，雲南人民不願屈服在列強勢力下，各族多次奮勇反抗，革命氣息濃厚，使雲南成為資產階級民主革命之重陣，成為反帝制反封建的主要戰場。

1905 年孫中山在日本成立同盟會，雲南留日學生組成十分活躍的團體，楊振鴻、呂志伊、李根源等數十人建立同盟會雲南支部，創辦《雲南》雜誌，積極宣傳革命。這批同盟會雲南籍成員是實踐民主共和思想的急先鋒。他們大多數在日本士官學校學習軍事，1908 年畢業後相繼返回雲南。這些留日學生懷著報國濟世之心飄洋留日，本想回家鄉報效祖國的年輕人卻發現，當時中國已經到了不革命就要亡國的地步。

1906 年 4 月，孫中山曾對創辦《雲南》雜誌的呂志伊等人說：「雲南有兩個革命的因素，一件是官吏貪污，如丁振鐸、興祿之貪污行為，已引起全省人民的憤慨，另一件是外侮日亟，英占緬甸，法占安南，皆以雲南為其侵略之目標。滇省人民在官吏壓榨與外侮侵淩之下，易於鼓動奮起。」隨後遂派黃興、胡漢民、汪精衛、居正、秦力山等人到滇緬組織發展同盟會，建立「仰光總機關部」。

1906 年 11 月，孫中山曾同楊振鴻、李根源等人剖析了國內各省的形勢，

指出：近期若在雲南發動起義是比較有利的。此後，楊振鴻等人便在心底不斷地勾畫著「以雲南的獨立為爭取中國獨立的基礎」這樣一幅實現理想的宏偉藍圖。

1908 年 4 月、12 月，雲南陸續爆發了河口起義、永昌起義。這兩次過於倉促的起義雖然都以失敗而告終，然而卻能看出雲南的革命運動正不停地醞釀著。

辛亥首役最後雖然選擇了武昌，但雲南在辛亥革命中的作用卻從未被忽略。孫中山先生曾高度評價：「雲南起義，其目標之正確，信心之堅強，士氣之昂揚，作戰之英勇及民心之振奮，與黃花崗之役，辛亥武昌之役，可謂先後輝映，毫無軒輊。」而由於雲南是西南地區首舉起義的省份，昆明起義勝利後，支持和促進了鄰近四川、貴州等省的光復。

第三節　為共和奮戰，沒有派別，只有國家

沈穩剛毅，革命者的風範

真正的革命家氣勁是內斂的，一言可以興邦，他說的道理必然顛撲不破，切中時弊。蔡鍔在日本求學期間，立志革命流血救國後，即表現出弱冠之年少有的穩健持重。留日學生熱情滿懷、志存高遠，個個意氣風發，但蔡鍔身處其中，並不熱衷於當時很時髦的「人種論」，也不以排滿和辯勝為快，他所認知的革命是推翻帝制及各族共和的革命。

蔡鍔回國後，並沒有加入同盟會，在當時，很多有識之士認為要革命就要加入革命黨派，蔡鍔在他們之間是個十足的異類。身為一名軍人，「對政治保持中立、維護軍隊國家化」是他一貫的作風。1910 年，當他就任廣西兵

備處總辦時，由於不願加入同盟會，卻因此遭受到廣西頭角崢嶸的革命黨人士誤解，他們發動驅蔡風潮，硬是把他趕出廣西。即便受了這樣的委屈，蔡鍔也未嘗絲毫改變。相反地，他勇於在亂世中不斷摸索，尋找出自己的革命理念。

1911 年春，蔡鍔初到雲南擔任新軍協統之後，由於軍事思想精湛，領導能力卓越，部眾皆願服膺其下，但他這種言必有中，性格沈穩的個性，也在昆明受到不少革命人士的質疑。 一次，一位雲南新軍見習排長黃毓英、昆明同盟會會員氣勁勃發來找蔡協統大談革命，黃排長希望蔡協統

雲南新軍協統蔡鍔

能表態是否支持革命？或許是蔡鍔年紀尚輕，且才剛就任第 37 協協統未久，因此軍階不大的部下敢公然冒不諱。這一次的挑戰也被解讀為是昆明同盟會想試探蔡鍔的政治傾向。

這時蔡鍔怎麼應招？他依舊不改沈著個性，嚴正予以應付。他以「革命的時機點」是否來臨為答，語重心長諄諄告誡黃排長說：「時機不到幹不得，時機成熟時絕對支持！」事實上，黃毓英的大膽行徑無疑露了餡，若蔡鍔並非革命人士，黃排長此舉，無疑替昆明同盟會埋下覆亡危機。

針對此事，蔡鍔後來回憶說：「時鍔長三十七協，（黃毓英）初來謁，頭角崢嶸，目光四射，大奇之。」黃毓英「日與同人謀革命益切，嘗深夜演說軍中，言之髮指，各軍官多耳目公者」。

由黃毓英的大膽行徑可知，當時雲南新軍內的上級或下級軍官，泰半「性

格火爆、情緒易於衝動」，這看在年輕協統蔡鍔的眼裡，是犯了革命起義家的大忌！

蔡鍔認為，革命就和打仗一樣，不是說幹就幹，革命需要思想武裝，要組織部署，要掌握時間，要尋求時機，還要有能號召的領袖和隨之起義的人員，這些都是革命真正的基石和深厚的底蘊。革命決不是帶著一群怒氣沖沖或不明事理的人去硬幹、去打群架，而是帶著一群有組織、有能耐、志決意堅的人去與相峙的一方鬥智、鬥勇、鬥力，這才是蔡鍔所要進行的武裝起義。

再說，革命家當然重視實幹！但「日日在那裡叫賣要革命，要反清，要救民，並不能代表實幹」！實幹家倡言革命固然慷慨激昂，但絕不會輕易表露心跡，引敵人暗中偷襲。送掉自己的性命不打緊，讓其他革命同志跟著陪葬就可謂癡中之癡。蔡鍔看重的是革命的實際效果，他依然在日日提倡革命，但絕不是把口號叫得震天尬響，他絕對守口如瓶。

蔡鍔也決不是沒有政治頭腦的武夫，時務學堂的薰陶，特別是留學 5 年接受新思想的洗禮，早給了他寬闊的視野和前瞻的目光，民主、共和，每一個嚮往進步的人都不會拒絕。暫時不革命不等於永遠不革命，更不等於反對革命。經歷過戊戌年和庚子年兩次變故的蔡鍔早已明白，革命者必須冷靜、務實、審時度勢，切忌狂熱和盲動。

再說，蔡鍔所謂的這個「時機」，事實考慮的就是「革命成本」的問題。革命成本包括民眾心理、革命成功的可能性，以及對社會所造成的種種影響。對這些要做出清晰的判斷，有了把握再出手，以期出手必中，這正是蔡鍔智謀高超之處。正如蔡鍔後來一直強調的，中國必須保持統一，不能亂，不能分裂。也就是說，蔡鍔支持有條件的革命，反對無條件的革命。

1911 年 10 月 30 日重九起義，蔡鍔領導的新軍僅用一夜時間就控制了省城昆明。在宣佈雲南獨立之時，也沒有引起民眾恐慌和社會動盪，在南方起

義各省中又是最安定的。這就是時機──確確實實、分分明明的時機點。

蔡鍔終於還是革命了，沒有像梁啟超那樣拒絕革命，但他對革命的謹慎態度，以及在起義中禁止屠殺滿人、強調民族平等，這些還是和老師梁啟超的理念不謀而合的。1902年，梁啟超首創了「中華民族」一詞，且說明它指的是生長生活在中國土地上的所有民族，這種民族大融合大團結的思想，對蔡鍔影響甚大。

革命的真實含意是「先革己命，方能革大眾命」，倘若自己的磐石不穩、準備不足，無法審觀局勢，與時俱進，那麼革命武裝起義終要面臨失敗，所以他對雲南同盟會言：「時機成熟時絕對同情支持。」

為共和奮戰，沒有派別，只有國家

蔡鍔就任新軍第37協協統時，還在雲南陸軍講武堂兼任教官，可以說軍務極其繁忙。即便如此，在百忙之際，他仍編寫了《曾胡治兵語錄》一書，充分表現出罕儔之軍事才華。蔡鍔實際統領兵權後，立刻大張旗鼓進行一系列的軍事調整。他運籌帷幄，安排了大批從日本士官學校畢業的學弟們，穿插於新軍陣營之中，以致辛亥重九起義打響時，蔡鍔指揮若定，發揮了核心領導的作用。

蔡鍔是梁啟超的學生，雖不肯加入同盟會，但他和革命大佬黃興卻因同鄉的關係而成為莫逆之交。也由於黃興的關係，蔡鍔和同盟會走得特別近，關係特別好。在他第37協裡邊，竟然有一個標統（團長）和六個管帶（營長）共7人是同盟會出身的，可見蔡鍔為了張幟革命，並沒有喪失一位軍人公正無私的軍範──為共和奮戰，沒有派別，只有國家！

還有一點值得一提的是，辛亥革命以前，革命派和立憲派之間壁壘分明，形成尖銳對立。兩派人馬常為了要不要推翻滿清這個反動問題而唇槍舌戰，彼此不斷拉距，消耗精力和能量。在相持不下的對立中，雖然蔡鍔師承梁啟

超，但他自留學日本後，所主張的卻是革命思想。

蔡鍔從年輕時起，受漢族傳統思想影響甚深，在早年的文章中就很痛心於漢族「二千餘年以來鮮不為異族所踐踏」，並激動地寫道：「披岳武穆、文文山等傳，則慷慨激昂」，乃「人之情也」。岳武穆即是岳飛將軍，文文山則是文天祥。

蔡鍔到日本後，他的老師梁啟超和樊錐都在日本，樊錐當時還與黃興等人一同興辦《遊學譯編》雜誌。據當時友人回憶：蔡鍔進入日本士官學校後，「即與梁黨少往返，所與遊者皆革命黨人，黃興、陳天華、宋教仁為其最契者」。這並非是說蔡鍔不懂得尊師重道，背離梁師的教誨，而是在他心目中，「救國救民」才是他生命的唯一理想！

蔡鍔從不會回答自己是屬於立憲派或革命派，在他心裡，「國家至上」、「共和萬歲」，他只有國家和人民，他尊敬每一位有識之士，不論他們是立憲派或革命派，甚或其他派別。

我們要知道，在當時那個複雜且多變的時代裡，每一位菁英的知識都是多元的，他們懂的不只是立憲或革命，他們甚至法律、經濟、外語、國防、軍事、歷史、地理、文學樣樣精通。蔡鍔雖然甚少表示自己的政見，然而在國家至為關鍵的時刻，他卻能毅然決然拿起武器，投入起義；主持大局，運籌決勝，又是具有革命家文韜武略的素養。

在近代中國，這樣的革命志士較為罕見，因為他的心裡確確實實只有國家與共和，沒有派別和其他。他不會對別人說，我是立憲派，容不下你們革命派；或是我是革命派，不與你們立憲派為伍。他深知，革命是人人的本分，應為之事，每個會黨或派別，不過是在整體計畫中各表所要展開的方向。就好比辛亥起義前，若沒有秋瑾他們黨派暗中的佈局和犧牲奉獻，同盟會的革命旅程將顯得無比漫長，也格外艱辛。

革命，本來就是透過不斷修正前人的失敗和錯誤，來積累豐富的知識和經驗，以換取最後重大的成功。

蔡鍔任職於廣西新軍隨營學堂總辦時，常邀請同盟會革命黨人譚人鳳等前去晤敘，共商國家大計。譚人鳳在回憶中曾寫道：「詢悉教員學生多同志，心甚喜。偶夜深與松坡、叔式、梅霓生等談心事，英雄肝膽披瀝相陳，頗幸遇合非偶。」蔡鍔能與各派別之人共事，一個人只要他散發出來的氣場，是真為他人、為天下百姓而奮戰的，「英雄肝膽瀝相陳，頗幸遇合非偶」，志同道合之人會明瞭你的心志，珍惜你的。

同盟會成立後，黃興為了武裝起義事宜，化名潛入廣西，住入郭人漳、蔡鍔軍中。當時黃興曾積極鼓動蔡鍔加入同盟會，雖說蔡鍔不表態加入，但黃興日後仍極為重視蔡鍔的革命思想和軍事長才。黃興在 1911 年的一封信中說到：「廣西同志蔡松坡調往雲南，總攬新軍之事。凡此皆軍界愈見進步之情形。」

黃興提及的「凡此皆軍界愈見進步之情形」是顯而易見的。身為一名將領，蔡鍔從沒有遺落陶蒸軍事人才的高遠理想。軍人的生命就是「武魂」，透過陶鑄武魂，以強化軍人的核心價值，價值觀則堅定了身為軍人所擔任的神聖職責。

蔡鍔帶兵職責所在，這職責就是如何建設軍隊，以提升軍隊的執行力量！用什麼樣的核心價值觀養兵教戰，軍隊就有什麼樣的形象。軍隊形象歷來是軍隊得民心、凝軍心、合友軍、離敵軍的一大法寶，也是歷代軍事家「不戰而屈人之兵」的智謀戰略。

人類金戈鐵馬的歷史說明，「上戰無與戰」、「有德不可敵」，「內聖」方可「外王」。軍隊形象好，王者之師百姓簞食壺漿以相迎；軍隊形象差，害民之伍失道寡助打敗仗。

因此，就算是一支打著正義旗幟的軍隊，若軍心渙散，紀律鬆弛，即很容易被認為是「盜賊軍隊」！畢竟，不觀內在，也看外表，這是一般人的心態。蔡鍔極為明白軍隊的戰鬥力量首重於軍人的內在氣質和軍隊形象，因此建立軍人正確的核心價值觀就極為重要。

一支軍隊軍人的核心價值觀，既關係到這支軍隊的發展方向，也關係到這支軍隊的戰鬥力。軍人核心價值觀對軍隊戰鬥力生成發展的作用是潛移默化的，但其作用性質卻是根本全局性的，既影響軍隊的精神，也影響武器裝備的發展和使用，它總是「潤物細無聲」地融入到軍隊建設的方方面面。

對於蔡鍔而言，「軍事實力」就是他的一柄利劍，鋒鍔透徹，必出有因。蔡鍔一身軍膽，陶鑄軍魂以散發罡濤軍氣，他將善用自己的刀鍔軍力，投身於勵精圖治，保家衛國之上。

參考資料：

- 《浙案紀略》（陶成章）
- 《解讀秋瑾》（郭延禮）
- 「紀念辛亥革命武昌首義100周年」官方網站
- 《革命的形成：清季十年的轉折》（羅志田）
- 《保路風潮：辛亥革命在四川》（鮮於浩、張雪永）
- 《雲南辛亥革命回憶錄》（李鴻祥）
- 《增補辛亥革命回憶錄》（李鴻祥）
- 《梁啟超年譜長編》（丁文江、趙豐田）
- 《飲冰室詩話》（梁啟超）
- 《辛亥雲南省城光復實錄》（馮自由）
- 《辛亥革命史》（林增平主編）

第八章

勵精圖治，安內攘外作先鋒

　　古人常說:「神靈在心。」意思是說人的精神與靈思是內在的，不從外來！精神之所以可貴，在於其能作為一種萬有吸引力，凝聚更多具有同樣精神情操與思想的人們聚在一起，各獻所長，共同找出解決既有問題的方法！

　　這本書，或能作為人們精神層次的凝聚，重塑人心的精神模型！但是何以要以愛國志士的精神作為導航？我們都知道，19世紀是一個海洋時代，世界各大強國無不加強海軍紛向海外擴張。20世紀則是一個太空世紀，美國、俄羅斯、中國、日本及各國相繼上了太空，人類稱這是太空時代的來臨！太空時代掀起的意義是，人類將從地球瓜分戰上升至太空爭奪戰，甚至牽動太空病菌或輻射源的干擾戰。倘若我們國家、民族缺乏武魂，沒有戰鬥力，屆時上了太陽系或銀河系，只能再次成為俎上魚肉。

第一節　力行新政，大刀闊斧整治雲南

維護民主國體，促進各種族共和團結

辛亥昆明革命中，蔡鍔與陸軍講武堂師生同心戮力，打了一場光榮的勝仗。

作為這次起義主要軍事力量的講武堂師生，充分向世人展示了這所近代化軍事院校卓越的教育成果，起義軍裝備精良，士氣高昂，勇往直前，銳不可擋。

起義勝利當天、1911 年 10 月 31 日晚上，昆明革命黨人決定：

一、組織臨時政府並推動參謀部職守；

二、都督府設在五華山的師範學堂；

三、照會駐守在昆明的英、法兩國領事；

四、對外宣佈雲南獨立；

五、慰勞起義軍各標將士；

六、訪查李經羲（時為雲貴總督）所在。

五華山光復樓

雲南軍都督府五華山全景

根據曾業英《蔡鍔集》315頁所載，當晚，新軍將領及各界代表在昆明五華山兩級師範學堂舉行隆重的慶祝大會，會上決議成立「大中華國雲南軍都督府」，公推起義軍總司令蔡鍔為雲南軍都督，繼續主持軍政。隨即蔡鍔在會上發佈《大漢雲南軍政府告

雲南軍都督府大門

示》，向與會將士宣稱：「大局已定，舉動文明。保我同胞，雞犬不驚。其各貿易，其各營生。凡我軍隊，不准擾民。」

蔡鍔隨即又與李根源、羅佩金、李鴻祥、唐繼堯、韓國饒等人向雲南省諮議局的議長和議員們倡議，希望諸公支持這次革命行動，共同擔負起維持地方的責任。他們在信中說：「鍔等不惜犧牲身家性命，誓滅胡虜，為同胞謀幸福，奚於昨晚首先舉義。所幸圍督署及攻各局、所，義師所向，著著制勝，不崇朝而大局已定。惟是破壞之責，鍔等已盡，而建設之任，專在諸公。」

11月1日，雲南軍都督府正式宣佈成立，又名大漢雲南軍政府，駐地昆明五華山，都督府大樓立名為「光復樓」。蔡鍔成為辛亥革命後雲南和滇軍的第一任軍都督，這標誌著從這天起，雲南開始逐步走向一個具有資產階級民主政治制度性質的省份。

當天，軍都督府也對外發佈了滇軍政府《討滿洲檄》，重申辛亥革命的宗旨。滇軍政府《討滿洲檄》是把1907年章太炎所發佈的《討滿洲檄》與武昌首義初期黎元洪的《中華民國軍第十三章檄告天下文》拼接而成，再略加刪減修改而成。

檄文中歷數滿人入關以來二百六十餘年，「荼毒我黃裔，擾亂我神明，金馬碧雞，腥膻遍野。我同胞惕於專制淫威，任其蹂躪踐踏、奴隸牛馬」、「割吾民之膏，吮吾民之血」、「使偽王吳三桂帶兵入滇」、「令漢人忘祖，永習為奴」、「竊據中國，視漢人如豬羊」、「尋常私罪，多不覆案，府電朝下，囚人夕誅」、

雲南軍都督府大印與『七族共和』主張

「垂狗尾以為飾，穿馬蹄以為服，衣冠禽獸，貽羞萬國。使吾國神州文物，夷為牛馬」等七大罪狀，又痛陳「不可不急於革命」的三大原因。軍都督府並與四萬萬同胞共誓約：「當掃除韃虜，恢復中華，建立民國、平均地權。有渝此盟，四萬萬同胞共擊之！」

滇軍政府《討滿洲檄》與同盟會的十六字綱領「驅除韃虜，恢復中華，建立民國，平均地權」頗有雷同之處，依然帶有強烈的「驅滿」意識。軍都督府所發函電、告示、宣言、照會等，動輒以「誓滅胡虜」、「光復漢族」、「光復故土」、「人心思漢」為號召。雲南全省更懸掛「漢」字白旗，以漢族為尊，如此色彩鮮明的排滿主張，使得雲南全省的「異族」（少數民族）紛紛淪為被批鬥、殘殺的對象。

當初辛亥昆明起義前夕，蔡鍔在巫家壩集合部隊宣布舉義宗旨時，得知「將校中有欲將軍官中滿人容山、惠森二人處以死刑者」，後經「蔡統領、羅統帶力為禁阻……命暫行拘留，俟事後釋放（翌日即縱之使去）」，才免去了這一場憾事。現在革命功成，又發生雲南布政使官世增與順寧府知府琦璘等被殺的情況，蔡鍔得知後，十分不捨，認為許多革命黨人並未明瞭革命的真實涵義，如此民國雖然成立，有朝一日種族鬥爭也將徹底撕裂民國。

有鑑於此，蔡鍔即刻向全省宣佈：「此次革命實係為改良政治增進國民

之幸福起見，非種族革命也」。吾輩同志不獨不分省界，即滿清官佐亦當保護，俟大局定後同享幸福。」此言一出，滿清官佐全部受到保護。蔡鍔的革命理想不獨不分省界，全國如一村外，更重要的是，革命並非是為殺滿人，而是推翻由滿人所建立的大清帝國。

當時昆明及雲南各地經常出現身著軍戎、手持槍械的軍人，假借搜查逃官、滿人為名，任意擅闖民居官宅，肆行騷擾。同樣的情形也發生在其他省分，這些事件顯示出辛亥革命成功後，人民尚未脫離排滿的迷思。針對此一亂象，蔡鍔要軍都督府發佈告示嚴令禁止，說：對於昆明等地，以搜索逃官、滿族人為藉口而擅闖民居官宅，持槍騷擾，有「擅取官民財物，損辱官民身體者，一經報告審實，立殺不赦」，其所部長官也「一律軍法從事」！可見蔡鍔軍令如山，執法之嚴峻。

隨著全國排滿形勢的迅速發展，蔡鍔決定竭力從雲南的「民族（種族）政策」改革做起，使各族同享民族共和的果實。並「希冀以一省之楷模，令各省風行草偃」。在他看來，民國新成，百廢待興，「種族政策」尤為重要！對待滿族百姓，絕不能採取極端的措施，不能將滿族官吏與滿族平民混為一談。頑固派喪權辱國，固然應當剿殺，但對於一般毫無敵意的滿人，還是要「相容並包」、「一切與齊民等視，包括選舉、租稅，都應當與漢人一樣，一律平等」。

有此宏願和見解後，11月初，軍都督府即致電永昌（今雲南保山市）各屬回族同胞，說到：「永昌清真寺教習張雲舒轉各屬回族同覽：滇垣於九月初九日陸軍、防營全體反正，克定全省，光復舊業。漢、回各族均受滿洲政府壓制二百餘年，今掃除專制，一概平等。軍政府為民請命，大公無私，不分畛域。凡我回族，請勿驚疑。」而在大理方面，軍都督府也表示回族與漢族一致，五族實乃平等。

雖然軍都督府的立場和作風傾向於融合滇內各族，使其不分彼此，得以攜手共同建設滇境新氣象。但舊派幕僚與新軍官吏之間對於異族的處置方式仍存在許多不同的見解，兩派之間的拉扯不斷消耗著政府與人民的精力。有鑒於此，蔡鍔心生一計，認為可請昔日上司李經羲出面緩和舊新派之間的矛盾情節與對立衝突。

據《蔡鍔集》317頁所載：蔡鍔乃以都督府的名義發表《致各府廳州縣電》，提出「仍請李帥（雲貴總督李經羲）主持大局」的主張。李經羲對蔡鍔曾有知遇之恩與提拔之情，對此，蔡鍔始終感懷在心，不曾或忘。他知道李經羲是一名疼愛部屬、秉公無私的好上司，如果他能出面主持大局，必定可以減少革命過後新舊派之間所不可避免的衝突對立，對雲南未嘗不是一件好事！

不過，經歷了政權更迭後的李經羲，早已看淡人生，他打算就此退隱而去，因此不肯出山。加上昆明革命黨人之間意見紛歧，多數表示反對，無可奈何蔡鍔只得送李經羲離開雲南。11月10日，蔡鍔還致電兩廣總督張鳴岐，奉勸他看清當前形勢的變化，速作決定，投入革命陣營，免招殺身之禍。蔡鍔以李經羲做比喻，說：「仲帥（李經羲）因遲疑莫決，失機於前，現雖延住議局，相待以禮，群情不附。」

就在軍都督府不遺餘力宣導族群共和的理念之際，11月13日，雲南楚雄知府滿族人崇謙，以楚雄縣議事會和勸學所的名義，率先致電省諮議局議員和軍都督府暨參議院，極言共同維繫共和國理念，希求繼續任職，並請求楚雄軍隊保護他的人身安全。楚雄知府崇謙在雲南為官近10年，為官清廉，頗受老百姓愛戴，辛亥革命爆發後，因是滿人，崇謙擔心族人將慘遭被圍剿的命運。

然而，起義軍司令蔡鍔並非剛愎自用之人，收到崇謙電報後，蔡鍔立即

命軍都督府軍政部致電楚雄縣議事會、勸學所,提到:「此次係政治革命,並非種族革命,不得妄生滿漢意見。崇守、塗令(楚雄縣令塗建章)均有政績,理應力為保護,以為親民者勸。除經電飭大理曲統領傳諭所屬軍官,道經楚雄地面,妥為保護外。凡該屬土著客籍亦應仰體德意,不得別生意見,致累賢良。電到仰該會即將電文印刷多張,遍為宣告。」

為安撫崇謙情緒,同日蔡鍔要軍都督府再行致電崇謙,向其保證:「該守蒞楚,實心任事,本政府一視同仁,並無滿、漢意見。已飭曲統領暨地方極力保護。該守仍當靖共爾位,勿生疑慮。」足見蔡鍔對「各族平等、共享共和果實」的重視!

蔡鍔再次向雲南境內各族重申:革命,是「社會革命」,而非「種族革命」;起義,是「推翻清廷」,而非「推翻百姓」。我們要反清,但不是反滿──反對清王朝,而非反對滿族人。崇謙對軍都督蔡鍔能如此公正無私,涇渭分明,不禁銘感五內,由衷感激。

崇謙既有請求,蔡鍔認為調和族群的契機就在眼前,於是隨即命軍都督府致電大理陸軍統領曲同豐,說:「此次反正,楚雄府崇守既表同情,且平日政聲洋溢。希告我大漢軍官,凡經過楚雄地面,理應極力保護,不得別生意見。」同時,軍都督府也通令全省:「滿人琦守璘能識大義,首先贊同。自當以漢籍相待,一體任用。該處同胞,亦不得視為異族,胥泯猜虞。楚雄崇守謙,廣南桂守福,若能來歸,尤加優待。各屬流寓滿人,本軍府亦必妥籌善法,以相安置,勿自驚擾。」

後來史學家從崇謙遺留人間的日記殘本中,找到許多清末、民國年間,滿族歷史的一些重要資料。在日記中,崇謙記錄辛亥革命發生後,自己經歷了一段曲折離奇的人生,從臨淵履薄、朝不保夕到柳暗花明、死裡逃生,過程可謂跌宕起伏、一波三折。

他的經歷反映出一個滿族官員在辛亥革命大時代中的命運，也由於蔡鍔在革命後，勇於擔當，勵精圖治，大刀闊斧對雲南進行了一連串的改革（包括民族、種族政策），方使雲南開展出恢弘的「七族共和」甚或更多族共和的思想。

為了徹底推廣族群共和的思想，蔡鍔還發佈《佈告全省同胞文》，聲稱：「此次各省義軍風發雲湧，恢復舊土，保衛民生。其宗旨在剷除專制政體，建造良善國家，使漢、回、滿、蒙、藏、夷、苗各種族結合一體，維持共和，以期鞏固民權，恢張國力。本都督府夙表同情，爰倡義舉。」從此文中已可看到蔡鍔「七族融合」的恢恢思想。《佈告全省同胞文》文中也宣佈了雲南軍都督府綱要如下：

一、定國名曰中華國。

二、定國體為民主國體。

三、定本軍都督府印曰大中華國雲南軍都督府之印。

四、軍都督府內設參議院、參謀部、軍務部、軍政部。部各分設部、司、局、廠。各院部同署辦事。地方文武各官依事務分配，直接各部，秉承辦理。

五、定國旗為赤幟，心用白色中字。

六、建設主義以聯合中國各民族構造統一之國家，改良政治，發達民權，漢、回、蒙、滿、藏、夷、苗各族視同一體。

七、建設次第，由軍政時代進於約法時代，遞進而為民主憲政時代。

該文發表時間為 11 月，1911 年 12 月 8 日載於上海《民立報》，《佈告全省同胞文》一經發出，立即引起廣大迴響！

辛亥重九起義與其他省有著顯著性的不同，因為雲南的起義軍結構幾乎涵蓋了雲南「佤、瑤、傣、壯、白、回、彝、布朗、傈僳」等少數民族。起

義一開始，各族即連結成統一戰線，攜手共進革命，除卻了蔡鍔領導革命過程中的後顧之憂。辛亥革命初期，同盟會以「驅逐韃虜，恢復中華」的口號為革命目的，但昆明起義卻將其圓補臻於「各族共和、恢復中華」，將辛亥革命精神從「民族性質」昇華至「民主平等」的階段，扭轉了當時「一言排滿、舉國同聲」險峻的革命形勢。

辛亥後，當時被革命軍俘獲的一大批雲南清朝官員，最後皆免於處死。當他們獲得釋放後，反而更積極融入推動社會改革。革命者身上原是具足大愛的，礴礴軒天地者，其精誠毅烈，鍔之所出也。

蔡鍔將滿族視為一體的思想可追塑至留學日本期間──中國革命根本物件是「封建帝國」，原非滿族人民！此一理念對中華民族日後的發展和民族關係格局的演變都產生了深遠影響。後來，革命黨人也整合了「民族理論」，從「驅逐韃虜，恢復中華」進化到「五族共和」，再到「中國民族自求解放」，最後到「中國境內各民族一律平等」（革命先行者孫中山先生的民族主義：反對民族壓迫，中國民族自求解放，反對帝國主義侵略，中國境內各民族一律平等）。

蔡鍔在南京臨時政府成立前兩個月前就先行對「五族共和」有了充分的理解和支持。他從雲南特殊的實際情況意識到，五族共和並不切合中國的實際，於是他將辛亥革命中，各省的宗旨逕自改為「漢、回、滿、蒙、藏、夷、苗各種族結合一

雲南軍督蔡鍔

體」，同時宣佈雲南軍都督府的政綱為「漢、回、蒙、滿、藏、夷、苗各族視同一體」，這就是所謂的「七族共和」思想。

蔡鍔努力構造的，除了致使雲南省內的民族統一之外，還包括如何整合、化解民族間的分離情緒，為恢恢大中華民族建立起一個大整體的認同感。在蔡鍔的帶領下，雲南革命從此有了各少數民族（包括滿人）的參與，此舉不僅讓各少數民族消除了對新政權的顧慮，同時加速了各族民眾的民主意識覺醒。

中華民國成立後，蔡鍔還提出了「組建中央政府」的構想，1911 年 11 月 18 日，他在《致各省軍政府電文》中說：

前致鄂、湘、閩、贛、粵、晉、秦、黔效電，想早達。昨接武昌皓電，知北京光復，滿廷已傾，當即電複。前得長沙譚都督巧電、贛州彭都督嘯電，均悉。對外非列入國際團體不能活動；欲列入國際團體，則中央政府之組織，不宜稍遲。在中央政府未成產以前，關於全國權利義務之交涉，似可商從緩辦。至尋常保護酬酢之事，目前各省不難隨權應付。贛電謂承認鄂軍政府為外交代表，本極贊同；惟權利弱，殆不足以資展布，過強則與政府無異。現既各派代表定期會商，中央政府年內必可成立。此項臨時楊關應否設立，尚祈公酌。其中央政府組織綱要，鄙意有三端：

一、定國民為中華，定國體、政體為民主立憲；

二、建設一強有力之統一政府，任務軍政撤銷，方為完全立憲；

三、擴張國防轄境，縮小行政區域，以期消融疆界。

敝省代表不日赴鄂商擬一切。諸公於世界趨向，民俗國情，講求有素。管蠡之見，未識當否，乞賜教為幸。

繼辛亥革命後，蔡鍔戰力輻輳不絕，頗思為國家政局作一番大事，他說：

「對外非列入國際團體不能活動；欲列入國際團體，則中央政府之組織，不宜稍遲。」可見其革命宏觀，乃步上國際化。

蔡鍔在 1912 年曾作了一首詩：

雙塔崢嶸矗五華，騰空紅日射朝霞；

遙看傑閣層樓處，五色飛揚識漢家。

其贊同和支持五色旗暨五族共和的思想溢於言表。

雲南新政權一成立，蔡鍔立即頒佈一系列新措施，大刀闊斧在內政、財政、軍事、法律、文化、教育、經濟、交通、實業等方面進行一系列的重大改革。其改革方針歸納起來可以概括為「改革弊政，精編軍隊，平定內亂，整頓財務」四大項目來說明：

改革弊政，精簡政府機構，裁撤冗員

在辛亥革命後新成立的各省政權中，雲南軍都督府的組織完備而穩定，是較具有權威的。軍都督府在行政編制上共設一院三部，「一院」為參議院，下設的三部分別為「參謀部」、「軍務部」、「軍政部」。

【參議院】

參議院直屬軍都督府，是參議軍事和政治的首腦機關，由軍政部總長李根源兼任參議院院長，底下有席聘臣、游萬昆、呂志伊等參議官 23 人。參議官由都督選任。

【參謀部】

參謀部管理軍事上的一切計畫，其職能包括作戰、調整、諜查、測地等事項規劃，由殷承憲任參謀部總長，劉存厚、唐繼堯任次長。下設作戰、諜查、編制、兵站、輜重彈藥、砲兵材料、測地等七部，分別由謝汝翼、張子貞、

韓鳳樓、李鳳樓、顧品珍、劉德坤、李鏜本為部長。

【軍務部】

軍務部主管軍備上的一切事務，相當於現在的後勤部，其職能包括籌餉籌糧、軍醫、軍械、兵工、制革、被服等的籌畫，由韓國饒為總長，張毅為次長。下設四局三廠，四局是籌備局、糧餉局、軍醫局和軍械局；三廠是被服廠、制革廠、兵工廠。

【軍政部】

軍政部主管內政上的一切事務，其職能包括財政、民政、外交、實業、學政、巡警、審判、民團等事項的處置。由李根源任總長，李曰垓、唐繼堯（兼）任次長。下設民政、外交、財政、學政、實業五個司。軍都督府還設置秘書處處理日常事務，由周鐘岳任處長。

雲南新政權在蔡鍔的領導之下，井然有序，部屬相處和睦，各地治安良好，從沒有出現過大的亂子，更沒有發生省都昆明以外地方的政變事件。蔡鍔經常和部屬一起探求治省方略，商討如何迅速致治，因此，軍都督府內部機構非常完備，能因應各地方全面性的問題。

再者，雲南軍都督府官員的更替，都是通過正常手續進行組織調整，或透過召開督府會議決定，或由都督和有關部門任命，決不是蔡鍔得以任意處置。蔡鍔還認為，一省都督不應「獨掌威權」，故「以身作則，希冀全省繼之效尤」。

在改革教育方針方面，軍都督府特設「學政司」（後改稱教育司），司教改之事。教改首從教育制度的名稱改起，雲南各學堂一律改稱「學校」（如雲南陸軍講武堂改稱雲南陸軍講武學校）；全省私塾一律進行改造，普及小學教育，新增學校 120 所。

學政司還在曲靖、昭通、保山、麗江、普洱、蒙自等地區開設初級師範學校6所，培養師資，並剔除專制時代「封建尊君明經思想」，「修改小學教科書」，「設立英法文專修科」，選派留學生100餘名赴歐美及日本留學。

在改革弊政方面，重九起義後，雲南軍都督府立即著手進行人事制度改革。為了推廣「公平蒞政」，都督府制定了《雲南文官試驗暫行制度》，嚴格規定所有官吏一律要經過初、高級考試，方能擇優錄取。初等考試內容主要有國文、外語、中外歷史地理、文牘等，高等考試內容主要是法律方面：有憲法、刑法、民法、行政法、經濟學、財政學、民事訴訟法、刑事訴訟法和商法、國際法等，此法除了能夠有效地提升政府官員的素質。

在司法方面，軍都督府則成立了初、高等兩級審判。在辦事效率方面，都督府任用官員，也有一套完整的規定與考核，好逸惡勞、或在其位不謀其事、無正確績效者，一律送入稽查。

在改革內政與更新人事方面，為了根除封建專制惡習，肅清清王朝反動勢力，宣導民主風氣，切實提高行政效率，蔡鍔設置了「軍都督府政務會議」，共同協商籌畫省內一切重大事宜。為了革新政治，蔡鍔在政治方面力行民權，主張廢除「諮議局」、「自治公所」，還設立「兩級參議會」，由各縣選舉而出的代表組成。

蔡鍔早期留學過日本，明白大眾傳播的實質力量，因此軍都督府也創立了《滇聲報》等報館，積極傳播社會新聞，宣傳「民主進步思想」，教導民眾認識軍都督府的新措施。在科學方面，都督府還提倡科學科目，鼓勵學生研習西學領域。

在任用政府職員方面，蔡鍔大刀金馬，對全省的軍政人員進行了一系列的調整。他主張「汰除浮冗」，凡「機關之複設，人員之閒散者，悉歸裁併」，此舉的目的是為了精簡政府機構，裁除公務人數，更換各地方不適宜行政官，

各部、司、局等主要負責人，以此提高辦公效率。

由於新政權著重「團隊發展」，故在機關人員任用基礎上，蔡鍔一律換上革命黨人或具有先進思想的進步人士。在軍隊中，也大膽任用一批年輕有為的軍官以改造和提高軍隊的素質。軍都督府還規定政府機關從陽曆5月1日起，必須准時8點上班，遲到者罰扣月薪，每遲到10分鐘，罰扣月薪1%。辦公時也不能隨意會客，只能在規定時間內會客；若有緊急事件，可隨時會商，但須由秘書處安排。

在當時，整頓貪污腐敗的舊官場風氣，詭銜竊轡，實不容易。蔡鍔堅決撤換不適用的舊官吏與縣知事，不怕得罪眾人，極度具有魄力。在任用思想進步、辦事積極的青年知識份子方面，蔡鍔著實為雲南革命政權注入新鮮血液，軍隊方面也起用懂得軍事知識與新武器的年輕軍官，更避免舊軍隊獨斷籠權的弊端。

蔡鍔做出的諸多貢獻，使雲南光復之初，各組織層面皆有系統可循，人人有勞務可做亦皆有所作為，雲南呈現出一種朝氣蓬勃的新面貌。

蔡鍔在此時期作了一首詩，可看出他整治雲南的績效：

東風吹徹萬家煙，迎面湖光欲接天；
千載功名塵與上，碧雞金馬自年年。

春風習習，吹遍整個孤山，蔡鍔頓生遼闊高遠之感。人，猶如滄海一粟，活在這蒼茫無垠的一瞬，世間「千載功名」，都會成為過眼雲煙、歷史陳跡。只有金馬碧雞才會同春城昆明、祖國河山和人民事業，年年月月、世世代代永遠流轉下去。功名本如浮雲，整治雲南，但求真心永相待。

辛亥重九起義後，起義軍和革命黨人內部的矛盾愈演愈烈，存在著相互火拼或彼此反動的現象。蔡鍔認為，革命既已推翻清王朝，則鞏固新生的「革

命政權」刻不容緩。要鞏固革命政權，除了繼續肅清清王朝所留下的的反動、叛亂勢力之外；面對革命陣營內部的對抗與兵變，亦必須處置妥當，將矛盾、糾結、彼此廝殺的情形，透過若干措施，予以化解。

　　蔡鍔決定切中時弊，採用選派大員外出巡閱、實地調查當地整頓的措施並加以解決。迤西方面蔡鍔派李根源為西防巡閱使，妥善解決騰榆（大理）雙方衝突；迤南方面則派出羅佩金為南防巡閱使，瓦解蒙自叛軍，將叛軍首領緝拿正法。這些措施，使辛亥革命後的雲南迅速肅清了各種反動勢力，同時軍都督府獲得了在全省的鞏固和統一。

　　重九起義勝利後，雲南軍都督府設在五華山光復樓內，都督蔡鍔在其辦公桌背後，貼有紙條：「鄙人事冗，除公事外，請勿涉及閒談！」這是蔡鍔為提高辦事效率的自勉之辭，同時也是對來洽公辦事者的忠告。雲南軍都督府辦事效率之高，是當時全國少有的。

　　「律己律人」，是雲南軍都督府成立後，蔡鍔對政府人員一貫的要求，蔡鍔治理雲南期間，處處表現出這種嚴謹剛正，落落穆穆的風範，事實上，這正是他勵精圖治、有所作為之主因。

　　蔡鍔對當時政府人員搞派系也十分反感，為了提升政府人員形象，還特別制訂了「裁制公務員互相攻訐規條」，提出「公務員以公務為主，有互相補助之責，不得擦拾瑕疵，互相詆毀，不得彼此攻訐陰私，對上級及同級機關所關之事，人為有過失時，不得肆行掊擊，往來公牘若有意見不同之處，只准辯析事理，不得橫加漫罵」。若有違犯，必須嚴格制裁懲處。

對外關係的新思維和處理

　　軍都督府在內政上一掃清王朝舊制，卓卓錚錚，在外交上，亦是卓有成效。雲南軍都督府成立後，立即照會英、法兩國駐昆領事，照會主要內容有：
一、貴國官吏人民嚴守中立。

二、貴國火車不得代清政府運輸軍隊，並代運軍用品物。

三、貴國官吏人民生命財產，本都督府承認確實保護，但如違第二條，
　　則此條取消。

四、貴國向與清政府所訂條約認有繼續效力。

五、貴國此後有關於中國舊雲南省一切交涉事件，需直接於本都督府方
　　為有效。

六、貴領事應咨回本國承認雲南獨立。

七、本政府對於貴國有未盡事宜，再隨時照會辦理。

面對列強肆無忌憚欺壓中國，蔡鍔表明不准外國干涉我雲南革命，必須
承認獨立後的雲南新政權，還必須與清政府在雲南的勢力斷絕往來；同時按
照國際慣例，尚得保護我外國僑民生命的財產安全，但種種前提是不能干涉
中國革命。蔡鍔外交政策拿捏得宜，雲南軍都督府這七項外交原則在當時的
歷史條件下，既是強硬的，也是有分寸的，我權不可侵犯。

第二節　　戡定鄰省內亂，抵禦外強

精編軍隊，力主北伐

雲南新政權成立之初，蔡鍔卓識遠見，為了讓所有將士在革命後皆能迅
速就軍事位置，使軍隊井然有序，於是著手進行了大規模的「精簡整編」。

首先在「精簡」方面，為了提升軍隊整體的戰鬥力，軍都督府決定遣散
和裁減老舊多餘的兵員；在「整編」方面，蔡鍔將全省陸軍編成兩個師，以
都督府軍務部總長韓建鐸為第一師師長（原砲兵第 19 標標統），以軍政部總
長李根源為第二師師長。以此令全省軍隊系統化。

辛亥革命以前，湖南、江蘇、福建、貴州和廣西等地，政治多傾向於立憲派或舊軍閥官僚派；上海、廣東、安徽和江西等地，則較屬於革命派。辛亥革命階段性成功後，清王朝面臨覆亡之際，立憲派和舊軍閥官僚派為了擴張自身政權，遂起而爭奪、廝殺，根本無心善後，致使辛亥革命成果搖搖欲墜，共和果實逐漸腐爛。

而革命派人士，在辛亥革命成功後，也開始變得鬆散，甚或蛻變為新官僚政客。認為辛亥革命即是最終勝利者不在少數，他們坐享成果，無力或不願再繼續主持國家當前大計，才導致後來野心家奪取了辛亥革命的成果。

反觀雲南軍都督府則不同，在辛亥革命後，蔡鍔矜矜業業，謹小慎微，把革命的階段性成功，轉為一種更強大推波助瀾之力，專心於精編軍隊，作萬全之策，以應將來形勢變化。因為蔡鍔明白，只要清帝尚未退位，辛亥革命就只能算是階段性的成功。精編軍隊除了是為壯大雲南的戰力之外，實際也是為北伐（直搗北京，逼清帝退位）的動作作準備。辛亥革命後，蔡鍔力主北伐，與老謀深算的袁世凱發生了不少磨擦。

精編軍隊外，蔡鍔還擬「將兵工廠大加擴張，專制新式槍砲的子彈」；又從國外購進先進的武器裝備，建立和擴編騎兵、砲兵、工兵、機槍兵和輜重兵等特種部隊。由於蔡鍔治軍嚴明，軍隊武器新穎，故而戰力雄厚，雲南自此成為了大西南各省革命力量堅強有力的後盾。

蔡鍔是一位真正的愛國共和衛士，具有強烈的民主主義思想，主政雲南期間，不搞專制，處處以身作則，在軍隊中不搞裙帶關係，保持了雲南軍隊相對的集中和統一。蔡鍔同部屬相處融洽，關懷無微不至，無形間凝聚了部屬的向心力，使得軍都督府成為一個高度優良的團隊，這個團隊也是有組織、有秩序的軍隊。

同時，這支軍隊在辛亥革命後發揮了極度優良的戰力。軍隊向心力一建

立，軍隊相對的集中和統一就不成問題。故辛亥革命後不少省份發生了軍閥混戰，雲南則沒有發生。

自辛亥革命後，雲南軍都督府的政權始終出起義軍所掌握，新政權目標明確執行有力，「其主要人員，多有政治知識與經驗，故一切善後佈置，俱能井井有條，秩序上之嚴整，實為南北各省之冠」。如此的稱讚，當之無愧。

援川援黔軍，戡定鄰省內亂

辛亥革命後，整個中國尚處於緊張、動盪之中，尤其大西南的局勢更是岌岌可危。

自從武昌起義第一槍打響後，革命軍與清軍就一直處於僵峙的局面。雙方壁壘分明，不斷展開猛烈械鬥，而此戰也將成為辛亥革命存亡的關鍵性一戰。

武漢的安危，雖然關係著全國局勢的後續發展，然而，地處武漢上游的四川，更是直接影響武漢戰局的決定性因素。當武昌起義發生後不久，全國革命形勢迅速爆發，四川人民的武裝鬥爭也愈演愈烈。清廷為了截斷武漢的後援，粉碎四川起義軍，遂不停派遣重兵駛往四川。在清軍的嚴酷鎮壓下，四川革命黨人終因不敵而四分五裂。

四川起義軍被擊潰後，革命黨人四處竄逃，又在川地各區各自成立起義部隊，一時形成藩鎮割據的局面。1911 年 11 月 4 日，貴州經歷一陣腥風血雨之後，終於正式宣佈獨立，但內部派系鬥爭仍舊十分激烈。繼貴州後，川東萬縣、川北廣安、川南瀘州等地也相繼先後宣佈獨立。革命軍政府四處林立，當時趙爾豐又屯重兵於成都等要地，雙方形成了相峙的局面，形勢顯得十分危急。

如果四川穩定，對武漢地區的革命形勢發展將是莫大幫助。所以，「兵解四川，解決割據問題」，便成為燃眉之急。這時許多革命人士紛紛把希望

寄託在大西南強力政府雲南都督蔡鍔身上。湖北都督黎元洪、湖南都督譚延闓、武昌起義總司令黃興及張培爵等四川軍政界知名人士人紛紛請求蔡鍔即刻率師北伐，援蜀戡亂，一解危急形勢。

其實更早之前、1911 年 11 月 11 日，蔡鍔就邀其部屬共同商討過「援蜀案」，計畫若非親自出征，就以軍務部總長韓建鐸為師長，組成援川軍 1 師，下轄 2 梯團，分路進軍四川，平定動亂。進軍計畫是：

1、第一梯團經敘府（宜賓）進攻成都，打垮清廷趙爾豐的軍隊；

2、第二梯團經瀘州向川東進擊，再會合支援武漢黎元洪等革命軍。

「天下未亂蜀先亂，天下已治蜀未定」，這兩句古語說明了四川盆地是一個十分封閉的自然單元，有自己獨特的歷史文化。四川古稱天府之國，由於資源富饒，地形上得天獨厚，再兼以民風強悍，故成為各代亂世避難之地，卻也常是亂源之始，向來為兵家必爭之地。

如此複雜的四川地勢，蔡鍔幾經分析後，認為佔領「長江要地」將是此次戰役成敗關鍵！他說，「四川地處長江上游，若讓清政府得逞，挾其兵力財力，北連陝西、山西，東下武漢，則足以置國民革命於死地」。

兵家之爭，佔據四川險要陀地非第一任務，首務乃爭奪長江上游，直截清軍於上游部署兵力，直攻兩湖之野心。所以，「要北伐，必先保四川，要保四川，必先保四川長江上游」。

援川軍出征

蔡鍔決意北伐，黎元洪、譚延闓終得解除兩湖前線的後顧之憂。「援川軍」派出後，由於雲南地勢險要，入川山路崎嶇，援川軍邁進十分艱辛，無法即時趕赴戰區。

1911 年 12 月 16 日，援川軍經長途跋涉後，終於抵達四川敘府和瀘州，但此時，四川形勢已然產生急驟變化！原來早在 11 月 27 日時，四川就已宣

佈獨立，革命軍在成都召開官紳代表大會，成立「大漢軍政府」，並以原諮議局議長蒲殿俊任軍政府都督，陸軍第十七鎮統制朱慶瀾任副都督。自此，四川出現了「重慶蜀軍政府」和「成都大漢四川軍政府」兩個政權對峙的局面，加劇了四川本已動蕩不安的局勢。

12月6日起，兩軍革命陣營內訌，發生兵變，蒲殿俊、朱慶瀾倉皇逃走，軍政部長尹昌衡立刻出兵平定叛亂，被公推為四川都督。雲南援川軍抵川時，正好遇上「兵變事件」，蔡鍔立即命軍隊「暫住敘瀘，協商川中軍府，鎮懾地方，安撫人民，無庸前進，免起猜疑。」

事實證明，蔡鍔的做法是正確的，當滇軍入川之時，就有人懷疑他們的意圖是想佔領四川，於是暗中散佈流言蜚語進行煽動。為了排除猜疑，蔡鍔通電陳述滇軍入川的動機，一面和成都軍政府方面協商，以大局為重，妥善地解決了問題。再者，戰爭所傷者乃閭里黎蒸，為避免民不聊生，安撫人民是蔡鍔心之所繫。

援川軍暫住敘瀘的同時，12月22日，成都發生了一起重大的軍事事件。原來四川都督尹昌衡對自己的恩師、辛亥革命「引信」趙爾豐向來恨之入骨，當自己坐上都督一職後，尹昌衡即刻利用身統重兵的機會，率兵包圍舊督署，將趙爾豐就地繩之以法。

戰爭局勢從來瞬息萬變，撲朔迷離，使人料想不及。形勢至此，清軍儼然解體，而湖北革命軍前線也已經停戰多時，革命黨人正與清廷召開「南北議和」會議。情勢急轉直下，滇軍此時入川，動作頗有曖昧嫌疑，十分尷尬。

南北議和實質上是否有其需要？革命陣營意見不一。蔡鍔並不贊成南北議和，他認為革命軍要一鼓作氣，直搗北京，逼迫清帝退位，免得夜長夢多。當時雲南援川軍與兩湖革命軍若進行整合計畫，八面威風，長驅直入，攻克京城本不成疑慮。況且川、滇兩軍本來也能合作對抗反動勢力，如今在「戰

線停頓」的局勢下，滇軍只得離去。由於後來清帝退位，南北議和結束，援川的滇軍便於隔年的 5 月 6 日返回雲南。

北伐軍——援黔軍

蔡鍔在 1911 年 11 月派出援川軍後，緊接著又組織了「北伐軍」，目的也是向長江前線進軍，與兩湖革命軍會師。

北伐軍有 4000 人，1912 年 1 月 28 日，由唐繼堯率師出征，原定計畫經四川瀘州，出長江參加北伐。然而，當滇軍抵川後，發現四川和貴州的內部秩序已是十分複雜和混亂，短期間難以恢復。唐繼堯向蔡鍔據實稟報後，蔡鍔立即給孫中山拍了電報，告知這兩省自行恢復秩序的能力微乎其微。蔡鍔希冀以「援蜀救黔」自任，以雲南強大的軍事實力，協助平定內亂。

貴州向來是個窮省，清末時期新軍的力量也較為薄弱。當武昌起義爆發後，貴州新軍統領（貴州陸軍小學堂總辦）立刻作出回應，並於 11 月 3 日帶領貴州新軍和陸小學生發動起義，貴州遂告光復。11 月 4 日，貴州對外宣佈獨立，成立「大漢貴州軍政府」，楊藎誠被公推為都督，主管全省軍政事宜。

12 月，楊藎誠率黔軍北伐援助湖北起義軍，1912 年 1 月兵至常德，此時南北議和正在召開，楊藎誠與蔡鍔同樣，北伐被迫宣告取消。然而，當楊藎誠率黔軍興師後，貴州政局卻陷入了大亂，同盟會、自治學社和憲政預備會的立憲派人士之間的對立衝突非常嚴重，頗有玉石俱焚之勢。

為此，憲政派劉顯世、任可澄等人只好請出蔡鍔的同學兼好友戴戡（兩人師承梁啟超），由他前去雲南找蔡鍔協商，希望唐繼堯所率北伐軍可以改道貴州，讓憲政派順利掌控貴州政權。

當時援川軍入境四川後與川軍的衝突日益加劇，需要後方滇軍（唐繼堯所率北伐軍）繼續增援。軍都督府派兵後，蔡鍔原意只想讓滇軍借道貴州、過境而不停留，然後直抵四川。就在這時，貴州自治學社領袖鍾昌祚由南京

抵達昆明，力勸蔡鍔不要介入貴州內爭，因為貴州內鬥問題不如表面所見單純。鐘昌祚的建議正合蔡鍔本意，於是蔡鍔立即指示唐繼堯繞經四川前往支援陝西，並告訴唐，南京陸軍部準備任命他為北伐總司令。

雖然蔡鍔立時發出命令，但唐繼堯根本不聽勸諫，他擅自主張接受貴州憲政派的延請，準備入黔殲滅自治學社和新軍人員。3 月 3 日，唐繼堯所率北伐軍突然對黔軍發動襲擊，不久即攻佔貴陽。北伐軍挫敗黔軍後，對於所俘虜的官長士兵，一律屠殺，實行恐怖統治。

唐繼堯如脫疆野馬，蓄意佔領貴州，這是蔡鍔始料未及！對於北伐軍此舉，李根源等滇軍將領無不對蔡鍔表示嚴重抗議。然而，憾事已造成，再怎麼悔恨也無法挽回，蔡鍔著實感到無奈。原來唐繼堯此舉的目的在於奪取權位，搶奪貴州都督一職。4 月 25 日，中華民國臨時大總統袁世凱正式任命唐繼堯為貴州都督，與立憲派結合共同掌握貴州政局。

唐繼堯就任都督後，力阻楊藎誠率領黔軍返回貴州，6 月，《洪江條約》簽訂，達成滇軍回滇，黔軍回黔的約定。楊藎誠一身肝膽，忠義存心，知新軍將士多數被殺後，不禁悲痛至極，8 月，楊藎誠將軍隊交出，黯然離去。

楊藎誠，1880 年生，乃清末民初愛國名將，孫中山的得力助手。1902 年，楊藎誠考入貴州武備學堂，學習軍事技術，頗受日本總教習高山公通等人的賞識。1905 年，楊藎誠以第一名優等成績畢業，被選送日本官費留學，先後在東京振武學校、日本陸軍士官學校學習 5 年餘，成績皆優。他所學的是騎兵科，先蔡鍔兩年畢業，正是蔡鍔的直屬學長。

在日本留學期間，楊藎誠受到孫中山革命思想的影響，毅然加入同盟會，並與留日學生中的同盟會會員尹昌衡、唐繼堯、劉存厚、黃郛、胡瑛等人組織團體，積極從事反清革命的活動。1910 年歸國後，經部試武舉，成為貴州新軍第一標的教練官（如副標統）。次年辛亥 1911 年春，又兼任貴州陸軍小

學總辦。

　　同年 10 月，武昌起義爆發，11 月 3 日，楊藎誠與趙德全約定率領貴州陸軍小學生、新軍士兵在貴陽發動起義。11 月 4 日，大漢貴州軍政府發布成立宣言，楊被公推為都督，掌管全省軍事和政治。同月下旬，因清軍圍剿鄂軍督府，漢陽、武昌危急，楊決定率領新軍兩個標北伐援助湖北革命軍，並於 12 月 10 日由貴陽出發。

　　楊藎誠出發後，由趙德全代理都督一職。由於當時貴州革命派、立憲派、舊軍系和新軍系之間意見經常不合，常爆發激烈衝突，楊北上後，四派人馬之間的鬥爭愈演愈烈，終至一發不可收拾。1912 年 3 月，立憲派任可澄與舊軍系劉顯世決定招滇軍唐繼堯入貴陽，鎮壓革命派和新軍，最後，代理都督趙德全被殺害，貴州秩序更加混亂。

忠義肝膽保家衛國的楊藎誠

　　唐繼堯掌控貴州後，袁世凱不久便下令改任唐繼堯署理貴州都督，當時駐留在常德的楊藎誠再也無法返回貴州，只得把兵符大權轉交給唐，黯然離開。

　　楊藎誠後來雖然離開了貴州，但他並未就此責怪學弟蔡鍔，他深知，貴陽淪陷乃袁世凱的陰謀及唐繼堯的野心所致。1915 年護國戰爭爆發，楊藎誠還協助發動起義。1917 年爆發張勳復辟事件，楊也由重慶趕赴成都勸說劉存厚參與討伐，協助孫中山恢復秩序。1921 年冬，楊生病返回家鄉靜養，於次年 7 月病逝。年僅 42 歲。

　　綜觀楊藎誠一生，為人信勇剛正，盡忠為國，刻苦革命，歷盡艱辛，其稜稜志節，至死亦未曾改！其人一生的精神，正如開放於凜冽寒冬中的梅花一樣，傲風而立，堅毅不屈。那傲立群濁的人格和氣息，一如梅花之香馥郁

清澈，也如梅花之氣濃厚透骨，楊藎誠的故事，實乃我們後人奮勇精進為民族、為地球奉獻的楷模！

內訌未靖，外患思乘，《五省邊防計畫》書

蔡鍔勵精圖治、訓練滇軍，是為了整個中國大西南的和平而努力，即使派出援川和援黔軍隊北去，他仍時時注視著西南邊疆局勢的發展。

清末時分，雲南、西康、西藏邊陲地帶經常遭到英法等國侵擾，時至辛亥革命後，懸宕甚久的邊疆危機依舊難以解決。蔡鍔初到雲南後，就有意處置此踟躕、棘手的問題，因此整編軍隊、加強西南防戍就成了他責無旁貸之任務，尤其平定西藏叛亂，成了他亟待解決的重大問題之一。

回顧近代歷史，英國對西藏的野心由來已久，1903 年，英軍發動西藏邊疆戰爭，強行侵奪拉薩，迫使清廷簽訂《拉薩條約》，承認西藏是英國的勢力範圍。隨後，英國又策劃藏軍暴動，阻擊駐守在藏地的川軍，又教唆在印度尋求政治庇護的達賴，蓄意挑動藏人叛亂，把漢人逐出西藏。此後，在英國的策動下，達賴逕自對外宣佈獨立，英國妄圖把西藏從中國分離出去，成為自己的殖民地。

事件甫告一段落，1910 年初，英俄兩國利用清廷疲於對抗全國起義運動的機會，又加緊腳步擴大對西藏的侵略活動，挑動西藏的三大領主發動叛變。西藏暴動後，清廷立即下令川軍入藏平叛，但英國公然表示抗議。至 2 月，川軍在江孜粉碎西藏叛亂，駛進拉薩，達賴出走，再次逃往印度。然而英國並未就此罷休，仍不斷找機會教唆達賴發動下一波的叛亂，邊疆局勢間不容髮。

除了英國對西藏的覬覦未曾稍減之外，沙俄、日本在東部和北部邊境地區屢挑事端，也是一大隱憂！加上法國也不斷往越南增兵，企圖進犯雲南和廣西，偌大的中國邊陲，隨時都會落入帝國主義列強的手中！

為此，蔡鍔對西南邊疆日趨嚴重的危機感到擔憂，然而，為了喚醒中央對拱衛邊陲、加強防務的重視，也為了找出「對付帝國主義侵略的具體方案」，蔡鍔決定親自規劃與制訂「邊陲作戰計畫書」，以為來日可預見的危機未雨綢繆，事先防範。經過一番兵棋推演，最後蔡鍔擬定了數萬言的《五省邊防計畫》，希冀以此作為西南各省邊陲協同作戰的計畫。

他在《五省邊防計畫草案》序中提到：「英窺西藏，法窺滇黔桂粵之謀日迫，邊陲多故，危機已伏。若屏藩不固，國將不國。」又說「內訌未靖，外患思乘」，內有清王朝政權未推翻，外有帝國主義列強虎視眈眈，在此情況下，「西南邊要尤陷危險，民國全域殆哉岌岌」！

因此，蔡鍔呼籲滇、川，黔、桂、粵五省應該實行「軍事聯合」，進行大規模的軍事操演，以便隨時抗擊英、俄、法、日的軍事侵略，保衛新生的中華民國，莫讓革命志士所有的努力付之一炬。

《五省邊防計畫草案》分三編，共十章，分別對五省聯合軍的兵力編排、部署、作戰區域、防衛、協同辦法，以及如何集中軍隊、展開作戰技巧和步驟、提升戰力、戰前準備、兵站設置與戰場建設等等重大問題，作了十分詳細的闡述與具體的規定。《五省邊防計畫草案》和日後的《軍事計畫》這兩本書，充分而具體體現了蔡鍔的戰區戰略思想。

《五省邊防計畫草案》第一編名為「計畫方針」，共分五章，其內容包括：

1、五省聯合對外政略之決定與中央對外政略之關係；

2、想定敵國；

3、五省聯合軍之兵力及其編成；

4、聯合軍作戰地之形勢與戰略上之價值；

5、聯合軍之作戰區域與作戰線之劃分聯絡及作戰目標。

在第一編中，蔡鍔認為，「中央對外政略即邊省對外政略之根據」，因此，

他希望中央政府應對四周環伺的鄰國要有堅定不移的「政略」，以使「各省的對外方針」與中央保持一致：中央對外既不能採「平和主義」，也不能取「侵略主義」，而是應進行「進取主義」！

同時蔡鍔也認為，當今世界勢力不均，弱肉強食的現象層出不窮，中國想要以儒家的思維求得和平是不可能的！我仁敵不仁，儒仁總以為有和平可求，誤把理想和現實混淆，然而，求那不可能的和平的結果就是積弱、文弱、凡事不堪負荷！最後列強進犯時，以弱質如何能戰勝貪狼野獸？這是值得深思的地方。當然，蔡鍔所指的儒仁，是指自唐、宋以降，儒學思維發展上的偏頗和偏失，而非儒家源頭的教誨。

若要國力強盛，則要注重「國力」的來源──即兵與財。兵不具備武魄與軍事知識，反而只想學「以文治國」，那麼即便給了他們火力強大的武器，也會輸在「心性文弱」或敢用不用的怯懦上，而被列強無情殘殺！而財力方面，正是國家應當規劃好整頓兵力的財源，若國家以為「太平之世」是可以用錢來巴結列強而取得的，那有朝一日勢必被窮兵黷武的列強所謀殺。

所謂養兵千日，用兵一時，懂得未雨綢繆，在平時積蓄兵力，那麼在必要時就能派得上用場。蔡鍔說，中國「國力不充，兵財兩缺，無與列強對抗的資格，想對外擴張更不現實」，所以非採取「進取主義」無以救國！

所謂進取主義是說，中央要先穩定國家秩序，統一內政，爾後再組織軍隊出征，收復蒙、藏失地，再結集強大軍力兵臨國境，主動出擊以制裁列強的侵略行徑。繼以推動外交鬥爭，從軍事和外交兩個層面威攝英、俄、法、日等國，使其不敢再藐視中國。

蔡鍔還分析出，一旦英軍入侵、或法軍入侵、或是英法同時入侵時，邊疆可能出現的危況，以及敵我雙方所能動員的兵力。同時，他也分析出西南五省和與其相鄰的印度、緬甸、越南的地理形勢，論述了山嶽叢林地帶的地

理特點及其對軍事的影響，預測了英、法軍隊可能採取的進攻路線。

為此，他對西南邊防防禦提出了「協同作戰計畫」，呼籲「滇、川，黔、桂、粵」等西南五省，「當取進取主義，一致進行，以為中央之輔助」。同時，務當實行「軍事聯合」，以便隨時抗擊英法的軍事侵略，保護邊疆各省，穩固新生的中華民國。並具體闡述了五省聯合軍的作戰區域、作戰線之劃分，以及作戰目標的選定和聯絡的方法。

《五省邊防計畫》第二編為「計畫要領」，共分四章，著重的軍事論述為「在對英、對法作戰或同時對英、法作戰時，聯合軍的作戰方針、作戰計畫及戰前準備」等方面的問題。

關於抗擊英軍入侵作戰方面

蔡鍔認為，由於「敵強我弱」的「兵力對比」以及地理、交通諸條件等的影響，對英作戰「宜取攻勢防禦」。其作戰方針是：

1、 在陸路增強雲南西南沿邊防禦，以騰沖以北至川邊雜瑜一帶為重點防守地區，控扼高黎貢山脈及怒江、瀾滄江各隘路，防小股英軍竄擾；

2、 以騰沖以南至思茅一帶為攻勢地域，集中優勢兵力於緬寧、騰沖、永康、鎮邊、思茅等地；

3、 以主動靈活的進攻戰術，擊破英軍的主力部隊，鞏固廣東沿海之防禦，以抗擊英軍海上登陸部隊。

關於抗擊法軍入侵作戰

蔡鍔認為，對法作戰，因敵我雙方在兵力、交通、形勢的優劣條件大致相等，故我軍戰略「宜純取攻勢」。其作戰方針是：

1、 在陸路，集中優勢兵力，從雲南、廣西沿邊深入越境，進攻法軍之

野戰部隊；

2、 在海路，集一部兵力於廣東沿海，以阻擊敵海軍登陸部隊。

關於對同時入侵的英法侵略軍作戰

蔡鍔認為，同時對英、法軍作戰，由於是分兵迎敵，在兵力對比上我軍愈占劣勢。故在戰略上，對英「宜純取守勢」，對法則「宜取攻勢」，其作戰方針是：

1、 在陸路，一方面增強雲南邀西沿邊的防禦力量，以抗擊由緬、印方面侵入的英軍，一方面集中主要兵力於雲南逸南沿邊及廣西沿邊，以攻擊由越南入侵之法軍；

2、 在海路，則增強廣東沿海防禦力量，以抗擊由海上登陸的英法軍。

然而，民國成立，各省之間仍心存芥蒂，真以國家為前提的各省政權究有多少？恐是個問題；又各省對於自己剛剛坐穩的位子百般呵護，就深怕一不小心給搶奪了去！「軍閥問題」根深蒂固存在於民初，致使「五省邊防軍事聯合計畫」心餘力絀，未能實行，但卻充分而具體地體現了蔡鍔的戰區戰略思想與愛國急切之心。

雖是如此，《五省邊防計畫草案》發出後，仍激勵了有識之士強大的愛國情操，他們不斷凝聚更廣大的中華之心，使愛國運動更普及。

或許有人會問？西藏獨立是他們的自由，他們自己的事，與祖國同胞何干？然而試想？在當時局勢，英俄等國要西藏獨立的真正目的，不是同情達賴，而是想借西藏地域，成全其侵略中國西南各省的野心。西南各省若淪陷，英、俄勢必結集兵力繼續北上，而北方各省為了抵禦西南列強的進逼，將無力對抗日本與其他列強趁勢從東部進犯，導致國家危在旦夕！

因怕事、避事，而採取「視而不見」的政策，或是因懦弱、崇文而去巴結軍力或國力強大的國家，以為低聲下氣必能換來對方的同情，而停止各種

外交層面的侵略行為，這都是自招滅亡的愚蠢心態！帝國主義吞併他國，慾望是無窮盡的，沒有所謂的妥協，更不會因中國國事正傾頹告急，而給予同情。西藏領袖達賴渾然不知自己竟成為英軍的一顆棋子，任其擺佈。因此，西藏獨立運動實際上包藏禍胎，倘使任其囂張，則中國各省將陸續淪陷！

組織「西征軍」，介馬踵至挺進西藏

西藏是一處極為混亂的區域，若欲勘定，大西南地區的穩定是前提條件。因此蔡鍔有組織地分別先後推動了「安內攘外」的計畫──亦即「模擬」西征軍在半年至一載內，遠征西南各省的行進路線、兵力部署、作戰計畫和軍事聯合。在

雲南西征軍抗英保藏

其智謀推動下，1911 年 11 月 14 日、1912 年 1 月 27 日，雲南援川軍、北伐軍先後出動進駐四川和貴州。對於援川軍，蔡鍔多次強調其使命有二：

一、是求得四川的統一；

二、是以此軍作為經營西藏的先遣軍，為收復西藏做準備。

西藏自古以來即是神聖不可侵犯的領土，在清朝，西藏分為前藏、後藏和中藏三部分，前藏正是政權中心所在，與四川、雲南接壤。蔡鍔派兵先後援川、援黔的同時，認為滇、藏境界毗連，形同唇齒，一旦西藏有危，則四川、雲南均不能保。因此滇軍不能坐視不管，故主動請纓，表示雲南願意出兵西征，抗英保藏。

當援川滇軍尚在四川時，蔡鍔本擬「連署川軍」共同弭平藏亂，然而 3 月 1 日，四川都督尹昌衡電覆蔡鍔表示，「藏事獨任其難」，拒絕雲南再過問西藏事務。

尹昌衡向中央報告滇軍援川的情形同時，立刻要求滇軍撤出四川，並調動軍隊圍攻滇軍，川滇兩軍面臨大規模武裝衝突的危險。兩軍一觸即發之際，蔡鍔為避免無謂衝突，不得已只好下令滇軍全數撤返雲南，援黔滇軍即刻離川入黔。4月中旬，滇軍陸續撤出川境。

滇軍撤離四川之際，4月22日，蔡鍔致電重慶撫府胡景伊說：「川滇交惡，原因雜而遠，始僅濫觴，繼乃橫流，調停收束，煞費苦心。當風鶴危疑之際，吾兄不避勞謗艱險，周旋其間，化干戈為玉帛，不獨造福於川滇，亦有利賴於大局。滇軍撤還，言歸於好。……往事已矣，來者可追，川滇輯睦與否，實關係西南國防大局，此後應如何互相聯絡提攜之處，敬祈裁示。」為了藏事大局，蔡鍔仍迫切希望川滇能夠和衷共濟，共圖大業；不應感情用事，致使西南淪陷。

滇軍出川後，西藏形勢進一步惡化，達賴部下在其暗示下，再次潛回拉薩、策劃武裝叛亂。其部屬達桑占東組織萬人西藏民軍，並聲稱「總期西藏全境漢人絕跡，是為至要」。同時西藏大農奴主也迅速組織「勤王軍」，以首領達賴的名義發佈驅逐漢人命令，圍攻拉薩、日喀則和江孜的川軍，最後侵擾西康，妄圖獨立。

不久，江孜、日喀則兩地川軍淪陷，達賴趁勢加緊實施西藏獨立計畫。在他的操縱下，前後藏各處叛軍紛紛起事，叛軍不斷東侵，察木多、定鄉、巴塘、裡塘等城鎮相繼被圍攻，岌岌可危。達賴政派在西藏各地不斷煽動民族仇恨，聲言洗漢，駐藏官員、漢商、漢族人民群眾，有的被殺、有的被強行驅逐出藏。

西藏局勢混亂至此，已逐步陷入英國持久戰的戰略布局之中。可以預見的，再不久，英軍將假借「維護西藏達賴政權」之名，徹底佔據西藏、西康等地。

眼看英國計謀即將實現，各路告急電報又不斷送至雲南軍都督府，蔡鍔憂心如焚，便於4月30日，致電袁世凱、四川都督尹昌衡、巴蜀都督張培爵，說：「閱法文《哈發士報》載露透電云：華兵被藏兵擊敗幾降，繳槍一百五十枝，藏軍償盧比八千元。又云：據新喇電：華兵與藏兵互戰，華兵敗後逃入某寺內，係屬確聞。此消息自達賴喇嘛營內傳出。至其起事原因，以華、藏會議某問題，藏會長反對太甚，致起衝突。藏會長懼而逸於距拉薩三米之某寺內，華兵追之，乃成惡戰。云云。查今春藏兵至察木多，近逼川界，曾電商川貴都督共籌辦法。嗣得川貴都督電，以藏事『自當獨任其難，故滇軍不復過問。』茲閱漏透電文，殊深焦灼。西藏為我國雄藩，外人垂涎已久，非極早規劃，終非我有。西藩一徹後患何窮？應請大總統早為佈置，以固邊圍，而懲後患。」

蔡鍔見中央未有回應，又於5月6日再急電袁世凱暨國務院，武昌黎副總統、南京黃興，說：「……，傾復接騰越局轉靖西同知馬師周由印度致四川都督電稱：後藏江、亞（江孜、亞東）已失，拉薩危在旦夕，務懇火速救援。前因餉械均缺，迭電告警，未蒙示覆，今被迫出關，抱病在即。又陸興祺由印致川電稱：藏人軍械足用，又獲我大宗軍火，今調集大兵，盤踞拉薩，日夜操練，已成勁敵，進擊為難，可否咨滇軍兜援。等語。查藏、衛西藩，關係大局，一有破裂，則滇、川有唇亡之虞。現藏事危急至此，不能不早為之圖。惟滇軍早經撤返，未便復出，且懸軍數千里，滇力亦恐難勝，況前經川人固拒，派兵又必生疑。坐視危疆，焦急萬狀，應請迅為籌處，以救危機。」

蔡鍔力陳西藏危勢，呼籲中央和鄰省四川早作佈置，對於西藏日益嚴峻的動盪局面，蔡鍔懇請中央做出裁示，以救危機。

待至5月16日，援川滇軍全數返回雲南，蔡鍔毅然向袁世凱暨國務院請戰：「……且聞蒙古喇嘛屢經來藏，唆使班禪宣佈獨立，大勢日迫宜早綢繆，

可否懇請轉電中央政府，速派洞悉邊情知兵大員一人為川滇邊務將領，辦理籌邊一切事宜，以固疆宇，而絕覬覦。……竊念雲南軍隊訓練夙精，前經援蜀、援黔，均屬耐勞敢戰，現已陸續抽調回滇，若以之防剿戰亂，必能得力。」

與此同時，蔡鍔也發出中央迄未協餉的喟嘆：「惟滇省餉精向由各省協濟，現協款停頓，滇力難支，屢經請命中央，迄未奉復，一若雲南邊隨可棄置不顧者。」蔡鍔雖亟欲戡定西藏內亂，但對弟兄行旅一切所需，絲毫未肯讓步。

5月18日，袁世凱正式發電命令雲南都督蔡鍔：「撥勁旅與川軍聯合進藏，平定藏亂。」西征命令下來後，蔡鍔即刻籌備滇軍出征事宜，對於滇軍西征西藏路線的安排，蔡鍔煞費心思。他隨後致電袁世凱，具體剖析了滇、川、藏邊界的地理形勢，提出滇軍進軍拉薩的最佳路線，乃沿中緬邊界，直取拉薩。他說：「川軍自巴塘大道入藏，「滇則特闢新路，由維西、茶砼、馬必立之間出口，經珞瑜野人地方，向西北作一直線，直達拉薩。」

蔡鍔認為一旦此路開出，「滇藏間之交通，略可省千數里，而國防上尤有莫大之益」。他計畫此路在於遏止英軍由片馬直搗巴塘、裡塘，粉碎其全面控制西藏之野心。

1912年6月，蔡鍔正式精編「西藏西征軍」，計畫是：

一、先以「探險隊」從雲南中甸出發，沿途偵察出征路線與敵情；

二、隨後再以「工程隊」開山築路；

三、軍隊節節前進時，同時架設電線，辦兵站，移民招商，佈置內政，以圖長遠打算。

對於當時險峻的形勢而言，蔡鍔此舉無疑是為國防佈署長遠作戰計畫，此「道」此「法」一開，邊防戍守與戰力即刻提升。

就在西征西藏路線方興未艾展開之時，6月18日，袁世凱利令智昏，居

然以工艱費巨為由，命中緬開路計畫停止，要滇軍先援巴塘，後救藏急。為此，蔡鍔接連上書爭辯，力諫中央說：「國家開新局」之際，瞻前顧後要有遠見，目光要遠大，此路必為國防之路，望中央收回成命！

無奈中央並不領情，滇省又無力單獨經營，中緬邊路開拓計畫宣告終止，蔡鍔只好另部署西征軍前進巴塘的計畫。

連戰皆捷西征軍，粉碎英帝國主義陰謀

袁世凱既頒佈滇軍取道巴塘的命令後，蔡鍔隨即任命都督府參謀廳總長殷承獻為滇軍西征軍司令官，率兵出征。1912 年 8 月 15 日，西征軍與西藏叛軍在滇藏交界溜筒江附近相遇。

叛軍雖然依險據守要地，佔盡地理優勢，然而，兩軍實力懸殊，叛軍無能抵抗，三天後棄守逃竄而去。8 月 19 日，滇軍抵達麗江，出師連連告捷，再次引起川軍的猜忌！四川都督尹昌衡以滇軍佔領巴塘將截斷川軍左右翼部隊的行動，同時阻礙邊藏進兵為由，轉請袁世凱電令滇軍停止前進。

當時，袁世凱亟欲成為集大權於一身的個人獨裁者，需要英、法、日、美及歐洲其他國家的鼎力相助，根本不敢得罪列強，故而不願面對西藏問題。為此，袁世凱即電令滇軍速速回師，還要蔡鍔不得違令！中央昏庸至此，蔡鍔不得已，平叛西藏的作戰計畫只能半途終止！

滇軍千里出征，尚未完成任務，即被勒令停止前進，蔡鍔深表不滿，他通電全國申述滇軍出兵之前因及意圖，呼籲川、滇兩軍全力戡定西藏內亂，以求鞏固中華民國國防，遏止破壞民主共和的宵小行徑！為此，蔡鍔反覆聲明：「俟藏事大定，一聽中央處分，庶可收川、滇協同之效，……如藏亂非蜀力能平，自當前往援助，所得地方仍應交還川軍。」

同時，為有利藏事大局、避免川滇糾紛不斷，蔡鍔還下令滇軍進駐滇境阿墩子後即停止前進，鞏固麗、維門戶，看局勢發展以決定進退。

蔡鍔仍對川督有情有義，然而滇軍停止進軍後，川軍的進攻速度卻沒有加快，西藏局勢依舊告急。蔡鍔一面電告大總統、國務院、川督以期諒解，一面命殷承獻所率西征軍相機進取，策應巴塘川軍。

8月26日夜4時，滇軍一舉襲取鹽井，並平定了周圍地區。蔡鍔接獲殷承獻告捷消息後，一面令滇軍妥善安撫地方，不許滋擾鄉里；一面令藏匿在阿墩子的鹽井委員張世傑回到鹽井，暫攝其事，辦理善後。蔡鍔隨後命殷承獻，以糧餉接濟巴塘川軍，「……切誡各將領對於川軍須持親愛退讓之忱，以釋前嫌，而顧大局」。

當滇軍克復鹽井後，「川軍忌之愈甚」，尹昌衡致電蔡鍔說：「昌都附近之江卡、乍了、同普德格均為川軍集中地，倘使滇軍踵至，無地可容，請告鄭縱隊長因安滇邊，免致互礙。」8月26日，蔡鍔回復尹昌衡說：「滇軍入藏，前以取道巴塘，繞道太多，且川、滇同趨一路，……已飭殷司令暫住阿墩，以固麗、維門戶。」

然而明顯地，川督蓄意阻止滇軍再進兵。9月10日，國務院在川軍的鼓動下終於發電蔡鍔，說為「鞏固滇北門戶，不必前進」。當時川軍若願與滇軍協同作戰，乘勝進取，則平定藏亂，指日可待。可惜川軍對滇軍成見已深，大勢難挽。

袁世凱狼子野心，當上大總統後，即醉心於拓展政權，對於滇軍不時受到北京政府以及川軍的掣肘，導致進攻計畫受影響一事，居然不聞不問，昏庸至極。然而，10月30日，袁世凱失了心，毅然下令蔡鍔說：「英人干涉，民國初建，豈容輕啟外釁，……至川邊撫剿，尹督既自任專辦，籌兵籌餉，悉由該督經營，滇自不必因爭。……殷司令切勿輕進，轉生枝節。」

當時川軍亦無心進軍西藏戡亂，袁世凱當然較為支持川軍，自此，滇軍「西征軍」援藏一事正式結束，袁世凱命滇軍必須撤回原防。川軍表面表示

無心進軍西藏，但就在滇軍撤出鹽井的同時，尹昌衡立即抽調川軍，向鹽井進發，以武力相逼滇軍，欲奪回鹽井。

尹昌衡對滇軍戰力向來驚懼，唯恐滇軍占了自己的地盤，又恐滇軍在平叛鬥爭中功居榜首，讓更靠近西藏的川軍保不住面子。這種猜忌心理，與中央連成一氣，斷送了滇軍護國平叛的重願大責。而當時袁世凱為了保住位子，不敢得罪英國，又西征軍經費困難，無能的北京居然不曾協助，簡直不可思議。蔡鍔感到痛心疾首，無可奈何，只得命西征軍撤回。

此後，達賴和袁世凱在英國的調停下，達成協議，兩方和解。然而，此舉卻為日後的邊疆問題種下更大的隱憂。最終，滇軍悉數撤出藏境，僅留一部分軍隊駐紮在中甸、維西、菖蒲等處固守邊防。11 月 11 日滇軍撤到麗江，12 月 10 日返回昆明，西征軍援藏平叛活動宣告落幕。

綜觀西征軍自 7 月 22 日出發，至 12 月 10 日返回，歷時 5 個月整。長途行軍轉戰，糜財傷兵，最後功虧一簣。究其原因：

1、 四川狹隘的「地方割據思想」，疑忌滇軍，排斥滇軍插手西藏事務；

2、 袁世凱政府軟弱無能，昏庸無度，國務院屢次接獲電報，漫不經心，著眼處小，不能洞悉國家大局，無法立即給予雲南協助；

3、 袁世凱受到英國武力恫嚇後，即令滇軍撤回，可見其真實面目本在追逐權慾，而無心於國家安危；

4、 袁世凱對蔡鍔這樣一位大將素來疑忌，他認為蔡鍔坐擁兵權，勢力本就直逼北京，在國內數一數二。因此，他不樂見蔡鍔威鎮大西南，功勳卓著，若大西藏與西康等省又遭蔡鍔平叛，那他的勢力將無人能比。袁世凱寧可西藏維持現狀，即便是滇軍進軍已到最後階段，猶不想讓蔡鍔出手得盧。

雖然滇軍一簣之功不得，然而，全國上下無不讚嘆其耿耿忠心，反倒使

滇軍的名聲和戰力轟動全國。當時達賴氣焰囂張，滇軍在短短幾個月的戰鬥中，就狠狠地重擊以達賴為首的西藏上層叛亂分子，粉碎了西藏大農奴主欲勾結英國帝國主義企圖獨立、英帝國妄圖分裂中國領土、實現其統治西藏的陰謀。

觀雲南軍都督府成立後，蔡鍔行事果斷，立即派出軍隊援川軍和援黔軍前往滇南各地剿匪，連戰皆捷，果斷地支持和推動鄰省推翻清朝的專制統治，有力地支援了武昌革命。後來為了保護領土不被侵犯，還派出西征軍西征藏地，打擊達賴與英國。經過上述戰鬥的洗禮，誕生於辛亥革命的滇軍開始被讚譽為「民國勁旅」。

蔡鍔為西藏一事嘔心瀝血，體現了他崇高的愛國主義精神。西藏平叛計畫雖遭擱淺，但蔡鍔在祖國危亡、遭受侵略的時刻，挺身而出，抵禦英帝國主義的侵略，鎮壓叛亂分子，他的功勞是不可抹殺的。他為維護祖國統一和領土完整所做的貢獻將永載史冊。

第三節　大力整頓財政，實現雲南太平盛世

力倡節儉，兩次帶頭減薪

軍都督府雄圖遠大，除了改革弊政和精編軍隊之外，在整頓財政方面，也有一定的成績。近代以前，雲南的經濟狀況一直十分貧寒。由於地處西南邊陲，山峰林立，交通不便，生產遂而落後，經濟拮据，在財政上需要仰賴中央接濟和鄰省協餉。然而辛亥革命後，清廷式微，各省相繼獨立，中央協餉驟停；援川援黔又致使雲南財政支出浩繁，入不敷出。

一連串重大的經濟打擊，雲南危如累卵，大多數民眾也已是饔飧不繼、

難以支撐，因此解決財政危機就成了當務之急。為了解決財政問題，蔡鍔採取了一系列增收節支的辦法。他將財政解決方案概括為三個主要整頓方向來進行：

（一）首先，整頓厘稅，廢除陋規，確保厘稅收入點滴入公；

（二）其次，開設富滇銀行，保證紙幣的信用和流通；

（三）第三，設立會計檢查廳以監督全省的財政制度。

蔡鍔十分注意和關心老百姓的生活，經常微服出訪，體察民情。有一次，蔡鍔帶一隨從，便服出訪，途中遇上暴雨，遂進入一民居躲雨。蔡鍔見這戶人家環堵蕭然，不蔽風日，屋主老母還臥病在床，兩個孩子面帶菜色，全家5口都靠兒子當貨郎勉強度日。蔡鍔見此情景不禁一陣辛酸，當即將自己和隨從所帶的20多枚「半開」（雲南銀幣，兩枚半開約值一銀元）全部捐給朱姓貨郎，以解一時之困境。

一次，蔡鍔在軍政要員會議上講到：民眾生活捉襟見肘，力倡財政節約刻不容緩。他要求政府相關單位應儘量減少開支，以減輕百姓負擔。軍都督府秘書長周鐘嶽在《惺庵回憶錄》中有記載，蔡鍔大力整頓財政之際，曾特地向他打聽雲南一般人家日餐所耗多少金。

周鐘嶽出生於雲南劍川縣，對雲南人民的生活較為瞭解，他據實回覆都督後，蔡鍔就下令，自己餐費須和一般人家無異。此後，蔡鍔每餐僅幾個簡單小菜，生活十分儉樸。處於累棊形勢中，蔡鍔當機立斷，立即進行財政整頓。

1912 年 1 月 26 日，蔡鍔下令政府人員第一次「裁減薪金令」，他在簽發的「都督府文告」中說：「滇中反正，得諸君同心戮力，共濟艱難，本應須厚糈以酬勞績。維諸君夙明大義，共體時艱，即前日舉義與現在奉公，原以求群眾之幸福，而非為個人之榮利，此次減薪辦法該無不樂贊其成。」蔡

鍔在動員同僚效尤的同時，他已帶頭將自己每月的薪俸 600 兩（元），酌減 80%，實定核發銀 120 兩。

同年 6 月 7 日，蔡鍔又下達了第二次裁減薪金令，命令竭力申說：「本省公務人員薪俸前已減成發給，最多者不過百十元（兩），現因國事多艱，再加裁減，凡政軍學警各界，除分以愛國公債外，其原薪 60 元以上者，均減為 60 元，以下遞減。」

第二次減薪，蔡鍔將自己的薪金調降至當時一個副營長薪金水平，即每月 60 元。一個堂堂雲南都督每月 60 元薪俸，不禁令雲南人民訝異，各省亦驚歎不已！蔡鍔的作法儉樸而不慳吝；嚴厲而不鍥薄。

他和其夫人平時居家生活也非常節約，每月 60 元生活費尚有餘額，兩人便將所剩餘悉數充公，「公費所入，衣食而外，一以佐軍，不欲使家有贏餘，貧民貧國」。

雲南人民對都督這種作法曾讚歎道：「都督俸金之轂，舉國未有如雲南者也！」蔡鍔親自帶頭減薪，一時全省風行草偃，反觀當時中國各省都督，未嘗有此大刀闊斧整頓財政、自裁薪金者。都督躬為之倡，為全省官員做出了最好的榜樣，一時舉國傳為佳話。

杜絕賄賂，革除官場奢華之風

蔡鍔崇尚儉樸，力倡裁減薪金的同時，為了肅清政府人員形象，令其威嚴有所舉止，還下令雲南務必革除清代官場「奢華之風」，杜絕公務人員行賄受賄！

蔡鍔嚴格規定，「不得請客送禮，兼差人員概不兼薪，不得受賄和侵吞缺額餉銀，不得挪用教育經費，不得在非星期日宴客，一席之費，不得超過 5 元等等，違者處罰」。軍都督府力圖廉潔，對以權謀私者懲處極嚴。

有一次，某警察局長，不按規定，在星期天以外宴客，並邀都督蔡鍔赴

宴，準備讓他上首席位。請帖送到軍都督府後，蔡鍔即提筆寫下：「違背功令，罰薪半月。」從此，「聞者莫不詫異發噱，而奉令唯謹」，再也沒有人膽敢違規逾矩。

蔡鍔下屬曾回憶道：「辛亥以後雲南由蔡鍔帶頭使廉潔成為一時風尚。由於蔡鍔勤勉節儉，雲南搞出一個廉潔的政府來，受到廣大群眾的稱道。」

節儉開支，創辦富滇銀行

蔡鍔除了力倡減薪之外（節流政策），還採取了不少「開源」辦法，如「增開財源、節約開支、整頓釐稅；創辦銀行，檢查會計，舉辦公債等」。

在「節約開支、整頓釐稅」方面，蔡鍔採取了「整頓稅收」之法，即「釐稅收入、點滴歸公」。為了收取民眾稅收，以改善雲南財政問題，蔡鍔先把前清「龍元局」改為「造幣廠」，同時成立國稅系統服務納稅民眾，做好政府財政管理。

蔡鍔改革思想極為前衛，他還開首例，創辦了「雲南富滇銀行」（雲南全省公錢局，1912 年改組為省立富滇銀行），以此編制預算。還發行「救國公債」，配合公務員兩次減薪，以此解決財源問題，節儉開支。

富滇銀行除經營一般商業銀行的業務外，還具有發行紙幣的特殊職能，並代表軍都督府執行地方金融政策、統制外匯，實質上起到了地方央行的作用。

富滇銀行開辦後，「百姓對於新布政令，俱極悅服，財政上不甚困難，金融機關，甚形活潑」。漸漸地，雲南從省城到各地方，經濟活動開始為之活絡，百姓生活逐步擺脫貧困。

此後，雲南財政在民初不僅沒有產生赤字，反而還有結餘滇幣 20 萬元，這在雲南財政史上是罕見的。這些改革措施使得辛亥革命後的雲南「一切善後佈置，俱能井井有條，秩序上之整嚴，實為南北各省之冠」。最終，「財

政上不甚困難，令額機關甚為活躍」。

　　蔡鍔還針對昆明商界的開業時間訂定律法，以往，昆明商業部門每日上午十一時才開門營業，家庭一般也睡到九、十點鐘才起床。蔡鍔認為，「不特於事業難期發達，實於衛生上諸多礙」，因而決心改變這種陋習與怠惰習慣。為此，軍都督府特別規定：自農曆 9 月 1 日起，各商店每日早上 7 點鐘一律開市，違者，「每遲開半小時，罰金二角」。

開發工礦業，提升生產建設

　　在開發工礦業方面，蔡鍔同樣成績斐然。

　　軍都督府整頓財務的同時，也有計畫將雲南鹽務和礦務納入改革之中。在礦業發展方面，軍都督府制定了雲南礦務暫行章程，緊接著在省城設立「礦務化驗所」和「地質調查研究所」以開闢利源，開發礦山資源。軍都督府還在昆明設立「省模範工廠」，積極協助民眾創建工廠，以提振雲南工業，開拓雲南市場。

　　在生產建設方面，由於雲南叢山林立，農林資源廣大，因此軍都督府遂積極在省城昆明設立「農林局」，在地方廣設「蠶林實業團」，以協助農林開墾。

　　還制定「墾荒牧畜森林章程」，在「種棉制茶」上力求推廣和改良方法。

　　在電力方面，雲南的進展更是如火如荼，軍都督府創立了「耀龍電燈公司」，興建被稱為「中國水電歷史博物館」的石龍壩水電站（不久又籌建自來水公司），使昆明成為全國用電照明最早的都市。當時每逢節日或慶典活動，入夜後各處街燈相互輝映，光耀奪目，劃破長空，燦若繁星，依稀一座不夜城。雲南都督蔡鍔目光遠大，又具先進文明思想，不到兩年時間，昆明的進展堪為全國之冠。

加強治安與改革社會習俗

為了加強雲南各地治安，軍都督府在公安方面也頗具績效，為了宣揚守望相助的精神，蔡鍔將舊制巡警撤銷，改建立「省會員警廳」，並在各街口分設「派出所」，方便處理民眾的糾紛和鬥毆世間。

在社會習俗改革方面，軍都督府創立了「天足會」，以研究人體正常生理為宗旨，嚴令禁止婦女纏足。同時蔡鍔還提倡「剪髮剃頭」，廢除清王朝封建時代男人蓄髮編長辮的習慣。

在破除封建迷信方面，提倡移風易俗的文藝演出和娛樂活動，提倡文明禮節，廢除跪拜而代之以「鞠躬」。

還改良制服，取消冬帽以及穿袍褂的滿族服裝，代之以氈帽、短裝為主，以便勞動操作。在注重公共衛生方面，雲南開始修築公廁，銷毀從前各街道木柵子旁邊的便槽便坑，禁止隨意便溺，違者由員警送往拘禁罰款。

中國自鴉片戰爭後，吸食鴉片廣為流行，蔡鍔為嚴禁人民吸食毒物，認為非立嚴刑峻法無以救吸毒者。

亂世當用重典，亂局當行正法，蔡鍔對於吸食鴉片者，違者拘留罰款，運賣者一律處以徒刑。軍都督府也禁止賭博，違者沒收賭具罰款拘禁，重者處以徒刑。

寧負親弟，不當負天下

蔡鍔身居高位，貴為一省都督，他的兩個弟弟在湖南家鄉得知後也引以為榮。當時他們在湖南老家務農，大弟蔡鐘時年 25 歲，小弟 19 歲，兩人協商後，決定先由蔡鐘去雲南探望多年未見面的大哥，順便從大哥那邊謀個一官半職。

蔡鐘於是千里迢迢從湖南老家趕來，蔡鍔見到長大成人的大弟，高興無比，於是招待他在都督府裡住下。過了幾天後，大弟並未離去，還期期艾艾

地告訴大哥想在他的身邊謀個職位。

　　不料蔡鍔堅持不肯破例，一天晚飯後，蔡鍔對大弟說道：「你想在雲南做事，當然可以。但我身為都督，帶頭安排親朋當官，別人會怎麼說？一旦我開先例，別人鐵定會跟著做，我希望你能回去好好照顧年邁的母親。」

　　蔡鐘聽後極為失落，蔡鍔卻寸步不讓地說：「為國盡忠，難以盡孝了。家裡的事，要託兩位弟弟了。」蔡鍔義正嚴詞，還是夫人潘蕙英出面緩頰，代為滅火。隔天，蔡鍔把全部積蓄20元給了弟弟作旅費，讓蔡鐘徒步返鄉去。蔡鍔並不是非常富裕，但窮不失義，兄弟久未重逢，弟弟臨行前，蔡鍔吩咐夫人潘蕙英煮個幾道小菜為弟弟餞別。

　　蔡鐘見著端出的菜餚，竟比自個兒吃的還差，不禁一陣鼻酸，自己的都督大哥竟是這樣地生活。於是蔡鐘決定回鄉，不給大哥添麻煩了。人生在世，別離是苦，淚盡數行，終需揮去。蔡鍔親自送蔡鐘上路，弟弟感到不捨，要大哥好好珍重身子，只見一條羊腸小徑上，一抹昏黃，一個臞瘦身影漸漸遠去……。

　　蔡鍔曾對人說：「吾輩做事，不惟不怕死，不要錢，並宜不好名。一有好名之心，則瞻徇顧忌，不足以成大事！」當時，國家內政外交犬牙交錯，錯綜複雜，多數大官爭權奪利，力爭上游，竟還有像蔡鍔這樣「為國不為官」的血性男兒，與時同艱，身先士卒。

　　想想，吾輩後世之人是否還願「聞鼙鼓而思良將」？這位「良將」或許就是自己的「心靈本將」，與蔡鍔將軍的精神共鳴共振吧。唯有向先烈看齊，心靈的這位「良將才會現前」，而當下地球正需要這種良將之才，正義之師。不求宗派、不求功德、不求福報的大正大勇將才！行仁行義，肯為世間作正事，但或許依然會艱辛了點。

第四節　開發大西南，力倡建設鐵路

主張修建滇桂鐵路，操全國之路政

蔡鍔圖治雲南期間，對於雲南交通的發展狀況也具有敏銳地觀察力。他認為，雲南山高水險，地處邊陲，交通設施十分簡陋，倘使日後邊陲地帶發生戰事，南方與北方各省雖有心想接濟戡定戰事，但由於交通並不便利，勢必力有未逮。

為了建設大西南的交通網絡，使大西南的經濟和軍備獲得大幅度的改善，1912 年 4 月 12 日，蔡鍔曾發文《致袁世凱及粵桂黔都督電》，致電廣西都督陸榮廷，主張修建「滇桂鐵路」，改善大西南交通貧瘠的窘境。

電文中的內容，與廣西建設關係最大，於今百年後，其見解獨到依然令人敬佩。電文前面部分敘述了雲南「自滇越鐵路成，危機日迫」的情況以及雲南自辦鐵路的困難；並明確指出雲南豐富的金礦因運輸未能從速，無人投資開採，個舊的錫礦開採後經越南出口受人挾制，東川的銅要從陸路運到四川，再走水運，艱險萬狀，以致數十萬斤銅滯銷等窘境。

還說，外國人對此覬覦日多，這都是由於我鐵路不通，交通不便之故。接著充分論證了修築滇桂鐵路，以求得近捷出海通道的意義，提出請中央主持，滇、黔、桂、粵四省分段承辦的建議。

蔡鍔繼續懇切剖析滇桂鐵路必須的重要性：

然熟審邊地情形，滇蜀一線尚可緩圖，滇桂一線尤為切要，其路線尤以曲靖經興義、百色達南寧為宜。若此路線修通，厥有數利：一則路線較短，成功較易，需款較省；一則滇粵交通互相策應，可固國防；一則與滇越不平行，免資外人口實，且離越較遠，利於兵事；一則經滇、黔、桂三省之地，可擴商業，可辟荒土；一則滇川、滇黔兩線將來便於延長；一則東昭礦產，便於

轉運；且此路一通，則滇越一線之勢頓失，既可以阻其伸張之勢，並可以徐圖贖回之機。

故前清李督密奏，請先修滇邕，又以滇省奇窮，應桂部辦，皆得部複允准，並已派員踏勘。改革之際，事遂中止。觀大局已定，亟應先為籌計，繼續進行。惟鍔前遊兩粵，近復來滇，足跡所經，詳察形勢，覺滇省鐵路以先修滇邕為宜，而滇邕路線尤以延長至龍門島，去南寧不過四百餘里，島嶼環抱，為泊船最良之海灣，而風浪不驚，較北海為尤善。以之闢為商港，則粵、桂、滇、黔四省之物產，皆可委輸於此，商業可期發達。

且此中海水深廣，可泊兵輪，而海口甚窄，間有暗礁，新到之船，亦難遽窺堂粵，可並營軍港以屯海軍。將來鐵路、軍港首尾銜接，滇、桂不致坐困，庶可鞏固國防。至滇桂鐵路疊峰層巒，工程較巨，然為久遠計，擬採用廣軌，與粵漢路銜接較便，雖需費較多，亦可不惜。惟滇、黔、桂均屬瘠省，籌款匪易，不能不望中央支持。擬請大總統飭部核議電示，由滇、黔、桂、粵四省分段承辦。

1912 年 9 月，孫中山解除臨時大總統職，在上海就任全國鐵路督辦（中國鐵路總公司總理），力主修建滇桂粵（昆明—柳州—廣州）鐵路，孫文擬定了三大鐵路幹線：

一是：南起南海，由粵而桂黔，至滇，循蜀，入藏，繞至天山以南；

二是：起揚子江口，由蘇而皖汴，而陝甘新疆，迄於伊犁；

三是：北起秦皇島，繞遼東，折入內蒙古，達烏梁海（今蒙古國地區）。

蔡鍔聞後大喜，隨即於 1913 年 1 月 11 日及 25 日，兩次致電孫中山，就建築滇桂鐵路和在雲南設立鐵廠、煤廠以煉冶鋼軌諸富國富滇之事，同孫中山商榷辦法，請求衡核實行，蔡鍔致孫文函如下：

竊維雲南當英、法二國之沖，為西南各省之障。自法人滇越路成，滇之危機日迫，稍有知識者，每聞越軌汽笛之聲，輒心憂如搗，固憂滇也。然西南之安危系於滇，全國之安危亦即系於滇也，豈僅憂滇而已哉？現今滇省因款奇絀，尚無已成之鐵路，其待辦者，曰滇蜀，曰滇緬，曰滇邕，曰滇黔。四者之中，權其輕重，又以滇緬、滇邕為最要。然緬、邕兩路同時並舉，財力實有不濟，於茲二者，又擇其緩急，則以滇邕為急切。蓋鐵路政策，本取商業上、軍事上之便利也。緬、邕兩路雖於國防、商務均有關係，而緬路所以通外，邕路所以通內。滇省遠距中原，非先通內以聯絡腹地各省，實不足以圖存。況滇邕路線於商業上、軍事上均占優勝，此所以為急之又急者也。且此路線短費省，成功較易，而收效頗速。

一切情勢久為先生洞鑒，無待贅述。但滇以貧瘠之省份，而謀此浩大之工程，籌款維艱，不能不望中央主持。上年曾詳陳此路情形，電請大總統飭部核議，由桂、粵、滇、黔四省分段承辦，嗣又恐各省難於擔任，反致延擱，電請交通部仍歸國有為宜，而部以限於財力，不允所請。後接胡都督魚電，欲聯絡粵、桂、蜀、滇、黔五省自行籌款興辦，公推先生主其事，先在粵設籌辦機關。當即電懇先生毅力擔任，並請電商粵、桂、川、黔四省妥籌辦法。此路之望助于先生，若大旱之望雲霓也。

今先生以當代之偉人，操全國之路政，富國強兵，安內攘外，皆將於此決政策焉，必能使西南邊徼轉危為安。務祈鼎力維持，籌撥鉅款，俾滇邕軌道早日興築，早日告成。行見懋遷貨物，工商皆可振興；徵調將兵，滇粵互相策應。破外人之陰謀，保西南之大局。不惟雲南之幸，實全國之幸也。

孫文覆蔡鍔告建築滇桂粵鐵路計畫函：

松坡先生鑒：

奉到一月二十五日覆書，示以滇路之緩急輕重，並承囑儘先建築滇邕路，自應力為籌辦。惟路線之規定，尤宜通盤籌畫。前經與代表羅、李兩君再三商榷，近規目前之利益，遠企將來之發達，僉以滇邕一線，不如滇粵一線為更（重）要，遂定滇桂粵鐵路。當今擬具說明書，將路線、籌款及築成後辦法三端詳為說明，貴代表諒以具有報告。茲將此書抄錄一份，寄請大鑒，想臺端統籌全域，定能擇善而從。將來此路告成，較之滇邕尤有莫大之利益。廣州為南部之中點，商埠已興，不難與世界競勝。即於軍事上，亦屬重要之地。滇省貨物運送外洋，由此出口，未為迂折，而輸入腹地各省，則必至廣州，而後便於分佈。至龍門一口，出洋雖覺較捷，然商埠未開，輪舶罕至，倘事經營，非有數千萬之鉅款不可，實非目前之力所能辦。再以軍事上而論，南寧逼近滇、越路線，一旦有事，易於受敵。故桂省一段不如取道柳、慶，開自古未開之路，於鐵路原理上實有重大之價值。而由柳州至南寧可建一支線，仍不失滇、邕之功用。本公司之計畫如此，其詳見說明書，茲不贅述。

專頌勳祺

在這封信函中，蔡鍔設想了滇邕（南昆）鐵路的起止和經過路線：「其線西起昆明，由曲靖經黔之興義，過桂之百色，以直達南寧。若再由南寧延長至龍門島（今防城港境內）尤為美善。」蔡鍔認為：「此地可闢為商港，並可營為軍港，以屯海軍，此路關係甚屬重要。」

而孫文在回覆函中也指出：「南寧逼近滇越路線，一旦有事，易於受敵。修建滇邕鐵路，南寧逼近滇、越路線，一旦有事，易於受敵。故桂省一段不如取道柳、慶，開自古未開之路，於鐵路原理上實有重大之價值。而由柳州至南寧可建一支線，仍不失滇、邕之功用。」當時孫文即有意要進行建設。

而關於修建滇邕鐵路的籌款事宜，蔡鍔也在信中力陳己見，拳拳之心可鑒：「一切情勢久為先生洞鑒，無待贅述。但滇以貧瘠之省份，而謀此浩大

之工程，籌款維艱，不能不望中央主持。上年曾詳陳此路情形，電請大總統飭部核議，由桂、粵、滇、黔四省分段承辦，嗣又恐各省難於擔任，反致延擱，電請交通部仍歸國有為宜，而部以限於財力，不允所請。後接胡都督魚電，欲聯絡粵、桂、蜀、滇、黔五省自行籌款興辦，公推先生主其事，先在粵設籌辦機關。當即電懇先生毅力擔任，並請電商粵、桂、川、黔四省妥籌辦法。」

最後在 1913 年 9 月，蔡鍔赴京任職，仍念念不忘修築滇邕鐵路之大計。臨行前，他語重心長在一次重要會議上反覆強調：「雲南最重要的還是交通問題，在國防上尤應於廣西交為一氣，如有緩急，才能應援。」他還表示：「我到京，當向中央建議，趕速修成滇邕鐵路，以為西南國防初步基礎。」

蔡鍔這一宏偉計畫，有利於開發大西南、進而富國強民。然而，這並他的理論而已，這些精闢剖析來自他的實地考察和對當前國內局勢的全盤瞭解。這個計畫在民國初年百業待興之際提出來，無疑一聲驚雷，確是不同凡響。

後來孫中山先生在《建國方略》中也提到開發大西南的設想，只能說英雄所見略同。只可惜，辛亥革命後，當時的政治與經濟條件皆不允許這一提案，蔡鍔這個計畫只能付諸東流。

雖是如此，但蔡鍔那份堅定不移的心，在他逝世八十年後，這個美好理想終於變成現實。被稱為西南最大的「扶貧工程」的南昆鐵路已於 1997 年底建成通車，為大西南開發加大步伐，走向全世界，實現經濟騰飛，插上了鋼鐵的翅膀。想必蔡鍔將軍在天之靈，亦當含笑同慶！

勵精圖治的高尚情操和堅定意志

綜觀蔡鍔在廣西和雲南勵精圖治，都歷經了一段艱辛路程。雲南在辛亥革命期間外擾內患，都督運籌帷幄極為損耗腦力和體力。尤其當時雲南政局並不單純，蔡鍔主政，反對聲浪不小，他的壓力是很大的。然而雲南在辛亥革命以前，已有的廣泛的多民族群眾基礎和雄厚的軍事武裝基礎，為都督蔡

鍔帶來反清鬥爭的助力。

蔡鍔從廣西調到雲南後，靠著自己的努力和奮鬥終於脫穎而出，當時雲南政局其實比廣西來得混亂，要帶出廉潔並強大的政府團隊，勢在難行。如果沒有蔡鍔堅持到底的決心，又或沒有他的軍事才能親自領導，雲南辛亥武裝革命是很難取得如此輝煌的勝利。

為何滇軍將校與所所領導的雲南軍隊後來願意敞開胸懷作蔡鍔的子弟兵，原因是他們在在被蔡鍔的人格所感動，蔡鍔帶兵，一如其《曾胡治兵語錄》裡頭的思想，如父帶子，既嚴厲又關愛，使士兵如生活在家中。

蔡鍔督滇期間，對自己要求嚴格，處處以身作則，要求別人做到的，首先自己先做到。他把「澹泊明志，夙夜在公」作為自己的座右銘，堅持清廉從政，為國為民而忘己。

由於蔡鍔以身作則，戒奢倡儉，辛亥革命以後，雲南政界出現了一些新的氣象。當時人稱數年之間，雲南盜匪全無，可稱奇跡。據說當時節流「節」下了不下百萬，開源又「開」出了兩百萬之款，於是雲南財政盡可自立，穩定了大西南的革命局勢。

蔡鍔智謀高操，指揮能力特強，身先士卒地帶領部隊一舉推翻了清王朝在雲南的統治，贏得了滇軍官兵的崇敬。而且蔡鍔善於用人和團結人，在軍隊中很少任用私人，唯才是舉，保持了雲南軍隊的相對集中和統一，雲南政局於是比較穩定。正是有蔡鍔作為統帥開創了雲南的新局面，雲南才能取得援助川黔、西藏平叛的戰鬥勝利，以至發動後來的護國戰爭，人們說從蔡鍔開始，中國才有真正的軍人。

蔡鍔身為都督，嚴於律己，克己奉公，不僅帶頭減薪，而且還禁忌奢侈浪費，這種精神於現今亦是十分可貴的，值得後世效尤。蔡鍔「建造廉潔政權」，一時雲南風行草偃，百姓上行下效。蔡鍔身先表率，故造成實際上的

作用。

後人稱蔡鍔為「鋼鐵軍神」，乃因其志節剛正，行忠行義；堅苦卓絕，軍氣為守；身先士卒，行為表率。由此得知，一個人的精神及其人格是鍛鍊與鑄造而成的，必須通過心靈與物質層面的考驗，才顯出其真正的情操！

古人說，「天下有道，國家將興」，而「蔡鍔之道」，在其作為一名軍人，始終念念不忘，天下興亡，匹夫有責。其道被譽為「特立獨行」、「敢為天下先」！後來其道，果真照亮全國，雲南軍都督府成為各省效仿、努力看齊的機構。

辛亥革命後，不少省份發生軍閥混戰，雲南則沒有，反而呈現出太平盛世之景，開創出雲南少有的平穩時期。蔡鍔主政雲南期間，勵精圖治，撥亂反正，除去禍源，俾使雲南政治及社會秩序方面，重新回歸到正道，對穩定大西南局勢貢獻良多。

參考資料：

- 《蔡鍔集》上冊（曾業英）
- 《蔡鍔大傳》（謝本書）
- 《蔡鍔思想研究》（鄧江祁 ）
- 《五省邊防計畫草案》（蔡鍔）
- 《五省軍事聯合計畫草案》（1933 年版）
- 《惺庵回憶錄》（周鐘嶽）
- 《蔡鍔自述》（深圳報業集團文明國編）
- 《建國方略》（孫中山）

第九章
維護國權與二次革命

近幾年，「拯救地球之聲」此起彼落，愈來愈多的人正在扮演著啟發他人的角色。筆者想，蔡鍔將軍生平極重視的「魂魄陶鑄」和「人格養成」教育，也是分外重要的一環！「救危運動」應先從陶鑄人類的人格和性格做起，進而推廣至蔡鍔將軍所說的「喚醒人類的良心血性」，接著再讓人們產生同理心，攜手團結，不畏艱難，共赴改變世界之途。

這是說，改變世界是要從個人自我的「人格轉變」做起，「先革己命，後革他命」。每個人，當成為蔡鍔將軍所謂的「武者」──有擔當、有能力、有價值觀之人，並且是一位地球戰士。

第一節　一代梟雄袁世凱登上中華民國的歷史舞臺

辛亥革命後，南北對峙局面與袁世凱的陰謀

1911 年 10 月 10 日，辛亥武昌起義爆發後，湖北革命軍趁清軍防守稍有鬆懈之際，以迅雷不及掩耳之勢拿下了武漢三鎮。11 日下午，武昌起義的消息很快就傳到了北京，攝政王載灃為此驚駭不已。12 日，載灃立即命陸軍大臣蔭昌率領馮國璋、段祺瑞部近畿北洋軍兩鎮南下討伐，並令海軍統制薩鎮冰派遣全部海軍兵艦趕赴長江，協同作戰，試圖一舉殲滅革命軍勢力。

雖然清廷擬將所有希望全部寄託於北洋六鎮，但這支由袁世凱精心創練的北洋陸軍，在馮國璋的操弄下，卻只願效忠袁世凱，對攝政王載灃的命令根本視若無聞，遲遲不肯趕赴武昌作戰。而海軍將領薩鎮冰，聞知革命軍勢如破竹，攻克武漢三鎮後，也決定順應歷史潮流，毅然向中央提出辭呈。薩鎮冰做此決定後，海軍內部人心惶惶，最後有不少人選擇了放棄效忠清王朝，而站到革命營壘一邊去！

面對前所未有的變局，清廷雖是心燎意急，卻是一籌莫展，不知所措。這時，內閣總理大臣奕劻向載灃保薦袁世凱，說：「袁有氣魄，北洋新軍皆是他一手編練，若能令其赴鄂督辦剿撫事宜，必操勝算，否則畏葸遷延，不堪設想。」攝政王雖然十分憎恨袁世凱，但仔細想想，北洋軍確實只聽命於他，迫於無奈只得再次請他出山。

其實早在 1908 年，攝政王就以袁世凱有足疾為由，勒令請假養痾，將其逐出朝廷。袁被放逐後，雖然選擇在河南彰德修養身心，實際他的野心並未就此消褪。他表面過著彷若退隱江湖的生活，暗地裡卻仍與徐世昌和馮國璋保持緊密聯繫。袁暗中繼續操控北洋軍隊，目的是為掌握清軍重兵，期盼有

朝一日東山再起。

　　1911 年 10 月 14 日，載灃發佈上諭，任命「袁世凱為湖廣總督，同時兼辦武漢剿撫事宜，該省軍隊及各路援軍，均歸其節制調遣」。但是袁聞訊後嫌總督權力過小，不願擔任蔭昌的副手，便以「舊患足疾，迄今尚未大愈」為由推辭任命。奕劻收到袁的來電後，火速派內閣協理大臣徐世昌趕赴河南彰德，要袁無論如何一定要返回北京。袁深知中央十分倚賴他和北洋軍，因此有恃無恐，向奕劻開出了六個條件：

　　　　（一）明年召開國會；

　　　　（二）組織責任內閣；

　　　　（三）開放黨禁；

　　　　（四）寬容革命黨；

　　　　（五）授以指揮前方軍事的全權；

　　　　（六）保證糧糈的充分供給。

　　袁世凱所提出的六個條件，有的條款是資產階級革命派和立憲派多年來苦心追尋與奮鬥的目標，有的條款則可立馬解除湖北革命黨人的燃眉之急。袁世凱此舉無非就是要載灃看清自己目前的危境，好趁勢奪取清王朝的政治和軍事大權。然而，載灃焉有不知的道理，對於袁世凱的條件，只

在河南彰德修養身心的袁世凱

是履機乘變，支吾其辭。面對載灃猶豫不決的態度，袁世凱卻強調說：「這六條缺一不可，否則寧老死彰德，也不出山，看中央奈我何！」

　　載灃不肯屈就，自然是希望陸軍大臣蔭昌揮軍南下告捷。但是自從蔭昌

南下後，北洋軍就一直停滯於湖北信陽和孝感之間，裹足不前。原來，袁世凱早就算出載灃不會接納他所提出的條件，於是事先暗中命令北洋軍將領按兵不動，違抗蔭昌的號令。

10月23日，緩慢行進的大軍終於抵達孝感，蔭昌立即把指揮部從信陽轉移至孝感，並下令北洋軍整編隊伍，讓巡洋艦海琛號把大砲瞄準武漢革命軍。然而，事已至此，一切已是太晚！由於北洋軍故意拖延步伐，一而再、再而三地貽誤軍機，早在22日，湖南和陝西便已宣布獨立，緊接著江西九江也響起革命槍聲，革命火苗正在各省如火如荼展開，一發不可收拾。此時的大清王朝就如魚游沸鼎，一刻不得安寧。

10月25日，革命軍在漢口發動總進攻，大軍挺進至三道橋，情勢十分緊迫。這時列強深怕自己在華的利益受到威脅，紛紛跳出來說話，要求清廷火速請袁世凱出來主持大局。而在清廷內部，本來就與袁世凱沆瀣一氣的奕劻和徐世昌等人，這時更卯足底氣，不斷向載灃施壓！事情發展到這個節骨眼，載灃進退兩難，只能答應列強與奕劻的條件。

袁世凱見時機已經成熟，便於26日電奏中央，說自己決定復出。27日，載灃下令解除蔭昌的督帥職務，授袁世凱為欽差大臣，統帥馮國璋第一軍和段祺瑞第二軍，以及水陸各軍，正式督師南下。

雖然袁世凱已恢復昔日兵權，但他仍嫌欽差大臣的位階太小，難以發揮自己的長才，因此暗地裡仍採按兵不動的策略，以此再將載灃一軍。11月1日，載灃下達諭旨，任命袁為內閣總理大臣，組織責任內閣，袁收到電報後，卻反而立即趕赴湖北孝感，坐鎮指揮。載灃見袁世凱不接總理大臣一位，心急如焚再發電報，請他務必入京主事。這時袁世凱卻向載灃表示，總理大臣一職不是公推，因此不敢奉詔就任。

11月2日，北京資政院開會，正式推舉袁世凱為內閣總理大臣。袁於是

正式掌握了清王朝政、兵、財三大權，拿到實際的權力。可憐的載灃一步步入了殼還不自知，這樣一來，攝政王載灃實權皆無，取而代之，該換袁世凱順利登上歷史舞台了！

袁世凱收到中央的電報後，立刻把軍事指揮權交給部屬馮國璋和段祺瑞等人，自己則率衛隊北上，組織責任內閣。11 月 2 日下午，馮國璋率軍進攻漢口，北洋砲兵憑藉其所擁有的強大軍事力量與先進武器，對革命軍展開猛烈砲擊。在北洋砲火的轟擊下，革命軍彈藥庫爆炸起火，傷亡慘重！北洋軍勢如破竹，連連攻克革命軍的數個據點，漢口與漢陽相繼失守，革命軍告急。

武漢三鎮已得其二，武昌雖然隔江，但以當時北洋軍強大的實力而言，兵數龐大，武器先進，再加上槍砲全數對準了武昌，因此破城指日可待。就在此危急關頭，突然傳來黃興由上海趕至的消息，黃興一到，革命軍陣營情緒高昂，歡呼之聲響徹雲霄。

黃興德高望重，很快就被革命軍推為「戰時總司令」，為此，黎元洪還大辦儀式，登壇拜將，親授黃興關防令箭。黃興掌兵權後，立即帶著革命人馬往漢陽進攻，這時人在漢陽城內的馮國璋得知黃興將至，決定採聲東擊西戰略，對革命軍來個出其不意、攻其不備的圍殺！馮把主力軍隊集中於漢陽旁的小城鎮，故意讓革命軍長驅直入，接著再從漢陽兩側夾攻革命軍，把革命黨人殺個措手不及！

革命軍進入漢陽後，很快就發現中了圈套，等回過神後，大勢已去！雖然事已至此，黃興與革命軍仍是浴血奮戰，與馮國璋人馬在漢口和漢陽展開持久戰。眼看武昌即將成為袁世凱的囊中物，但這時袁卻緩下了腳步，他漸漸露出了貪鄙的野心。原來他一直心懷不軌，另有圖謀，他在北京一日連續發了 7 封急電，要馮國璋立刻停止進攻武昌的任務。

袁世凱深諳「養敵自重」的道理——與其趕盡殺絕，不如姑息、縱容敵軍，

一方面給革命軍顏色瞧瞧，一方面給清廷一點甜頭。袁世凱這時正試圖以此「戰術」迂迴於清廷和革命黨人之間，也就是說，一方面脅迫清廷交出政權，一方面向革命軍求好，但又以威臨逼，令革命軍不得不就範。如此兩頭的下馬威，正是袁世凱漸進引導兩方入計殼的戰術。

袁心中正不斷盤算著局勢的變化，他認為剿撫武漢革命軍正是自己宮保再起的大好時機。清廷為了要剿平革命軍，不得不依靠自己所掌控的北洋軍隊，而給予自己想要的任何大權。自己再以北洋軍的強大武力壓迫革命軍與自己妥協，如此在兩大圈子中討價還價，必可坐收漁翁之利。

袁世凱的伎倆，看在部屬的眼裡卻有如丈二金剛，摸不著邊。一日，楊度便把在幹部間聽到的看法向袁報告，袁哈哈大笑對楊度說：「我以為你（楊度）是老謀深算的智者，怎麼也看不懂我的意圖？你知道如何拔起一顆大樹嗎？拔大樹的道理很簡單，專用猛力去拔，是無法把樹根拔出來的，但若是過分去扭，樹也一定會斷折，只有一個方法，就是左右搖撼不已，才能把樹根的泥土鬆動，不必用大力就可以一拔而起。清朝是棵大樹，還是三百多年的老樹，要想拔這棵又大又老的樹，不是一件容易的事情。鬧革命，都是些年輕人，有力氣卻不懂如何拔樹，鬧君主立憲的人懂得拔樹卻沒有力氣，我今天的忽進忽退就是在搖撼大樹，現在泥土已經鬆動了，大樹不久也就會拔出來的。」

袁把這種打打停停、迂迴分化的戰術形容為拔大樹，從這一席話中足可看出他的老奸巨猾。

袁世凱正是用這個方法於不動聲色之中，一步一步動搖著大清王朝的根基。他表面上力圖使局勢走向緩和，藉以麻痺清廷，卻在暗中積極籌備，等待時機，準備鳩佔鵲巢將清王朝佔為己有。並借力使力讓自己順利登上新的朝代，成為新朝代的領導人。

在中國歷史上，像這樣的敵人最是難應付！三國時期魏國出了一位傑出的政治家與軍事家司馬懿，他老謀深算，機關算盡，一生都在預謀和算計中度過。當他要對付正面敵手和潛在敵手時，他深知功高不僅震主，也會引起同僚嫉妒，所以適度退讓，才能避免鋒芒過露。他所說的每句話、所做的每件事都是經過縝密的算計與費盡心思的琢磨才完成的，他絕不會允許自己有一點疏忽，因為一旦百密一疏，自己苦心經營的霸權之路將功虧一簣！而袁世凱恰恰是這種具有謀略和心機之人，可知其在政治上已經磨練得非常成熟老練了，絕不是容易應付之輩。

南北雙方停戰後，袁世凱便不斷地派使者與南方革命黨人談判，此即所謂的「南北和談」。為了取信鄂軍都督黎元洪，袁一面奏請清政府停止進攻，一面還命部屬致電黎元洪，希望南北雙方就此終止戰事，轉求談和。

11月9日，革命軍漢陽前線總司令黃興也致函袁世凱，寄予厚望，說：「明公之才能，高出興等萬萬，以拿破崙、華盛頓之資格出，而建拿破崙、華盛頓之事功，直搗黃龍，滅此虜而朝食，非但湘、鄂人民戴明公為拿破崙、華盛頓，即南北各省，當亦無有不拱手聽命者！」

黃興將袁世凱比擬為「建拿破崙、華盛頓事功」之輩，無非是希望對他動之以情、曉之以理，勸其倒戈直搗京師。黃興說袁世凱若能如此做，則將來「南北各省，當亦無有不拱手聽命者」。黃興雖有意拉攏袁世凱，但此舉卻正中袁下懷。袁便於隔天10日，再施一計，派部屬蔡廷幹和劉承恩以他的私人名義過江議和。蔡是袁的副官、海軍正參領，黎元洪曾是蔡魚雷營舊屬，而劉承恩雖是袁的舊部，卻也是黎元洪的同鄉好友，若由此兩人親自出馬，或有成功餘地。

11月11日，蔡廷幹和劉承恩由漢口過江來到武昌，面見黎元洪，他們帶著一封英國駐漢口領事的介紹信，可是卻被黎回絕了。原來先前幾天，貴州、

上海、浙江、江蘇、廣西、安徽、廣東、福建等省相繼獨立，黎元洪即通電各省派全權委員赴武昌組織「臨時政府」，因此黎未肯給蔡廷幹和劉承恩好臉色。

黎元洪向他們推說，當勸導袁世凱倒戈北伐，克復京師：「以項城之威望，將來大功告成，選舉總統，當推首選。」黎這一番話簡直把袁世凱氣炸了，他若干思索，決定對革命黨人來個下馬威，把黎逼上談判桌來，也才能向朝廷和北洋軍中的主戰派將領有所交代。

蔡廷幹過江議和一事，很快就被他的好友《泰晤士報》駐北京記者喬治·厄內斯特·莫理循所獲悉。11 月 16 日，莫理循在英國《泰晤士報》刊登了一篇名為《蔡廷幹上校來訪接談紀錄》的稿件，全文三千餘字，報導了蔡廷幹和劉承恩去武昌與黎元洪談判的經過。文中有「最初蔡氏列舉事實認為中國應該實行君主立憲制，但是在與革命黨人交談後就改變主意而贊成共和政制」的說法。

莫理循還指出：蔡廷幹本人十分反對革命黨人的武裝起義活動，認為推翻清王朝之舉，將陷國家於分裂的危機。蔡說：「若將省類比為聯邦共和國的一個州，反而會有分裂危險！」因此，他堅持反對中國實行共和政體。蔡還轉述袁世凱的看法，認為應保留清王朝，限制君權，效仿英國君主立憲的政體，如此一面可限制君權，一面可滿足革命黨人廢除皇帝制度的願景。在袁看來，英國的君主立憲制是最清廉與穩定的政體，反倒是法國、墨西哥和南美諸國為了堅持行走共和的路線，卻落得國家動盪、戰亂四起，這是何等的愚蠢？

從英國《泰晤士報》的這篇報導可知，辛亥革命一役確實沉重打擊了帝國主義的侵略勢力，「洋人的清政府」一轟而垮後，列強頓失「傀儡」，已很難繼續操控中國，以達瓜分中國物資的目的了。《泰晤士報》之所以替袁

世凱說話，乃是因列強必須更換他們在中國的代理人，尋找新的繼承者，以繼續在中國建立穩定的統治秩序，而袁世凱恰恰是他們欲求合作的新對象。

當黎元洪、黃興等人尚在與袁世凱幹旋之際，袁卻已憔憔朝他的皇帝之路邁進了，而列強便是他最得力的助手。只要能當皇帝，即便列強索求無度，必須犧牲中國各項的利益，甚至將領土分送出去，袁也在所不辭！

袁世凱在北京任內閣總理大臣後，英國駐華公使朱爾典一日前來謁見，表達有意調停武漢戰事，促成袁內閣與革命軍之間的「停戰議和」。既然有帝國主義撐腰，袁世凱的顧忌頓時減去大半，這時他一方面兵陳長江北岸，以武力脅迫革命勢力；一方面又利用革命黨人急於創造民主共和國的心理，不斷誘使其出來與清廷進行和平談判。而帝國主義也齊頭並進，多次向鄂軍政府試探，積極誘脅黎元洪出面向袁妥協。

11月26日，袁世凱透過英國公使朱邇典爵士及英國駐漢口總領事葛福出面，向鄂軍政府和各省代表提出議和三個條件：停戰、清帝退位、選袁世凱為總統。然而，鄂軍政府方面認為，總統一位有待商榷，因此遲遲沒有動作。袁世凱見鄂軍政府不肯回覆，怒火中燒，便發佈軍令，要北洋軍攻下武昌。

27日，北洋軍出動了強大兵力，配以德國新式管退砲武器，向漢陽發動猛烈進攻。當時漢陽革命軍約有5萬人數以上，但因彼此缺乏協調，便逐漸變成一個鬆散的軍事同盟。28日，北洋軍大獲全勝，馮國璋準備乘勝渡江，再取武昌，革命軍陣營告急。

當時在武昌起義中的主戰派見革命軍不敵北洋軍，而雲南都督蔡鍔的救援部隊又遲遲未到，眼看北伐已無取勝的希望，更恐武昌失守，於是主戰派便一致決定接受袁世凱所提出的停戰條款，並由黎元洪通過英國駐漢口總領事與袁方取得聯絡。

原本雲南援川軍與黎元洪、黃興計畫弭平川亂後，隨即東進與革命軍會

師武漢，一同北伐，直搗京師。滇軍是全國屬一、屬二勁旅，有滇軍作鎮，老袁未必能佔上風。然而，萬里征途，滇軍遠水實在救不了近火！

11月30日，袁世凱派密使劉承恩、蔡廷幹再次過江，與黎談判。當天，革命軍獨立各省代表由上海前來武漢，因武昌陷於清軍砲火之下，便假漢口英租界順昌洋行召開第一次代表會議。英國駐漢口總領事葛福表示，黎元洪必須能代表各省，方可開會。代表會議當日議決：以鄂軍政府為中央軍政府，請黎元洪以大都督名義，執行中央政務。

12月1日，雙方首先簽訂了《武漢地區停戰協定》，於12月3日上午8時至12月6日上午8時，武漢地區停火三天。這是辛亥革命時期，民軍與清軍的第一次停戰協定，爾後又陸續簽署了五次協議，將停戰日期延續至1912年1月29日。

12月3日，革命軍在武昌開會，通過《臨時政府組織大綱》，這是中華民國第一部具有憲法性質的法律，由來自直隸、山東、江蘇、浙江、福建、河南、湖北、湖南、安徽及廣西十省共22名都督府代表在大綱上簽字確認（12月14日奉天、山西、江西及廣東四省代表簽名追認）。《臨時政府組織大綱》內詳文規定了「中華民國臨時政府」組織方法和臨時大總統的權力等。

12月4日，南京光復，滬、江、浙三都督決定公推黃興為大元帥，黎元洪為副元帥，準備讓黃興在南京組織臨時政府，與袁陣營展開南北議和。然而，革命軍陣營亂象叢生，各方兵隊意見紛歧，勾心鬥

革命軍漢陽前線總司令黃興　　革命軍漢陽前線副元帥黎元洪

角，湖北、江蘇、浙江等地革命人士相互內訌，不願認同常敗將軍黃興擔當此一職，場面幾乎崩潰！後來黃興得知孫中山已在回國路上，唯恐自己的大元帥位子會造成革命軍陣營的分裂，因此他開誠布公向各方兵隊表示，說：「革命軍不應像太平天國那樣，只知窩裡反，而是要引以為戒，精誠團結，如此才能徹底剷除清王朝這個毒瘤！」

既然黃興不願擔任大元帥一職，各省代表在南京開會後，最後決定由黎元洪擔任大元帥，黃興為副元帥，同時臨時大總統未舉定以前，仍以大元帥代行其職務。自此，以南京為中心的南方革命黨人終於正式組織了起來，準備與北方袁陣營進行談判。

南方既已輸誠，袁世凱為了加速控制清王朝政權，12月6日，立即迫使載灃辭去監國攝政王職位。自此，清王朝已是名存實亡，取而代之，是袁世凱的政權呼之欲出。

12月7日，袁世凱發內閣咨文，委任唐紹儀為議和全權代表，南下議和。同日，黎元洪提名伍廷芳為民國議和全權代表，溫宗堯、汪兆銘、王寵惠、鈕永建為參贊，胡瑛、王正廷為湖北特派代表，組織議和代表團。

12月16日，袁世凱調親信馮國璋進京接替禁衛軍總統，解除良弼禁衛軍第一協協統職，而後又調禁衛軍砲隊支援圍剿山西革命軍，藉機分散禁衛軍的力量，再用準備出征的名義把禁衛軍調出城外，派另一親信段芝貴改編拱衛軍，駐紫城裡。至此，北京已完全被袁世凱所控制。

南北議和展開

袁世凱掌控清廷所有大權後，接著就是如何擺平南方革命黨人，掃除稱帝道路上的障礙。1911年12月18日，南方總代表伍廷芳與袁世凱的全權代表唐紹儀，在上海英租界南京路工部局市政廳，舉行首次會談，史稱「南北議和」。參加會議的除南北雙方代表外，還有英、日、美、德、法、俄六國

1911 年 12 月 18 日，清廷代表唐紹儀與革命軍代表伍廷芳在上海舉
行第一次會議

駐華公使、駐滬總領事及外商代表李德立。

會議一開始，伍廷芳率先表達了南方對於議和的基本原則：清帝退位、選舉總統、建立共和政府。伍廷芳說，南北雙方和談必須以「成立共和國」為談判的先決條件，以此做為雙方議和共同的目標。

針對南方代表所提出的意見，北方代表唐紹儀的態度也十分明確，說：「共和立憲，我等由北京來者無反對之意向。但此為同胞之事，今日若無清廷，即可實行，既有清廷，則我等欲為共和立憲，必須完全無缺之共和立憲，方為妥善。黃興有電致袁內閣云：若能贊成共和，必可舉為總統。此電由汪君轉楊度代達袁氏，袁氏謂此事我不能為，應讓黃興為之。是袁氏亦贊成，不過不能出口耳。共和立憲，萬眾一心，我等漢人，無不贊成。不過宜籌一善法，使和平解決，免致清廷橫生阻力。今所議者，非反對共和宗旨，但求和平到達之辦法而已。」

雙方會談氣氛良好，伍廷芳接著說：「皇室之待遇，旗兵之安置，自有善法。總之，君既贊成共和，則我等所求者息事後之和平辦法而已。蓋承認共和，則一切辦法皆可商量。」

伍、唐雙方針對如何使清帝退位、安置清廷皇室國戚及共和的實現方法

來來回回爭論了一番，但就「和平解決」的途徑，伍、唐皆莫衷一是，始終無法達成共識。

為了達其所願，唐紹儀這時終於祭出底牌，說：「昨夜見黃興，當以告君。自武昌起事之後，我曾擬一摺，**請國民大會決定君主民主問題，服從多數之取決**，清廷不允，現時，我尚持此宗旨，蓋此辦法，對於袁氏非此法不可也。其軍隊必如此可解散。開國會之後，必為民主，而又和平解決，使清廷易於下臺，袁氏易於轉移，軍隊易於收束。竊以為和平解決之法，無逾於此也。」

唐紹儀搬出「國民大會決定君主民主問題，乃是服從多數之取決」的主張，伍廷芳並未持反對意見，因此雙方決定草簽協議，在「召開國民大會表決國體」議題上達成初步共識。南北議和在首次會議上就取得了階段性的成果，當日會議，雙方還達成了湖北、陝西、山西、安徽、江蘇和奉天的停戰協定。

12月20日，南北雙方展開第二次會談，由於六國駐華公使早已與袁世凱連成一氣，會議一開始，就聯合對會議施加壓力，聲稱「中國的戰爭若持續下去，將有危於外人的利益與安全」，並採取政治上拒不承認、經濟上封鎖扼殺、軍事上武力恫嚇、輿論上惡毒攻擊等手段，希冀迫使南方作出讓步。與此同時，混入

南北議和代表唐紹儀（左），伍廷芳和英國商人李德立合影。

南方革命陣營的舊官僚，在袁世凱的指示下，也竭力聲稱「擁袁是解決當前國家混亂局面的唯一方法」，企圖混淆視聽，擾亂革命陣營的判斷。

南北議和進行期間，12月28日，袁世凱率內閣十大臣上奏摺，代奏唐紹儀近來在南北議和會議中所發表的各篇電文。袁奏文中說，南北議和的議題

旨在「召開國民大會表決國體」，前兩次的會談雙方已經取得共識，伏請立即召集臨時國會，公決國體。清廷接奏後，隆裕太后乃下懿旨：「茲據國務大臣等奏，請召集近支王公會議，面加詢問，皆無異詞。蓋內閣即以此意電令唐紹儀轉告民軍代表，預為宣示。一面由內閣迅將選舉辦法妥擬，協定實行，剋期召集國會。」

12 月 29 日，南北雙方舉行第三次會議，伍廷芳在會上提出了關於清皇帝之待遇與滿蒙回藏之待遇兩項提議案，獲得北方代表同意。當日會議雙方訂定了一系列的條款，首條即是「開國民會議，解決國體問題，從多數取決。決定之後，兩方均須依從」。而在國體方案部分，雙方也達成協議，即「清帝退位後，袁世凱順勢成為民國首任總統」。

乍似南北議和已然功成圓滿，但由於南方代表伍廷芳未曾與革命黨人協商，就逕自與北方代表完成各項議案，革命人士表示無法接受這樣的結局。剛好在前幾天，孫中山就已先行返抵中國，革命黨人見南北第三次議和大勢對南方不利，便於 29 日當天邀集各省同盟會齊聚南京，選舉孫中山為「中華民國臨時大總統」。

袁世凱得知孫中山被選為中華民國臨時大總統後，十分不悅，認為南方缺乏誠意。袁向南方說，南北議和期間，伍、唐已經明文議案，公推他（袁世凱）為民國首任總統，為雙方的和平許下承諾。他希望南方要履行條約，否則南北議和就算破局。

孫中山搶在國民會議召開之前成立南京臨時政府，意在強迫袁世凱將南方視為平等的談判對象，增加推翻滿清後，政治權力平均分配的籌碼。孫中山下的這一招狠棋，逼的袁世凱不得不直接與他打交道。

12 月 31 日，南北議和舉行最後一次的會議，會上簽署協議，其第四條為「伍代表提議國民會議在上海開會，日期定於十一月二十日（1912 年 1 月 8

口），唐代表允電達袁內閣，請其從速電覆」。

為了撫平袁世凱這隻老狐狸的怒氣，當天，孫中山即致電袁世凱解釋情由：「文前日抵滬，諸同志皆以組織臨時政府之責相屬。問其理由，蓋以東南諸省久缺統一之機關，行動非常困難，故以組織臨時政府為生存之必要條件。文既審艱虞，義不容辭，只得暫擔任。公方以旋轉乾坤自任，即知億兆屬望，而目前之地位尚不能不引嫌自避；故文雖暫承乏，而虛位以待之心，終可大白於將來。望早定大計，以慰四萬萬人之渴望。」孫中山的意思是說，我只是暫任此職，這個位置以後還是你的。

對於孫中山的說詞，袁世凱半信半疑。為了給孫中山一點顏色瞧瞧，1912 年 1 月 1 日，袁致電唐紹儀，說他去年 12 月 30、31 日以來的行動超越許可權，政府不能承認。袁世凱隨即撤去唐紹儀代表，並電告伍廷芳，否認伍、唐「5 次會議」協商的所有條款，使和談頓時陷入瀕臨破裂的僵局。袁說「嗣後應商之事，直接與伍廷芳電商」，袁此舉其實是「唯恐自己當不上大總統」一職。

袁世凱認為大總統職位既已渺茫，極不甘心，便再祭出狠招。在孫中山於南京宣誓就職之日，袁唆使北洋將領馮國璋、段祺瑞等 40 餘人聯名電奏朝廷，強硬主張「君主立憲」，反對共和，同時又令湖北前線清軍繼續砲轟武昌，中止南北和談。

面對突如其來的變局，革命軍立即組織了六路大軍對抗，無奈南京臨時政府軍事力量薄弱，實力相差懸殊，不得已孫中山只好再次致電袁世凱，說：「文不忍南北戰爭，生靈塗炭，故於議和之舉並不反對。雖民主君主不待再計，而君之苦心，自有人諒之。倘由君之力，不勞戰爭，達國民之意願，保民族之調和，清室亦得安樂，一舉數善，退功讓能，自是公論。文承各省推舉，誓詞俱在，區區此心，天日鑒之。若以文有誘致之意，則誤會矣。」

雖然孫中山已釋出善意，但袁世凱仍不相信。1月3日，南方選舉黎元洪為副總統，並通過各部總長人選，成立了「中華民國臨時政府」。對此，袁世凱立即發出質問：「兩方原已決議，國體問題由國會解決。現南京忽已組織政府，且孫文受任總統之日，即宣示驅逐滿清政府，顯與前議國會解決問題相背。假如國會議決為君主立憲，臨時政府及總統是否立即取消？南方代表以『民軍已光復十餘省不能無統一之機關』，組織臨時政府選舉臨時大總統是『民國內部組織之事』，與清政府於國會議決前仍然存在等同作答。並針鋒相對提出反問：『如國會議決為共和立憲，清帝是否立即退位？』」

唐紹儀辭職後，南北議和中斷了幾天，後經有力人士從中斡旋，又繼續展開會談。南北議和走到最後階段，其實只剩下「清帝退位的優待條件」與「南方如何兌現承諾」這兩大議題可談。清帝退位優待條件方面，先前伍、唐在前幾次議討中已經談妥，而「南方如何兌現承諾」遂成了革命黨人決定和談成敗的關鍵，這時，南北僵局被一封電報打破。

直隸、河南兩省諮議局通過汪精衛轉給孫中山一電，提出三個和談條件，頭一條即是：清帝退位後，能否舉袁為大總統？1月14日，孫中山向汪精衛保證說：「清帝退位，共和既定，袁有大功，為眾所屬，第一條件自無不能。」孫中山的目的是為防止新生的共和政體遭到內戰或外國軍隊可能的入侵而夭折，於是南北雙方再次坐上談判桌。1月15日，孫中山致電南方代表伍廷芳，請其轉達袁世凱：「如清帝實行退位，宣佈共和，則臨時政府決不食言，文即可正式宣佈解職，以功以能，首推袁氏。」

孫中山雖願意推舉袁世凱繼任大總統，但還是設置了許多條件，又在新內閣人選上討價還價。袁企盼和議早成，屢屢向孫妥協，最後宋教仁（農林）、陳其美（工商）、王寵惠（司法）、蔡元培（教育）終得以躋身總長之列（內閣設十位總長），加上由後來傾向同盟會的唐紹儀出任內閣總理，南方總算

如願以償。

有了孫中山的承諾，袁世凱喜不自勝，便把主要力量放到逼迫「清帝退位」上。在舉國一致反對聲和袁世凱軟硬兼施的脅迫下，隆裕太后只好接受袁世凱給出的優待條件，1912 年 2 月 12 日，清廷發佈諭旨，宣佈宣統皇帝溥儀退位。袁世凱隨即通電全國：「共和為最良國體，世界之公認。……大清皇帝既明詔辭位，業經世凱署名，則宣佈之日，為帝政之終局。」

13 日，孫中山向參議院辭去中華民國臨時大總統職務，並諮文參議院「此次清帝遜位，南北統一，袁君之力實多……且袁君富於經驗，民國統一，賴有建設之才，故敢以私見貢薦於貴院。請為民國前途熟計，無失當選之人。大局幸甚。」

15 日，南京參議院舉行總統選舉會，以 17 票全票補選袁世凱為臨時大總統，並在通告袁世凱的電文中稱他為「世界之第二華盛頓，中華民國之第一華盛頓」，南北議和正式結束。

對清廷而言，袁世凱是他們剿滅革命黨人之阻礙，因為袁堅持與南方和談；對革命黨人來說，袁世凱又是他們迫使清帝退位的阻礙。清廷寄希望於袁世凱，給予他最高的權力；而革命黨人也寄希望於袁世凱，任其予取予求。

革命黨人寄望以大總統之位利誘袁世凱，然而，此時的袁世凱無論在清廷還是南方政府中都是權力最大之人，革命勢力對袁世凱的妥協退讓，終於導致了辛亥革命的成功再度出現裂痕。

在袁世凱的分化瓦解下，革命黨人的力量不斷遭到分裂和削弱，內部的紛擾和混亂也使其無法繼續組織有效的「政治和軍事力量」，與坐擁重兵的北洋勢力相對抗。

袁世凱左右逢迎、兩面三刀的伎倆讓他登上了兩個不同性質政權的權力巔峰。誠如袁世凱的澳大利亞顧問、曾任《泰晤士報》駐華首席記者喬·莫

理循，1911 年寫給布拉姆的信中提到的那樣：「曲折的談判，一方面以幼主動位，另一方面孫中山為了推薦袁世凱自行辭去新的共和國的臨時總統職務而告終。於是袁世凱成為唯一的勝利者。」

孫中山與袁世凱協定既成，袁世凱全權組織臨時政府。同年 3 月 10 日，袁世凱在北京就任臨時大總統，正式登上中華民國的歷史舞臺。

第二節　維護國權，鞏固國家統一

揭露袁世凱陰謀，力主長驅北伐

袁世凱原本是清王朝一位務實幹練的能臣，具有有任事之才和治軍之能，黃興甚至還曾致書袁世凱，稱其為「中國華盛頓」。

在對外軍事方面，袁世凱在 1884 年的朝鮮甲申政變中，親率清軍擊退日軍，瓦解了朝鮮親日派與日軍共謀推翻朝鮮政權的陰謀，表現出其出色的帶軍能力。爾後，袁世凱任清朝駐朝鮮大臣，期間他盡一切可能擴大了中國在朝鮮的影響力，維繫住朝鮮朝廷對清廷的忠心，使清廷免去東北戰事的隱憂。

1899 年，義和團運動爆發，當時人在山東的袁世凱，當機立斷與兩廣總督李鴻章、湖廣總督張之洞及兩江總督劉坤一，共同組織「東南自保軍」，以對抗朝廷高官對義和拳的支持。由於東南自保軍全面性的圍剿，才遏止了義和拳擴散全國的危機，也間接對百姓起到保護的作用，為社會和經濟帶來安定繁榮。袁世凱當時確實是秉著一份忠義之性在保國衛民。

1903 年起，奉朝廷諭旨，袁世凱開始致力於「中國軍事現代化」的工作，在中國軍制改革、軍事教育、建軍治軍和近代員警制度等方面都做出了有益的嘗試。他在華北創建了中國近代第一支新式軍隊，先後僱傭德、日軍官，

1903 年，袁世凱（中）視察京師大學堂譯學館，與該館監督和學官大臣合影

增長軍人現代化的軍事知識。並且組辦警、步、砲、騎、工、輜等兵科，設置現代化的通訊兵學校，為國家培養了大批的軍事人才，可說是貢獻卓越。

袁世凱對中國的近代工業化也做出了不小的貢獻，1905 年，他自己出面籌錢，督修了中國人自己建造的第一條鐵路「京張鐵路」。由於鐵路發達所帶來的交通便利，自 1912 年到 1914 年這 3 年間，新開的工廠至少有 4000 多家之多，民族資本所興建的麵粉廠、火柴廠、卷菸廠、造紙廠以及採煤、冶煉等企業，都得到了長足發展。

袁世凱這樣的軍事人才實在難能可貴，然而，縱使智高權重，武才兼備，卻由於心術不正，武德欠乏，使得他從南北議和後，逐步走向竊取國家政權一路！

就任臨時大總統後，袁世凱即實行勃勃的政治野心，逆行倒施，不行共和之治，卻行專制獨裁之實，導致中國自 1912 年後，在歷史風雲擾蕩的漩渦裡，變亂紛紛。為了集權中央，袁世凱還殘酷鎮壓革命黨人，打擊民主共和力量，同時篡改憲法，破壞責任內閣制，獨攬大權，朝著復辟帝制的道路疾進。

辛亥起義後，有軍人趁機為個人擴充勢力範圍，也有軍人真正為了國家的前途奮戰不懈，這些忠義衛國的軍人中，雲南軍都督蔡鍔將軍這一時期的作為值得注意。蔡鍔卓爾不凡精練能幹，對國家具有高度危機意識，早在南北議和期間，他就分析、推演出袁世凱的陰謀，於是大力反對南北議和，不時對袁的陰謀活動有所揭露。

袁世凱雖舉棋不定，但謀略甚深，辛亥革命後，由於他曾積極籌策清帝退位一事，獲得許多革命黨人的支持。1912 年 1 月 12 日，蔡鍔在發給黎元洪的電文中曾如此讚揚袁世凱：「項城閎才遠略，實近代偉人，即孫中山先生亦曾有民國大總統宜推項城之論。徒以清廷關係尚未脫離，故此次選舉不及項城者，非不願舉項城，實不能舉清廷之內閣總理大臣也。要之，中國有必為共和之時機，而項城亦自有被舉總統之資望，如果大局大定，此事自在意中。設北軍必出死力以抗民軍，徒為項城樹敵，恐非項城之所願聞。」當時滿清覆滅在即，革命人士紛紛把希望寄託在「閎才遠略」的袁世凱身上。

然而，蔡鍔是智略機深、洞悉高超之人，他還是小心謹慎觀察著袁世凱的一舉一動。蔡鍔雖然在此時稱讚袁世凱，但他卻極力反對「株守議和」（指南北議和），主張革命軍應「長驅北伐，直搗虜廷」，這固然是針對清廷，卻也流露出他對袁世凱的不滿。

1 月 20 日，蔡鍔致電「南京大總統孫中山、武昌副總統黎元洪、上海外交總長、各軍總司令、各省都督」等說：「我軍乘此朝憤，何敵不破？乃甘受袁氏之愚，一再停戰，曠日持久，糜餉勞師而不問。其於停戰期內西侵秦、晉，南攻潁、亳，朱家寶又進兵壽州，我再株守議和，大局必為所觸動也。伏乞大總統赫然震怒，長驅北伐，直搗虜廷。」

接著又說，「滇軍北伐師團業已募發」，還預備了 5 營，以昭視雲南革命陣營誓師北伐，直搗北京的決心。不料幾天後，1 月 26 日，因袁世凱「無

視民國已立、國體已定之實」，試圖在北京召開「國民會議」來決定君主、民主國體（決定當前國體應為君主或民主），蔡鍔立即致電孫中山及各省都督說：

現民國中央政府已成立，大總統已舉定，民主、君主問題無復有研究之價值。此其一。

國民會議，袁世凱欲於北京開議，又欲各省州縣皆舉代表，無非為狡展播弄之地步，以充彼戰備，懈我軍心。此其二。

主張共和，殆全國一致，所反對者惟少數之滿清奴隸耳。設開會議而墜袁之狡謀，定為君主國體，則各省必不肯承認，戰禍終無已時。此其三。

中國此時仍擁戴滿清為君主，固理所必無，即別以漢人為君主，亦事勢所不容。故君主國體為中國今日所萬不能行，必強留存此物，將來仍難免第二、三次之革命。此其四。

唐使（紹儀）簽訂之約，而袁不承認，方在停戰期內，而北軍襲取潁州，進攻陝州，在清廷亦並未決心和議。此其五。

故此時直無和議可言，惟有訴諸兵力耳。至作戰計畫，孫、陳各都督所見甚偉，滇處僻遠，未便遙度，惟有簡率精兵，結聯黔、蜀，長驅伊、洛，期共戮力中原。

蔡鍔提醒南京臨時大總統孫中山先生等人，不要被袁世凱所愚弄，這「無非為狡展播弄之地步，以充彼戰備，懈我軍心」。他還說民國政府已成立，總統已選出，「民主君主問題無復有研究之價值」，這不過是「袁之狡謀」。

1912年初，中華民國臨時政府設在南京，還不是北京，國家的領導地位仍屬於革命軍，故而若要團結中南各省誠屬容易。針對此一形勢結構，蔡鍔才會力主「長驅北伐」，「惟有簡率精兵，結連黔、蜀，長驅伊、洛，期共

戮力中原」，方能底定革命大業！這一番誓言表明了蔡鍔的心跡，翌日1月27日，蔡鍔立即迅速組成了「雲南北伐軍」，發佈《北伐誓師詞》：

唯我漢族，撫有此土，慘澹經營，曆完與祖。

惟祖有德，惟宗有功，四夷八蠻，罔不率從。

祖宗神聖，傳子傳賢，不私君位，曰命自天。

秦漢而後，帝制自為；牛馬奴隸，人民當之。

然猶可曰，是我漢裔；玉步改更，此興彼替。

運衰典午，陸沉神洲，中原名士，不善自謀。

南北公朝，不思進取，長江天塹，偏安自詡。

有唐一統，突厥胚胎，迄於天寶，禍極胡埃。

五代石晉，稱侄稱臣，苟賤未足，割我燕雲。

趙宋右文，受禍最酷，懷愍再見，宗社遂屋。

天厭漢人，佐及蒙古，幾於百歲，媧石誰補？

明祖雄傑，還我河山，千秋進歲，方期永延。

不圖滿虜，犬羊賊種，蹈瑕抵隙，天驕天寵。

自是而後，屬行專制，文字興獄，增加賦稅。

歐潮東來，不能關閉，圖治之術，棄地撤藩。

上下貪庸，外債倍熱；君主立憲，情見勢絀。

民軍革命，順天應人，希縱陽武，借鑒歐鄰。

首難以來，十有七省，聞風回應，積憤難忍。

虜酋昏懦，不知自計，螳臂擋車，龍鬖為瑞。

我滇萬裡，僻處西南，光復如願，巨任重擔。

匈奴未滅，何以家為？古人如此，我志奚疑。

別我父老，率我弟兄；兵興以義，虜無堅城。

渾渾我旅，錫盾雕戈，如貔如虎，十萬橫廄。

大地三春，蛟龍起勢，機會成熟，不煩馳檄。

兵行首月，雨雪載途，直抵黃龍，以訖天誅。

天道好還，交黃決詡；軍行以律，古有明訓。

載告我旅，無即無欲，於驕於逸，保此道德。

經過地方，為黔為川，任務所在，斯必盡焉。

寡可敵眾，弱可敵強；不寡不弱，何用不藏。

萬眾一德，一德一心，秦風歌詠，感憤懼深。

我祖黃帝。在天有靈，佑茲子孫，大告武成。

今茲出發，誓師子孫，神其降鑒，大先贊清醪。

蔡鍔在誓師詞中，稱「甘冒不韙，乃有袁賊」，並準備「取道瀘州，與援川軍合，徑赴中原」。後來援川、援黔滇軍果不如所料，其前鋒部隊確實由貴州挺進至湖南一帶。其實早在 1911 年 11 月，蔡鍔就已經組成滇軍第三梯團（後稱北伐軍），可見蔡鍔對南北議和時期，中國局勢的分析透徹之深，對後來形勢的沙盤推演和模擬也是正確的。

再回顧 1911 年 12 月 18 日南北議和尚未開始之前，當時關內 18 省都發生過革命起義，其中湖北、湖南、陝西、江西、雲南、江蘇（含上海）、貴州、浙江、安徽、廣西、福建、廣東、四川共 13 個省宣佈獨立，只有直隸、河南、甘肅、山西、山東等 5 省在袁的控制之下，5 省中的其他 3 省山西、山東、甘肅境內寧夏地區還曾奮勇抵抗、宣佈獨立，後來方被袁軍所控制。獨立 18 省當中戰力雄厚者幾乎全數，被袁軍控制住的剩下 5 省裡面，還有 3 省正在積極籌畫策反的起義力量。這樣的比例，這樣的形勢，這樣的因素，的確符合蔡鍔主張長驅北伐的條件。

不管南北雙方誰為最後掌權者，帝國主義中不乏希望戰事趕快停止者。

在這個時候，革命黨人正應當聽從雲南省都督蔡鍔建議，組成北伐軍，並依靠政府和人民的力量，率軍北上，統一中國。蔡鍔說北伐軍興師北上，「如果此時袁世凱敢有抵抗，就將冒天下之大不韙，受到全國人民的誅伐」。因為辛亥革命後，毋論上述各種形勢如何對革命黨人有助益，蔡鍔認為其實北伐最大的助力或力量，就是「全國人民」！面對四萬萬同胞，袁氏何以面對？何以猖狂？

後來蜀軍排斥滇軍，致使北伐計畫未能按原先進行，但蔡鍔的心計是有目共睹的。

從國家強盛出發，履踐監督政府職責

南北緊張的對峙中，後來溥儀頒布退位詔書，帝制滅亡，袁世凱也接受了孫中山的條件，可是蔡鍔還是有所警惕。

1912年2月12日，在北洋軍將領段祺瑞領銜敦促溥儀退位的通電發表後，蔡鍔繼續致電黎元洪，表示革命黨人一定要提高警惕：「段祺瑞率軍北上，促進共和，大局可望早定，甚為欣幸。惟聞段夙無種族思想，而與袁世凱關係甚深。此次忽然通款，自當推誠相與。然究竟有無別謀，亦宜密為籌備，免墮奸計，而誤事機。」

不久，南京臨時政府要求袁世凱遵守《中華民國臨時約法》，到南方就職大總統。依據《中華民國臨時約法》，改總統制為責任內閣制，規定內閣代大總統必須對國會負責，因此大總統需到南京就職。

隨後，袁世凱給南京臨時政府覆電，聲稱自己：「德薄能鮮，不敢承擔總統一職；如今北方危機四伏，險象環生，目前不便南下；自己經反覆思量後，與其孫大總統辭職，不如世凱退居。」袁世凱用意鮮明是要建都北京，電報公佈後，各方輿論紛至遝來，對定都南京一事表示反對。

3月6日，蔡鍔再致電孫中山、袁世凱及各省都督說：「建都南京後，北

邊形勢當為之一變遷，恐遭鄰有乘虛竊踞之虞，而強鄰啟隙侵陵之漸，黃河以北淪入氈裘，甚非國民之利。尚望早定大計，建都燕京，可以控馭中外，統一南北，人局幸甚。若夫袪除私見，調和感情，袁公當優為之，似可無煩過計。」

蔡鍔建議定都北京，是從國家攻防策略來看，又說：「若夫袪除私見，調和感情，袁公當優為之，似可無煩過計。」蔡鍔的見解與同鄉友人宋教仁所見略同，南京臨時政府時代，宋教仁頗有遠見，堅組責任內閣。當時其他人都反對，宋教仁力排眾議，不顧反對，仍堅持國家走內閣制。後來定都南北之爭，宋教仁也是主張定都北京。

3月25日，蔡鍔電賀袁世凱就任大總統，說：「共和成立，五族大同，此後經緯萬端，責任尤巨。公閎才偉，群望所歸。」因為總統是國家元首，必然要祝賀，這僅僅是各省都督需作的唯唯敬詞。而其中，「共和成立、五族大同」的殷殷諄告誡才真是一把刀鍔，直指斧柯，敢顯制擅權，必遭討伐。

4月11日，蔡鍔在發給北京「全國聯合進行會」及上海各報館的電報中說：「然我國政體確定共和，惟幅員遼闊，統一匪易。此時有能挈五族為一家者，敝省（謙稱雲南省）無不服從，以期民國早日成立。況袁公一代偉人，中外欽仰，敝省曾於南北未合之時，以『中國有必為共和之時機，袁公亦誠有被總統之資望』二語，於上年冬月敬日電陳黎副總統，曾登載武昌《中華民國公報》。及袁公受職，敝省複肅電奉賀，非徒表欣戴袁公之意，實亦喜統一國家之成也。」

如果說袁世凱業已由臨時參議院合法選為中華民國臨時大總統，蔡鍔還大張旗鼓，予以躂伐，那豈不是喧賓奪主，反變成蔡鍔「敢有抵抗，就將冒天下之大不韙，受到全國人民的誅伐」，所以蔡鍔稱袁大總統是眾望所歸。

身為一名愛國將領，蔡鍔對袁世凱仍抱持希望、懷有幻想。他渴望袁大

總統能身為表率，守馥蘭蓀，大力改革民國，令百姓皆悅之。而在強兵富國方面，屆時若有任何能幫助國防的部分，蔡鍔願赴湯蹈火，從容協助。**這是蔡鍔渴望國家「統一強盛」，對袁所抱持的期望。**

總體上看，只要是一名洞鑒世局、深明大義的政客或武將，不管誰是國家總統，只要擁護共和，都會站出來支持對方和堅守共和體制，這是對事不對人，允公不允私。因此若袁世凱真的擁護共和，蔡鍔也會支持他；但若袁世凱膽敢公然「冒天下之大不韙」，蔡鍔立誓，一定第一個起來打倒他。

4月26日，蔡鍔在「致袁世凱及各省都督」的電報中又說：「總統就職，宣佈共和，薄海歡欣，喁喁望治。乃匝月以來，內則遍地皆伏危機，外則列強尚未承認。究其原因，皆由全國省自為謀，未能統一之故。前曾電請大總統先從軍事、財政、外交三者亟謀統一之方，以免紛歧之患，意疏詞簡，無當高深。」

蔡鍔認為總統已就職，該認識到國家自匝月以來，「內則遍地皆伏危機，外則列強尚未承認」等現實問題，因此，他強烈提醒袁世凱不要忘了自己的職責！蔡鍔還「焦慮」地說：「曾電請大總統先從軍事、財政、外交三者亟謀統一之方，以免紛歧之患。」道出他熱愛國家，迫切渴望袁世凱能從「軍事、財政、外交」三方面亟謀統一之方，使國家確實統一強盛起來。

蔡鍔還警告袁政權，國家局勢目前「軍心浮動、海內洶洶，亂機四伏」：「惟默察近情，事機尤迫，以云軍事則各省自舉義後，軍隊驟增，未經訓練，以尊嚴之軍界，而變為匪徒鹿集之藪，偶一眧眣，操戈相向，加以餉絀日絀，嘩變時聞，將驕兵驕，皆有不戢自焚之處。雖經鎮定，而風聲傳播，軍心浮動、海內洶洶，亂機四伏。」最後還說：「吾國勢分力薄，積弱已久，全國士大夫皆思建造一強固有力之國家，以驟躋諸強之列。然政權不能統一，則國家永無鞏固之期。在大總統維持全域，或不欲驟與紛更；然大權所在，不能不

收集中央，以圖指臂相聯之效。」

　　從這篇電報清晰看出，蔡鍔渴望國家統一、強盛，那始終不渝、堅確一貫的愛國思想。

主張政軍分離、軍人不黨主義

　　辛亥革命後，民主大放異彩，政黨林立，社團叢生，蔚為流行。在當時不論是上海、北京、南京、武漢等政治中心城市，還是吉林、奉天、熱河、貴州、雲南等邊遠省分，「自立之政黨亦有層出不窮之概」，比如廣州市就有政團、社團等一百多個。

　　民初這些政黨尚處於發展的初期階段，大多數是由原來的秘密組織改組、合併而成。而且政黨組成複雜，黨員跨黨現象十分普遍，甚至連重要政治人物如黃興、黎元洪、伍廷芳、熊希齡、湯化龍、張謇、陳其美等人，都身兼至少 6 個以上的黨籍，導致「民初政黨」成了革命派、立憲派、官僚政客等的大雜燴。

　　由於民初各省都督也分屬不同的黨派，導致黨派之間紛爭激烈。蔡鍔也曾於 1912 年 4 月被新成立的統一共和黨硬舉為總幹事，但他對參與黨事並不熱衷，或者說保持著高度謹慎。蔡鍔認為，「黨派叢生」對於新興的民國並非是一件好事，固然要向歐美的民主和法治學習，但若人民的民主素養和法治思維尚不夠成熟，多黨林立就不宜貿然開放。畢竟，民國新成，若各黨政見分歧太大，將會增加國家政治的不穩定性。

　　蔡鍔還認為，民國雖已成立，但與帝國主義國家在政治上依然糾葛不清，列強對中國的野心並不會因滿清垮台而就此降低。因此，在國家這種內憂外患的條件下，蔡鍔提出了「加強國權」的主張。他認為，國權是民權的保障，各黨派應摒棄各自為大的情形，而加強中央國力。

　　蔡鍔稱：「本黨主義（當時的國家執政黨，但民初含糊不明，亟需釐清），

務以國家為前提。……天賦人權之說（近代歐美民主主義的理論基礎），只能有效於強國之人民，吾儕焉得而享受之？」又強調「國權為擁護人權之保障，……苟國家能躋於強盛之林，得與各大國齊驅並駕，雖犧牲一部之利益，忍受暫時之苦痛，亦所非恤。」

國權為民權的保障，民權為國權的基石。他族之言平等，多本於天賦人權之說，中華民族之言平等，則基於人性道德之說。生活為表，精神內在，人之可貴，在於內有修身之平等信念。毋論階級差別，人之平等，惟在道德。

國民躬身束脩，政府推動道德教育和法治教育，民權就發達，進階為國家謀福祉，使國防強盛，國權發達，那麼這樣的「本黨主義」則是以國家為前提，真實施保障人權。

袁世凱剛就任總統時，蔡鍔曾準備致電孫中山、袁世凱和各省都督，表示「集會結社自由，為文明國通例，惟軍人入會，各國多有限制。……至如政治集會，似不宜以統兵大員為之，誠恐因政見不同，遂至以武力盾其後，反足以劫持公論，而破壞和平」，但此文最後並未發出。當時內閣代理理事長宋教仁醞釀把同盟會、統一共和黨、國民公黨、國民共進會、共和實進會等合併改組為「國民黨」，以集權中央力量，應對國內問題和國外侵略。

國家由具有民主素養的幹部組黨，是民主必經之路。既然宋教仁有心於建設民國黨力，蔡鍔也就提出了「軍政分離」、「軍人不黨主義」的主張。一者政治天才宋教仁；一者軍事長才蔡松坡，兩位湘人為民初政局注入了寶血。蔡鍔致電政府和各省都督，詳細陳說了軍人入黨的流弊，他說：

一、加入政黨後勢必分心，不能專注於整軍經武、鞏固國防；

二、若在黨爭中使用武力，必將導致國家混亂、政治倒退；

三、如果部隊中官兵分屬不同黨派，必然影響指揮、破壞團結。

蔡鍔認為，軍人如果入黨，介入政黨競爭，「以武力為後盾」，內閣很

容易就會被推倒。「政權更迭則百姓為苦」。況且 1912 年 3 月 10 日，袁世凱就任臨時大總統後，中華民國從此進入北洋時代，各省擴軍愈加嚴重。若軍隊和會黨混雜，統兵將領自己入黨，卻又和軍中將士不同黨派，這樣軍心必定難以團結，在上者也難以服部下。

軍隊一旦不能戮力齊心對外，則國防瓦解在即，國家也不用保護了！屆時中國又陷入國難民危之中，兵變又將再起。這是蔡鍔的倡議，也是他的聲明。為了以身作則，發表聲明不久後，他便率先宣佈退出統一共和黨。

6 月 28 日，蔡鍔隨即致電袁世凱和各省都督，表明應「另結合政見相同之健全分子」，組成國家政黨。同時表明自己已真實退出統一共和黨，他說：「民國成立，政黨發生，將來政治界之中堅，必視政黨為左右。惟現在政黨林立，意見紛歧，水火爭持，黨同伐異，或徇個人之攻擊而忘國家、政黨之利未收而害已畢見。鄙意先將現時組織之各黨自行解散，另結合政見相同之健全分子，以先立雛形，而不必急求黨務之擴張，以至於破碎衝突。則或者議院、內閣得政黨之維持指導，而得以鞏固邦基。鍔前與海內同志發起統一共和黨，於政界頻佔優勢，然鑒於此事，竊願先自取消，尚望各大政黨鑒核而裁擇之。」

袁世凱施展集權詭計，宋教仁遇刺身亡

8 月 11 日，同盟會、統一共和黨、國民公黨、國民共進會及共和實進會五個政團集會於北京安慶會館，決定合併為國民黨。

8 月 12 日，蔡鍔隨即通電各省都督說：「臨時政府成立數月內閣瓦解，改組某黨，政府現兀臬之行，國本有動搖之象，……鍔初不察，亦嘗預聞黨事。今默察時局，熟審國情，竊謂此時以討論為重，而不必強於主張；以培養為先，而無庸急於號召，較為得之。若廣召黨員，堅持黨見，究之利也而不勝其敝，有也而反不如無。今海內大黨，無出同盟會、共和黨、統一共和

黨數者。鍔安不自揣，願與各黨諸君子首倡解散之議，以齊民志，而定危局。前鍔為同人敦迫，勉廁黨籍，今謹宣告脫黨，誠不敢隱忍瞻徇，致貽國家之禍。」

蔡鍔說「默察時局，熟審國情」，海內各大黨即將結集成一大黨。他願身先士卒，宣告脫黨，也期許其他政界軍界人士，勿以黨見而害黨。國民黨既已成立，唯有以國民黨為優先，方能齊民志、定危局，否則仍存黨派成見，則會成為貽國家之禍首。

國民黨正式成立後，即於 8 月 13 日發表宣言說：「共和之制，國民為國主體，吾人於使人不忘其義，故顏其名曰國民黨。」25 日下午 1 時，國民黨在湖廣會館舉行成立大會，大會通過《國民黨政見宣言》及政綱。宣言主張「一國政黨之興也，只宜兩黨對峙，不宜小黨分立」，政綱共為五項：

（1）促成政治統一。

（2）發展地方自治。

（3）實行種族同化。

（4）注重民生政策。

（5）維持國際和平。

國民黨的政綱經刪去當時同盟會所主張的「平均地權」和「男女平權」等綱領，再把「力謀國際平等」改為「維持國際和平」，即宣告功成。成立大會上，眾人推舉孫中山、黃興、宋教仁等 9 人為理事，閻錫山、張繼、李烈鈞、胡瑛等 30 人為參議。自此後，國民黨即為中國第一大黨。

國民黨的成立對於袁世凱政權無疑是一大威脅，原先臨時政府還定都南京時，臨時參議院為了防範袁世凱籠權坐大，特於 1912 年 3 月 8 日，制訂《中華民國臨時約法》，並於 3 月 11 日公布實施，以抑制袁的野心。《中華民國臨時約法》乃仿法國責任內閣制，是具有「憲法性」的文件，已將原先

《中華民國臨時政府組織大綱》的總統制改為內閣制，袁世凱頓成為「虛位總統」。

　　所謂內閣制是以議會為基礎，內閣總理由議會選舉產生，選舉中議員占多數的政黨即擔任總理一職。當時國家元首只在名義上代表國家，並無實權，國家實權來自內閣，由內閣代表國家元首向議會負責。

　　然而，袁世凱豈會不知國民黨實行內閣制的目的？既然自己無實權，但為了日後得以復辟帝制，盡攬天下所有大權於己手，因此剷除「責任內閣制」這塊礙眼的絆腳石便成為他的當務之急。

　　1913年2月，中華民國首屆國會選舉結果公佈，組建不久的國民黨獲得國會多數席位。按照總理內閣制，國民黨擁有組閣權，作為實際負責人，代理理事長宋教仁不負眾望成為第一任內閣總理，行使真正的政府權力。在國會開會之前，宋教仁自家鄉桃源起身，經長沙、漢口沿江東下，在上海、杭州、南京等地視察黨務。宋一路上發表演說，當時國民黨選戰大捷、黨員士氣高昂，宋教仁政治前途如日初升，所至之處，歡迎會上無不人山人海。

革命先驅宋教仁

　　宋教仁的演講內容側重於討論時下政治，闡述憲政思想。在國民黨湖北支部講演時，他毫不留情批評袁世凱政府「自掘墳墓，自取滅亡」。並說：「到了那個地步，我們再起來革命！」3月9日，宋教仁在南京演講時，言辭更激，稱袁政府是「不依法行事的惡政府」。他不斷重複自己的主張：應建立純粹的政黨內閣，總統不負責任。由國會多

數黨領袖任內閣總理，負起政治責任，組成責任內閣；由此先制憲（由國會制定正式憲法），再依法選舉總統。

宋教仁各地巡迴演講，鋒芒畢露，許多革命黨人紛紛勸他稍作收斂，但他不以為意。唐德剛說：「宋少年氣盛，真是初生之犢不畏虎，乃民初憲政猛虎也。」當時許多人暗中告之，如此下去恐遭暗殺，宋卻說：「光天化日之政治競爭，豈容有此卑鄙殘忍之手段？吾意異黨及官僚中人，未必有此，此特謠言耳。」可見其銳意將剛起步的民國推上正常軌道。

然而，宋教仁萬萬沒想到，殺機早已潛伏。袁世凱生性多疑、猜忌心重，宋的言論無疑是欲翻掀自己辛苦一手鞏固起來的政權，於是袁決心挫挫宋教仁和國民黨的銳氣。一日，袁世凱派人送去西裝和交通銀行五十萬元支票一本給宋教仁，請他自由支用。但宋教仁為人耿直，不為名利所惑，即讓趙秉鈞交還給袁世凱，並留信一封：「綈袍之贈，感銘肺腑。長者之賜，仁何敢辭。但惠贈五十萬元，實不敢受。」表明自己不受賄賂。

被宋教仁拒於門外後，袁世凱心想，金錢你既不要，那唯有暗殺一途了！3月20日，袁世凱致電宋教仁，邀其北上參加中華民國第一屆國會會議，宋欣然應允。當天晚上10時多，宋教仁在黃興、廖仲愷、于右任等人的陪同下，從《民立報》社來到上海滬寧車站，準備啟程前往北京。就在宋教仁走到檢票處時，突然一聲槍響，有人向宋的後背開槍，只見宋教仁以手抵腹，倒在血泊之中。緊接著兇手又開一槍，然後一個矮漢迅速從人群中不顧一切竄逃而去。宋教人倒地後，于右任等人立刻將宋送往滬寧鐵路醫院急救。

在醫院中，宋教仁恐自己將不久於人世，遂在醫院中向于右任交代自己的遺囑：

今以三事奉告：

一、所有在南京、北京及東京寄存之書籍，悉捐入南京圖書館；

二、我本寒家，老母尚在，如我死後，請克強與公及諸故人為我照料；

三、諸公皆當勉力進行，勿以我為念，而放棄責任心。我為調和南北事費盡心力，造謠者及一班人民不知原委，每多誤解，我受痛苦也是應當，死亦何悔。

宋教仁並授意黃興代擬電報給袁世凱，講述自己的中彈經過和革命生涯：「北京袁大總統鑒：仁本夜乘滬甯車赴京，敬謁鈞座。十時四十五分在車站突被奸人自背後施槍彈，由腰上部入腹下部，勢必至死。竊思仁自受教以來，即束身自愛，雖寡過之未獲，從未結怨於私人。清政不良，起任改革，亦重人道、守公理，不敢有毫權之見存。今國基未固，民福不增，遽爾撒手，死有餘恨。伏冀大總統開誠心、布公道，竭力保障民權；俾國家得確定不拔之憲法，則雖死之日，猶生之年。臨死哀言，尚祈見納。宋教仁。哿。」

然而，令人憤慨的是，密謀行殺宋的最大嫌疑人，竟然就是袁世凱。從民初時勢發展來看，袁世凱有太多的理由要殺宋教仁！「既然宋不能以金錢收買，只得殺人滅口」，這是老袁的一貫作風！21 日下午，宋教仁再次被送進手術室，延至 22 日淩晨 4 時 48 分仍不治身亡，年僅 31 歲。

袁世凱得知宋教仁被刺身亡的消息後，隨即致電弔唁。第二天，他又致電江蘇都督程德全，「迅速緝拿兇犯，按法嚴辦，以維國紀」。袁世凱還說：「……民國新建，人才至難該兇犯膽敢於眾目昭彰之地阻擊勳良，該管巡警並未當場緝拿，致被逃逸，閱電殊堪髮指。……方今國基未固，極賴群策群力相與扶持。況暗殺之風，尤乖人道，似此逞兇槍擊，貌法橫行，匪惟國法所不容，亦為國民所共棄。」

宋教仁遇刺，正是國民黨與袁政權之間處於矛盾日趨激化的階段，令人不得不多作聯想。宋案爆發後，當時兩大政治力量終至對壘，並活生生地將中國推上了風口浪尖的風暴之中。

宋案舉國震驚，風暴正快速在醞釀著，蔡鍔見各省恐將為憤怒沖昏了頭，而中奸妮之計，於是於 3 月 25 日致電袁世凱和各省都督，說：「接國務院漾電，驚悉宋君遯初在滬寧車站被人刺擊殞命，痛悼何極！宋君奔走國事多年，締造共和，著積尤偉。……切願我海內各報章及各政黨，以後務各持公論，持重發言，以護國加元氣。」蔡鍔「痛切陳詞，聲與淚並」，期許大眾理智看待此事。

民意鼎沸醞釀倒袁，南北戰爭一觸即發

3 月 25 日下，上海法捕房藍總巡根據線索，率人到應夔丞的宅邸進行第二次搜查，捉到了嫌疑人江蘇駐滬巡長應桂馨。第二天又捉到了直接兇手武士英，同時搜出應桂馨和內務部秘書洪述祖往來的密電本及函電多起公文憑據，並發現了貼有封條的皮箱一隻，以及作案工具五響手槍一把。巡捕房將案發當日在車站拾到的兩枚彈殼，與槍內所存子彈進行比對，兩者均為相同型號。

江蘇巡撫翻閱著從應夔丞家中搜出的函文，不禁大驚失色，函電中披露應桂馨也與國務總理趙秉鈞有通訊聯繫，因此國務內閣總理趙秉均和內務部秘書洪述祖涉有重嫌。

諒誰都想不到，宋案背後蹊蹺關鍵，竟是民國當前屈指可數的風雲人物趙秉鈞。但僅是嫌疑，還無法直接證明，至於是否為袁世凱暗中主使就更無證據。民國既已成立，袁世凱和趙秉均是否真是主使者，必須採「法律途徑」，經過縝密調查，由法庭公平審判後才能做出結論。

宋案主嫌呼之欲出，但革命黨人已等不及，黃興當即寫了一副挽宋教仁的輓聯：

前年殺吳祿貞，去年殺張振武，今年又殺宋教仁；

你說是應桂馨，他說是洪述祖，我說確是袁世凱。

一時，全國人心鼎沸，國賊、國賊之聲，震於寰宇。

宋教仁被刺身亡後，當時孫中山在日本驚悉，已覺悟唯有「武力討袁，才能拯救共和」！

3月26日，孫中山返抵上海後，當晚就在黃興寓所召開緊急會議，並說「事已至此，只有起兵。因為袁世凱是總統，總統指使暗殺，則斷非法律所能解決，所能解決者只有武力。」

4月13日，國民黨上海交通部為宋教仁舉行追悼大會，與會者達2萬多人，群情激憤，國民黨聲稱北京政府為強盜政府、殺人機關，「吾人須預備對付之方法，對付不了，則推倒之。不勝，則繼之以血戰。」會上發言人大呼：「殺宋先生者非人也，袁世凱是也，袁有做皇帝之心，號召大家亟起推翻此殺人之民賊！」

4月16日起，《民權報》創辦人戴季陶也在報上接連發表數十篇批鬥袁世凱的文章，如《膽大妄為之袁世凱》、《大總統之叛逆》、《袁世凱罪狀》和《討袁世凱》等文。痛斥袁乃專制魔王，並提出了「以暴易暴，慘無人道，欲真共和，重為改造」的口號。

自此，孫中山已徹徹底底認清了袁世凱的本性，以為「非去袁不可」，並計畫武力討袁！

由於國民黨第一時間，未能把握將袁世凱送交國會彈劾，時間拖得愈長，愈是不利。4月24日，犯案嫌疑人武士英暴斃獄中，外界於是紛紛傳言，這是應夔丞的黨羽為了殺人滅口，將人毒死。宋案發展至此，當事人幾近全數慘遭暗殺，即將成為懸案，可知袁世凱心機之深。

4月26日，在國民黨的強烈要求下，程德全不得不將查獲之函電公諸於世，將「宋案證據」分別電告袁世凱、參眾兩院、國務院、各省都督及各報館。

原本就已暗潮洶湧的局面，又被投擲炸彈，新聞界頓時掀起軒然大波，形成更大輿論，直指刺殺宋教仁的主謀就是袁世凱。

雖然眾人心知肚明袁世凱即是宋案主謀，但所謂法律就是這樣，若無法掌握更明確的證據，或證據已經充足，但推倒袁世凱的時機拿捏不準，這樣只會弄巧成拙，只會讓袁世凱趁機反咬革命黨人一口。

也就是說在不對的時機討伐他，他正可通告全國，說國民黨率先破壞共和體制，準備叛變，然後袁世凱再打著「平定內亂」的口號，就可以正正當當地圍剿國民黨。

再說，若國民黨撻伐失敗，四處逃竄，宋案無人繼續發展下去，就會轉變成「無頭公案」，成為一樁歷史懸案。

所以蔡鍔極力反對那種情緒化戰術，煽動民眾火爆的情緒，都只是衝動。他認為推倒袁世凱要掌握有利條件，看準時勢，深得民心，不能輕率行事，也不能衝動起義。

袁世凱見眾人拿他沒輒，於是為了解決政府國庫空虛的難題，4月26日夜至27日凌晨，他命趙秉鈞、陸征祥、周學熙等人，在北京東交民巷滙豐銀行大樓簽署《中國政府善後借款合同》，逕向英、法、德、俄、日五國銀行團大借款，史稱「善後大借款」。

由於款項高達2500萬英鎊，年息五厘，還需分47年方得以償清，國民黨參眾兩院的議員於是率先反對。袁世凱藉「解決政府國庫空虛」之名向五國銀行團借款，極有可能是是醉翁之意，目的在於「籌集戰爭經費」，加緊腳步準備鎮壓國民黨。然而，「借款條件」是經參議院通過，這裡頭本就大有文章。

第三節　二次革命爆發，舉國上下草木皆兵

蔡鍔力阻動兵，進行調停南北雙方

　　袁世凱勃勃野心，動作頻頻，5月1日起，即命段祺瑞代理國務總理，與之組立「戰時內閣」。5月5日，江西都督李烈鈞、湖南都督譚延闓、安徽都督柏文蔚和廣東都督胡漢民，聯合通電反對袁向五國銀行的善後貸款，斥責袁借款是「藐視國會，違背約法」、「喪失主權，要求立罷此議」，並指袁即是刺殺宋教仁的主犯。李烈均等還表示，只要「一息尚存，此心不死，寧為共和之鬼，不為專制之民」

　　作了周密的軍事部署之後，5月15日，袁世凱大動作翻攪國民黨內層組織結構，先下令遞奪黃興陸軍上將銜，這一動作，激怒了國民黨。國情倏忽進入緊急狀態，南北大戰迫在眉睫！蔡鍔從宋案發生後，就不斷從中斡旋，希望能「在不動干戈之下，調停南北雙方」。

　　國民黨有其必須討袁之立場，雲南都督亦有其調停雙方之立場。蔡鍔認為，當前國家正處於內憂外患之中，國勢危急，而外患已是接踵而至：

一、自辛亥革命時起，沙俄就一直在策動外蒙脫離中國。

二、英國從1912年以來，亦處心積慮擅動西藏叛亂，欲以西藏獨立的問題糾纏「政權尚未鞏固的原政權」。

三、法國在越南更是鷹視狼顧，一旦「南北內戰」在此時爆發，下場又將如何？這是個棘手而幾近無解的難題。

　　5月17日，蔡鍔即致電「參、眾兩院和各都督、各黨會」，詳細闡述了一個主張：「查宋案應以法律為制裁，故審判之結果如何，自有法律判決。……，旬日以來，鍔等對於此案意見，並已迭電通告，其中危言苦語，原欲若輩稍有悔悟，以免動搖大局。……試問我國現勢，弱息僅存，邦人君

子方將戮力同心，相與救亡之不暇，豈堪同室操戈，自召分裂。 誰為禍首，即屬仇讎，……萬一有人發難，當視為全國公敵，鍔等才力縱薄，必不忍艱難締造之民國，破壞於少數權王之手也。」

蔡鍔鐵了心腸表示，任哪一方不聽勸阻蓄意發動戰爭，他必堅決捍衛艱難締造的民國。

民國剛成立，方興未艾，而各國列強虎視眈眈，隨時作併吞中國領土之想。內憂外患，多事之秋，惟「邦人君子方將戮力同心，相與救亡之不暇，豈堪同室操戈，自召分裂」。蔡鍔當時就已看出兩方兵力懸殊，國民黨打不過袁世凱。自己諸多好友，皆任國民黨要職，一旦國民黨戰敗，菁英瓦解，就是宣告民主失敗。

然而，站在國民黨之立場，蔡鍔是無法介入的，因為袁世凱針鋒相對的目標，在在是國民黨的中堅份子。5 月 21 日，袁世凱傳人通電國民黨眾人，發出最後通牒：「現在看透孫、黃，除搗亂外無本領。左又是搗亂，右又是搗亂。我受四萬萬人民付託之重，不能以四萬萬人之財產生命聽人搗亂。自信政治軍事經濟、外人信用不下於人。……彼等若敢另行組織政府，我即敢舉兵征伐之。」袁蓄意以激將法激怒國民黨，意圖極為明顯。

袁世凱講的「受四萬萬人民付託之重」，在蔡鍔看來認為，人民尚未對袁氏政權絕望，袁老謀深算，還沒真的抓到他的狐狸尾巴之前，貿然撻伐，必失民心。「二次革命」爆發前夕，6 月 7 日，蔡鍔又和浙江、四川兩省都督聯名致電袁世凱及各省都督，拍了一篇長文、進行了一次語重心長的調停，主張「宋案需待審判於法庭」，以法律程式解決紛爭，力阻動兵，矛頭並指向袁世凱，要求其予以答覆。

蔡鍔認為，民國體制與清王朝這個封建體制相反，民國講究民主，而清王朝訴諸獨裁。倘使動不動就要「訴諸武力」，大開「軍人干預政黨」先例，

那要民國何用？要立法、司法何用？因此他認為，「共和國家之常規」就在於法治，依法辦事，否則民國「行政統系」將大紊。

蔡鍔還聲稱，依據《中華民國臨時約法》，「大總統若有謀叛行為，應由參議院彈劾，而總統的政治過失，則應由國務院負責。他認為，未有窮盡法律程式就冒然起兵，事實上是對當前共和政體的破壞」。

袁賊固然可恨，但若要剷除，民國既已成立，應組織「特別法庭」，訴諸法律，「勿挾成見，勿尚意氣，勿憑勢力而壞法紀，勿造言詞而亂聽聞」，尤其「嚴禁軍人幹預」。

蔡鍔說宋教仁「生前於南北意見極力調和，若令身後惹起南北惡感，恐九泉之下亦不心安。」又說，若袁世凱當真是主謀，就必須推倒。何況臨時政府將要結束，正式總統選舉在即，「則袁之將來當選與否，宜取決於全國人之同意，自有國會解決」。

屆時袁世凱若沒當選，卻倚仗特別勢力不退職，那時就可用武力對付他！後來 1915 年袁世凱復辟稱帝，蔡鍔在《討袁檄文》裡把暗殺宋教仁定為袁氏的第七大罪。蔡鍔與宋教仁同庚同鄉，感情在日本時期就培養出來了，蔡鍔一直都認定袁世凱就是宋案主謀。

在蔡鍔的努力下，當時調查宋案的「特別法庭」已經啟動，上海地方檢察廳甚至兩次給國務總理趙秉鈞發出傳票，要求其到案受審。一個地方司法機關傳訊國務總理，在中國可謂空前絕後。由於在當時，泰半以上人民非常支持孫中山及其所領導的革命活動，因此「特別法庭」若要公開審查此案，袁世凱必然不敢不配合，這就是蔡鍔的伎倆。

倘若第一時間證據確鑿，社會輿論接踵而至，袁氏政權必然要垮臺。蔡鍔的建議不失為一個可行策略。直到戰事（二次革命）爆發前，蔡鍔仍不斷努力調停南北雙方。

民國初建，國基尚未鞏固；袁勢方張，此時未可輕動

1913 年 6 月初，二次革命已箭在弦上，蓄勢勁發，國民黨為了約集雲南大將蔡鍔一同舉兵，便遣信使譚心休至滇謁見。譚心休一抵昆明就匆忙說道：「奉國民黨領袖黃興之命，此行任務是約請蔡鍔在西南起兵，與國民黨人聯合討伐袁及其北洋陸軍。」譚還給蔡鍔帶來了黃興親筆書寫的《為蔡鍔書聯》：

「松坡我兄正之，寄字遠從千裡外，論交深在十年前。民國二年夏六月，黃興書於申江。」

蔡鍔接信後，於心有戚戚焉，但他卻勸黃興不要輕動。據楊思義《蔡鍔軼事》中回憶：

黃興派曾任寶靖招討使的譚心休至滇，約蔡松坡起兵。

松坡答曰：民國初建，國基尚未鞏固，當勸克強安靜；袁勢方張，此時未可輕動。

譚曰：我等若再忍耐，袁賊必將做皇帝。

松坡冷笑曰：他如膽敢稱帝，我將在西南也做起皇帝來。

譚訝其言，逼問此是何說？

松坡正色曰：國體共和，載在約法。有人敢違約法，國人必起而共擊之，我就是第一個不饒他的。現在袁賊逆跡未彰，師出無名，故我主張暫時忍耐，時機未到，勸公等萬勿輕動。

譚心休明白蔡鍔並不願協助，只得拂袖返滬，將這不利的消息面報黃興，並以此遍告同志。是時我（楊思義）亦在滬，曾親聞其語。

對這位既非國民黨員、又非北洋派系的老朋友蔡鍔，黃興想用兩人之間深厚的情誼來打動他。蔡鍔和黃興相識於 1902 年，兩人是同鄉，來往頻繁，一同參與過許多革命組織，蔡鍔更義無反顧支援黃興的起義活動。蔡鍔敬黃

興真革命者，黃興敬蔡鍔卓絕軍魂，兩人關係極為友好。

　　同時，蔡鍔也是整個大西南最具影響力之人，其軍事勇冠群武，滇軍帥勇兵驍，戰力強悍，使得蔡鍔及滇軍成為雙方拉攏之對象。然而，並非蔡鍔不支持起義，而是譚心休沒將蔡鍔的話語弄個明白。蔡鍔說民國初建，國基尚未鞏固，袁世凱又是具有公信力的參議院選出之總統，勢力方張，此時輕動，不僅動搖國本，又得罪民心。況且清王朝覆亡後，袁世凱已順利接掌整個新軍兵力，是北洋派系老大。國民黨現在要打他，無疑以卵擊石，行事過於草率。

　　蔡鍔是個具有濃厚愛國主義的軍人，主張國家至上，一貫理想都放在抵禦外患上，因此對地方之間的權力鬥爭、黨派政治鬥爭，完全不感興趣。他在北洋派和國民黨之間的爭鬥中左右為難，面對黃興來使，就算是好友黃興也不足以讓蔡鍔鬆口。

　　再說，蔡鍔有他一貫立場，不出兵的原因與他所堅持之「軍人不黨主義」有關。他認為值此燃眉之際，一定要「保持軍人在政治上的中立」，既是軍人，本當以身作則。

　　蔡鍔曾組織過統一共和黨，但不久見全國政黨之間，黨爭過於激烈，誘發了「入黨軍人干政」之效應，他便抱柱解除共和黨身份。後來雲南國民黨也要推他為雲南國民黨支部長，蔡鍔說自己已經提倡不黨主義，婉拒參加。最後雲南國民黨由李根源為支部長，蔡鍔除了在雲南國民黨支部成立的時候，題了「大獅子吼」幾個字之外，完全不參與國民黨的活動。

　　當時國民黨成立後，梁啟超為了與之抗衡，提升自己的勢力，也整合了各改良派的力量，合併共和、統一、民主三黨，組成「進步黨」，以期在國會中與國民黨分庭抗禮，避免一黨獨大之情形發生。進步黨以副總統黎元洪任理事長，設有 23 名名譽理事，但黨內派系林立，無以團結，梁啟超就想把

蔡鍔拉攏入黨。梁故不顧蔡鍔所宣佈之軍人不入黨主張，貿然把蔡鍔列名其中，當了個名譽理事。

蔡鍔知情後，立刻給梁師發了封信，說：「前以置身軍籍，故於統一共和黨合併時宣告脫黨。今承吾師指命為名譽理事，義又不得即辭，惟有勉從諸公之後，為默示之承認而已。」由於入黨有悖於蔡鍔一貫的堅持，蔡鍔拒絕共事。蔡鍔說今承吾師指命，義不容辭，要掛就掛吧，但吾蔡鍔絕對會保持緘默，一概不予過問黨事，這方符合雲南都督言出必行。不過這個名譽理事，蔡鍔最後依然覺得不妥，因此很快就辭去理事。

蔡鍔自日本軍校畢業回國後，雖與恩師梁啟超所走的立憲派不同路，但恩師之恩，山高水深，蔡鍔自始至終，不敢或忘。但前提是，「恩師的所作所為，是以利益國家形勢之前提為出發點」。

如果我們將「政治思想」的遠光拉遠，我們會發現，從來沒有一個黨是十全十美的，在近代歷史洪流中，立憲改良派和革命派是在進行分工合作，互相抗衡，共同主持中國大局，這是必須的！當然，真相不若表面，他們各自有自己的進展，各的貢獻。但因各自的心性不同，思維不一，還是會有各自在互動上的障礙！國民黨如此，立憲派如此，共產黨如此，乃至全球各黨各派亦是如此，這便是全球局勢從古至今，始終無法整合為一均衡密度，向上進入更高維度的原因。

立憲改良派和革命派最終皆無法拉攏蔡鍔為他們效命，只好作罷。其實，蔡鍔只為國家和人民效命，這是他的政治操守、軍事主張，始終堅持「不濫用權力」、「國家至上」！沒了國，何用立憲？何需革命？

李烈鈞江西湖口誓師，二次革命爆發

史學家稱 1911 年辛亥革命為第一次革命；1912 年討袁起義為「第二次革命」。

二次革命的必要性及能否打倒袁世凱等問題，國民黨內部始終意見不一。素來極不認同袁世凱狡為的國民黨大將李烈鈞，就曾對南北形勢作出一系列的估計，據民國大老鄧漢祥的回憶說：

鄧：我到江西見到李烈鈞後，就問他反袁的結果會如何？

李說：一定打仗！

鄧又問：打仗勝負如何？

李說：國民黨一定大敗……。

李烈鈞忠義肝膽，看不慣袁世凱這種兩面三刀、陰險狡詐的鼠輩，但李烈鈞智謀更甚，不認為「二次革命」已臻發動時機。

袁世凱部署計畫就緒後，又大動作免去國民黨中堅骨幹各個要職。6月9日，袁下令免去江西都督李烈鈞職，14日，又免去廣東都督兼民政長胡漢民職，與陳貽範同為西藏宣撫使。30日，又免去安徽都督兼民政長柏文蔚的職務，改任陝甘籌邊使。

為免革命勢力因此分散，國民黨在重兵壓境的情況下，只得被迫倉卒應戰。李烈鈞是國民黨四個都督中實力最強厚者，袁深為大忌。李被免職後，便決定離開江西前往上海謁見孫中山，7月初柏文蔚也趕至上海。柏文蔚主張武力討袁，並打算在安徽發動「首義」。孫中山一番考量後說：由於安徽過於逼近北方，且可拱衛南京，似不宜先動，最好由湖南、廣東、江西各省先行獨立，迫袁出兵，安徽便可截

桂莘總長先生惠存

柏文蔚謹贈

柏文蔚將軍

擊。

　　李烈鈞深感袁世凱的作法乃斬盡殺絕之毒
招，既不可理喻，又難以感化，當前只有一途，
就是舉兵反抗。李烈鈞性格耿介，便決定擔任「首
難之責」，7月7日，李自上海輕裝潛返江西，7
月8日抵達湖口，隨即召集舊部第九、十兩團，
及輜重工程兩營，組織討袁軍，準備於7月12
日發動起義。

　　7月12日上午8時，北洋軍率先開始攻擊，
贛軍林虎旅應戰，氣壯山河，一舉大捷，俘虜北
洋軍百餘人。7月13日，江西省議會公舉李烈鈞

李烈鈞發動二次革命

為「江西討袁軍總司令」，宣告江西獨立，與北京政府脫離關係。李烈鈞部
屬混成團團長林虎，自告奮勇，願任九江前敵軍總指揮；第一師師長歐陽武、
第二師師長劉世均，以及贛南第四旅旅長蔡森，均來電宣示效命，整軍備戰。

　　待一切就緒後，李烈鈞隨即慷慨誓師，並發佈《討袁檄文》，略云：「民
國肇造以來，凡吾國民，莫不欲達真正共和目的。袁世凱乘時竊柄，帝制自
為。滅絕人道，而暗殺元勳；弁髦約法，而擅借鉅款。金錢有靈，即輿論公
道可收買！祿位無限，任腹心爪牙之把持。近腹盛暑興師，蹂躪贛省，以兵
威劫天下，視吾民若寇仇，實屬有負國民之委託。我國民宜亟起自衛，與天
下共擊之！」

　　《討袁檄文》發佈後，「二次革命」正式爆發，亦稱「癸醜之役」、「贛
寧之役」。

　　7月15日，黃興入南京組織「江蘇討袁軍」，迫使都督程德全宣佈獨立，
任其為江蘇討袁軍總司令，派第一、第八兩師北上。接著，湖南都督譚延闓

亦宣佈獨立，福建方面師長許崇智亦宣佈起義，17日，安徽都督柏文蔚宣佈獨立，18日，上海陳其美，廣東胡漢民、陳炯明聯合陣營，宣佈獨立。

李烈鈞湖口倡義後不到幾天，就已陷入四面楚歌之境。北洋軍以四面合攻計策，包圍湖口，李烈鈞孤軍奮戰，幾似身入甕中，情勢非常危急險，好幾次出兵進擊突圍，均被北洋軍所擊敗。李部屬團長周璧階，見大勢已去，竟向北洋兵投誠，李軍部兵力大失。

此時孫中山見情勢相當危急，於是心生一計，欲慫恿各省獨立，7月19日，孫中山通電參議院、眾議院、國務院、各省都督、民政長官及軍、師、旅長，稱：

江西事起，南京各處，以次回應，一致以討袁為標幟，非對於國家而脫離關係，亦非對於北方而睽異感情，僅欲袁氏一人，辭大總統之職，並不惜犧牲其生命以求達之。大勢至此，全國流血之禍，繫於袁氏之一身。

聞袁決以兵力對待，是無論勝敗，而生民塗炭，必不可免，夫使袁氏而未違法，東南此舉，誰為左袒？今袁氏種種違法，天下所知，東南人民，迫不得已，以武力濟法律之窮，非惟其情可哀，其義亦至正。

⋯⋯回憶辛亥光復，清帝舉二百餘年之君位，為民國而犧牲，當時袁氏實主其謀，亦以顧念大局，不忍生靈久罹兵革，安有知為人謀而不知自謀者？更憶當時，文受十七省人民之付託，承乏臨時大總統，聞北軍於贊成共和之際，欲舉袁氏以謀自安，文即辭職，向參議院推薦袁氏，當時固有責文徇國民之意，而不顧十七省人民付託之重者。

⋯⋯當此存亡絕續之際，望以民命為重，以國危為急，同向袁氏勸以早日辭職，以息戰禍，使袁氏執拗不聽，必欲犧牲國家人民，以成一己之業，想諸公亦必不容此禍魁。

孫中山句句希冀眾院「以民命為重」，然由於眾院遲疑或多數恐於袁世凱勢力，竟無以相救。7月22日，孫中山致電袁世凱，對袁動之以情、曉之以理，謂：

何圖宋案發生，證據宣佈，愕然出諸意外，不料公言與行違，至於如此。既憤且溈。而公更違法借款，以作戰費，無故調兵，以速戰禍，異己既去，兵釁仍挑，以致東南軍民，荷戈而起，眾口一詞，集於公之一身。

意公此時，必以平亂為言，姑無論東南軍民，未叛國家，未擾秩序，不得云亂，即使云亂，而釀亂者誰？……推薦公於國民，固有人責言，謂文知徇北軍之意，而不知顧十七省人民之付託。

……為公僕者，受國民反對，猶當引退，況於國民以死相拚？殺一不辜，以得天下，猶不可為，況流天下之血，以從一己之欲？公今日舍辭職外，決無他策。……若公必欲殘民以逞，善言不入，文不忍東南人民久困兵革，必以前此反對君主專制之決心，反對公之一人，義無反顧。

奈何袁世凱坐擁重兵，並不畏懼革命軍，接到孫中山的通電後，袁即刻宣佈撤去孫籌辦全國鐵路的全權，但此舉卻再次造成各國列強覬覦鐵路修築權。袁世凱又下令褫奪黃興、陳其美、柏文蔚榮典軍職，命張勳、馮國璋派遣大軍剿辦，公然以「政府軍」的名義對革命黨人進行鎮壓，革命軍被袁狡獪稱為「民亂」。

革命軍屢戰屢退，蔡鍔又發出意見，反對以武力來解決政治紛爭，擬欲當下弭平雙方戰事。7月24日，蔡鍔致電湖南都督譚延闓，說道：「我國自改革以後，元氣大傷，至今瘡痍未復，斷不可有第二次之破壞。且某國幸災樂禍，正利用我有內亂，以遂其侵略野心，凡我邦人，正宜戮力同心，以禦外侮，豈可閱牆啟畔，自招瓜分。克強（黃興）、協和（李烈鈞）此舉，未

免鋌而走險，急不能擇。」

蔡鍔在電文中分析各省危竟，比如贛軍「死傷甚多」等、寧軍有一師於17日與張勛戰於徐州，局軍覆沒。他稱革命軍在這樣的情勢之下，已是「無能為力」。

7月28日，黃興軍事失敗，僅以身免逃至上海，江蘇都督程德全隨即宣佈取消獨立。8月初，安徽討袁軍主將胡萬泰遭到收買，陣前倒戈，率兵攻佔都督署，安徽都督柏文蔚逃往蕪湖，胡萬泰立即通電取消獨立。8月2日，廣東陳炯明部第二師師長蘇慎初，旅長張戰權也發生倒戈事件，炮轟都督府，陳炯明逃往香港，廣東宣告取消獨立。

8月9日，福建宣佈取消獨立，8月11日，南京第八師部分下級軍官和士兵共2000多名，宣佈南京恢復獨立，第八師軍與北洋軍展開血戰，最後不敵。8月13日，上海討袁軍退守嘉定，都督陳其美躲進租界，同日，湖南都督譚延闓宣佈取消獨立。

8月18日，在北洋軍李純部的圍剿下，李烈鈞棄守南昌。不數日，李烈鈞部再與北洋軍展開激戰，但仍告失敗，李烈鈞逃往日本避難。9月1日，張勛率武衛前軍攻克南京，各地紛紛宣佈取消獨立。到9月，討袁軍僅剩小規模起義軍，二次革命討袁運動已名存實亡，幾近覆沒。9月11日，四川討袁軍也宣告失敗，討袁戰爭正式結束。

袁世凱實現專制統治，革命勢力煙消雲散

觀二次革命之所以失敗，原因不外乎以下三點：

其一

宋案發生後，革命軍遲遲無法掌握確實的處理方針，反觀袁世凱奪得政

權後，在帝國主義的支持下，羽翼已豐。他不僅有一支兵力強大的北洋軍隊，且掌握著全國的政權。

1913 年 6 月起，袁世凱就已陸續陳兵湖北、進軍江西、入駐上海，加緊部署兵力，已早先革命軍一步佈局。相對的，革命軍的人力和軍事部署行動為時太晚，革命軍到了 7 月才決定起義，力量已是大大削弱。

其二

二次革命爆發前夕，國民黨內部依然無法解決意見紛歧的問題。革命軍對二次革命的必要性存在很大分歧，導致無法締造大團結聯盟。革命軍抱著種種的猶豫、懷疑去革命，以致在戰爭中，革命軍隊內屢屢發生投敵、叛變和被策反的情況。而南方幾省，表面上雖然是為了回應江西湖口起義而宣佈獨立或脫離政府，實際上各省都督多為革命形勢所迫而不得不表態。

其三

當袁世凱不斷向南增兵，江西、南京戰事吃緊，李烈鈞義憤填膺號召各省共同抗戰的同時，各省遲遲不發兵，也是致使二次革命迅速失敗的原因。而宣佈獨立的 7 省中，又互不統屬，缺乏統一的部署和指揮。除江西、江蘇外，各省內部多不鞏固。這也是戰力後勁乏力的原因之一。

為何革命軍陣前無法團結？其實，這是世界各國每一黨派都有可能會犯下的一個錯誤，一個心理上的陷阱！

當辛亥一役成功後，各方革命勢力多數以為，革命黨人所要剷除的目標清王朝已經覆滅，於是腦子就鬆懈了下來，渾身的精力也一點一滴地消失了。大家以為，革命已經功成，太平之世已經來臨，剩下的便是劃分各省各區的革命權力，分派官職。唯獨孫中山、黃興、李烈鈞、柏文蔚、譚延闓、許崇智、陳其美、胡漢民……等人強烈的驚覺到，革命前方還有一個巨大的毒瘤，即

袁世凱！

袁世凱為專權而不擇手段鞏固自己的專制統治，暗害宋教仁，破壞約法，當然一定要討伐，否則何以對得起無數犧牲的先烈！但是袁世凱十分地狡獪，他故意誤導民眾，讓大家以為，國民黨討伐他是叛亂的行徑，因為他是被選舉出來的大總統。這是內亂，而非革命，我老袁出兵是為了弭平內亂，保存革命果實，我是為你們民眾著想。這是袁世凱所最擅長運用的「借力使力」戰術！

不過，二次革命較之辛亥一役，雖然性質相同，但意義上卻大相逕庭。中華民國誕生後，司法空前獨立，新聞空前自由，憲法和司法庭對元首更有制約權，如形同英、法、美等國。然而，革命黨人卻棄法治於不顧，忽略對當前局勢作出全面性的瞻望和考量，最後才會演變成逐步陷入袁世凱所布下的陷阱中。當袁一切部署就緒，正是一步步誘導革命黨人對他宣戰。

革命黨人經辛亥革命後，元氣大傷，再以虛弱的武力向袁宣戰，雙方軍事實力懸殊，無疑必敗。宋案當然要復仇！還有張振武案也要雪恥！他們都是為了維護民主共和，才會死於非命！但二次革命確實是一場倉促決定且孤立無援的起義活動。

正因為這是一場「準備不充足、戰線不團結、行動太倉促」的革命，蔡鍔不希望諸位好友平白無故斷送性命，才會出面協調提。

僅僅兩個多月的時間，二次革命就此煙消雲散，造成了國內政治力量嚴重失衡、失序的局面。

二次革命前，袁政權再狡猾，仍有國民黨與之抗衡，但此後，各省的軍事力量被徹底摧毀，國民黨陣營中的各省都督及其官員全部免職，國民黨諸多菁英被緝捕，革命種子快速枯萎，共和危機空前絕後，足見袁世凱手段之兇殘。

興國安邦的軍人本懷

所謂的革命，主旨就是摧毀一個矛盾積累到無法調和的舊秩序，破壞後再進行建設。

如同蓋房子一樣，必須先摧毀舊的樣貌和結構，才能建築新的出來。在荒歉不安的 1913 年，局勢複雜，每個人都必須做出抉擇，每個抉擇都可能影響局勢，也可能本意是想幫助一方，卻間接扼殺了另一方。

可以說，二次革命是一場重要的革命經驗，作為提供給當時所有的革命志士，去看看當前的中國和自己，作深層反省。唯有從失敗中記取教訓，從錯誤中發揮日後的合作空間，那麼中國革命浪潮才會日趨成熟，民主才有真正的希望。

從二次革命期間蔡鍔所發的一系列通電看，他始終堅持「保土安民、鞏固統一」，無論是對北京政府，還是對黃興、李烈鈞和各省都督，他都堅定不移地表明瞭自己的立場。

1913 年 7 月 19 日，蔡鍔致電四川、廣西、貴州都督：「希望西南數省採取同一立場，反對內戰，維護國家穩定。」在電文中，蔡鍔痛陳利害，列舉出內戰爆發造成的六大危害——列強瓜分、國家分裂、邊疆淪喪、兵燹殃民、國債高升、宵小亂國。

蔡鍔當然也關心誰是刺宋案的主謀，但另他更關心的則是「國家當前整體的局勢發展」。蔡鍔是支持革命黨人的，只是身為一名職業軍人，受過嚴格地軍事思想教育，他必須看得比別人更透徹！他必須把二次革命看成是一場戰爭，而非地方性的起義活動！既然是一場戰爭，就不能憑個人情感的衝動起義，而是要好好地規劃、佈局，進行一次又一次地兵棋推演。否則，革命人士全舉出動，不是大獲全勝，就是全軍覆沒！

參考資料：

- 《蔡鍔集》下冊（曾業英）
- 《孫中山全集》（孫中山、尚明軒）
- 《黃興年譜長編》（毛注青）
- 《李烈鈞先生百年誕辰紀念集》（中華民國史事既要編輯委員會）
- 《民初戰爭與二次革命》（中華民國史資料叢稿）
- 《民國演義》（蔡東藩、許廑父）
- 《袁世凱史料》（陸純、國事新聞社、黃毅、白蕉、梁啟超、庚恩暘、黃遠庸、阮忠樞等）

第十章

奉調進京，與袁世凱鬥智鬥勇

歷練，是人生中最寶貴的財富，關鍵是看我們怎麼面對，怎麼經歷，退縮了便一無所獲，崛起了則收穫無窮。作為最受美國尊敬的總統，亞伯拉罕·林肯征服世界的不僅是他輝煌的政績，更是他所受過的「苦難」。

同樣是面對歷練，不同的人卻有不同的結果。勾踐面對不幸，選擇了忍辱負重，十年臥薪嘗膽，終換來「三千越甲可吞吳」的豪邁；然而楚霸王項羽在烏江邊卻選擇了自盡，面對不幸他被命運扼住了咽喉，終成不了一代霸主。勾踐三千越甲，不正是護國軍五千精銳嗎？所謂「寶劍鋒從磨礪出，梅花香自苦寒來」，護國軍勇於面對艱難，學會面對歷練，勤於律己、矯正自己，在絕處重生，在無房可居時親手砌磚又疊瓦，建造屬於自己的精神宮殿。

護國軍的精神告訴我們：為了生存，我們必須要為自己修枝打權，澆水培肥，使自己不會沉淪為一棵枯榮隨風的草，而成長為一桔柑筆直蔥蘢的樹。

第一節 蔡鍔進京，決計深入中樞，
渡國家危難

二次革命蔡鍔埋伏筆，袁世凱深為猜忌

二次革命前夕，蔡鍔力主調停雙方，平息戰事，袁世凱對此深表不滿。袁為鞏固政權，早在 1913 年 5 月，就與段祺瑞組織「戰時內閣」，屯兵南下，6 月就陸陸續續兵陳湖北、江西和上海，準備將革命黨人一網打盡。

蔡鍔智謀百韜，胸有成竹，他針對袁世凱的兵力部署，進行了兵棋推演，認為：江西是李烈鈞的地盤，湖北是黎元洪的據地，上海則是陳其美的勢力，這三地均是革命人士強大戰力來源，若遭攻破，其餘各省的革命力量將難成氣候。最後，不是被袁世凱所個個擊破，就是敗亡於自家內訌！

蔡鍔曾經要譚心休轉達黃興，請其看清當前的局面，審時度勢，切莫意氣用事急著出兵，落入袁世凱的陰謀圈套。無奈二次革命箭已上弦，蓄勢待發，國家命運即將塵埃落定！為此，蔡鍔曾打定主意，決定進京與袁世凱一談。

1913 年 6 月中旬，蔡鍔致電梁啟超，提及：「久欲來京與袁總統面商各要政，並與各方人士接洽。惟因滇事重要，未敢即行。如今實有要事須鍔來京一行，亦未始不可勉強就道。」蔡鍔要談的是竊意「組織內閣」的議題，他提到：

（甲）須有操縱各省而統一之之實力；

（乙）須有強固穩實之政策；

（丙）須有勵行其政策之魄力；

（丁）須有協同一致之閣員，其份子應十分勇健；

（戊）須與總統融洽，面又得各黨之信任，且不至為外人所輕視；

（己）須有犧牲個人，以解國難之危機。

「備此六者，乃克有濟此等條件，求知今日，未免責備太甚。然不可必得，亦必須備乙、丙、戊三項資格。否則，大局將不可問。鍔一介武夫，未諳政治，國務重任，非敢所承。雖急思來京侍承大教，奈羈於職守，未便擅離。」

蔡鍔原意是欲在戰事爆發之際，藉由進京商談內閣問題，處理中央與各省之間意見紛歧的問題，頗有力阻袁世凱發動戰爭之意。同時也是祭出主動戰略，試探袁佬的政治意圖和軍事動態，以早作準備。

二次革命爆發期間，蔡鍔曾於7月24日致電湖南都督譚延闓，建議其「萬不能分兵助贛及移師赴寧（南京）。是此事成敗之數，當能逆賭睹其結果」的戰術運用。

蔡鍔又繼續作兵棋推演，為國民黨評估戰術可行性，說：「倘不計厲害，隨聲附和，則北兵必越洞庭而來；西則有黔軍下逼辰、沅；南則有桂軍下逼衡、永，三面受敵，其何以支？再贛軍敗散之後，亦必分竄湘邊，……日來疊接桂、黔來電，均言湘勢搖動，咸欲分兵進取。鍔以桑梓之誼，累經去電婉阻，并力言湘省絕無他變。萬一不幸見之事實，彼時黔、桂以大義相責，或竟致於用兵，……鍔竊不自量，擬組織滇、黔、川、桂四省『聯合軍』駐武漢，勸令寧、贛罷兵，共蠲小忿，以稱危局。」

蔡鍔的意圖在於聯合貴州、廣西等省試圖居間調停。但袁世凱豈是顢頇之人？「滇、黔、川、桂四省聯軍」說得好聽是協助雙方罷兵，但其實真正用意是想借力使力，藉居間調停之名，行揮師北上之實，袁世凱對此深為顧忌。

當時李烈鈞首義發難後，蔡鍔決定出兵討李。然而，以蔡鍔和李烈鈞的革命交情來看，此舉頗令人費解，當時雲南省議會不少議員反對出兵，但蔡鍔一意孤行，毅然任命謝汝翼為第二師師長，組織軍部，派步兵一團，砲兵

一營入川，並通電各省要員前往調解。

蔡鍔大張旗鼓，又動員各省，初看似在幫助袁世凱，然其真正目的並非如此。辛亥將領李文漢在回憶錄中，一語道破：「蔡的主旨並非幫助袁世凱，而是意識到袁世凱可能會竊取革命成果，派兵出省乃是擴大地盤，為以後和袁世凱抗衡存儲實力。」

又另一方面，蔡鍔出兵，乃便於直接關注李烈鈞湖口戰事後續發展，隨時給予支援。當然，袁世凱一眼就看穿了蔡鍔別具其他用心：滇軍自己出兵討李，為何還要通知各省？明明二次革命爆發後，各省幾乎都是革命軍派，你蔡鍔通知他們，就是擺我的道，想趁勢聯合他們推翻中央。

袁世凱身經百戰，閱人無數，他早就看穿了蔡鍔的計謀！蔡鍔埋此伏筆，無疑是自取咎戾。後來，蔡鍔挽救革命黨人不成，只能眼睜睜看著好友李烈鈞和黃興戰敗逃亡，遂嚎啕慟哭，說「君不知吾意，吾確知君心，此次大敗，夫革命功果全然潰散」！

1913 年 9 月，二次革命結束，孫中山、李烈鈞、黃興以及眾多中堅份子被迫流亡海外，革命陣營瓦解。革命黨人辛苦建立的民主國家，一夕成灰，民國頓成袁世凱囊中之物，只餘西南邊陲雲南和貴州尚未被北洋軍所控制。蔡鍔痛定之餘，同時也瞻顧出：二次革命革命黨人潰散後，國家政務和軍務混亂不堪，雖明知袁世凱心術不正，但此時也唯有進入中央主持軍務，方能穩定國家動盪局勢。

作了一番思量後，蔡鍔決定進京與袁周旋。然而，這個決策，卻讓蔡鍔走了一段相當曲折、坎坷、艱辛漫長的路途。

蔡鍔與袁世凱較量的故事精彩絕倫，值得咀嚼玩味，故事中的兩位主角皆是驍武戰將：

一者堅毅清臞，一者剛愎粗壯；

一者光明磊落；一者涇渭不分；

一者負山戴岳，一者虎兕出柙；

一者氣于宏深，一者猖狹斗筲；

一者設身處地，一者不留餘地；

一者無偏無黨，一者鷹擊毛摯；

一者殺身成仁，一者竊國恣為。

　　1906 年清秋時節，袁世凱第一次見到蔡鍔時，24 歲的蔡鍔已是清廷新軍中最年輕的軍事演習中央評判官。廣西創練新軍，威震全國，令同樣是訓練軍隊出身的袁世凱讚賞不已。辛亥重九起義，蔡鍔運籌帷幄，組織周全，計畫嚴密，以「圍攻戰術」和「包抄分化戰術」瓦解清軍，光復雲南，出奇戰術轟動全國，袁深愛其才。

　　擔任雲南都督後，又展開援川、援黔和援藏計畫，派出遠征軍掃蕩亂源，聲勢浩大，毫不畏懼中央阻擾，也讓袁世凱吃足了苦頭。南北議和期間，蔡鍔又力主北伐，決定與革命黨人會師於湖北，直搗北京，更讓袁世凱膽顫心驚！最後，由於蔡鍔亟欲加強大西南邊陲防守，平叛西藏內亂，箝制英國入侵，這樣的舉動更觸犯了袁的眉頭。蔡鍔種種的行為都另袁世凱十分不安，直至二次革命期間，雙雄對峙終至浮上抬面。

　　袁世凱的行事法則向來是趨利避害，將危機的不確定性降至最低。然而，蔡鍔並非他的親信，對於一個這樣在西南軍界享有盛譽的人物，坐擁重兵，又向來與自己意見不合，袁思來想去，認為將蔡鍔留在雲南，實在是後患無窮，因此極力想削去蔡鍔兵權，將他調入京城，就近監視，以防後患。

　　水能載舟，亦能覆舟，任何事情，都有它的兩面性。從權謀的角度來講，袁世凱此舉的確可以大大地控制蔡鍔，但同時也會激發出蔡鍔剛毅不屈、強烈反撲的鬥志。制人卻不能制心，袁世凱老謀深算，卻從沒想過蔡鍔給予重

擊的反撲力道，竟是如此威猛，進而敲響了他的喪鐘。

蔡鍔辭去滇督一職，奉調進京

就在袁世凱欲宣蔡鍔進京之前，蔡鍔的動作卻快了一步，此前，他已向梁啟超提及自己入京的意願，請其妥為幫忙。

關於此事，梁啟超後來在《護國之役回顧談》中回憶說：「民國三年春天，蔡公把都督辭掉回到北京。他辭都督並非有人逼著他辭，雲南人苦苦挽留，中央也不放他走，但蔡公意思一來因為怕軍人攬政權，弄成藩鎮割據局面，自己要以身作則來矯正他，二來因為他對外有一種懷抱，想重新訓練一班軍官，對付我們理想的敵國，三來也因為在雲南兩年太勞苦了，身子有點衰弱，要稍為休息休息。他前後寫了十幾封信和我商量，要我幫他忙，把官辭掉，於是我們在北京常在一塊兒又一年。」

梁啟超終於前來請命，不過袁世凱不是騙子，對於蔡鍔的動作，當然半信半疑。但袁終究是愛才惜才之人，雖感事有蹊蹺，還是決定「不如讓蔡松坡來，幫助我訓練軍隊，推動國家軍事教育，加強國防」。這點，袁世凱對國家軍事上的奉獻是無庸置疑的。他想，只要緊緊扣住蔡鍔的行蹤，任他有三頭六臂，也難逃我如來佛手掌心！

袁世凱認為，自為官以來，自己對親信或敵人總是採取「文撫武赫」的威脅伎倆，持續至今，從沒有誰不敢乖乖就範，提出非分的要求，蔡松坡必然也是這樣的人。

袁世凱當然不能讓梁啟超看出自己的心思，因此他召見梁啟超時，就故意表現得頗為驚訝，委說自己實在是不得已才答應梁啟超的請求。接著袁交代，務必「讓松坡早日赴京，另有重任，另有重任」！

其實蔡鍔進京，也深合梁啟超意，倘使蔡鍔躋身中樞掌握實權，不僅個人得以實現抱負，對梁施展拳腳也將大有裨益。當時 6 月中旬，蔡鍔致電梁

啟超後，梁就立刻覆電，說：「總理一席，人望在君，時事艱難，何不來京一行，共商大政？」於是梁啟超為此積極布置，袁世凱還對梁表示，也可以「讓蔡松坡來中央組織內閣」，依照松坡的能力，必可勝任！

在梁啟超的安排下，10月，袁世凱發出大總統令：「雲南都督蔡鍔疊電因病請假，著給假三個月，來京調養。」根據趙鐘奇在《雲南護國前後回憶》中所提到的，蔡鍔離滇前夕，軍都督府為其餞別，蔡鍔遂向幾個重要部屬發表講話：「現在的總統袁世凱，原是我們的政敵，戊戌那一年因為他臨時告密，我們的師友，有的死，有的逃，現在想起來，猶有餘痛。但衡量中國現在的情勢，又非他不能維持。我此次入京，只有蠲除前嫌，幫助袁世凱渡過這一難關。」

蔡鍔對袁世凱竊國恣為、公然挑釁憲法、殘暴無道、破壞共和的種種行為，深感不齒，心存痛恨！但他認為衡量現今中國形勢，袁世凱大權盡攬，非他不能維持。與其相持不下，不如深入中樞，渡國家危難。由此可見，蔡鍔進京，是出於自願，而非脅迫。

臨行時，蔡鍔特意將前部屬貴州都督唐繼堯調回雲南，接任雲南都督。其實，蔡鍔此舉是為了以後「倒袁作準備」。蔡鍔私下曾親口對鄒若衡說：「袁世凱調我入京，必不安好心，袁世凱以後肯定要幹壞事，唐繼堯以後有急用。」果然，袁世凱很快就展開復辟活動。1913年10月7日，蔡鍔辭去滇督一職，9日動身進京。他帶著幾件簡單的行李，繞道越南河內，經香港和上海，僕僕風塵於10月10日抵達北京，時年31歲。

可以知道，蔡鍔滇督做得如意，在雲南威信之高、勢力之大、基礎之穩，正是如日中天，何以要離開雲南？袁世凱曾深忌蔡鍔，要「調其進京，削去兵權」，但若蔡鍔不想走，袁世凱也無法以總統之威強逼其就範。滇督沒有失職，沒有把柄落人手中，袁根本調不走他。當蔡鍔提到要離去時，雲南軍

民上下莫不表示哀悼，含淚挽留，然蔡鍔對他們說自己還有重大的計畫，這計畫說穿了就是救國、或推翻袁政權。

作為歷史轉折關頭、舉足輕重的人物，蔡鍔儘管離開了雲南，但其舊部及其一手訓練的滇軍還是唯他馬首是瞻，蔡鍔在雲南依然具有潛在的影響與勢力。

第二節　著手軍事改革，對抗外敵

軍人蔡鍔一貫的理想——訓練軍隊，抗擊外侮

1913 年 4 月 8 日的時候，中華民國第一屆國會在北京正式召開，會議上通過「先定憲法，後選總統」。此後數月內，國會依法進行了議會議長選舉以及中華民國大總統選舉。但 9 月二次革命失敗後，袁世凱威權益大，國會名存實亡。

就在蔡鍔準備啟程前來北京的前夕，袁世凱強迫憲法會議通過《大總統選舉法》，並派大批軍警包圍國會，要脅國會議員選舉他為正式大總統。10月 6 日，大總統選舉在憲法會議議場舉行，由國會議員根據《大總統選舉法》開會選舉大總統。在經過兩次投票後，袁世凱仍不滿法定 3/4 的票數，於是舉行第三次投票，以第二次投票較多的袁世凱及黎元洪進行決選。

結果，在出席的 703 名議員中，袁世凱得 500 票，超過法定的票數，當選中華民國第一任大總統。10 月 7 日，在同地點選舉副總統，結果出席議員719 名，黎元洪以 601 票，當選中華民國第一任副總統。

袁世凱當選中華民國第一任大總統後，為了取得帝國主義的支持，居然公開承認英、俄、法等 13 個帝國主義國家在中國所簽定的一切不平等條約。

在中國歷史上，「袁世凱復辟運動」的過程中，最大的危機乃在此，因為承認帝國主義國家在中國所簽定的一切不平等條約，等同是出賣了中國任何的主權利益！

一旦讓列強食髓知味，得寸進尺，繼續要得更多，那麼不管是領土、政治、經濟或國際關係等自主權都將逐漸喪失。列強所要的絕非僅僅止於在中國從事貿易活動，而是盡可能從中國這塊土地上挖走任何的東西。袁世凱為了取得列強的支持，甘願繼清王朝之後，再次淪為「洋人的政府」，當其傀儡，是何等危險的行徑？

10月10日，袁世凱和黎元洪在太和殿正式就任正、副總統，這天正好是中華民國第一個國慶日，蔡鍔準時進京。蔡鍔與袁世凱，這兩個軍界重量級人物，在國慶日當天相會，或許真是緣分，也或許，是冥冥之中早已注定。

蔡鍔抵達北京後，袁世凱對他十分熱情，優禮有加，處處表現出敬重和殷勤。起初，這兩位軍界大才相處得十分融洽，蔡鍔進京不久，12月18日剛好是他的生日，袁世凱特派人送來了一萬元，滿足其生活上的所需，並吩咐屬給予蔡鍔特別的照顧。

在那個兵荒馬亂的年代，當時的風雲人物中，袁世凱特別賞識、器重蔡鍔，極度珍惜這位軍界人才！或許是心裡的投射作用吧，袁世凱彷彿從蔡鍔的身上，看到自己年輕時雄偉的影子，英姿煥發、銳不可當。袁想起1899年初冬時節，蔡艮寅是如何地落魄，但他為了履踐恩師的宏願，赴死也要趕往日本，發揚救國救民的理念。自己當時願意資助這位小伙子兩千大洋，正是被他的情操所感動，袁世凱想起了這一幕幕，不由得悵然不已……。

或許是看盡了世間的虛假，袁世凱即便想忠於己心，愛國愛民，但他仍需要手段，以在詭譎狡詐的時代裡，與人鬥爭而生存下來！也才能一展他的宏圖霸業，在歷史上留下名聲！因此他亟欲藉助蔡鍔的長才來整頓國家軍隊，

他雖有私心，但也明瞭自己一路走來，所追求的是什麼？因此他希望蔡鍔能代替他來實現富國強兵的理想。

而蔡鍔此時也存有幻想，想將計就計，透過袁佬來完成自己富國強兵的理想，兩人各懷心思，兩股引力從此拉扯波動。在袁世凱這邊，是想調用軍事長才，蔡鍔正是唯一人選；在蔡鍔這邊，是想從事更大的軍事發展，袁佬是當前助力。袁世凱雖為梟雄，但愛才是肯定的，他對蔡鍔的軍事才華頗為賞識，蔡鍔不僅精通軍事，並且胸懷政治局量，這樣的人才就是他最想調用的。

民國著名記者陶菊隱在《蔣百里先生傳》中說：袁世凱「心目中的軍事新人物，『陸軍總長』一席以蔡松坡為最適宜……蔡在雲南做都督，他自然放心不下，若內調為軍政首長，使他楚材晉用，無直接兵權而負建軍之責（強化他的武力），再派一名心腹做次長隨時監視著他，那是再好也沒有的……蔡的心理與百里的完全相同，建立國防是他們的第一義，無論內除國賊，外禦強鄰，必以練兵及訓練軍事人才為其起點。蔡是個沉默寡言的人，卻有銳利的眼光和深刻的鑒別力，他何嘗未看透袁所欲建立的只是為個人爭權位的軍隊而非為國家禦侮的武力呢，但是他很想將計就計，假手袁以完成現代化的國防。他認為家天下已非時代所許，新軍人而施以精神教育，其思想及信仰必然和過去只知效忠個人的奴才式的軍人不同，所以他很想吞下袁的香餌，進行其化私為公的建軍工作。」

既是如此，將蔡鍔放在軍界重處再好不過了，當時袁世凱對北洋將領有所不滿，並且有改造北洋軍的決心，他希望蔡鍔能為自己主持新的建軍工作。但是袁世凱立刻想到，假使蔡鍔擁兵在外，可能會造反，不如將計就計，將其軟禁在京師，主持建軍工作，成為有權卻不能掌兵符的大將軍。

當然，袁世凱是個猜忌心極重之人，他始終把梁啟超當作一個政治上的

假想敵人，而蔡鍔又是梁啟超的學生，他又不能不顧慮到梁蔡之間的密切關係。袁世凱想來想去，最後還是決定：讓蔡鍔擔任參謀總長或陸軍總長，為自己主持軍務；或把蔡鍔派到模仿團去訓練和改造北洋軍，為自己訓督練軍隊。

此時，北洋軍派大佬段祺瑞等馬上就有意見，他們無法接納南方派系軍人身居要權。倘使北洋軍將領不答應，袁世凱也不能動用行政手段強行安置蔡鍔；更何況，若部屬們不肯配合蔡鍔進行軍事工作，處處設置阻礙，則不僅蔡鍔難以發揮軍事能力，甚至有可能給軍界製造混亂。最後，袁世凱拘於這些因素，只得忍痛放棄。

就蔡鍔而言，來到北京是為了實現自己「加強國防、提升軍隊戰力」的心願。蔡鍔認為，當前雖然法國的殖民地越南緊鄰廣西，但廣西有都督陸榮廷坐鎮，法國對中國基本上還不構成領土上的威脅。蔡鍔判斷，當前中國最大的威脅是日本！

中國地大物博，但歷代以來，國家與百姓過於崇尚宗教魂與文魂，導致武魂不倡！然而，廢棄武魂、不講武魄，文武質量不能均衡發展的結果，只會導致中國人過於溫柔和順，最後衰弱不堪，欲振乏力。雖講道德慈悲，卻是濫仁濫悲，如此的民族意識和衰弱局面，正好刺激日本帝國主義來犯。

中國的礦產、物資、財富甚至土地，全都是日本帝國膨脹所急需的肥水，因此掠奪中國物產，佔領土地已是日本迫切的目標！

根據蔡鍔的推演，他認為「中日大戰」近年來必定會發生——而且將是全國性的戰爭（二次世界大戰日本侵華印證了蔡鍔的推斷）。中日大戰一旦爆發，必然會是遍地哀鴻、血流漂杵的大劫難！

倘若中國戰輸了，恐怕中日戰爭要戰得不知歲月、昏天地暗，並且綿延整個亞洲，甚至全世界。蔡鍔戰術思想超前，因此他來到北京是為了「提升

國防，抵禦日本」，等這些國家自己前來。

就算袁世凱最後放棄了任蔡鍔為陸軍總司令，蔡鍔卻從沒放棄自己的理想，自己的初心。1900 年自立軍起義失敗後，他素抱以「流血救民」的信念，以天下興亡為己任；任滇督後，治理雲南，不遺餘力，胼手胝足，不聚斂，不營私，更以「澹泊名志，夙夜在公」為座右銘，如此明志，日月昭昭。

帶兵跟當官不同，蔡鍔是一名軍人，在軍隊中，最重要的資源是人力，他們是權力和威信的基礎。蔡鍔認為，所謂的「人力」必須匯聚於發展正確的理想抱負、目標和團隊作戰技巧上，才能使軍團為百姓、為社稷、為世界謀得安定和平。否則，人力若被貪官汙吏結集於阿諛奉承、貪婪營黨和權力鬥爭的層面上，那外敵來犯時，像這樣的一群烏合之眾，不敵自潰！

如果手下的將士不服從，那麼總長或參謀與二等兵並無差別，當個無權司令，坐享虛名，蔡鍔肯定不願。他非常清楚袁世凱能為虎作倀，原因是背後兵力強大的北洋軍和其軍事力量在作支援，這就是袁的「人力」！

將來兩軍對戰時，蔡鍔要對付的其實是北洋軍。因此如何「模擬軍事作戰計畫」，予以擊破，是他認為的大事，也是他進京所要掌握的資訊。

在中央參與「國是」，就是一種軍事作戰計畫模擬。由於位居中央，能直接遞交「國防計畫」和「軍事策略」，只要東面一有事，蔡鍔就能立即請命，以武攖其鋒，正面交戰。

當許多人還在加強西南邊陲戍守時，蔡鍔已經將注意力伸至「東面」了。並非他窮兵黷武，而是中國自鴉片戰爭以來，周邊一直風聲鶴唳，外國列強的大西南一輪掠奪已轉至東面，尤其德國和日本。蔡鍔認為出於地緣上的原因，列強對東面的手必定伸得更長，要得更多，因此，遞交「國防計畫」時，他希望袁世凱能重視這個問題。

組織軍事研究會，改革軍事教育和建設國防

從蔡鍔 1913 年 10 月入京，到 1915 年 11 月離京這兩年，陸續被委任：

1913 年 10 月：任陸軍部編譯處副總裁

1913 年 11 月：任政治會議議員

1914 年 05 月：任參政院參政

1914 年 06 月：加昭威將軍名號

1914 年 07 月：任陸海軍大元帥統率辦事處辦事員

1914 年 12 月：任命全國經界局督辦

袁世凱先後任蔡鍔這一連串的官銜，只是徒有其名，基本上並沒有實權。袁幾乎每天召見蔡鍔，說是磋商政要，討論國防，其實是別具私心，防他有變。蔡鍔到北京不久後，就已經發現身陷囹圄，進京前預留的計謀一時都無法展用。然而，就算目前暫被監控，身處險境，

袁世凱給蔡鍔的委任狀

他也不會就此倒下，而是等待時機闖出一條倒袁道路。

民國之初國家命運風雨飄搖，政體不穩，加之列強外患虎視眈眈，令蔡鍔擔憂不已。他認為，要治理中國當前的亂象，非借重自己的老師梁啟超不可安定之。為此，他曾於 1912 年 5 月 27 日，致電黎元洪、譚延闓、程德全、陸榮廷、孫道仁等人，希望由副總統黎元洪率領大眾，聯合致電大總統袁世凱，敦請梁啟超歸國。當時梁還未被袁政權召喚，蔡鍔也還未「奉調進京」。

蔡鍔說：「民國告成，迄今數月，建設之事，猶若棼紛，固由締造艱難，

然亦因政界乏人能定大計。鍔意此時亟宜訪求通才，不可稍（存）黨見。新會梁公啟超為國先覺，閎才碩學，道高德茂，海內所知，徒以政見素持穩健，致為少數新進所訾病。現為羈身海外，實為民國惜之。茲擬合詞電請人總統為國求賢，以禮羅致。如果敦促回國，必能詡贊新猷。」

由於梁啟超的政治主張與革命黨人有所分歧，因此蔡鍔的倡議並未獲得太大的回應。然而，就在蔡鍔電文發出後不久，同盟會張繼和劉揆一也拍電報稟告全國，說：「國體更始，黨派胥融，乞君回國，共濟時艱。」他們敦請各地的有志之士，為了國體，當不分黨派，共濟時艱，邀請梁啟超回國來治理新權。

6月5日，蔡鍔致電大總統袁世凱、國務院、副總統黎元洪、南京留守黃興及各省都督，詳細陳述了敦請梁啟超回國的理由，他說：「……，鍔追隨先生有年，覺其德性之堅潔，學術之淵博，持義之穩健，愛國之真摯，環顧海內，實惟先生之一人。現值民國肇基，百政待理，非仗通才碩彥主持國是，共濟時艱，無以奠邦基，而紓國難。在先生憂國之忱，久而益篤，今國家光復，其志以償，固可無求於世。惟時艱難日迫，度濟需才，鍔為推崇先覺，為國薦賢起見，用敢冒陳，擬請大總統敦請先生回國。」

6月17日，黎副總統也致電袁大總統及參議院，說：「謂民國用人應勿拘黨派，梁啟超係有用之才，棄之可惜，保皇黨誣說，不應見之民國。」隨後，南京、盛京、福州、黑龍江、蘭州、桂林、成都、貴陽、吉林等地都督，也聯合致電中央：「希望聘請梁任公回國，共抒國難。」由此，梁啟超返國的因緣便已成熟。

很多人說，蔡鍔力挺梁啟超回國，乃因梁啟超是他的老師。然而，雖然蔡鍔秉持的是師生之間的情義，但更主要的原因，還是蔡鍔「對革命之後民國之初國家命運的擔憂」！

他在 5 月 27 日籲請黎副總統領銜敦促梁啟超返國共議國事的當天，也曾致電袁大總統及各省都督，表示不希望黃興在國家道路最艱難的時候引退。他說：「此次革命成功，應分三段：一破壞，二收拾，三建設。破壞易，收拾難，建設尤難……。」

蔡鍔說，革命雖業已功成，但現階段只是三階段中的第一階段，即「破壞階段」。吾輩志士只是把破壞階段完成了，後面還有「收拾」和「建設」兩大階段，這兩大難事仍等著吾輩來完成，而這兩大階段也與第一階段一樣同等艱鉅！

蔡鍔認為，敦促梁啟超返國也好，挽留黃興繼續主持大計也好，都要稟著大公無私的情操。所謂革命並非是為黨而革命，而是為國家、為人民而革命，既是如此，吾輩就要摒棄成見，不分黨派，任賢人為治理國家的最優先考量，以赴國家時艱！

因此蔡鍔說：「吾輩今日所處地位，內政之叢脞，外禍之逼人，財政之支絀，險象雜陳，危機四迫。」倘使還要為了所謂的黨派、黨名、黨見和黨利爭個你死我活，那「吾輩既陷國家人民於險，自應拯而出之。繫鈴解鈴，責無旁貸。為國宣力，生死以之。若假高蹈之名，為卸責之地，是自欺以欺人也」！

蔡鍔的這一番話說明了一件重要的事，革命的確推翻了滿清，結束了延續兩千多年的封建統治。看似共和已經產生，總統由選舉而來，國會和各省議會成立，但這都是所謂的「制度」。辛亥革命後，大家一股腦兒只專注在制度的的制訂上，卻忽略了中國當前正潛伏著重大的危機：

一：帝國主義列強虎視眈眈，隨時都在策劃如何瓜分中國；

二：革命過後，各黨各自為政，國家正在逐步走向分裂而不自知！由於袁世凱、進步黨與革命黨之間的矛盾衝突愈演愈烈，難以調和，加上

雙方的權力要求日漸水漲船高，完全不肯妥協，最後只會將國家推向「走至分裂的邊緣」；

三：還有，倘使雙方繼續爭吵下去，這時許多包藏禍心、意圖不軌，且擁兵自重的省督，將會趁勢大興旗鼓，搶佔地盤，造成地方利益凌駕於國家利益之上的亂象；

四：地方利益凌駕於國家利益之上的時候，國家將因嚴重藩鎮割據而分裂，甚至導致新的專制抬頭，取代共和果實，成為新的政權。一旦新政權走的仍是專制道路，那麼共和將名存實亡，中國將再次淪為專制體制下的國家；

五：況且，嚴重的紛爭還會帶來國家經濟上的困難，增加百姓負擔。

然而，就算梁啟超有滿腔熱血、滿腹抱負，但當時他顯然並未看清袁世凱的陰謀，致使所有的努力幾乎付諸東流。話說袁世凱城府機深，善於謀略，1912 年初至 1913 年二次革命這段期間，革命黨與袁世凱為了中國國體展開了激烈博奕。當時袁世凱為了牽制革命黨人，故意大行兩面策略，一方面以武力進行鎮壓革命黨，另一方面又極其籠絡梁啟超進步黨，希冀利用進步黨組閣，來對付革命勢力。

後來袁世凱找上了梁啟超的好友熊希齡，百般誘騙強拉他組織內閣，熊希齡推辭不掉，只好隻身從熱河奔赴北京就任。1913 年 11 月，一次，袁世凱召見熊希齡，直奔主題，拿出事前准備好的解散國民黨和取消國民黨籍議員的大總統令，給熊希齡簽名。

受人脅迫，熊希齡顫抖著手，在大總統令上簽了名。熊希齡原本以為，隱忍屈從，滿足袁世凱的政治願望之後，還能讓內閣按憲章法制履行職能。但是國會和國民黨一解散，內閣對袁來說也是多餘的。

1913 年 11 月 4 日，袁世凱下令解散國民黨。1914 年 1 月 10 日，又解散

國會，5 月 1 日，廢棄《中華民國臨時約法》，隨後又陸續恢復前清官制，自此，民國已成了一塊空招牌。

　　袁世凱的一切舉動，蔡鍔都看在心裡，他明白袁世凱善使兩面政策，前面說虛話，後面又講暗話，不能不提防，因此蔡鍔總顯得大智若愚，深恐招袁疑忌。在北京期間，蔡鍔除了向袁世凱報告分內工作外，幾乎沒有發表過任何政見，留下的主要成果就是在經界局看過的檔。

　　畢竟，民國滿目瘡痍，革命勢力陣亡，所有的革命組織活動都已移到國外去了，推倒袁佬又非一蹴可幾之事，眼前唯有繼續做分內事，觀照局勢走向。同時，蔡鍔也打量著如何計畫鳩合自己和梁啟超的力量，以備緊要關頭。

《軍事計畫》，為「國防建設」和「軍隊建設」獻計獻策

　　爾後，蔡鍔恪盡職守，頗思有所作為，他特別熱心於改革軍事教育，對軍事學術推廣也不遺餘力。蔡鍔曾邀集日本軍校的同學蔣方震、閻錫山、張紹曾等 11 人組成「軍事研究會」，經常聚會深入研究各種軍事問題，制訂軍事計畫，研討戰略戰術，還特地請來外國軍事專家作講演，以期加強軍事教育和提高中國的軍事學術水準，為建設國防及因應與敵國交戰提前作準備。

　　蔡鍔還將自己在廣西起草的《軍事計畫》一書修訂，貢獻給袁世凱，試圖為「建軍強國」提供理論支援，作為「國防計畫」的綱要。《軍事計畫》共分七章，三萬餘言，主要論述軍事戰略、兵役制度、軍隊建設、軍人教育與軍事管理，目的在於對中國的軍事改革起到一定的推動作用。

　　想當然耳，《軍事計畫》的成書背景與當時國家內憂外患的處境密切相關，因此這本書融合了中國古代及西方近代軍事思想的精華，同時還參照當時國外的軍備和戰史等情況，提出了一系列有關軍事改革的見解。為了讓袁世凱和北洋將領清楚他的軍事思想，他在書中並概述了自己對中國軍事教育、編制、戰略、裝備等問題的可行方案。

面對袁世凱這樣身經百戰的老將，蔡鍔要如何說服他呢？當然，蔡鍔在《軍事計畫》一書中並沒有帶入太多「出奇制勝」的用兵之道。相反地，他一片赤膽忠心，想告訴袁世凱的卻是「練兵之目的」！

蔡鍔認為，練兵之目的在於「求戰」，而訓練出來的軍隊則是為了「服務國家」。既是要服務國家，則軍隊的「求戰意圖」要十分堅決，力勁強如刀鍔，出兵要狠狠刺中敵人要害！

依據他的思想，《軍事計畫》開篇第一章「練兵之目的」就說：「無兵而求戰，是為至危，不求戰而治兵，其禍尤為不可收拾也。練兵將以求戰也，故先求敵而後練兵者，其兵強；先練兵而後求敵者，其兵弱，徵之以中外古今之事，而可信者焉。」

為什麼蔡鍔建議袁世凱要「求戰」，而非「備戰」？蔡鍔深知，近代中國在軍事上一直是處於被動的狀態，然而，中國武力今非昔比，早已大幅度的提升，甚至遠遠超越當時的日本或西方許多國家。當初甲午戰爭之所以敗北，並非是中國武力弱於日本，而是政治上的因素所致，加上軍人專業知識不足，才會頻頻被日軍重挫！

蔡鍔希望袁世凱不要重蹈覆轍當年慈禧政權的挫敗之路，也不要如老佛爺那樣剛愎自用，總是看重自己的愛恨好惡，聽不進去旁人所獻的救國計策！

蔡鍔告訴袁世凱，一定要懂得「善用政體來影響軍隊」，讓他們的精神、教育、知識、戰力都能達到一定的水平。他說：「國有者政略之所出也。戰爭者，政略衝突之結果也，軍隊者，戰爭之具所用以實行其政略者也，所用以貫徹其國是者也。」

蔡鍔認為，「一開始就要明確基本國策、政略、戰軍、軍隊四者之間的關係，肯定了加強軍備建設的必要性和合理性」，倘能如此，則可展開「練兵以求戰」。蔡鍔所說的求戰並非是列強的「侵略擴張主義」，兩者的本質

有著天淵之別。他認為，求戰並非不好，絕不能以仁慈或悲愛的角度來衡量國家群眾整體生命的發展。

我們知道，一個國家的社會組織發展之所以健全，乃在於組成她的各個單位都能克盡其職，依據它（各個單位）所呈現的本質和屬性不斷正常發展下去，使國家的各項機能運作趨於平衡。而軍隊這個單位的本質就在於戰爭，由於戰爭的形式就是殺戮，因此戰爭本來就富於攻擊性。戰爭可以殺敵，也可以平息內亂，但戰爭無法維持社會秩序，更無法使人的心靈發展隨時處於和諧、祥和的狀態，因為那不是軍隊的本質，更不是軍隊的工作。

蔡鍔所處的時代兵燹綿延，四處皆是戰場，國際局勢詭譎多變，爾虞我詐，沒有哪一個國家可以置身於國際局勢事外。國與國之間，不是被殺，就是殺人，既然要殺人，你沒有高昂的求戰意志，沒有精湛的軍事知識和教育，沒有與人交戰的能力，或是沒有精誠的軍隊和先進的武器，你如何殺敵？如何保國衛民？當然，人不犯我，我不犯人，蔡鍔所提出的求戰意識和狀態是指兩軍處於戰場上廝殺時，而不是像那些帝國主義國家一樣，蓄意出兵侵略別人。那樣的行為不是武魂武魄的本質展現，而是野蠻與殘忍的行徑！求戰絕非追求兇暴，而是實踐正義！

當敵人將他們邪惡的力量延伸至我們生命發展的範疇時，我們需要高昂的意志求戰，以為百姓延續千秋慧命！如果僅因濫仁濫愛，就錯把寬恕當縱容，事事饒恕敵人，或是只想維持台面上的假象和平，而間接允許敵人一而再、再而三地侵犯自己或他國，那才是萬惡難赦之大罪！

如果為保全萬億蒼黎之慧命而奮勇殺敵，即便是造下殺戮之業，手沾血腥，那也是大愛大義、大悲大慈的表現！由於中國人長期以來過於注重儒風儒德，卻不知道要去融合法家、兵家和其他門派的思維，以全各家思想在社會上均衡的運作運行，導致人們只講儒仁，崇文廢武，雖有儒雅之姿，卻毫

無法治與公義的涵養和行為！由於缺乏武魂武魄，以為是愛好和平的民族，卻只能任憑敵人邪惡勢力所摧殘！

在「練兵將以求戰也，故先求敵而後練兵者，其兵強；先練兵而後求敵者，其兵弱」的這一段話中，蔡鍔還要告訴袁世凱，「練兵不能漫無目的」，也不能「關門自修」。

咱們國家的軍隊要先「樹立一個假想敵」，再根據這個對手各種可能的或已發生的武力壓迫或侵略行徑，制訂各項戰略戰術，再以此戰術操練軍人，以做到做到有準備的作戰，或是在實戰中克敵致勝。像這種「先求敵而後練兵」的戰術，方可謂具有針對性和實戰意義的戰術。但是對於假想敵的設定，一定要準確、務實，並符合本國的戰略意圖，否則練兵的目的及其方向就會有所偏失。

蔡鍔舉例說：「日本，今之所謂強國也，明治七八年，兵不滿萬，而處心積慮，以中國為敵，二十年而後濟，甲午之後，兵不滿十萬，而臥薪嚐膽，以俄羅斯為敵，十年而後濟，以明治七八年之情況而言征韓，以二十七年之情況而言拒俄，不幾其夢囈乎，而夢囈則居然成事實矣。普魯士，今之所謂強國也，千八百〇六年，全軍瓦解，以養兵不許過四萬二千之條件，屈伏于拿翁，僅延餘喘，幸也定報法之志，六年而小成，（滑鐵盧之役）六十年而大成。（普法之役）法，亦今之所謂強國也，革命之際，與全歐為敵，而拿翁於紛亂之餘，乃以之摧壞殘普，普法戰爭似後，賠款割地，而復仇二字，幸以維持其軍隊，至於今日，志雖未逞也，而成效則已昭著矣。」

蔡鍔說，明治維新運動時，日本把中國樹立為假想敵，甲午戰爭後，又把俄國設定為假想敵，日本前前後後打敗了這兩大國，一躍而稱霸遠東。再看看歐洲，普魯士被拿破崙征服後，屢屢以法國為假想敵，才能在六年後的滑鐵盧戰役上告捷。六十年後，反換成普魯士侵略法國，這些經驗都是值得

本國借鑒的。

　　雖然練兵要懂得樹立假想敵，為保疆土與眾生慧命而誓死求戰，但是中國當前「內憂更迭，外患不絕，處境十分艱難，況且列強進犯從未停歇，本國之命運隨時如風中燭」，因此蔡鍔說：「凡治兵於四面楚歌之地，欲突起以成功者，其事較難，而成功者獨多。制兵於天下升平之日，欲維持於不敝者，其事較易，而成功者絕無也。」

　　這是一段激勵將士士氣的話，蔡鍔要講的就是「覺醒的力量」！他認為，列強的逼壓雖然為本國人民帶來了巨大的恐懼與艱難，但是從另一角度來看，卻未嘗不是一件好事！

　　因為逼壓正可促使人民覺醒，於絕境中爆發，於極地中重生！每一個披荊斬棘、勇於跨過坎坷困苦的民族，他們人生的道路上才會處處充滿精彩！對於本國而言，覺醒所帶來的震盪力道，更將扭轉人民數千年來的「劣根性」，從而改變大家根深蒂固的舊習劣行，使中國徹底一躍而成為國際舞台上的大強國，重新奪回在國際上應有的地位。

　　蔡鍔稱此為「絕境上的機遇」，因為絕境往往是一種機遇，也是一項考驗。「如果天下太平相安無事，我們或可維持於不敝」，但若「欲突起以成功」，則一定要好好把握眼前的機會！

　　強大的壓力能激發出我們心理上和生理上的本能，使我們產生不同於以往的能量，從而完成各項艱鉅的挑戰。當然，對於那些已然習慣於安逸、怠惰生活的人們，壓力反而會適得其反，成為壓垮他們身心靈的最後一根稻草。因此蔡鍔認為，擁有「面對逆境或壓力的處理能力」，是可以漸進培練的，而培練的內涵就在於如何養成具有改變命運的「勇氣和決心」，這就與一個人的意志力有關了。

　　各行各業各個單位都有他們的壓力，但是所有突破逆境的不二法門皆與

「意志」的開發有關。是意志展現了驚人的決心與勇氣，智慧、經驗不足者，意志力的強盛可以透過培養經驗來增長實戰智慧和技巧，進而解決各種難題。

個人是如此，團隊是如此，社會是如此，乃至國家也是如此。所以蔡鍔說：「兵者以戰為本，戰者以政為本，而志則又政之本也。」「志」可以看成是所有事物發展所不可或缺的密度核心點，因為人心有志，立誓要去完成自己所設下的理想，則理想終有一日必可實現！

「所謂立必戰之志者，道在不自餒」，即使眼前中國國運不昌，但只要願意立志去改變，則國運必定越形昌隆！蔡鍔還認為，國家的強弱不是永恆的，他說：「夫強弱無定衡，英俄德法，今之所謂強國也，望塵而不可及看也，入其國，覘其言行，何其危亡警惕，不自安之甚也，此見強者之未必終強也，五十年前之日本，百年前之德國，敗戰及革命後之法國，彼惟不以現狀自墮其志氣，而至今日耳，此一言弱者之未必終弱也。」

百年前的德國、五十年前的日本，他們都非強國，但何以至今如此強盛？乃因他們在國運衰弱時，懂得立下正確的意志，從而朝著正確的方向來治理人民和國家。他們沒有因一時的弱小和失敗而氣餒，臥薪嚐膽，志氣長存，經過一番的努力和作為，方有今日的強大。

為了告誡袁世凱與所有當政者，蔡鍔還說：「惟志不立，萬事皆休，夫懾於外患者，退一步即為苟安，故古人必刺之以恥，而覺醒之，故曰知恥近乎勇，又曰明恥教戰，恥者餒之針，志之砭也。」在近代世界戰爭史中，中國先敗於歐美，後又敗於日本，但不能因此就自暴自棄，想打退堂鼓，想苟且偷安。

蔡鍔說：「必戰者，至剛之志也，必勝者，至虛之心也，二者相反，而實相成，夫志卑者輕物，志之堅者，求之誠也，見之明者，行之決也，賢者負國之重，必以至剛之志，濟之以至虛之心。」中國人不可能永遠打不過他

們，只要國家為政者、軍隊統帥者的意志不死，不卑不亢，不驕不躁，不氣不餒，不屈不饒，終有一天，組織力健全，戰鬥力夠強，精神力剛正，那麼必能敗中求勝，擊退所有侵犯者。

在《軍事計畫》第一章最後，蔡鍔還闡述了兩種「假想敵的選擇方式」，他說：「入手治兵，首在擇敵，擇敵奈何，有直接以至強為敵者，擒賊擒王之說是也，至強者即對於吾國本，而為至危者也，有先擇一易與者為敵，而間接以達其抗拒至強之目的者，偏敗眾攜之說是也，政令修，財用足，民氣強，則用前策，其徑捷，其時促，若今之英德法是也，若夫國家當積弱之餘，威信未立，則當用後策。」

這是以「求勝為第一目的」的戰術策略，因為，「蓋凡百困難，隨一敗以俱來，即隨一勝以俱去，賢君而當弱國，則恒能於萬難之中，適用其偏敗眾攜之略，以漸進而達其最終之目的，其取徑迂迴，其用心尤苦也，慎之至，明之至也。」

一場對外的戰爭，勝利必定能夠激勵民心，鼓舞民氣，提高自信！當自信心增強了，「戰勝困難的勇氣和樂觀的精神」自然也會隨之而來。從能量醫學的角度來看，這就是以心理作用來刺激大腦分泌自信、勇氣、積極與樂觀的精神酵素，從而遍佈全身，改變心理和生理的一種能量技巧。

蔡鍔還提到「為戰作準備時」的兩個大忌：「一則甲可戰，乙可戰，乃既欲戰甲，又欲戰乙，是則大不可，備多者，力分也；一則甲可戰，乙可戰，乃今日欲戰甲，明日復欲戰乙，則大不可，心不專，力不舉也。」也就是說，確定假想敵後，目標就要十分明確、務實，並且一次只宜確定一個假想敵。如果超過一個，力量就會有所分散。

在第二章「國力與武力與兵力」的內文中，蔡鍔開宗明義就說：「武力者，國家所用以貫徹其國是之具也，就廣義言，武力即國力也，就狹義言，則國

力而加以軍事的組織鍛煉者，是曰武力。溯國力之原而分之，人一也，地二也，物產之生殖力，三也，機械之運動力，四也，是四者，孰綱維是，孰主張是，則有至重至要之政治力（即國家主權的發動也）五也。所貴乎武力者，謂其有軍事的組織鍛煉也，而此組織鍛煉之原動，實即發生于第五項之政治力，是力者，至高無上，為國家存在之原，即為武力發生之本。」

蔡鍔的意思是說，就廣義而言，國力就是武力，國力與武力是密不可分的。就狹義而言，國力則必須加以軍事層面上的組織鍛煉，才能算是武力。細分國力的來源，包括了人力、地力、物產生殖力、工業運輸力和國家政治力，這五力的強盛與否，攸關著國家武力的強弱。

在當時，蔡鍔就已清楚地認識到：綜合評定一個國家的軍事實力，除了要剖析一個國家的農業、工業、礦業、畜牧業等經濟和財政實力之外，也要看重軍隊兵數的總量、武器裝備的數量和水準、能否掌握研發和製造高科技的能力等後天條件，更要考慮到國土面積和形狀、地理環境和地勢、人口總數和分佈以及交通的運輸和發展功能等，這些條件是剖析國家武力和武力發展狀態重要的依據。

而中國幅員遼闊、物產豐隆，又是處於為開發的封建的狀態，看在列強眼裡，她無疑是一塊令人垂涎的肥肉。歷史上有所謂的「波蘭亡國恨」一說，由於波蘭地處歐洲軍事隘口，蘇俄西征時必須途經她，而波蘭到法國還有一段較長的距離，俄國為了讓軍隊得以在中途修養，肯定會剝奪波蘭作為他們俄軍的盤踞地。等養足氣力後，再蓄勢西進侵略中西歐各國。

由於這個緣故，自古以來，俄國一直想把波蘭佔為己有。而波蘭以西的歐洲各國也具有同樣的想法，才導致第二次世界大戰時，波蘭有 1/4 的人口亡於戰爭之中，土地更是被瓜分殆盡。

由於中國座落於地理雄厚、物產豐盛的亞洲母大陸上，因此蔡鍔認為，

中國人民不可以有僥倖的心態，以為凡事只要跟對方「講道理、談仁義、教和平」，他國就不會侵佔我們！其實，只要是生於斯，那麼一輩子都該用心警惕，唯有提升戰力，加強國防，隨時為「假想戰爭」作準備，這樣才能終止他國無時無刻想要侵佔母大陸的野心。國防是如此，經濟是如此，國際關係是如此，乃至人心不也是如此？

但由於近代中國工業發端的較晚，民國初期，中國的重工業生產尚處於起步階段，僅以與軍事工業密切相關的鋼鐵產量來說，中國都落後於歐美和日本。在武器生產與裝備都落後的條件下，蔡鍔認為，要提高軍隊的戰鬥力，人的因素則至關重要。

蔡鍔說：「國力者，人力之集也，國力之要素，以國民之體力，智力，道德力為主。而道德力之左右於武力，則尤大，即節儉而忍苦，果敢堅毅，富於愛國心，而重義務之國民，較之流於安逸，習為驕奢，陷於怯懦者，其數雖有天淵之差，而武力則有過之無不及者。故曰國民之價值，當戰爭之難，而上下悉顯其真，在上者流於逸樂，則武力之節度缺，在下者，習於固陋，則武力之鋒芒鈍。」

蔡鍔認為，有形的條件不如他人，就只能先從無形的條件痛切下功夫。兩軍交戰或多軍交戰，不要去期待尋求他國的庇護，想利用他國來牽制自己的敵人，無疑是最愚蠢的戰術。因為國際之間，只有利益可言，沒有信用可談，想利用別人，反倒會成為被利用的對象。

但是與其坐以待斃，不如痛下功夫，從「人心的改變」、「人的本質的蛻變」下手來提升「人心武力」，這樣也是可以大大提升戰勝敵軍的機會。中國對日八年抗戰，雖然在土地面積和人口數量上，遠遠勝於日本，但若不是當時國民黨十分重視「人心教育」，懂得從人心的基本素質來進行「保家衛國」的心理建設，那麼縱使土地面積再大，也未必能打贏視死如歸的日軍。

接著蔡鍔又針對「武力」和「兵力」的涵義進行了一番探討，他說：「歐洲諸國，自憲制實行以來，國家之組織日備，政治之機能日強，而人民之擔負亦日重，現役之兵數，以人口百分之一為准，每年之軍費，以國費三分之一為准，准者，言其極度，不可再逾者也，由是範圍，而加以精密之編制法，運用而周轉之，則有事之日，皆能傾其全國之力，以從事與戰爭，可謂極人間之能事矣，然亦有以野心及恐怖心之故，養過大之兵力，而卒至財政窮乏，不能一戰者，則又以兵力過大之故，而武力轉因之而小者焉。」

　　蔡鍔以歐洲為例，提及歐洲各國自憲制實行以來，國家組織日益完備，當然，為了維持與保護國家組織的運作，就必須日益加強軍備來提升戰力，此舉將使人民的負擔日益加重，淘空人民的精神。再說，過度、過量養兵，軍隊卻不能出征作戰，這樣對國家財政也是極大的負擔。如此日日消耗下去，國庫將空，還談什麼養兵千日，用兵一時？

　　因此，蔡鍔認為，武力和兵力本質雖然相同，但卻是兩個不同概念的組織。他說：「故武力與兵力不相同，兵力者武力之主體，而兵力非即武力也，武力者，就其用而言也，兵力者，就其體而言也，歐洲之最強國，不必即為東亞之最強國也，今日軍隊，縱曰因糧而敵，而必取其用於國，故力之大小，一視後方之交通關係為斷，日本之所以勝兵力十倍之俄羅斯者，此義是也。」

　　蔡鍔說，武力和兵力是不同層面的概念，而「兵力與兵數」其實也是兩個不同的概念。他說：「兵力與兵數，尤不可混。數也者，就人馬材料之數量而言，力也者，則數量外，加算以人馬教育之程度，材料品質之精粗者也，故必綜合無形有形之兩元質，而兵力之真義乃見，有形者易知，無形者難求，其在軍資定額有一定之範圍者，則數量之增，未必即兵力之大也。」

　　簡要言之，如果兵數龐大，卻非精兵，軍人的專業知識不足，缺乏戰術涵養，又不能服從於將領的指揮，只會搞小團體，那這樣的兵數縱然在多，

也只是一群烏合之眾，在戰場上必難發揮克敵致勝的作用。因此蔡鍔強調，如果軍資定額有一定的範圍和限制，那麼當求「精兵」而非「兵數」。兵不在多而在精，將不在勇而在謀，當然，精兵的同時，若能求得兵數也龐大，自然是最理想的狀態。但若要實現這個目標，則軍事教育和軍事操演必須長久推動，讓軍人訓練有素，讓軍隊相處和諧，則兵強軍壯指日可待。

在兵役的章節中，蔡鍔還指出許多的重點，如「國力」乃「人力」和「財力」的綜合體，而「國家政治之機能」又是構成國力大小強弱的「原動力」。中國軍事改革的根本出路在於實行義務兵役制，而推行此制，又必須在政治上實行立憲制度，使人民既有與聞政治之權利，即當然有保衛國家之義務。強調在改革軍事制度的同時，要重視政治制度的改革。

由此，他把軍事改革與政治改革聯繫在一起，主張給農民以「土地所有權」，使其能「自由之勞動」；給市民以「自治權」；同時教育貴族愛國家，破除特典、特權。

雖然蔡鍔明白袁世凱圖謀不軌，但若時機未到，無法推翻。1914 年世界局勢變化莫測，不如通過袁世凱來加強中國軍隊實力，以應未來局勢變化。《軍事計畫》是一部思想超前，戰術新穎，連結全面國家軍事的著作。起初，袁對他新穎的軍事思想還是讚嘆有加、頗為撼動。

蔡鍔希望袁世凱能看清眼前的國際局勢，而全力支持軍事研究會（蔡鍔、蔣方震、閻錫山、張紹曾等 11 人所創辦）的軍事訓練，為建設國防與因應當前的敵人侵略作準備。

此後，蔡鍔不斷上書袁世凱，為「國防建設」和「軍隊建設」獻計獻策，「袁大總統如肯接受軍事改革計畫，則中國自此富國強兵，爾後不再受列強侵略」。蔡鍔撼動人心的「天命」正是在那裡，亂世更當橫截國家危亡之罅隙，不肯鬆手。天命隱微時，切莫放棄，果有析骨為槍，肝腦塗地之大正誓言，

切切決心，起義時機終將來到。

雖然蔡鍔、蔣方震等有心於建設軍隊和國防，但此時的袁世凱正瘋狂地從事「軍事獨裁」和「復辟帝制活動」，蔡鍔、蔣方震改革軍事的計畫勢必瓦解袁世凱的舊北洋軍，北洋軍就無法成為其復辟帝制活動的軍事靠山。

蔡鍔日日不斷殷勤獻上軍事策略，最後，袁世凱對蔡鍔如此廣佈天下的軍事主張感到驚恐萬分，他知道若要執行蔡鍔的軍事主張，那自己還當什麼集權中央的大總統？並且執行這樣的富國理念，使民土地有所權、自由之勞動，國家勢必立即富強起來，誰都可以推翻他。後來，袁世凱表面上應承蔡鍔，事實上根本不予理會。

袁世凱頻頻動作，蔡鍔看出他必將倒行逆施，大不利於中國，所以和蔣方震迅速重擬軍事戰略，暗中籌畫新的軍事計畫，這戰略計畫可能是擬定他後來回到雲南後，如何組織護國軍。他在寫給友人的一封信中稱：「吾人今日處茲亂世，認定一事於道德良心均無悖逆，則應放膽做去，無所顧怯。以菩薩心腸行霹靂手段，即所謂既要仁慈又要痛快也。」

這期間，蔡鍔除了修訂《軍事計畫》之外，還整理編譯《中外經界圖籍》，寫成《經界法規草案》。

第一次世界大戰爆發，蔡鍔擬定對日作戰計畫

1914 年 7 月 28 日，歐戰（第一次世界大戰）爆發，戰線主要分為東線（俄國對德奧作戰），西線（英法對德作戰）和南線（塞爾維亞對奧匈帝國作戰），其中尤以西線戰況最為慘烈。

歐戰爆發後，梁啟超和蔡鍔多次覲見袁世凱，主張利用歐戰的機會對德宣戰，收回自清朝開始就被德國強行據為己有的山東半島。然而，德國聞知後，立即表示強烈抗議，迫於德國武裝壓力，袁政權並未強行堅持下去，但中國還是發出聲明，決定在第一次世界大戰中保持中立。

1914 年第一次世界大戰爆發

　　歐戰的爆發喚醒了日本這隻貪狼的野心，長久以來，日本一直夢想著在中國獲得更多的利益，它看到西方列強正陷入混戰之中，無暇東顧，野心遂膨脹了起來。

　　隨著歐洲戰況有愈演愈烈的趨勢，英國為了鉗制德國在亞洲的勢力範圍，藉此削落德國軍力，便拉攏日本為其遠東盟友。而在德國方面，由於德國忙於對抗英法聯軍，主力軍隊皆已緊急從山東膠州灣調回，但又恐膠州灣被協約國奪去，導致亞洲戰線反撲，將對德國更為不利，因此向袁政府表示，願意把膠州灣歸還中國。幾天後，中德兩國的接觸被日本察覺，日本強烈表示不滿，提出嚴重抗議，堅決反對中國與他國「私相授受」，袁政權為了求得日本在經濟上的協助，只得委曲求全。

　　8 月 21 日，日本《朝日新聞》登出日本即將向中國提出「中日新議定書」六條，稱「因第三國侵害支那共和國之安寧、或於領土保全上有危險之時，日本帝國政府可採取臨機必要之處置」、「支那共和國不得妨礙日本帝國政府之上述行動，而予以便利」、「日本帝國為達前項之目的，得臨時收用在

軍事上必要之地點」、「非經兩國政府承認，不得與第三國簽定違背本協約之條款」等聳動條款，目的是為了讓袁政權瞭解，日後日本出兵中國，是為了保全中國領土，抵禦被第三國侵奪。對此，梁啟超與蔡鍔對袁世凱發出嚴重緊告。

8月23日，日本正式對德宣戰，強行登陸山東膠州灣，向青島和膠濟鐵路沿線的德軍進攻，佔領山東半島。山東半島淪陷後，蔡鍔立即與蔣方震等人進行戰爭形勢分析，認為德國乃出於迫不得已，對中國而言正是機不可失，於是多

第一次世界大戰日本強行登陸山東膠洲灣

次建議袁世凱派兵駐守膠州灣，以遏止日本軍隊入侵。然而，袁世凱懼憚日本反撲，只是敷衍搪塞力持中立，然後勸告交戰國要限制戰區，勿波及遠東（中國地區）。

見袁世凱心中狐疑不決,，蔡鍔又向袁世凱請命，表示願意率領大軍壓境膠州灣，與日本決一殊死戰！為此，袁世凱仍是保持一貫主張，勸誡昭威將軍要冷靜觀望，株守中立，對日本置之不理。

這時忍無可忍的梁啟超終於跳出來捍衛國家主權，在一次參政院會議上，梁啟超要求袁世凱就日軍出兵山東一案，「究竟有無憑據」、「政府有沒有責任保護人民」等問題做出答覆。最後參政院全票通過全案，並向日本和英國政府提出嚴正抗議，堅持日軍退出山東。

日本辯駁說出兵山東乃是為了幫助中國「保全領土」，反指中國沒有誠意。梁啟超閱讀電報後憤怒不已，回覆說：「連五尺小童都知道，德國正在歐洲打得不可開交，日本果欲幫助中國，為什麼不在趕走德軍後立即撤兵，

這不是侵略又是什麼？」對梁啟超的反擊，日本報紙罵他「忘恩負義」，說接受日本這麼多年的庇護。梁接著說：當年日本政府保護我，不是因為我是一名愛國者嗎，難道日本人希望我用「引外人以擾亂祖國」來報恩嗎？

接著，日本某著名大大報，公然揭載特電，聲稱：「德國散二十餘萬打拉賄買中國各報；又言北京報館二十餘家，盡為德使所教唆。」希冀以此錯誤訊息混淆國際視聽，擾亂中國政局。

梁啟超閱後憤慨不平，說「日本人曾亦思造作此種謠言，其侮辱他人人格為何如者？蓋此種謠言之背後，必須有一前提焉。曰：凡中國人絕不知有所謂主義，不知有所謂國家，所知者惟金錢耳。故代表一國輿論之報館，外國人用金錢之力即可操縱。日本人苟非認此前提為正確，則所謂二十餘報館盡為德人賄買之說決無由成立。」梁認為日本這是對中國人人格莫大的侮辱！

梁啟超還說：「日本人常怪我國報紙對於日本動生惡感，試思此種惡感，誰實挑撥之者？且二十餘萬打拉，為數非巨也。日本人既認我國輿論為可以金錢操縱之，何妨試以此數或倍蓰此數一為操縱，看其效力何如者？吾更欲赤裸裸的為日本人一言，吾勸日本人切勿誤認題目，以第二之朝鮮視我中國。」

梁之意是說，20 萬元對中國來說不算鉅款，因為清末至今，中國所賠之款項比這 20 萬不知多了無數倍？如果中國人可以被金錢操縱，不如請日本拿出數倍於 20 萬的鈔票來試試。他還奉勸日本：「勿以以第二之朝鮮視我中國……，我國雖積弱已甚，而國民常自覺其國必能歸然立於大地，歷劫不磨，此殆成為一種信仰，深銘刻於人人心目中，而末由拔……，凡以正義待我者，無論何國，吾皆友之；凡以無禮加我者，無論何國，吾皆敵之。」

對於梁啟超的警告，日本竟然置之不理，還繼續聲稱梁啟超乃是忘恩負義之人，忘了日本是如何協助他逃亡於海外？10 月 29 日，日本黑龍會首領

內田良平提出了「對華問題解決意見書」，意見書中詳細條列對華侵略的具體方法，以及日本希望快速獨霸遠東地區。同時，日本陸軍省也擬訂了「中日交涉事項覺書」，參謀總部也擬訂了「中國問題處理大綱」。11 月 7 日，日本攻佔山東青島後，更加肆無忌憚，日本內閣根據以上三個方案，遂於 11 月 11 日作成決議「二十一條條款」。

11 月 18 日，袁政府繼續向日本提出日本軍從中國撤軍的要求，但日方故意對袁政府的要求視而不見。1915 年 1 月 7 日，中國再次向日本提出撤軍要求，日本均不予理會。1 月 18 日，日本駐中國公使日置益由日本返回中國，找上了外交部長陸徵祥，以「回任所拜見大總統」為由，要求秘密會晤袁大總統。

這時日置益向袁政府代表提出了《二十一條》條約，逼迫袁政府必須全數接受，同時要脅袁世凱必須對此事絕對保密，「倘若事機不密洩漏出去，定將招致嚴重後果」。此即為著名的「二十一條要求」。

《二十一條》分為五號：

第一號為關於山東省

中國允許日本繼承德國在山東的一切利益；山東省內及其沿海土地島嶼不得讓與或租與他國，煙台或龍口至膠州鐵路，由日本建造。

第二號為關於南滿、東蒙

中國承認日本在該地之優越地位，享有土地租借權及所有權，中國有關該地之向外借債，聘請政治、軍事、財政顧問，均需得到日本之同意。吉長鐵路由日本管理。

第三號為關於漢冶萍公司

為了奪取中國資源，日本特意成立漢冶萍公司，以作為中日合辦，屬於該公司各礦的附近礦山，不准他人開採。

第四號為關於中國沿海港灣、島嶼者

所有沿海港灣、島嶼概不讓與或租與他國。

第五號為關於全部中國者

中國政府須聘用日本人充政治、軍事、財政顧問，中國警察作為中日合辦，或聘用多數日本人；中國所需軍械的半數以上，向日本採辦，或中日合辦軍械廠；日本在中國所設醫院、寺廟、學校享有土地所有權，中國允許日修築「武昌—九江、南昌—杭州、南昌—潮州的鐵路；日本在福建籌辦鐵路、礦山、整頓港口（含船廠），有優先投資權。

其中第一至第四號為絕對必要，中國應竭盡手段以求其實現；第五號為勸告事項，最終期待實現。

《二十一條》條條蠻橫無理，就連外交次長曹汝霖都說：「日本這次提出《二十一條》，包羅萬象，集中大成，勢力由東北、內蒙以至閩、浙，權利由建鐵路、開礦產以至開商埠、內地雜居。甚至第五項要求政府機關設立日本顧問，兩國用同一軍械，警察又日本訓練，小學用日本教師，日本僧人到內地傳教。凡此苛刻條件，思以雷霆之壓力，一鼓而使我屈服。若使遂其所欲，直可亡國。」

日置益遞呈《二十一條》的第二天，袁世凱火速召見外交次長曹汝霖、秘書長梁士詒、政事堂左丞楊士琦到總統府開會。袁說「日本所提《二十一條》要求，乃欲趁歐戰方酣，各國無暇東顧，見我國是已定，隱懷疑忌，以提出要求控制我邦，不可輕視」。

雖然袁世凱十分痛恨日本「限制中國主權」的作法，但袁政府為了取得日本在資金方面的協助，也只得忍氣吞聲。2月2日下午3時，中日雙方代表在北京外交

《二十一條》中日簽署代表

部迎賓館正式展開《二十一條》的第一次談判，中方代表為外交總長陸徵祥、外交次長曹汝霖、秘書施履本；日方代表為駐華公使日置益、參贊小幡酉吉、書記官高尾亨。會談中，袁授意中方代表，記得與日本討價還價，因此中方承諾接受第一至第四號的「部份內容」，對於第五號的條款則採保留。

　　中方認為，第五號「此項限制我國主權，簡直似以朝鮮視我，這種條件豈平等國所應提出，實堪痛恨」，因此無法接受。日本為了脅迫中國接受《二十一條》，3 月 14 日，日海軍大量出動，將戰艦開赴南滿、山東、天津等地，後來又陸續增派 3 萬兵力抵達中國，表明不惜一戰。

袁世凱與簽訂《二十一條》各國公使合影

　　談判期間，袁世凱為了爭取會議談判的主動權，於是展開了一系列的幕後運作。他請顧問有賀長雄赴日本奔走遊說日本元老重臣，收買大批日本浪人做間諜，並秘密支持四個日本議員競選，這些接受了 16 萬日元選舉運動費的議員也果真彈劾了大隈內閣。

　　《二十一條》談判雖然極度機密，但日軍的增兵活動引起了各國懷疑。談判開始不久後，即有外國記者將《二十一條》全文刊載於報紙上，一時舉國嘩然，各地迅速掀起反日浪潮。各界人士紛紛把矛頭指向袁政府，並掀起

抵制日貨的行動，上海還發起「儲金救國運動」，工商業界、貧苦學生，甚至乞丐也紛紛響應，捐出微薄所得，表明供予「對日開戰之用」，力圖挽救中國。

蔡鍔得知袁政府對日本做出妥協和退讓之後，滿腔義憤，認為孰可忍，孰不可忍，袁世凱竟如此唯唯否否，惴惴怕事！奈何北洋軍非聽命於自己，蔡鍔無法發動軍隊與日本決一死戰。這期間，蔡鍔不斷上諫袁世凱，稱「中國軍隊今非昔比，當與之對戰」！但袁世凱卻還在作「雙方利益衡量」──也就是能打但不願意打，對蔡鍔的建議仍然無動於衷。

日本提出的無理要求，就是要把中國政府置於控制之下，接下來舉兵入侵佔領中國領土，把中國變成日本的殖民地。蔡鍔認為喪權辱國的《二十一條》如接受，則國家危於累卵矣。局勢演變至此，蔡鍔繼繼繩繩的救國之心卻愈見急切堅定，於是他在一次國家參政院會議上，慷慨陳詞，發表一個多小時的演說，竭力反對《二十一條》。

蔡鍔還迅速擬訂了一份「對日作戰計畫」，面呈袁世凱，告其中國版圖遼闊，新式武器也不落於日本：從甲午戰役就證實了中國的軍備、武器，不論是海軍或陸軍，見長於日本。但中國近代的戰役往往是，在上位者不諳軍事作戰或軟弱無能，如慈禧等，每每在中國軍隊已經鉗制對方的同時，就突然宣佈停戰，接受不合理的議和。蔡鍔認為，「更何況現在是民心已臻至開戰之臨界點」，四萬萬同胞同一條心，只差還沒桿上刀鍔，直釼而去。

蔡鍔敦促袁世凱痛下必戰決心，提醒要有「最後作戰」的準備，戰爭不是一、兩天的事，惟有發出輶轕戰意，與敵相峙，爭取時間，以先進戰備和游擊戰術殲滅敵人。蔡鍔作為留學日本軍校最傑出的學生之一，他並不媚外，而是虛心向別人學習。

他曾在《軍國民篇》中說：「為求中國獨立自由，必須至少戰勝一個帝

國主義國家。」一個的意思，國軍在第二次世界大戰中抗擊日軍侵華時，終於悟出其意，這一個，就是蔡鍔一直強調的日本。可是袁世凱始終不採納蔡鍔的建議，袁之心中儼然已胸有成竹。

5月7日下午3時，日置益向袁世凱發出最後通牒，限袁世凱於5月9日下午6時（48小時內）以前必須應諾《二十一條》中第一、第二、第三、第四號，以及第五號中關於福建的事項，第五號其餘條文日後尚須另行協商。若不應允，將採取必要手段。

5月8日上午，袁世凱在中南海春藕齋召開緊急會議，梁啟超並未獲邀參加。當天，英國駐華公使朱爾典向外交部陸征祥說：「中國已經面臨生死存亡的嚴重關頭。我到中國40年，和大總統有30年的交情，今天不能不趕過來說幾句真摯的話。最後通牒只能回答是或否，沒有討價還價的餘地。此時歐洲各國無暇東顧，中國政府除接受日本條件外，別無自全之道。」

美國駐華公使芮恩施也勸告袁政府「應避免與日本發生正面衝突」。5月8日下午，袁世凱召集各部部長開會，會上一致決定接受《二十一條》。

第三節　與袁世凱激烈對奕，鬥智鬥勇

袁世凱進行賣國活動，逐步掌控全國局勢

袁世凱為爭取帝國主義日後的支持，竟不顧國家民族利益，甘心賣國。5月9日，袁世凱以「國力未充，難以兵戎相見」為由，終於對外宣布接受《二十一條》中第一號至第四號的要求，並允諾第五號的其他條款日後另行協商。

5月25日，陸振祥代表中國與日本再簽訂了兩個條約，互換十三件照會，

總稱為「中日新約」。從此以後，日本的侵略範圍正式擴及中國山東、福建、長江及中國沿海等地區，並且強化了在南滿、東蒙的勢力。消息傳出，舉國震怒。後來全國省教育會聯合會決定，每年的 5 月 9 日訂為各級學校國恥紀念日，稱為「五九國恥」。

事後，一次袁世凱在公開場合上半真半假地抹了一把眼淚，做出悲痛萬分狀，立誓要臥薪嚐膽，一雪國恥。但他同時也宣稱這是一次成功的外交行動。《二十一條》，梁啟超的激昂言論和蔡鍔的具體策劃對袁世凱都失效，蔡鍔稱袁為「厚顏無恥」。袁世凱對內搞專權獨裁，對外通姦賣國，目的都是同一個──為復辟稱帝做準備，得到國際上普遍的承認。

據不完全統計，在袁世凱當政的幾年內，先後和俄、美、日、英等帝國主義國家簽訂了「一百多個」不平等條約。

辛亥革命所取得的資產階級民主，到此已被袁世凱統徹底砍掉了，剩下的只是一塊民國的招牌。就連中華民國這塊招牌，袁世凱都覺得刺眼，非把它扔掉不可。對袁世凱個人而言，1914 年頒佈的《中華民國約法》，取消責任內閣制，集軍政大權於一身，總統的權力實際已擴張至最大限度，直與封建專制時代的皇帝無所分別。

授予總統無限的權力，已經可以讓他坐享民主共和總統之位，行專制帝國皇帝之權，名實兼得。然而事實上，袁世凱高人之處不只是想當皇帝，而是賣弄權力，擴張他的「世襲制度」，讓後人能不斷世襲下去，此即皇帝的「命脈」。

袁世凱清楚復辟帝制以前，首先要將自己的「威信」建立、紮根在各省內，將「威權」伸展至各省實力派當中，試探他們對自己稱帝態度的想法，如此不但可以整肅各省勢力，同時還能對未來不可預知的可能變數先進行處置。

袁世凱在留意各方勢時，最先由中央的「最大變數」蔡鍔下手，在他眼裡，進京的蔡鍔就像去了彈夾的槍，雖然危險，只要看得緊一點應不致構成威脅。

再來各省實力派多為袁世凱的親信黨羽，他們多為怕事之輩，只要繼續進行掌控，懷之以德、臨之以威，繼續籠絡，也不成問題。但雲南、貴州、四川、廣西四省的實力派與蔡鍔關係至為密切，又非袁的嫡系，是未來袁稱帝時隨時可能兵變的變數。

因此對西南各省，袁世凱命廣東宣撫使龍濟光就近監視廣西都督陸榮廷，還於 1915 年 2 月任命心腹、參謀次長陳宧會辦四川軍務，率 3 個北洋混成旅進川，不久改授陳宧監控督理四川軍務，令其坐鎮西南，準備隨時消滅異己。而雲南方面，袁世凱始終認為唐繼堯極其容易籠絡，只要滿足唐的野心，反而可以拉攏唐為自己坐鎮西南。

再來，袁的嫡系當中，督理江蘇軍務的馮國璋向來是反對袁稱帝的。對馮國璋，袁始終不能相信，袁相信馮國璋對自己有異心，更對國家政權有野心，因此對付馮國璋的方法，就是百般籠絡，說服馮相信自己沒有稱帝的野心。

在革命派方面，國民黨中堅骨幹絕大部分都已亡命海外，一時也不能對袁世凱構成直接威脅。最後會威脅到自己稱帝的，只剩袁自身的北洋軍隊。北洋軍大佬們多是內寵，同時也是心腹，他們平時只是尸位素餐之輩，真要論起軍事才華，袁世凱總是憤慨，他們那個比得上蔡鍔，個個不爭氣，偏偏蔡鍔赤膽忠心，又不能為己所用。

所以袁世凱並不怕北洋軍造反，唯一在中央最有實力的是昔日的部屬、陸軍總長段祺瑞。段祺瑞自從被袁世凱打入冷宮、削奪總司令的權力後，與袁矛盾情節逐漸激化。袁世凱善於玩弄陰謀權術，為了徹底瓦解段祺瑞的勢

力，袁迫使段祺瑞於 1915 年 5 月辭職（正式免職於 8 月）。

日本帝國主義的侵略和袁世凱的賣國行徑，激起了中國人民的強烈反抗，等待「時機」來臨的蔡鍔也受到了極大的震動。他明白時機雖未到，但要先不斷凝聚「反袁陣線」的力量。

蔡鍔的鬥志只有越激越堅，越挫越勇，任誰也不能遏阻它，因為，「鍔之所出」，只有心力隨血盡，除非流盡，沒有退縮。他決定要以武力對付袁世凱，徹底粉碎袁世凱稱帝的春秋大夢。

袁世凱積極展開復辟帝制活動

全國政局盡皆掌握後，袁世凱隨即公開鼓吹復辟帝制。他暗中命內務總長朱啟鈐、稅務督辦梁士詒、鎮安上將軍段芝貴、農商總長周自齊、參政張鎮芳等 10 人秘密組成「復辟帝制中樞團」，作為發動稱帝的前行預備。待商榷後，袁即密電各省做好準備，隨時發動復辟活動。

這時社會上不斷傳播著「共和不適於中國國情」、「帝制即將復活」之類的言論，致使人心惶惶，舉國恐慌。這些言論皆是復辟帝制中樞團精心的安排，他們籌畫民意到處宣揚帝制理念。袁世凱則故意裝腔作勢，對外強調共和乃中國當今正確的道途，說：「從來無不亡之朝，帝王末路有求為平民而不可得者。余老矣，將營菟裘於海外，外間紛紜，滋非餘意。苟相迫者，餘當乘桴浮於海。」

袁世凱藉此極力為自己辯護，但國內一些有識之士和各國列強卻已銳眼視出他的心理。他們深知，這是袁世凱自編自導自演的一齣好戲，於是對於袁世凱復辟帝制之企圖，英國、德國、日本便開始居間不斷慫恿和鼓勵，當時列強帝國主義在華利益代言人——古德諾和有賀長雄兩人也採取了一系列的慫恿和鼓勵態度。

據唐在禮回憶，有賀長雄和古德諾對於袁世凱復辟帝制「不僅慫恿推動，

而且催促得很厲害」。有賀氏曾多次見袁，向他陳說中國應當實行君主立憲，勸他稱帝。另一種說法是袁世凱本身是清末新軍將領出身，與日本交觸甚多，對於帝國主義當然有一定的認同和讚賞，因此袁並不贊同中國走上共和之路。當南北議和結束後，袁即處心積慮往恢復帝制邁進。

袁世凱也曾說過，美籍憲法顧問古德諾教授曾表示「美利堅雖然是共和國，但贊成中國恢復帝制」。古氏說：「中國百姓不開化，不懂甚麼民主自由，非帝制不能加以統治。」1914 年 8 月，古德諾回美擔任約翰‧霍普金斯大學的校長，古氏在《美國政治科學雜誌》上連續發表文章，竭力為袁世凱的專權獨裁辯護。

後來袁要稱帝的消息傳到美國時，古氏即於 1915 年 7 月返回北京。古氏一到北京，總統府立即要求他給袁準備一份文件，在論述民主與君主政體哪一種適合中國國情時，刻意鼓吹君主政體。

8 月 10 日，古德諾發表了《共和與君主論》，公然鼓吹帝制，稱：一個國家究應採何種國體，應與本國的歷史習慣與經濟狀況相宜。古氏認為：「中國數千年以來，狃於君主獨裁之統治，學校闕如，大多數人民智識不甚高尚，而政府之動作，彼輩絕不與聞，故無研究政治之能力。四年前，由專制一變而為共和，此誠太驟之舉動，難望有良好結果。」

因此，古氏斷定，中國將來必因總統繼承問題「釀成禍亂」，「如一時不即撲滅，或馴至敗壞中國之獨立」。最後他的結論是：「中國如用君主制，較共和制為宜，此殆無可疑者也。」

古德諾這篇的思想基礎是：一個國家究應採何種國體，應與本國的歷史習慣與經濟狀況相宜。然而，古氏的確非熟諳中國國體之人。中國古代或許是帝制國體（事實上世界各國在古代都是，並非一開始就是民主體制。美國是外來移民組成的新國家，沒有經歷過「君主政體」制度，根本無法明白中

國國體的演變過程），然帝制中不乏鼓吹「民意」、「民權」、「民為天為大」等思想之人。古氏不懂中國發生辛亥革命的原因就是「清王朝腐敗」、「歷史習慣」不合時宜，所以孫中山才得「民心」，以「民意為依歸」而領導起義，更成為亞洲第一個民主共和國。

美國憲法序言明明說：「我們合眾國人民，為建立更完善的聯邦，樹立正義，保障國內安寧，提供共同防務，促進公共福利，並使我們自己和後代得享自由的幸福，特為美利堅合眾國制定本憲法。」然而，古德諾厚顏無恥，公然違背憲法精神，身為教授所教所傳並非一致，其真實目的不過是為了日後美國在華利益上的各項權力做準備而已。

有了帝國主義的支持，袁世凱認為復辟稱帝的時機已經成熟，於是在他的授意下，8 月 14 日，楊度聯通孫毓筠、李燮和、胡瑛、劉師培及嚴復等政界學者與社會名流，以「學理討論」為由聯名發起成立「籌安會」，假北京石駙馬大街（今新文化街）掛牌成立，以「籌一國之治安」為幌子，大力鼓吹帝制，企圖變更國體，帝制之鼓噪一時甚囂塵上。

籌安會發起人楊度

袁世凱復辟稱帝的野心昭然若揭，8 月 23 日，籌安會召集各省文武官吏和商會團體，進京商討國體事宜，各文武官吏除少數表示擁護共和外，大都支持改變國體，許多北洋軍閥的首領也由衷希望更改國體。楊度還親自起草「籌安會宣言」，大聲疾呼：「我等身為中國人民，國家之存亡，即為身家之生死，豈忍苟安漠視、坐待其亡？用特糾集同志，組成此會，以籌一國之安。」並稱袁世凱為「當時全民有權威有聲望之人，未有敢冒言其非者」。

9 月 2 日，參政院代行立法院的各項權限，隆重舉行開幕典禮。籌安會還

暗中組織「公民請願團」，向參政院遞書請願，請求變更國體，實行帝制。這時袁世凱故意向參政院表示：「如徵求多數國民之公意，自必有妥善之上法。」袁的意思是要楊度等人繼續推動民意上訴與請願，令改革國體，加速進行。

9月6日，袁世凱又說：「本大總統所見，改革國體，經緯萬端，極應審慎，如急遽輕舉，恐多窒礙。本大總統有保持大局之責，認為不合事宜。」改變國體就是徹底破壞共和體制，袁世凱當然不會直接承受這樣的指責。但是，稱帝若「以民意為依歸」，自然沒人會反對他，於是袁世凱暗中授意參政院盜用民意，作為自己稱帝計畫的盾牌，四兩撥千金將責任全數推給「假民眾」。

9月19日，梁士詒又組成「全國請願聯合會」，發動請願，製造更多「假民意」。假民眾陸陸續續往參政院集合，並遞投「第二次請願書」，要求迅速召開國民會議，改革國體。

段芝貴等亦聯合各軍警頭目向袁世凱勸進，甚至妓女請願團、乞丐請願團等，也紛紛粉墨登場，為帝制讚歌，要求變更國體，不過這些請願團全都是梁士詒一手安排之人選。於是復辟帝制的腳步緊鑼密鼓加快著，而蔡鍔和梁啟超的佈局也愈形加快步伐。

蔡鍔暗中佈局，與梁啟超合演一齣雙簧戲

從 1915 年 2 月開始，袁世凱在獨裁路上越走越遠，已經不能再擔負梁啟超、蔡鍔、蔣方震等人富國強兵、抵禦外侮的重任了。袁對外無意保國，對內無心安民，致使國力孱弱、民氣消沉，帝國主義蠢蠢欲動。袁世凱復辟帝制活動時期，梁啟超避居天津，當個隱士，暫時不再介入袁政權的政治活動；蔡鍔在北京則是力求鎮靜，自兼任全國經界局督辦後，即努力組織人力，對經界局事務作了詳細規劃。短短半年時間（從 1915 年 1 月 22 日任事至 7 月

22日呈文給袁世凱）就編寫了《中國歷代經界紀要》、《各國經界紀要》兩書，並自撰序言。

他深知袁世凱讓自己到經界局是敷衍自己，但他認為正經界、清田賦也是治國要政，在此也很想有所建樹。蔡鍔對自己的工作總是採取一貫兢兢業業的態度，做著自己該做的事，表現出辦事的認真、踏實、細緻和嚴謹。大概也只有這個經界局的督辦能與政治離得最遠，他可以肆無忌憚放開心胸去做事。此時蔡鍔對列強帝國主義的軍事作戰計畫暫時不起漩渦、亦無迴瀾。

這個時期，蔡鍔在給友人曾廣軾的信中也吐露了心聲：「兄（蔡鍔自稱）之地位，以普通眼光看之，似達矣，究於國家何嘗有絲毫之裨補？……主峰（指袁世凱）曾語兄（蔡鍔）：交涉完（指中日關於《二十一條》的談判），須咬定牙根，思一雪此恥。此言若信，誠吾國無疆之福，兄（蔡鍔）誓以血誠報之；如仍舊貫，則惟飄然遠引，打個人之窮算盤已耳。斯時廠中司事（該信主要商談在湖南開辦企業之事），能容兄（蔡鍔）一席否？」

一個誓以血誠報效國家的將軍，被逼得打算回湖南老家去辦實業，在蔡鍔心裡，著實悲痛。1915 年初秋，一生憂國憂民、夙夜奔命的蔡鍔，竟積憂成疾，患了重病，每天咳出大量鮮血，然而，當前中國局勢，已至無力回天、無法挽回的地步。

眼見自己重病加身，蔡鍔卻恨不得立刻揮搬鍔刀，鋒鋒烈烈，刺向敵人，保國紓難。蔡鍔血性男兒也，自負羽以來，沒忘記國家，遺落百姓，只要他還有英雄壯志，甘於燃燒自己，就註定會發光發熱，歷史終究不會遺忘他。一番沈靜後，蔡鍔決心負隅頑抗，與袁世凱鬥智對奕，扭轉民國頹勢。

蔡鍔喜下圍棋，當時的文人譚戒甫曾說他：「精思妙著，眉色飛舞。觀其作勢，已知其嫻韜略，而善戰伐矣。」蔡鍔的同庚好友蔣方震也說他：「好弈，終夜不肯休，藝之強者，常以精神不繼而負。」這說明蔡鍔是工於心計，

足智多謀之人。又精力十足，意志堅強，調兵遣將，攻城略地，每每出奇制勝。

對蔡鍔來說，要在組織嚴密的袁政府內反動，等於是對袁宣戰，永斷葛藤。用不對的軍事戰略在不對的時機點討伐袁世凱，只會落得全軍覆沒，如同二次革命時期，革命黨人缺乏嚴密組織，計畫不夠周全，貿然舉事的下場一樣。

既然形勢對自己不利，就不能公然挑戰形勢，而是要從與形勢相關的周遭人事下手，採取一一擊破戰術，破壞他們與形勢或政局之間的連結狀態。形勢一旦失衡，局勢也會隨之改變。再從轉變的局勢中，發展出對自己有利的動態局勢，再從新的局勢中建立新的軍事戰略，分化、瓦解原先已經轉弱的主要形勢，對周遭的人事物進行第二次的擊破。兵行局勢中的每一棋子，佈署新的戰術，圍剿袁世凱於形勢陣中。蔡鍔決定策劃瓦解戰術，瓦解袁世凱的一一親信，最後再直接面對袁世凱和北洋軍隊。對蔡鍔而言，與袁世凱對弈只有一次機會，輸了就得賠上性命。袁佬和蔡鍔一樣都是軍界有力人物，足智多謀，同樣能推敲出蔡鍔可能的佈局方式。對袁世凱來說，自己算計人無數，與他對弈而具異心之人，個個皆難逃他的手掌心。

和袁世凱對弈，必須規劃佈署一套完整的戰略，要長時間的佈局，不能著眼前小局勢而已。要徹底掌握袁佬的心態、袁政權的軍事組織和政治體系，隨時拿捏他的想法，徹底麻醉他，才能反轉不利自己的局勢。所謂「長時間的佈局和長遠的作戰計畫」，一直是蔡鍔奇特的兵法，與蔡鍔對峙者，往往都會因為長時間下來──意志不足、觀望不力、精神不繼，而一時疏忽戰爭局勢，失去戰鬥力量而被蔡鍔收掉。當籌安會發表宣言後的第二天8月15日，蔡鍔就搭乘晚車前去天津，找梁啟超密商。他們一同來到湯覺頓住所，徹夜籌畫倒袁活動的種種計畫。兩人坐下後，蔡鍔隨即慷慨激昂地說：「袁氏叛逆，以致強鄰生心，內亂潛茲，際此千鈞一髮之會，吾儕乃不得不負重而趨！」

然而，二次革命後，國民黨同志都已逃亡海外，國民黨在長江中下游地區的軍事地盤也已完全被北洋軍隊所佔據，難有再施展的任何機會；加上外國列強為了貪圖在華利益，幾乎一面倒傾力支持袁世凱稱帝；而在國內的許多軍人畏權怕事，也都全被袁世凱所收買。整個中國局勢根本處於一面倒的狀態。

　　梁蔡師徒分析了當時國內的形勢發展後，認為兩人務必荷擔起「討袁救國、恢復共和」的重責大任，以阻止袁世凱繼續竊國自為，出賣國家利益！然而，值此危亡關頭，國內已無軍事組織或政治團體能夠遏止袁氏稱帝，因此蔡鍔認為唯有一計可行，但此計卻要冒著風風雨雨、坎坷艱辛的路途，突破萬里間關橫阻……。原來蔡鍔與梁啟超商談的計畫就是，由蔡鍔冒死潛回雲南，帶領舊部屬發動討袁戰爭。雖有此計畫，但倆人還在琢磨起義細節，然而，他倆寧願赴死也要扳倒袁政權的決心是毋庸置疑的。

　　梁啟超後來曾在《護國之役回顧談》中憶起蔡鍔當時的話：「眼看著不久便是盈千累萬的人頌王莽功德，上勸進表，袁世凱便安然登其大寶，叫世界看著中國人是什麼東西呢？**國內懷著義憤的人，雖然很多，但沒有憑藉，或者地位不宜，也難發手，我們明知力量有限，未必抗他得過，但為四萬萬人爭人格起見，非拼著命去幹這一回不可！**」

　　當晚（8月15日）蔡鍔要離去前，梁啟超還與蔡鍔秘密商定：由梁自己作篇文章，公開刊登在大報刊上，從輿論界發難，意在用言論反對帝制；蔡鍔則在軍界發動，開始秘密進行組織討兵力，意在用武力挽救民國。兩人的計畫一文一武，行動一明一暗，表面上做出分道揚鑣狀，讓袁政權從此覺得梁蔡師徒意見不合，蔡鍔再以此借力使力，繼續偽裝擁護帝制，痲痺袁世凱，以便日後逃出北京。

　　蔡鍔在暗中進行反袁活動的同時，表面上繼續裝得若無其事。梁蔡師徒

情誼深重，是人所共知的。不久，輿論界權威梁啟超出手了，8 月 20 日，梁啟超在上海《大中華》月刊發表了長篇文章《異哉所謂國體問題者》，批駁籌安會及袁世凱的稱帝企圖，譏諷古德諾的言論「無意中與我十年舊論同其牙慧，特其透闢精悍尚不及我什分之一百分之一耳！」

梁啟超接著說，自辛亥革命以來，不到 4 年的時間裡，「忽而滿洲立憲，忽而五族共和，忽而臨時總統，忽而正式總統，忽而制定約法，忽而修改約法，忽而召集國會，忽而解散國會，忽而內閣制，忽而總統制，忽而任期總統，忽而終身總統，忽而以約法暫代憲法，忽而催促制定憲法。大抵一制度之頒行之平均不盈半年，旋即有反對之新制度起而摧翻之，使全國民彷徨迷惑，莫知適從，政府威信，掃地盡矣」。如此反復無常，我們憑什麼「敢保證國體一變之後，而憲政即可實行而無障？如其不然，則仍是單純之君主論，非君主立憲論也。既非君主立憲，則其為君主專制，自無待言」！

梁啟超一語道破天機：袁世凱不過是借君主立憲之名，行君主專制之實，以立憲為名恢復帝制、實為破壞國體的荒謬。因為已經沒有任何人、任何法律能限制他的權力惡性膨脹，誰也不能天真地指望他在當皇帝後還能推行立憲民主。一句話：袁世凱已經失信於民。當時袁世凱一方加緊了對輿論的控制，反對帝制的報紙紛紛受到鎮壓。此文一出即引起全國各界強烈反響。

當梁啟超在報紙上發表文章公開反袁以後，梁師高徒蔡鍔的行動馬上受到袁世凱及其爪牙的監視。蔡鍔為了蒙蔽袁世凱，故意在北京逢人就說：「我們先生（梁啟超）是書呆子，不識時務」，做出一副與梁啟超劃清界限、分道揚鑣的模樣。

梁啟超發表《異哉所謂國體問題者》當天，蔡鍔也立馬有了動作，他給貴州巡按使劉顯治的電報中說：「京中近組織籌安會，研究國體問題，欲認覘輿情而定國是。此事關係國家前途甚巨。弟意歐戰未終，東鄰伺隙，黨人

思逞之時，掀揭此議，頗屬危險。滇、黔位居極邊，黨人尤易闌入。」

蔡鍔向劉顯治發出警告，告知「此事」關係國家前途甚巨，頗屬危險，要大西南方面密切注意！

8月23日，他又致電雲南都督唐繼堯、貴陽劉護軍使、廣東龍濟光、廣東廣惠鎮守使龍裕光、廣西都督陸榮廷、桂林師長陳炳焜……等有實權的人物，告知籌安會研究國體一事，關係國家前途甚巨，請他們務必穩靜，以國家前途著想。

8月25日，蔡鍔在一場「軍界要人會議」上主持會議，袁世凱的心腹孫武、唐在禮等軍界要人也在場。會議中途，袁佬的爪牙便執「贊成帝制題名錄」前來「統率辦事處」試探。面對突如其來的試探，蔡鍔隨即虛與委蛇，佯裝表態支持袁世凱申令帝制，並留下了一份由自己領銜，蔣尊簋、孫武、唐在禮、蔣作賓、蔣方震、張一爵、陳儀等一共12位將軍列名其後的「贊成帝制簽名書」。

蔡鍔反常舉動乃為了掩人耳目，其中「主張中國國體宜用君主制者署名於後／八月二十五日／昭威將軍蔡鍔」三行字原件至今還保存著。

此後，蔡鍔還暗中多次潛赴天津，與梁師繼續研擬後計。關於這段事蹟，蔡鍔事後曾回憶說：「當去歲（1915）秋、冬之交，帝焰炙手可熱。鍔在京師，間數日輒一詣天津，造先生之廬，諮受大計。」

他們擬定袁氏一旦稱帝，則由蔡鍔親赴雲南和貴州，組織討袁軍，發動武裝起義！梁啟超後來曾在《國體戰爭躬曆談》中，血淚斑斑提到蔡鍔的計畫：「雲南於袁氏下令稱帝后即獨立，貴州則越一月後回應，廣西則越兩月後回應，然後以雲貴之力下四川，以廣西之力下廣東，約三四個月後，可以會師湖北（武漢），底定中原！」這是頗具膽識的戰略構想，後來在護國戰爭中發揮了實際的戰術作用。

蔡鍔是軍界有大力的人，「宜深自韜晦，勿為所忌，乃可以密圖匡複」。此後，蔡鍔一方面與梁啟超保持密切聯繫，一方面與雲貴軍政人員密電往來，互通聲氣，囑令他們穩定觀照局勢、慎重部署兵力、一切秘密進行。後來蔡鍔還與流亡美國的黃興取得了聯繫，並間接和國民黨李烈鈞互動。他還督促好友戴戡密赴天津會面，還有殷承瓛等也前來共同策劃，為反袁作準備。

瞞天過海，逃離京師

袁世凱對蔡鍔的舉動半信半疑，他命人嚴密監視昭威將軍的一舉一動，蔡鍔為消除袁的防備及麻痺其爪牙，遂運用了一招韜光養晦的計謀，那就是一反從前剛正不阿的姿態，故意以好色之徒的形象示人。每每在公開場合，蔡鍔就把自己假扮成胸無大志、醉心於豔窟香窩的公子哥，他故意向外釋放出資訊，自己是帝制運動的擁護者。

他經常涉足京中八大胡同妓院，與楊度等人在八大胡同飲酒看花，還挑選雲吉班名妓小鳳仙作為他的冶遊對象。隨著袁世凱一步步的倒行逆施，蔡鍔愈加沉迷於八大胡同，以鬆散袁的耳目。時間一久，漸漸地袁黨開始疏離蔡鍔，鄙棄他的作為，認為昭威將軍徒具虛名，不過是一個浪蕩不羈，貪圖女色之人罷了。

袁世凱與蔡鍔皆是實力非凡的一代將才，智謀高超，對於人事的變化有著敏銳的判斷力。更何況袁城府用深，凡事盡可能取得最大利益，減少風險，對於蔡鍔這樣一位高風險之人，他斷不敢掉以輕心。

就在袁世凱半信半疑之際，一日，蔡邸發生了個大事件，由於蔡鍔經常在八大胡同走動，引起夫妻不和，打鬧不休，蔡鍔乘機將母親、夫人和小孩送回湖南。蔡母和蔡夫人離京後，袁世凱一面派出密探繼續監視蔡鍔的行動，一面故意尋找時機試探蔡鍔。

然而，在袁佬面前，蔡鍔總是表示自己閱歷尚淺，不識大體。對於沈溺

八大胡同一事，他更詞不達意，有意無意遮掩行蹤。說穿了，蔡鍔正是藉行蹤之謎，一步一步誘吊袁這隻獵物進入他所設下的圈套。

協助蔡鍔逃離北京的俠女小鳳仙
（圖右）

蔡鍔到八大胡同時，經常要小鳳仙闔上窗戶，藉此迷惑袁的爪牙，鬆懈他們的戒備。

探子天天向袁回報，這時袁終於露出了大意，在重要會議上，他不再要求昭威將軍每次必到，形同放縱蔡鍔尋花問柳去。但是袁對蔡鍔仍不放心，一次利用蔡鍔白天辦公時間，密派便衣特務闖入蔡鍔府邸，企圖搜出有關蔡鍔密謀造反的證據。便衣特務翻遍整個府邸，又到蔡鍔書房翻閱信件電報，均一無所獲，便悻悻然離去。在智謀和佈計方面，蔡鍔顯然計高一籌，他明白袁世凱此人生性猜疑，不易輕信他人，因此事先早有防備，已把數十部密碼本和計畫書帶到天津梁啟超家中。事後，蔡鍔得知憤慨不已，立即打電話質問京畿軍政執法處處長雷震春，雷知東窗事發，連聲道歉詭稱此事純屬誤會！

袁世凱突擊抄家一事，震驚全國，蔡鍔則繼續裝糊塗，迷惑袁派來監視的密探，他與小鳳仙出雙入對，羨煞旁人。誰知蔡鍔正在籌策一個極大的密謀，他的決心一旦形成，即使地震山搖，也不能將其改變，他的耐力驚人，一旦決定一件事後，就會貫徹執行，直到達成任務。

蔡鍔筆答國賊，舍己為民，小鳳仙自是明白蔡鍔將軍非常之志，雖然她心疼將軍這條救國道路，既艱辛又危險，隨時會喪命，但她不禁自問：將軍能，我有何不能？小鳳仙最後終於決定「俠女出風塵」，配合蔡鍔的計畫，以命相博，協助將軍夜渡脫逃。

1915年10月底，蔡鍔和小鳳仙準備在袁世凱的鼻尖下玩金蟬脫殼之計。

小鳳仙利用雲吉班有姐妹過生日的機會，故意邀請蔡鍔前來作客，雲吉班作生日，全部姊妹都到齊了，上門捧場的客倌愈來愈多，戲班頓時亂哄哄。

而蔡鍔和小鳳仙則故意成雙作對作情侶狀，他們回到房裡，有說有笑，小鳳仙故意開了一半窗戶，讓袁世凱的密探能在暗處隱約看見他倆，同時她把將蔡鍔的大衣和軍帽掛在衣架上，讓人誤以為蔡鍔一直都在小鳳仙房裡。

中間蔡鍔起身，故意把懷錶留在桌上，作準備去房後廁所的動作，懷錶是蔡鍔視為極為重要之物，隨身都一定要戴上它，由於軍衣和懷錶都還在小鳳仙房裡，密探不疑有他，繼續待在暗處監視房內。

時間一分一秒的過去，卻未見蔡鍔再回房裡，密探發現大事不妙，衝進小鳳仙房裡尋人，蔡鍔卻早已經離開陝西巷，雇了輛馬車，直奔火車站，目標是前往天津。

為了脫離袁世凱的掌控，蔡鍔煞費苦心，作了十分謹慎周密的安排。蔡鍔抵達天津後，馬不停蹄隨即與梁師會合，躲入密室中。他要隨從假借「喉痛未癒，住進天津日本共立醫院」為由，向袁世凱請病假。蔡鍔住進醫院的「假消息」傳開後，朝野立即聞知，袁世凱半信半疑，勉為其難答應了。

1915 年 10 月 30 日，蔡鍔呈文袁世凱說：「竊鍔於本月初旬，忽患喉痛，因連日從公，未甚留意，遷延日久，病勢加劇。近則紅腫異常，言語失音，飲食亦為之銳減。迭經醫治，未見痊可。現就西醫診視，據云肺胃積熱，兼有外感，亟宜避風少言，醫藥始能收效等語。擬自本月二十九日起，請假五日，以資靜攝。」

袁世凱接電報後即刻批令：准予給假五日。

其實蔡鍔並非佯欺生病，他的確是身染重疾，只是他始終用意志力支撐著他的身體。他在治理廣西和雲南期間，夙夜在公，盡心竭力為國為民奉獻，

導致病根潛伏，每當稍加勤於公務，諸病自然現前。為了把握時間策劃扳倒袁政府的契機，蔡鍔不顧病情加重，毅然與梁啟超和其他人馬作了進一步的籌畫。

11月18日，蔡鍔再次呈文袁世凱，以「病體未痊」為由，擬請續假一星期：「竊鍔近因肺胃有病，日久未癒，前經呈准給假條理。旋於本月三日（11月9日）假期屆滿，遵即銷假趨公，照常辦事。惟病勢日益加劇，精力實有難支，擬請續假一星期，赴津就醫，以期早日就痊，不致曠誤職務。」袁世凱這時又批示令：准予續假七日，俾資調理。

為何蔡鍔逃離北京後，不立即趕赴日本？這是因為他必須先行留在天津，與各方反袁志士暗中會合，商討他潛回雲南後，如何展開討袁部署。待一切商定後，他才能安心逃離天津，趕赴日本，避開袁世凱爪牙的耳目，潛回昆明。

11月22日，蔡鍔再次向袁世凱遞上呈文，說：「為病體未痊，吁懇續假調治，請將督辦經界局事務暨參政院參政兩職遴員署理恭呈，仰祈鈞鑒事：竊鍔稟賦本屬不強，十餘年來供職邊疆，感受瘴癘，病根潛伏，每遇治事稍勤，則諸病侵尋。今年入秋後，時復頭眩耳鳴，頭部左側輒發劇痛，夜不成眠！因素尚耐病，未加調理，且職務所關，尤不敢稍字暇逸。乃遷延日久，病勢加劇。近復感受秋燥，虛火上炎，以致喉痛、咳嗽、發熱、盜汗諸症並作。迭經延醫調治，迄未見痊。據醫生診視云，係操勞過度，心血大虧，且病根蘊積已久，純恃藥力，難責全效。宜擇空氣新鮮，天氣溫暖之處，靜息數月。庶真元一固，藥力亦易見功。伏念鍔仰荷知遇，迭膺重寄，忽嬰疾病，有負職司。現假期已滿，病仍未愈。惟有仰懇俯賜矜全，准予續假三月，俾得遷地調養，冀可漸就痊復。至經界局系專設機關，參政院現值代行立法院之期，未便久曠職務，應請將督辦經界局事務，及參政員參政兩職，遴員署理，以

重職守，而免誤公。」

蔡鍔向袁世凱拳拳述說著自己的病況，袁不疑有他，只得再次批令：著給假兩月。所請遴員署理差缺之外，已另有令明發矣。

11月30日，他第四次呈文袁世凱，說：「仰見大總統曲予體恤之至意，感激莫名。伏念鍔病根久伏，殊非旦夕所能就痊。而北地嚴寒，亦非孱弱之軀所能耐，一交冬令，病勢益加。計惟有移住氣候溫暖地方，從容調養，庶醫藥可望奏功。查日本天氣溫和，山水清曠，且醫治肺胃，設有專科，於養病甚屬相宜。茲航海東渡，赴日就醫，以期病體早痊，再圖報稱。」

蔡鍔明確表示必須「航海東渡，赴日就醫」，以期病體早日痊癒！袁世凱看了蔡鍔的電文後，頗感猶豫，但與蔡鍔相處的日子裡，蔡鍔病容甚是明顯，聲音沙啞，不時發著高燒，因此這次袁世凱依然批令允准蔡鍔東渡日本就醫，說：等「調製就癒，仍望早日回國，銷假任事，用副倚任。」

12月2日的一個深夜，朔風凜冽，蔡鍔改名換姓，手提簡單的行李，在戴戡的陪同下，登上了日本商船山東丸號。離開天津前，蔡鍔表明了最深切的救國大願，他與梁啟超訣別說：「失敗就戰死，絕對不亡命；成功就下野，絕對不爭地盤。」

參考資料：

• 《護國之役回顧談》（梁啟超）
• 《雲南護國前後回憶》（趙鐘奇）
• 《我和外公眼中的蔡鍔將軍》（袁泉）
• 《蔣百里先生傳》（陶菊隱）
• 《蔡鍔集》下冊（曾業英）
• 《軍事計畫》（蔡鍔、蔣方震）
• 《護國運動資料選編》（李希泌、曾業英、徐輝琪）

- 《袁世凱史料》（陸純、國事新聞社、黃毅、白蕉、梁啟超、庚恩暘、黃遠庸、阮忠樞等）
- 《袁世凱與中華民國》（白蕉）
- 《飲冰室文集》（梁啟超）

第十一章
掣電轟雷，護國風雲湧昆明

　　這本書提供我們一個反思的角度：所謂的正道團體，或正道人士與邪惡勢力相峙的過程中，人心的糾結都在哪裡？是什麼要的糾結，使得民族拯救運動在推動上困難重重、障礙橫生？這才是我們要去思索的地方！

　　他們在整合的過程的當中，如何又因意見的不合而分裂？分裂的原因除了是意見不合之外，是否還有人性的私慾和貪婪在裡頭運作？面對各種不同的意見和理念，孫中山、梁啟超、蔡鍔、李烈鈞、戴戡等志士們又要如何突破各種限制，執行各項計畫？

　　我們看看這些人在每次的地球危難中，如何運籌帷幄去實踐拯救的策略？所以說看這本書，我們可以去瞭解他們的難處，並作為地球提升上的借鏡！

第一節　蔡鍔返滇，部署各項討袁工作

冒險於海天萬里以外，安全抵滇

蔡鍔和梁啟超密議期間，待雲貴部署已定，兩人隨即先後南下。臨行前，蔡鍔向梁啟超告別，倆人互道珍重，蔡鍔說：「事之不濟，吾儕死之，決不亡命；若其濟也，吾儕引退，決不在朝。」堅定一語，沖霄健翮如飛鵬，直上青雲萬里程，在匆匆離去的身影上烙印著他壯士扼腕的決心。

蔡鍔先行出發，於 1915 年 12 月 2 日秘密離開北京，準備趕奔天津，再前往日本東京。梁啟超則計畫於 12 月 16 日由天津出發，搭乘中國新濟輪趕赴上海。

梁啟超在《護國之役回顧談》中提到了他臨行時的情形：「我臨走的前一點鐘，去和我的夫人作別，把事情大概告訴他。我夫人說，「我早已看出來了，因為你不講，我當然也不問你」。她拿許多壯烈的話鼓勵我勇氣，但我向來出門，我夫人沒有送過我，這回是晚上三點鐘，他送我到大門口，很像有後會無期的感想。」

就這樣，梁啟超和蔡鍔「定策於惡網四布之中，冒險於海天萬里以外」，一個「奔赴萬里間關，將軍金甲夜不脫」，抱定了必死決心，即便路途重重險阻，也要鍔志劈路潛回雲南，在這片唯一沒有被北洋勢力控制的地區舉兵發難；一個則「即使親友橫死眼前，也要立誓奔赴東南」，試圖說服北洋重臣馮國璋與廣西都督陸榮廷，在江蘇和廣西宣布獨立，策應討袁起義。

梁蔡師徒豁出性命立誓拯救民國，「功成不在朝，兵敗不亡命」，一個 42 歲的文士和一個 33 歲的將軍，就這樣鐵肩擔道義，攜手赴國難。他們在那個朔風飛殤、銀粟碎落的日子裡，宛如一顆梧桐，昂然屹立，準備嘯蕩大地。

蔡鍔僕僕風塵抵達天津後，隨即密乘日本商船抵達東京，革命黨人張孝

准和石陶鈞隨即秘密前來接應。蔡鍔與張孝准商議，決定與石陶鈞互換服裝，並請石陶鈞帶著自己的行李去神戶做就醫狀。

接著蔡鍔立即給袁世凱寫信，說明「已經東渡就醫，但臨行時過於倉促，還未來得及向袁大總統叩謁聆訓」，蔡鍔措辭誠懇恭順，一時瞞過了袁世凱。與此同時，蔡鍔並將隨身攜帶的重要證件和勳章，全都交予張孝准保管，並預先準備了多封親筆信，讓張孝准寄給和袁世凱最親近的幾位高階軍官，報告他在日本遊山玩水的行蹤。

蔡鍔要張孝准到日本幾個地方旅行，每到一地就投寄一封，表示他仍在日本各地遊歷。其實，在蔡鍔抵達神戶的當晚，他不顧旅途勞累，就上了另一艘日本輪船，經過上海吳淞口，南下香港、河內，接著沿滇越鐵路直奔雲南而去了。

據說後來當蔡鍔已經返回昆明時，這些信還尚未寄完，梁啟超與蔡鍔此次的佈局既長遠又深湛，敵營如中途懈怠鬆散、疏於防衛，將無處尋覓他們的蹤跡。

一日，籌安會的核心成員楊度前來提醒袁世凱，說：「此人一去，無異縱虎歸山，放魚入海，從此我華無寧日矣。」這時袁世凱才發覺大事不妙，急電催促蔡鍔返京，但是一切都已杳無音訊！蔡鍔先斬後奏的伎倆，讓袁世凱無可奈何，他萬萬沒想到自己對昭威將軍百般籠絡，日防夜防，軟功硬功都給使上了，蔡鍔還是硬著頭皮鑽過罅隙逃走了。現在蔡鍔遠走高飛，來日必為心腹大患，袁世凱感歎，想不到此人的智謀如此深不可測，言辭之間隱有悔意。

蔡鍔出逃後，袁世凱一面立刻交代《政府公報》刊出蔡鍔仍在天津治病的消息，企圖製造蔡鍔仍在掌握之中的假像；一面急電雲南都督唐繼堯，通知他蔡鍔將間道入滇的消息。袁世凱要唐繼堯嚴加查訪，並令殺手在越南海

防、河內或老街等地廣布密探，截殺昭威將軍。

蔡鍔設法逃回雲南策動起義，深牆高院關山險阻，的確相當艱難。此時，在滇南的一個城鎮蒙自，正召開一場暗殺蔡鍔的秘密會議，與會者有蒙自關道周沆、開遠縣長張一鯤、蒙自警備大隊長馬玉堂。他們接到袁世凱的「劫殺令」後，周沆沿著「滇越鐵路」佈置了三個截殺點：河內、碧色寨和開遠。袁世凱下令截殺成功者，官升三級，賞大洋30萬，因此截殺客無不躍躍欲試，誓將招威將軍擊殺。

在滇南的崇山峻嶺中，蜿蜒爬行著一條著名的鐵路——滇越鐵路，它是中國最早的鐵路之一，從雲南昆明直達越南海防，全長858公里。滇越鐵路是法國殖民者逼迫清政府修築的，目的是為了掠奪雲南境內豐富的礦產資源，從通車之日起用後，滇越鐵路就和雲南近代發生的諸多歷史事件密切聯繫起來。

民初時期的滇越鐵路

出雲南蒙自城區，往北10公里，就可到草壩鎮碧色寨村的碧色寨車站，這是滇越鐵路上曾經唯一的一座特級站，蔡鍔計畫返滇走的正是滇越鐵路。12月18日，越南河內一大早，一群越籍狙擊手就在車站附近嚴密等候，不久，大批法警乘車疾駛而來，嚴嚴實實地戒備著車站。

稍後，一輛列車駛進月臺，法警遂下令所有旅客不准越線，只有戴禮帽的三人，在法警的圍護下鑽進梅總督的轎車。原來這不是蔡鍔，畢竟穿著便衣的蔡鍔，在人山人海的車站內，並不易找出，於是戒備森嚴的截殺客們錯

過了在越南河內狙殺蔡鍔的機會。

火車繼續在滇越鐵路上疾駛，快到了碧色寨車站，突然數千民眾聚集車站，翹首盼望即將進站的列車，準備歡迎萬里輾轉歸來的蔡鍔將軍。此時，駐紮在蒙自車站的刺客接獲密電，議定在碧色寨借民眾設宴歡迎將軍之機，將蔡鍔狙殺。

一次，碧色寨的文管員楊國柱老人接受《海南日報》記者採訪時說：「他的姑爹曾向他講述過親歷現場的情景。當時，袁世凱密派刺客，混在歡迎的人群中，企圖刺殺蔡鍔。」又說：「當列車駛進碧色寨車站時，蔡鍔悄然下了火車，但卻沒有從正門出去，而是在車站的一端沿裡小路走到了車站的另外一端再次登上火車。因為當時情況複雜，誰都不知道袁世凱的手下制定的刺殺方案是什麼，蔡鍔下車比在車上安全。」

蔡鍔在碧色寨總共只停了十多分鐘，楊國柱接著指著站房下方不遠處一塊空地說，蔡鍔左探右察一番，確定安全後，「就在這片空地前向歡迎的群眾發表了簡單的講話，表達『護國討袁』的決心」，接著重新上車，往目的地駛去。

後來人們說是雲南碧色寨成就了「護國運動」的契機，因為蔡鍔當時如果是從大門直接出去，馬上就會被狙擊手劫殺，也就不會有後來的南天樹義幟的護國戰爭。碧色寨危機同時也是蔡鍔起義前全力衝破的最後障礙，蔡鍔一路經過許多艱難險阻，終於在 12 月 19 日傍晚平安抵達昆明城，徹底挫敗袁世凱幾次的行刺陰謀。

在蔡鍔返滇途中，袁世凱動作頻頻，12 月 7 日，北京及各省通過投票表決，上報參政院，擬定參政院為國民代表大會總代表。

12 月 11 日上午 9 時，國民代表大會總代表上推戴書勸請袁世凱稱帝，諮文說：「大總統為諮複事。準貴院諮開：本院前據國民請願改變國體，議定

由國民代表大會，議具法案，諮請大總統公佈施行。茲先後接準各省區國民代表大會監督文電，報稱依法組織國民代表大會，又據國民代表大會文電報送決定國體票數，並共同委託本院為國民代表大會總代表前來。本院於十二月十一日開會，匯查全國國民代表共 1993 人，得主張君主立憲票 1993 張，是全國民意，業經決定君主立憲國體，所有民國各法令，除與國體抵觸不適用各條款外，仍應存其效力。又接準各省區國民代表大會文電，一致推戴今大總統為皇帝！」

在袁政府的強威逼之下，各省國民代表共 1993 人，全數昧著良心請求袁世凱稱帝。當天中午，袁世凱接到推戴書後，為了免人譏評，說他名正言順君臨天下，便故意做出一番委屈狀，說：「本大總統從政垂三十年，迭經事變，初無建樹；改造民國，已歷四稔，憂患紛乘，怨尤叢進，救過不贍，圖治未遑，豈有功業足以稱述？前以隱跡洹上，本已無誌問世，遭遇時變，謬為眾論所推，不得不勉出維持，舍身救國。然辛亥之冬，曾居政要，上無裨於國計，下無濟於民生，追懷故君，已多慚疚。今若驟躋大位，於心何安？此於道德不能無慚者也。郅治保邦，首重大信，民國初建，本大總統曾向參議院宣誓：願竭能力發揚共和，今若帝制自為，則是背棄誓詞，此於信義無可自解者也。本大總統於正式被舉就職時，固嘗掬誠宣言，此心但知救國救民，成敗利鈍不敢知，勞逸毀譽不敢計，是本大總統既以救國救民為重，固不惜犧牲一切以赴之！」

袁世凱和部屬們相互眉來眼去，自導自演了一齣「請皇帝登基」的醜戲，接著他就下達申令說，「尚望國民代表大會總代表等熟籌審慮，另行推戴，以固國基」。下午參政院再上推戴書，為袁世凱歌功頌德，稱其「經武、匡國、開化、靖難、定亂、交鄰」等六大功烈，實乃邁越百王，並為其洗刷「有慚清室、背棄共和」的惡名，請其正位登極。

袁世凱假意禁不住民意淚求和各省代表的再三懇求，就請參政院代為昭告天下，說：本大總統當順歸民意，將於翌日 1915 年 12 月 12 日，正式申令承認帝位，籌備登極，準備翌日在中南海居仁堂接受了百官朝賀。

13 日，袁世凱在居仁堂受百官膜拜，並冊封副總統黎元洪為武義親王，但是黎元洪不肯接受。16 日，袁便公然否定民國共和之實，還宣佈「恢復清室優待條件」，說：「前於辛亥年十二月，欽承孝定景皇後懿旨，委託今大總統以全權，組織共和政府，旋由國民推舉今大總統臨禦統治，民國遂以成立。乃試行四年，不適國情，長此不改，後患愈烈；因此立法院據國民請願改革國體，議決《國民代表大會法案》公布，現由全國國民代表議定君主立憲國體，並推戴今大總統為中華帝國大皇帝，為除舊更新之計，作長治久安之謀，凡我皇室，極表讚成等語。」

- 18 日，袁世凱對外重申，「滿、蒙、回、藏各族人民待遇條件」繼續有效，下令優禮舊侶耆碩故人，均勿稱臣；
- 20 日，又申令以徐世昌、趙爾巽、李經羲、張謇為嵩山四友；
- 21 日，又冊封軍政各界親信黨羽和實權派以公侯伯子男等爵位，爭取各方各界的支持，此舉就有如古代天子賞賜封地予各方諸侯一樣。當天袁世凱還宣佈從速制定憲法和召集立法院，整頓厘卡，永遠革除太監和采選宮女，藉以表示他的開明，以收攏失散的人心。袁並預定於 1916 年元旦當天登基。

革命黨人千辛萬苦所建立的民主共和果實，就這樣被北洋軍閥頭子袁世凱竊取了。袁竊取中央政權後，倒行逆施，為了實現追求權貴的慾望，不惜對外賣國，犧牲國家長久來的各項權益，使得整個中國籠罩在一片愁雲慘淡、詭譎的妖霧中。而人心也因此變得萎靡不振，社會氣氛愈形緊張。

蔡鍔之所以選定雲南為討袁護國的基地，是因為雲、貴原是他的勢力範圍。並且雲、貴遠離北京，袁世凱的勢力還不能到達，即使日後袁的勢力接踵躡踵疾疾而來，可但鞭長莫及，力總未逮。如今蔡鍔抵達南方，軍隊和民眾受到極大的鼓舞，終於趨於穩定。

蔡鍔曾在雲南當政三年，勵精圖治氣勢磅礡，滇軍許多將領無不向蔡鍔看齊，與他有著千絲萬縷的聯繫。又滇軍中的將領經歷過辛亥革命的戰鬥洗禮，深受革命思想的影響較為深遠，也接受過蔡鍔軍事上的親身調教，民主思想較為鞏固，覺悟較高，士兵的戰鬥力也比較強。

再來，從北洋軍和滇軍的「軍事實力」來看，儘管滇軍人數只有袁世凱北洋軍隊的十分之一，然而，雲南軍隊素質良好，軍械武器大部分由國外引進，德國製造，因此槍砲的火力較為強大。蔡鍔治軍嚴謹出了名，因此滇軍身手風馳電掣，曾有「滇軍精銳，冠於全國」的美譽。

雲貴受到蔡鍔的鼓動和催促，討袁形勢整體騰趨完成，反觀袁世凱雖然申令帝制，如日中天，但北洋軍隊的軍心不團結，各存異心，步伐盤桓躑躅，造成內部軍戰力不斷分散。一支軍隊重視的是忠貞軍風和內部團結一致的軍事理念，蔡鍔先前一直在等待的「起義時機」、「決定之點」，就是在袁世凱申令帝制以及北洋軍出現裂縫的時候。

智鬥唐繼堯，整合各方討袁力量

蔡鍔抵達昆明後，不顧舟車勞頓，立即展開各項準備工作，向各方志士分析討袁部署形勢。在此緊要關頭，蔡鍔的來到，使雲南醞釀武裝討袁的運動激盪至最高潮。四方英雄齊聚昆明，李烈鈞、程潛、殷承瓛、李根源、方聲濤、章士劍、熊克武等在蔡鍔前後也紛至遝來，準備同蔡鍔共商大計。金風肅殺，戰氣砭骨，仲冬的雲南稜稜高原正烈焰熊熊，討袁劍已鑄成，只待焊上刀鍔劍鋒。

金漢鼎曾在《護國討袁親歷記》中有著詳細的記載：「1915 年 12 月 19 日蔡鍔到昆明後，即與唐繼堯、羅佩金、李烈鈞、方聲濤、程潛、熊克武、黃毓成、殷承瓛、李曰垓、趙伸、劉雲峰、呂天民、戴戡、楊蓁、董鴻勳、顧品珍、何國鈞、張開儒、黃臨莊、趙又新、張子貞、任可澄等『日夜開會』。蔡鍔把在京津時和梁啟超、殷承瓛、王伯群、戴戡等所進行的反對帝制活動和聯繫馮國璋、陸榮廷的計畫以及袁世凱與段祺瑞、馮國璋間的矛盾，袁氏兵力分佈的情況和可能調動到西南的兵力，各國對袁的態度，雲南起義後可能響應的省份，外交的運用等等，說得條理清楚，簡潔明暢，詞意誠懇，態度堅定。大家聽了之後，反對帝制必獲全勝的信心頓時大大增強，護國討袁大計遂以決定。」

　　當時蔡鍔奔赴在返滇的路途時，工於心計的袁世凱立即拍密電致雲南都督唐繼堯，許以更高的職位為承諾，誘唐倒戈。禁不起慾望的誘惑，唐繼堯隨即秘密派遣高階軍官劉雲峰和路孝忱，帶著雲南土產、古銅和滇志等物，進京覲見袁世凱，亟欲拉攏袁為合作對象。

　　劉雲峰曾在《護國軍紀要》中提到：起初，唐繼堯派遣滇軍師長張子貞進京覲見袁世凱，但張子貞不肯，唐繼堯只好改派自己（劉雲峰）和路孝忱去。唐繼堯的目的是想藉覲見之名，深入探知北洋將領此時對申令帝制的態度，以便隨時調整自己的姿態，全力為袁世凱護航。

　　劉雲峰答應了唐繼堯的任派：「余諾之，乃同蔡公及殷承、戴戡、何鵬翔等一同回滇……及到省，李烈鈞、熊克武諸同志到滇。蔡、唐兩公相見甚歡」。這是說劉雲峰在赴京途中，在香港巧遇了隨同蔡鍔南下的殷承瓛、戴戡和何鵬翔。見著蔡鍔後，劉雲峰將自己準備赴京的原由 一五一十地告知了老長官蔡鍔，最後蔡鍔曉以大義，鼓勵劉雲鋒跟隨他返回昆明。

　　唐繼堯為何接受袁世凱申令帝制？這要從 1912 年唐繼堯率援黔軍挺進貴

州說起。唐繼堯進入貴州後，蓄意違抗蔡鍔命令，驅逐代理貴州都督趙德全，殘酷鎮壓貴州革命人士，轉而投靠袁世凱。袁十分讚賞唐繼堯，曾表示願意把女兒嫁給他，如果唐成為了袁的乘龍快婿，自然能大權在握，這對唐繼堯無疑是巨大的誘惑！後來蔡鍔奉調進京後，唐繼堯仍與袁世凱有著千絲萬縷的聯繫，當袁準備復辟帝制時，唐不但接受，還有意為其保駕。

1915 年的 8 月，當蔡鍔仍在北京和天津兩地與梁啟超秘密部署討袁計畫時，就已得知唐繼堯傾向支持袁佬申令帝制，因此蔡鍔曾於 8 月 30 日，秘密致電貴州劉顯世，提到：「貴陽劉護軍使並轉希陶兄鑒……唐（繼堯）、任（可澄）昨已有電報極端贊成（袁世凱稱帝）。」此事之後，唐繼堯和任可澄也曾兩次秘密致電袁世凱，籲請早正大位。

10 月 12 日，唐繼堯再以滇督名義致電統率辦事處，說：「務乞轉陳主坐，俯順輿情，乾剛獨斷，決定施行，以慰薄海軍民之望。若再予遲疑，轉恐別生枝節，有礙國家根本大計，更非元首維持大局之初衷矣！」11 月 11 日，唐繼堯和任可澄聯名致電袁世凱，說：「滇省依法選出國民代表周宗洛等九十六名，當日投票取決國體，當眾開匭，全體一致贊同君主立憲。」

12 月 19 日，當蔡鍔潛回昆明後，唐繼堯立即秘密致電袁世凱，提到「準備勸蔡鍔放棄密謀，或者勸其離滇回京。還說蔡鍔在雲南的舊部雖然很多，但已妥為移置，中下級軍官都是服從本人的，不致被人煽惑」。

由上述可知，蔡鍔若要統合各方討袁勢力，首要工作必須先行攝伏已被權慾沖昏了頭的唐繼堯！

這時蔡鍔對唐繼堯的異心要怎麼接招呢？蔡鍔多年好友兼部屬雷飆在《蔡松坡先生事略》中，詳細記載了蔡鍔等人聚會時的談話內容：「蔡公到滇，趨訪唐繼堯，見面寒暄數語，即慷慨對唐曰：『我已到此，只有兩個辦法，不是你從我，便是我從你。如要我從你，你可將我頭斷下送交袁世凱，你可

得一個公爵或一個親王頭銜。如你能從我，我兩人一個坐鎮滇中，一個率師入川作戰。兩事你任擇其一可也。』唐曰：「老前輩途中辛苦過甚，稍事休息，改日再商。」這時唐之父在隔壁房間，大聲訓斥唐曰：『你現在已封了侯，尚嫌不足，豈欲作皇帝耶。』蔡公即辭出。次日開大會討論此事，滇中各級軍官，大多數贊成蔡公主張，有人謂：『如唐有異心，即以手槍對待。』唐見勢不佳，表示自願坐鎮滇中，由蔡率師入川。」

《蔡松坡先生年譜》中也有記載：「唐繼堯不能決，人心惶恐，公（蔡鍔）以為不速發恐生變，因謂繼堯曰：『余此行為救國而來，幸君早決大計，免生他變，又聞袁氏封爵電已至，君欲安富尊榮，則請擗吾頭去，並可博一公爵也』，繼堯乃聽命。」

蔡鍔這種寧起義而斷頭的氣慨，嚇得唐繼堯一時六神無主，心慌意亂，後來唐見形勢對自己頗為不利，只好屈服於蔡鍔和眾人。蔡鍔是唐繼堯的老長官，當然深知唐的心性和為人，唐嗜權如命，長年為名利所困惑，自然會墜入名利的漩渦中無以自拔，更會為享名利而鋌而走險。然而，自己已不再是雲南都督，手中並無實權，因此此時也只能暫時忍耐，將唐繼堯的野心壓下。

鄧漢祥在《滇黔反對袁世凱帝制的經過》中，也說明了自己與蔡鍔、戴戡等人聚會時的詳細談話，與雷飆所述如出一轍：「蔡到渝（重慶市）後，我們同住在浮屠關李家花園，每天蔡同陳宧、戴戡、劉吉村和我，同桌吃飯，隨便聊天。蔡說：『我到昆明同莫賡頭一次見面，談反對袁世凱帝制問題，他父親就在隔壁大聲責備莫賡，不應該反對帝制，這明明是對我警告。』戴戡接著說：『可能是他父子兩唱雙簧。唐由一個管帶一躍而為貴州都督，因松公（蔡鍔）的保薦，調到雲南，他的思想逐漸腐化，只想高官厚祿進一步做雲南王，所以他堅決擁護帝制，後來因為將領鼓噪，他不改變態度，就要

被推倒，可以說他的反對帝制是迫不得已。」在這短短的幾句話當中，更可以證明周鐘嶽所說的一切都非事實。」

當時昭威將軍蔡鍔在北京中央任職時，就觀察到北洋軍隊的幾個軍政要員對帝制並不熱絡。江蘇馮國璋早在 8 月時就曾致電袁世凱，建議其從緩帝制，如今馮國璋又表示如「滇發難，當繼踵而起」，表明不惜發動武裝起義討袁的決心。

而當時國民黨中堅骨幹、蔡鍔的好友李烈鈞，早先在 12 月 17 日，就已至海外歸來、抵達昆明，並已先進城積極籌備發動討袁事宜。李烈鈞方面各要員戰力非常雄厚，唐繼堯更是不敢得罪！在這種形勢下，有了李烈鈞等人的護航，蔡鍔在向各方勢力分析討袁形勢時，當然就顯得順遂許多。

袁世凱見唐繼堯仍舉棋不定，就再急打一劑強心劑，於 12 月 21 日電令頒佈雲南，說要「封滇督唐繼堯為一等侯」。袁世凱的威脅利誘著實令人心蕩神馳，這時唐繼堯真的猶豫了，蔡鍔大感事情不妙，於是再次對唐繼堯展開心理戰。

其實唐繼堯是有能力反袁的，他是一名能力超群的將才，只要下定決心，他隨時都能以雲南都督的名義整合滇軍，發動起義。但是，擺在他面前的有形有色的權力慾望實在太誘人了，他躍躍欲試，急著想一飛沖天，成為人人欣羨的一等侯。

蔡鍔見唐繼堯不能決斷，乃心生一計，故意召集各方人馬向眾人說：「討袁各省反袁力量擦拳磨掌，幾乎到了一觸即發之際，吾等當迅速起草討袁檄文，通電袁政府，並選出各路起義軍總司令，擬好作戰部署。」

唐繼堯心想，若要接受一等侯的爵位，勢必要放棄坐擁兵權的滇督一職，但是若能坐鎮雲南，那麼討袁起義軍總司令一職應該非他莫屬！在滇軍和反袁志士的脅迫下，唐繼堯的政治立場終於產生動搖，放棄了擁袁的想法，最

後更不得不重新考慮另一條的政治出路——討袁護國！

　　陳天貴在《護國戰役親歷記》中，轉述了劉雲峰的話：「自北京成立籌安會後，袁世凱加緊進行帝制，封雲南將軍唐繼堯為侯爵。唐初意擁護帝制，接受封爵。那時昆明的特種兵不能獨立作戰，督署警衛營與補充隊兵力，戰力有限，因此步七、步一兩團是昆明駐兵的主力，又是滇軍中久經戰鬥、裝備精良、最有力的部隊。而第一團團長鄧泰中，第七團團長楊蓁『激烈反對帝制』，積極主張討伐袁世凱，並且鄧與唐是親戚，楊是唐的中堅將領。唐後來同意討袁，這兩個團起了主要作用，所以這兩個團是發動討袁的最原始力量。」

　　顯然唐繼堯「堅定站在討袁一方」，是迫於各方輿論和形勢所做的決定。蔡鍔為了重塑滇軍的內在精神、穩固滇軍的外在戰力，又為了解除當時滇軍勢分兩派的內鬥形勢（唐派與討袁派），使滇軍日後在護國戰爭中，得以戮力齊心，全力應戰，因此他才不得不處理這個棘手又迫在眉睫（唐繼堯）的問題。

　　從長遠計策來看，唐繼堯貴為一省都督，若真鬧起彆扭，不肯屈服，起義軍為了去應付唐的種種不測問題，討袁計畫勢必遭受拖延。事情一拖，就給了袁世凱更多的時間去籠絡唐繼堯和西南各省，如此局面對起義軍將大大不力。

　　唐的屈服，最大的功勞其實是雲南反袁軍官的長期逼迫，也就是孫中山中華革命黨「促唐反袁」計畫的奏效。中華革命黨在雲南的組織，也是考慮到鄧泰中和楊蓁的特殊地位和身份，才決定由這兩個團長出面逼迫唐繼堯表態反袁。

　　蔡鍔智鬥唐繼堯終獲得「短暫性」的成果，形勢發展至此，雲南反袁情勢就像一鍋已經燒燙的水，一觸即發！而各地陸陸續續到來的支持力量，就

如同再加火炭，使火苗燃燒得更猛烈，火勢迅速蔓延後，熱水便沸騰了起來。

蔡鍔的角色如同是作為一個統合各方勢力的核心，而這整把火、一簇簇火焰，是集所有將領、士兵們共同的心力，所結集而成的剛正密度，亦即討袁運動是集大家共同努力的成果。

第二節　疾風迅雷護國運動展開

錚錚鐵骨忠義雄心，磅礡浩蕩討袁檄文

12月22日，蔡鍔正在召開軍事會議，突然有個軍官對袁世凱的勢力極為顧忌，突然提出異議，認為護國軍以這樣少的軍隊討袁無疑是以卵擊石，勢必潰不成軍。

葉成林在《護國運動的一段回憶》中，詳細敘述了護國戰爭前，他們開會的情形：「蔡到滇後，當時即有許多中下級軍官去見他……當召集第一次軍事會議時，議論非常複雜，各色各樣都有，有說幹的，有說不幹的……後來有一個軍官起來發言，說：『袁世凱的兵力很強大，雲南究竟有多少兵？如實行反袁，是否能抵抗得住呢？凡事要知己知彼，量力而為。這事必須慎重考慮。』」

當時蔡鍔和唐繼堯在會場的高臺上並肩而坐，唐繼堯聽了這個軍官的見解之後，沉默了一下，像是在打量這個軍官所說的話。唐回過頭來看蔡鍔，蔡鍔看見這種情況，立即慷慨激昂地對大家說：「我們這一次一定要反對袁世凱……」結果博得了參與會議眾人的熱烈讚揚。掌聲雷動此起彼落，最後唐繼堯說：「我們再商量一下好了。」接著召開第二次軍事會議。

第二次會議一開始，蔡鍔首先同大家耐心回顧辛亥革命時期，中國各省

的形勢：

辛亥革命前，滿清腐敗昏庸，蒸黎苦不堪言，民心不甘橫遭蹂躪糟蹋，才有各省揭竿起義。辛亥革命後，袁世凱中令稱帝，出賣國家，致使民間氣數銷沈，國力衰弱，列強對中國虎視眈眈，亟欲進行大規模的侵略行為。

袁世凱倒行逆施的結果，終將失去民心、不得民心，因此袁的力量只會愈來愈小。袁世凱復辟帝制，為尋求各國的支持，居然不惜與列強簽訂上百個不平等條約，此時不興師討伐，哪天袁世凱再與列強簽訂另一個不平等條約，導致中國必須割讓領土，屆時我們是從還是不從？

再說，袁申令帝制，依舊是將民眾蒙在鼓裡。他可以稱自己是為了「立憲」而必須改良國家政體，因而必須向日本或英國帝國主義看齊，然而，這僅是「換湯不換藥」的作法，他要走的路線還是「不合時宜的帝制路線」，否則何需扼殺中華民國，改朝換代？稱自己為洪憲元年的第一任皇帝？後代子孫還可永久世襲，這與古代的皇帝帝制究有何不同？

吾輩今日切莫心存僥倖，以為袁世凱稱帝後自然會垮台，若作此想，則是害了國家！袁世凱稱帝後，變數太多，我們應化被動為主動，瓦解袁各項「未知的野心」，避免袁繼續簽訂「未知的賣國條約」！因此，我主張討袁的時機已經來臨，我們一定要出征。我們興師討袁，所爭者為我四萬萬同胞的人格，而絕非個人權力地位之私。我們與其屈膝而生，毋寧斷頭而死！反對復辟，一定成功！切莫讓中國淪為列強瓜分的犧牲品！

蔡鍔一席話，其錚錚鐵骨和磅礡浩蕩之氣勢，博得了參加會議的人的熱烈讚揚，掌聲雷動。蔡鍔整合完各方討袁人馬後，即宣讀梁啟超起草的討袁通電（護國討袁檄文），準備通電北京。

這時，袁政府已先行致電雲南都督府而來，聲稱：「統率辦事處電開，奉大總統傳諭，雲南之事中央已派親信大員馳往查辦，嗣據某某電稱，此次

謀叛，實係蔡鍔往滇脅迫而成。目前辦法先以大義責其過止逆萌，聽候查辦，倘或執迷不悟，當即遣兵痛剿，指日即可無事。」但此時雲南反討袁起義軍人人上下一心，根本無視於袁政府的逼迫手段。

12月23日，蔡鍔發電北京袁政府和各省將軍巡按使，表明反對帝制的決心。第一電由「蔡戴劉唐任」五人列名漾電，電文如下：

大總統鈞鑒：自國體問題發生，群情惶駭。重以列強干涉，民氣益復騷然，僉謂誰實召戎，致此奇辱。外侮之襲，責有所歸。乃聞頃猶籌備大典，日不暇給，內拂輿情，外貽口實，禍機所醞，良可寒心。

竊唯大總統兩次即位宣誓，皆言恪遵約法，擁護共和，皇天后土，實聞斯言，億兆銘心，萬邦傾耳。記曰：與國人交，止於信。又曰：民無信不立。食言背誓，何以禦民：紀綱毀棄，國體既撥，以此圖治，非所敢聞。

計自停止國會改正約法以來，大權集於一人，凡百設施，無不如意，憑藉此勢，以改良政治，鞏固國基，草偃風從，何懼不給。有何不得已，而必冒犯叛逆之罪，以圖變國體。

比者，代表議決，吏民勸進，擁戴之誠，雖若一致，然利誘威逼，非出本心，作偽心勞，昭然共見。豈能一手掩天下目。幸大總統始終持穩重冷靜之態度，未嘗有所表示。及今轉圜，易如反掌。或者謂因強鄰之責言，沮已成之計畫，國家之面目不保，後來之隱患恐滋。不知政府宣言本從民意，民意孰袒，事實可稽。據多數人欲公天下之真情，遂大總統敝屣萬乘之初志。繫鈴解鈴，皆由自動，磊磊落落，何嫌何疑。

若復怙過遂非，緣羞遷怒，悍然不顧，以遂其私，竊恐人心一去，土崩之勢莫挽；外患逐乘，瓜剖之禍更酷。興念及此，痛何可言。等夙承愛待，忝列司存，既懷同舟共濟之誠，復念愛人以德之義，用敢披瀝膽肝，敬效忠告，伏望大總統力排群議，斷自寸衷，更為擁護共和之約言，渙發帝制永除

之明誓，庶使民碞（怨）頓息，國本不搖。然後延攬才俊，共濟艱難，滌蕩穢暇，與民更始，則國家其將永利賴之。臨事零涕，不知所云，謹率三軍，翹企待命。

在這一封電文中，蔡鍔等人仍禮貌稱呼袁世凱為大總統，接著便開始歷數袁世凱一手掩天下目，食言背誓、毀壞紀綱、變更國體、復辟帝制等罪狀。

袁政府收到漾電後，不甘示弱，也立即回覆蔡鍔，《統率辦事處致蔡鍔電》如下：

國體討論之初，公曾約軍界要人會議，首先簽名贊成君憲，後亦未聞異詞。近有人傳說公翻前議，反對君憲。以公信義素著，明達時局，同人確信必不為反復之人。

昨聞公借養病東瀛，潛往滇邊。謠疑紛起，同事極為憫惜。近日政客造謠，謂外交困難，將失權利，是有意煽亂，決非事實。至國體業經全國人解決，宣佈中外，斷無中止之理，抗拒者即為天下之公敵。

各國正在商議承認，大多數已表贊成，並無他項困難。英俄法各國加入勸告，正所以牽制鄰國，使不得自由要求。且各國已聲明靜觀，並聲明決不干涉我之獨立主權，其勸告一案自歸完結，更無損失權利之可言。

昨接駐日陸使電稱，日廷有明年三四月承認之說，尚未確定。外交頗覺順手，何可由我自生搗亂，挑人野心。倘公在滇，好事者借為口實，或生擾攘，予敵以隙，使已靜者復生風波，何啻為虎作倀，是誤國也。邊疆擾亂中央，實難坐視。兵戎立見，生靈塗炭，是誤滇也。

以公之才略，主座極為器重，參與軍機，前程遠大。倘負不白，玷及清名，是自誤也。弟等同屬至契，不揣冒昧，敢布腹心，尚望明查，旬日回京，以息謠疑。至切盼禱。處。漾。印。

不僅袁政府統率辦事處予以回應，京城孫武等人也來電勸告蔡鍔：「雲南唐將軍探交蔡松坡先生鑒：從來我之利即敵之不利，我改國體可望強固，強鄰不易侵略自必憎惡。但我輩為中華國民，但知利我朝國，何可為敵助勢？

前自國體問題發生，我公主張君憲，首先簽名，弟等為利國起見，亦從其後。近聞我公頓翻前意，反對君憲，似與敵國政策相同。弟等素佩我公為磊落奇才，斷不為此，但人言可疑，盛名可惜。請早日回京，共維大局。至外交方面，現已就緒，正在會商承認。政客挑撥，報紙流言，幸勿輕信。弟等愛國愛公，愛不盡言，請利圖之。孫武、藍天蔚、蔣尊簋、蔣作賓、唐在禮。

袁世凱說，國體變更是當時南北議和時所做出的決定，南北雙方都無異議。話雖如此，袁世凱卻絲毫未提及，當初南北議和期間，自己是如何盡使卑鄙手段，收買南方代表及暗殺宋教仁。

京師孫武來電，希望唐繼堯與蔡鍔交會，並試探其當前的政治立場，這無疑也是袁世凱想利用孫武，對雲南討袁陣營進行內部分化，瓦解軍心的伎倆。接著統率辦事處明確表明了袁政府對取消帝制的請求持否定態度，並向蔡鍔陳說利害，勸蔡鍔回京，語氣威嚴而又懷柔。蔡鍔第一電顯然沒有達成目的，真正地刺痛袁世凱，因此蔡鍔決定繼續拍發第二通漾電致袁政府。

12月24日（敬日），蔡鍔領銜再發第二封敬電，說：

大總統鈞鑒：（前略）竊惟中外人士所以不能為大總統諒者，以變更國體之原動力，實發自京師，其首難之人皆大總統之股肱心膂。蓋楊度等六人所倡之籌安會煽動於最初，而朱啟鈐等七人所發各省之通電促成於繼起。大總統知而不罪，民惑實滋。查三年十一月二十四日申令有云，民主共和，載在約法，邪詞惑眾，厥有常刑。嗣後如有造作讕言紊亂國憲者，即照內亂罪從嚴懲辦等語。

楊度等之公然集會，朱啟鈐等之秘密電商，皆為內亂重要罪犯，證據鑿然。應請大總統查照前項申令，立將楊度、孫毓筠、嚴復、劉師培、李燮和、胡瑛等六人及朱啟鈐、段芝貴、周自齊、梁士詒、張鎮方、袁乃寬等七人明正典刑，以謝天下。則大總統愛國守法之誠，庶可為中外所信，而民怨可稍塞，國本可稍定矣。再者此間軍民痛憤久積，非得有中央擁護共和之實據，萬難鎮勸。以上所請，乞以二十四小時賜答。不勝悚息待命之至。

23 日是漾日，稱為漾電；24 日是敬日，故稱為敬電。

雲南均政府發出敬電後，蔡鍔與戴戡隨後又聯名拍另一封電文致袁世凱，文中聲明此乃最後通牒：「自籌安會發生，演成國變，紀綱廢墮，根本動搖；馴至五國警告迭乘，辱國已甚，人心惶駭，禍亂潛滋。……籲請取消帝制，懲辦元兇，足征人心大同，全國一致……為最後之忠告。……立將段芝貴諸人明正典刑，並發命令，永除帝制。如天之福，我國家其永賴之。否則，土崩之禍，即在目前。噬臍之悔，云何能及？痛哭陳詞，屏息待命。」

蔡鍔最後通牒來勢洶洶，並責令袁世凱 24 小時內予以答覆，且無論袁世凱是否決定回覆，討袁起義軍箭已上弦，戰爭蓄勢爆發。

雲南宣佈獨立，護國第一軍成立

12 月 25 日，雲南方面仍未收到袁世凱的答覆，唐繼堯、蔡鍔、李烈鈞等人遂立即通電全國，宣佈雲南獨立，並由李曰垓撰寫《討袁檄文》，稱：「各省將軍、巡按使、護軍使、都統、鎮守使、師長、旅長、團長、各道尹、各知事、各學會、各商會、各學校、各報館公鑒：天禍中國，元首謀逆，蔑棄《約法》，背食誓言，拂逆輿情，自為帝制，率召外侮，警告迭來，干涉之形既成，保護之局將定。……今若同申義憤，相應鼓桴，所擁護者為固有之民國，匕鬯不驚；所驅除者為叛國之一夫，天人同慶。造福作孽，在一念之微；保國覆宗，

待舉足之輕重。敢布腹心，惟麾下實利圖之。」

　　為了旗幟鮮明突顯出討袁軍隊的護國性質，在眾人討論起義軍名稱時，有人提議「討逆軍」、「共和軍」之名，呂志伊則提出了「護國軍」之名。李曰垓指出，袁世凱稱帝是以日本帝國主義的支持作為背景，袁氏竊國，護國即是我軍目的。蔡鍔採納了多數人的意見後，決定採納呂志伊和李曰垓的提議，定討袁軍名護國軍，「中華民國護國軍」之名於是正式亮在風起雲湧的歷史急流中。

　　接著，大眾一致決定將原有的將軍、巡按使等舊制名稱廢除，另行改組雲南新政府。在討論起義政權的建制時，蔡鍔、戴戡等人主張設立「元帥」，以方便日後統合各省軍督和革命勢力。由於元帥職務比一省都督高，有如總長，是統率各省護國軍隊的全國性職務，如果設立元帥職務，就需要由德高望重之人擔任。

　　辛亥革命時，蔡鍔是第37協協統，唐繼堯僅是管帶，蔡鍔是唐的老上級、大恩人，在重視資歷的軍界，蔡鍔無疑是唐的老前輩。又在京城時，蔡鍔任統率辦事處處員、昭威將軍、全國經界局督辦，並兼任中央政府的多個重要職務，而唐只擔任過貴州和雲南兩省都督，只是個督理軍務而沒有督理政務的雲南督軍，況且唐血洗貴陽曾引起眾怒，要想當元帥恐怕困難重重，因此這次護國軍元帥交椅實非蔡鍔莫屬。元帥一旦塵埃落定，雲南軍政指揮大權就由該人執掌，這時他們兩人的政治地位立判高下。

　　然而，唐繼堯嗜權如命，自然是不能接受護國軍設置元帥府。他感到元帥這種「全國性軍事首領」的職務太高，自己又缺乏資格和威望，很難被推舉為元帥，因此唐繼堯以設立元帥府將不利於促使其他各省起義為理由，反對戴戡等人的建議，主張雲南設立都督府。

　　葉成林在《護國運動的一段回憶》曾經提到：「唐繼堯曾表示：『要反

對袁世凱，首先就得我來當領袖，我不能居在蔡鍔之下。』」最後蔡鍔只好同意不設元帥而設立都督府。

這在蔡鍔寫給梁啟超的信中可看出：「合併軍、巡兩署，恢復都督府，召集省議會，組織略如元、二年舊制。出征部只設總司令部。原議設元帥府暫從緩，蓋欲力事謙抑，以待來者。」

唐繼堯心裡早就算計好，「自己已是雲南都督，蔡老前輩元帥當不成，也不會和他爭奪滇督一職」，打好如意算盤後，唐繼堯口頭上卻又不得不說些謙沖的話，請蔡老前輩出來擔任都督一職。形勢所趨，蔡鍔與眾人不得不屈從，於是會上一致決議，成立「雲南軍都督府」。

雲南軍都督府既已成立，那麼僅僅需要「滇督一職」與帶兵出征的「司令官」！唐繼堯此舉種下了各方將領的憤慨，他們認為：護國軍不能設置元帥府，少了領導全國討袁作戰的元帥一職，難道日後護國軍要以「只一省軍政府機構去說服各省出來起義」？

蔡鍔藉討袁起義擾動風雲，為的就是擾起全國人民的忠義之心，因此護國軍本來就是全國性的運動，需要全國性的軍府機構才能號召全國！現在降為省的力量來與袁世凱拼鬥，無疑危機重重！

可是無奈時勢至此，眾人也只能隱忍。劉達武在其所編的《蔡松坡先生年譜》一文中寫道：「惟出征時特設滇黔軍總司令一人，都督一席，公（蔡鍔）與唐繼堯互相推讓，公（蔡鍔）曰：『唐公出征可將滇中軍隊悉數開出，保衛地方警兵足矣。繼堯不欲行，公乃允督師出川。』」

蔡鍔意在表明：自己來滇只是為了討袁，而不是為了爭地盤，角逐滇督一職，因此願意率護國軍出征！

護國軍本以大義為天下倡，原期各省趨風回應。蔡鍔目的僅在同李烈鈞、戴戡及各將士舉兵討袁，不為爭權奪利而來，李烈鈞和戴戡也是抱持著同樣

的信念，因此蔡鍔不願別人有所誤會，「謂吾之舉係為權力，反阻人向義之路」！

蔡鍔、李烈鈞、戴戡都已如此表態，隨即唐繼堯表示蔡老前輩萬里風霜來此，每感不捨，唐願以老前輩馬首是瞻。蔡鍔當然不肯，於是唐繼堯趁勢順坡下驢，繼續坐穩了滇督一位。

蔡鍔此來是為犧牲救國，願為前鋒，獨任其難。並且所有舉義佈告、對外文告和宣言都是以唐為首，無非就是要表明自己「志在討袁，不爭權力」！蔡鍔稜稜志節，李烈鈞、戴戡和眾眾志士也表明，「此來目的只求討袁功成」，於是一切戰力劃分已逐漸明朗化！

都督府設立後，護國軍的討袁路線——「護國第一軍」即正式成立。護國第一軍由蔡鍔所統領，蔡鍔及所有將領本來的目的是要等待其他省份（如貴州、廣西、四川或其他省）的反袁力量起來後，才迅速成立「護國第二軍」。比如雲南為護國第一軍、貴州為護國第二軍、四川為護國第三軍、廣西為護國第四軍……以此類推下去，當然先決條件是在這些省能真正成立反袁組織的時候。李日垓在《客問》中就說道：「故滇黔出戰軍隊一時統屬於松坡，號曰第一軍，謂之第一者，蓋留第二以下以待他方之回應也。」

蔡鍔早已置生死於度外，此番再來雲南唯有「奉性命於危亡，拯天下於危難」，身為第一軍總司令，他反而能直接深入戰區，抗擊北洋軍，這正是他的誓言，他的目標，他永不妥協的真理之愛，因此他欣然接受！

原本蔡鍔和唐繼堯達成協議，「一出征，一坐鎮」，蔡鍔出征，唐繼堯則留守。都督和總司令的職責相互平行，都是由雲南省議會直接任命，而非軍都督府唐繼堯直接委任總司令蔡鍔，因此兩人職責不分高低，日後唐、蔡的行文用的也是公函諮文，不是命令。

然而，唐繼堯穩坐滇督後，隨即打破這種「權力平衡關係」！唐繼堯為

了徹底彰顯自己的權力，好將蔡鍔納在其下以便控制，居然不顧眾人的意見，自行開始組織「雲南護國第二軍」（非當初眾人一致決定由其他省分來成立的護國第二軍），蓄意將自己的權力凸顯於第一軍和第二軍之上，使護國第一軍司令官蔡鍔的地位明顯低於都督。

鄒若衡在《雲南護國戰役親歷記》中記述了這件事：「兩人訂約，蓋有都督印，載明出征在外部隊全盤歸蔡指揮，雲南內部坐鎮軍政事務歸唐負責。蔡任護國第一軍總司令，非唐所委，其總司令關防由雲南議會刊刻授蔡。蔡唐之間互用公函。後來成立的第二軍、挺進軍都由唐都督頒發關防，唐對此兩軍行文用命令。挺進軍司令『黃毓成』為此大表不平。」黃毓成認為唐繼堯的野心已經大到無法無天的地步。

唐無疑是護國軍中間的一顆毒瘤，明顯在護國軍內發作，然而蔡鍔、李烈鈞等皆是外來之人，礙於行令和職責，無法直接反抗。人們說，「中國兵事，爾虞我詐，多數人都是為了權貴而生，蔡鍔為了挽國家重劫重難，犧牲生命是最後的承受」。

李鴻祥在《增補雲南辛亥革命回憶錄》中記載道：「蔡鍔所部護國第一軍秘書長李梓暢曾見告曰：『蔡松坡出發討袁之前，與唐商定，蔡任總司令，唐任都督，兩下平行。後來李協和捧唐，自甘居於列將。唐乘勢電蔡，將第一軍隸屬都督，蔡閱電畢甚怒，撕毀電文，兩下從此鬧意見。蔡見唐這樣，很著急，喉疾加重，發音愈嘶啞。』」蔡鍔知道唐正在玩弄權術，不禁憂心忡忡。

1915 年 12 月 28 日，唐繼堯發佈了雲南都督府飭：「預定編制護國第一、二兩軍，次第出發，現第一軍業經成立，而餉械為行軍根本，非特派專員，迅往籌集，不足以收馬騰士飽之效。查有李烈鈞，久曆戎行，兼優贍略，熱心毅力，義聲著聞，合行飭委為中華民國護國第二軍總司令官，仍飭先行赴

南洋一帶籌募餉需，源源接濟，一俟餉項充裕，即行回滇，組織第二軍。」

然而，唐的野心可不僅是如此而已，為了日後蔡鍔出兵之時，自己能從中獨攬大權，甚或討袁一役若果真成功，自己隨即能縛捉蔡鍔等人，於是他開始籌備「雲南護國第三軍」的出征路線。

李曰垓在《客問》中即有詳細敘述：「出發未畢，許可權爭執，變更計畫，松坡之第一軍如故，莫賡（唐繼堯）又組織第二軍，以協和（李烈鈞）統之入廣西，又以趙毓衡氏所領之華封歌一團入黔，欲合黔之東路軍為第三軍，由莫賡自兼。此後戰事接觸，形勢又變。」李曰垓所說的「此後戰事接觸，形勢又變」，即是指護國軍在川地大捷後，唐繼堯即出兵四川，進行鎮壓，其嗜權的程度及對慾望的追求竟至如此可怕的地步！

護國軍歃血為盟──誓滅國賊，擁護共和

1915 年 12 月 25 日早上，雲南宣佈獨立後，晚上 7 時左右，一群反袁將領提議在五華山上的光復樓開武將軍行署把酒兄弟情誼，隆重歡迎老朋友蔡鍔返滇舉事，他們決定「歃血為盟，情義相許」！

鄒若衡在《雲南護國戰役親歷記》中記述著：「在歡迎蔡鍔來滇的宴會上，蔡在中央主座，隨說：『離別大家，轉瞬幾年，今天才見面。』一看旁邊座位空著，就喊「莫賡來座」，唐在蔡座旁側坐。」

莫賡就是唐繼堯，唐則喜稱蔡鍔為「蔡老前輩」，其實他倆在辛亥重九起義時期，的確儼如兄弟，蔡鍔是唐繼堯的學長，唐對他頗為敬重。然而世途多變，人的情誼往往如滄海桑田，唐繼堯開始喜於逐就權貴之後，眾多將士對他就早已避之唯恐不及。

鄒若衡繼續細述：「蔡鍔、唐繼堯、劉顯世、任可澄等具名討袁通電發出後，唐命我督率軍士在光復樓懸掛關、嶽畫像，燈燭輝煌、香煙嫋嫋，蔡、唐與滇軍重要將領等叩頭歃血。各刺指血簽名，『蔡最先，唐次之』，將校

以下只我一人，因招呼儀式得參加刺血，列最後。」

這是說滇軍將領在光復樓內「叩頭歃血」，由蔡鍔主導之。鄒若衡是唐繼堯的侍衛副官，在大會上擔任議程方面的事務工作，與蔡、唐距離最近。「叩頭」是人們敬天謝地或敬拜父母的禮儀方式，可見與會將領對「歃血為盟」一事的重視，等同視如己出，誰有異心，天誅地滅。

楊傑在《護國軍革命回憶錄》中細述道：「電報發出了⋯⋯不見答覆（25日當天上午，雲南發出了討袁通電（有電），袁未答覆），群情更見憤慨，乃決定於25日下午7點鐘在五華山開武將軍行署開緊急會議，所有雲南重要軍官均被邀出席，並派軍警將巡按使監視，以防不測⋯⋯。當時會場裡面還供著關公和岳飛的神位，大家就在神位面前立誓，用銀針刺破自己的手指，以鮮血在案頭的黃紙上簽了名，誓死「擁護共和，報國討袁」！然後，把簽名單焚燒成灰，撒到酒杯子裡。接著就是一陣痛飲，一陣悲歌，一陣歡唱，一陣鼓聲，情緒的熱烈，達於極點，直到深夜兩點鐘才散。大家都瘋狂了，除了瘋狂兩字，簡直無法形容。」

在開武將軍行署會上，群情振奮，歡聲雷動，大家的情緒已經燃燒至最高點，亮劍討袁勢在必行。

當晚，眾人隨即就將歃血簽名的誓詞焚化了，誓詞雖然沒有被記載下來，但有一說是蔡鍔把歃血簽名的誓詞焚化後，令加入所有將領酒杯裡頭，隨後對天發誓，乾杯共飲，誓詞是：

擁護共和，吾輩之責；興師起義，誓滅國賊。

成敗利鈍，與同休戚；萬苦千難，捨命不渝。

凡我同人，堅定持力；有渝此盟，神明必殛。

這誓詞有可能是參與歃血簽名的將領們，後來的追憶記載，也有可能是

沿用到辛亥重九起義的過去誓詞。

　　實際來看，歃血只是個形式，並不能代表與會者的真心，誰先歃血誰後歃血，也不能代表其反袁決心的大小。事實證明，當時許多後歃血的人或沒有參與歃血的人，遠比先歃血的人對護國戰爭的貢獻更大。

　　蔡鍔同眾將領歃血簽名後，不久全軍將士們也舉行了歃血為盟的儀式，畢竟軍隊是所有弟兄的大家庭。當時「討袁通電」的消息傳開後，全軍振奮！

　　楊如軒在《我知道的雲南護國起義經過》中記載道：「於十二月廿五日宣佈起義，正式成立護國軍政府……駐省會附近各部隊連長以上軍官集中五華山大禮堂；各部隊士兵就所在駐地操場，皆『歃血為盟』，吃雞血酒（刺破雄雞冠和本人中指，以黃錢紙染血，燒灰入酒中飲之），舉右手宣誓討袁。誓詞大意：『絕對服從護國軍命令，剷除袁賊，如違誓言，願受極刑。』」

　　滇軍眾將士歃血為盟後，大家便長跪叩首天地，發誓說：

　　參加歃血為盟之人，彼此誠信不渝，

　　要具有堅定的決心和勇氣，否則歃血便無意義了。

　　發大誓願之人，流血乃為百姓流，歃血更是為國家歃，

　　當中無堅不摧的那顆心最是撼動人心。

　　歃血同盟，只為共和；

　　有此決心，護國不遠。

護國軍誓師大會

　　歃血為盟儀式過後，12 月 27 日、30 日和 31 日，雲南軍政府連續拍了三封《致各省將軍巡按使等電》，要各省進入緊急備戰狀態，護國戰爭一觸即發。

　　隨後，1916 年 1 月 1 日元旦，護國軍在昆明舉行聲勢浩大的「誓師大會」。

會上，雲南軍政府以「都督唐繼堯、第一軍總司令蔡鍔、第二軍總司令李烈鈞」的名義，發表了《護國軍政府討叛誓師文》。

文中稱「袁世凱為國賊袁世凱，粗質曲材，賊性奸黠」，還痛罵了袁世凱是如何包藏穢毒，不知羞恥，如何陷害清王朝滅亡，又如何竊取辛亥革命果實，偽作忠良，奪據朝權……。

又說：「自民族國家，威灼五陸，雄風所扇，政鶩其公，國競以群，是以乾德精剛，宜充斥裡閻，洋溢眾庶，旁魄沆瀁，蔚為駿雄，故辛亥之役，黜君崇民，揚公尊國，所以高隆人格，發揚眾志，義至精而理至順，故雖舊德老成，去君不失忠，改官不降節。袁氏身奉先朝，職為臣僕，華山歸放，僅及

護國軍將領在昆明的合影，左起李日垓、羅佩金、蔡鍔、殷承瓛、李烈鈞

四紀，載瞻陵闕，猶宜肅恭，故主猶存，天良安在？顧蕞然以槽櫪餘生，不自揣量，妄欲以其君之不可者，而自為其可，是何異飾馬牛之骨，揚溲勃之灰，以加臭乎吾民，以淫汙乎當世，而令我名公先德，皆為其賤淫，白璧黃金，盡渲其瑕穢，此尤我元戎巨帥，良將勁卒，碩士偉人所同羞共憤，深惡痛絕，而不能曲為之宥者也。」

還歷數袁世凱「遙授國權、簽訂《二十一條》、開武政治先河、濫行使國權、殺宋教仁、更改國體、冒稱民意更改約法、任意補殺良士俊民、舉借外債、背食誓言、叛國稱帝…」等二十大罪狀。

在討叛誓師文中，軍政府還提出「五義要約」，「奉以綱維，普天率土，罔或貳忒」，要約如下：

一、凡屬中華民國之國民，其恪遵成憲，翊衛共和，誓除國賊，義一；

二、改造中央政府，由軍府召集正式國會更選元首，以代表中華民國，義二；

三、罷除一切陰謀政治所發生，不經國會違反民意之法律，與國人更始，義三；

四、發揮民權政治之精神，實行代議制度，尊重各級地方議會之權能，期策進民力，求上下一心，全力外應之效，義四；

五、採用聯邦制度，省長民選，組織活潑有為之地方政府，以觀摩新治，維護國基，義五。

在誓師會上，蔡鍔血淚滔滔，稱恨不能血灑中國喚醒所有同胞。恨不能立即取奸賊之命，以告眾眾犧牲的革命志士們！宣誓畢，各人飲血酒一杯，焚化誓詞，並大呼「中華民國萬歲」三聲。

眾人高呼中華民國萬歲之後，李烈鈞、任可澄、羅佩金等人隨即提出了護國軍的四項重要聲明：

（一）與全國國民戮力擁護共和國體，使帝制永不發生於中國；

（二）劃定中央地方許可權，俾各省民力能有自由之發展；

（三）建設名實相符的立憲政體，以適應世界潮流；

（四）以誠意鞏固邦交，增進國際團體之致格。

同一日，袁世凱在北京登基，將總統府改稱「新華宮」，改用洪憲紀元，更改中華民國為「中華帝國」，接受百官朝賀，擅自稱帝。同時頒佈全國各省大小各機關往來公文均採用洪憲年號，除了雲南一省外。

1916 年 1 月 3 日，唐繼堯已籌備完善雲南第三護國軍，於是飭：「委黃

毓成充雲南陸軍挺進軍司令官此
飭，委楊傑充挺進軍第一縱隊隊
長。」各方匯聚雲南的反袁志士有
人提問：「既然組織了護國第一、
二軍和挺進軍，完成了三路出擊的
軍事部署，為什麼還要建立護國
第三軍？」當然，這是唐繼堯處
心積慮為掌控所有護國軍的野心，

袁世凱登基稱帝

唐蓄意在蔡鍔出兵時，於以掣肘，最終歷史證明了唐繼堯可怕的野心。

　　蔡鍔的地位無論如何再也不能與唐繼堯平級了，然而，即使身患劇烈喉疾，每天都在與病魔搏鬥的他，依然不改初心、不改其志，更不改其行！他要堅定的站在所有反袁志士和眾士兵「真正的核心」上，不斷進行準備動作，以待隨行出征，痛擊北洋軍。

　　後來唐繼堯能力不足，護國第三軍沒有真正組建，黃毓成正氣凜然不肯接受唐的委任，頂多唐繼堯只兼任第三軍司令官，護國第三軍只是個空招牌。

第三節　歷史忘不了護國軍的護國誓言

鐵骨錚錚護國軍，陽光誓言恆不變

　　1916 年的元旦護國軍誓師後，護國軍總司令蔡鍔也發表了護國軍《誓師討袁文》，期以此篇誓詞，與雲南百姓和滇軍全體將士共勉，弭平袁政權，再造共和。

護國軍第一軍總司令誓師討袁文
（一九一六年一月）

維中華民國五年一月□日，護國軍第一軍總司令蔡鍔謹率所部官兵全體，以犧牲酒之儀，敢昭告於皇天后土，而誓師曰：嗚呼！

天祚華胄，肇造區夏。治隆中古，實官天下。

子氏始衰，不率厥德。朝覲訟獄，化家為國。

玉食萬方，宅中無外。丈夫如是，可取而代。

狐鳴篝火，不寇斯王。人堯家禹，殺伐用張。

亦有神奸，睥睨神器。狐媚孤寡，患生肘腋。

天地大寶，於囊於橐。誨盜致亂，一丘之貉。

歲在辛亥，蒼頭特起。攘除舊汙，複我先矩。

易占無首，禮運大同。昀昀禹城，天下為公。

相彼並東，群雄如堵。本初擁眾，遂為盟主。

眷懷國難，風雨飄搖。百爾退聽，誰則旁撓？

民懷其粒，待澤孔殷。彼昏弗恤，苛政繁興。

封豕啟疆，協以謀我。彼皆曰諾，何求弗可。

失我民依，斫我國脈。自我視聽，天奪其魄。

帝制自為，在法必誅。卓焚其臍，煬斫其顱。

時日曷喪，天人共怒。海內匈匈，維一人故。

重足側聽，湮郁待宣。奕奕南疆，為天下先。

五百存田，六千報越。矧茲有眾，而不克捷。

誰捍牧圉？曰維行者。與子同仇，不渝不舍。

嚴爾紀律，服我方略。伐罪吊民，義聞赫濯。

汝惟用命，功楙楙賞。遣亦汝罰，欽哉弗諼！

嗟爾有眾，為國力勤。念茲誓詞，其克有勳。

總司令誓師討袁文發佈後，隨即又發表了《告全國同胞書》，期日月同鑒，殺伐用張，兵刃相接，血報神州，以為民國：

告全國同胞書
（一九一六年一月）

中華民國護國軍總司令蔡鍔誓告於我全國同胞公鑒：袁為不道，竊號自娛。言念國危，有如朝露。鍔等不忍神明之冑，遞降輿台；更懼文教之邦，永淪歷劫。是用奮發，力任驅除。首事不過兼旬，風聲已播全國。具見時日之痛，悉本於人心；差

護國軍首領蔡鍔起義宣言

幸疾風之節，猶光於天壤。惟是榱崩棟折，詎一木之能支；定傾扶危，將群材之是賴。名叫等回天力薄，返日心長。不惜執效撻伐之先，所冀鼓掊有聲應之助。乃如黨分洛蜀，疑有異同；地判越秦，不無歧視，或謂伯符有坐大江東之勢。抑恐敬業存凱覦金陵之心；凡此疑似之辭，慮不免於讒間之口，竊為是懼。用敢披瀝肝膽，謹布誓詞，以告國人，亦自申警：

一：同人職責，惟在討袁。天助吾民，幸克有擠。舉凡建設之事，當讓賢能，以明初志。個人權利思想，悉予剗除。

二：地無分南北，省無論甲乙，同此領土，同是民國。惟當量材程功，通力合作，決不能以地域觀念，自啟分裂。

三：倒袁救國，心理大同。但能助我張目，便當引為同志。所有人前黨派意見，當然融消，絕無偏倚。

四：五大民族，同此共和。袁氏得罪民國，已成五族公敵。萬眾一心，更無何等種族界限。

　　茲四我者，誓當奉以周旋。敬此志之或渝，劉明所必殛。皇天后土，實式憑之。惟我邦人諸友，鑒此心期，或杖策以相從，亦劍履之遝及。其諸同仇可賦，必有四方豪傑之來；眾志成城，不墮二相共和之政。謹告。

　　誓詞一出，雲南各界一致擁護，歡欣鼓舞，百姓競相告知，護國軍隊即將興師出發。

　　護國軍誓師詞發佈後，雲南《滇聲報》曾在 1916 年 2 月 21 日，刊載出當天內容，《義聲報》也立即發表文章評價說：「一曰無權力思想：從古魁傑舉事，類多權力是爭，不見先入關中者為王，用激重瞳之盛怒；一見荊州而圖霸，深仇大耳之梟雄。惟權力之未忘，遂爭奪之靡已。……天生三傑（蔡鍔、李烈鈞、唐繼堯，又一作蔡鍔、李烈鈞、李根源），為天下先，所謂個人權力思想何有焉？」這些都是畢生追求權勢的袁世凱所無法理解的，護國誓文一出，護國戰爭即蓄勢爆發。

　　觀戰爭的表現形式約略有四：

一、殘酷性，雙方以暴力手段互相開殺；

二、毀滅性，兩軍交戰的時候，一方以消滅另外一方為干戈代價；

三、目的性，一方以武力迫使另一方屈服，達到戰爭的目的；

四、持久性，戰爭持續時間有時候長達幾年甚至數十年。

　　蔡鍔、李烈鈞、唐繼堯及與會將領在護國軍誓師當天，已從戰略部署和兩

護國軍首領蔡鍔（座位第一排中間手執帽者）

軍對峙情況做過兵棋推演。蔡鍔向眾人說，北洋軍隊兵數龐大，武器新穎，因此我們必須採持久性的「持久戰略」，藉由消耗北洋軍的精力和兵力，取得永久性的勝利！

1913 年的二次革命，蔡鍔認為時機尚未成熟，革命黨人難免吃暗虧。而此次護國軍即將出征，蔡鍔認為這是「內戰」，實非應該。但為了國家人民共同關心的權利或利益，非戰不可，敵前要心存仁義而非慈悲。

蔡鍔、李烈鈞品格高尚，學習軍事，是為了用於「國際」，抵禦外侮，振興民族。由於袁世凱申令帝制，不得以蔡鍔和李烈鈞只好將軍事長才用於「內戰」，絕不肯給權貴當丁。

護國軍之所以倉促出征，是蔡鍔深諳國情：此事禁不起拖延，如果讓老袁皇帝位子坐穩，對外賣國勾結，對內鎮壓拉攏，以國人的習性，再忍氣吞聲三十年也是可能的。

從 1911 年 11 月到 1915 年 12 月，中華民國 4 歲了，袁世凱卻要結束她的生命，因此討袁戰爭刻不容緩。

從蔡鍔潛赴雲南，克服種種困難，與李烈鈞、唐繼堯、戴戡等策劃發動雲南的力量，奮力舉起護國大旗，興師護國，不過短短幾天，可知蔡鍔個性剛毅，行動火速，迅速使護國軍各就各位，一一歸列。

像這樣爭取寶貴的時間，無疑是擔憂袁世凱再繼續通敵賣國，最後國家又要少了什麼土地，四分五裂，是極為可怕的事情。事實上，袁世凱為了稱帝，也從不擔心這些問題的取捨。蔡鍔、李烈鈞及無數的護國將士們，是捍衛共和的真正衛士！

他們深知，發動戰爭不是為個人爭權奪利，也不是為了某個群體、階級、階層或集團的利益，而是為了全中國的人民。中華帝國是袁世凱的；中華民國是人民的。中華民國的誕生是經過多久的夢想和呼喚、多少志士用血和汗

把民主之根紮下，才得以醞釀而出。

中國終於不再是某個皇帝的國家，人民不再跪拜，中國專制帝權是世界上唯一不曾中斷的政體，在如此悠久的傳統基礎之上，革命何等艱辛，共和的成長何等艱難？因此蔡鍔、李烈鈞及所有革命衛士，決定捍衛革命黨人辛辛苦苦打下的民主共和。

護國軍第一軍、第二軍總司令部成立

雲南宣布獨立當天，蔡鍔就與諸眾將領擬定了「討袁出兵路線」，計畫揮師挺進四川瀘州和敘府。當天討袁通電發出後，蔡鍔即讓護國第一軍第一梯團長劉雲峰先行率兵出征。

翌日 12 月 26 日，「護國軍第一軍總司令部」在昆明八省會館成立，總司令官蔡鍔，參

護國第一軍司令部

謀總長羅佩金、參謀處長殷承瓛、秘書處長李曰垓、副官處長何鵬翔、軍需處長陳之階，劉雲峰、趙又新、顧品珍各為第一、二、三梯團梯團長，鄧泰中、楊蓁、董鴻勳、何海清、祿國藩、朱德各為一、二、三、四、五、六支隊支隊長。護國軍第一軍總司令部由「參謀、副官、秘書、軍需、軍械、軍法、軍醫、財務等」八個處組成，並直轄炮兵大隊、警衛大隊、騎兵連、憲兵中隊等部。

護國第一軍一開始軍費拮据，後來由羅佩金將其原借得的公款 11 萬元，轉借給了第一軍作為開拔費，成為護國第一軍以後隨軍的護國銀行基金，其組織程度相當艱辛。

接著，「護國軍擴編工作」正式開始。最初確定護國第一軍由 3 個梯團（相當於旅，當時滇軍的軍制，在行軍作戰時，旅改為梯團，團改為支隊）組成，每梯團轄 2 個支隊。

蔡鍔決定將已向滇、川邊境移動的滇軍步兵第一、第七兩團，編為護國第一軍第一梯團，任命劉雲峰為梯團長，以原任步兵一團團長鄧泰中和步兵七團團長楊蓁，分任第一、第二支隊長。又任命趙又新為第一軍第二梯團團長，統轄第三、第四兩個支隊，以董鴻勳和何海清分任第三、第四支隊長。

1916 年 1 月初，護國軍第二軍總司令部在昆明成立。第二軍總司令官李烈鈞，參謀總長何國鈞，張開儒、方聲濤分任第一、二梯團梯團長。唐繼堯任都督兼第三軍總司令（護國戰爭爆發後，第三軍實則為虛設）。

會上，護國軍擬定了作戰計畫：

1、第一軍攻川；

2、第二軍入桂、粵，再轉道入贛；

3、其中第一軍戴戡秘密潛回貴州，號召黔軍共同對抗北洋軍；

4、爾後三軍在武漢會師。

民國著名記者陶菊隱說，舉義之前，蔡鍔曾向滇軍沉痛致辭：「袁勢方盛，吾人以一隅而抗全域，明知無望，然與其屈膝而生，毋寧斷頭而死。此次舉義，所爭者非勝利，乃中華民族四萬萬眾之人格也。」

戰爭成敗，的確沒有任何把握，但只要，堅壁清野，負嵎頑抗，仍要知其不可而為之。！

護國第一軍出巡前合影

參考資料：

- 《蔡鍔集》下冊（曾業英）
- 《護國之役回顧談》（梁啟超）
- 《洪憲舊聞》（侯毅）
- 《護國討袁親歷記》（金漢鼎）
- 《護國軍紀要》（劉雲峰）
- 《蔡松坡先生事略》（雷飆）
- 《滇黔反對袁世凱帝制的經過》（鄧漢祥）
- 《護國運動的一段回憶》（葉成林）
- 《蔡鍔大傳》（謝本書）
- 《護國軍革命回憶錄》（楊傑）
- 《雲南護國戰役親歷記》（鄒若衡）
- 《黃興年譜長編》（毛注青）
- 《歷史的另一角落》（吳銘能）
- 《護國運動資料選編》（李希泌、曾業英、徐輝琪）
- 《評唐繼堯護國》（李開林）
- 《雲南檔案史料第三期》（雲南省檔案館）
- 《飲冰室合集・文集》（梁啟超）

第十二章

鐵血護國軍，歷盡艱辛再造共和

　　在護國戰爭中，蔡鍔運籌帷幄、佈置防線，指揮若定，完成了護國大業，再造共和，譜寫出人生中最華麗的篇章。蔡鍔能達到這種境界，憑的就是「敢於擔當」。擔當不是理論，而是通過許多事情的反覆磨練，從事件中鍛鑄出來的一種人格特質和精神。擔當精神所綻放的是最純正的理想信念，它會導正並堅定人的志向。蔡鍔始終堅持「革命理念高於天」，就是源自於他一生永不退悔、矢志不移的擔當！

　　所謂「疾風知勁草，烈火見真金」，擔當是一輩子，而不是一陣子，是需要在實踐中反覆接受鍛鍊和考驗。我們都知道，人類的野心慾望膨脹過度了，因此世界性的戰爭隨時都有可能爆發，這是毋庸置疑的！我們重新探討戰爭年代，鼓勵世人莫忘先賢先烈捨生忘死、英勇犧牲的精神，為的是喚醒人們的擔當和責任，以為人類謀求更長更久的和平。

第一節　護國第一軍出師，
　　　　刀鍔開鋒，鏖戰千里

護國軍和北洋軍兵力部署對照

護國第一軍擬定好了討袁出兵的路線後，1916 年 1 月初，護國第二軍也擬定了作戰計畫。護國第一軍由司令蔡鍔統兵，下轄 4 個梯團（旅），每梯團各轄 2 支隊，總兵力約 6000 人，計畫經黔入川，攻克瀘州，並揮師北上。護國軍行前，蔡鍔、李烈鈞運籌帷幄，擬定

護國軍出征所經之地昆明護國門、護國橋

了嚴密周詳的作戰部署，期批亢擣虛，決勝千里之外。

【護國軍兵力部署】

護國第一軍

總司令：蔡鍔

下轄 4 個梯團

第一梯團：團長劉雲峰

第二梯團：團長趙又新

第三梯團：團長顧品珍

第四梯團：團長戴戡

一、第一梯團左翼軍挺進「四川敘府」作戰部署

時間：於 1915 年 12 月 25 日從昆明出發。

由第一梯團長劉雲峰率鄧泰中、楊蓁兩支隊為先遣部隊，出雲南昭通，取四川敘府（今四川宜賓），為左翼軍。

二、第二、第三梯團中路主力軍進攻「四川瀘州」作戰部署

時間：於 1916 年 1 月 16 日從昆明出發。

由蔡鍔親自揮軍，以第二和第三梯團長趙又新、顧品珍分率董鴻勳、何海清、祿國藩、朱德 4 支隊，經雲南永寧，進四川瀘州，為中路主力軍。

三、右翼軍挺進「四川重慶」作戰部署

時間：於 1916 年 1 月 27 日從貴州出兵。

右翼軍是蔡鍔領軍出征後，後方唐繼堯為增援前線所臨時組織的一支軍隊。

四、第四梯團挺進貴州，擬定攻克四川

第四梯團依照原先計畫，由戴戡率領熊其勳支隊、殷承獻率領華封歌支隊增援，取道貴州松坎，攻克四川綦江，進規重慶，為右翼軍。

護國第二軍

總司令：李烈鈞

下轄 2 個梯團

第一梯團：團長張開儒

第二梯團：團長方聲濤

預定出發時間：於 1916 年 2 月 21 日出發（後來因唐繼堯遲遲未給李烈鈞兵馬，因此出發時間受阻）。

護國第二軍由司令李烈鈞統兵，下轄 2 個梯團，由張開儒、方聲濤分任第一和第二梯團梯團長，總兵力約 1500 人，作戰計畫部署為出戰廣西和廣東，

再轉道挺進江西。後來護國第二軍在護國第一軍挺進四川後，與北洋軍在廣西展開激烈的廝殺戰。

【北洋軍兵力部署】

袁世凱身經百戰，戰爭經驗十分豐富，自從坐擁重兵後，從未把不屬於北洋軍派的南方軍系軍人看在眼裡，唯獨只有一人例外——蔡鍔。在他看來，蔡鍔是個十足難得的軍人，性格剛正，允文允武，而且戰術出奇，百戰百勝，即便段祺瑞都難以與之相較高低。因此，袁世凱得知蔡鍔起兵後，表現得十分惶恐戒懼，甚至語無倫次。

袁世凱雖然感到惶恐不安，但卻是一副勝券在握的模樣。原來他認為，即使護國軍的氣焰囂張，卻有個極大的缺陷，那就是「兵力不足」的問題。除蔡鍔外，各地方軍隊都只是零星部隊，因此袁並不看在眼裡。再說，各省對於袁世凱恢復帝制一事，都是經過深思熟慮、審時度勢後所作出的決定。在袁的強權籠罩和威逼之下，莫敢不從，誰也不願和護國軍打交道！

袁世凱打量護國軍的出兵路線後，認為對付護國軍唯一的辦法就是採「分化兵源」策略，再「以武力對武力」，將對方徹底擊垮！為此，袁積極部署了「重兵壓境」的戰術，迅速成立了「征滇臨時軍務處」。

袁世凱急令北洋軍和四川、湖南、廣東等省軍隊共約 10 萬人，計畫圍堵護國軍於「四川、湘西、貴州、廣西」等地，企圖分散護國軍的戰力，最後再採圍剿戰術，分三路反攻雲南，一舉打垮雲南軍政府。

護國軍有二軍總司令部，對此，袁世凱也成立「征滇軍三路司令部」予以應對：

第一路軍由曹錕率領

袁任命曹錕為四川、湖南兩路「征滇軍總司令」（第一路、第二路總司

令），率第一路軍司令馬繼增的北洋軍第三、第六、第二十師各一部及部分混成旅，計畫由湘西經貴州從東北面攻入雲南。

第二路軍由張敬堯率領

第二路軍司令張敬堯的北洋軍第三、第六、第七和第八師各一部，與駐川北洋軍和川軍各部會合，由北面攻入雲南。

第三路軍由龍覲光率領

征滇軍第三路軍採獨力作戰，由廣東陸軍第一師師長、雲南查辦使龍覲光為司令，率部由廣東經廣西，攻入雲南，並策動與聯合雲南家鄉蒙自的土司龍體乾、龍毓全在滇南各地舉行武裝暴動，企圖襲擾護國軍後方。

上述是整個護國戰爭過程中，兩軍相峙的態勢和兵力部署，護國第一軍為最先發部隊。

護國第一軍挺進四川，攻克敘府

1915 年 12 月 25 日，護國第一軍第一梯團劉雲峰部從昆明出發後，正式拉開了護國戰爭的壯麗序幕。劉雲峰在《護國軍紀要》中寫道：「隨即命雲峰為第一梯團長。鄧泰中、楊蓁兩支隊屬第一梯團（附機、砲各一連），此為第一梯團之兵力。二十五日討袁電發出後，余即出發。」

但懋辛在《護國軍入川及四川招討軍司令部的設立》中也詳細紀錄了護國第一軍的出發時間和目的地：「鄧泰中奉命先行出發。他說唐總司令希望熊師長（熊克武）一行的同志們與第一支隊同時出發，以便進入川境時召集舊屬幫助作戰，我們一路先行的，有李蔚如、余際唐、鄒有章、傅常、周官和、張沖、王維綱、彭竹軒、鄧奠堃等，還有井勿幕等人及四川一些同志隨後跟進。另外楊森、向傳義、張煦、劉光烈預定跟同蔡總司令到永甯。我們 26 日過東川時，得知昆明已於 25 日宣佈討袁了。」

1916 年 1 月 16 日，劉雲峰兩支隊歷經 23 天的跋涉，終於抵達四川和雲南接壤的新場地方。劉雲峰部抵達新場時，新場及其附近的燕子坡、黃坡耳和捧印村等地皆已被北洋川北軍川南鎮守使伍祥幀部所佔領。新場和燕子坡上飄揚著川北軍的旗幟，到處都有重兵把守，劉雲峰同鄧泰中、楊蓁討論後，認為川北軍兵數過多，且燕子坡地勢較高，必須採取「包抄襲擊戰術」，將其各個擊破。於是劉雲峰部決定，利用翌日黎明時分，掩其不備，分路攻向敵軍。

護國第一軍第一梯團長劉雲峰

進攻策略擬定後，1 月 17 日凌晨，劉雲峰部向伍祥幀部發動進攻，雙方在新場和燕子坡展開激戰，伍祥幀部不敵退守燕子坡。1 月 18 日凌晨，劉雲峰部再向四川高縣西北的橫江挺進，11 時左右攻克橫江。

1 月 19 日，護國第一軍繼續揮師北進，再向敘府西南的安邊進攻：

1、　第一支隊由鄧泰中率領，與敵軍正面交鋒；

2、　第二支隊由楊蓁率隊，利用夜暗迂迴至安邊側翼，發動突襲攻擊。

護國軍懂得運用圍剿襲擊戰術，川北軍兵敗如山倒，伍祥幀只得率部往敘府方向潰逃。這時團長劉雲峰下令乘勝追擊，第一支隊和第二支隊護國軍於 21 日晚間 10 時左右，攻進敘州城

護國軍 1916 年 1 月 21 日攻克敘州（今四川宜賓市）

（今宜賓市），取得護國戰爭的第一個重大勝利！

護國軍首戰告捷，士氣大振，袁世凱氣急敗壞，即刻命心腹毅威將軍陳

宦火速調遣川軍人馬趕赴敘州，又令伍祥禎將功贖罪，率川北軍配合陳宧，速速返攻敘州，拿下護國軍。

1月22日，陳宧與馮玉祥、朱登五、伍祥禎等將領在四川瀘州召開協同作戰會議，重新部署川軍兵力：

1、　馮玉祥率領兩個營，從瀘州出兵攻打敘州東面；

2、　朱登五則率漢軍攻打敘州西面，同時再由瀘州派遣兩營繞到敘州南面，由南面與馮玉祥部採包抄戰術，擊潰護國軍；

3、　伍祥禎則率川北軍殘部回攻敘州北面。

袁軍試圖三面包攻，奪回敘州大本營。這時敘州人民知道護國軍到來後，為了分散敵人三面包抄攻勢，於是紛紛踴躍自組「討袁義勇軍」，以配合護國軍的進攻計畫。

討袁義勇軍加入後，劉雲峰見機不可失，於是下令發動總進攻。護國軍採正面迎擊袁軍，義勇軍則潛至敵人後方，襲擊敵軍砲兵陣地，為護國軍分散敵軍戰力。陳宧軍腹背受敵，川軍包抄戰術頓時失效，在一片混亂中，只得紛紛逃竄而去。1月26日，劉雲峰命鄧泰中支隊開赴敘北宗場迎擊伍祥禎旅隊，1月27日，雙方在鬥牛岩展開激戰，1月30日再戰於宗場，伍祥禎旅隊全數撓北。

劉雲峰又命楊蓁支隊駛赴敘東，1月31日，馮玉祥旅隊大軍壓境，雙方大戰三晝夜，楊蓁支隊力克馮玉祥旅隊，馮率殘部倉皇遁去。這時由瀘州派遣而至的袁軍兩營，準備由敘州南面包抄護國軍，見北、東兩路連連慘遭滅頂，於是不戰而逃。自此，陳宧「四路攻克敘州」的計畫終未能得逞，護國軍在「敘府戰役」中大獲全勝！

瀘納戰役──蔡鍔揮軍，鏖戰納溪與瀘州

1916年1月16日，護國第一軍主力中路軍整軍待發，臨行前，蔡鍔發表

了《告滇中父老書》，以表壯士扼腕、視死如歸的決心：「鍔遠道南來，幸獲從父老之後，以邁茲嘉會，而又過辱寵幸，掃境內之甲兵以囑之鍔，俾得與逆賊從事。鍔感激驅馳，竭股肱之力，濟之以忠貞，以求勿負我父老之厚望而已。抑全功未必一蹴之可企，而有志豈容一息之或懈？鍔行矣。其所賈餘勇而策後勁，以其膚功迅奏，而集民國再造之大勳者，伊誰之責？願我父老之一鼓作氣，再接而再厲之，以期底於成。斯國家無疆之庥，而亦吾滇父老不朽之盛業也。」

當日，蔡鍔並率全體將士宣誓：

誰捍牧圉？曰維行者。

與子同仇，不渝不舍。

嚴爾紀律，服我方略。

伐罪吊民，義聞赫濯。

汝惟用命，其功懋懋。

違亦當罰，欽哉違諉。

護國軍在昆明出師之際，昆明各家鋪戶紛紛張燈結綵，懸掛國旗。從馬市口至南門一帶，門聯、彩布五色繽紛，冉冉飛舞，民眾並在自家大門上用紅紙金筆書寫「永護共和大紀念」的字樣。當護國軍隊伍行將走出昆明城時，民眾紛紛起誓：誓與民國同生死，誓與四萬萬同胞同生死，

1916 年初，蔡鍔在缺少裝備軍餉的情況下，獨自率領三千滇軍子弟兵踏上征途

誓擁護共和、反對專制！一時打倒賣國賊袁世凱的口號聲此起彼伏。

主力軍由蔡鍔揮師，統率趙又新第二梯團與顧品珍第三梯團，計畫取道貴州畢節，進駐四川，攻克納溪和瀘州。

楊如軒在《護國戰役親歷記》中寫到：「瀘州、納溪是從雲南入四川的必經要道，又是重慶的上游門戶，袁世凱把大部兵力（占當時全部北洋軍兵力的三分之一）投入這次決戰，可以想見這次戰役的重要。」

為何袁世凱要把北洋軍兵力的三分之一全部投入在瀘州和納溪的防線上？因為袁瞭解，瀘州和納溪山地起伏，地勢險峻，易守難攻，可作為站前基地，鞏固防守，長期對抗護國軍。而對護國軍而言，攻下瀘州和納溪勢在必行，因為此處居高地勢兵臨重慶，一旦取下重慶，掌控長江幹流及支流的水路結構，作為護國軍力的部署，必可重重打擊北洋軍。

護國路途迢遞嶬嶮，巉巇綿延，護國軍披霜冒露，頂著漫天大雪跋涉入川，其中的艱辛難以道盡！再者，護國第一軍入川時所面臨的軍事壓力也是非常沉重的，「以寡敵眾的戰術」如何在瀘州這樣特殊的地形之中奇兵突出，將是一大考驗。

《護國運動史》中詳細記載到：「這一路是袁軍主力，圍剿雲南起義的主攻部隊，其軍隊配置有曹錕第三師，張敬堯第七師，李長泰第八師之一旅，河南混成第九旅、安武軍，原駐武昌之第二師步兵一大隊，以及山東的新兵。再加原隨陳宧入川的馮玉祥、伍祥禎、李炳之三個混成旅，川軍周駿第一師，劉存厚第二師等部，總兵力約有四萬五千人。計畫將遠在四川以外的北洋軍各部，經武漢轉運四川，先集結重慶，然後向瀘州、綦江等地展開。」

當時雲南僅有兩師一旅，兵力約兩萬人，而袁世凱北洋常備軍直屬陸軍部，有 12 個師，兵力至少在 25 萬人以上。除此之外，袁還掌控了與北洋陸軍戰力旗鼓相當的北洋艦隊（北洋水師），雲南「以一省之力欲舉兵救國」，

其艱辛程度可見一斑！

　　況且，雲南從護國軍組建的時候起，唐繼堯就在蓄意設法阻撓，讓蔡鍔僅帶出數千兵力。祿國藩在《雲南護國前後回憶》中說：「關於護國第一軍的編組情況，上設軍司令部，下由三個梯團六個支隊編成。每梯團為兩個支隊，每支隊為步兵兩個營，每營為四個連，約有官兵五百餘人。每支隊配有山砲二至四門，機關槍二至五挺，中有個別支隊沒有配置。總共約有官兵六千餘人。」

　　祿國藩敘述的 12 個營 6000 人的總兵力，是指護國第一軍第一、二、三梯團前前後後陸續抵達「敘府和納溪」兩線時的兵力。第一梯團約 2400 人，第二、三梯團則約 3600 人，這是蔡鍔指揮護國軍入川的總人數。

　　賴建侯在《我參加護國之役的回憶》中也寫道：「部署既定，只待出發，而唐繼堯百計推延，故為阻滯，前經指定的部署軍隊數團，不允開動，乃由各防區抽調訓練缺乏，槍支極壞的零星部隊交蔡（蔡鍔）。蔡不顧一切，毅然把部隊漏夜編成，派趙又新第二梯團由昆明出發。」滇軍數萬兵員在營，護國主力軍卻只領兵數千名。反觀北洋軍部署在四川一省方面，就有好幾萬名，兩軍軍事力量對比顯得相當懸殊。

　　袁世凱得知蔡鍔軍隊即將抵達四川後，即佈下重重兵力嚴陣以待。浩浩蕩蕩 4 萬 5 千人的北洋軍力，裝備齊全，戰力剽悍，袁頗有一鼓作氣將護國軍全數殲滅的打算。護國軍在此形勢之下，「兵力不足」將成為出手得盧最大的困難。

　　護國軍入川後，連夜進行緊急部署，調兵遣將，隨即迅速進入一級戰備狀態。由於前線兵力不足，蔡鍔不得不果斷決定，立即抽調敘州第一梯團劉雲峰部部分兵力前來增援，命劉繼續堅守崗位。蔡鍔進行兵力部署之際，2 月 2 日，川軍第二師劉存厚陣前倒戈，宣布加入討袁陣線，在納溪獨立，自任護

國軍川軍總司令。2月4日，劉存厚迎蔡鍔軍部進入納溪，滇、川兩軍在此會師。

滇川兩軍會師納溪後，蔡鍔立即召開緊急軍事會議，擬定從瀘州突破北洋軍的「整體作戰計畫」：

一、先對川邊敵軍進行突襲，出奇制勝，攻下瀘州；

二、奪占瀘州諸要地後，再揮軍北上，攻克成都；

三、成都緯度偏高，取下後立即揮師東下，與戴戡「護國黔軍」、程潛「護國湘軍」和李烈鈞「護國第二軍」會師於武漢；

四、四軍整合後，再由武漢節節東上，直搗北京。

這是一條綿延數千里之長的征途，極為艱辛，然而，即使是再遙遠的征軍路途，也無法阻止護國軍流血救國的決心。為了「恢復國家民主，再造共和體制」，攻佔瀘州勢在必行！

納溪與瀘州僅一江之隔，瀘州對面（對岸）是藍田壩和月亮岩，月亮岩雄崎長江，如果佔據它，就可以在上面佈置砲兵，居高臨下俯擊瀘州。蔡鍔洞燭機先，已意識到佔領藍田壩和月亮岩是護國軍當務之急，是攻佔瀘州亟待採行的戰略。2月5日，依照作戰佈署計畫，滇、川兩軍合力會攻瀘州對面的藍田壩和月亮岩。2月7日，護國軍順利攻下月亮岩，並把月亮岩和藍田壩一起交予劉存厚川軍陳禮門團部駐守，以阻止敵人渡江。

護國軍董鴻勳隊為了趁勝追擊，於是率了兩個營的兵力從下游的泰安場強行渡江，出其不意攻擊敵軍瀘州側背，順利佔領了瀘州郊外的軍事要地五峰頂等。但由於駐守月亮岩和藍田壩的陳禮門一時大意，放任士兵喧鬧賭博，2月9日，張敬堯率征滇軍殺至，陳禮門團部竟未察覺。此時，駐守瀘州的北洋軍熊祥生旅一面死守瀘州城，一面利用夜幕低垂的時刻偷渡長江，突襲月

亮岩，使川軍猝不及防，驚懼潰逃，陳禮門認為自己怠忽職守，竟然羞憤自殺。

2月10日，藍田壩和月亮岩失守，護國軍立即連夜退回納溪，北洋軍繼續窮追不已，護國軍攻打瀘州之役最後遂演變成「納溪保衛戰」。2月12日，瀘州北洋軍傾巢而出，渡過長江，護國軍和川軍被團團包圍於富安街一隅，形勢十分危急。2月13日晚，何海清支隊趕到納溪，立刻加入戰鬥，蔡鍔又火速緊急電令其他各部支援，隨後總參謀長羅佩金也率隊趕至納溪前線。

蔡鍔命各支隊全力統合，集中砲火隊火力全面對敵轟射，一時槍林彈雨，雙方砲火在空中不停穿梭，晝夜不息，鬼哭神號。就這樣兩軍在北起長江、南抵永寧，縱橫百里遼闊的戰場上，浴血黃沙，血肉漂杵。

瀘納戰役雙方展開生死殊鬥戰，軍醫李丕章在《護國軍瀘納戰役和軍醫工作回顧》中紀錄了護國軍兵力的問題：「**趙又新梯團是個完整的混成旅，約有二千五百人至三千人，他們扭轉了川軍冒進失敗的局勢後，守住了納溪一線。**在這樣的形勢下，二、三梯團陸續增援上去。第三梯團顧品珍，人員裝備不如第二梯團，特別在集中應敵時，不是整團整營上火線，因為他們是在雲南內地較為邊遠的地方調集而來，而又迫於應敵，來不及整理上陣，只是隨到隨赴前線。」

接著又敘述說：「當總司令部到達敘永之日，也即是前方攻瀘失敗，川軍陳禮門旅長自殺的時候。我軍扼守納溪，這一線上滇軍不過五千人。至於『趙鐘奇』率領的第四梯團更是零零星星的到來，其中還有徒手的新兵，他們絡繹不絕地通過敘永上前線，我們見到的是每天幾百人，少至數十人。所以滇軍出師抗袁，本人所親見的滇軍不滿七千人，川軍只有三千人，共約一萬人，其中有訓練能作戰的只是五千人。」

護國軍兵力不滿7000人，而且兵力是一面打仗消耗，一面陸續到達前線

補充，因此在前線的暫態兵力始終沒有超過5000。可想而知，護國軍面臨的軍事壓力是何其沈重！司令蔡鍔身歷前線，指揮若定，與滇軍奮勇護國、視死如歸的精神著實令人敬佩！

雖然顧品珍第三梯團的兵力大多由雲南邊遠地方陸續調集而來，臨陣前線時，也毫不退縮，反而懷著背城借一的決心，與趙又新第二梯團並肩作戰，其捨生忘死的偉大節操也是令人無比動容！

另外，護國第一軍本來還有趙鐘奇梯團（第四梯團），然而正當第四梯團從雲南剛出發到沾益，就被唐繼堯改為自己第三軍的第一梯團，調其往赴貴州黃草壩去。由於第四梯團被從中調走，後來第四梯團即改為戴勘升任。

護國第一軍第一、第二梯團團長。左起：趙又新、顧品珍

趙鐘奇在《雲南護國前後回憶》中記述了這件事：「當時我係蔡松坡護國第一軍的第三梯團。所屬華封歌支隊，被唐繼堯調去交殷承瓛帶到貴州松坎，附屬戴戡。後唐編我為第三軍第一梯團。」

趙鐘奇梯團同樣是一支戰力強大的驍勇軍隊，2月中旬出發行軍至雲南羅平縣時，正是瀘納戰役最為緊張的時刻。然而，此時唐繼堯卻命令趙梯團部留守羅平，不得前進，使趙梯團無法參與瀘納戰役。蔡鍔出征前按伏的兵力慘遭唐繼堯陣前釜底抽薪，致使護國第一軍所有將士在戰場絕境中掙扎！這是蔡鍔始料未及。

雖然趙梯團被勒令按兵不動，但趙鐘奇忠義之心凜然！《趙鐘奇建議撥

調警團速取廣西與唐繼堯來往函》中記載，2 月 18 日，趙鐘奇致電唐繼堯，請求：「前電我公撥警衛團一團、砲一連、機一排速來奇處調用，仍聽我公指揮一節，係不得已辦法，務請我公慨然允諾，則大局幸甚。至於奇，我公知之已素，倘對我公有二心，誓以死不旋踵，請釋廑念！如我公另有高明計畫，奇到羅平僅使之任守禦之職，則步數營，機一排，李植生盡可為之，請調奇回省擔任他項職務，或教練補充將校、士兵，奇亦萬死不辭。如以上數事，公均不以為然，奇今在羅平，焦急成病，或至於死，毋寧抗命回省，請公處分之為愈。」

如果趙鐘奇梯團能按期入川，而不被唐繼堯從中阻截，那就恰好趕上了納溪戰役的時間。隨著趙梯團的加入，護國軍勢必能扭轉瀘納戰役的戰局。

淶血棉花坡，激戰匝月

護國軍死守納溪期間，戰場逐漸擴大，延及東面「棉花坡」。在縱橫百里遼闊的四川戰場上，棉花坡是納溪往來瀘州、貴州和雲南的咽喉要地。左與五頂山並排，右接上朱坪和下朱坪，背靠納溪城，前臨長江淶淶水勢，地勢險要，易守難攻，一條山埂子就如納溪城的一道屏障和制高點，自古乃兵家必爭之地。

護國軍的兵力雖然少於北洋軍曹錕師部，但誓死頑強抵抗的決心卻讓曹錕感覺如臨大敵，不敢掉以輕心！於是，當納溪戰役陷入膠著時，在納溪城內的曹錕為防止護國軍衝破棉花坡，摧堅陷陣而來，因此火速命將士在棉花坡構築起堅固的防禦工事，想憑藉嚴峻的地形，死守隘口與納溪城，來個守株待兔，讓護國軍自投羅網。

護國軍前進步伐受阻，蔡鍔即命前來支援的各團各隊向北洋軍發動猛烈攻擊，雙方你來我往，創痍滿坡，相持不下。

北洋軍兵力已是數倍於護國軍，又憑恃充足的彈藥和先進的武器，加上

險峨地勢易守難攻，在棉花坡穩佔上風。見護國軍遲遲不肯收兵，曹錕於是下達師令，命師部晝夜不停地向護國軍陣地砲轟狂炸，護國軍命懸一線，情勢再度陷入危急。

這時，蔡鍔火速急令第一軍第二梯團的第三支隊星夜兼程趕來增援，隨後立即重新整合步兵隊、工兵隊和砲兵隊，以「前後交遞互補」的隊形，猛烈攻擊敵軍，還以顏色。

敵我雙方渫血鏖戰，神嚎妖泣，四處伏屍遍野，慘不忍睹。護國軍在棉花坡與北洋軍鏖戰 10 多天，依然堅守陣地，即如戰到最後只剩一兵一卒，蔡鍔同弟兄們血誓晴天，寄此身於鋒刃，大地可崩，此心終將不可摧！如有那一天，全軍願為國戰死！將士們見總司令視死如歸的情操，無不大聲疾喊，願為國戰死！絕不苟且偷生！護國軍堅毅而剛烈的精神力，正在醞釀著另一波的突擊死戰！

眼見北洋軍仍源源不斷地湧入四川，這時必須擬定新的作戰計畫，反箝制對方，否則繼續相峙棉花坡，對護國軍必然不利。蔡鍔和前線將領等不斷往返於總司令部永寧和納溪前線兩地，推演戰事發展以研擬新的戰略，但這時隱憂乍現！

蔡鍔這些年來為國家大計摩頂放踵，枵腹從公，體力已經無法再負荷了，這次護國戰爭又經常不得休息，喉疾再次爆發，常常咳出鮮血，一旁的羅佩金等人恓惶又遽色，顯得極度擔憂。

就算如此，2 月 23 日，蔡鍔仍不顧自己身體，毅然豎起瘠梁，同總參謀長羅佩金等召開前線軍事會議，破除急煞窘勢。日夜籌畫新的作戰方針後，最後一次會議上，蔡鍔決定全軍兵分三路向

在護國戰爭中日漸消瘦、形如槁木的蔡鍔將軍

敵軍反擊，擊破敵軍攻勢。會議結束後，蔡鍔心繫前線，於是立刻直奔前線的最前方壕溝地帶巡視，弟兄們得知總司令來到，雷聲歡動，士氣大振。

大反攻前夕，蔡鍔再次身著士兵服，午後經過朝陽觀敵軍陣前時，行進間被敵軍發現，敵機槍猛烈掃射，彈密如雨，蔡鍔進退兩難，不得不和軍士一起從田埂滾入水田隱蔽，在水深及胸的水田中躲到天黑，才爬上田埂回到指揮部。即使在這樣的艱難險境，蔡鍔仍然保持著革命的豪情，他在詩中寫道：

> 蜀道崎嶇也可行，人心奸險最難平；
> 揮刀殺賊男兒事，指日觀兵白帝城。
>
> 絕壁荒山二月寒，風尖如刀月如丸；
> 軍中夜半披衣起，熱血填胸睡不安。

經過幾天的整隊和部署，蔡鍔再次揮軍，於 2 月 28 日下達總反攻命令！護國軍冒著綿綿細雨，在綿亘 20 餘里的戰線上，與敵軍構兵鏖戰數天數夜，雙方多次兵戎相接，展開肉搏戰。

雖然敵軍的工事堅固，人員不斷蜂擁而入，但護國軍此次戰略正確，氣勢如虹，反而處於向上仰攻的形勢。第二、第三梯團浴血奮戰，英勇殺敵，北洋軍終至敗衄，鎩羽竄逃至瀘州一帶，棉花坡一役終算告捷。

護國軍出征以前，誓師大會上唐繼堯曾多次公開將組織護國第三軍，作為增援前線兵力的後援部隊。由於護國軍遲遲未等到支援部隊前來，1916 年 2 月 21 日，蔡鍔火急致電唐繼堯，請其迅速派兵增援：「我軍激戰兼旬，耗彈頗多。砲彈現只存二百發，槍彈除原領者悉數用罄外，縱列彈藥亦耗三分之一。各部隊紛紛告急，請予補充。逆料在川境內，尚有數場惡戰，務乞飭兵站速配解砲彈三千顆，槍彈每枝加發三百發，趕運來瀘，不勝禱切！」

蔡鍔向雲南軍政府說明了護國軍在納瀘戰區中的危殆情勢，但見唐繼堯未回覆，蔡鍔又於 2 月 24 日密電唐繼堯，在《蔡鍔請補充兵員彈藥密電》中有詳細記載：「我軍（護國軍）現額實不足四千，其中義勇隊近千人，戰鬥力尤弱。劉師（劉存厚部）索餉號稱四千，臨戰則莫名一兵，近因我軍大捷，不免見獵心喜，然欲其協同作戰，似所難能，只能陳兵以張虛勢。現在作戰計劃，仍以扼守要點，集結主力，多張疑兵，以分敵勢。俟有隙可乘，分頭擊破之。所最苦者，彈藥未能如時到手，每難收戰勝之效。老兵傷亡，無已練之兵補充，致戰鬥力因而日弱。務望莫公將每槍所儲彈藥千發，悉數飭解，分存畢、永，並每月撥送補充兵五百，乃至千人，則逆援雖眾，不足平也。」

　　緊接著蔡鍔又於 2 月 29 日拍出第三電：「我軍兵力總計十營：劉師（劉存厚部）約千五百人，其用之於戰線者，日來已達半數，義勇隊約一營，器械除舊械毛瑟二營外，余尚精利。我軍所佔陣地，非係自由選擇，純為背水之陣。部隊逐漸加入，建制每多分割。幸士氣堅定，上下一心，雖傷

蔡鍔領導護國軍於四川背水一戰

亡頗眾，晝夜不能安息，風餐露宿，毫不為沮。惟曠日相持，敵能更番休息，我（護國軍）則夜以繼日；敵則源源增加，我（護國軍）則後顧難繼！言念前途，豈勝焦灼？」

　　蔡鍔說明了護國軍的形勢已至非常危殆的地步，傷亡頗眾，風餐露宿，形成背水之陣。兩軍曠日相持，由於敵軍人數眾多，能更番休息，我軍缺乏後援，只能夜以繼日守陣。當敵人仍是如潮水般源源不絕增加的時候，我軍卻後顧難繼！

如此危勢，蔡鍔多次呼籲後方請求增援，然而，唐繼堯竟不聞不問，打著觀望局勢的牌局！唐繼堯意欲觀看袁世凱和護國軍誰勝誰出，以便日後派出滇軍（沒被派調至戰場的滇軍，為數數萬）強勢壓境四川，藉「增兵之名」行掠取護國功績之實。

掠取的意思有二

　　一是，袁方若勝，唐繼堯則可以大大方方唱著擁袁高調；

　　二是，護國軍若勝，唐繼堯則遣兵入川，鎮壓護國軍隊，趁勢攻下四川。

　　事實證明，後來護國軍於1916年6月全勝後，唐繼堯隨即派遣大軍入川，說什麼亟欲幫助護國軍對抗袁世凱，但卻遲了4個月。後來，唐的目的的確就是為了拿下四川，擴張自己的勢力。

　　這幾發密電更說明了截至2月底，蔡鍔指揮的護國軍，入川的共有10個營，其餘兩個營（共8個連）的兵力還在途中，尚未入川。不過後來在納瀘戰爭中陸續入川的這兩個營，原本就是護國第一軍在出發前所編排的其餘兩個營，並非唐繼堯所組建的護國第三軍。

　　自始至終，護國第一軍都是處於孤軍奮戰的狀態，雖有劉存厚川軍的支援，但「劉師索餉號稱四千，臨戰則莫名一兵」！當劉師見護國軍屢戰告捷後，才想要靠攏過來，協同作戰。

　　「棉花坡戰役」是護國軍納瀘之戰中最重要的階段，雙方在此對峙匝月，蔡鍔調兵遣將、指揮若定，將士們披堅甲鎧，奮戰不懈，形成了「相持不下」的局面。北洋軍縱使兵力和武器眾多強大，仍然敗北，兵力損傷慘重。雙方激戰期間，北洋軍晝夜不停地向護國軍陣地猛烈轟射，砲彈潑殼紛飛，震聲隆隆，護國

昔日棉花坡戰區

536

軍陣地到處都是砲坑痕跡，基地前後的松林居然傾倒了泰半以上。

掉落地上的松針達幾寸厚，掩沒了砲坑和雙踝，可見袁世凱對護國軍恐懼到了極點，發狂似地要北洋軍拼命攻擊。袁世凱身經百戰，屢戰屢勝，因此認為自己的政權絕對是固若金湯，而護國軍不過是螳臂擋車，想要蚍蜉撼樹，無疑難如登天！雖然唐繼堯釜底抽薪撤走了趙鐘奇梯團的兵力，使護國第一軍的兵力大大銳減，但袁世凱卻忽略了一點，如果這隻螳螂的戰力結構有如鋼鐵般的堅固紮實，那麼再大的、一般鐵的戰車，終要被這鋼鐵所穿透。

護國戰爭成功與否，事關國家和民族的前途及命運，棉花坡戰役更是整個護國戰爭中至為重要的一戰，攸關著日後護國軍能否攻克納溪、挺進瀘州。蔡鍔曾在棉花坡戰役勝利時評價道：一旦棉花坡失守，納溪城無險可守，將直接關係著護國討袁戰局的成敗。

棉花坡大捷後，這時還在敘州的劉雲峰部，由於兵力不足（劉雲峰第一梯團的部分兵力已被調來與第二、第三梯團合併），在敘州的馮玉祥等趁此機會發動進攻，劉雲峰部不敵，只能退守敘府。

劉雲峰在《護國軍紀要》中講到敘府失守前，「適唐公召集退伍工兵一個連到敘府增援」，然而真相更令人吃驚。敘府於3月2日失守，工兵連全連陣亡，令人鼻酸，但這些弟兄卻不是唐繼堯派來的。這個工兵連是1月下旬從昆明出發，比李烈鈞護國第二軍的出征時間還早，也就是工兵連本就屬於護國第一軍編制內的後續隊伍，人數不多，最後敘府因兵力不足的問題，劉雲峰部失守。

3月2日第一梯團從敘府退守橫江時，劉雲峰在《護國軍紀要》中接著說：「唐公又令新編支隊廖廷桂增援，該部武器均係櫃蓋槍、九子槍及二人拾等，盡係廢物」。

然而，真相再次令劉雲峰吃驚，因為廖廷桂支隊3月2日雖然是到了，

卻比工兵連晚來一兩天，因此也是 1 月下旬從昆明出發的，也是屬護國第一軍編制內的後續部隊。護國軍已徹底覺悟，唐繼堯不可能增援一兵一卒，但護國第一軍並不氣餒。

棉花坡雖然大捷，但護國軍隨即又面臨了「兵力不足」的問題，就如前面所說，護國軍在前線時，唐繼堯多次接獲蔡鍔密電央求派兵增援，卻始終沒有回應，經棉花坡戰役後，護國軍損兵折將，傷亡慘重，整支軍隊殘破不堪，像被切斷了線的風箏，處在風雨飄搖之中。

此時的護國軍已經疲憊不堪，無力再戰，必須先行獲得修養。於是蔡鍔立即更改作戰策略，他命護國軍於 3 月 7 日凌晨分左、中、右三路撤出納溪棉花坡，護國軍並不是敗衄而退，總司令部正打著新的作戰計畫。

當護國軍拔幟時，此時已退守至瀘州的北洋軍，突然朝納溪護國軍陣地發動猛烈砲轟。轟勢飛沙走石，一顆顆巨大砲彈就落在蔡鍔總司令部所在地周圍，彈片樊飛，情況危險。在一片火光硝煙中，騰空烈焰不斷吞噬護國軍，蔡鍔同將領們迅雷不及掩耳，快速指揮軍隊撤退，護國軍最後行營駐紮在「永甯大洲驛」，司令部就設在永甯河岸的一條船上。

3 月 12 日，蔡鍔、石陶鈞和各軍官統計軍營兵力，包括從敘府調過來的第一梯團金漢鼎營和炮兵連、重機槍連，納溪一線只剩下 3130 人，若再加上留守敘府的田鐘穀營及一個砲兵連，兵力約還有 4000 人左右，傷亡幾乎占全軍三分之一。然而，患難見真情，愈是艱辛，護國軍將士們的感情愈是彌堅，任何的事件也無法拆散他們相依為命的決心，這就是護國軍的精神密度，護國軍出征的精神！

北洋軍退至瀘州後，護國軍又無支援的情況下，若要踏過瀘州，向成都挺進，則唯有從納溪再戰！

護國第一軍軍醫李丕章在《護國軍瀘納戰役和軍醫工作回顧》中詳細紀

錄了納溪戰役的兵力情形，稱納溪一線當時尚有 5000 人，陸續應戰後：「總部軍醫處分別收容輕重傷病員達一千四百至一千五百人之多，傷亡幾乎占全軍三分之一。」

楊如軒也在《護國戰役親歷記》中記載：「護國戰爭結束時，首批忠骸一千三百具。」杏月寒風撫忠骸，黃楊厄潤意蕭瑟，盻盻道盡了一代國軍滿軍忠烈，死而後已的情操。護國路至此，第一軍兵力尚有 4500 人左右，仍準備挺進瀘州。

護國軍數日休養期間，蔡鍔為了解決兵力不足的問題，想到了一個法子。李良材在《李良材奉命於畢節大定招募壯丁一團電》中說道，護國第一軍想出了「充補兵員」的法子，即派李良材等軍官到離前線不遠的畢節、大定等縣招募壯丁：「及材行抵畢節，面詣蔡總司令官、羅參謀總長，猥蒙蔡總司令喻獎，飭材在黔畢節、大定兩縣招募壯丁一團，作護國各軍預備補充隊。現由蔡總司令官通電黔都督轉飭兩縣知事曉諭人民，無得阻撓猜忌。良材已在總司令部領足募兵經費。定於二月二號開始招募。隨行將校數十員，均蒙蔡總司令委任募兵員，由良材指揮。」

如果走一趟這條百年煙硝的棉花坡護國之路，敞開一份心胸，隨遼闊蒼茫大地而去，雖一路上崚嶒峯巒，但只要用心去體會護國軍昔日鏖戰的征塵，我們將會發現，過往戰事依然生色，忠義密度依然在大地人間摺摺發光！

雖不用如蔡鍔將軍和將士們千里跋涉而至，但身在棉花坡，仔細傾聽，望朱坪陣上，依舊旌旗蔽空，狼煙千里。當年將士們戎馬倥傯、護國軍驍勇善戰的英姿依然颯沓紛現。

萬古烽煙雖早已隨歷史消散無痕，但悠悠巨擘的護國力量依然動人心弦，護國軍為國家、為人民、為捍衛正義和公理而戰，不屈不服、前仆後繼、不怕犧牲的精神將永遠為炎黃子孫所歌頌。

兵臨瀘州城下，大敗張敬堯

1915 年 12 月，梁啟超潛逃出京後，袁世凱就已向各省下達「捉拿梁啟超就地正法」的上諭。1916 年 2、3 月間，正當護國軍與北洋軍鏖戰川南時，梁啟超也在計畫著如何避開袁世凱偵探的耳目，潛進廣西，遊說廣西加入討袁起義的行列。

就在梁啟超得以順利進入廣西之前，3 月 15 日，廣西將軍陸榮廷已先行一步在柳州行營正式通電各省，宣佈廣西獨立，並成立「兩廣護國軍總司令部」討袁。

同日，梁啟超抵達廣西後，陸榮廷即命梁啟超為兩廣護國軍總參謀，發號施令出兵廣東和湖南，蓄意將護國戰爭向東面擴大，分散北洋軍力，予以袁世凱痛擊。廣西的獨立對正在四川艱苦作戰的護國軍無疑起到很大的鼓舞作用。

梁蔡師徒鐵肩擔道義，一者瀝血奮戰四川；一者舉義兵臨粵湘。梁啟超心中唯有一個心願——減輕北洋軍對四川的壓力，因此奮不顧身，堅定的朝著護國起義邁進。

廣西獨立對當時壁壘分明的局勢起著重大影響，護國第一軍在永甯大洲驛休整數日後，聽到廣西獨立的消息，歡聲如雷，士氣大振。兩廣護國軍擴大戰場，攪亂戰局後，蔡鍔決定把握這個大好時機。

3 月 14 日上午 11 點，蔡鍔發出《致呂維周命令》電，向其說明：「逆敵主力現在納城附近，已佔領防禦陣地在鷂子岩、栽樹子等處，但其一部已向瀘州或重慶方面退去。牛背石、雙河場有少數敵兵。三百坎、中興場、合面舖、紅橋壩、水口寺等處皆有我軍部隊。該騎兵連長（呂維周）率領所部，即由大州驛出發，經合面舖、牛滾場、底棚、紅橋垻、水口寺各處歸還。對於江安、敘府方面之敵情詳為偵探，並將經過地方編繪略圖，加以說明報告。」

蔡鍔命呂維周部前去各地偵探的當天，又陸續發出《致何海清命令》、《致賈紫綬等命令》兩封電文，告知趙又新梯團已趕赴白節灘，準備率領金漢鼎支隊、張煦支隊和廖支隊進攻納溪敵軍側背。同時要何海清支隊進紮在中興場和合面舖一帶，隨時等候命令出擊敵軍。

3 月 15 日，蔡鍔同羅佩金擬定作戰策略後，隨即於上午 12 點至晚間 11 點期間，在大州驛總司令部陸續下達了 7 道軍令：《致楊汝盛命令》、《致朱德令》、《致趙又新等訓令》、《通報劉存厚文》、《第一號訓令》、《致顧品珍等訓令》、《致耿金錫命令》，要各團各支隊自翌日（3 月 16 日）起，採「分路包抄戰術」，對北洋軍發動總進攻：

右翼為主攻部隊

右翼趙又新梯團為主攻，自白節灘經雙合場推進，掃清長江南岸之敵後，進攻納溪側背；

中路採正面聲東擊西的佯攻策略

中路顧品珍梯團採正面聲東擊西的佯攻策略，負責攻取茶塘子一帶高地，擊退佔領鷂子岩陣地的敵軍。待攻下茶塘子後，另派所部一部份兵力由三百坎進攻敵軍右翼，而主力軍仍留「渠壩驛」附近。敵軍如果節節敗退，主力軍則由雙河場進出，以便與趙又新軍隊聯絡一同進擊。

金漢鼎支隊自朝陽觀以南進攻

顧品珍梯團所部準備從敵軍後方進攻納溪城的時候，由金漢鼎支隊自朝陽觀以南進攻，佔領朝陽觀和棉花坡之後，主力軍再繼續挺進白虎山，從白虎山的側邊襲擊敵軍左翼。

朱德支隊自朝陽觀以北進攻

朱德支隊則從 16 日凌晨開赴白節灘，自朝陽觀以北進攻，與金漢鼎支隊

會合後，再與新編義勇軍第一張煦支隊、第二廖支隊組成「右翼部隊」，準備於 18 日迂迴納溪，共同進擊駐守在蘭田壩的敵軍。如果敵軍從蘭田壩退走，朱德不可直攖其鋒，截其退路，要從蘭田壩側邊挺進，出其不意襲擊。

張煦支隊則從蘭田壩採正面營擊敵軍

張煦支隊則從蘭田壩採正面營擊敵軍，使其潰散，一面遏止「瀘州北洋軍增援納溪」，一面警告右側背的護國軍，小心敵軍從左側攻擊而來。而廖支隊則介於朱、張支隊之間，協同進攻。

左翼部隊攻擊敵軍側背

「左翼部隊」則由何海青支隊組成，進駐和風場一帶，伺機攻擊敵軍側背。

劉存厚師掩護左翼部隊

川軍劉存厚師則進駐牛滾場一帶，威脅江安方面的敵人，並掩護左翼部隊。

在這次的進攻中，蔡鍔採「迂迴游擊戰術」，讓各路護國軍多路交叉配合進攻，同時向北洋軍發動猛烈攻擊，可謂是非常成功的一次戰略安排。短短幾天之內，勢如破竹，連戰皆捷。北洋軍難以抵擋，傷亡慘重，立刻退至納溪週邊，並組織「環形防禦」，準備背水一戰。

護國軍進擊北洋軍期間，3 月 18 日，蔡鍔還致電日本領事，稱「天禍吾國，元首謀叛，本均仗義討賊，薄海同仇。貴國誼切唇齒，首敦睦誼，感佩同深……並祝講信修睦，邦交日固，做友誼之提挈，蘄東亞之和平，無任企禱」，期許與袁政府交好的日本帝國能講信修睦，不要插手介入。

護國軍長驅千里，3 月 23 日，攻克納溪、江安、南溪等地，兵臨納溪城下，度過了出征以來最艱難的時期。此時張敬堯急電袁世凱哀歎：「第七師

將傷亡殆盡，士兵損失過半，已無再戰能力。」

北洋軍節節敗退之際，護國軍先鋒部隊已挺至距瀘州僅 10 餘里的南壽山戰場附近，北洋軍瀘州大本營張敬堯如魚游沸鼎，已到九死一生的危境。蔡鍔再命護國軍整合兵力，直撲陶家瓦房吳佩孚司令部，吳佩孚軍部輾轉慌亂，敗勢已定，全軍面臨顛躓之境。

民初時期的瀘州

再觀張敬堯，在兩軍交戰中，慌張恐懼，出戰時竟狼狽落馬，一塌糊塗。北洋軍兵力大量銳減，張敬堯擬做最後頑抗，即命北洋軍一面收縮戰線，放棄安富街和納溪等城鎮，於雙河場、棉花坡南壽山一帶固守防禦；一面飛電各方，請中央「火速分兵援瀘」。

護國軍本可繼續衝鋒陷陣，攻克瀘州，但護國軍自一開始就兵少彈乏，到此關鍵時刻只差一簣之功，未能徹底殲滅北洋軍，但也是獲得勝利。

蔡鍔大敗張敬堯，北洋軍 3 萬精銳部隊全線崩潰，四川戰場遂出現了休戰狀態。護國軍以弱於敵人的兵力，在餉彈兩缺，後方接濟時斷的情況下，與號稱精銳的北洋軍鏖戰數月，幾近奪占瀘州。

關於北洋軍無力再戰的情況，蔡鍔在 3 月 31 日《致梁啟超電》內文中有詳細敘說：「兩月來，我軍各路皆捷，逆鋒（敵軍鋒芒）大挫。近雖逆援（敵軍後援）大增，兵力較我為倍，然（護國軍）仍能保持現地，屹立不搖。瀘城方面，系逆軍第七師與第三師之第六旅，為袁逆之常勝軍。與我搏戰月餘，死傷大半，現惟伏居戰壕，不敢越雷池一步。即其新到之第八師，亦有聞風喪膽之勢。一俟滇鍾新援續到（後來沒有到），即可長驅東下。此次出征，

師行未能大暢，實因宣佈過早，動員緩慢（雲南軍政府不願派出增援部隊），出師計畫未盡協宜，以致與京、津所豫想著竟相鑿枘。幸上下一心，奮厲無前，輒能以少勝多。」

自護國軍退駐大洲驛後，蔡鍔的喉病即急遽加重，日漸消瘦，兩個星期以來重得無法發音，每到夜間，病情愈重，不斷地劇烈咳嗽、咳血，病情已經極不樂觀。因此這次進攻瀘州的戰鬥，蔡鍔完全以筆代口，部署作戰路線。雖然蔡鍔身患重病，但無畏劫難，毅然和士兵們一起日夜寢食於風雨之中，出生入死。

護國軍在缺糧乏餉之際，所有將領和士兵們都吃同樣的軍糧，一半米一半砂硬吞。軍糧缺乏，衣不蔽體，冒於寒冷風雨之中打戰，可以說，護國軍是以意志力在支撐著。護國數月的苦戰徹底拖垮了蔡鍔將軍的帶病之軀，但他依然用自己的意志和人格力量，感染和支撐著這支義軍，燃燒自己的生命奉獻疆場。

護國軍退出納溪後，敵我雙方暫時處於休戰狀態，眾將領們立即抱住總司令回營休息，蔡鍔才得以利用這麼一丁點空隙休養一下。

護國戰爭開始之後，蔡鍔同總參謀研究部署作戰計畫，親自揮軍沃兵千里，每天睡不到三四個小時；在給各方發電痛陳利害關係爭取各方支持時，僅有貴州在 1 月 27 日宣佈獨立，好友戴戡（後來為護國第一軍第四梯團）振力共同奮戰。護國首義後 3 個月以來，除了黔軍的增援外，護國軍幾乎都是孤軍作戰，不見有人響應，許多省作壁上觀，唯恐招來大禍！

許多人常不屑地說，護國軍人數這麼少？怎也算是一場戰爭？其實，一個人、兩個人、乃至十個人相處於世間，都會發生戰爭！我們要看的是戰爭發生的原因為何？屬性為何？所會帶來的浩劫又為何？戰爭，不僅僅是看它所發生的規模而已，而是人性的本質及所衍生的正／負性格，從而對世界所帶

來的影響是什麼？

我們何嘗不知，世界上的大型戰爭，都是起因於少數一、兩個人的嗜權野心，才擴大至整個國家，甚至是全球！蔡鍔、梁啟超、李烈鈞、戴戡、陸榮廷及無數愛國志士所發起的護國戰爭，本質上就是為了剷除人性的極惡屬性！是這些屬性屢屢造成中國分裂，世界分裂！造成人心被洗腦，進而做出毀損炎黃命脈，甚或種族分化的蠢事！蔡鍔他們所要做的就是「如何恢復人們的正念，讓心智和人格發展於正確的、有意義的事物上」，而不再積累負壓、負磁、負能，一次次地將地球撕裂！

劉光順在《唐繼堯研究集》中記載：「雲南首義後的 3 個月中，幾乎都是孤軍作戰，不見有人響應。」但為何除了貴州支持討袁護國以外，蔡鍔依然對外進行「提神鼓虛勁」，聲稱許多省都已表態支持護國戰爭呢？

原來，蔡鍔為了促成反袁起義繼續進行下去，不得不宣傳鼓動「言過其實」的資訊，若不如此提神鼓虛勁，則難以掩唐繼堯耳目，更難以扭轉唐繼堯的擁袁立場。唐繼堯一直被蔡鍔蒙在鼓裡，認為各省護國軍為數已眾多，因此不敢公然冒「擁護袁政權」的這個險。

1912 年 8 月 25 日，孫中山、黃興等人在北京湖廣會館召開國民黨成立大會，期許革除積弊，解決中國飽受欺凌的苦難。自國民黨成立後，身為一名黨員，唐繼堯從來就沒把國民黨看在眼裡，因為從 1912 年開始，他都是仰賴北洋軍閥的強大勢力作為自己的後盾，公然鎮壓國民黨革命份子。

然而，通過蔡鍔這一計的鼓動，唐繼堯感到現在已不止是孫中山的力量在反袁，有很多省的軍政要員，甚至掌握北洋軍閥實權的幾個大將也在反袁了！唐繼堯感到袁世凱將失道寡助，面臨垮臺的命運！或許是「心理因素」在作祟，每次唐繼堯一聽聞袁世凱之名，就會寢食難安。

唐繼堯雖然在護國軍出征這三個月中毫無增援，但蔡鍔提神鼓虛勁的計

謀，卻阻擋下唐繼堯從中叛變的可能，也防其在兩軍鷸蚌相持時，背後之人從中漁翁得利。

儘管敵我雙方力量對比懸殊，護國軍人數有限，以勞攻逸，地勢不利，但是軍隊士氣堅定，上下一心。儘管傷亡慘重，並沒有削弱將士的鬥志，士兵勇猛頑強，以一當十，所以雖然屢涉險境，都能夠絕處逢生。

蔡鍔曾說：「此三星期之劇戰，實吾國有槍炮後之第一戰也。」在這次戰役中，敘府得而復失，納溪三易其手。由於戰事曠日持久，部隊官兵也已過於疲勞。朱玉階後來在憶及這場戰役時，便說：「川南全部化為戰場，一連激戰了 45 個日日夜夜，毫無間歇。」

蔡鍔一生熱愛祖國，不容許他人欺凌故土半分，幾年來眼見國家斷井頹垣、殘破不堪，值此國事維艱之際，唯有扶危持傾，赤心救國，萬般之後身體竟砰然倒下。

第二節　護國第二軍出師，李烈鈞挺進廣西

護國黔軍、湘軍鏖戰貴州

當護國第一軍中路第二、第三梯團挺進四川之際，第四梯團則依照原先安排，由戴戡率熊其勳支隊，殷承瓛率華封歌支隊增援，計畫取道貴州松坎，攻克綦江，進規重慶。貴州位於桂、湘、川、滇四省包圍之中，在中國近代史上，黔軍也是西南軍閥中一支重要的力量，黔軍的鼻祖即是劉顯世。

1916 年初蔡鍔率師北伐後，戰事有延燒貴州的趨勢，劉顯世尚在舉棋不定，躊躇狐疑間，戴戡即銜蔡鍔之命往赴貴陽，為其解說護國形勢。劉顯世認為，護國戰爭既已爆發，不論黔軍選擇中立，或投靠袁世凱、護國軍任何

一方，貴州都將淪為戰場。這是因貴州省是由北往南入滇的重要通道，因此劉顯世認同戴戡恢復共和之舉，即於 1916 年 1 月 27 日，宣告貴州獨立，加入護國戰爭的行列，並自任為貴州都督。

當天，劉顯世立即召開軍事會議，並編滇軍砲隊、機械隊及黔軍第五、第六兩團為「護國軍第一軍右翼軍」，並以戴戡為總司令，還制定了黔軍出征討袁的兩路線：

一是出兵「湘西」，由司令王文華率黔軍出征。

二是攻打「四川綦江」，由戴戡率護國黔軍和滇軍出征。

護國戰爭爆發後，湘西就成了護國軍與北洋軍的必爭之地，護國軍第一軍右翼軍擬定了由貴州出湘西，直搗武漢的戰略計畫後，又組織了護國軍「右翼東路軍」，由司令王文華率黔軍第一、二、三團挺進湘西。王文華東路軍部率先出征，於 1916 年 1 月底抵達黔湘邊境後，隨即兵分兩路向湘西挺進。

護國黔軍將領王文華

早在 1915 年 12 底的時候，袁世凱就已知道蔡鍔與貴州護軍使劉顯世往來十分密切，因此當劉顯世宣佈貴州獨立，並制定護國軍第一軍右翼軍的時候，消息傳回北京，袁世凱也立即派調了一批北洋軍，準備經湘西進奪貴州，殲滅劉顯世，然後攻克雲南。

2 月 2 日，湘西北洋軍正在湖南晃州（今老晃）城內歡度除夕，黔軍第一團見機不可失，隨即乘著星夜對北洋軍發起進攻。兩軍猛烈接火，拉開了湘西之戰的序幕。由於北洋軍鬆懈防守，翌日，全軍兵敗竄往蜈蚣關（距晃州東約 15 公里），護國黔軍順利攻下晃州，取得黔軍出征的第一場勝利！

2月4日，黔軍第一團繼續挺進，攻克蜈蚣關，殲滅北洋軍第5混成旅和鎮遠道守備部隊各一部。2月5日，黔軍第三團也傳來告捷喜訊，順利拿下黔陽。雖然第一團和第三團出師紛紛取得勝利，但第二團攻打麻陽城週邊據點的兩次計畫卻均遭挫敗。

2月13日，黔軍第一團和第三團決定採聯合圍攻戰術，向沅州（今湖南芷江）發動攻擊，2月14日，黔軍順利攻佔沅州，北洋軍棄城敗逃。攻克沅州後，王文華立即命第一團一部兵力支援第二團再攻麻陽城，2月16日麻陽終告淪陷。

截至2月下旬為止，護國黔軍擊潰了北洋軍三個混成團兵力，連克洪江、靖縣、通道、綏寧、黔陽、沅州、麻陽等八個縣城。3月中旬，袁世凱急調北洋大軍向麻陽、黔陽等地護國黔軍發動反攻，沅州、麻陽收而復失，雙方激戰的同時，另一支「護國湘軍」率兵來到，湘西護國軍總司令即是程潛。

程潛是蔡鍔的同庚好友，1915年12月，蔡鍔潛回昆明後，不久，程潛也隨後趕至，參與護國討袁的秘密部署計畫。討袁會議上，蔡鍔同各位志士分析，認為組織護國黔軍與護國湘軍刻不容緩，若能一路打通護國出征路線，部署數個討袁哨站，那麼對日後會師成都或武漢將是一大助力！護國軍各路人馬會師後，必能直搗京師，推翻袁政府。

護國湘軍將領程潛

當雲南昆明發出通電討袁後，蔡鍔要戴戡與程潛快馬加鞭返回貴州和湖南，戴戡負責遊說貴州護軍使劉顯世，程潛則負責召集舊部，組織護國討袁湘軍，並驅逐湖南督軍湯薌銘。

由於程潛護國湘軍的及時來到，護國軍戰志堅勁，湖南二十餘縣受鼓動

後紛紛宣佈獨立，加入討袁行列。黔軍趁勢沿湘江直搗衡陽、長沙，北洋軍被迫收縮戰線，攻黔計畫未敢再行。由於護國黔軍和湘軍戮力齊心，頑強抵抗，協同抗擊敵軍，才起到了牽制湘西北洋軍朝四川主要戰場邁進的作用，免去護國滇軍的後顧之憂。

隨著護國軍右翼東路軍王文華軍部與湘西護國軍程潛軍部的結合，護國軍在貴州和湖南連連告捷，取得了全面性的大勝！

護國黔軍另一個出征路線是通往四川綦江，綦江為北洋軍重兵之一，集五、六個團，防戍右至江津、榮昌，左至南川、涪州，連成一道天然防線。當時2月2日，川軍第二師師長劉存厚在納溪宣佈獨立並回應護國軍後，蔡鍔立即督中路護國軍與劉存厚師會攻瀘州，同時與右翼軍戴戡連乘一戰線，助其潛向綦江，衝破北洋軍重兵防線。

2月中下旬，戴戡軍部與吳佩孚軍部猛烈構兵，鏖戰綦江，由於護國黔軍兵微力弱，進取重慶的戰略計畫起初未能實現。「綦江戰役」發生後不久，黔軍退守川、黔邊境松坎一線，戴戡重組兵力後，再次率黔軍四千餘名，出松坎，向綦江北洋軍發動猛烈進攻。此次計畫得宜，戰略精確，吳佩孚部不敵，氣息奄奄，護國黔軍順利攻下綦江！

戴戡是蔡鍔好友兼同窗，兩人同師於梁啟超，對於戴戡的精湛戰術，蔡鍔後來曾發表讚嘆說：「能出奇制勝，以少勝多，略地千里，迭復名城，致令強虜膽喪，逆賊心摧。功在國家，名垂不朽！」

護國右翼軍將領戴戡

李烈鈞揮軍，挺進滇桂邊境

護國第一軍出兵四川之前，蔡鍔和李烈鈞曾在昆明秘密議計：護國第一軍出發後，袁世凱北洋軍勢必傾巢而出，在對抗護國軍的同時，必定還會派

兵進攻雲南。入滇主要道路有四個路徑，即廣西、貴州、四川、西康（後被併為西藏康區）四省，西藏入滇道路險峻，袁世凱不可能考慮，剩下的便是桂、黔、川三省。

為了不讓護國軍有機會在重慶、成都或武漢會師，袁世凱採用了圍剿戰術，派調北洋大軍同時戍守在桂、黔、川三省的各個重要據點上，期以「大軍威逼伎倆」，不斷縮小護國軍的版圖，最後在一舉攻克昆明軍政府。

護國第二軍總司令李烈鈞

護國軍則是運用「各個擊破」的打法，對北洋軍進行側面襲擊，以牽制削弱的方法來分散北洋軍力部署，接著再整合各路護國軍隊，給予北洋軍迎頭痛擊。護國軍此一戰略部署是：

四川方面

由護國第一軍負嵎頑抗，進攻敘州、納溪、瀘州等地，破敵後進入成都，再與護國第二軍李烈鈞軍部、護國黔軍戴戡軍部以及他省討袁軍會師武漢。

貴州方面

由護國黔軍相峙北洋軍，並分道進攻湖南西面和四川綦江，最後與蔡鍔主力軍在四川重慶或成都等地會合，最後會師武漢。

廣西方面

由護國第二軍李烈鈞統兵出師，決戰廣西和廣東，最後攻取江西，從江西一路打向湖北，與護國第一軍、黔軍和各省討袁軍會師武漢。

一開始，由於護國戰爭的形勢是「敵暗我明」，護國軍還無法得知袁世凱的出兵路線，因此護國第二軍也扮有瞻顧與探析「北洋軍出攻路線」的作

用，因此出發時間稍微晚些。

蔡鍔為何選擇「四川戰場」？袁世凱又為何也將北洋軍力的 1/3 也全數壓在四川？因為四川十分靠近「長江流域」的源頭，是軍備載送的管道，往東可到重慶、武漢、長沙、江西、安徽、江蘇、上海等地，因此攻佔四川是護國軍首要任務。

蔡鍔和李烈鈞也認真推演過，一旦護國軍揮師北上，北洋軍必定傾巢圍堵，然而四川入滇路途過於嶢崎，不是一時就能攻進雲南。袁世凱在四川部署重重兵力的同時，必定也會放重廣西戰力，期介馬踵至，從廣西打入雲南，殲滅護國軍政府。

袁世凱北洋軍第三路的「征滇計畫」原本擬由海路運兵南下，輾轉取道越南，進攻雲南，但計畫受阻後，袁世凱立即制定新的策略，改由廣西進攻雲南。袁世凱任命廣東陸軍第一師師長、廣惠鎮守使兼雲南查辦使龍覲光為「洪憲滇黔招撫使」，並率所部由廣東取道廣西，挺進雲南。

護國第一軍進攻四川的同時，1916 年 1 月中旬，龍覲光也部署了征滇 4 路兵力：

第一路軍

廣東陸軍第二旅第三團團長李文富為第一路司令，率 1500 人由百色進攻雲南剝隘；

第二路軍

以虎門要塞司令黃恩錫為第二路司令，率 1500 人經西林（今定安）繞攻雲南廣南；

第三路軍

張耀山、呂春綰各率二千人（編成第三、第四隊），為主攻部隊之後援，

並隨時更改出兵路線；

第四路軍

朱朝瑛率兵約千人，計畫北趨西隆（今隆林），阻斷貴州護國黔軍在戰爭爆發時，取道西隆援助護國第二軍。

面對龍覲光洶洶來犯的攻勢，李烈鈞與所部將領立即商定對戰策略，決定採「腹背齊攻」之攻勢，對龍覲光部實施打擊：

1、 由張開儒、方聲濤兩個梯團向廣南、富州（今富寧縣）疾進，正面迎敵；

2、 同時護國第一軍第四梯團和挺進軍一部，由貴州境內改道東下，直趨廣西百色，攻擊龍軍側面。

1916 年 2 月 21 日，護國第二軍厲兵秣馬後，隨即踏上討伐龍覲光的征途，拉開了廣西戰役的序幕。李烈鈞親率護國第二軍揮軍東進，總兵力約 1500 人，浩浩蕩蕩由昆明向滇桂邊境出發。

護國第二軍總司令部在 1916 年初即已成立，為何遲至 2 月 21 日才出發？原本蔡鍔同李烈鈞協商過，護國第一軍出征四川後，護國第二軍觀察北洋軍的其他動向後，不久隨後出發。但問題是，護國第二軍出征前，同樣也面臨與護國第一軍相同的命運，也就是唐繼堯不肯把精銳部隊和先進裝備交給李烈鈞，導致護國第二軍的編制與出征計畫受到了嚴重影響。

陳潤之在《護國第二軍始末簡記》中詳述了這件事：「名義上雖有張開儒、方聲濤兩個梯團，但張梯團只有三個步兵營、一個砲兵連和一個機槍排；方梯團只有兩個步兵營，即毛光翔、朱培德營，和警衛大隊的兩個中隊（兩個連）。武器都是單響，曼力夏、毛瑟、櫃蓋、九子、銅砲槍，甚至還有少數鳥槍和古代的戈、矛、叉等，另外有幾門管退砲。」這說明了護國第二軍

的兵力明顯不足，第二軍兵力僅有5個營之多，況且還是新編隊伍。

討袁運動以前，雲南滇軍的兵力僅有兩師，完全不足以適應整個護國戰爭的需要，為了緊急部署討袁兵力，於是雲南軍政府當機立斷進行招兵擴軍的工作，在省城昆明許多地點設立了「徵兵事物所」，還委任馬為麟為所長，調集大批徵兵人員，分赴雲南各縣招募新兵。

雲南軍政府除了首先徵集以前的退伍官兵外，還從農村招募了大批青壯年農民入伍，迅速新編了20個步兵團，砲兵和騎兵各1團，警衛軍2團，使護國軍總數達到步兵28團，炮兵和騎兵各2團，警衛軍4團，共計36團及若干獨立連隊。這樣的兵力尚足以應付北洋軍隊。

然而，1916年2月，護國第二軍出征後，李烈鈞卻只帶出5個營多的兵力和戰力，而且，唐繼堯手中仍在不斷擴張新的兵力，部署新的戰力，明顯有其他意圖。5個營的兵力想與龍觀光抗衡，無疑鞍馬勞困，只能作殺身以求仁的準備！

2月底，龍軍兵分兩路，大舉進攻，第一路李文富率主力左翼軍進攻剝隘、皈朝，剝隘自古地形險要，為滇桂邊界較繁盛的商埠；第二路黃恩錫則率四個營為右翼軍，由西林攻打廣南縣城的龍潭鄉。這時李烈鈞親率張開儒、方聲濤兩個梯團已先後抵達滇桂邊境的廣南和富州（今富寧縣）。

3月2日，張開儒梯團中的兩個連在富州遭到李文富左翼軍襲擊，因勢孤力單，岌岌可危，

護國第二軍第一梯團團長張開儒

只得於下午3時左右，退至富州東面的皈朝。李烈鈞聞知後，立即與張開儒親率梯團主力軍（步兵3營、砲兵1連）趕赴皈朝，並輾轉將陣地築造在更

高的地勢中，準備據險扼守。

幾日後，李文富左翼軍駛向畈朝，向李烈鈞軍部發動數次的猛烈攻擊，但是李烈鈞軍部憑藉虹山陣地易守難攻的有利地形展開強烈反擊。兩軍鏖戰7晝夜，打得炮火連天，風煙滾滾，戰事仍舊處於僵持的狀態。

護國第二軍第二梯團團長方聲濤

與此同時，3月11日，方聲濤第二梯團在廣南縣龍潭南面，也遭遇到龍軍第二路黃恩錫部的攻擊。龍潭是西林進出廣南的咽喉要地，先前已被黃恩錫部派兵佔領，兩軍在龍潭正面交鋒，現場火光沖天，撼人心魄。

在畈朝激戰中，李烈鈞軍部與李文富左翼軍相峙八、九個晝夜，儼然演變成正/邪勢不兩立的拉鋸戰局。雙方重兵鏖戰，硝雲彈雨，打得十分艱難。「畈朝之戰」可以說是護國第二軍挺進廣西的關鍵與決定性一戰，一旦挫敗，將對護國軍的整體佈局產生重大的影響。

3月15日，廣西將軍陸榮廷通電全國宣佈廣西獨立，此通電一發出，無疑給龍軍造成莫大的威脅和壓力。反觀護國第二軍接電後，軍心振奮，士氣大振，李烈鈞趁勢向李文富發動反攻，兩軍再次相持於畈朝，雙方互有勝負。

李烈鈞激戰李文富的同時，方聲濤梯團也仍在龍潭鏖戰黃恩錫部，雙方苦戰數日後，方聲濤終於擊敗了黃部部屬莫禮華團。這時增援部隊來到，本為護國第一軍的趙鐘奇梯團，受唐繼堯命令，從雲

廣西都督陸榮廷

南率團進抵廣西後，準備由西隆（今廣西隆林）抄襲黃恩錫部的後路。方聲濤與趙鐘奇梯團前後夾擊包抄，黃恩錫部腹背受敵，曳兵棄甲，狼狽而逃，殘部向滇南逃竄而去。3月16日，方聲濤梯團正式收復龍潭和廣南縣城，隨後立即火速向皈朝挺進，增援李烈鈞主力軍。

與此同時，「護國挺進軍」司令部也由雲南取道貴州興義，經潞城向廣西百色挺進。護國挺進軍是由護國第三軍的一部所編制而成，也有歷史學家稱其為「護國第四軍」。正當黃毓成部隊往貴州挺進時，與侵襲貴州邊境的龍軍朱朝瑛部隊於黃南田一帶遭遇，經過一夜激戰，朱朝瑛部敗衄，黃毓成部隨即披星戴月馳赴廣西百色，準備與與李烈鈞主力軍、桂軍、趙鐘奇團會師。

桂軍、挺進軍和趙鐘奇團先後進抵後，護國軍軍容浩大，旌旗蔽日，令龍軍一時聞風喪膽。當時

護國挺進軍司令黃毓成

龍觀光正坐鎮在廣西百色奮死抵抗，護國軍和桂軍採包圍戰術，由陸榮廷部馬濟和陸裕光等包圍龍軍左側，李烈鈞部張開儒攻擊另一側，最後在團團圍住龍觀光指揮部。

最後龍軍不敵，繳械投降，龍觀光接受改編，通電贊成共和。這時戰敗退至者桑的李文富部，不堪方聲濤團節節進逼，方想通電袁世凱討救兵時，旋見右路兵敗，後路又遭襲，而龍觀光也被擒，感到大勢已去，遂率所部投降。

3月上中旬，竄擾雲南蒙自、個舊、臨安（今建水）一帶的龍體乾土匪武裝和黃恩錫殘部，也遭到滇軍劉祖武梯團阻擊，迅速土崩瓦解，一部分遭受殲滅，另一部分逃出滇境，未知所終。

至此，袁世凱進攻雲南護國軍後路的計畫終於徹底瓦解！滇桂邊作戰結束後，李烈鈞繼續揮師挺進廣東，黃毓成部和趙鐘奇梯團則奉命前往援川（1916年6月抵達四川）。「滇桂邊境戰役」與四川戰役一樣，同為至關鍵之戰。李烈鈞將軍對於敵我雙方局勢的準確分析，睿智佈局，攻防並重，其大智大勇為護國軍第二軍贏得最後勝利。

　　由於李烈鈞率護國第二軍及時趕赴富州、廣南一線，遏阻了龍觀光的入侵，從而粉碎袁世凱「迂迴襲滇」的計畫，也徹底保障了護國軍大後方的安全。同時李烈鈞揮軍入桂之舉，對廣西都督陸榮廷宣佈獨立，也起到了一定的促進作用。

　　李烈鈞一生剛正不阿，個性坦率，為正義先鋒，對國家人民事，一馬當先，誓斬邪惡！他青年時期便追隨孫中山革命，1902年入江西武備學堂，1904年赴日留學，入東京振武學校，後入日本陸軍士官學校。留日期間，於1907年加入孫中山創辦的中國同盟會，1908年畢業回國後，任江西新軍第27混成協第54標第1營管帶，因宣傳反清思想遭拘捕。

　　1909年到昆明，李烈鈞任雲南陸軍講武堂兵備提調兼軍事教官、陸軍小學堂總辦等職。在雲南陸武堂協助李根源從事反清革命運動，為雲南辛亥起義做了大量的準備工作，同時結識許多後來成為民國軍政要員的滇籍人士，打下了日後返回昆明發動護國戰爭的基礎。

　　1911年辛亥革命爆發後，李烈鈞被推任江西都督府參謀長，因勸說北洋海軍主要艦艇宣布起義，得以兼任海軍總司令，嗣任安徽都督，五省聯軍總司令兼中央軍司令。1912年中華民國臨時政府成立後，被臨時大總統孫中山任命為江西都督。在袁世凱任大總統後，繼續任江西都督。

　　1912年8月25日，同盟會聯合其他4個政團組成國民黨，孫中山在湖廣會館主持國民黨成立大會，他出席並與閻錫山、張繼、蔣翊武、胡瑛、沈秉堃、

王傳炯、陳錦濤、陳陶遺、莫永貞、褚輔成、松毓、楊增新、于右任、馬君武、田桐、譚延闓、張培爵、徐謙、王善荃、姚錫光、趙炳麟、柏文蔚、孫毓筠、景耀月、虞汝鈞、張琴、曾昭文、溫宗堯、陳明遠一起被推舉為參議。

1913年，李烈鈞公開抨擊袁世凱「蔑視國會，違悖約法」，5月聯合同是黨人的廣東都督胡漢民、安徽都督柏文蔚通電反對袁世凱政府向五國銀團借款。袁世凱旋即罷免三督，並令北洋軍第六師李純部進入江西。同年7月12日，在江西湖口宣布獨立，發表討袁通電，率先發動二次革命起義，打響全國反袁第一槍。二次革命失敗後，李烈鈞被迫流亡日本。

二次革命失敗後，孫中山鑒於原國民黨複雜、渙散、戰鬥力不足等問題，決定另組「中華革命黨」，為討袁事宜作策劃。1914年1月，李烈鈞決定離開日本，赴歐洲考察各國政情，研究軍事結構。7月，第一次世界大戰爆發，日本旋即對德宣戰，這時，李烈鈞正在德國參加博覽會，聞訊後，遂於10月由法國馬賽登船，準備返回亞洲。

法國輪船一到越南西貢時，李烈鈞欲取道越南赴雲南，但被法國海關阻撓，只得先行轉赴香港暫住。11月，李烈鈞僑寓新加坡，參加原國民黨部分黨人在南洋組織的反袁團體——歐事研究會。李烈鈞經常與陳炯明、岑春煊等聯繫，商議討袁大計，在南洋開展革命活動。

李烈鈞是位忠烈戰將，思想縝密，戰力有如千鈞重，具有強烈擁護共和的信念，被譽為國民黨中堅骨幹和急先鋒。

由於袁世凱倒行逆施，全國革命勢力幾被摧毀殆盡，值此危亡春秋，李烈鈞再一次目睹國家殘破、民主之路嶇岖難行，於是立下重誓，返回昆明後，當力挽狂瀾，作千鈞戰力，討袁護國再造共和。

1915年12月初，雲南護國戰爭前夕，孫中山電催李烈鈞回國，進行反袁起義，李遂與南洋革命黨人商量，立即從新加坡趕至海防，轉河內，往老開，

準備潛入雲南，策動西南軍閥唐繼堯武裝討袁。

當時，由於唐繼堯還在觀望各方反袁形勢和力量，故稽遲不決，李烈鈞等在河口等候多日，發現毫無動靜後，乃作破釜沉舟之計，電促唐繼堯說：「此來為國亦為兄，今到老開多日矣，三日內即闖關入滇，雖兄將余槍決，送袁逆報功，亦不敢計也。」

唐繼堯與李烈鈞是有深厚情誼的，姑且不論唐在軍閥界如何爭權（泰半以上軍閥都是爭權份子），當時唐繼堯獲接電報後，權衡得失，決定派其弟唐繼虞前往迎接李烈鈞。隨後蔡鍔也逃脫袁世凱的監視，抵達昆明，共商討袁事宜。

1915 年 12 月 25 日，李烈鈞、蔡鍔與諸眾將領等人一起發動護國運動，1916 年 5 月，任廣州軍務院撫軍，6 月攻打韶關，龍濟光部聞砲聲驚嚇逃走，故民間中有「李烈鈞三炮定韶關」之美談。

第三節　一代梟雄歸天，護國戰爭取得勝利

袁世凱撤銷帝制，迫求停戰

1916 年 3 月 15 日，廣西宣佈獨立擾亂了北洋軍的攻勢，「廣西獨立宣言」也對各省帶來了極深的刺激。看著護國軍在四川、湖南、貴州，甚至是廣西等地，捷報頻傳，高奏凱歌，各省再無顧忌，紛紛脫離袁政府的野蠻掌控，轉向支持護國軍的起義活動。

在各場護國戰役中，四川戰役是護國戰爭中打得最艱苦、最激烈的一戰，同時也是決定中國未來命運的關鍵性一役。護國軍逼近瀘州後，袁世凱就陷入了四面楚歌的窘境。

外國列強看到護國軍氣勢如虹，所向披靡後，也隨即作了一番討袁形勢的分析。最後他們一致認為袁世凱的處境岌岌可危，因此紛紛決定違背他們「在中國的代言人」袁世凱，站到護國軍這邊來。這就是國際局勢的現實，列強帝國主義的自私面，他們從不談真情真義，講的只是自我利益！

在國內外強大聲勢的壓力下，3月22日，袁世凱終於公開發表撤銷承認帝制令，發還推戴書，帝制活動立即停止。

3月23日，袁世凱申令廢止洪憲年號，以本年還為中華民國五年。但即使已撤銷帝制，他仍企圖以總統自居，高握大權，在申令書中以「本大總統」的名義發號施令，不肯讓位。

當時四川方面停戰後，袁世凱就不斷對外散播謠言，說「蔡鍔已承認元首仍居大總統之地位」，企圖混淆視聽，誤導大眾！袁世凱至此仍作死灰復燃的打算，此舉更是為了再次使北洋軍團結起來，趁著大眾還在相互慰問時，趕緊復甦戰力，不致四分五裂，然後給予護國軍致命一擊，扭轉自己的頹勢！

袁世凱正達到權力慾望的最高峰，執迷不返，不願意就此罷手，因此決定重新部署北洋軍，再與護國軍決一雌雄。在他宣布取消帝制後，隨即暗中另組「第二批征滇軍」。

第一期北洋軍既然兵敗於蔡鍔的「游擊戰術」，第二期的作戰計畫，袁便決定「縮短戰線」，集中兵力於湖北，直下進攻湘西，再以湘西作為跳板，從翼側攻入貴州和雲南，阻斷護國軍的後援。

話說3月17日至23日左右，納溪戰場就出現了休戰狀態，雙方議定暫時休兵，但張敬堯暗地裡卻不斷大張旗鼓，制定新的作戰計畫和兵力部署，準備對護國軍發出致命一擊。張敬堯的佈計是：

1、 以第8師主力分別從合江出先市、堯壩，向白節灘翼側進攻；

2、 張敬堯則親率第7師主力由納溪、茶堂子前出，向大州驛佯攻，鉗制

護國軍主力軍；

3、 另以一部隊由二龍口，大渡口等處向大州驛側後實施深遠突擊，直搗永寧，以斷絕護國軍後路。

「戰爭不到最後階段，絕不能輕言鬆懈」，這是蔡鍔一向奉行的作戰理念！蔡鍔認為，袁世凱撤銷帝制、偃旗息鼓之舉，必然只是「餌敵戰術」，一旦疏於防範，則護國軍將遭受反撲。

兵家作戰，攻心為上；兵不厭詐，奇正相生，將才重於心防戰，不能被表面的局勢所蒙蔽，袁世凱和張敬堯新的作戰計畫，護國軍在兵棋推演中自是早有模擬過。

3月23日，張敬堯師對護國軍突發猛烈攻擊，但護國軍並不畏戰，齊心協力，氣勢如虹，再次大敗北洋軍，攻克納溪、江安、南溪等地，兵臨納溪城下。蔡鍔擔心張敬堯第7師恐和第8師在四川合江會合，包抄、攔襲護國軍後路，便於24日，先令各路護國軍暫時退回出發地大州驛和永寧。北洋軍經此一戰後，元氣大傷，已無法再戰。

北洋軍聲東擊西、戰戰停停的策略失效後，3月25日，袁世凱出於無奈，便正式以黎元洪、段祺瑞和徐世昌三人的名義，致電蔡鍔、梁啟超、陸榮廷和唐繼堯，要求「先戢干戈，共圖善後」。

袁世凱說，護國軍「取消帝制之目的已經達成」，現在應該停止干戈，共同進行善後工作。袁即命心腹四川將軍陳宧與蔡鍔談判議和，央求停戰事宜，妄圖退而求保總統地位！袁世凱骨子裡始終存有專制攬權的意識，雖再次要求停戰，暗地裡卻仍不斷摩厲以須、招兵買馬，期作最後翻身機會。

但蔡鍔非等閒之輩，袁的伎倆看在他眼裡不過是以湯沃沸。因此他一面虛與委蛇，接受北洋軍停戰協定，以便爭取更多的時間整頓軍隊，調整部署補充兵力；一面又同各路討袁勢力，積極商討下一步的作戰計畫，力圖盡最

後力，一舉殲滅袁世凱。

　　話說陳宧從擁袁到反袁經歷了一段曲折的變化時期，或者說陳宧一開始就是反對帝制的，當時的許多言行舉止是因畏懼袁世凱的權力所做出的違心之舉。早在 1915 年 2 月 20 日，袁世凱就授陳宧以參謀次長身份會辦四川軍務，對陳頗為重視。

　　1916 年 1 月時，陳宧一面派劉一清、胡鄂公秘密與各派反袁力量聯絡；一面卻又派北洋軍、川軍下川南敘州（對抗劉雲峰梯團）、瀘州（對抗蔡鍔主力軍）、綦江（對抗戴戡黔軍）抵抗護國軍。陳宧命伍祥禎、馮玉祥守敘州、劉存厚（後來倒戈反袁）守永寧、熊祥生守瀘州、周駿、黃鵠舉、李炳之守綦江，聲勢極為浩大。

　　1 月 21 日時，陳宧致電袁世凱表示擁戴其稱帝，並報告軍隊部署的情形：「皇帝猶復逾格謙沖。其知者以為聖明之持重，不知者且疑帝制之難安，上何以奠千鈞一髮之時艱，下何以順畢雨祺風之民好。……一面於永甯重慶會理等處、撥駐可靠之重兵。」

　　但同一日，當護國軍劉雲峰梯團鄧泰中、楊蓁支隊擊敗伍祥禎部攻佔敘府時，陳宧立即派部屬等南下與蔡鍔秘密接頭談判，敘府方面的袁軍也托美國教士到橫江向劉雲峰梯團長要求停戰，這是說陳宧和蔡鍔早在 1 月 21 日就已秘密接觸過。

　　觀當時兩軍於 1916 年的交鋒狀態：

- 2 月 2 日，川軍劉存厚在納溪倒戈，宣佈起義反袁；
- 2 月 5 日，馮玉祥、朱登五、丁博霄收復敘府之戰失敗；
- 2 月 10 日，藍田壩和月亮岩失守，護國軍攻打瀘州之役最後演變成「納溪保衛戰」，熊祥生、李炳之旅趁勝追擊；
- 2 月 14 日－25 日，北洋軍張敬堯、熊祥生、吳佩孚、吳新田、李長泰、

王承斌等與護國軍於瀘州納溪一帶，戰事陷入膠著；

- 3月23日，蔡鍔大敗張敬堯，北洋軍3萬精銳部隊全線崩潰，四川戰場遂出現了休戰狀態。

四川戰場進入休戰狀態後，袁世凱不得不請陳宦居中協調，與蔡鍔進行停戰談判。

陳宦請蔡鍔停戰書如下

雲南此次起事，全國皆知，原由愛國起見，並無絲毫個人惡感。茲者帝制經已取消，公等目的亦已達到，而大局尚岌岌不可終日，凡以國事為前提者，即當設法維持。蔡公愛國達士，想亦與表同意。

茲請通示前敵，暫行停戰，以便雙方討論善後辦法。敝處亦當分示北軍長官，立即停戰。素仰我公大公無私，諒能不趨於個人感情作用，有以教我。其餘詳細辦法，已面囑敝處代表，親赴台前，面述一切。

蔡鍔覆陳宦書

敬誦大函，得領宏教，不勝欽佩。所云此次雲南起事，特為護國起見，誠然誠然。**當時鍔等以為起事之後，可用軍事上之態度，表示國人反對帝制之意。如袁氏而良心不昧，即當俯從民意，中止帝制行動。詎料袁氏並無悔禍之心，竟又調派大軍南下，以實行武力壓制。**以為如此，則真正之民意，可以被其壓倒，而帝制可成功。因此致令生民塗炭，將士喪亡，舉國騷然，四民失業。

袁氏豈能辭其咎耶！及見人民反對日烈，帝制終無成功之望，始不得已勉行取消。論者以為袁氏至此必能退位以讓賢者，乃復尸位不去，此非吾人所能解者。**試問袁氏居此失敗地步，能否掌執國家大權，操縱如意。即使能之，又試問袁氏尚有何面目以見國人。今姑將道德廉恥暫置勿論，又試問當**

此紀綱法律、對內對外之威信，蕩然掃地之秋，袁氏焉能舉國中之有才有德者以供其指揮耶？

袁氏獨行五年於此，試問成效何在？據吾人所聞，袁氏屢次佈告國人，自謂當初不欲再入政界，因辛亥時迫於公義，國人之請，不得已始出肩任國家大事，以盡愛國愛民之苦衷。茲者舉國國民，同聲要求袁氏退位，為袁氏計，亦只有自行卸職之一途，始不與其所謂愛國愛民之宗旨相抵觸。

否則帝制今雖取消，焉知將來不死灰復燃。請問我公果有何等擔保足以取信國人耶？或者以為袁氏退位，不免有新發生之競爭，致使國家趨於危境。鍔則以為大謬不然。袁氏果能退位，繼位問題不當以武力解決，應以法律解決之。

《約法》不云耶，若遇總統退位，則其責任職權，當以副總統繼續肩任。袁氏果去，則黎副總統照法律上應繼其後。同時應按《約法》，召集國會，另行選擇正式總統，當不至生若何紛爭也。

從《蔡鍔覆陳宧書》可看出，蔡鍔等將領並不願意接受袁世凱續任總統一位，蔡鍔、李烈鈞、戴戡等堅持，袁世凱若不退位，就無議和調停可言！北京政事堂見護國軍態度如此堅硬，只得再次親自致電蔡鍔。

北京政事堂急電護國軍，請求停戰

急。永甯畢節探送蔡將軍、雲南唐將軍、南寧陸將軍、貴陽劉護軍使鑒：頃帝制發生，實非元首本意。當日群言蜂起，元首尚認為不合時宜。乃中外有力之人，群相推戴。諸公亦同在贊成之列，勉強承認，並未正位。

滇省發難，致動干戈，元首既有罪己之文，吾輩亦負罔上之責，即諸君以為共和不宜改變，初亦可直言無隱，弭患無形，迨事發而舒之以兵，已傷國家元氣。大總統不忍生民之禍，且深體諸君維護共和之忱，下令撤銷，痛

自引咎。

在諸君目的已達，帝制永無復活之期。而外顧大勢，內顧民生，漁利紛乘，哀鴻遍野，鬩牆禦侮，正在此時。若以愛國始，而以禍國終，諸君明達，當不其然。務望諸君罷兵息民，恢復原氣，則中外輿論，亦以為諸君大西元我，確有誠意捐除成見，自感召天和。

若於撤銷帝制之後，逞忿不已，相持太急，禍及同根，則非特擁護共和之功不能建，恐亡國之禍亦將隨之。

辛亥以還，八方雲擾，危者復安，伊誰之力？此是平心之論，非阿好之言。禹、湯聖人，不免罪己。諸君寧不念國際地位，人民慘狀，而忍忘同舟共濟之義，蹈抱薪救火之譏乎？倘必張脈僨興，不為平情酌理，則瘠牛僨豚，惟力是視。為叢驅雀，為虎作倀，諸君又何利焉？

國之存亡，匹夫有責，轉禍為福在諸君一念之間耳！柄勢不可再淪，民心不可再渙，唯諸君實圖利之！政事堂統率辦事處。

收到北京政事堂的緊急來電後，蔡鍔依舊不改堅持，立即回覆袁世凱。

蔡鍔不改堅持，覆北京政事堂電

帝制撤銷後，二庵派員持條件來商，首言仍戴袁項城為總統，再以他條防微杜漸，冀可從速弭禍，維持調護，深佩苦衷。

國勢至此，若可以寧人息事，萬不忍再滋紛擾。耿耿此心，盡人而同。**惟茲事體大，有應從長計議者。以法理言，項城（袁世凱）承認帝位時已有辭退總統之明令，是國會選舉之效力，已無存在。此時繼續舊職，直無根據。世豈有未經選舉之總統，此而圇圇吞過，尚復成何國家？**以情勢言，項城身為總統，不能自克，及承認帝位，又不能自堅。

一人之身，數月之間而號令三擅，將威信之謂何？此後仍為總統，縱使

指天誓日，亦無以堅人民之信。則種種防閑之要求，自為理所應有。上下相疑，如防盜賊，體統何在？政令難行，此征諸內情而決其不可者也。（中略）故以二庵條件，分頭電商滇、黔、桂、粵各省，皆嚴詞峻拒。海內外名流函電紛馳，語尤激憤。人心如此，項城尚何所戀乎？

今有識者，皆謂項城宜退，遵照《約法》，由副總統暫攝，再召國會，依法改選。此時更公推東海（徐世昌）、芝老（段祺瑞）、華老（馮國璋）分任樞要各職，於法理事勢，兩無違礙。計今日大事所賴於項城者，黃陂、東海、芝老、華老諸公亦優為之，其致疑於項城者，黃陂諸公舉皆無有。是項城退，萬難都解。速弭禍亂之法，更無逾於此者。人生幾何？六十老翁以退而安天下，尚復何求。

緬懷讓德，常留國人不盡之思。追念前功，猶為民國不祧之祖！若復著戀不決，坐待國人盡情之請，彼時引退，則逼迫強制，終累盛德。不退則再動干戈，又為戎首。二者必居一。於此為國家計，為項城計，並懇諸公合詞規諫，勿昧先機。鍔於項城多感知愛，惓惓忠言，蓋上為天下計，亦下以報其私。惟諸公鑒察。

當時有人建議蔡鍔，說袁世凱已是日落江河，為何還要苦苦相逼？但是蔡鍔難以苟同，說「大凡兩軍對壘，或是一個國家的對外作戰，戰爭的成敗利鈍，首先取決於其用的戰略、政略和戰術，是否能貫徹始終。戰爭看的是各部盟軍的協和作戰能力，如果因為一己的仁慈，沒有顧全到所有盟軍、友邦的感受，戰略不能確定，政略不能貫徹，戰術陷於被動！那麼縱有怎樣再強大的武力，再恰當的良機，終將要歸於失敗」！

的確，不是蔡鍔殘忍，他看重的不只是戰爭的成敗，更是全天下的局勢變遷！陳宧和蔡鍔在磋商停戰時，也交換了對眼前形勢的看法，陳宧主張袁世凱下野後，應當採行「聯邦制」，在馮、段、徐三人中，推選出一人做總統，

主持國家大計。

陳宧認為目前對峙的僵局，不是北洋軍和護國軍的問題，而是袁世凱和護國軍的問題！然而，這是一個請君入甕的雙面伎倆，蔡鍔不願入計，更不肯拿天下百姓的慧命開玩笑！

蔡鍔認為：這的確是北洋軍和護國軍的問題，因為這是北洋軍和袁世凱共同對護國軍的作戰，這是不爭的事實！兩軍鏖戰三個月時，北洋軍和陳宧明明有多次機會可以跳脫袁世凱，卻遲遲不願脫離，原因有二，一者，打著觀望牌的主意；二者，袁世凱這邊可以獲得更大的利益！

因此，蔡鍔奉勸陳宧先宣佈獨立，但陳宧卻聲稱：「因為某些原因無法宣布四川獨立！」想當然耳，袁世凱和北洋軍、陳宧之間肯定存在著切深的利益關係，無法切割，當然也無法宣佈獨立。不過當時四川軍隊的組織較為龐雜，有地方川軍，也有進駐川地的北洋軍，可能陳宧本人也是無力統禦的。

既然蔡鍔已經看出陳宧的心態，當陳宧向蔡鍔進行地方性的停戰議和談判時，關於「繼續維持袁世凱總統地位的這個議題」，就始終無法談攏，護國軍各將領一致不願接受陳宧的提議。

這時陳宧又向蔡鍔提出了另一個辦法，就是雙方先停戰一週（自 3 月 31 日到 4 月 6 日，以後又兩次各延長一月），短暫休兵，彼此冷靜冷靜再說。護國軍決定採納這個停戰協議，而正在瀘州前線總司令張敬堯，見勝利無望，也在 3 月 31 日與蔡鍔達成停戰協定。

既然雙方要停戰，我護國軍是勝方，當然必須由我方制訂停戰協約。於是在停戰的這個星期中，蔡鍔規定了停戰規約四條：

成武將軍陳宧

一、兩軍暫宵原線，無論大小部分不得亂出部哨外襲，倘如違約冒進，格
　　殺無論；

二、軍使及信差出入，以兩軍高級長官所指定之道路為限，軍使除特別許
　　可外，以兩地為限，但不得攜帶軍器，軍使以兩尺見方之白旗為標幟，
　　如軍使無故圖害者，依刑律治罪；

三、凡有著軍服攜帶器械，徘徊於兩軍步哨線之內者，准予射擊或擒捕；

四、此次停戰自四月七日起到五月六日止。

袁世凱落得從叛親離的下場，一命嗚呼

　　陳宧同護國第一軍議和期間，護國第二軍李烈鈞仍繼續揮軍東進，準備
攻下廣東。陸榮廷則一面北攻湖南，威脅袁世凱的心腹湯薌銘；一面配合李
烈鈞的進攻計畫，攻擊廣東。

　　4月6日，袁世凱的心腹、廣東將軍龍濟光在梁啟超的苦勸下，為形勢所
迫，終於宣佈廣東獨立。

　　同一天，袁世凱迫於廣東獨立的壓力，終於向護國軍提出了6項議和條件：

1、　滇、黔、桂三省取消獨立；

2、　三省治安由三省長官負責維持；

3、　三省新兵一律解散；

4、　三省派駐戰地的所有兵士退回原駐地點；

5、　三省官兵從即日起不再和官兵交戰；

6、　三省各派一個代表來京，籌商善後事宜。

　　袁世凱的議和條件在於圖謀「解除各省的武裝、解散護國軍的兵力」，
等所施「緩兵之計」奏效後，就可立即調兵遣將對付護國軍，以便捲土重來。
護國軍當然不會上當，討袁護國就是要「徹底逼迫袁世凱退出政治舞臺，沒

有第二條路」！因此，針對袁世凱的 6 項條件，蔡鍔立即做出回應，針鋒相對地反提出了 6 條議和條件：

1、 袁世凱立即退位，可以免於一死，但必須逐出國外；

2、 誅除帝制禍首楊度等 13 人以謝天下；

3、 大典籌備費及用兵費 6000 萬元，應查抄袁及帝制禍首的財產加以賠償；

4、 袁氏子孫三世均應剝奪公民權；

5、 按照約法，由黎元洪繼任大總統；

6、 除國務員外，所有文武官員一律照舊供職，但關於軍隊駐地，須接受護國軍的指令。

　　蔡鍔這六大議和條件與袁世凱的六大條件相比，就如同是南北議和期間，袁世凱代表滿清與南方革命黨人洽商停戰的一幕，既犀利又無情，判生判死沒有任何餘地！

　　護國軍強硬的態度使袁世凱不由得驚恐萬分，死一字，真是重如泰山！因此袁世凱不得不加緊腳步和徐世昌研擬新的對策，在政治方面袁幾乎將一切都託付徐世昌，由徐全權負責。

　　暨廣東獨立之後，4 月 12 日浙江也宣佈獨立，袁世凱不肯退出政治舞臺，繼續做垂死掙扎。21 日，袁世凱宣佈實行責任內閣制，公佈《政府組織令》，規定國務員輔弼大總統負其責任，國務卿總理國務，企圖製造假象來拉攏民心。

　　22 日，袁世凱的親信兼老友徐世昌見護國情勢愈加壯大，極不利己，便辭去國務卿一職，逃之夭夭！為了應付突如其來的變化，袁世凱於是轉而拉攏北洋軍愛將段祺瑞，改任其為國務卿兼陸軍總長，組織「戰時內閣」，準

備再以武力開創新局面。

23 日，袁世凱對外發表任命段祺瑞為國務卿兼陸軍總長，把所有軍事問題全權付托段祺瑞處置。袁世凱有做過十多年督撫的閱歷，一直是遇事躬親，一把總鑰匙始終緊緊控制在自己的手裡，即便後來北洋軍興旺之後，高官功將倍出，把持政府、軍隊，但只要袁世凱還在，決沒有人可以跋扈妄為！

袁世凱一生從不相信任何人，大權總攬，是一個名符其實的獨裁者！但是段祺瑞一上任，就跟袁世凱討價還價，說不願做一個有名無實的國務卿，要做有職有權的組內閣之人。段祺瑞奉命於危難之際接掌國務卿，其處境和南北議和期間，袁世凱出面組閣一樣，只能說因果循環，絲毫不爽！

段祺瑞上來後，蔡鍔清醒地認知到當前形勢的嚴峻性和複雜性，因此護國軍對抗北洋軍的同時，蔡鍔呼籲已獨立的各省隨時備戰，為勝利做好一切準備，不要對袁世凱抱有幻想；也不要被這珷玞亂玉、移花接木的手法所矇騙。蔡鍔始終提醒各省護國陣營，袁政權隨時有反撲之機，不可不防！

5 月 1 日，在梁啟超的努力下，廣東和廣西 2 省護國軍的領導機關——「兩廣護國軍都司令部」在廣東肇慶正式成立，以岑春煊任都司令，梁啟超、李根源為正副都參謀，鈕永建任駐滬軍事代表，蔣方震、林攝任出師計劃主任。都司令部設參謀部、秘書廳、外交局、財政廳、鹽務局、餉械局、參議廳等機關，當天即誓師北伐，揮軍進攻湖南和福建。

同一日，孫中山也秘密從日本返回上海，堅決討袁戰爭要進行到底。孫中山發表了《討袁宣言》，號召全國人民以愛國主義的精神，團結起來，共同對敵。各省的國民黨人士紛紛群起響應，各階層老百姓也奮起聲討，各地的反袁運動接踵而至，陸續爆發。

5 月的局面更為不利袁世凱，各地的呈文、檄文如雪花一樣砸來，連袁世凱的家鄉河南也拍出通電討袁，4 道 106 縣竟有 1284 人簽名。形勢發展至此，

5月3日，陳宧發出了請袁世凱退位第一電，但袁依舊端坐紫蓮臺，打迷糊仗。

5月8日，滇、黔、桂、粵4省共同在廣東肇慶組建「軍務院」，遙尊黎元洪為大總統兼陸海軍大元帥。院設撫軍，由唐繼堯擔任撫軍長，岑春煊為撫軍副長，梁啟超為政務委員長。劉顯世、陸榮廷、岑春煊、蔡鍔、李烈鈞、蔣方震、李根源、高爾登、李耀漢、譚浩明、莫榮新、林虎等為軍務院撫軍及重要幹部。

由於黎元洪是辛亥革命元勳，唐繼堯是國民黨老黨員，又是滇省都督，雲南還是發起護國戰爭的省分，以當時形勢的發展而言，國民黨的討袁意識已再次逐漸成熟，尊黎元洪和唐繼堯為最高統帥是時勢所趨。但由於唐繼堯不能離滇赴粵，因此由岑春煊攝行撫軍長一職。這是西南地方軍閥與進步黨和部分國民黨三派政治力量聯合組織的權力機構。

軍務院成立後，隨即對外發表宣言，表明護國軍堅決討袁到底、取消袁

軍務院主幹，自右至左：高爾登、李耀漢、李烈鈞、梁啟超、岑春煊、譚浩明、
莫榮新、蔣方震、李根源、林虎

世凱總統資格的決心，並聲明擁戴黎元洪為總統。軍務院通電全國後，同一日，袁世凱為尋求那些仍未表態的省分以及全國百姓的支持，再次大動作改政事堂為國務院，希望以此騙取人民的信任。

話說袁世凱對自己的親信十分愛護，但面臨覆亡的命運時，袁世凱只落得眾叛親離的下場。當時護國軍鏖戰沙場，捷捷拔幟時，袁世凱曾想借重黎元洪以副元帥的名義，統率征滇軍出征。可是黎元洪卻表示，「寧可殺頭亦不為利用」，堅決表明了自己身為革命志士的立場！

原本袁世凱是想，護國軍再如何地痛恨自己，但是看在黎元洪這位辛亥革命戰將的面子上，肯定會暫時放自己一馬。一旦護國軍心有軟化，至少不會再針鋒相對，那麼自己的地位就可保住。袁世凱心裡打起了如意算盤，因此不斷利用每天和黎元洪一同辦公的機會遊說他，但黎根本和袁貌合神離，已難有任何交集！

袁世凱又想到了自己的心腹愛將馮國璋，可馮自去年（1915年）12月就蓄意裝病不出。袁自稱帝後曾任馮國璋為參謀總長，對馮可謂是寵愛有加。後來蔡鍔發起討袁運動後，袁又有意圖讓馮接替段祺瑞兼征滇總司令，可是馮皆不願上任。後來，馮得知護國軍連戰告捷後，噤若寒蟬的他終於打破沈默，於3月9日開始，不斷聯合各省將軍致電袁世凱，請求速取消帝制。

這時狼狽不堪的袁世凱，又把政治前途寄託在徐世昌身上，但是徐世昌對北洋軍系或護國軍完全無法產生任何預期的影響，袁只得做罷！山窮水盡後，袁世凱不得已又把軍事策略全權交付段祺瑞，但段衡量局勢後也明白，護國軍堅決背水一戰，袁已是勝算渺茫。

最後袁世凱還想到了張勳，打算組織辮子軍十營作為「第二批征滇軍」，但是張勳卻回覆說：「全國局勢緊張，他的兵力不夠，請轉達袁大總統，准其招兵十營。」袁世凱至此方明白，此時的北洋軍已經無法再戰了。

然而，即使窮途末路，袁世凱仍不願就此放棄，拼命作垂死掙扎。為了振奮軍心，袁世凱一面命政界減薪，一面又以金錢和爵位鼓勵前方將士，有功者男爵加封子爵，少將升為中將，旅長升為師長，或者賞食雙俸，希望藉此提升北洋軍戰力。

　　迫於護國軍不斷擴展的形勢，袁世凱的一些心腹和爪牙不得不重新考慮自己的出路，與此同時，許多省也正積極醞釀著脫離袁氏體系，袁內部政權面臨了分崩離析的命運。世道蒼涼、人心險惡，翻臉無情如翻紙，袁世凱這時倍感淒涼，飽嚐辛酸。

　　值此之際，北方大省陝西受到護國戰爭的鼓動後，人民也紛紛踴躍站出來組織民軍，準備發動討袁起義。而陝軍旅長陳樹藩見局勢已漸明朗，便暗中與各路民軍密切往來，部署反袁事宜。然而，此舉卻引起了陝西將軍陸建章的疑忌。陸建章於是將陳樹藩由陝北調往陝南，讓他與民軍斷絕往來。

　　不久，陳樹藩在陝南三原宣佈獨立，陸建章長子陝軍第一旅旅長陸承武自告奮勇，率部向陳樹藩部發動進攻，兩部在富平激烈構兵，陳部營長胡景翼生擒了陸建章長子，並將其當作人質要脅陸建章宣佈陝西獨立，否則請他自動離開陝西。陸建章在北京軍政執法處擔任處長時，是個屠戮人民血債累累的大劊子手，但為了保全兒子的性命，不得不放棄保袁，夾著尾巴倉惶逃去。

　　5月9日，陝西陝南鎮守使陳樹藩率部隊挺進西安，宣布陝西獨立，陳並自任為「陝西護國軍總司令」。5月12日，陳宦發出籲請袁世凱退位的第二電，袁依舊不予理會，這時馮國璋出面了。馮致電袁世凱說理應順應潮流，宣布辭去大總統一位！馮還在電文中不斷數落袁的不是，說他的政策違背民意發展和歷史潮流。馮此舉無異等於挑釁，因此徹底拓開了其他北洋軍閥的勇氣和決心。

繼馮國璋之後，北方許多軍閥也紛紛通電北京，勸請袁大總統速速退位。然而，袁世凱卻裝著絲毫不知馮有異心的模樣，然後若無其事從容應對各省軍閥，說一切都是誤會。接著袁世凱立即火速派阮忠樞南下到江蘇向馮國璋疏通，請馮出面聯合未獨立的各省軍民長官，聯名通電全國，發出擁護總統的電報，以加強北洋軍的團結，並向護國軍示威。接著袁又去電要馮立即會商各省，迅籌調停辦法。

袁此舉無疑是將自己推向滅絕深淵，畢竟北洋三傑中的段祺瑞和馮國璋鬥法半生，根本不願幫袁設想，這時馮正設想著如何推倒袁世凱和段祺瑞。

5月22日，四川將軍陳宧懾於護國軍和川民的脅迫，終於宣佈四川獨立，隨即拍出給袁世凱致命一擊的一份電報，聲稱：「自今日始，四川省與袁氏個人斷絕關係。」陳宧在電報中還改稱自己為四川都督，任劉一清為參謀長，以修承浩（蔡鍔所保）為民政廳長，胡鄂公為四川宣慰使，熊克武為招討軍總司令。

四川獨立後，馮玉祥一旅立刻開回成都，還致電曹錕說：「軍隊皆國家之軍隊。現在川省業已獨立，我輩只有聽命於陳公，以盡軍人之天職，順天者存，逆天者亡，古訓昭然，豈可忘忽。」當天川北護國軍總司令鐘體道和滇軍護國軍總司令蔡鍔均發電祝賀，可知陳宧獨立對護國軍是一大助力。

陳宧雖然獨立了，然而四川的隱約再次出現。袁世凱立刻改任周駿為四川將軍，命其率兵西犯，進抵資州，擒拿陳宧。面對周駿來勢洶洶，陳宧立即派出馮玉祥旅火速趕赴資州抵禦，與此同時，蔡鍔接獲陳宧電文後，也立即派調護國軍左翼縱隊前去合力進剿，很快地，四川戰場又陷入了僵持局面。綜觀自3月22日袁世凱宣布退位後，北洋軍和護國軍依然打個不休，可知護國戰爭其實是一場相當綿長而複雜的戰役。

另一方面，北洋軍張敬堯師仍是一個隱憂，蔡鍔祭出最後的殺手鐧，不

斷電告張敬堯促其率部倒戈與袁世凱斷絕關係，但張敬堯卻覆電蔡鍔說：「擬召集袁軍各代表在瀘會商，俾求一致行動。」蔡鍔因此對張敬堯更加警戒，以防他有所變卦。

話說袁世凱得知對陳宧背叛自己後，心情久久難以平復，他無法諒解陳宧為成己命，卻將自己推向火坑之舉。袁世凱心想，護國軍大勝後，自己雖然落得眾叛親離的下場，但至少身邊仍有家眷和一些親信陪伴，心中固然感觸良多，但也還算安慰。可是陳宧是他最親信的部屬之一，他百般愛護，為他擋刀擋槍，備極提拔和重用，陳宧這時竟然和自己斷絕一切關係，袁世凱越想越氣，竟而暈厥過去。

蜀道怎堪世道險？攀權逐名之人，本該料到上樑如此，下樑亦將從之！這時的袁世凱終於明瞭，北洋軍閥都只是趨炎附勢之輩，但為時已晚，局勢至此，不得不認命！

袁世凱醒來後，兩眼無神、心緒大亂，臉已掛著夕日昏黃、殘風悽惻景色，遂不自覺流下了英雄末路的眼淚。他口中喃喃說道，「人心大變、人心大變啊」！後來袁世凱把梁士詒召來，請梁細看並詳述陳宧的電文給自己聽。袁世凱一邊聽著，然後一邊說：「二庵厚愛我若此，夫復何言？君為我電覆，決意退位如何？」

這時的袁世凱已經願意辭去大總統一職了，他見梁士詒也沒有意見，於是親自動筆寫了一電發出：

昨見松坡（蔡鍔）致黎、徐、段電，請勸我退位。公誼私情，感佩交集，但尚未悉我心，我厭問世，幾不願一朝居，再商諸重要諸公，擔任善後，僉以茲事體大，且難輕放，內憂外患，相逼而來，即有亡國之禍。

我年近六十，艱難萬狀，尚有貪念，愚不致此。我志已決，退位不成問題，所當研究，惟在善後，政府諸公，討論多日，仍無結果。如不顧善後，撒手

即去，危亡立見，實不能忍心至此；且亦無術足以自拔。

目下要點在速籌善後之策，但有二三分抵擔，不致立見危亡分裂，退位一議，即可解決，務望切商政府，速定辦法，力擔責任，期早定局！希即熟籌，共同磋商如何？務祈嚴守秘密！電未盡言。

從這封電文可看出，袁世凱這時的確選擇放下了，梟雄末日，徒留希冀處置好總統繼承人的名單一事。日薄崦嵫，風中殘燭，沒啥好再眷戀，只願自己臨死前，猶能牢牢記住昔日馳騁沙場，一片赤膽忠心為國效命的榮耀。那麼，即便滄桑了容顏，心境卻已從容，也能坦然的拍出這封致蔡鍔等人的電文……。

曾經國爾忘家，救民水火；也曾輸誠效忠，安內攘外。他不是沒有恩於國家和百姓，但一時的攀附權力卻迷惑住自己，加上旁邊軟弱部屬和列強的慫恿鼓譟，加深了他申令帝制的意圖和野心。

袁世凱從 1913 年蔑視國會、違悖約法，到 5 月向五國銀團借款，再到 7 月殘酷鎮壓二次革命，這些舉動已能清晰看出他復辟帝制的野心。有史學家更稱，早在南北議和期間，袁世凱的權謀野心早就暴露無遺，但可嘆的是，袁身旁真有心要助他者，少之又少，其部屬多為吮癰舐痔之徒，只會阿諛奉承，看袁臉色做事，洪憲帝國注定覆亡。

反觀從 1915 年 8 月古德諾發表的《共和與君主論》、為帝制大造輿論的「籌安會」，到 9 月「全國請願聯合會」的成立，再到 1916 年元旦稱帝登基，這期間有 4 個月之長，然而當時有名望、權位之人，在袁世凱的威逼籠絡下，大部分噤若寒蟬，小部分甚至厚顏無恥地通電「勸進」，只有梁啟超、蔡鍔、李烈鈞、戴戡、陸榮廷、程潛等護國軍毅然挺身而出。

護國軍那種堅毅的精神和氣度，戰至擴及全國全面性討袁起義之韌性，何等光輝？與袁北洋軍閥體系真是天壤之別。

當時袁世凱接陳宧電報後，從此病得不輕，不能吃也不能尿，尿毒正蔓延全身。醫生經常來為他看病、換藥，卻只是看見兩眼無神的袁世凱，經常喃喃自語，滿懷憂戚和悔恨！

繼陳宧之後，緊接著又是一記重擊！5月29日，袁世凱的另一心腹湖南靖武將軍湯薌銘迫於形勢的奔軼變蕩，也通電全國宣佈湖南獨立。

湯薌銘和陳宧同是袁世凱的親信，湯在湖南掌兵符時期殺人如麻，可是他的哥哥湯化龍卻傾向支持革命黨人的活動。湯薌銘背袁是不忠，但背兄卻是不義，忠義既然不能兩全，最後只好選擇了兄這邊。而當時湖南是護國軍和北洋軍四面用兵的孔道，湘西可以進兵四川和貴州，湘南也可以進兵廣西和廣東，戰略地理位置非常特殊。

1913年二次革命失敗後，湖南軍即被袁世凱解散，剩下來只有地方兵力性質的5個守備隊，每隊兵力三、五營不等，裝備和戰鬥力明顯薄弱，湯薌銘指揮的北洋軍只有車震一個混成旅，駐防長沙、寶慶一帶，而曹錕北洋軍第3師駐防嶽州，並不受湯所指揮，僅是袁世凱用以扼湖南咽喉的一支得力部隊。

護國戰爭爆發後，曹錕第3師迅速調往四川，湖南空盪，護國黔軍率軍攻進湖南時，袁立即派第6、第20等師到湘西坐陣，並調倪毓棻帶領安武軍十五營趕赴嶽州，準備挺進湖南進攻廣西。

後來1916年4月27日，湖南永州鎮守使望雲亭於宣佈獨立，桂軍迅速由永州向衡州移動，當桂軍兵臨衡州城下時，陸榮廷勸告湯薌銘獨立，而湖南方面的反袁志士趙恒惕、陳復初、曾繼梧等也都相繼前來湖南幫助湯整編各路軍為湖南軍，於是湯電請袁應撤退駐守在湖南的北洋軍，以免湖南成為南北戰場。

5月下旬，袁世凱已是窮途末路，廣西護國軍對湖南日益施壓，湖南反袁

民軍聲勢愈發壯大，幾有反動的可能。5月24日，湘西鎮守使、鎮篁軍統領田應詔宣佈獨立，眼見大勢已去，湯薌銘不得不於5月29日宣佈湖南獨立。至此，護國軍最重要的地理戰略位置湖南已經掌握在手，袁政權頓時無憑無恃，應聲崩毀！

二陳一湯的倒戈，就像兩把匕首插在袁世凱的心窩上，疼痛難當。而梁啟超前後不斷發佈的檄文也刺激了袁世凱，梁啟超接連寫下《袁政府偽造民意密電書後》和《袁世凱之解剖》，提到：「袁氏一生，其言與行，無一不相違；其心與口，無一而相應，彼袁氏蓋古今天下第一愛說謊且善說謊之人也。以前清托大臣而盜賣前清，以民國服務之公僕而盜竊民國。既假借外人言論以劫持吾民，復冒用吾民名義以欺罔列國。不自量度而貿然嘗試，一遇挫折則靦然乞憐。以總統未足則覬覦皇帝，若皇帝做不成則又將謀保總統。險詐反覆，卑劣無恥，一至此極。」至此袁世凱已是倍感淒涼。

湯薌銘獨立後，袁世凱更是氣得語不成聲，老淚漣漣，想自己縱使稱帝無效，自個兒也是待他們不薄，於是袁世凱原本已病累不堪的身子，就此臥床不起了。當天5月29日，袁世凱讓人擬定了《帝制始末案》，像是宣告「與世訣別」了！

或許人之將死，其言也善，袁世凱像是回憶過往一樣，傾說著帝制的前因後果，民意如何一步步控制自己而身不由己同意申令帝制。當然辛亥革命成功後不久，依然有民眾是嚮往從前的帝制體制的，並且為數不少。民意之中當然也包括袁世凱暗中允准的「籌安會」。或許只能說中國人根深蒂固的奴性真的太重了，決不是一時一刻就能立即轉變的。

袁世凱臥榻期間不斷召集有關人員舉行「榻前會議」，還令部屬將「帝制始末案」公諸於世，不再保留。6月初，總統府急請法國公使館醫官蔔西爾診視病狀，蔔西爾診視結果，確定為尿毒癥擴散全身，加以神經衰弱，肝火

湧塞，病入膏肓，已是難以回天。6月5日，袁世凱的精神愈來愈不濟，他自知病劫難渡，即召徐世昌、段祺瑞、王士珍、張鎮芳等人至榻前，對諸人略作點頭。

徐世昌見袁世凱是不行了，乃輕聲問說，「袁大總統有什麼交代」？這時袁氣若游絲只道出「約法」二字，守在一旁的袁克定連忙補上「金匱石室」一句。6月6日，在旁的法國醫生趕緊給袁世凱打了一劑強心針，袁慢慢回過神來氣息微弱歎道：「他害了我」，說完於上午10時幾分氣絕身亡。這位亂世梟雄，清末和民初兩個時代的重要關鍵人物，終於和人世永別了。

歷史學家說，袁世凱所謂的「他害了我」，正是指「二陳湯」——由於袁世凱生病時，正遇上陝西陳樹藩、四川陳宧、湖南湯薌銘先後通電獨立，所以便有袁世凱最後服了一帖「送命二陳湯」以致送命。二陳指的是陳宧、陳樹藩，湯指的是湯薌銘，二陳湯是中國的中藥名。

袁世凱走後，徐世昌、段祺瑞、王士珍、張鎮芳四人將袁預先安排的金匱石屋打開，找到了袁世凱留下的總統繼承者提名，上面親筆寫著：黎元洪、段祺瑞、徐世昌。按照《中華民國臨時約法》的規定，前任總統所推薦的三人，將作為總統的候選人，從三人中選出一人為總統。

袁世凱明明有三個兒子，他大可將三個兒子的名字全部寫在提名名單上，當時申令帝制時的確是這樣計畫的，由兒子接任自己的地位。然而，或許袁世凱最後真的釋懷了，決定拋出權位，在死前留下一點良心，不再繼續自己的皇帝夢，也沒有把這個尷尬的問題，拋給後人。

3月22日，袁世凱被迫取消帝制，蔡鍔曾作一諷刺聯：

辛亥革命，你在北，我在南，野心勃勃，難容正人，懼我怕我，竟欲殺我；
海內興師，上為國，下為民，雄師炎炎，義無反顧，罵你笑你，今天吊你。

可謂文筆犀利，酣暢淋漓。義無反顧，誓吊袁賊。

關於袁世凱是否未建尺寸之功與帝制自為之問題

袁世凱的女婿薛觀瀾曾在《袁世凱段祺瑞之間的微妙關係》中提到：

邵陽蔡松坡可稱一代完人而無愧。當年我最服膺其三事——

（一）以身作則，反對軍閥之地盤思想；

（二）主張定都北京，是有軍事上遠見；

（三）提倡「軍國民主義」，是有政治上遠見。

袁段之間既起裂痕，袁恐尾大不掉，遂籌思「整肅」之辦法，此時袁氏訂有三個計畫，名為改進北洋軍，實皆針對段祺瑞而發：第一個計畫係派蔣方震（百里）代段氏為保定軍官學校校長。蔣固鼎鼎大名，因此保定第一期學生唐生智、陳銘樞、張翼鵬等大感興奮。惟蔣才大而膽小，段乃多方予以掣肘，結果使得蔣百里在保定軍校無功而退。

第二個計畫係由蔡鍔主持新的建軍工作。此事從表面看來，甚為突兀，因蔡鍔係新人物，與袁氏向無淵源。惟蔡在雲南都督任內，自請解除兵權，為天下倡，袁已心儀其人，旋經楊度之推薦，加以夏壽田之吹噓，雙方既有默契，蔡即晉京供職。袁知其為長於練兵之軍事人才，又見其有刻苦耐勞之精神。不禁慨歎而言曰：「小站舊人現在暮氣沉沉，華甫（馮國璋）要睡到下午申刻；芝泉（段祺瑞）則經常不上衙門，叫我怎麼辦！」

蔡鍔對袁項城，自始至終，甚表好感，且示惋惜之心。而袁氏亦最賞識蔡松坡，命其遷入總統府居住，並與雲台（袁之長子）「拜把」。蔡居南海純一齋，此為前大內傳戲之所，風景如畫。不久授蔡鍔為昭威將軍，兼任經界局督辦，此即全國土地局也。蔡松坡曾著經界三書，傳誦一時。蔡又兼任參政院參政與海陸軍統率辦事處辦事員，月薪共約大洋五千元。當年蔡任雲

南都督，按月只支一百六十元，甚至最後降到六十、五十元，尤其此一「統率辦事員」，大過各省都督，另外兩個辦事員是王士珍與薩鎮冰。

蔡鍔能以少年新進，得此高位，洵屬異數！蓋袁擬以蔡松坡代段氏為陸軍總長，並以夏壽田代徐樹錚為陸軍次長。此事醞釀久之，卒未實現。由於蔡是南方人。又是梁啟超之得意門生，以蔡擔任建軍工作，小站舊人如徐世昌、田文烈等皆不贊成。徐世昌曾云：「關於北洋軍之改造，茲事體大，只宜行之以漸，而不能操之過急。

由上述得知，袁世凱與蔡鍔起初是惺惺相惜的，蔡鍔推崇袁世凱的政治才能，期許他能大力治理民國，以富民強兵，抵禦外敵；袁世凱對蔡鍔也是逢人說項，揄揚其軍事才華。

袁世凱擬透過蔡鍔實踐他訓練軍隊、提升戰力之理想，進而對抗列強侵略。然而，當袁世凱背道而馳，出賣共和之時，蔡鍔便決定大義無私，出兵討伐，拯救民國。

清末民初的歷史演進過程艱辛而悲壯，曲折而複雜，正是中國處於新舊格局交替的動盪時期。每一位牽連著當時歷史重大事件的人物，他們的思想行為，無不是牽一髮而動全身，影響著局勢的變化及其日後的發展脈絡。

當他們的功業對時代帶來了良好而悠遠的影響，人們會將這類型的人物定義為聖賢、偉人或英雄；當他們的作為對政治、軍事、經濟、文化和社會條件帶來了負面的影響，人們自然而然會將他們列為奸佞、罪人或梟雄，而予以貶謫責難一番。

但是我們必須知道，每個歷史人物都有其功與過，孫中山不例外、蔣介石不例外、毛澤東不例外、蔡鍔不例外，乃至袁世凱也不例外，他們的角色本就具有正反兩面評價。然而，袁世凱對近代中國是否未建尺寸之功？答案當然是否定的，我們評論一位政治人物，不能僅單從他在歷史上的某個事件

做出議斷，我們要從其整體的軍政生涯來評論。

有人說袁世凱是一代梟雄，有人說他是救國聖人；有人說他是竊國大盜，有人說他是忍辱負重；有人說他是治世能臣，有人說他是賣國奸賊；還有人說他是民族救星，卻也有人說他是賣友求榮的的宵小。

的確，在中國歷史上，人們對袁世凱的評價褒貶不一，而我們也很難用一個特定的框框來簡單評價袁世凱的一生是非功過。我們不能僅僅單就他復辟帝制的動機就為其蓋棺論定，而是要根據他的所作所為是否順應歷史潮流的發展，是否有利於國家、民族及社會的進步而定。

孫中山、黃興、宋教仁、徐錫麟、秋瑾等人為何備受人民的尊崇？因為他們的所作所為既順應歷史潮流的發展，也符合了主流民意。袁世凱所處的正是中國內憂外患、民族危機日漸加深的時代。作為晚清洋務派的重要代表人物之一，當列強用砲口轟開了清王朝的封建大門時，他並不畏懼，也沒有就此而故步自封，反而是抱著「雪恥救國」的決心，一步步將中國舊有的政治、軍事、經濟、工業、教育、司法、社會管理等體系推向現代化。

正因他能力超群，政績斐然，因此一度被譽為「大清帝國當代最重要的人物」！但是這樣一個鴻才大略、運智鋪謀的能臣，怎麼會倒行逆施，一步步走上了不歸路？歸根究柢，袁世凱仍是犯了歷代權貴所共同的通病，即嗜權如命，慾壑難填，故而為了貪求那名利地位，不惜昧著良能良知來剷除異己，顛倒國是，甚至動搖國本。

然而，我們要知道，慾望並非不好，它正是生命固有的屬性之一，慾望無所不在，我們每個人日日都是生活在慾望之中。

人們窮其一生，都是在與慾望進行溝通、交流和較量。人們追求愛情，是因為渴望被愛，才會對愛情產生慾望；人們追求健康，是對健康產生了慾望；渴望實踐圓滿的人生，才會運用慾望編織理想，進而去實踐願景。同理可推，

家庭、學業、事業、人際關係以及種種的心靈活動，都是起因於有一份慾望，希望為生命帶來更好的生存和延續。所以說慾望不是不好，也不能去禁止，而是我們要學習如何去平衡慾望，並以正確的人生觀來導航慾望動能。

袁世凱也有強烈的慾望，為了逞其私人利益，他渴望擁有名利權貴，但是他在追逐這些慾望的過程中，卻運用了錯誤的思想與作為，導致自己貪得無厭，喪失理智，才落得一步走錯，步步皆錯的窘境。

在他的政治生涯中，為了彌補每一次的失誤，他必須採取圓謊措施，不斷運用錯誤的策略來修補前一次或前前一次的錯誤，以致到後來必須採用非人道的殘忍手段，才能瞞天過海，為自己的錯誤找到出路。

當他坐擁重兵、權力高漲時，卻運用了這個角色和機會為所欲為。而列強各國為了達到支配中國政治和經濟的慾望，便不惜抓住袁世凱貪求皇帝夢的弱點，厚顏無恥地利用他來為他們做事。有了帝國主義的慫恿支持，更讓袁世凱肆無忌憚倒行逆施，大膽地朝著他的復辟之路邁進！

在百日維新時期，袁世凱在關鍵時刻為了維護自身利益，不惜拋棄維新派，投靠慈禧，出賣維新人士，才會導致戊戌變法失敗。他在自己的《戊戌日記》中坦白到：是因自己告的密，才使中國從體制內改革的希望徹底斷送！為此，光緒帝對袁世凱恨之入骨，深惡痛絕，至死都無法瞑目。

辛亥革命後，袁世凱稱帝的野心逐漸明晰，他的骨子裡仍存在著專權皇帝的思想，於是他先廢棄《臨時約法》，後又暗殺宋教仁、張振武，血腥鎮壓異己，盜取辛亥革命的果實。接著更集權力於一身，迫害百姓，以實現其黑暗統治的野心。

後來，袁世凱更接受《二十一條》，出賣了國家民族的利益，還成立特務政治，建立龐大的特務網（京畿軍政執法處等），宛如古代暴君，各個官員與天下百姓無人敢攖其鋒。

袁世凱申令帝制後，還想學古代奴隸社會的王位世襲制，讓帝位得以不斷世襲，接著還可分封同姓諸侯王，讓爵位也採世襲。所以他在制定《大總統選舉法》時，不僅規定大總統可以連選連任，連繼承人也得以由現任總統推薦，就連大總統的推薦辦法都是用「嘉禾金簡」，密藏於「金匱石室」中，與古代皇帝的作法一致。

雖然袁世凱的政治手腕十分強硬，城府極深，為達目的不擇手段，但種種的倒行逆施，最後卻惹來了民怨。古有明訓，違反民意的「皇帝」，最終的下場就只能是陰溝裡翻船！

袁世凱的馭人術不外乎有三：

第一：以金錢收買對手，
第二：以官爵籠絡下屬，
第三：以武力鎮壓異己。

然而，這種用人之道所拉攏來的部屬全都存有異心，當自己的氣勢衰敗時，這些人正好趁勢奪取位子。所以袁世凱到最後，只能落得眾叛親離的下場，無人肯陪他面對最後的難關，大家想的都是自己的出路，自己的前途。袁世凱的復辟之路雖然葬送了自己的性命，卻也葬送了中國最重要的幾十年國運，這是何等的令人心酸！

袁世凱死後翌日（1916 年 6 月 7 日），黎元洪即以副總統之名繼任總統。對「袁死黎繼」，蔡元培曾撰文述其感想：「袁氏之為人，蓋棺論定，似可無事苛求。雖然，袁氏之罪惡，非特個人之罪惡也。彼實代表吾國三種之舊社會：曰官僚，曰學究，曰方士。畏強抑弱，假公濟私，口蜜腹劍，窮侈極欲，所以表官僚之黑暗也；天壇祀帝，小學讀經，複冕旒之飾、行拜跪之儀，所以表學究之頑舊也；武廟宣誓，教院祈禱，相士貢諛，神方治疾，所以表

方士之迂怪也。今袁氏去矣，而此三社會之流毒，果隨之以俱去乎？」

蔡元培說，袁世凱的罪惡其實不是他「個人的罪惡」，集於他一身的，其實是「中國三種舊社會的代表：曰官僚、曰學究、曰方士」，這三種才是中國歷代以來的社會流毒！

所以說，中國人的劣根性是很重的！人人都想當皇帝，人人都懂得阿諛奉承和巴結他人，人人也都懂得如何透過拜神誦經祈神佛，來求那抽象的功德福報，卻不懂得天助自助的道理。

蔡元培接著說，雖然袁世凱已經一命嗚呼，但上述這三種根深蒂固的「社會流行風氣」，果真都全部隨著袁氏一起消失了嗎？答案當然是沒有的！但是為何沒有？想必人人心中都已有了答案！

同年年底，陳獨秀在《新青年》雜誌上也刊載了一篇文章，指出：「袁世凱之廢共和復專制，乃惡果，非惡因，乃枝葉之罪惡，非根本之罪惡。若夫別尊卑、重階級、主張人治，反對民權之思想之學說，實為製造專制帝王之根本之惡因。吾國思想界不將此根本惡因剷除淨盡，則有因必有果，無數廢共和復帝制之袁世凱，當然接踵應運而生，毫不足怪。」

「袁世凱」就有如是「人人集體的意識」所投射而成的一種習氣，一種心靈模型，只因人們的覺醒意識不夠，法治觀念不足，道德義理廢失，今日才有這等竊國恣為的事件產生！袁世凱之後難道就沒有人想出來稱王掠權了嗎？答案是不可能的！

而護國軍與袁政府的相峙局面，其實代表的就是吾人心中光明／黑暗的對立！更在告訴我們：正／邪、是／非、善／惡的拉扯，將消耗了自己、社會、民族、國家，乃至全世界的精力，賠上億億萬萬人的慧命！如墮地獄深淵而不自知，等到受果報時，才知道禍殃子孫綿延無盡！

我們不能蓄意放縱自己的黑暗面為所欲為，更不能只看到人性美好的光

明面，而活在自我感覺良好的假象陷阱之中！以為只要吸引美好和正面，人間就會美好，地球就會光明。然而，這些都是自己所創造出來的假象陷阱，世界卻未必會照著這些人的思考而走，也未必會成為這些人以為的那種模型、那種密度。

這些人忽略了別人所投射出來的意識波在空間中是會與自己的波融合的，這是電磁粒子的更震撼融合效應！所以，我們不能只看到袁世凱的過，但也不能誇大他的功！要去剖析的是，造就這樣的人格、這樣的作為，其背後的原因是什麼？社會條件又是什麼？

想以正面的角度來重新審視和評價袁世凱，的確是史學家的責任，但絕不能矯枉過正，片面誇大他的歷史地位和作用，這樣對人民是極不負責任的行為！

今天我們之所以重新掀開清末民初的那段歷史，為的就是要提醒人們，莫忘了那個時代所散發出來的精神，那些無數烈士、志士，如何發揮人性中的正、直、智、信、勇、真、善、忠、義、協、團、愛的本質，齊心協力，共紓國難，願意犧牲自己來拯救天下浩劫、百姓之苦！

我們今天身在這個物質條件豐腴的時代，很容易養成安逸怠惰的人格，也正因如此，我們往往會忽略了那些隱藏在地球各個系統中的危機。我們自我意識高漲，講究個人自由，為所欲為，破壞大自然，戕害萬物，又相互掠奪爭戰，致使大地殘破不堪，天體引力失衡失調。想想，如果我們繼續放縱下去，是否蔡元培與陳獨秀先生所提到的「惡果」，很快又會再次蒞臨人間？這是值得我們深思的地方！

認識護國軍與袁世凱之間的互動模式，一層層的剖析，一次次的體察，我們必能更真切地看待歷史，反思歷史，並從中獲得更多的思考與警誡！

行經赤水河邊

護國軍出征途中，其實發生了許多氣壯山河的故事。1916 年 1 月，蔡鍔首舉護國義旗，親率護國軍第一軍第二、第三梯團主力，北上討袁。護國軍從雲南經貴州黔西、畢節，向川南挺進。沿途所經之處，地形險峻，交通不變，加上長途跋涉，征途十分艱辛。

護國軍所到之處，人民慰勞犒賞，簞食壺漿相迎，對形勢劍拔弩張、大戰一觸即發的時期增添了一絲寧靜致遠的慰藉。

1916 年 2 月初，護國軍來到四川邊境要隘「赤水河」邊，赤水人民在渡口上掛起了「歡迎護國軍入川」的大幅橫標，並以山肴野簌歡迎護國軍。即日，護國軍即宿營於赤水山鄉。

赤水河是長江上游支流，古稱安樂水，發源於雲南鎮雄縣芒部鎮境內，流經貴州和四川，在四川和貴州交界的茅臺後轉為西北向，流經赤水市，再向北於瀘州市合江縣注入長江。

赤水河的上游海拔約 1000 至 1600 米，屬雲貴高原，河谷深切，兩岸陡峭、多險灘急流，溢湧東流，氣勢滔天。中游流經四川盆地邊緣，河谷漸寬，兩岸出現台地，有暗河匯入，下游則流經四川盆地紅色丘陵區，河面遼廣，景色壯闊。

四川赤水河畔

隨局勢的日趨緊張，蔡鍔在四川戰場上指揮若定，疲於奔命，此時唯有

一件事緊緊牽繫著他的心，那就是擊潰北洋軍，逼迫袁世凱下台。一日，蔡鍔處理完各方文電軍稿後，已是半夜，這時他朝營帳外掠去，才發覺雪已經停了，風也靜了。於是他兀自走出營外，只見雪淞盈枝，萬物浸沁在靜籟之中，滿山月華弄影，襯托出錦繡河山的萬千氣象！

在寒風砭骨的高原上，他有感而發，遂即興揮筆《軍中雜詩二首》。詩云：

蜀道崎嶇也可行，人心奸險最難平。
揮刀殺賊男兒事，指日觀兵白帝城。

絕壁荒山二月寒，風尖如刀月如丸。
軍中夜半披衣起，熱血填胸睡不安。

此《軍中雜詩二首》真切地描繪出了行軍的艱難，如蜀道崎嶇。然而，蜀道雖難，人心更難，人心的奸險豈能輕易平定？儘管蔡鍔拖著病痛的身軀，但他仍然保持著革命志士應有的樂觀主義和激昂鬥志。

漫天大雪翻越雪關，將軍夜渡黔嶺雲低

離開赤水河後，護國軍繼續北進，跋涉於川黔邊境，道路越來越崎嶇，寒冬臘月，氣候也異常敗壞。途經川南敘永縣雪山關時，護國軍頂著漫天大雪，翻越雪關，極為艱辛。

在《蔡松坡軼事》中有說：「松坡入蜀時，這值陰曆隆冬，北方刮面，層冰在裘，全軍慷慨從征，毫無苦色。松坡又嘗於雪夜登山頂俯視，滿目皆銀，頤而樂之。或取酒痛飲，能教寒谷生春。」

護國軍登上雪山關後，蔡鍔立馬關口，舉目四顧，煙波浩渺，黔嶺雲橫，蜿蜒赤水，

護國軍駐紮雪山關

浪激波興。將軍見雪山關勢壓天雄，磴道蛇盤，不禁心潮洶湧，萬千驚嘆，豪情橫溢賦上《登雪山關》詩：

是南來第一雄關，只有天在上頭，許壯士生還，將軍夜渡；
作西蜀千年屏障，會當秋登絕頂，看滇池月小，黔嶺雲低。

雪山位於敘永縣城南 70 公里處，西臨赤水河，隔河與黔嶺相對峙，海拔1900 餘公尺，為四川盆地南沿邊陲最高峰，因山頂長年積雪而得名。雪山頂上有一古代關隘，建於明代洪武年間，由壘石築成，名為「雪山關」。

雪山關地勢險要，鎖鑰滇黔，是古代由川入黔滇的必經要隘，自古為軍事要衝、兵家必爭之地。有「當關據一夫，萬馬應裹足」之險，被譽為「蜀南第一雄關」。

關上分有南寨門和北寨門，兩寨門相隔 30 餘公尺，護國軍抵達雪山關時，便是由南寨門入關，隨後駐紮於雪山關外的空地上。北寨門上有一副對聯：

孤城萬仞山，羌笛春風吹不度；
八月即飛雪，玉門秋色擬平分。

聯語將雪山關與玉門關相提並論，是因為一出雪山關，便會進入雲貴高原的崇山峻嶺之中。捫參曆井、綿延起伏，正是雲貴高原龍跧虎臥，深不可測之意境。

關中祀奉關羽，名曰關帝廟，關帝廟有一對聯：

生蒲州，事豫州，守荊州，戰徐州，神州萬古，萬古神州；
兄玄德，弟翼德，擒龐德，縱孟德，智德千秋，千秋智德。

護國軍通過要塞，蔡鍔文韜武韜並重，揮軍夜渡，依稀有聯中「智德千秋」之舉，而這首對聯更道盡了護國軍滿懷雄心壯志出征討袁的決心！

清代道光翰林趙樹吉《雪山關》一詩有云：

虛簷斷殘滴，初日光炯碎。

肩輿陟危梯，盤折入蒼藹。

仰攀掛猿枝，俯躡飛鳥背。

絙懸一發系，穀暗懼失墜。

層陰忽滃合，僕馬均覆蓋。

重知衣屨濕，坐覺呼吸大。

人語空蒙中，風號線縷外。

出雲已卓午，始訝突兀最。

雄關扼險繼，黔蜀天所界。

涼秋郁古寒，跡垂慘不壞。

所行及初夏，涼冽猶可戒。

道人疑山精，碧眼望客拜。

汲泉煮新荈，石樓暫留憩。

緬維帝座近，真宰通謦欬。

吾將揖浮丘，高舉攬霞佩。

清晰描繪出了雪山關高峻聳拔的雄偉氣勢，和翻越雪山關的艱辛。

蔡鍔《登雪山關》膾炙人口，乃其借景抒情之作，筆力剛健，氣勢磅礴，厚實雄渾，音韻鏗鏘，將雪山關豪邁蒼勁之力勁恢弘鵝點。此聯更熱情地謳歌了正氣凜然、勝利在握的護國軍，表現出蔡鍔寬廣的胸懷、非凡的膽略。

會當秋登絕頂，看滇池月小，黔嶺雲低，寥寥幾句韻語，寫出無邊風景，令人精神為之一振。後人將這副對聯刻在雪山關兩側的石柱上，以紀念這位護國英雄，讓後人他曾緬懷英烈精神，牢牢記住揮刀殺賊男兒事的風範。

揮毫題寫「護國岩」，鏖戰匝月蕩軍風

瀘納戰役期間，護國第一軍司令部就設在瀘州大洲驛敘蓬溪附近的永寧河舟中，蔡鍔在「灣頭」運籌帷幄，指揮若定，江水滔滔不捨晝夜相伴左右。

6月6日，一代梟雄袁世凱殞歿後，只剩李烈鈞繼續揮師兵進，而四川戰場也已逐步進入善後階段。此時蔡鍔的喉症日篤，無法發音，只得以筆代口，傳遞訊息。

《蔡松坡軼事》中有云：「每屆大小戰，先生（蔡鍔）皆親臨前敵，指揮軍士，故所戰皆捷。然操勞過度，又迎風引吭高呼口令，以致頓贏喉疾。初猶不覺，繼則漸次失音，將校勸其休養，以他人代指揮之職。先生毅然曰：「吾個人喉舌，較萬軍生命孰重孰輕？奚可以微疾而誤軍國大計乎？」由此更身先士卒，勞怨不辭。雖將死之民國，得先生之回天妙手醫治復活。而先生致疾之由，實基於此，是真以生命犧牲民國者也。可謂再造共和之第一偉人矣。」

從蔡鍔部屬所述的內情中可知，蔡鍔把護國戰爭看得比自己的生命還重要！他明知身體已經垮了，依然面不改色，親臨前敵，指揮軍士。由於親臨前線，故能結合戰場的實際情況而採取確切的軍事部署與戰略佈局，「故所戰皆捷」！

納溪永寧河畔

蔡鍔常常與部眾駕著飄舟，沿永寧河行駛觀察地形。永寧河畔，削壁巉巖，江水淼沔，輕舟過了一山又一山。見此山河壯闊，蔡鍔百端交集，感慨萬千，想自己一襲袴韡，披星戴月，東跑西顛，與弟兄們並肩作戰，此身本就無悔。

蔡鍔向部屬說道，今日戰爭雖畢，但當勉勵後人，永遠牢記護國戰役的真實情操，惟鐵與血，精誠至極，救國救民！

於是蔡鍔遂在大洲驛題其石名為「護國岩」，並撰《護國岩銘》及序文，由總參謀殷承瓛書，並命人鐫刻於峭壁之上。

據民國《敘永縣誌》記載：「護國岩，在治西140里大洲驛側，層巒疊翠，由敘永至納溪必過其下。民國四年討袁之役，蔡總司令鍔駐節於此，策應指揮，扼制袁軍，取消帝制，再造共和。事定，蔡鍔題其石曰護國岩，並撰記銘於石。」護國岩，位於瀘州市城南約50公里處，另崗連綿，巍然屹立於碧波蕩漾的永寧河畔，永遠與天地之間無聲無息的沛然正氣共激盪！

《護國岩銘》序文云：「中華民國四年，前總統袁世凱叛國稱帝，國人惡之，滇始興師致討，是曰護國軍，鍔實董率之。逾年，師次蜀南，與袁軍遇於納溪，血戰彌月，還軍大洲驛，蓋將休兵以圖再舉。乃未幾而桂粵應，而帝制廢。又未幾而舉國大噪，而袁死，而民國復矣！嗟呼！袁固一時之雄也！挾熏天之勢，以謀竊國。師武臣力，卒斃於護國軍一擊之餘。餘與二三子軍書之暇，一葉扁舟，日容與乎茲岩之下。江山如故，頓閱興亡，乃歎詐力之不足恃，而公理之可信，如此，豈非天哉！世或以碞袁為由吾護國軍。護國軍何有？吾以歸之於天，天不可得而名，吾以名茲岩雲爾。」

　　　　　　　　　　　　　蔡鍔題，殷承瓛書，民國五年七月勒石。

《護國岩銘》：

護國之要，惟鐵與血。精誠所至，金石為裂。

嗟彼袁逆，炎隆耀赫。曾幾何時，光沉響絕。

天厭兇殘，人誅穢德。敘瀘之役，鬼泣神號。

出奇制勝，士勇兵驍。鏖戰匝月，逆鋒大撓。

河山永定，凱歌聲高。勒銘危石，以勵同胞。

「護國岩」這三個大字鐫刻在近二十公尺高的石崖上，是依山崖凹凸之勢呈弓形布列，每個字高一公尺有餘，顏體楷書，筆力厚重，氣勢威武，剛勁獨立。字如其人，文如其聲，似蔡鍔將軍這樣剛正義烈、慷慨智勇之人，才能顯得出這等挺然奇偉之文字！

蔡鍔以天不可名，故鐫石以名；天行健，君子以自強不息。護國岩銘，除了是對護國軍的紀念，也永遠激勵吾輩後人，永記前人的心血和精神，效法前尤！

護國岩

護國岩是值得一去的，它象徵著一個世紀以來，一群烈士為了國家的統一、民族的興旺、人民的民主自由以及社會的繁榮進步，不惜拋頭顱、灑熱血，前赴後繼，奮鬥不息的情操。

佇立在護國岩前，肅穆崇敬之情必將油然而生，轉身憑欄望去，大洲驛水庫碧水似鏡，風光如畫。永寧河兩岸翠竹掩映，逶迤十里，風蕩岩壁，轟聲雷鳴。想蔡鍔將軍戎馬倥傯間，尚容於一葉扁舟，病體沉疴，仍心繫國家興亡，這便是我們民族精神的寶藏！那是一種忠義精神的連結、一個時代的聯繫，和一份心頭永遠感懷的溫暖。

蔡鍔指點江山、激揚文字，勒石斯岩之上，又該是何等的慷慨激昂！敢以天下為己任，不以天下為己有，便是此岩所散發出的錚錚氣息！護國軍雖去了，斯岩猶長存，蔡鍔將軍風骨永垂！正是：

護國有軍，護國有銘。

將軍浩氣，河山永寧。

願吾輩後人共勉之。

維護無數護國烈士的清譽

舉世聞名、震驚中外的護國戰爭何以能成功？其實，這不是一個人、兩個人、或幾位將領的功勞，而是廣大的護國軍將士浴血奮戰、殊死搏鬥所帶來的成功，它是一個集體的統一行動所帶來的不可思議的奇功殊勳。

在這個集體裡面，有孫中山、黃興、梁啟超、蔡鍔、李烈鈞、戴戡、羅佩金、唐繼堯、黃毓成、劉雲峰、顧品珍、趙又新、張開儒、方聲濤、陸榮廷、程潛、庾恩暘、朱德、劉伯承、賀龍、熊克武、但懋辛、熊其勳、吳傳聲、金漢鼎、胡瑛、楊蓁、鄧泰中、董鴻勳、趙鐘奇、葉荃、葉成林，以及許許多多未列名的將士們！由於護國軍戰術運用得宜；軍隊士氣旺盛，視死如歸；加上弟兄們的團結作戰；還有廣大人民的支持，護國戰爭才能功成。

在戰術方面，蔡鍔隨著戰場瞬息萬變形勢，適時變更部署、持重待機，達到了瓦解敵軍的作用。他並採用佯動、襲擊、游擊、割裂等戰術，使敵軍

戰力分散、腹背受敵、摸不清來軍挺進路線，使護國戰爭終贏得了最後勝利。

袁世凱的軍力部署，即是計畫一面遣調三路征滇軍與護國軍人馬相峙，一面再暗中派人潛返滇南煽惑民眾，企圖襲擾護國軍的後方，可以說是一前一後的「包圍戰術」。

不過私下議定的作戰策略不等於瞬息萬變的戰場謀略，「戰場應變」更代表了一位將領真實的作戰能力。縱使袁世凱覺得，以北洋軍十萬兵力，實施三路進攻，抗擊地處西南一隅、才不到一萬兵力的護國軍，應不難一鼓蕩平。

但他實在小看了蔡鍔、李烈鈞等人的決心，蔡鍔在雲南、廣西兩地培育出不少軍政人才，個個忠貞不二；李烈鈞是二次革命的帶頭者，實戰經驗豐富，又護國軍已抱著破釜沈舟的決心，不惜背水一戰。這樣的決心和愛國急切之心，不是唯利是圖的袁政府或勾心鬥角的北洋軍隊所能體會的。

蔡鍔特別看重護國戰爭的性質和意義，要用實際行動維護它的正義性和純潔性。袁世凱死後，西南戰局進入善後階段時，唐繼堯忽然進兵川黔，欲擴大地盤，並派員來到前線知會蔡鍔。蔡鍔得知後義正辭嚴地說：「論私，唐都督要鍔頭顱，鍔亦必割擲與之。論公，鍔不能讓過五步！吾人以義始，而不以義終。鍔方敝屣利祿潔身引退，以昭示天下；而觀都督，當敵我血戰之際，不肯加一兵一矢，今戰事告一段落，乃麾兵前進。人將謂鍔狐媚以取天下，譎詐以騙國人！唐都督知我個性，如不明令停止前進，即濺血以謝同袍！」

蔡鍔努力維護的不僅是自己的清譽，更是「無數護國烈士的清譽」。 他始終認為，護國戰爭的勝利是「大眾合力」的功勞，每個將領、每個士兵、每個人，他們勇於奉獻自己，每個人都是忠烈的戰士，縱使無名，都將名垂青史，另後世永遠懷念那股戰士意識和精神。蔡鍔要讓世人和後人知道，護

國軍是在為共和流血犧牲，決不是為一己之私。

護國戰爭在中國建立了一個嶄新的里程碑，維護了新興的資產階級共和制度，亦真正實現了辛亥革命的最終目的，徹底剷除了中國帝制。再者，護國運動打倒的不只是袁世凱，還有其背後隱藏的巨大危機。這危機，無法估量，誰也不敢承擔其後果，因此，若護國運動在當時失敗了，袁氏的野心將完全浮現，中國要進入怎樣的時代裡，將是令人擔憂的。

護國戰爭結束後，繼之而起的是北洋直、皖、奉系的軍閥統治，但袁世凱通敵賣國和復辟稱帝的野心與崛起的北洋「反動統治」是不能混為一談的，以護國軍當時面臨的國家局勢，袁世凱急於與各國友好，爭取其稱帝的絕對支持，造成國外野心家虎視眈眈，甚至亟欲要求袁政府給予更多的「不平等交換」。

當時中國形勢岌岌可危，護國運動與後來的護法運動是不一樣的時代任務，其歷史角色亦不同，但都是捍衛國家與民主共和的神聖之戰。

護國運動制止了封建帝制死灰復燃，再造共和，挽救了國家，它的功績永載史冊。

雖隔年有張勳復辟，但張勳不是自己稱帝，而是想延續中國的帝制命脈，但不成氣候，也無法改變什麼。1916 年 12 月，國會決定，以每年 12 月 25 日定為「中國護國運動紀念日」。

孫中山先生對護國戰爭曾作過高度的客觀的評價，他說護國起義「與黃花崗之役，辛亥武昌之役，可謂先後輝映，毫無軒輊，充分表露了中華民族之正氣」。

孫中山先生也在《建國方略》中說，袁世凱稱帝後，「所幸革命之元氣未消，新舊兩派皆爭相反對帝制自為者，而民國乃得中興」。他還說對於「起義各省之執政者」，可「信其誠意擁護共和」。

蔡鍔雖然堅決反對袁世凱稱帝，但他也曾說自己對袁佬是「多感知愛」，他感謝袁世凱特知愛之，也多次表示了袁世凱對他的「禮遇良厚」，如「感念私情，雅不願其凶國害家之舉」！

他說自己起來反袁，是「為保衛民國，為了公義，不能兼顧私情」！當斗轉參橫間，戰事彷如過眼雲煙，但正是這當中刻骨銘心的大志大誓和寄身鋒刃的戰士情操，不斷引領著我們後輩篳路藍縷挺進，讓我們深深地、深深地鞠躬在歷史的軌跡上，永不遺忘。

人們說，現今世界已是太平之世，何以還要推動先人的這種正直、孝悌、信勇、廉儉、仁愛、忠義、精誠、協和、奮戰的精神？其實，這種精神本就是一個人與生俱有的本質，這是人的 DNA 代碼與正常序列排列組合後所呈現的特質。

唯有人的本質被再次喚醒了，人的心性與人格有可能再次被陶鑄，成為新的心性模型。現今國際局勢的緊張、世界的亂象、地球的危機、天體的失衡、地磁的失序，乃至即將到來的太陽系能源爭奪戰及其可能帶來的毀天滅地大浩劫，每一樣都與人類的「本質遺失」密切相關！這是值得我們深思的地方！

參考資料：

- 《蔡鍔集》下冊（曾業英）
- 《護國軍紀要》（劉雲峰）
- 《護國軍入川及四川招討軍司令部的設立》（但懋辛）
- 《護國運動史》（謝本書）
- 《護國軍瀘納戰役和軍醫工作回顧》（軍醫李丕章）
- 《雲南護國前後回憶》（趙鐘奇）

- 《評唐繼堯護國》（李開林）

- 《護國軍記事》（民國5年中國國民黨黨史史料編纂委員會）

- 《護國運動資料選編》（李希泌、曾業英、徐輝琪）

- 《李烈鈞自述》（深圳報業集團文明國編）

- 《李烈鈞先生百年誕辰紀念集》（中華民國史事既要編輯委員會）

- 《護國運動》（雲南省檔案館）

- 《北洋軍閥史話》（丁中江）

- 《蔡松坡軼事》（陳晨）

第十三章

不爭權力，功成身退抱病東去

　　身為一名堂堂正正、有名有實的軍人，蔡鍔只是在盡自己的力量，把軍人的職責落實到了行動上。他為的是護國家，揚正氣，爭人格！為四萬萬同胞不再跪著生存！

　　歷史學家稱孫中山先生所領導的辛亥革命為前期革命，護國戰爭則是後期革命，辛亥開創民主；護國再造共和。不管是辛亥革命還是護國戰爭，其實都必須透過凝聚眾人的精神力、智慧力、意志力和行動力才能展開，眾人所結集而成的心靈忠義密度，是一股最強而有力的力量，足以推翻邪惡！這本書所要提及的精神究與我們現代人們有何關連？其實是不可分，因為非這些精神不足以拯救眼前的地球危機！

段祺瑞壟斷政權，掩人耳目

1916 年 6 月 5 日，袁世凱斷氣的前一晚，段祺瑞看袁大總統氣若游絲，命不久矣，遂立即前往黎副總統宅府，找黎元洪商量說：「依據《約法》，出任重寄，維持大局」。

在袁世凱稱帝以前，有兩種根本國家法律來規定「總統接班人」：即內閣制的《臨時約法》與總統制的《中華民國約法》。《臨時約法》是舊約法，《中華民國約法》又稱為《新約法》，依照《臨時約法》的規定，大總統無法履行職權時，將由副總統遞補。若按《中華民國約法》，大總統無法履行職權時，則必須開啟「金匱石室」，取出由大總統認可的三名繼任者，然後按排行順序接班。

當時袁世凱尚未撒手人寰，因此無人知曉金匱石室內的三名總統繼任者，可是段祺瑞卻急著要黎元洪依照《臨時約法》的規定，接任大總統，此舉隱約可看出段祺瑞的心機。

翌日（6 月 6 日）凌晨，袁世凱因尿毒症發作突然去世，全國上下的政界軍界人士無不操心該由誰來接任大總統一職？如果按《臨時約法》規章，副總統得以晉升候補總統地位，因此黎元洪是總統補選人；但若按《中華民國約法》條章，會有哪三位可以接班？後來徐世昌等人開啟石室金匱後，終於有了解答：

第一順位黎元洪，

第二順位徐世昌，

第三順位段祺瑞。

由於黎元洪是第一順位，因此他便順理成章成為中華民國大總統的法定代理人。然而，黎元洪雖接任了總統一職，但畢竟只是代理總統，有名無實，一切大政均是國務卿段祺瑞在作決定，梨元洪只是被公推出來的「表面總統」而已。

黎元洪並非北洋軍系首領，沒有自己嫡系的軍隊，也沒有自己的政治派別，所依賴的不過是當年「辛亥武昌革命起義領袖」的這段資歷而已。而段祺瑞大權在握，是個北洋鉅子，在那個凡事都按實力說話的年代，可想而知，黎元洪只不過是段祺瑞為鞏固自身政權所巧佈和利用的一顆棋子！

6月6日當天，段祺瑞得知黎元洪是總統補位第一候選人之後，竟然對外發佈了兩份公告，第一份以袁世凱遺令的名義，第二份以國務院名義通電全國，宣佈奉袁大總統遺命：遵照《約法》第29條規定，「以副總統黎元洪代行中華民國大總統職權」。

雖然兩份公告的內容一致，但卻引發了國民黨和護國軍等反袁勢力的反對！因為《約法》第29條指的是袁世凱在1914年所制定頒佈的《中華民國約法》，而這部憲法從始至終都未曾獲得國民黨的認同，因此當段祺瑞發出公告後，國民黨和護國軍就表示了堅決反對的立場。

6月7日，黎元洪順利當上中華民國第二任大總統，在東廠胡同私宅舉行了就職典禮，會上，段祺瑞代表全體閣員表示，「余等必竭力贊助總統」，但其實是別具用心。

對北洋軍系而言，如果讓黎元洪接任總統，他既非北洋軍系出身，又沒有實際掌權，北洋諸眾將領並不會擁戴他，段祺瑞不用擔心日後黎和自己爭奪地位；對國民黨而言，黎在二次革命後背叛了國

袁世凱的接班人段祺瑞

民黨，投靠袁以自保，已不算是真正的國民黨員，更不值得擁戴。但由於黎是堅定站在護國討袁這方的，因此由黎出面繼任總統，又起到了抗衡北洋軍系的作用，因此推舉黎元洪繼任總統對兩方而言都有好處。

也就是說，黎元洪出來當總統，就只是段祺瑞在幕後操控大權，藉以說服國民黨的棋子；而國民黨也藉由黎元洪間接箝制了北洋軍系。在民初紛亂變蕩的局勢中，每個人都有尋求自保的一套措施，但黎元洪卻為此付出了慘痛代價，他既淪為北洋軍系的政治俘虜，也成為革命黨派的背叛人物。

國務院通電全國發佈新約法後，6月8日，西南護國軍軍務院撫軍副長岑春煊率先提出了異議，指出舊約法或新約法的爭議問題將是「護國軍生死存亡關鍵點」。同日，河南將軍趙倜也發表通電，認為黎元洪理應根據舊約法（《臨時約法》）的規定，正式接任總統。而非通過石室金匱的名單成為代理總統。

6月9日，孫中山從日本返國，也立即發表了《規復約法宣言》，要求北京恢復《臨時約法》。隨後，黃興也發出通電，指責段祺瑞引用袁氏所制定的《新約法》是偽憲法，因此主張召集舊國會，明文令書恢復《臨時約法》，組織合法內閣。

眼看段祺瑞獨斷專行，胡作非為，黎元洪卻連與之棋峙的能力也使不上。但是黎元洪也是希望恢復舊約法的，因為若按新約法的規定，黎本身只是代理總統，日後的「正式總統」一職必須由立法院和參議院根據袁世凱所留下的三人名單中選舉產生，黎隨時都有可能被趕下台。如果恢復舊約法，根據1913年10月所制定頒佈的《大總統選舉法》，黎就可以接手袁世凱沒有完成的任期。

對段祺瑞而言，恢復舊約法肯定是對他更有益處的，畢竟當年孫中山制定舊約法是為了約束袁世凱，才把國家體制從總統制改成內閣制。最後袁世

凱為了集權專斷，才制定新約法把內閣制又改回了總統制。因此，若按新約法，總統黎元洪就是國家第一決策人，但若按舊約法，作為內閣總理的段祺瑞才是實際的最高領導人。

既是如此，段祺瑞為何仍要發佈新約法？其實，段祺瑞是一位城府隱藏極深之人，作為北洋軍系袁世凱的接班人，如果他否定了新約法，就等於是否定了袁世凱大總統身份的合法性，也就否定了他自己總理身份的合法性，因為這個總理職位是袁世凱任命的。

袁世凱生前為了洪憲稱帝而處心積慮集大權於一身；為了對付護國軍以退保總統地位，又碩畫籠絡段祺瑞為其組織「責任內閣」，不惜讓段掌控北洋兵符。然而，段祺瑞即使坐擁重兵，卻不領袁世凱的情，但是當袁世凱一死，段祺瑞掌權後，對袁的怨恨立刻在表面上化為烏煙，不但不再嗔懟，還阿諛表示對袁世凱是極愛之而尊崇之。

段祺瑞深知，袁世凱雖然惡名昭彰，但是以他為頂戴者依然大有人在！畢竟護國軍起義是為「國家」，無法吸引那些嗜權謀位者的共鳴。但是他自己就不同了，他是袁世凱真正的接班人，自然是那些嗜權野心家的新領導人物。因此，如果要鞏固自己北洋軍系正統繼承人的地位，就必須努力保全袁世凱生前所極力關注的「封建制度」，以滿足各省嗜權者的胃口，行繼續指揮北洋大軍之目的。

既然不能得罪反袁勢力，也不能失去北洋軍系將領的擁戴，段祺瑞只好兵行狡詐，故意頒佈新約法，再由反方（國民黨和護國軍）出來據以力爭，自己再藉勢恢復舊約法，同時收買兩方人心。段祺瑞狡兔三窟，其目的其實是欲借袁世凱之名，行壟斷國家大權之實。

6月10日，段祺瑞裁撤了陸海軍大元帥統率辦事處，這是當年袁世凱以大總統身份為掌兵符所設立的機構，段祺瑞當時就是因為這個機構而被打入

冷宮，因此黎元洪當上代理總統後，段自然不能再讓這個機構繼續存在。

6月13日，段祺瑞又任徐樹錚為國務院秘書長、王式通為國務院參議。袁世凱在世時，段祺瑞就非常倚重徐樹錚，將他視為智囊和心腹，但袁卻非常痛恨徐樹錚。段出任國務總理時，為了要派徐樹錚為國務院秘書長和袁鬧得不愉快，現在是段的天下了，就算袁已死，段還是要向他示威，如同生前不低頭、不服輸的姿態。

6月19日，段祺瑞又下令裁撤「京畿軍政執法處」，這是袁世凱生前的特務機構，當時最為各方勢力所痛恨和恐懼，段裁撤它的目的是欲收攬人心，為接下來的統攬軍權作準備。

6月15日，江蘇將軍馮國璋致電黎元洪和段祺瑞，稱新約法不適用當今國情，理應廢除，恢復舊約法。

6月23日，馮國璋、張勳、張懷芝、倪嗣沖四位將軍聯名致電段祺瑞，稱「恢復舊約法之主張，全國民心已歸一致」！有歷史學家稱，段祺瑞與四位將軍合演的這場戲，就如同袁世凱與籌安會自導自演的「復辟帝制」戲，至於真相如何？就不得而知了！

6月29日，段祺瑞一手承運，又廢國務卿之名，恢復舊時國務總理，裁撤參政院和平政院所屬的肅政廳，以期更加獨攬大權。

7月6日，段祺瑞對於各省軍政首長的名稱加以修改，在官制未定以前，各省督理軍務長官改稱「督軍」，民政長官改稱「省長」。

段令：張作霖為奉天督軍，孟恩遠吉林督軍，張懷芝山東督軍，趙倜河南督軍，閻錫山山西督軍，馮國璋江蘇督軍，張勳安徽督軍，李純江西督軍，李厚基福建督軍，呂公望浙江督軍，王占元湖北督軍，陳宧湖南督軍，陳樹藩陝西督軍，蔡鍔四川督軍，陸榮廷廣東督軍，陳炳焜廣西督軍，唐繼堯雲南督軍，劉顯世貴州督軍。

又令朱家寶為直隸省長，郭宗熙吉林省長，畢桂芳黑龍江省長，田文烈河南省長，沈銘昌山西省長，齊耀琳江蘇省長，倪嗣沖安徽省長，戚揚江西省長，範守佑湖北省長，張廣建甘肅省長，楊增新新疆省長，朱慶瀾廣東省長，羅佩金廣西省長，任可澄雲南省長，戴戡貴州省長，胡瑞霖署福建省長，孫發緒署山東省長，張作霖兼署奉天省長，呂公望兼署浙江省長。

再令陳宧兼署湖南省長，陳樹藩兼署陝西省長，蔡鍔兼署四川省長。今朱家寶兼署直隸督軍，畢桂芳兼署黑龍江督軍，張廣建兼署甘肅督軍，楊增新兼署新疆督軍。今湖南督軍陳宧迅速赴任，未到任前以陸榮廷暫署，廣東督軍陸榮廷未到任前以龍濟光暫署。今授李烈鈞勳二位，陸軍中將加上將銜。

段祺瑞動作頻頻，重新組調各省軍政首長，一方面是為鞏固北洋勢力，一方面則是想阻撓李烈鈞、陸榮廷繼續領軍作戰，威脅自己的政權。段祺瑞掌權後，當然希望護國戰爭盡快結束，好讓南北統一，自己穩坐江山。

自從黎元洪擔任代理總統一職後，護國軍仍然在廣東和四川浴血奮戰，力求平定戰事。李烈鈞、陸榮廷此舉，讓段深感芒刺在背，因此「欲除之而後快」！

然而，段祺瑞在四川、湖南、廣東、廣西四省的兵權分配，簡直是播下戰爭的種子、製造混亂的根源，更為日後的「軍閥割據」種下了不可收拾的惡因！為中國埋下了嚴重的後患！

段祺瑞的奪權手段與袁世凱當年如出一轍，不同的只是袁世凱表面是採取總統制，集大權於一身後，接著申令稱帝；段祺瑞則採取袁世凱當年所反對的「責任內閣制」，再以內閣總理的身份集中事權。

從當時國家形勢的發展來看，袁世凱瀕死前，政局已是陷入混亂不堪的局面，死後亟待恢復秩序。能勝任此責之人，段祺瑞是陸軍總長兼國務卿，近水樓台，想當然爾，在袁死後便順理成章、名正言順繼承了北洋軍系的領

導地位，北京大權和北洋軍權就盡數落入段祺瑞的掌握之中。

李烈鈞繼續摧鋒陷陣，對抗袁部殘軍

早在袁世凱6月6日去世後，6月7日，陝西部督兼民政長陳樹藩就逕自宣佈：「舉陝西全境奉還中央，取消獨立。」隨後，梁啟超即刻致電獨立各省說：「收拾北方，惟段是賴，南省似宜力予援助，毋令勢孤，更不可懷彼我成見，致生惡感。」

既然梁啟超都說「收拾北方，惟段是賴，南省似宜力予援助，毋令勢孤」了，因此6月8日，四川都督陳宧有恃無恐，也跟進通告全國：「遵照獨立時宣佈，即日取消獨立，嗣後川省一切事宜，謹服從中央命令。」6月9日，廣東都督龍濟光率屬開會慶祝段祺瑞總秉國鈞時，也起而效尤，宣佈「即日取消獨立，服從中央命令」。緊接著6月11日，湖南湯薌銘也宣佈取消獨立。

陳樹藩、陳宧、龍濟光、湯薌銘這四方勢力會在此時宣布取消獨立，與段祺瑞掌權的關係十分密切。他們認為，現在段祺瑞一手支天，未來亦將成定局，因此迫不及待想回歸。而段祺瑞當然也瞥見箇中奧秘，於是他立即對這幾個地方首長個別採取了不同的軍權分配。段的目的是為了達到北洋軍系專政和分化護國軍力量的目的。當時，護國第二軍在李烈鈞率領下，仍繼續東進廣東；護國第一軍也仍駐守在情勢複雜的四川境內。

袁世凱還在位時，龍濟光是在廣西桂軍和廣東各地民軍四面包圍的脅迫下，才勉為其難於4月6日宣佈獨立，但龍濟光背地裡仍與袁世凱保持著緊密聯繫。龍濟光此人性格扭曲、乖戾兇狠，人面獸心、暴厲恣睢，是清末民初著名的侵略者，在廣西和廣東，龍及其所謂的龍軍向來以殘暴著稱，雙手沾滿了兩廣人民的血債。

當時在袁世凱的暗中指示下，龍濟光兩面三刀，仍繼續暗中侵襲護國第二軍，他請袁馳調北洋軍由海道開往廣東，以解救他的危機。5月8日，中華

民國軍務院在廣東肇慶成立時，代理撫軍長岑春渲和廣西都督陸榮廷都曾電請護國第二軍李烈鈞取道廣西和廣東向江西進兵，李烈鈞便率領張開儒、方聲濤兩個梯團，於5月12日抵達廣東肇慶，並要求龍濟光予以出兵協助。這時袁世凱還未死，袁秘密指示龍濟光按兵不動，龍濟光便以拒絕護國第二軍取道廣州、免引起主客兩軍自相衝突為由，婉拒了李烈鈞的請求。

這時陸榮廷主張不如對龍妥協，以爭取迫切時間出兵江西，李烈鈞勉強答應。陸榮廷於是與龍濟光商定，護國第二軍改道由廣東肇慶經三水到琶江口，再轉乘火車到韶關，但這樣距離江西九江還是有數百里之遙。

然而，各省袁軍的特色就是賊性不改、劣根性重，始終是欺瞞世人的騙子。當6月7日，護國第二軍抵達韶州時，袁世凱已經去世，龍立即電令韶州鎮守使朱福全關閉城門，迫使護國軍露宿於城郊。龍軍還在城上架砲轟擊護國軍，護國軍在韶州遭遇龍軍的攻擊，全軍極為憤慨，乃予以猛烈還擊，兩軍爆發了激烈的「北江戰役」。同日，護國軍攻城之戰出手得盧，順利進駐韶州。

段祺瑞掌權後，龍濟光認為北洋軍是全國軍事組織和戰力最強大的軍隊，於是在6月9日宣佈取消獨立，擺脫軍務院，投向北洋軍系廣東。韶州淪陷後，龍於是秘密拍電請求段內閣「三路出兵」增援，準備把護國軍和桂軍逐出廣東。段祺瑞掌權後，最為忌憚護國軍，當然不能接受護國第二軍繼續北進！

段祺瑞心想：蔡鍔在四川喉疾日篤，目前尚不構成威脅，真正構成威脅的是李烈鈞！李烈鈞以驍勇善戰聞名，爆發力十足、後勁更強，深惡袁氏稱帝，因此是自己最大的勁敵，必須將其剷除！

由於龍濟光請兵增援的目的剛好和段祺瑞的意圖不謀而合，所以段祺瑞就接受了龍的乞援，並立即做出命令：

一、江西督軍李純就近調遣北洋軍第六師全數馳進江西南部；

二、福建督軍李厚基率軍前進福建南部；

三、並派薩鎮冰率海軍以保護外僑為名，由海道開往廣州。

龍濟光的計畫是當龍軍發動進攻後，江西、福建二路協助其主攻護國軍，海路北洋水師再夾擊護國軍，等擊敗李烈鈞後再繼續驅逐陸榮廷桂軍。段祺瑞的目的也是伺機消滅李烈鈞，保全廣東為其北洋軍的勢力範圍。於是一場千方百計、瞞天昧地的殲滅計畫便悄然展開。

話說李烈鈞依照原先商議，率領護國第二軍準備經粵北韶關，進入江西時，龍濟光竟突然命其駐韶關振武軍襲擊護國第二軍。陸榮廷聞訊後，當即下令護國第三軍莫榮新部、護國第六軍林虎部火速趕赴戰場，與李烈鈞會合，南北夾擊振武軍。討袁戰事由龍部挑起，7月3日，「源潭戰役」正式爆發。

戰爭爆發後，李烈鈞率所部由鐵路南下，護國第三軍莫榮新部則沿廣三鐵路進入佛山鎮，準備前後包抄振武軍。龍濟光得知後，也立刻率其部下李家品、楊發貴、段爾源、馬存發部隊拼死頑抗。兩軍構兵中，段爾源被俘，護國軍氣勢大振，節節進逼，直臨省城廣州市郊外。龍濟光不甘示弱，便下令封鎖對岸船隻通行，蓄意斷絕河面交通，與護國軍隔江相峙，互相砲擊，形如楚河漢界。

龍濟光雖有北洋軍增援，但護國軍氣勢如虹，李烈鈞命所部在石圍塘以西之處，架橋跨江，直逼韶關龍濟光總部。而護國軍莫榮新部與林虎部則繼續隔江對濟軍射擊，掩護李烈鈞部壓境韶關。龍軍驚訝之際，李烈鈞部已是摧堅陷陣，將韶關團團包圍，並生擒龍軍韶關守將朱福全，繼續大軍壓境廣州。

龍濟光所部失敗後，被迫退守廣州，狼狽集中殘力於廣州一隅，作困獸之鬥。此即歷史上有名的「李烈鈞屠龍（龍濟光），三破韶關」！觀李烈鈞自從率護國第二軍自昆明出師後，他從沒有忘記護國戰爭的目的，他一路奮

戰不懈，即使袁世凱已去世，李烈鈞立誓仍要揮軍北伐，和正在同病魔搏鬥的蔡鍔會師，剿滅袁的黨羽。

再來看四川方面，陳宧於6月8日宣佈四川取消獨立後，才得知袁世凱為了報復自己，臨死前（6月3日）竟在四川放了一把火。袁世凱任命川軍第一師長兼重慶鎮守使周駿為第15師師長，授「益武將軍」（一說為崇武將軍），督理四川軍務，還命周駿務必率軍進駐成都，將陳宧驅逐出境。從6月3日至25日期間，周駿派所部王陵基西上驅逐陳宧，袁死後，段祺瑞也加緊腳步授意北洋軍駐川統師曹錕暗中支援周駿兵進成都，以奪取川西各地。

陳宧見大事不妙，便電告蔡鍔成都告急，由於陳宧已經取消獨立，雲南、四川兩方護國軍根本無須再援助陳宧。但周駿不斷散播川軍將要和自己聯合對付雲南護國軍的消息，蓄意挑撥川、滇軍的感情。這時蔡鍔的喉肺病已經非常嚴重，無法說話更不能主持軍事太久，但是四川問題也不能忽視，因此他只好勉為其難答應派兵增援陳宧。

過去半年來，蔡鍔不僅忙於指揮軍事，還要躬身處理文書，眼前護國第一軍已是疲憊不堪、餉械兩缺的孤軍。就在萬難時候，陳宧再三求援的電報又至，蔡鍔只好抽調劉雲峰梯團出兵協助，劉雲峰部經由敘州挺進至流井，等候兵力集結後，準備向內江和資中發動攻擊。然而，此時的周駿已有了段祺瑞在後撐腰，便肆無忌憚攻佔永川、隆昌和內江等地，並派王陵基率兵進抵資中，截斷成都敘府之間的聯繫。

反觀陳宧這邊陣營，出戰時他的幾位部將出現了不合，伍祥楨和馮玉祥不肯替陳宧賣命，而李炳之在重慶也慘被曹錕扣留。當陳宧面臨存亡危急之際，這時王陵基經龍泉驛已直逼成都，陳宧被迫向周駿乞和，約定一個星期內交出成都。

陳宧的所作所為可以說是咎由自取，四川護國軍不肯幫他，劉雲峰梯團

待命後蔡鍔也沒有再下達任何命令，於是陳宧便於6月25日黯然離開了成都。6月26日，周駿所部王陵基攻佔成都，但僅維持了4天，6月30日，護國川軍劉存厚部就收復成都，周部驚慌潰逃。

再看看廣東李烈鈞部的後續發展，由於龍濟光全軍幾遭覆滅，形勢急轉直下，十萬火急，段祺瑞便在7月6日再祭山一下策。他立即發表了「各省軍民長官命令」，蓄意借機對廣東問題作出調動。段發文說：

1、 李烈鈞奉命調任北京，中央另有任用；
2、 陸榮廷改任廣東督軍，但必須先行前往署理湖南督軍；
3、 朱慶瀾則接任廣東省長；
4、 龍濟光改任兩廣礦務督辦。

段祺瑞的這個人事命令其實包含了許多奸宄陰謀：

第一：調李烈鈞離開廣東前線而來北京是調虎離山之計，如此段就可以名正言順移開廣東北洋軍的敵人；

第二：李烈鈞調走後，護國第二軍必然班師回府，繼續北伐的任務就此宣告結束；

第三：陸榮廷雖然和龍濟光為敵，可是討龍目的不似李烈鈞護國般剛烈，若改派陸榮廷為廣東督軍，可以收到軟化陸榮廷、令桂軍不再支持護國第二軍的作用；

第四：同時又派陸榮廷署理湖南督軍，是故意替龍濟光爭取時間，在陸榮廷抵達廣東接任督軍之時，讓龍濟光可以繼續留在廣東督軍的位子上，段再派北洋大軍前來來援。

段祺瑞這是一石二鳥之計，一對李烈鈞是調虎離山；二對陸榮廷是緩兵之計，以此二計擊破護國第二軍和桂軍。段祺瑞人事命令發出後，廣東護國

人士和百姓深感不滿，乃以唐紹儀、梁啟超、王寵惠為各黨各派代表，電請北京政府罷免龍濟光。然而此時，段祺瑞卻含糊裝傻，並以廣東一事真相未明為藉口，加派剛被湖南護國軍和民軍攆出境的湯薌銘為廣東查辦使，還派海軍上將薩鎮冰為粵閩巡閱使，欲借海軍之力鎮壓廣東護國人士和百姓。

早在湯薌銘還在湖南時，護國湘軍總司令程潛就立誓要將此人擒拿到手。6月24日，程潛遂著手起草《護國軍湖南總司令程潛佈告湯薌銘罪狀》，30日，程潛又發出「護國軍湖南總司令程潛佈告湯薌銘罪狀」，7月1日，程潛率護國軍第二旅由寧鄉東南境內的道林進逼長沙，與湯軍激戰於道林，7月4日，湯軍潰敗，湯所部敗逃而去。

湯薌銘心狠手辣，殺人如麻，現在被調派至廣東，又有薩鎮冰為盾牌，段祺瑞以為局勢就此篤定，但廣東護國人士不吃這一套，說趕走了一個殺人魔王（龍濟光），現在又來一個殺人魔王（湯薌銘），試問段祺瑞是何等人也，無恥至極，因此一致堅決反對湯薌銘到廣東就任。

段祺瑞在處理廣東問題期間，引發了所謂的「閣潮」。段祺瑞既是以袁世凱的繼承人自居，當然最痛恨李烈鈞，因為李烈鈞反袁最是激烈，從二次革命到護國戰爭，再到進兵廣東，李烈鈞始終立場堅定，不肯退讓，決意繼續北伐。段祺瑞對李烈鈞除了痛恨，更是畏懼！

此時段祺瑞正籌畫著：如李烈鈞不肯來京，那麼唯有伺機報復，將之殲滅一途了！看到這裡也可以明白：當時袁世凱對待蔡鍔的方式，就如段祺瑞現在對待李烈鈞的方式。可以說這對狼子野心的袁段師徒，老奸巨猾，手段竟是如此卑鄙！

段祺瑞的秘書長徐樹錚見「閣潮」爭議不休，便擅自主張，電請江西和福建兩省出兵討伐李烈鈞（有可能是段私下的指使）。而安徽督軍張勳於7月31日，也在徐州發表通電斥責李烈鈞，並催促江西和福建應當快速出兵增

援湯薌銘。

緊接著安徽省長倪嗣沖也電請中央下令討伐李烈鈞，一時討李聲浪驚震四野，北方各省也加入聲討行列。北洋軍閥本是一丘之貉，依照當時北洋軍系軍人對待袁世凱的方式可以得知，袁不論是死是生，北洋軍系遲早都要群起爭鬥，走向「藩鎮割據」的局面。

這時山東督軍張懷芝、河南督軍趙倜、吉林督軍孟恩遠、江蘇軍務幫辦楊善德、山西督軍閻錫山、江蘇督軍馮國璋、湖北督軍王占元、黑龍江督軍畢桂芳、陝西督軍陳樹藩等紛紛通電攻擊李烈鈞，並請命討伐。

從這些人的行徑就可看出北洋軍閥子的劣根性，他們大多數都是在那個歷史舞臺上起著無所不用其極，荼毒百姓，危害國家，爭權奪勢，製造混亂的作用！

8月11日，北京發出一通處理廣東問題的電令：「龍濟光未交卸以前，責任守土，自應約束將士，保衛治安。李烈鈞統率士卒，責有攸歸。著即均勒所部，即日停兵。此後如有抗令開釁情事，自當嚴行聲討以肅國紀。」

此乃是段政權顛倒事實真相，搬弄是非的一貫伎倆，北京把龍濟光說成是守衛疆土有責、保衛治安有功之人，而護國第二軍總司令李烈鈞討伐龍濟光，卻變成是違抗命令、公然開釁、違反國紀之人，應擇日討伐。

不過除了那些北洋軍閥子自以為是，百姓和護國人士可不是傻子，他們看得清清楚楚，誰才是忠義之輩，誰又有功於國家，真正在為國效命！百姓說：像龍濟光和湯薌銘，不過是如段祺瑞那般人一樣，是戕害國家政局發展之鼠輩！他們日後只會落得在這片土地上，為後人所謾罵不齒！

自清朝創辦新軍開始，北洋軍就成為驍驍兵力的代表。然而在有心人士的操縱之下，北洋軍卻淪為貪婪奸詐、自私坐大的亂流，為禍百姓而不休。李烈鈞自知形勢發展自此，徒留廣東已無意義，留下來只是眾矢之的。

8月17日，李烈鈞通電中央，自請解除職務，在廣東境內的滇軍則由張開儒、方聲濤直接統轄。8月22日，李烈鈞向護國第二軍告別，離開了他奮戰半年之久的護國軍營，這年他和蔡鍔同樣是34歲。

8月27日，李烈鈞到肇慶會晤好友陸榮廷後，就取道香港轉赴上海。李烈鈞此去，再也沒見著蔡鍔人了，兩人從此生死永訣！

世人之路，總有崎嶇，跌倒了，是要爬起來的，而英雄之路，當國難當頭，卻命蹇多舛時，是心中最大的痛，是不得伸張正義的慨嘆！但李烈鈞一片赤膽忠心，血誓救國的情操，將永遠長留在中國人民心中，為後世所傳頌！

民初世局驚濤駭浪，一時風一時湧，非蔡鍔、李烈鈞及諸位愛國義士所能驅駕。在眾多軍閥選擇攀權營私的年代，他倆卻寧願順仁義波流，逐護國大浪，戮力齊心同赴時艱，為亂世留下了典範！兩人同庚，「鍔鍔烈烈」的情誼，的確深厚！所作所為，也將永留青史！

正是護國運動湧起的風雲召來了各方正道群英，同叩關此劫，國難方應聲脆裂。蔡鍔、李烈鈞和護國群英們，豎立了軍人的楷模，留下了正義的典範。即使是那些未具名的烈士和將士們，他們的精神也將永存人間，他們真摯的大愛一如屹立於凜冽中的梅花，暗香遠送大地，流芳千古。

段祺瑞雖然取代了袁世凱成為新的北洋軍系領袖，但北洋軍系中還有像馮國璋等這類的霸子不肯屈就於段的勢力，因此北洋軍系開始出現罅隙，逐漸走向分裂的局面。

首先是直系和皖系崛起，接著是南北戰爭和北北戰爭。中國大地上，軍閥各據一方，擁兵自重，就像東漢末年董卓死後，他的涼州軍閥們紛爭奪權的局面，北洋軍閥留下的後患果真無窮，也是國家的悲哀。

臨危授命四川督軍

蔡鍔自日本軍校學成歸國後，因長期為國事操勞，四處奔波，日久積勞成疾，竟在北方染上喉病；逃離京師，輾轉返回昆明後，因時不我與，策劃討袁事宜，軍務勞頓不得休息，又沒能及時治療，喉病更日形加劇。

護國戰爭爆發後，蔡鍔的病情每況愈下，到後來，將士們得要非常靠近他的身旁，才能聽出他那微弱的氣息聲音。緊張戰事終於結束，蔡鍔的病情卻也進一步惡化，已呈難以遏止的階段。

早在 1915 年 12 月，梁蔡師徒逃出京城時，蔡鍔就同梁啟超說：「事之不濟，吾齊死之，決不亡命；若其濟也，吾齊引退，決不在朝。」當時蔡鍔就已抱持「功成不在朝，兵敗不亡命」必死之決心，因此護國戰爭接近尾聲時，他即重申「功成身退」的決定。

蔡鍔在 1916 年 5 月 7 日的《致唐繼堯、劉顯世、戴戡電》文中就提到：「況滇、黔舉義以來，內外一心，上下一致，盡有意見之交換，不聞意氣之爭持。籌餉出兵，各盡所能，解衣推食，爭先恐後。……至弟個人私願，俟大局略定，決擬退休。非謂遁世，實病勢日增，非療治不可也。」

又 5 月 26 日，蔡鍔也在《致潘蕙英函》的家書中提及：「余喉病忽鬆忽劇，自覺體質殊不如前數年之健，亟需趁時休養。而大局稍定，爭權奪利者，必蜂擁以出。予素厭見此等傷心慘目之情狀，不如及早避去之為得。一俟局勢略定，即當抽身隱退，或避居林泉，或遊海外；為療病計，以適國外為佳。」可見蔡鍔去意甚堅，同時他也觀照出眼前局勢暗潮洶湧，袁世凱一死，「爭權奪利者，必蜂擁而出」。

5 月底，蔡鍔在寫給摯友曾廣軾的信函中，更道出了他「擬就醫海外」的

決定：「近來帝制已廢，共和復活，此段公案又不知作何了結也。兄（蔡鍔）數月來，風塵僕僕，備極困頓，然精神尚在，飲食如常。但宿恫猶未盡除，擬俟大局稍定，當就醫海外。」護國之功震古鑠今，但一番備辛佇苦後，蔡鍔身體已是轆疲氣盡了，但可貴的是，蔡鍔性格堅毅，從不作那種壯志難伸或落難書生的哼吟。

他勇於承擔，樂觀開朗，在他眼裡，所謂的失志、不得意，全是自己心中的創造物，只要他願意，他隨時都能具備一股戰勁，一股誓達使命，在所不辭的鬥志！

當時，許多人見到蔡鍔形如槁木，不禁悲從中來，惻然不已，同時對護國大業能否貫徹到底也心存疑慮？然而，蔡鍔卻以其**永不妥協之姿，確實履踐了護國軍出師前的諾言**！他沒有違背誓言，那怕是燃盡心燭，照徹戰光，他也要悉心周全，完成使命。

6月2日，蔡鍔致電貴州督軍劉顯世和蕭立誠兩人，謂：「惟弟久抱從事實業之志，大局略定，擬即投身礦業，不聞政事。而近月以來，所最感觸者，**吾國軍事教育太覺缺乏，若與外競，絕無幸理。將來能於軍事教育界地尺寸之地以自效，亦所甚願**，他則非所樂聞。」

蔡鍔去意雖堅，然放心不下者，仍是如何致力於國內軍事教育的改革和提升。他認為，若軍事教育不能普及，沒有優良的軍事人才和強大國防，日後「若與外競，絕無幸理」。

袁世凱死後，中國局勢跌宕起伏，惡禍暗生，蔡鍔為求國家穩定，還於6月9日發出《致北京各部院及各省電》，謂：

項城出缺，黃陂繼任，輿情拱服，中外翕然，元首得人，曷勝忭頌。惟念辛亥以降，迭遭國難，兵燹之餘，繼以災侵。

……近半年來，干戈俶擾，血戰之區雖限於川、湘一隅，影響及於全國，公私涂炭，不可億計。廓清積困，恢復故狀，為事大難。欲進而恢張國運，百廢俱興，更屬不易。非賴中央提挈於前，各省翊贊於后，群策群力，共趨一的不為功。

目前善後要務，尤在收束兵事，保故治安，維持財政諸端。三者互為關連，相因相成。果能內外一心，共失貞誠，此次善後諸事，不難於最短期內迎刃而解。伏望內而中樞諸賢，外而已獨立未獨立各省長官，蠲除成見，以福國利民為前提，以擁護中央為要義，則國事前途，庶其有豸。

鍔為時勢及良心所迫，待罪行間，轉戰數月，率國內健兒相見於修羅場，悱惻之餘，繼以慚悚。所堪以告我邦人於無愧者，出征以來，未濫招一兵，未濫使一錢，師行所至，所部士兵未擅取民間一草一木，不敢種惡因以貽惡果。

蔡鍔說自辛亥以降，國難橫生，兵連禍結，而護國戰爭又帶來了全國性的影響，眼前欲進而恢張國運，百廢俱興，更屬不易。因此他呼籲「中央提挈於前，各省翊贊於后，群策群力，共趨一的不為功」，而且要從「收束兵事、保故治安、維持財政」等三項善後要務下手。

蔡鍔對政局發展的殷殷希冀之情，對國家人民拳拳關愛之意，全然躍於電文上。他認為，護國戰爭善後要務，首在於如何收束兵事、保固治安和維持財政，倘使各省能「以福國利民為前提，以擁護中央為要義」，則國事前途必然光明坦蕩。

最後他在電文中說：「鍔鋒鏑餘生，無意問世，且夙屙未痊，亟待療養。擬俟本軍部署稍定，即行解甲歸休，遂我初服。」

鋒鏑餘生，再開新局，蔡鍔並非芒刺在背，急欲打退堂鼓。而是他要讓世人明白，就算今日有功於國家或人民，更要有冰壺玉尺的氣節，要以身作

則，「功歸大眾」。蔡鍔的見解既高明又先進，他希望中國數千年來，政要人員貪贓枉法的毛病，能從當下開始改變。默默引退好比沈默是金，雖無聲無息，但卻是最堅毅的聲明。

蔡鍔與袁世凱周旋京師時，執心忠烈，厲節寇庭，表現出了他和而不流、坦蕩磊落的胸襟。護國戰後，就算疥癬未瘥是急需治療的，但他仍強調「遂我初服」，所謂歲寒然後知松柏之後凋也！人能有所堅持，並且堅持到底、未改初衷，那就是一名「陶鑄武魂」者，所真正具備的情操。

6月14日，蔡鍔致電張敬堯說：「獨立各省亟應宣佈取消獨立，自是正辦，日前曾以此意電致滇、黔等省矣。曉嵐到瀘，承優予款接，歸來備述台從所以期許於鍔者甚至，深感拳拳之雅。**鍔年來為病魔所侵，久存退志，正摒擋下野之時，而禍水橫流，國難荐起，遂不得不拼此身以為救焚拯溺之謀，冀續國命於俄傾，挽狂瀾於既倒。今國祚既延，國仇已逝，素願已償，更有何求？**終身為一太平百姓可耳。弟於礦業，薄有經營，苟能率林林種種之偉人志士，盡致力於實業界，毋令爭名利於朝，則國強民富可操卷也。」

蔡鍔告知張敬堯，如果世上那些林林種種的軍政人物、偉人志士們，願意甘於致力「實業界」，而不是為了功名權慾相持於朝野，那麼國強民富是「可操券」的。然可惜的是，歷代以來，政界軍界人士多數皆是爭權攘利之輩，為圖私慾，觸鬥蠻爭，搞得朝政亂象叢生，致使有賢有能的施政者寸步難行，無法興利除弊，一匡天下！

護國戰爭期間，張敬堯和護國軍是死對頭，若要寒暄實在不可能，如今，干戈已定，蔡鍔拱手作別，也是對敵軍大將最後的祝福。當時瀘納戰役接近尾聲時，北洋軍同護國軍議和時，北軍師長張敬堯曾說：「日後蔡將軍去打日本人，張某必為將軍馬首是瞻。」

張敬堯何以知道蔡鍔有意打日本人？原來是第一次世界大戰爆發時，蔡

鍔在北京已經表達過對日一戰的決心。張敬堯認為，日後若中日對戰，無疑中國運籌帷幄、發號司令的主將，必定非蔡鍔莫屬了，因此張希望能成為其前鋒，與日本鏖戰沙場。

可惜，蔡鍔並沒有等到那一天，他去世15年後，日本人出兵東北；又過了6年，開始全面入侵。若蔡鍔將軍在世，其時55歲，正值盛年，軍威熾熾，與諸國民黨將領連成一氣，必然所向披靡，孥天拔劍而起，斬殺邪惡！

雖然蔡鍔病情篤重，他仍舊十分關心國家的政局發展，6月22日，他在《致北京國務院等電》文中提出了對政局的一些看法：

1、暫用民國初年的《臨時約法》，以定民志而資遵守；

2、改設責任內閣，遵照法律程序重新組織，明令改組內容；

3、召集國會，審議約法、籌定產生憲法之機關；

4、軍民分治，並廢去將軍、巡按制度，改設省長；

5、速開軍事善後會議，共謀護國戰爭後的財政與民生問題；

6、懲辦帝制禍首，以紓公憤，而儆將來，更為歷史立下典範。

同日，蔡鍔也致電顧品珍、羅佩金、張煦、黎元洪等人，發表了周駿、王陵基率兵西犯成都的劣行，並指揮護國軍如何相機會剿。

話說蔡鍔的病情已臻非治療不可的地步了，然而他多次向北京政府辭職養病，卻皆未獲准。後來段祺瑞為了緩和南北長期戰事所造成的矛盾對立和四川問題，竟悍然不顧，於6月24日發佈人事命令，強任蔡鍔為益武將軍，督理四川軍務。

護國戰爭結束後，段祺瑞原意是讓蔡鍔到北京來治病，並以國務總理一位相讓，後再內定其為參謀總長兼湖北督軍，讓蔡鍔坐鎮整個國家地理和戰略的中樞核心，但是蔡鍔並未接受。

蔡鍔對蜀地有著濃厚情感，治理四川雖有抱負，但沉疴纏身，勵精圖治實有困難。加之不願受高官顯爵籠絡，視爵祿為敝屣，因此對四川督軍兼省長一職並不放在心上。蔡鍔曾說過，想以「清廉風範」來刺激段祺瑞和那些唯恐爭權奪利落於人後的北洋軍閥們。

對於段祺瑞的任命文，梁啟超對蔡鍔滿是期望和祝福，他想，若能由蔡鍔督理四川軍務，則四川亂事指日可弭平。但是蔡鍔的病情發展得實在太嚴重了，他在 6 月 28 日致電梁啟超，訴說著自己的病情以及所面臨的困難：

鍔喉病起自去冬出京以前，迄無療治之餘裕，今已成頑性，非就專門醫院速為調治，似難奏效。

本擬即日脫卸，飄然遠翥，一以踐言，一以養屙。乃軍中會議數次，群尼吾行。目睹全軍情況，善後各事，諸待部署安頓，此時實難忍絕裾而去。

查鍔直接所部，除川、黔軍外，滇軍原有三梯團，近新到兩梯團，計共二十營。**自滇出發以來，僅領滇餉兩月。半年來，關於給養上後方毫無補充，以致衣不遮體，食無宿糧，每月火食雜用，皆臨時東湊西挪，拮据度日。**

當兩軍對峙戰事方殷之時，對敵觀念熾，群置給養之豐歉於不問。今大局既定，恤賞之費，不能不立為籌給；以前欠餉，不能不概予補發；息借之紳民貸款，不能不依限償還。

凡此種種，均非由鍔負責辦清，無以安眾心而全信用。以上所需各款，核計在二百萬元以上。現擬派員赴京交涉，請中央從速籌發。如蒙函丈據電政府，將前項款費提前撥給，俾鍔得以早日脫身，尤為感盼！

蔡鍔對梁啟超說，「本擬即日脫卸，飄然遠翥，一以踐言，一以養屙」，但經過一番考量後，仍不放心局勢，因此電報發出的同一天，他便由永甯啟程，29 日抵達大洲驛、納溪，於 7 月 1 日抵達瀘州。

梁啟超在收到蔡鍔告急電報的第三天（7月1日），立即發電報給黎元洪、段祺瑞等，「哀懇提前設法」，接著又致電熊希齡、範源濂，說「惟政府現亦羅掘俱窮，非俟借款成立，恐難議善後。今一面與華帥及瀘中國銀行商，冀能先墊若干，稍救眉急。」雖有各方人士奔波請命，但蔡鍔所需的區區善後之款，到他死前，卻一直沒有著落，被中央掩沒在不聞不問之中……。

話說蔡鍔抵達瀘州後，喉疾急轉直下，聲音嚴重沙啞，難以發聲，為此，梁啟超特地從重慶請來了一位德國醫生阿密思替他診視，但是治療之後，卻是疼痛更甚！由於阿密思的誤診和用藥不當，蔡鍔的病情陡然加重，不但喉部劇痛、肺葉腫痛，「飲食俱難下嚥，發音更微，悶楚殊甚，精神亦覺委頓」。而且滴水難入，開始如以往在前線一樣不斷地發著高燒，體溫竟高達 39 度。蔡鍔的身體愈來愈虛弱，夜不能寐，痛苦難當。

7月4日，段祺瑞特派法國醫生趕至瀘州為蔡鍔檢查喉疾，翌日，法國醫生檢視的結果認為喉病延誤過久，已錯過治療時機，「聲帶已狹，病況十分嚴重」，非迅速趕赴上海或日本等專科醫院醫治不可。

7月5日，蔡鍔致電段祺瑞云：「近月來，喉間痛楚加劇，不能發音，歷據中西醫員診視，皆謂久延未治，聲帶受病甚深，以狹而硬，非就專科醫院靜加調治不為功。……川省繁劇之區，非孱弱病軀所能勝任。況鍔於起義之初，曾聲言於朋輩，一俟大局略定，即當幡然引退，以從事實業；今如食言，神明內疚，殊難自安。伏請代陳大總統俯鑒微忱，立予任命，抑或以羅佩金暫行護理。」

蔡鍔向中央表明了自己的病情「實以膏肓痼疾，歷久更無治癒之望」，他從 6 月下旬起迄今，就已陸續向中央陳情，可是中央非但不領情，段祺瑞還於翌日7月6日，發佈人事命令任蔡鍔為四川督軍兼省長。

雖然病魔正侵襲著蔡鍔，可是蔡鍔是個責任心重、信守承諾之人，他認

為軍隊欠薪、四川的善後絕不能就此擱著不管。做人要講求公信，何況身為一位將領，重視軍令如山。因此，蔡鍔終於奮力接受督理四川一職，同時力疾從公，為弟兄請命，要求北京政府支付護國軍的欠餉欠款共 200 萬元。

蔡鍔臨危受命四川督軍兼省長的消息傳開後，成都人民雀躍非常，無不懇求蔡大將軍西上成都就任。四川軍政各方「並力勸駕赴蓉（成都的簡稱，又稱蓉城），接前敵將士及各屬紳民函電，亦紛紛請求速西上就任」。

蔡鍔上任前，仍心繫滇軍弟兄們在戰後的一切安危狀況，以及川民的善後事宜。這時唐繼堯卻罔顧一切，假借護國之名大肆擴軍，派兵大舉進駐四川重鎮。就如先前所說，唐繼堯打算利用護國戰爭勝利後的機會，趁勢佔領川地，擴大自己的地盤。

對於唐繼堯的野心，蔡鍔房謀杜斷，立即致電梁啟超，請求其按照軍務院的第十條宣言（軍務院自國務院依法成立時撤廢之），予以撤銷雲南護國軍軍務院，力圖遏阻唐繼堯的軍事野心。

接著 7 月 19 日，蔡鍔隨即致電唐繼堯、劉顯世和戴戡，說：「蓂公（唐繼堯）洽電敬悉。獎飾溢量，感愧奚似。竊意鍔前者之出，秉諸良知，今茲之退亦然。……而所謂善後問題者，俱易解決。**惟關於個人之權力加減問題，最易為梗。今儕輩中果有三數人身先引退，飄然遠翥，實足對於今日號稱偉人志士英雄豪傑一流，直接下一針砭，為後來留一榜樣，未始非善。而鍔處地位，純系帶兵官，戰事既了，即可奉身而退，斯亦各國所同然。**務望蓂公為大局計，為友誼計，切電在川滇軍各將領，以後一切善後問題當完全負責辦理，俾鍔得以克日東渡，無任盼禱，至繼鍔之任者以榕宣為最宜……。」

蔡鍔見唐繼堯的野心實在太大了，於是同日不久，又覆電唐繼堯和劉顯世，說：

滇、黔此次起義，悉索敝賦以赴國難，雖達拯淵救焚之志，已陷額爛頭

焦之勢，在我軍應亟謀善後以圖元氣之恢復，在政府及一般人士，浴共和之恩波，飲水思源，對於首義之軍，應以安之勞之使之得所。

以愚意計之，滇、黔善後尚不甚難，需款亦不甚巨，政府對我萬不致有所歧視，咎此區區而陰相掣肘也。**所最宜注意者，我軍主張應始終抱定為國家不為權利之初心，貫徹一致，不為外界所搖惑，不為左右私昵所劫持，實為公私兩濟。**

邇者滇省於袁氏倒斃之後，於剛出發之軍，不惟不予撤回，反飭仍行前進，未出發者亦令克期出發，鍔誠愚陋，實未解命意所在？近則已與川軍啟衝突於寧遠矣。若竟徇某君等之一意孤行，必至敗壞不可收拾，將何以善其後？

在此封電文中，蔡鍔問及唐繼堯，說袁世凱才剛倒斃不久，為何不撤回駐守於四川的滇軍，反倒命他們繼續前進？蔡鍔還提醒唐繼堯，應當「**我軍主張應始終抱定為國家不為權利之初心，貫徹一致，不為外界所搖惑，不為左右私昵所劫持，實為公私兩濟**」。

蔡鍔責之以大義，要唐繼堯切念仍在川滇的各部將士，還說以後一切善後的問題，唐當要完全負責辦理！然而可惜的是，唐繼堯已被名利慾望沖昏了頭，他腦中所想的只有「如何擴張自己的勢力」。

後來梁啟超在蔡鍔的這段話的每個字下面加了圈點，並寫下一段註解：「松公與大敵相持於瀘、敘間時，望滇中援軍如望歲，呼籲聲嘶，莫之或應。**袁倒斃後，而滇中北伐大軍，乃日日出發，讀者讀此電，試作何感想？**」

由當時軍閥各據一方的形勢來看，蔡鍔認為需要有人身先引退，飄然遠去，實足對於今日號稱偉人志士英雄豪傑一流，直接下一針砭，為後來留一榜樣，未始非善。

7月21日，蔡鍔率幕僚數人，輕車簡從離開瀘州，朝成都前進，在途中

接到湖南耆宿父老敦請他督湘的電報，他分別回電辭謝。他在《覆黃德潤函》一文中提到：「茲於 21 號由瀘啟程，頃抵隆昌，計一星期內可達成都。」

7 月 27 日，蔡鍔抵達成都的前 2 天，體空力盡，他想到了一同置身戰場的好友石陶鈞，於是給好友石陶鈞寫了一封信，說：「弟早作退計，乃愈墮愈深，失我自由之身，良用憮然。細察病情，非急切所能愈。即前途以湘事相委，亦難立時就任。」他向石陶鈞傾訴著自己的心事，而石就像與兄弟話家常一樣，悅豫傾聽著。

石陶鈞與蔡鍔的故事是值得一提的，他們既是同鄉又是同學。1895 年，邵陽縣城舉報試考，兩人同時考上秀才，被恩師江標錄取進入校經學院，後來又一同求學於長沙時務學堂。留學日本時，兩人又是東京士官學校高材生，深厚感情可見一斑。

石陶鈞與江標初次見面時，江標曾說：中國前途極危，不可埋頭八股試帖，功名不必在科舉。一席話使石陶鈞茅塞頓開，為他啟示了一個新的宇宙和新的人生，同時他的人生也和蔡鍔很難分開了。

1915 年 11 月，石陶鈞由美國趕到東京，銜孫中山先生之命，準備返國參加倒袁運動。這時蔡鍔派人來說，他將不久途徑日本密赴雲南，請石陶鈞為其設法避開日本新聞記者和袁世凱密探的耳目，石陶鈞便和張孝准、楊源浚兩人在門司山碼頭山東丸船上迎接蔡鍔。石陶鈞與蔡鍔易服後，便攜蔡鍔行篋快速離去，並佯裝住進別府作就醫狀，讓蔡鍔安全通過日本，轉赴香港和越南，抵達雲南。隨後石陶鈞也到了昆明。

蔡鍔好友石陶鈞

1916 年 1 月，蔡鍔任護國第一軍總司令，石陶鈞隨蔡鍔自昆明向川南行

軍近30畫夜，抵達永寧，駐納溪戰線。當時長江沿岸自敘州到重慶鋪開約500里，困苦與物資匱乏已至極點，參謀長羅佩金改任左翼軍總指揮，石陶鈞接替參謀長，決死支撐。

石陶鈞後來回憶這段往事，說：「護國戰爭期間自昆明凌晨啟程，行軍到傍晚宿營，隊伍每到一地，即可休息，而松坡卻要處理公務，各種文電均親自起草。**我們這些人只能陪著，常常熬夜至2、3點才能去睡，一早還要出發。我疲憊不堪，騎在馬上就打瞌睡，好幾次摔下馬來，松坡自然是更勞累了。**」

3月22日，袁世凱取消帝制，石陶鈞在總司令部作戰計畫上，作了如下注釋：

此乃松公於民國五年三月十二日大洲驛總司令部（嘉樂店）作戰會議上計畫，當時我納溪方面各部隊實兵數一紙也。

我軍苦戰納溪城東棉花坡一帶，陣地畫夜不得更代，給養不及半具，子彈不以時至，與敵決死以互爭尺寸地之進退者。

自二月初藍田壩不利起，至三月七日夕退軍止，傷亡而外每營平均不及三百人，彼其疲憊之毒，在戰鬥續行中殆已無可擬語。賴以支柱者，精神之興奮耳。

一旦背進衰竭之實，遂不可諱，甚者至陷於無神經。部將憂之，圖減縮正面以節兵力，合申意見，以謀專守，即此會議之前日也。

松公以為，循此現狀，即專守亦無可言，非先作我士氣不可。乃遍歷行間，耳提面命，以血淚申大義，以軍法勵怯懦，竭移山填海之力，矢有進無退之心。

將此生存戰線之三千一百三十人，人人灌以一絕而後蘇之興奮劑，即以一己之精神力，平均分配其幾許於其所部之人人。此時直謂全軍佐勝之具，

確已不在槍械子彈之屬，而直接取效於公一身之舉動焉可也！

　　激戰之後，指揮官員之意志不為強壓的群眾惰力所搖迫者，陶鈞經歷戰役屢矣，此事實平生僅見。

　　會議後，竟堅決仍守三層鋪、白節灘線。於時我對抗兵力，卻倍我八以上。公命但矣金、王兩支隊各自更番戍陣地，余皆集合後方從事休息，以備繼進，卒乃獲三月十七日至二十二日至大勝，卒見二十三日之帝制取消，其關係略可較量矣。

　　從上所述可見，護法戰爭當時之慘烈，蔡鍔矢志不移，鍥而不捨的決心令人動容。袁世凱取消帝制後雙方休戰一個月，袁仍盤踞總統不肯退位，蔡鍔堅決反對，5 月又繼續開戰一個月，至 6 月袁自斃後，蔡鍔卻也病倒了，因久罹肺病，由肺結核轉移喉結核（醫師證明是喉癌）。

　　當時蔡鍔已不能說話了，卻仍扶病辦公，這時內外軍務，其實都是石陶鈞主持之，石不離不棄的友誼，令人感動不已。

病情加重，辭去四川督軍一職

　　7 月 29 日，蔡鍔終於抵達成都，數萬老百姓聞訊後，紛紛趕到 40 里外夾道歡迎，想一睹護國英雄的風采。蔡鍔一進城，成都萬人空巷，好不熱鬧，群眾跟隨著羅佩金、劉存厚等將領湧至牛市口迎接，全城懸掛國旗，場面十分壯觀，見轎子迎來，大家紛紛呼喚著將軍，聲勢浩大，此起彼落。蔡鍔目睹這個激動人心的場面，萬分激動，本想回應，可是聲音卻一點也發不出來。

　　當天，蔡鍔抵達成都後，就正式肩負起了「為期 10 天執掌川政的使命」。蔡鍔就任四川督軍兼省長後，成都人民信心大振，決心重起爐灶，與督軍不遺餘力，治理四川。自 1911 年成都血案開始，到 1916 年護國戰爭爆發，四川飽受數年戰火侵襲，已是滿目瘡痍。兵燹又致物價膨脹，幣制不穩，百姓窮

困，如臨水深火熱之中。蔡鍔見危授命後，四川物價立刻回跌，幣值上漲，足見川民對蔡鍔抱持著無比的信心和期望。

蔡鍔碧血丹心，撼動天地的是那發大血誓、行正軍力、奉獻性命以紓國難的情操。祖國在他心中的地位是無可取代的，身為軍人，他時時擔憂民瘼，體察百姓疾苦，以致百姓對其無不熱烈愛戴。當時川人喜稱蔡鍔為「護國軍神」，原因無他，乃感念其帶領將士，捨死忘生、護國救國的精神。

蔡鍔一入督署，不顧旅途勞頓，立即帶病工作，召開第一次四川軍政會議。他大刀闊斧地將護國戰爭時，進入四川的黔軍和蜀軍進行整編，制定軍隊、官吏獎懲條例，並統一財政收支，初步處理了一些急迫的戰爭善後事宜。蔡鍔曾想過要在兩三年內，大力根除四川積弊，令生枯起朽，省務步上正常軌道，並推行便民、養民政策，以振興四川經濟。但是，他的喉病卻不允許這樣，四川沒有良好的醫療設備和藥品，氣候也不利於治療。

根據《中國檔案報》文化版總第 2718 期的記載：蔡鍔擔任四川督軍兼省長這 10 天（7 月 29 日～8 月 9 日），總共實施了三個重要政績：

第一項：整理在川各省軍隊，避免戰事再起；

第二項：完成川省行政安排；

第三項：著手解決財政困難，穩定四川秩序。

根據《中國檔案報》文化版總第 2718 期內文記載：

第一項方面：整理在川各省軍隊，避免戰事再起

為避免在四川的川軍、滇軍和黔軍之間再起戰事，蔡鍔在成都重新調整川、滇、黔三省各軍佈防。他任命川籍將領周道剛、劉存厚、鐘體道、陳澤霈、熊克武分駐合川、成都、川西北、川西、重慶，滇軍將領顧品珍和趙又新分駐下川南和川東，黔軍駐紮在萬縣一帶，以避免各省軍隊之間發生摩擦。

接著他制定了《整理軍隊暫行辦法》，對在川各省軍隊「切實清點，酌量裁編」，並頒發佈告「（鑒於戰爭已經結束）省內各軍不許再以任何理由、名義招募兵丁」，防止各省軍隊招兵買馬，擴充武力，荼毒百姓。

第二項方面：完成川省行政安排

蔡鍔在成都帶病主持了四川政務會議，對川省軍政善後事務進行合理的安排。他任命尹昌齡為省長公署政務廳長、鄒憲章為財務廳長、稽祖佑為全省警務處處長、鐘文虎為西川道道尹、修承浩為東川道道尹、熊廷權為川邊道道尹兼川邊財政分廳廳長。他力圖通過折中而合理的人事安排，促成川滇邊政務人員通力合作，共同治理好四川。與此同時，他向北京政府保薦羅佩金代理川督、戴戡代理省長兼四川會辦軍務，為自己請假就醫做好了人事安排。

第三項方面：著手解決財政困難，穩定四川秩序

當時蔡鍔在向成都進發的途中，就已分析出四川將面臨的財政困難，因此曾急電在上海的梁啟超：「……現本軍入蓉，為維持救濟計，需用甚急，擬請迅商滬行交款 30 萬於順天祥（商號名），以應眉急，不勝盼禱。」待蔡鍔抵達成都後，他又派助手劉雲峰去北京政府財政部請求撥款，以解決四川財政、善後等當務急需。此外，蔡鍔還就成都的警政、民生、郵政和新聞自由等頒佈了一系列制度和命令，以維護四川的社會秩序。

雖然蔡鍔有心主持四川軍政，然而，隨著病勢的日趨惡化，他再也無法堅持正常工作，只得電請北京政府「准假養病」。8月3日，蔡鍔主持了他人生中最後一次的軍政會議，會上經過多方磋商，終於達成協議：

1、羅佩金代署理四川督軍；

2、戴戡代署理四川省長兼會辦四川軍務；

3、尹昌衡為政務廳長；

4、以川軍老將周道剛出面收攏第一師潰散各部並任川軍第一師師長；

5、劉存厚以軍長兼第二師師長並兼川邊鎮守使；

6、鐘體道所部因收容周駿一部兵力，編為第三師；

7、盧師倬為第四師師長；熊克武為第五師師長兼重慶鎮守使。

蔡鍔另任命楊維為四川省員警廳長，省屬各廳廳長、各道道尹人選也紛紛議定出臺。並劃江津、永川、合江、榮昌四縣為特別區，以丁懷瑾為特別區行政專員。

軍政會議後，蔡鍔曾對熊克武等人說：「原想到中央政府任職，現在不想去了，病好後仍要返回四川。」蔡鍔此番話難道是不想引退了？為何一面急於飄然引退，一面仍接受四川督軍一職的安排？

其實身患喉疾急需治療只在其次，而是護國戰爭成功後，各方群雄並起爭鋒，劃地為王，實乃中國軍政人物自古爭權奪利的真實面目。蔡鍔對於「治蜀」並不是沒有抱負，他仍有雄心壯志，只是因為他想以「功成身退，不爭權利」為天下倡（提倡不計私利、為民做事），所以「薄川督而不為」。但是引退以後，來日病癒，仍會返蜀與川民們一起治理四川。然而，病癒是一個問題，因為它或長或短，可能再也不會好了，所以蔡鍔作了最壞打算，先行「引退」！

他一身坐攬軍權而不沾名奪利，凡事躬身力行而不願麻煩他人，除了病危之外。默然引退而去，的確是這位將軍一生僕僕風塵、歷盡風霜的獨特性格。

在蔡鍔給老友丁懷瑾函中，曾就「治蜀」一事表示如下的意見：「蜀雖可為，但民情澆薄，絕不適於從軍。若專用外軍，屏絕土著，則主客之勢互不相容，終成水火矣。**弟嘗與兄論治蜀非假以十年時光不可，其始也臨以雷**

霆萬鈞之力，芟夷斬伐，不稍姑息，亂根既盡，民氣漸蘇，乃噓以陽和之氣，培植而長養之，殊盛業也。」

所以，當他病情加重後，這種思想就更加強烈，蔡鍔一次在回覆梁啟超的電報中就說：「鍔初意決擬大局略定，即行引退，加一喉病加劇，亟須靜養，對於政局意興索然，殊不欲多所論列。」

蔡鍔的意思是初意先擬定大局，所以接受四川督軍一職，待「大局略定，即行引退」。他永遠不肯妥協，為了實現當初的誓言，還有作「功成不居」等表率意圖，決意飄然遠去。所以梁啟超才認為這是蔡鍔「所以與今之軍人者」！

8月5日，北京發佈《佈告四川文武官民文》，批准蔡鍔一個月病假，由羅佩金代理四川督軍和省長職務，蔡鍔終於能正式休假治病！

蔡鍔入督署期間，曾親臨紳界重要會議，表示四川富庶，大有可為，願以較長的時間盡心經營四川。在病痛不斷地煎熬中，或許只有這一番自許能讓他暫時忘了劇痛，讓他心中永不止息的戰士火炬能不斷猛烈燃燒！

第三節　功成身退，抱病東去

戰時血淚病時書，告別蜀中父老文

蔡鍔卸任後，過了幾天清閒的日子，他拜謁了杜甫草堂，也遊覽了望江樓，留下《謁草堂寺》和《別望江樓》兩首詩：

《謁草堂寺》

錦城多少閒絲管，不識人間有戰爭。

要與先生橫鐵笛，一時吹作共和聲。

《別望江樓》

錦江河暖濺鶯波，忍聽巴里下人歌。

敢唱滿江紅一闋，從頭收拾舊山河。

詩言志，歌詠言，在這兩首詩中，充分流露出蔡鍔當時複雜的心情，但也深刻說明了他對治理四川的雄心壯志。

8月9日，蔡鍔扶病離蓉之際，成都人民懷著依依不捨的心情湧向街頭，「燒著香，攔著路不讓他走」。蔡鍔被成都庶民的深情厚意深深地感動著，只見他形銷骨立，揮動羸頓雙手，熱淚盈眶，一一向眾人點頭致意。心中雖有千言萬語，卻只能請人代為致答謝詞，民眾見此，難掩悲泣，深知將軍為國事操勞，宿痾癖痼，已不能再挽留他了。

蔡鍔感念四川居民熱烈的愛戴，無以報答這份愛護，又無法開口道出他心中無限地感激之情，遂把千言萬語揮灑為熱淚，訴盡衷腸，在馬車內寫下了《告別蜀中父老文》。

《告別蜀中父老文》

鍔履蜀土，凡七閱月矣。曩者，馳驅戎馬，不獲與邦人諸友以禮相見，而又多所驚擾，於我心有戚戚焉。

顧邦人諸友曾不我責，而又深情篤摯，通悃款於交綏之後，動謳歌於受命之餘，人孰無情，厚我如斯，鍔知感矣。

是以病未能興，猶舁輿入蓉，冀得當以報蜀，不自知其不可也。乃者，視事浹旬，百政棼如，環顧衙齋森肅，賓從案牘，藥爐茶鼎，雜然並陳，目眩神搖，甚矣其憊。繼此以往，不引疾則臥治耳。

雖然，蜀患深矣！扶衰救敝，方將夙興夜寐，胼手胝足之不暇，而顧隱情惜己，苟偷食息，使百事墮壞於冥冥，則所謂報蜀之志，不其謬歟。去固

負蜀，留且誤蜀，與其誤也寧負！

倘以邦人諸友之靈，若藥瞑眩，吾疾遂瘳，則他日又將以報蜀者，補今日負蜀之過，亦安在其不可？

鍔行矣，幸謝邦人，勉佐後賢，共濟艱難。鍔也一葦東航，日日俯視江水，共證此心，雖謂鍔猶未去蜀可也。

—1916 年 8 月 9 日蔡鍔辭四川督軍職赴日就醫而作—

此篇大意大抵是說：

鍔履蜀土，凡七閱月矣。曩者，馳驅戎馬，不獲與邦人諸友以禮相見，而又多所驚擾，於我心有戚戚焉：

我蔡鍔由於討袁護國的緣故，揮軍進入蜀地看看已有七個月了。往日，由於戎馬倥傯、寄身鋒刃而軍務勞頓，未能執晚輩之禮，躬身問候鄉親父老；在同北洋川軍兵戎相向時，也未能與百姓寒暄問暖；不但如此，滇軍在蜀地還經常驚擾大家的正常生活，造成大家諸多不便。如果換做是我，我也能感同身受你們的遭遇，蔡鍔對鄉親父老著實深感抱歉。

顧邦人諸友曾不我責，而又深情篤摯，通悃款於交綏之後，動謳歌於受命之餘，人孰無情，厚我如斯，鍔知感矣：

然而，鄉親們不但不曾責備我，還情意真摯、輸肝剖膽，在護國戰爭爆發時，為我多方奔走，以誠相待，在患難中不離不棄，休戚與共，蔡鍔想起不禁感動萬分。當你們歌詠著勝利之時，蔡鍔不勝感激，唯有臨危授命督軍一職。人非草木，孰能無情？能得鄉親父老如此厚愛，蔡鍔發自肺腑由衷地感動。

是以病未能興，猶舁輿入蓉，冀得當以報蜀，不自知其不可也。乃者，視事浹旬，百政棼如，環顧衙齋森肅，賓從案牘，藥爐茶鼎，雜然並陳，目眩神搖，甚矣其憊。繼此以往，不引疾則臥治耳：

因此當自己的痼疾尚未明顯好轉，仍趕緊託付他人為我抬轎前來蓉城（成都）就任，希冀報答鄉親父老的厚愛與期望，為蜀地蒸黎奉獻造福。我不曾去想自己的病情能不能升任，即便是抱病，只有一心前來。

自入督署做事已過十天（浹旬）了，然而政務紛雜，仍未理出頭緒，環顧軍都督府森嚴有紀律，賓客和隨從為公事而繁忙，還有為我治病的湯藥爐子陳設周遭，不禁眼花繚亂、心神搖蕩，真是困頓疲憊呀！繼續如此下去，不是因病引退，就是日日臥病調養不起了。

雖然，蜀患深矣！扶衰救敝，方將夙興夜寐，胼手胝足之不暇，而顧隱情惜己，苟偷食息，使百事墮壞於冥冥，則所謂報蜀之志，不其謬歟。去固負蜀，留且誤蜀，與其誤也寧負：

儘管如此，但四川軍閥長期各自割據為政，積弊久深，扶持正道衰弱勢力、悛改腐敗陳舊的弊端就成了燃眉之急。鍔早做晚休，惟求力疾從公，即使夙夜憂勤仍是忙不過來。自己明明知道有病在身，還顧惜隱情，苟且偷安休養的結果，將使四川政務從精誠中敗壞下來。

倘使這樣，那麼鍔本想回報鄉親父老的苦心，豈不是空談了。鍔寧可抱病東去治療，辜負鄉親父老寄予的厚望，也不願勉力支撐而對工作有所耽擱，此去與其會耽誤大家，鍔寧可辜負你們的一番用心。

倘以邦人諸友之靈，若藥瞑眩，吾疾遂瘳，則他日又將以報蜀者，補今日負蜀之過，亦安在其不可：

此去，如果能托鄉親父老的福，在冥冥之中庇佑著蔡鍔，使病篤起死回生，那麼蔡鍔他日一定會重回蜀地，繼續未竟的志業，以報答鄉親父老的期望與厚愛，來彌補今日之過，也未嘗不可。

鍔行矣，幸謝邦人，勉佐後賢，共濟艱難。鍔也一葦東航，日日俯視江水，共證此心，雖謂鍔猶未去蜀可也：

鍔要走了，謝謝父老們，也對不住鄉親，鍔只有勉勵諸位，要團結一心共度艱難。鍔此航東去，將日日不斷俯視著滔滔江水，請那奔騰不息、滾滾無盡的江水為我證明此心，總有一日，鍔將再次踏上闊別的故土，與你們同在。雖然我走了，每當大家看見江水時，就當作鍔依然還在這裡，還與你們同在。

曩時，護國風雲猶狼煙滾滾，轉眄 8 月蜀葵香，早雁拂江驚聲去，從此天涯，便有清風永伴心間。

雖不忍揮別，猶需道珍重，日日江水情未逝，滾滾熱淚隨君去，蔡鍔耿耿報蜀之心，拳拳愛民之情，在《告別蜀中父老文》中，淚隨筆盡，叫人不勝欷歔！

自古忠良多劫難，鋒鏑餘生又逢厄，這或許是從古至今，代代忠良為承天地之心、刀鍔渡國劫所必須面臨的考驗吧？

人世有劫，誰人又無劫？自心劫、民族劫、國家劫、蒼生劫、世界劫，誰人可輕易度過？誰人又可心存苟且僥倖心態？但可貴的是身在劫中，真心無怨，大義無悔，作此淨願啟正行，巧把塵劫為蒼生。

《告別蜀中父老文》情詞真切，動人心弦，為四川人民傳誦一時，讀者無不泫泣。2008 年四川汶川大地震發生時，受難家屬亦唸著《告別蜀中父老文》，他們把這份傳延至今的大愛，滾燙燙地送出去。

綜觀滔滔過往，在歷史煙塵中，蔡鍔一路走來，無不用他那小心謹慎的手，從近代歷史上任何時候、任何地方……從未有過的最可恥之罪惡中，拯救了共和，與那些日日爭權奪利的軍閥們成了鮮明對比。

不因位重而妨礙道義，不以利祿而改變心志，蔡鍔將軍其人也，大義不輕易動搖，清正自律，不為歷史亂流所淹沒，保持住了他光輝磊落的人格，其人格可說是我中華民族之脊樑。

其中最後一句寫道：「鍔行矣，幸謝邦人，勉佐後賢，共濟艱難。鍔也一葦東航，日日俯視江水，共證此心，雖謂鍔猶未去蜀可也。」四川人民無不聲淚俱下。

赴日就醫，辭別祖國

8月9日，在好友蔣方震的陪同下，蔡鍔兩人離開成都，踏上了東去的路途。塵濁來去，一如浮雲，因風聚散而來去間，不變的——是塵埃未染之心。

兩人沿江東下後，先至重慶，稍作停留，途經瀘州時，在學生朱德的駐地休息了數日。期間，梁啟超曾多次致電戴戡，請其速勸蔡鍔不要離川，暫時先在重慶養病，待戴戡等人在四川的勢力穩定後再離去。然而，梁啟超無法想像的是，蔡鍔此時已是氣息奄奄，虛弱得連三兩步都走不成，再也無法繼續顧及戴戡他們的軍務。

蔡鍔抵達朱德住處後，朱德無微不至照顧，這段時間，是他倆師生最後相處的日子。他們談論的仍然是中國的前途問題。朱德強忍辛酸，仔細地聆聽著蔡鍔最後的教悔，朱德說最後一次見到蔡鍔時，他「看上去像一

蔡鍔好友蔣方震

個幽靈，虛弱得連兩三步都走不動，聲音微弱，朱德必須躬身到床邊才能聽到他說的話。」

據朱德回憶錄所載：蔡鍔低聲說道，這次去日本，即費時間又費錢，因為已經自知沒救了。但「他並不畏死，只是為中國的前途感到擔憂」！朱德傾聽著這位垂死的朋友和領導人的話，對未來憂心忡忡。這位「危險的智星的指導力一旦離開四川，護國軍內部的野心分子就會脫穎而出，幹起軍閥的勾當。蔡鍔的天才和無私在過去把他們維繫到一處。在西南，還沒有人能趕得上蔡鍔的才華」。

與朱德道別後，蔡鍔與蔣方震立即從瀘州換乘輪船，沿江而下，到江西宜昌時，會見了從四川出走的陳宧，這時陳宧已辭去湖南督軍一職。蔡鍔和陳宧本是好友，如今相遇，把臂言歡，再敘摯情，倆人不禁會心一笑，畢竟都經歷過太多的風霜。

與蔡鍔亦師亦友的年輕朱德

與陳宧互道珍重後，蔡鍔與蔣方震便再啟前程。他們由宜昌乘大元商輪於 8 月 26 日抵達漢口時，湖北督軍王占元即刻派楚信、楚義等巡防艦駛往武昌上游迎接，各機關團體也分乘小輪在江幹把大元輪圍在垓心。王占元希望蔡鍔能在武漢多停留數日，以上賓款待之，但蔡鍔一心趕著前程，堅決辭謝，當天晚上蔡鍔隨即再換乘江裕輪繼續東駛而去。

8 月 28 日，蔡鍔終於抵達上海，隨即下榻於哈同花園，住進醫院，這時，潘蕙英也攜著兒子趕至了上海。兩人離別已久，不勝思念，今日難得再相守，即便時日短暫，終也是如願以償。

蔡鍔行事作風素來儉樸，為了避開人們把他當成一個大人物來款待，到

上海後就隱密起來了，期間僅到梁啟超的禮廬作客。梁啟超見著了蔡鍔，幾乎連面目都認識不清了！在這短暫的十多天當中，梁蔡師徒二人促膝歡暢，過了最快樂的時光，他們談到疇昔種種，甜美的、苦澀的回憶一一湧上心頭。

想當時，星霜屢移，16歲的小艮寅朗誦「中國經史大義」的背影猶在眼前，而今已是34歲的一方將才了。

這段期間，段祺瑞曾致電梁啟超，請其勸告蔡鍔到北京西山來療養，不必遠渡日本，但蔡鍔婉拒了，說「北京繁囂，不適宜於養病」。在當時，日本醫療技術在亞洲是比較先進的，蔡鍔臨行前，還為梁啟超的《盾鼻集》作了序，這才趕赴黃埔江口。

黃興獲悉蔡鍔即將渡輪而去，立即派兒子黃一鷗代表他前去送別。9月9日，蔡鍔便由上海乘船東渡日本，經長崎輾轉住進九州福岡大學醫院治療。

回想1916年4月時，蔡鍔因患喉疾失聲，病中為「海珠慘案」的的友人三烈士作了一輓聯：

才若晨星，國如累棋，希合而支持，乃聚而殲絕；
君等飲彈，我亦吞炭，與生也廢棄，甯死也芬芳。

當時三烈士易覺頓、譚學夔、王廣齡奉梁啟超之命，前往廣州遊說廣東督軍龍濟光宣布獨立並加入護國軍陣營，但在海珠卻反遭龍濟光部下開槍殺害。聯中「吞炭」是蔡鍔暗喻自己身患喉疾，早已無聲可言，但那誓死完成護國大業的決心卻始終鏗鏘有聲，至死不渝，「與生也廢棄，甯死也芬芳」。

吳恭亨說：「吞炭自喻（蔡鍔）病喉失音。然三十六字，絕為沉痛，亦絕為嗚咽。人亡之感，千百世下，讀者尤生累欷。」

蔡鍔終於向他熱愛的祖國道別了，百感交集的他，此時無法說話，好比吞了炭，嗚咽在心頭。上了船，他還在擔憂中國眼前的局勢發展，他期許在

日本養病時，早早康復，再回祖國報效國家。

他雖然命在旦夕，思想卻一如既往，鋒利得像把寶劍

據蔡鍔的部屬朱德在瀘納戰役中的回憶道：「當朱德遵照蔡鍔的計畫率領士兵驅逐帝制派軍官宣佈起義後，趕到蔡鍔的司令部報到時，看到蔡鍔「瘦得像鬼，兩頰下陷，整個臉上只有兩眼還在閃閃發光」！結核正在威脅著他的生命，那時他的聲音已很微弱，我們必須留心才能聽得清。」

當他向我們走來的時候，我低頭流淚，一句話也說不出來，「他雖然命在旦夕，思想卻一如既往，鋒利得像把寶劍」！我們坐下來後，「他說明瞭全國各地起義的計畫，並說雲南必須挑起重擔，等待其他各省共和派力量組織起來」。

聽完蔡鍔的報告，朱德關切地勸總司令蔡鍔注意自己的身體，不要再帶隊出征了。但是蔡鍔說：「別無辦法，反正我的日子已經不多了，我要把全部生命獻給民國。」他不顧自己的疾病和大家的勸告，置自己的病痛生死於不顧，毅然決然地踏上了討伐國賊的征途。

此書為何要一直介紹蔡鍔的精神？其實「先烈精神」是中華民族整體精神向上提升與否的關鍵和一種徵兆。在那個年代，豈止蔡鍔的精神值得讚揚，其實還有更多的革命志士、以及那些名不見經傳之烈士們的精神，值得我們傳揚世間，為生民立命，為地球和平紮根！

蔡鍔的精神何以感人？可能就是他具有獨特的「感染力」，他的感染力是一種發自他精神深處的堅勇和剛強。

護國戰爭打響之際，無人問津，因為各省基於不敢得罪袁世凱以致招到報復的原因，沒有人趕跳出來支援蔡鍔的軍事計畫。加上蔡鍔激戰瀘州時，後方又拒絕支援前線，蔡鍔前後負敵，雖不到山窮水盡，但也已是傷痕累累。

蔡鍔繼續堅定的發揮軍人該有的武魂鬥志，鏖戰不懈，終於感動了全國，

令許多省起而效尤，這就是他的精神的「感染力」。

參考資料：

- 《北洋軍閥史話》（丁中江）
- 《李烈鈞自述》（深圳報業集團文明國編）
- 《李烈鈞先生百年誕辰紀念集》（中華民國史事既要編輯委員會）
- 《護國運動資料選編》（李希泌、曾業英、徐輝琪）
- 《蔡鍔集》下冊（曾業英）
- 《中國檔案報》（文化版 2015 年 1 月 30 日總第 2718 期）

第十四章

將星殞落，光輝人格長存天地

　　護國戰爭在中國歷史上留下了燦爛輝煌的一頁，也為中華民族留下了永不磨滅的精神遺產。由於護國一戰，千古帝制從此被徹底剷除，走向歷史；也由於護國一役，民主共和的觀念開始在人心中紮根。遙想蔡鍔將軍當年在「討袁檄文」中所表露的心跡，時至今日，依然劍刃閃光、鏗鏘有聲：「全國的人民，拼了多少的頭顱，多少的血肉，才換得這個中華民國。各國也承認了，總統也舉起了，竟把我們國家作成公共的國家，人人都有國家的責任。若是大家同負這個責任，才能夠保存我們國家生存於列強競爭的世界上。」

　　但願此書的出版，能為遠去的「革命精神」張幟，讓許多人的「良心」和「血性」再次充分發揮！作為一個人類，良心與血性適足以表之以誠，成為一個人改變自己的內在與外在作為的重要依據。同時，更願先賢先烈的精神對世人有所啟迪，讓他們的精神受到重視，也讓蔡鍔將軍的「愛國主義精神」得以發揚光大，以慰將軍在天之靈。

戰士終需一死，惟憾國事猶紛亂

1916年9月9日，蔡鍔、潘蕙英與蔣方震一行人風塵僕僕抵達日本九州後，驚動了日本政界軍界名流。許多身著中國軍服與日本軍服的將士們聞風而至，還有前來探視的百姓平民，他們熱切期盼能見到蔡鍔將軍一面，將心中的不捨與萬般祝福送上來，為這兵連禍結的人間留住鐵血希望！

緊接著日本記者也趨風而至，大家都知道，近幾個月來，中國、日本、美國以及全世界的報紙，都在頭版頭條上刊登著蔡鍔將軍的戎裝照片，並大篇幅地報導蔡鍔等人是如何地運用時間矩陣戰略與游擊戰術，以寡敵眾打敗了袁世凱及其北洋軍，再造共和。

蔡鍔將軍與夫人潘蕙英在日本就醫前合影照片

為何蔡鍔會選擇在日本治病？我們從蔡鍔在6、7月發給梁啟超、黎元洪和段祺瑞的電報中便可看出端倪：德國醫師說，四川氣候不良，也無器械藥品，因此建議必須轉往氣候適宜且醫學技術較為發達的國家治療肺病和喉疾。依照當時蔡鍔的病情和體力，遠赴歐美治病實在不適合，加上日本是蔡鍔、蔣方震、石陶鈞等人早年留學的地方，較為熟悉，在調動人脈上也較為方便，因此權衡之下才選擇了日本。

當時在中國，蔡鍔已經找遍了不少中西醫師，但由於所罹患的是咽喉癌（日本福岡醫院醫師的診斷，不過醫師也懷疑是肺癌所引發的喉疾）晚期，因此必須立即前往國外治療。蔡鍔能說日語，不會說歐語，自然是選擇日本

為最佳的治療地點。

蔡鍔在福岡醫院 7 樓治療期間，剛開始還比較平順，日本醫師在初步治療上給予止痛消腫，緩和了全身的劇痛。9 月 22 日，蔡鍔致電黎元洪，說：「費九保、早稻兩博士醫術精細，治療懇切，調養適宜，當可速痊。」

9 月 26 日，蔡鍔又向梁恩師報告了自己的病情，表明病體痊癒的機會十分巨大：「沿途安善，病已大減，十四入醫院療養，可望速痊。」然而，蔡鍔身體表面上的舒適其實只是止痛針的作用，10 月初起，蔡鍔始終只能維持住原本的病情，無法進一步改善，於是病情逐漸陷入膠著狀態。

10 月下旬，深秋的福岡市，已經籠罩在蕭瑟淒涼的氛圍中，蔣方震、石陶鈞、潘蕙英等人仍然在福岡醫院陪伴著蔡鍔。冷風驟起，敲打著病房的窗戶，蔡鍔從 7 樓望出去，只見秋空悄然無語，藍鬱的陰沈籠罩著福岡市，秋葉從枯枝陡然落下，塗沫了時間斑斕卻又無情的色彩。這一切的景象，似乎是在預示著一個即將來臨的悲戚。

眼見蔡鍔的身體狀況一天比一天虛弱，潘蕙英、蔣方震、石陶鈞和隨同軍官等人無不憂心忡忡。他們知道，病魔正在蔡鍔的體內肆虐，一點一滴奪走他的精神和元氣，可如今除了仰賴止痛針和營養針的救助之外，大家所能做的也只有默默地守護著他。

蔡鍔在福岡醫院治療時，都是蔣方震與石陶鈞在其身旁細心照料。蔡鍔與蔣方震同庚同窗，兩人都出生於 1882 年，同為秀才。清末時期，國家內憂外患接踵而來，為了拯救國難，他們毅然投筆從戎，考進日本陸軍士官學校，成為同學。由於意氣相投，又結為生死之交。

兩人畢業返國後，皆效力於創練新軍，提升國防。1911 年辛亥革命時，蔡鍔發動辛亥重九起義，並擔任起義軍臨時總司令，起義勝利後被推舉為雲南軍政府都督；蔣方震則於 1912 年時任河北保定軍官學校首任校長。

1913 年二次革命失敗後，袁世凱幾乎控制了整個中國江山，力有未逮只剩下雲貴、廣西一角。袁世凱向來忌憚蔡鍔的軍事才能，視蔡鍔為眼中釘，因此不惜調派蔡入京，以就近監視。蔡鍔自 1904 年學成歸國後，與蔣方震闊別十載，奉調入京時，卻巧遇任命於袁世凱總統府軍事處一等參議的蔣方震，兩人的命運於是再次牽連一起。

　　白駒過隙，世事多變，兩人重逢京師，不勝慨然，於是互傾心膈，共許大志，決定以自身的軍事長才奉獻國家。當時蔡鍔住進北京西城棉花胡同，蔣方震住在東城錫拉胡同，雖然相隔甚遠，但兩人軍事相投，有共同的救國理念，因而交往頻繁。

　　蔡鍔常去找蔣方震縱論當前天下局勢的變化，每當談到袁世凱背信忘義、昏庸無道之時，兩人便義憤填膺，誓言來日討回公道。蔡鍔與蔣方震畢生心願乃是如何致使國力強大、國防鞏固，可惜兩個日本士官學校翹楚，坐困京城，難以施展抱負。即便兩人的實力與袁世凱大相逕庭，但一片赤誠，掃除澒洞世局之心，卻未曾稍改。

　　1915 年，袁世凱逐漸展露申令帝制的野心，蔡鍔、蔣方震立誓要扳倒袁世凱。兩人經過匝月密商，決定由蔡鍔發出密信，告知旅居在美的黃興。黃興接獲密信後，隨即指示在張孝準，派遣李小川由日本東京帶密信潛回北京。李小川與蔡鍔、蔣方震會面後，轉述了黃興的意見，要蔡鍔設法脫離北京，潛回雲南號召舊部，發動起義討袁。

　　後來兩人想出一招金蟬脫殼之計，由蔡鍔故意裝成胸無大志的好色之徒，不再到蔣方震住處做客，反而是夜夜流返於妓院等地，沉湎於女人和酒色之中，故作頹唐，藉此麻痺袁世凱，乘機逃走。

　　起初，袁世凱半信半疑，但是多次接到密報證實後，才不疑有他，鬆懈心房。袁世凱還對周遭的人說：「吾以為松坡何許人也？不過是胸無大志，

整日聲色犬馬之輩，當真不足為慮也！」誰知，原來「日日沈醉於美人鄉」的背後是一場驚天騙局，蔡鍔、蔣方震和小鳳仙合演的一齣詐戲，讓袁世凱錯愕不已，哭笑不得！

1915 年 11 月，蔡鍔智脫虎闈後，脫身逃至天津，由蔣方震秘密接應，安排與梁啟超會合，密謀倒袁大計！後來蔡鍔鏖戰四川，數月苦戰，致使喉疾日篤，幾至無力回天，但為了國家前途，卻屹立堅守崗位。離開天津之前，蔡鍔告訴蔣方震，寧願戰死沙場，也不願事敗逃亡。

護國戰爭勝利後，民賊殞命，蔡鍔因病辭去四川督軍兼省長一職。蔡鍔致電中央，表明功成身退，決計飄然遠去。在離川之際，蔡鍔擬由蔣方震出任總參議兼代督軍，接替自己的位置，繼續在四川「收束兵士」，實踐自己所謂的革命理念──「破壞之後，建設為先」之志。

但是蔣方震堅決不從，他與蔡鍔一樣，生性淡泊名利，又對眼前護國戰爭勝利後，軍人爭權奪利的現狀深惡痛絕。因此，蔡鍔即將東去之際，蔣方震便匆忙馳赴成都，告之「更願以總參議身份陪蔡鍔東渡」！蔣方震的意思是說：蔡鍔是四川省長兼都督，我蔣方震已經答應你會來四川任職，與你一起奮鬥。但前提是你先把病養好！

當然，蔣方震此舉還有其他的用意。蔣方震考慮到，蔡鍔的喉肺之疾極不樂觀，說話都有困難，加上他的副官、隨從、夫人又不諳日語，自己若在身邊，就能與醫師、護士好好的溝通聯繫，以免誤導了病情。再說，蔣方震可能也看得出來，恐怕蔡鍔來日無多，若能在他人生的最後，陪伴他走完最後的道路，把他的遺願帶回祖國，交予大家，那也算是盡了好友最大的義務了。

蔡鍔強毅自克的性格，蔣方震義不容辭的道義，見證了民初兩位軍事才華專家始終不渝的情誼。兩人心意彼此明白，情誼間無需多言，蔡鍔堅持到

底的個性是——只要還有希望，哪怕是微不足道的希望，一如他的健康一樣，他都要奮戰不懈，堅定到底，不到最後絕不輕言放棄！

湖南革命烈士：左起陳天華、禹之謨、黃興

原本石陶鈞計畫，若蔡鍔的病情稍有好轉，體力足夠的話，就要帶他去東京大森海岸走走，在那裡呼吸與著昔日駐足時一樣的空氣芬芳……。1900年，4 位來自湖南的年輕人陳天華、禹之謨、黃興和蔡鍔，曾經一起走過這條湛藍美麗的海岸。

1905 年，陳天華選擇了以身殉道，蹈海自盡，只為喚醒中國同胞。1907年，禹之謨在長沙從事革命活動被捕入獄，備受酷刑，堅貞不屈，後來被殺害於靖州東門外，就義前曾高呼：「我為救中國而死，救四萬萬人而死！」

兩人的故事，深深烙印在留日華人與祖國同胞心中。石陶鈞向蔡鍔談起了許多過往的回憶，湖南紹陽的、長沙的、日本的、上海的、漢口的、廣西的、貴州的、越南的、昆明的、四川的……。這些回憶，拼成了一張時空之網，穿梭於過去和現在，蔡鍔的臉上露出了珍惜、感恩與滿意的神情。緊接著幾天，大家在那冰冷的病房裡，度過了悲傷卻愜意的日子。

10 月 31 日，中國本土傳來噩耗，蔡鍔的同鄉好友黃興突然病逝於上海，

驟聞噩耗，蔡鍔悲痛欲絕，久久難以平復。蔡鍔視黃興亦師亦友，備極尊崇，想兩人戰友情誼，歷歷在目，如今卻是天人永隔。國家失棟樑之材，自己失同道之友，神州沉陸，百孔千瘡，驚覺已是神魂銷黯，中國前途日後將更艱難無比了！蔡鍔灑淚瀛洲，哀悼竟日，病情因而急遽惡化。

1916 年 10 月 31 日，黃興病故於上海

11 月 1 日，孫中山和唐紹儀代電全國，通告黃喪，函曰：「克強先生交遊滿天下，車笠之盟，縞紵之好，究有為僕等所未悉者。代主喪務，勉持大體，征名遍訃，恐有未周，諸祈見諒。」

11 月 1 日這天，也是日本的「天長節」，蔡鍔由蔣方震強攙扶起來，憑窗瞭望著日本空軍飛機演習。戰機繼繼繩繩掠空而起，蔡鍔驚訝不已，他的「建設國防理想」再一次受到刺激！他難過地對在側的蔣方震說：「中國陸軍還沒有整理好，而別人的戰爭已經從平面轉為立體，我國又不知要落後多少年。」

這樣的畫面，烙印在蔡鍔的心靈深處，把蔡鍔的血淚至性都燃燒出來，何時他心裡注重的國防，他深愛的祖國，能富強起來，不再受各國侵奪，屹立在民主共和之中？

11 月 2 日、3 日，蔡鍔偶爾會陷入昏迷，醒來後又是上吐下瀉，身子十分虛弱。雖是如此，他心中的那把戰士壯烈之火仍一如往常，猛烈熾盛地由他的眼神和言語中迸燒出來！他告訴蔣方震等人：戰士終需一死，豪骨終陪一坏黃土，但只為能把忠義罡正徹底紮根在光榮的祖國土地中，就算要死，也無愧於心！

那忠義與聖潔的精神是不死的，別人將透過它看見生命核心，因為那是他們內心深處呼之欲出鮮明的戰士印記，是國家集體道德精神縱線上升的關鍵。盡力過後，無怨無尤。

11月4日，蔡鍔囑咐旁人去買西瓜（瓜結功成，即將歸西之意），說要與大家一起分享這瓜果（分享生命的功成果圓），希望大家都能來病房一起享用。吃完西瓜後，蔡鍔要旁人為他代電祖國以吊黃興：「傾得噩耗，驚悉克公逝世，國失眾望，舉世所悲。臥病海外，痛悼實深，特電馳唁，藉申哀忱。」

說完後，蔡鍔西望故國，赤淚奔騰，久久不能自己，於是淚口再占《祭黃興文》，稱：

嗚呼，傷哉！予繼今將何從而視吾豐碩魁梧之克強君？孰故於此控傳而顛催之，豈天上悲劇者而有抑塞磊落之功名心？

嗚呼傷哉！我國體之發育，在甚不完全之態度。君既創作其輪廓，而吹萬不同以成一，胡維卒卒脂爾逆旅之車軸，棄我如蟻赴湯、如羊失牧之總總四億？

嗚呼傷哉！君非僅長余十年也耶，而為予弱冠時相與矯翼歷翻於江戶之敬友？竟黯然別以若斯之匆匆？君其安用於舊世界為豪膽之懷疑，⋯⋯詎烏托邦之待治，更危急於此瘡痍鼎沸之危區；乃上違去衰白之老母，而下以棄遠其稚孤。君縱不欲以其家托諸後死之吾；徒緊我國人，將此呱呱保抱之嬰兒國，托諸誰氏之將扶？

嗚呼！**予已血為之厥，淚為之枯；念人事之靡常，壯健如君而猶速化，翻欲以造物之倒行逆施者，以自慰藉此浮沉一年餘之病軀。予言有窮，而痛將無有已時也！予繼今將何從而視君之豐碩魁梧？嗚呼傷哉！**

接著又占一聯：

以勇健開國，而寧靜持身，貫徹實行，是能創作一生者；
曾送我海上，忽哭君天涯，驚起揮淚，難為臥病九州人。

後再占一聯：

方期公挽我，不期我挽公，國事回思惟一哭；
未以病為憂，竟以憂成病，大勇哪知世險夷。

蔡鍔的病情本就不樂觀，突聞黃興死訊，嗚呼傷哉，已是難為臥病九州人！《祭黃興文》，對於舊友，對於國家，都流露了無限的不捨，感恩之義溢於文辭，憂國憂民情懷紓於字裡行間，可見其悲傷之程度，所謂心如刀割、寸寸斷腸矣。蔡鍔自此後，心神弛疲，身體愈加虛弱，而這副挽黃興聯，竟成了他的絕筆。

滄海橫流奮起救國，千鋒過盡精神長存

11 月 5 日、6 日，蔡鍔的肺和咽喉過於腫脹，以致壓迫到他的呼吸道，使他呼吸非常困難，接著又腹瀉不已，身體十分虛弱。這時醫師和護士來來回回進出病房，一次又一次地施打止痛針，希望減輕蔡鍔的疼痛。

原本眾人都擔心蔡夫人可能會悲傷過度而捱不過，但潘蕙英卻表現得十分堅定和勇敢。她告訴眾人，在雲南時，她早已與夫婿立下了永恆不渝的誓言，不論兩人有一天誰生誰死，或是同赴黃泉，活著的人會把對方的精神嵌植在生命裡，充滿希望地度過生命的每一天。她知道，生命雖死，精神永續的道理。眾人聽聞蔡夫人的一席話，無不敢動萬分。

11 月 7 日早，醫師為蔡鍔注射，他的精氣神又慢慢地恢復了過來。到了中午，食慾大增，吃了粥一碗、燕窩一鐘和牛乳葛湯等。蔡鍔還與蔣方震談

了許多事，期間，蔡鍔從窗外看到了戰機飛翔，以為此後將有轉機。可是，到了傍晚，蔡鍔的病情陡然急轉直下，他的咽喉產生大量的痰，並堵住了喉嚨，讓蔡鍔的呼吸更加困難。

11月8日凌晨1點，蔡鍔的意識開始進入彌留狀態，群醫束手，藥石罔效。到了2點，或許是靈識有知，蔡鍔突然從昏迷中醒來，勉力睜開半瞇雙眼，氣若游絲地向潘蕙英、蔣方震、石陶鈞及眾人道別。眾人知其將不久於人世，強掩哀痛，始終相伴左右。

接著蔡鍔用最後的氣力向蔣方震交代自己的遺囑，蔣立即為其代筆遺電：

鍔病恐不起，謹口授隨員等以遺電陳：

一、願我人民、政府，協力一心，採有希望之積極政策；

二、意見多由於爭權利，願為民望者，以道德愛國；

三、此次在川陣亡及出力人員，懇飭羅督軍（羅佩金）、戴省長（戴戡）

　　　兩君核實呈請恤獎，以昭激勵；

四、鍔以短命，未克盡力民國，應行薄葬。

臨電哀鳴，伏乞慈鑒。

到了凌晨4時許，一生戎馬倥傯、赤心報國的蔡鍔將軍，終於在日本九州福岡醫科大學醫院與世長辭了，時年實歲僅33歲，距離34歲生日僅剩40天。蔡鍔將軍逝世之際，正值日本初冬時節，大地一片空闊寂寥，月華靜靜地灑滿窗前，蒼茫無語，但嚎啕大哭的聲響卻驚破了福岡醫院，深深刺痛著在場眾人的心。

蔡鍔逝世當天，石陶鈞當時也守在蔡的身

蔡鍔將軍病逝於日本福岡醫院

旁，他給張孝准的信中提到了蔡鍔臨終時的情形：弟（石陶鈞）到東之日，松病漸傾於壞象。至本月一日，聞克公（黃興）去世，為之大戚，因此下痢更甚，精神益衰。弟每日見面，漸不能談話。初五、六既呈險症，乃六日晚行注射後，初七日精神頓爽。並自謂前數日頗險，今日大快矣。夜間猶囑寫信上海買杏仁露。十時頃，氣喘目直視，注射後稍安息。至八日午前一時，又因痰塞，喉斷呼吸，繼痰出，有呼吸，已極微弱。行人工呼吸法。靜掩其目，平和安然而逝。囑書遺電時，精神尚一絲不亂也，無一語及家事。

當天白日，各界驟聞噩耗，驚嘆山頹木壞，無不泫然，哀悼一代護國軍神就此殞落。天涯蕭瑟意蒼茫，窅然送去身影，才知人已哭斷腸。一代軍神壯志未酬身先死，常使英雄淚滿襟！

蔡鍔將軍在彌留之際，所立遺囑句句關乎國家大計，無一語言及個人和家事；臨終前，猶掛念著祖國的前途、人民的安危，以及在護國戰爭中捐軀的弟兄們。他對同胞、同儕僚屬的忠告，可謂空前絕後而震古爍今，他與弟兄們的情誼情重薑肱，也是令人動容。

他振聾發聵地付出最後的大愛，仍希望「願為民望者，以道德愛國」！蔡鍔將軍致力於革命，求國家之獨立，爭國民之人格，一生出處磊落，大義歸然，乃真能一心為公者。

蔡鍔將軍生前為官極為清廉，從不濫用一錢一文，也從不接受賄賂，在雲南主政期間，曾兩次帶頭減薪，月新由600兩（元）減低到60元，只相當於一個營長的月俸，創下當時全國各省級領導月薪的最低紀錄。而鏖戰四川期間，連續「五月無餉，而將士不受餉一錢，蜀人愛戴之如骨肉也」。當時不給護國軍發餉的唐繼堯也說：蔡鍔「身後蕭條，不名一錢，老幼煢煢，言之心痛」。

「意見多由於爭權利，願為民望者以道德愛國」，道德內修，知易行難，

古今多少滿嘴仁義道德、私下卻蠅營狗苟的政治人物不知凡幾，數千年來爭權奪勢的這顆毒瘤，在民國成立後，依舊無法剷除。

蔡鍔將軍知道民初政客之間多數依然勾心鬥角，而不是致力於使國家富強。由於民初時期，法治觀念尚未紮根中國，而社會道德普遍瓦解，因此蔡鍔將軍把「道德和人格」看得格外至重！因此臨終遺言才會特別強調了「願為民望者，以道德愛國」。蔡鍔將軍生前的一言一行與一舉一動，皆能經受住歷史之考驗與時間之檢視！

「鍔以短命，未克盡力民國，應行薄葬」，由是可知，蔡鍔將軍獨特的崇高人格。關愛國家人民的責任道德感本是他一生奉獻國家、為革命前進的原因之一。蔡鍔將軍其於歷史人物中的非凡與特出，不獨在其辛亥革命與反袁護國戰爭的偉大功勳，更在其感人肺腑的嘉言懿行、文章道德和精神人格，他的遺愛已成為世界上一種深遠的典範，惠澤綿長，具有深邃不凡的感召力。

蔡鍔將軍過世後，蔣方震當天上午就通電中央（《百里即通電中央》）：

（上略）松公自十月七日，食量漸減，體微腫。本月初（11月初），忽轉下痢，腫漸消，日益減。醫言病菌入腸，危象已現。然尚囑擬辦續假呈文，時精神尚佳也。

四日，囑買西瓜。俟震等至，即強起，約分食之，頗饒興。震等尼之，乃飲汁少許。**當談及我國現在政策，人民政府，宜同心協力，向有希望之積極方面進行。為民望者，身不道德，何以愛國？各鬥意見，實爭權利。**日昨北京電詢獎勵在川戰役人員，予精神太疲，應由羅戴核實辦理。

言已，覆矍然曰：「**余病深矣，萬一不起，即將此意電達中央與國人。身為軍人，未能死在疆場，必薄葬減我過。**」震等再三寬慰，不必計及國事，覆曰：「我亦無他言也。」五六兩日，痢仍未止。七日早，醫行注射，精神猶佳。朝午均進粥一碗，燕窩一鐘，及牛乳葛湯等。與震等略說數語，甚快慰，

並看窗外飛機，自以為此後將有轉機。乃傍晚氣促痰湧，至八日一時更劇，二時遂篤，延至四時長逝。

竊自松公病初變時，比請章公使代電中央，應派員慰視，借商後事。不意劇變若此，當由震等謹將逝世情形，徑電中央。棺木系自長崎選購最上等者，木尚堅。衣衾裡中衣，上下均用白綾，著全套黑禮服，被褥白湖綢裡，紅緞面。棺內安置生前愛用伽楠珠一串，玉鴿一隻，大晶章二個。口含金圓，靈柩發停崇福寺。

蔣方震說，蔡鍔將軍臥塌病床時，念茲在茲的總是國家大事，從未念及家中任何一事。「當談及我國現在政策，人民政府，宜同心協力，向有希望之積極方面進行。為民望者，身不道德，何以愛國？各鬥意見，實爭權利」。蔡鍔臨終之前所希望的，仍是那些身為民眾的追隨者，要有核心價值觀，要注重道德，要看見國家、民族、百姓、社會結構運作的本質是什麼？一旦失去本質，偏離本性，怠忽本分，就會群起各鬥意見，爭權奪利，又將把民國推入滅亡淵藪。

接著他還說：「身為軍人，未能死在疆場，必薄葬減我過。」蔡鍔將軍至死仍不為自己求得什麼？心心所念者，猶是悔恨自己還做得不夠，還未為國家人民奉獻更多的心力。這等精神，捨己為人，死而後已；這等人格，嶔崎磊落，忠貞不渝；這等節操，冰清玉潔，克己奉公，正是民國這些軍閥所最欠缺的。

也只有真摯熱愛人民與真理的人，才能全心全意為人民奉獻，因為這些人知道，人民的身上即是試金石，社會的進化與否即是真實歷練。唯有利益人民、報效國家、認同真理，才能體會到生命的境地。

第二節　靈柩抵國，全國哀悼

靈櫬抵滬，孫中山先生親執紼帛乍前引行

蔡鍔將軍逝世的噩耗傳回國內，激起了舉國的無限悲痛與哀悼。為了表彰蔡鍔捍衛共和的偉大情操，更紀念一代軍神遠去，國會決定以國葬禮儀來安葬蔡鍔將軍。

11 月 10 日，黎洪元大總統令頒佈：「勳一位，上將銜陸軍中將蔡鍔，才略冠時，志氣宏毅。年來奔走軍旅，維護共和，厥功尤偉。前在四川督軍任內，請假赴日本就醫。方期調理可痊，長資倚畀，遽聞溘逝，震悼殊深。所有身故一切事宜，即著駐日公使章宗祥遴派專員，妥為照料；給銀二萬治喪；俟靈柩回國之日，另行派員致祭；並交國務院從優議恤，以示篤勳之意。此令。」

同一天，湖南軍督譚延闓致電各省，率先倡議為蔡鍔將軍舉行國葬，以表示無限崇敬，慰弔英靈。其電云：「溯自辛亥以來，此公義旗首拔，艱險備嘗，締造共和，厥功最偉。……國家追念元勳，自應賜予國葬，並於立功省份特建專祠暨擇地立銅像，遺族從優議恤，庶足以示尊崇而昭激勸。」

譚延闓是支持蔡鍔討袁運動的大力者，其與黃興之間的緣分也是深邃的，後來更與蔣介石交好。譚延闓救過黃興，其有名的「三次督湘」，三次都被趕下臺。其中第二次督湘，譚擬推舉黃興任湖南督軍，但黃興推辭了，如今黃興與蔡鍔兩位民國元勳相繼辭世，在譚延闓心裡是何等的辛酸？

11 月 11 日，蔡鍔將軍好友戴戡也致電馮國璋及北京政府，請其分送各省軍督和省長，說：「與其謂松公之死於病，無寧謂其死於國也。雖然，此尚就戴一人耳目所及者。自綜其生平，數歷中外，屢長軍民，既無分外之饟，積俸亦可自贍。乃因奔走國事，以致家無擔石。此次首義，負累尤多。」戴戡說蔡公松坡雖然是死於病，卻是死於為國奉獻。還說他「奔走國事，以致

家無擔石，此次首義，負累尤多」，因此希望中央能優加議恤，特予表彰。

　　11月12日，梁啟超致電馮國璋及西南各省，表示贊成國葬：「松坡之歿，全為積勞，真所謂盡瘁國事，死而後已。綜其生平德性及數載動勞，求諸史乘，實罕倫比。譚督軍擬為請國葬，此公實當之無愧。……仍乞采諸公提議，再摯銜聯各省長籲請，賜予國葬，並於京師及立功省份建祠鑄銅像。」接著，呂公望、劉顯世、陸榮廷、唐繼堯、羅佩金、陳樹藩、任可澄、朱慶瀾等人，也先後電請北京賜予「蔡公松坡國葬」，為其建祠鑄像，以垂永久。

蔡鍔將軍停柩於日本

　　11月16日，當時仍在日本為蔡鍔將軍守靈的蔣方震，也致電黎元洪大總統，說：「一年以來，（蔡鍔）惡衣菲食，以傷其身，早作夜思，以傷其神。向使蔡公早知為肺疾，而身不與軍旅，自可厚攝其生，以終其天年。乃以亢健之身心，值國家之多難，處僻遠則覓醫無從，自在軍旅則調攝無方，無非為今日致死之因。是蔡公身雖未死於疆場，實與陣亡者一例。而臨終之際，猶以未能裹屍於邊徼為遺恨，其情可哀，其志尤可念也。伏念我大總統聞罄思將，崇報懋勳，而立功各省亦將追念前勞，敷陳遺績，則飾終盛典，自足為國史之光。」

　　會同各方有志之士的請求，11月19日，黎元洪終於覆電各省，表示「蔡公松坡乃眾望所歸，決定予以舉行隆重國葬」！電云：「蔡松坡民國良將，共和殊勳，積勞病故，理宜隆以國葬，以示崇報。……史館立傳，自屬當然。

並建祠鑄像各節，一併交院議辦矣。」次日20號，國務院也聲稱「國葬條例已提交國會，核議，國葬問題即將獲得解決。」

11月28日，黎元洪大總統令再次頒佈：「勳一位，上將銜陸軍中將、四川都軍蔡鍔，因病身故。當經令飭駐日公使章宗祥遴員照料喪務，給銀二萬元治喪，並交國務院從優議卹在案。該故督軍維護維護共和，不避艱險，苦心毅力，卒底於成。溯念豐功，宜膺特錫。蔡鍔著追贈上將，以示優異。此令。」此令乃追贈蔡鍔將軍為上將，表其功勳不朽。

至於選擇墓地一事，梁啟超於12月1日即致電治喪單位有關方面徵求意見，說：「松櫬約支日（4日）到滬。此事似不能瞞太夫人，望專人往告，並就商墓地。同人意主岳麓，公等謂何如？」梁啟超屬意岳麓山為蔡鍔將軍的墓地。12月6日，孫中山、蔡元培也就墓地事宜提出看法，致電各省稱「松公葬地，……經本日會議議決，仍主安葬湖南。」

12月17日，蔡鍔將軍靈柩乘新銘商輪，由蔣方震扶柩南下，遺電也係陪伴在側，於1917年1月2日抵達上海，再安抵長沙。靈柩先暫時安置在長沙測量局，後移柩於營葬事務所，並由該所籌備一切。蔣方震親護摯友的靈柩返國，此同心同德之倆人，生時仗義，死時隨側，義結金蘭的情誼令人無限感動。

清末民初著名新聞工作者李定夷在「蔡靈回國記」中記載：

已故四川督軍蔡公松坡靈櫬，自東回國，乘新銘商輪抵滬。滿船遍懸中日官商投贈輓聯唁辭，黃白青綠，五色飛揚，望之爛然。船傍法租界黃浦灘招商局江天碼頭，承辦喪事之蜀商公所各同人，先登輪致祭。

蔡公靈柩安置在船上最大之官艙中，前後兩端，攔以條凳，恐海行動搖。左右兩傍，複以木支撐之。四周遍懸花圈花籃及唁辭輓聯，柩前設供案一，上陳蔡公遺容及燭臺香爐等具，為途中早晚上香之需。公所同人，即在供案

陳列祭品，公同行禮。……孝幃銘旌執紼者，均執帛在柩乍前步行，孫文、唐紹儀均在其內。

柩車紮有花罩，駕以六馬，禦行車前，車後有馬兵護衛。近柩之馬車汽車，約有一百餘輛。靈柩所過處，男女老幼，萬頭攢動。自英

蔡鍔將軍靈柩由日本運抵上海碼頭

租界棋盤街以迄公共租界鐵大橋止，沿途一帶大小商店，一律下半旗，並有擺設路祭者。喪儀之隆，參觀之眾，實為從來所未有云。

孫中山先生為表彰蔡鍔一生公忠體國，遂親執紼帛在柩乍前步行引領，「靈柩所過處，男女老幼，萬頭攢動」，備極哀淒。民國演義的作者蔡東藩曾形容：蔡鍔生平的事功勳業與人格道德是——「生不虛生，死猶未死」！

天然之英雄，心地光明，毫無權利思想

1917 年 1 月 2 日，蔡鍔將軍靈槻抵達上海後，即駐「蜀商公所」。梁啟超與蔡鍔師徒情深，非同一般，陡聞噩耗，疾痛慘怛，久久難以平復。

不待中央舉行公祭，早在 1916 年的 12 月 14 日，梁啟超、石陶鈞等人就已先行在上海舉行「蔡公松坡追悼會」。會上，梁啟超哀淒地唸著祭文，句句錐心泣血，催人熱淚。梁在會上含淚聲稱——蔡公是「天然之英雄」，還要大家將蔡公視為「模範者」，學習他的五大精神：

第一：做人要學學問、受教育，才能做偉事

要學學問，方能有受教育做偉事。

第二：做人心地要光明，不求名聞利養，才能作一番豐功偉業

須心地好，因為蔡公心地光明，毫無權力思想，致能豐功偉業。且蔡公

生平未嘗受過自己私受快樂，及強迫他服從及勛榮之行為。同時蔡公之吃食也從未講究甘美，但求清潔而能下咽無礙。衣服也只圖不裸體，破粗不拘，生平未嘗受過絲毫之奢華。

梁啟超說：「中國自民國以來，做過內閣總理、各部總長者，未及數年，先後儼如二人，不知凡幾？蓋人之心理，均思想做總長如何闊綽，如何榮耀，如何受用，故人皆爭做，如近日憲法審查會哄鬧，實不成事。若輩皆為權力思想，惟蔡公因國事維艱，出為國民爭人格，心地純潔。竊願國人效之。蔡公常言，人以良心為第一命，令良心一壞，則凡事皆廢竊願國人念之。」

第三：處己接物要心如一，堅定意志做事，不慕榮立，有責任感

蔡公行事堅強不撓，處己接物心如一，世人能步其後塵，不慕榮利，不貪虛名，凡百職事，能不論大小，保持責守，自能為社會所歡迎。

梁啟超說：「蔡公反對帝制，舉義雲南，他自己擔任總司令兼先鋒隊，每日親到火線觀察敵陣，他對於責任，絲毫不肯放鬆，我深望諸君常常紀念，謹守自己責任，不可放鬆。」蔡鍔將軍做事向來周嚴縝密，他親冒矢石，以重病之身指揮若定，與北洋軍展開艱苦鏖戰，由於以身作則，身體力行，故能感染眾人，帶領軍心，最後終挫敗北洋軍，「以最短時間成就恢復共和之大功」。

第四：做事細心謹慎，不分別好惡，只要對民對國有益，就應去做

蔡公做事非常謹慎，人家做事十分中非有七八分、五六分希望者不肯做。惟蔡則不然，他希望甚大。……凡百作事，全在精神謹細縝密，不致失敗。故以最短時間而能成就恢復共和之大功。

勤於學習，集中精神，嚴謹認真，意志堅定，不分逸勞，光明磊落，不計名利，勇於實幹，這就是蔡公成功的秘訣。

第五：立志堅定，無論公私事，勇於擔當，認真以對，勇往直前，不畏困難

他立志甚堅，無論公私各事，非達到目的不可。平居以孟子天降大任一節佩誦最深，故其處事勇往直前，不畏困難。

梁啟超說：「當蔡公出師時，曾沿中國將來不了，此次舉事，如不能成，決不亡命外洋，使國事更不堪問。故誓言各事不成，情願身亡。」梁啟超提及他與蔡鍔將軍當年南下之前的生死約定：「此次舉事，如不能成，決不亡命外洋，使國事更不堪問。故誓言各事不成，情願身亡。」蔡鍔將軍生前也不止一次提到這番話。

最後梁啟超還說：「誓師之前，（蔡鍔將軍）曾將自己之精神、能力、學識，一一向兵士教道，故兵無虛發，戰無不勝。蔡公之美德雖係上天所賦，然國人使人人學習，將來如蔡公之美德精神均可發揚，而中國亦可漸臻富強，則今日大會為不虛矣。」

人之所以能陶鑄人格，乃因其始終不忘人的精神何在？人的理想何在？人的目標又在何方？蔡鍔將軍能成事，必然與其人格的煥發、精神的修煉脫離不了關係。

試想，民國以來，多少軍政人物蠅營狗苟，為謀權利，不顧正義底線；寡廉鮮恥，為爭地位，竟不顧老百姓的死活。試問？他們的人格何在？他們的精神何在？他們的目標與理想又是什麼？由於他們出賣自己的靈魂和人格，踐踏自己的理想和目標，才有後來的軍閥割據、天下大亂、民不聊生。少數如蔡公松坡這樣的軍才英雄，「因國事維艱，出為國民爭人格，心地純潔」。

梁啟超所謂蔡鍔將軍「心地光明，毫無權利思想」，乃因其具有「良心與血性」使然。作為軍人，就必須以耿耿精忠之寸衷獻之骨嶽血淵之間。良

心血性，是不能用當今時代所謂的科學儀器測量的，但它卻可以用我們自己心中的這把尺量之，它是精神科學，也是心靈法治，更是道德本分。

從《曾胡治兵語錄》按語和蔡鍔將軍的軍事生涯不難看出，良心血性即指要有「救國救民」之心願、「為國盡忠」之氣節，這是一個新式軍人的起碼要求，也是身為將領的第一要義。能據初心、良能，盡守本分做事，心地自然光明。「人以良心為第一命，令良心一壞，則凡事皆廢竊願國人念之」。所以梁啟超說，蔡公立下的是一種典範、楷模。

同時，蔡鍔將軍亦主張軍人應有「成敗利鈍，非所逆睹，鞠躬盡瘁，死而後已」之「大勇」，以「知人曉事」作為判斷將帥是否公正。他還強調了「用人惟賢」、「循名核實」的重要性。倘能如此，權力本可為救國之工具、渡人之方便。

偉大的先總統蔣公曾向黃埔學生大力推薦過《曾胡治兵語錄》一書。根據黃道炫、陳鐵健所編寫的《蔣介石：一個力行者的精神世界》一書所載：除了《孫子兵法》外，蔣介石一生廣泛涉獵中國傳統兵法典籍，如《吳子兵法》、《司馬法》、《唐太宗李衛公問對》、《尉繚子》、《三略》、《六韜》等。這六本兵書和《孫子兵法》合稱為「五經七書」，是宋代以前中國軍事著作的代表。……蔣介石對傳統兵書的興趣，當然是和現實需要緊緊結合在一起的。中國是個戰爭頻仍的國家，分久必合，合久必分，在這治亂循環的過程中，大量的戰爭伴隨了歷史的進程。傳統兵書從長期的戰爭經驗中提煉出相當多的戰略戰術原則，在軍事理論和實踐上達到相當高的水平。……1920 年代，當蔣介石負責練兵、主持黃埔軍校時，他最為重視，向學生、部下提及最多的是《曾胡治兵語錄》。

為了對黃埔軍校的學生展開良好的心靈陶冶，蔣介石親自在《曾胡治兵語錄》一書後面增補了第十三章《治心》篇，並寫了一篇序言，要求學生們

務必用心參研，心口如一，心行合一，以應付日後的戰事。

陡聞蔡鍔將軍逝世噩耗，朱德也是傷心慘目！蔡鍔將軍的精神、人格、作風和主張，向來對朱德有著深遠的影響，所以朱德曾多次比喻：蔡鍔將軍就彷如「自己在黑暗時代的指路明燈」。朱德悲痛之餘，決定和納溪縣令周維楨共同簽具呈文，倡建松坡銅像及「昭忠祠」，以此表達對蔡鍔將軍的懷念和敬仰，更願後人記得將軍忠義愛國的情操。

美國艾格妮絲・史沫特萊曾在《偉大的道路——朱德的生平和時代》中訪問朱。在朱德眼裡，蔡鍔不僅是他的「良師益友」，還是「北極星」。艾格妮絲・史沫特萊說道：隨著蔡鍔的去世，朱德深感淒涼，蔡鍔不僅是他的長官，不僅是他多年來依賴的心靈嚮導，而且是他的良師益友——這兩種倫常關係在傳統道德上僅次於雙親。他悲從中來，主要是因為蔡鍔雖非他所崇拜的、也是他所尊重的人物：思想敏銳、知識豐富、見解精闊、堅韌和無私。蔡鍔曾經是他的北極星，現在他卻迷失了方向。

蔡鍔將軍在民初政局發展過程中，是一個不可缺少的棋子，他是真誠的愛國主義者，一個具有愛國民主思想的人。這些都是人們得以理解蔡鍔將軍一生歷史作用的關鍵，也是認識他在中國近代歷史上地位的基本出發點。當然，中國歷史最好是少了那種「個人偶像式」的崇拜，即便是如孫中山、梁啟超、蔣介石、毛澤東、黃興、宋教仁、秋瑾、李烈鈞、周恩來、朱德等等這些人，都不應被奉為至高無上、毫無缺點的偶像，而是一種精神人格的傳承和頂戴。

我們當做的——是弘揚一種近代無數先賢先烈們共同具有的精神……大正無私、大愛大勇，積極熱忱、為人類共同福祉奮鬥奉獻的那種情操。這種「個人精神」的崇敬，和時下亞洲各國風靡追星的那種崇拜偶像簡直是天壤之別。

湖南長沙蔡公國葬典禮

蔡鍔將軍靈柩停滬一段時日後，「旋由滬回湘，上海軍警官商學界及各省代表之隨櫬致送者，仍異常擁擠」。「此次沿途參觀者之擁擠，仍不亞於靈櫬由日回滬上陸之時。有於靈櫬必經地點，向各茶樓包定座位者，各茶肆以地位關係，抬價以謀利益。而來者均不以為貴，足見蔡公感人之深矣」。

靈柩運抵長沙後，北京政府依照剛成立的國葬條例立即舉行國葬。1917年4月12日，「為國葬蔡松坡上將之期，葬地在湖南長沙嶽麓山」。國葬典禮是在湖南長沙隆重舉行，會場莊嚴肅穆，一開始，許多知名人士紛紛送來了輓聯：

• 孫中山先生的輓聯寫道

平生慷慨班都護，
萬里間關馬伏波。

班超和馬援是東漢著名將領和軍事家。班超年少投筆從戎，一生馳騁疆場，開拓並穩固了東漢邊疆，同時也維持了東漢與西域之間的和平關係。馬援則是在漢光武帝時，拜為伏波將軍，世稱馬伏波。

孫中山先生以這兩個歷史上智勇雙全的名將作比喻，對蔡鍔將軍的一生作了高度的評價和讚頌。

• 梁啟超的「三輓」表現了生者對於死者的無限哀悼之情

一輓：
國民賴公有人格；
英雄無命亦天心。

二輓：

知所惡有甚於死者；

非夫人之慟而誰為。

三輓：

吾見子之出，而不見其入也；

天未喪斯文，而忍喪此賢耶。

・民國五年時任中華民國大總統黎元洪，昔日武昌起義功臣之一

一身肝膽生無敵；

百戰靈威歿有神。

・李經羲（蔡鍔將軍老上司）常誇蔡鍔是他賞識引用之人

相與有袍澤之風，真知在神識之表，彌剡果可薦乎？

廣武消兵，早見中原弭患氣。

公享盛名而不壽，我留愧色而徒生，牙琴自此杳矣！

大荒披髮，更從何處話深心。

上加序文：松坡僕之畏友，尤僕之真友。癸醜國猶可為，而吾策不薦。丙辰事皆待定，而公遽奪年，痛心何極。不知癸丑時，九先生曾有何妙策。所謂留愧色者，又何事耳。

・李烈鈞頓失戰友，情真意傷，細細數盡生死同心，患難共度的誓願

另外，備受矚目的，還有蔡鍔將軍的戰場摯友李烈鈞之輓聯。他倆相識於 1911 年的昆明陸武講堂，後來李烈鈞返江西擔任都督一職，蔡鍔則為雲南都督。護國戰爭，倆人歷盡艱辛，以命相駁，纖滅敵軍。一者，鋒鍔銳利難擋，殺邪斬惡；一者，雷霆萬鈞之力，破難伏魔，兩人的組合，堪稱絕配。

憑支手挽蒼穹，與公生死同袍，立馬華山，移得桑田近滄海；

悲風雨憫人天，愧我弱庸多病，傷心萬里，望穿蓬島哭將軍。

- 同盟會元老譚人鳳，為感念蔡鍔在生前助其在廣西發動武裝起義，也送來輓聯：

濁世生公天大錯；

人間留我老何為。

- 蔡鍔將軍的同學兼至友、護國第一軍右翼貴州總司令戴戡（後繼任蔡鍔四川省長一職）亦獻輓

間關脫險，慷慨誓師，係吾相從，前事寧忍述；

成功不居，引疾自晦，奪公太速，天道更何言。

- 蔡鍔將軍軍界朋友護國黔軍總司令劉顯世輓聯

聖賢骨，英雄膽，菩薩心，立德立功，並民國不朽；

泰山頹，梁木壞，哲人萎，安仰安效，痛吾道其孤。

- 蔡鍔將軍的學弟唐繼堯，後來為雲南督軍，其輓聯

修戈矛與子同仇，共逐虞淵將日返；

好河山纖兒撞懷，方回地軸痛星沉。

- 蔡鍔將軍雲南好友護國第一軍總參謀羅佩金（後繼任蔡鍔四川督軍一職）輓聯

魯連不帝秦，扶義揮戈，終以精誠回世局；

馬卿從渝蜀，前驅負弩，獨傷留後缺良規。

- 譚延闓的祭文和二輓闡述了蔡鍔將軍畢生的奉獻

　　黎元洪、譚延闓、範源濂等，均各備有祭文。其中譚延闓的祭文，充分肯定了蔡鍔領導辛亥雲南光復及乙卯護國反袁的歷史功績：

　　祭文：

　　奮翼滇池，蜚聲騰越。專制剗除，共和建設

　　微服出境，重蒞昆明。義旗高舉，公為主盟。

　　赤縣重安，神州再奠。千秋萬代，邈若山河。

　　一輓：

　　心事如白日青天，遂使貞誠回劫運；

　　家國正風瀟雨晦，況兼孤露哭余生。

　　二輓：

　　天地一英雄，出死入生，提挈河山還故有；

　　邦家兩愁慘，眼枯淚盡，艱難身世復何言。

- 袁世凱次子袁克文輓聯：

　　《洪憲宮闈豔史演義》裡頭有提到：袁世凱帝制失敗之後，袁克文形單影隻，挾資來滬即蔔居於是焉。杜門謝客，不與人征逐。其與已相依為伴者，惟古書字畫碑帖金石之類而已。更喜偕當代文人學士，賦詩飲酒，且好作散漫遊。如虎邱、惠泉、鄧尉諸山，以及杭州西湖名勝，無地不有其足跡。質言之，寒雲（袁克文字）蓋仍不改名士態度也。居恒與二三契友，評論當今人物，極崇拜蔡松坡為人。上年松坡病故於日本福岡醫院，靈柩回國時，道經上海，克文曾制一輓聯贈之曰：

　　軍人模範國民模範；

自由精神共和精神。

見者鹹詫為怪事。

或叩之曰：「尊甫到手帝制，推翻於蔡氏之手，論其勢則不兩立。於今以是聯挽蔡，將置尊甫於何地乎？」克文笑曰：「**就私情論蔡，我仇也。就公義言，吾極推重之。執兩義相衡，吾寧置私情而趨公義。**」或服膺其論，其曠達有如此者。

袁克文在父親袁世凱稱帝前，為了表明自己對父親申令帝制的反對，特作《明志》詩一首，以抒襟抱：

> 乍著微綿強自勝，陰晴向晚未分明。
> 南回寒雁掩孤月，西去驕風黯九城。
> 隙駒留身爭一瞬，蛩聲催夢欲三更。
> 絕憐高處多風雨，莫上瓊樓最上層。

• 民國第一任內閣總理熊希齡挽蔡鍔

> 鞠躬盡瘁，死而後已，薄葬有遺言，尚以未歿沙場為恨；
> 推亡固存，邦乃其昌，誓師昭大義，曾無自利天下之心。

• 蔡鍔將軍好友楊度輓聯

> 魂魄異鄉歸，如今豪傑為神，萬里江山空雨泣；
> 東南民力盡，太息瘡痍滿目，當時成敗已滄桑。

楊度與蔡鍔私交甚篤，曾被孫中山譽為「才氣縱橫之士」，也曾被袁世凱倚為「曠代逸才」，是籌安會的成立人之一。

蔡鍔在日本留學期間，「與楊度最善，休假日必到楊度家吃飯」，但返

國後，兩人政治立場不同，楊度擁袁，蔡鍔卻置袁於死地，使楊度引以為傲的「帝王之學」徹底破產！因此楊度心有不滿，難以釋懷。所做輓聯，上聯雖然哀婉，讚賞蔡鍔，但下聯卻指出護國戰爭後，中國瘡痍滿目的景象。

- **蔡鍔將軍在京師知己小鳳仙所作輓聯，其輓聯和祭文都是衡州狂士王血痕所代撰**

> 不幸周郎竟短命；
> 早知李靖是英雄。
> 萬里南天鵬翼，直上扶搖，那堪憂患餘生，萍水姻緣成一夢；
> 幾年北地燕脂，自嗟淪落，贏得英雄知己，桃花顏色亦千秋。

- **護國桂軍總司令陸榮廷敬獻輓聯**

> 惟公馬首是瞻，勉作義師桴鼓應；
> 太息豺牙尚屬，不堪國論沸羹多。

陸榮廷是一代忠臣良將，身跨清末和民初兩大局勢，為公夙興夜寐、為國身經百戰、為民更是死而後已。清末法軍侵略廣西邊境，因有陸榮廷坐鎮廣西方得保住。二次革命期間，陸榮廷與蔡鍔政見一致；護國戰爭時期，陸與李烈鈞和蔡鍔培養出了「生死同進退」的革命情誼。蔡鍔驟逝，陸榮廷悲痛難掩，如喪至親兄弟般。

陸榮廷曾感慨說：「太息豺牙尚屬，不堪國論沸羹多」！「太息豺牙尚屬」是陸榮廷以此比喻袁世凱去後，惡貫久盈的北洋大小軍閥更加囂張，躍躍欲試，軍閥割據紛亂在即。但是「不堪國論沸羹多」，因為袁世凱賣國，不得不討伐！只能說袁世凱與北洋軍閥各代表著中國不同層面的隱憂。在那樣的年代，根本無法顧全全盤大局，除掉袁世凱，賣國危機雖解除，但軍閥群魔

亂舞，國力屢弱，卻是另一個革命黨人共同的難題。劫劫事端，關關國難，正道群英只能一一叩關，力挽狂瀾。

陸榮廷悼蔡鍔輓聯，情真意切，而且已指出北洋軍閥天不蓋地不載之惡霸危機，可以說陸榮廷對蔡鍔之死，有著甚深的惋惜和對民國萬分的憂淒。陸榮廷且悲且敬，道不盡忠義事，在心中篤篤綻放，於是後來又專門撰了三段詩，讓人刻成碑文，永豎在蔡鍔墓台右邊碑林處。碑詩如下：

一、平地一聲雷，將軍天上來。玄黃鏖戰瀘水隈，共和五色旗重開。噫籲唏！非天下大勇其孰與於此哉！

二、曾憶將軍留都時，蛟龍失水螻蟻欺。豈意神物不可測，朝發東海夕瀘池。噫籲唏！

三、非天下大智其孰與於斯？嗟乎天地不終否，國運意何似！既見將軍生，又見將軍死。我讀將軍絕筆辭，將軍為國心未已！願為推置國人腹，仗劍提戈齊奮起！

武鳴陸榮廷

蔡鍔既去，梁師久難平復，後來遂退出政界，而陸榮廷也不願緒任廣東督軍一職，也一併辭去了，更別說那本來屬於他的副總統之位，陸榮廷壓根不看在眼裡。

- **廣西督軍陳炳焜，這位是蔡鍔將軍的學生，輓聯為**

  八桂應援桴，義旅敢居天下後；
  兩川循戰壘，將材應歎世間無。

- **蔡鍔將軍的軍需官兼摯友丁懷瑾挽曰：**

  成不居首功，敗不作亡命，誓師二語，何等光明，故一旅突興再造共和；

下無遑意見，上無爭利權，遺書數言，如斯深切，問舉國朝野奚慰英靈？

1915 年，中國瀰漫著申令帝制的妖霧，全國局勢起伏迭宕，變幻莫測。丁懷瑾受孫中山先生命，決定從日本回國，加入雲南護國起義。丁懷瑾後來任護國第一軍軍需官，入川擔任軍需。納溪之役，護國軍與北洋軍鏖戰 48 日，因丁懷瑾軍需處理得當，使軍餉糧食每每在匱乏之際，都能化解危機。

戰爭取得勝利後，丁被授予四等嘉禾勳章。蔡愕就任四川督軍時期，有關外交事項，丁懷瑾也多有參贊。後來丁繼任四川富順縣長，頗有政聲。

丁懷瑾得知蔡鍔噩耗後，便辭去富順縣長職，回到雲南大理賓川，閉門著書，過著半退隱的生活。他選擇用行動來懷念蔡鍔的遺志──「功成不居，長揖歸田」。丁懷瑾非常思念摯友蔡鍔，經常以蔡鍔的人格和抱負勉勵其家人子女，他稱「蔡鍔是真正開天闢地的人物」。

接著又說：**「古人說名滿天下，謗亦隨之，可是蔡鍔卻打破了此例，他的成敗生死，不論是友是敵，是新是舊，莫不對他由衷稱道。理由很簡單：「蔡鍔以天下為己任，卻不以天下為己」。」**

蔡鍔在世前，曾給丁懷瑾寫了封信，說：「以菩薩心腸，行霹靂手段，吾人今日處茲亂世，認定一事於道德良心均無悖逆，則應放膽做去，無所顧忌，所謂既要仁慈，又要痛快也。」

這句「放膽做去，無所顧忌」，使丁懷瑾即使退隱，也能不減壯志豪膽，他居家數年專心致力於金沙江開航研究。他的開航計畫是多目標、多方位的，頗得孫中山先生的贊同。

蔡鍔將軍之喪，全國唁祭，其祭辭和輓聯均有可傳者，上僅摘抄數則輓聯，以筵情操。

第三節　岳麓青山埋忠骨，碧水無瀾浴貞魂

山城民眾紀念蔡鍔將軍

護國戰爭鏖戰納溪時，當時川軍第二師駐防在川南門戶敘永，其師長劉存厚乃是蔡鍔舊部。蔡鍔深知劉存厚為人陰晴不定，反覆無常且極端，曾說「劉存厚厚臉猶存」，說了不算數是常有之事。

可是在納溪戰役中，劉存厚受護國軍精神感召，處事卻產生了變化。一日，劉召集所部營以上的軍官在敘永「忠烈宮」密議，決定倒戈討袁。1916年1月30日，劉從背后偷襲北洋川軍十八師司令部，師長張永成被流彈擊中，重傷不治。

1月31日，劉存厚自稱護國川軍總司令，還召開了討袁誓師大會。會上，所有人激昂慷慨，劉率部下歃血盟誓，表明願以身許國，擁護共和，遂開門迎接護國軍入川。後來護國軍順利通過川邊要隘赤水河和雪山關，抵達敘永縣城。當地民眾扶老攜幼，簞食壺漿，熱烈歡迎。蔡鍔偕護國軍隊便駐節在「忠烈宮」，並將總司令部設於此。

據民國《敘永縣誌 · 名勝》記載：「東城公園，舊為黔南會館，一名忠烈宮，祀唐南將軍霽雲，俗呼黑神廟。自黔人在永開設鹽號，乃葺而新之。又經何德五軍門堆石作假山，形狀奇詭，頗有崢嶸奧衍之致。內有荷池，有舡房，有草亭，有大小花廳。地頗曲折，植物繁多，梅蘭最盛，民元以來，日就傾圮。護國之役，蔡鍔曾駐節於此。近由鹽商捐資改建為東城公園。園內池台花木山石之勝，甲於川南，為遊人所稱道。」

護國軍入駐忠烈宮後，即以敘永為根據地，鏖戰北洋軍。當初護國軍出雲南時，只領得餉銀2個月，子彈平均每槍300發。在川南一帶鏖戰半年之久，特別是二、三月間戰事激烈，處境相當危急。蔡鍔屢電共同起事者、雲南都

督兼民政長官唐繼堯接濟，可是音訊全無，唐未給前線任何補充。

在此危難之際，敘永民眾慷慨解囊，在人力、物力和財力等方面大力支援護國軍。當時鄉賢岳鐘靈被蔡鍔委為司令部秘書，陳紹峰理財政，文尚熾辦糧秣。根據《四川鹽政史》記載：護國軍和劉存厚川軍共計在敘永提銀款30餘萬元。其中，敘永勸工局7000元，敘永紳商10餘萬元，敘永永邊鹽業公司20餘萬元，「惟蔡鍔將軍提用永邊鹽業公司之銀9萬元，於民國8年經北京政府核准，飭由稽核總所轉行川南分所，準將印收抵完鹽稅，其餘本省提款則皆作變亂損失矣」。

又據民國《敘永縣誌》記載：「敘永民眾為護國軍籌集軍糧2164000餘斤，縫製軍裝近萬套，「鄉團之遙為聲援者至七千餘人。」敘永民眾不僅親自組織了20多個醫生戰地救護團隊，而且還規劃了一支700多人的運輸隊，承擔送彈藥、送軍糧、救護傷病員等任務。

後來蔡鍔將軍病逝的噩耗傳來，四川敘永民眾悲痛萬分，明瞭蔡鍔將軍與四川之約已是破滅！為了紀念蔡鍔將軍，敘永民眾將蔡鍔將軍住過的忠烈宮一座樓閣闢為紀念館，展出其生前的照片、遺物，以及護國戰場上將士所用配槍、敘永民眾為護國軍服務時的照片等文物。

蔡鍔將軍駐節敘永縣松坡樓指揮護國討袁之役

因蔡鍔字松坡，故紀念館稱為「松坡樓」，松坡樓前的小亭命名為「松坡亭」。爾後，敘永民眾又不斷捐資將忠烈宮改建為「東城公園」。從此，前往參觀與憑弔的遊人絡繹不絕。

護國軍何有？吾以歸之於天！此乃蔡鍔將軍於《護國岩銘序》所言，誠

可謂天命所歸！後來，敘永人民為了紀念護國戰爭取得勝利，遂將護國岩所在地敘蓬溪更名為「護國鎮」。

耿耿赤子心，灼灼桑梓情——軍魂歸國，長眠岳麓

各界人士輓聯送達後，悼念大會圓滿，接著便是送靈柩上岳麓山安葬。

1916 年 12 月 6 日，譚延闓為了蔡鍔將軍墓地曾致電各省：「業經官紳議決，並征遺族同意，覓定「城西嶽麓萬壽後山」修築專墓，並擇定三月中旬（農曆）為葬期。」

蔡公去世後的一個多月，1916 年 12 月 18 日，民國國會通過了中國有史以來的第一部《國葬法》，可以說《國葬法》是為蔡鍔和黃興兩人度身定制的，史稱「民國之有國葬，實自松坡始」。

1917 年 4 月 12 日這天，蔡公靈柩準時起程往赴岳麓山，途中萬里雨泣，狂風怒號，奔喪民眾聲淚俱下，緊跟隨在靈柩車後，為蔡鍔將軍這最後一程，送上永遠的感恩。他們願與將軍丕烈同在，勒石銘勳。

李定夷在「蔡上將之國葬儀」中報導：

民國六年四月十二日，為國葬蔡松坡上將之期，葬地在湖南長沙岳麓山。

是日自上午八時起，即大雨如注，狂風怒號。記者冒雨前往，途中有人傳說，謂今日風雨太大，必改期出殯無疑，蓋先日營葬事務所曾出有順延佈告也。旋遇某君，亦謂已決定改期出殯。記者以周身透濕（因是日車轎均已禁絕之故），即擬返寓。

正猶豫間，忽炮聲隆然，接連五響。乃知改期之說，尚不確實，於是仍冒雨前進。至則執事業已啟行，道旁觀者，人海人山，殊難通過。記者因佩有渡河證及蔡公紀念章（係營葬事務所及渡河籌備處先期所發者），始由員警護送至所，由某招待員給予出殯次序一紙。茲錄如下：

1、軍樂隊（半連）

2、軍隊（步兵二連）

3、警隊

4、學生隊（共一百五十三校，原定除小學九十校女學二十八校僅送至河幹外，其餘悉渡河送至麓山）

5、軍樂隊

6、花圈

7、命令

8、遺電

9、遺物

10、軍樂隊

11、遺像

12、工界代表

13、農界代表

14、商界代表

15、紳界代表

16、報界代表

17、學界代表

18、政界代表

19、議員及政團

20、軍界代表

21、外賓

22、省外各代表

23、親友

２４、遺族

２５、靈櫬

２６、女遺族

２７、軍樂隊

２８、軍隊（步兵二連）。

　綜計人數，約在萬人以外。沿途均有軍警彈壓，兩旁商店，均就櫃上搭台觀看。經過各街道，一律斷絕交通。值此大雨滂沱，而會葬者無不如期而至，雖多數帶有傘，蓋以人數過眾，傘不能張，故皆遍體淋漓，周身全濕。十二句鐘，始抵大西門。至碼頭時，由招待報告，謂今日大風暴雨，所有送葬諸君，均請不必過河，以免危險。

　報告之後，各人始紛紛晉城。一時許，靈櫬始登輪渡河，鳴炮一十七響。記者亦以風雨過大，亦即入城返寓，時已二句半鐘。而大小西門一帶，猶異常擁擠。是日全城各樂戶戲院，一律停止開弦，民間停止婚嫁，無論何人，均不許宴會。全城下半旗三日，以示哀悼。

　靈柩推上岳麓山後，蔡鍔將軍終於在岳麓山腰白鶴泉後上方之地長眠了。岳麓山地處湘江西岸，總面積 31 平方公里，包括麓山、天馬山、桃花嶺、石佳嶺 4 個景區和新民學會、南津城土城頭 2 個獨立景點。岳麓崟嶙疊翠，群峰鋪菜，奇石盤道；山中谿壑幽深，泉流清繞，古木參天，地形雄厚。據說南嶽 72 峰，「回雁為首，岳麓為足，故名岳麓」。

長沙岳麓山上的白鶴泉

岳麓山，青山有幸埋忠骨；

瀟湘水，碧水無瀾浴貞魂。

長沙岳麓山是一座豐偉奇特之山，有著無數厚重而可歌可泣的故事。它的厚重源於一群「英烈群雄」星羅棋佈於岳麓山中。千秋忠烈，百世遺芳；忠魂不泯，浩氣長存。他們湧自四方，朔風而來，魂聚一山，其中的每一位，在歷史上都曾經顯赫一時，捨生取義，浩氣長留環宇，傳揚著忠義肝膽的故事。生無媚骨，死留芳名。

抑或許他們不約而同到來，乃是欲借此方之地靈，以讓他們的精、氣、神如眼前奔騰北去之湘江水，澎湃、激進、浩蕩、滂陀、翻滾、川流不息，永遠激盪翻滾在那些正準備好的人們身心之中。這些人將是世間前鋒，心靈崗哨，是地球種子，即將在苦難尚未結束的神州大地上，毅然奮勉向前，創造美好的明天。

黃土一圯埋忠骨，心香三瓣吊魂雄；

星斗芒寒烈士墓，風雷靈護烈士塚。

生經白刃頭方貴，死葬紅花骨亦香；

熱血一腔化春雨，千古罡濤連天湧。

蔡鍔公墓三面環山，一面臨水，墓前可俯瞰沅湘不盡滾滾江水。公墓由花崗岩砌成，基座寬闊，尖頂碑塔高 6 米，繞以石欄，24 塊欄板石上刻有當時各省軍政界人士的悼念詩文與題字。整個蔡鍔公墓可以說是由激壯的墓銘、靜

長沙岳麓山蔡鍔公墓

穆的墓廬和感懷的輓聯做成的轟轟烈烈之立體精神塔，供後人的瞻仰與憑弔。愈深入挖掘，愈見其寶藏不盡，浸沁心底深處。

　　墓旁古木參天，高大庇蔭，幾棵蒼松和楓香樹圍繞，好似衛兵站哨，堅守崗位，守衛將軍一氣英靈。而墓前兩顆高大聳天老楓樹，正如將軍碧血丹心，一氳化陰陽，忠義乾坤轉，其精神亙古召喚著後世人們不遠千里跋涉而來，並把其人格、其意志、其魂魄頂戴而起，開創自身有寓意、有意義、有價值的人生。

　　白鶴泉下有「蔡鍔墓廬」，介紹他生平的事蹟。墓廬前門懸掛著孫中山先生的輓聯：平生慷慨班都護，萬裡間關馬伏彼。

蔡鍔墓廬內聯：

從頭收拾了山河，一身塵土；

正氣磅礡在天地，萬古日星。

是真革命之先覺；

乃敢特立而獨行！

一戎衣而天下定！

微斯人吾誰與歸？

　　登岳麓山，可遠眺長沙及湘江勝景，遙想蔡鍔將軍當年 350 華里山路，由洞口、邵陽跋涉求學至長沙時的少年氣象，又見他氣概山河，拔劍南天征戰起⋯⋯。而今，一方公墓，枝葉扶疏，穿叉守護，這裡，見證了他軍戎正魂，功著神州，一生奔走 365 萬

長沙湘江

里路，波瀾壯闊的一生。

想當年，將軍壯志凌雲，走筆疾書《軍國民篇》、《曾胡治兵語錄》，迴腸盪氣，洛陽紙貴，用激情的音符燃燒軍營，在士兵心中燦爛旋動，演繹出一名軍人的輝煌！

想當年，將軍大手一揮，與革命黨人等在昆明發動辛亥重九起義，千軍萬馬如千門大砲昂首齊吼。

想當年，將軍提劍吼西風，命銜蒼生爭人格，鏖戰川南，民國不毀戰旗紅，用血肉的拼殺唱響粗獷沉雄的號子，攻克宜賓、江安、納溪等地。又搖醒他省，北地南天同一脈，文韜武略猶長風。

想當年，將軍將剖肝瀝血熔鑄慷慨激昂，將透徹犀利嵌入《告別蜀中父老兄弟》，拔地倚天，句句血淚，訴盡衷腸，若有千言萬語，應是松坡振臂聲。

而今，瀟湘大地，將軍生於斯，長於斯，戰於斯，最後亦長眠於斯。

忠魂一縷縈縈依故土，
正氣無量浩浩滿中華，
驚回首，偉業豐功垂大宇，
抬望眼，高風亮節勖人民。

將軍在世，文武並重，文韜武略一一精通，做書生不空談，做軍人不魯莽，文可興邦，武可定國，這是他的寫照。他把英魂留給了岳麓山，岳麓山回應了他的相伴之情。他們共同書寫見證了萬年原始、千年風雨、百年興衰之戰士故事；他們亙古演繹無言春秋、忠烈義士、救國救民之斑斑史蹟。

岳麓山上這群烈士的故事，彷彿清風拂身而過，漸吹漸闊，兜滿林間，這是濃的化不開的血淚，也是沁透人心的清涼大愛。將軍征戰，護國英氣開國，4月12日過後，轉瞬成為歷史扉頁，在那樣深邃的歷史時空中，有炎黃

子孫共同的血淚。

> 浩氣長存，丹心昭昭貫日月，
> 大義凜然，烈士千秋泣鬼神。
> 天若有情，應壽百年於俊傑，
> 人誰不死，獨將千古讓忠魂。

向蔡鍔將軍學習如何陶鑄武魂與人格

蔡鍔將軍的一生如同蝴蝶簇舞振翅般，在歷史激流中不斷奮力振翅飛旋上升，他用盡生命為國家鼓動正氣之流，從渺小局勢到萬馬奔騰、滔滔不可遏止之氣勢，在最後，終飛逝在歷史的時光迴廊裡，拖曳璀璨光輝。

然惜乎天不假年，亦或許生死自有定數。蔡鍔將軍那短暫而光輝的一生，正如曇花乍放，卻是最美時，不淪為碌碌之輩。也正是這樣為大愛而出征、為革命而戰鬥的精神，使他流芳千古，令人永遠懷念。

蔡鍔將軍的成功可以說是「善於注意和辨別那個年代的政治風雲，進而順應歷史潮流，投身革命運動」。在執行這些運動的過程中，由於他所展現出的「大正大勇、大信大義、大智大忠、無私無畏、求真務實、超人膽識、先進思想、恆久耐力、高尚人格」的精神和能力，使他真正完成了許多革命大業。在那個年代，許多軍閥也具有高人的智略和能力，但若沒有正人格，發正心，行正道，最後只是成為魚肉百姓、爭權奪利，兇狠殘暴、窮兵黷武的軍閥份子。

蔡鍔將軍所處的時代，是一個巨變的時代，是一個機會與險惡並存的時代，也是一個國家體制遽變的朝代，更是一個四處憂患的年代。巨變的來臨往往起因於亂世，然而亂世卻是「人的思想發生激烈變化」的年代！有人御變化之風而上，也有人逢亂世之流而自甘墮落！

當蔡鍔將軍值而立之年時，風華正茂，卻早已抱定「流血救民吾輩事，千秋肝膽自輪菌」的大志，他憑藉血性之勇和過人的智略，為自己的理想一如繼往地勇往直前奮鬥，終於實現了護國再造共和之偉願。

　　在那個年代，也能說將軍是為國家而生，為共和而生，為民主而生，也是為人民而生。他傾力挽狂瀾的精神是人類文明世界的一個方向，唯有懂得學習奉獻自他生命這樣的心量，方是拯救世界之良方。亦即「救世界，當從個人做起」，個人如何做起？依據蔡鍔將軍之遺訓，唯有「人格教育」一途。

　　是真人格，乃得天地之永久，是真道學，乃能破私慾、斬惑魅。蔡鍔將軍的人格無所謂的圓不圓滿、高不高超，而是「獨特」——他始終致力於為人民提供個人式的和群體式的提升、轉變之道。這是他的精神，作為供予我們後人起而效尤的表率。

　　在那個時代，不像現代有如此多的科學和物質資源，他們能依靠的多是人文精神、人類意志和人格品質。然而，「把這些做好，卻才是真正的拯世界之道」。反觀人類現在的文明世界，資源過多，品德宄敗，人們反而是一直在利用科學和物質豐富的資源，行戕害世界與生靈之事。甚有者，起心動念無非是欲至世界於毀滅一途！

　　由此可知，蔡鍔將軍所提倡的「人格教育」何等重要！它必須從個人做起，否則科技發展到後來的結果，就是毀滅一途。

　　蔡鍔將軍，所代表與象徵的——是一個時代，一個國家，一個民族的人格魅力！一個人族可以塑造而成的精神模型！他是國家的脊樑，不倒之長城，將永遠為後世人所銘記！

　　人無法永生，但精神卻可以永久流傳下去。一個民族最重要的是在繼往開來的道路上，有著歷史的歸屬感和民族的認同感。

　　倘使人們懂得發掘自己民族存在於這個世界上的目的和意義，他們就會

彼此包容和互助合作，而不再是互相攻訐撻伐！因為每個民族都是人類探索真理與實相的過程中之一環、一部份，沒有誰高於誰，只有相互扶持、彼此提攜，各族才能共造繁榮景象，這也是蔡鍔將軍「七族共和」或「多族共和」的理想。

每個民族也都有可以作為典範的英雄，每個時代也可以造就出千千萬萬的英雄。正如這群湧聚岳麓山上的英雄豪傑們，他們為人民謀，為國家計，人民就有理由記住他們，就應該要記住他們！因為唯有記住他們，才能讓民族之魂，一代一代，萬世不滅，浩氣長存！

蔡鍔將軍短暫而輝煌的一生，給我們留下了至深永久的思索，也給我們留下了思考人生、改變性格的寶貴方針和財富。其少年立志、志在必得、得為民眾、眾在我心、心永守護的精神，總不斷在在啟迪著後世人們。今日，就把感恩蔡鍔將軍的心願永放心上；來日，且讓這心願茁壯成堅定意志和剛強鬥志，為人群和世界獻上鋒鍔貢獻。

參考資料：
- 《蔡鍔集》下冊（曾業英）
- 《我和外公眼中的蔡鍔將軍》（袁泉）
- 「梁啟超在上海蔡鍔追悼會上演說詞」（蔡鍔集）
- 「蔡上將之國葬儀」（李定夷）

第十五章

千錘百煉終成鋼，吹盡狂沙始見金

　　這本書——《蔡鍔將軍未解之秘》，可看成是一系列「寄意傳記」的先鋒。筆者僅是以「位卑未敢忘國憂」和「報地球寸心堅似鐵」的胸懷來編寫先賢先烈的故事，並試著將遠去的、複雜的歷史清晰排列重現，還原他們流血救國、無私奉獻、艱苦卓絕的真實人生經歷，以表現他們非凡的功勳偉業和人格道德。

　　我們需重視個人的精神修養，從思想、個性、人格、修養、情緒上進行改變，方能拯救自己和國家，世界和地球行星。

本書行筆至此，已近尾聲。第十五章我們要為讀者總結蔡鍔將軍一生的行誼事蹟，並作最後的回顧，以供予大家從中汲取其寶貴的經驗。

古有云：歷代凡成就大事業之人，都有他們自己獨特的「特性」！他們之所以成功，多半與他們的學識背景或家境無關，而是與他們如何陶鑄性格，形成自己的想法與價值觀，並據以行動歷境驗心有關。

現今的地球文明，其脈絡已走至全球一村的局面了。然而，當地球村時代來臨時，許多國家仍然沒有塑造好自己民族的發展方向，相反地，所行所做，卻皆與祥和富強和種族融洽背道而馳。就以台灣而言，許多政界人物，為逞個人私慾，其政見內容和政治行為一直在塑造分裂且危險的世界。他們蠱惑、慫恿、誘騙人心，讓民眾成為他們報復國家、分化世界的工具。而民眾由於心智和情緒涵養不足，卻甘願淪為這些政客的馬前卒，這是何其的可悲！這些政客沒有崇高清正的人格，沒有保家衛國的心性，更沒有應對國際局勢、處理國際事務的智略和能力，有的卻只是爭權攘利的私慾、扭曲偏激的性格。他們把國家搞得支離破碎、民生凋敝，面對自然生態所面臨的種種危機，也仍未調整腳步，帶領人民展開因應措施，卻是以各項律法規條來掩飾其非法的官商勾結！

這些亂象，如滾雪球般愈滾愈大，終至陷地球於毀滅危機之中！政治人物為所欲為，慫恿人心，分化人心，使人類的社會發展瀕臨了最巨大的危機！而人們對物慾的過度崇尚，濫墾濫砍、濫挖濫掘、濫殺濫捕、濫污濫染、濫爆濫炸，也使地球的各個系統面臨了坦塌的命運。

本書介紹先賢先烈精神的目的，是為了引導我們重新去反思：我們人類目前所行走的路線，所流行的各種風氣，是否合乎人類整體的精神發展？還是人類目前的這種心靈密度，這種思想行為，正在摧毀社會和大自然的結構體，將我們一步步推向滅絕淵藪？

時下人們喜歡崇尚世界各種潮流，導致活得愈來愈沒有人性、人格，心靈也愈來愈空虛，更毫無人生目標可言。為此，我們有必要重新去檢視自己的價值取向和人生觀念，是否已被靡靡不良風氣污染甚久而不自知？

先賢先烈的精神，是經由他們的心志意識所塑造而成的一種人格，當世界各國為了尋求整治人心，而試盡各種方法時，我們要檢討的是，時下的教育究竟是真正的人本教育？還是一種「為應付功名」所衍生出來的智育？歸根究底，世界目前各種的亂象，仍是因各國政府沒有大刀闊斧推動品德教育所致，卻只將教育重心擺在智能的發展上。大家依然認為「聖賢教育」是老土、落伍的思想，只有冥頑不化的人才會去研究這些學問。

然而，這些人卻不清楚，這些人類誤以為的抽象心靈教育，才是整治人心、挽救大地危機最精準的重力軌道教育！因為心力是創化與規劃的核心，沒有正確的思想和信念，又怎能創化出祥和進步的社會？現在人類的心力都在規劃享受，都在創化慾望，繼續如此下去，人類將被自己污化的天磁地磁所吞歿。

當危機一步步的加深時，我們更需要重新去思考和檢討，群策群力以找出整治人心和塑造人類品格的方法！因為唯有如此，我們才能遏止人類繼續加深對地球的破壞，也才能避免人類文明毀於一旦！

本書是以蔡鍔將軍的人生故事為主軸，帶出許多先賢先烈的故事，並對他們的精神進行了一番梳理。當您跌入了那個時代的舞台，沉湎於清末民初戲裡所展示的一幕幕故事情節之中，由衷期許您能通過對故事的理解，感受體驗其中先烈們的精神。

當您對他們的精神有所體會或感悟時，也願您能更加開拓心胸，敞開遼闊的心胸，去拓展生命的視野，彙整出自己的人生心得，在眼前的地球危機中，奉獻一己之力，叩劫通關！

第一節　磨練意志，塑造愛民族的人格與拯救地球的方針

勤儉廉潔的自律意識，以大天下為重的博愛精神

中國近現代史與北洋軍閥有著密不可分的關係，1911 年後，中國政局的發展大致上可分為南北兩方，北方是北洋政府的控制區（後來分裂為直系、皖系、奉系），南方則是由地方軍閥所控制（比如雲南都督唐繼堯、廣西都督陸榮廷等），而四川是軍閥混戰最為複雜的區域。

在軍閥混戰的局勢中，北洋軍閥素以嗜權、腐朽、賣國而臭名昭著，而南方軍閥也不遑多讓，爭權奪利不斷消耗著中國的防衛軍力。然而，在這一片淤泥中，卻產生了像蔡鍔這樣人格高尚、目光遠大的軍人，這卻是整個民族的大幸！

綜觀蔡鍔一生，短暫而光輝，他的生命就像日本櫻花一樣，盛開時極其絢麗，卻在最絢麗的時刻，突然凋落，讓人驚訝、擗踴、哀嘆不已。雖然他只走過短暫的 34 年（實歲 33 歲），但一生卻充滿著叱吒風雲、戰功彪炳顯赫的壯舉，以及克己奉公、廉潔從政的清譽名聲。

蔡鍔從小體弱多病，家境清貧，生活環境十分嚴峻。然而，正是這樣迎風冒難的日子，使他激發出揮戈迴日的決心，從而培養出遠大的志向和崇高的理想。

蔡鍔一生克己甚嚴，為官清廉，平時生活極為儉樸，粗茶淡飯，家裡的伙食每日只有幾角錢。雖然如此，他卻纖塵不染，從不「濫使一錢」，亦不接受任何形式的餽贈。自 1905 年 8 月至 1910 年底，蔡鍔在廣西身兼數職，為培養新軍殫精竭慮，經他掌握、使用的公款，為數甚巨，但他纖塵不染，一毫不取。他長期擔任一方的軍政長官，可卻一貧如洗，家境清寒，這在當時

十分罕見。

1911 年，蔡鍔領導昆明辛亥起義成功以後，原本由中央撥款和內地省份協餉的邊防軍費突然停止撥發，可是邊防與英軍的對峙依舊未曾鬆懈，滇軍還先後派出援川、援黔、援藏軍，故而軍費有增無減，財政十分困難。

雲南民族大學教授謝本書在其所著的《蔡鍔大傳》中提到：辛亥革命以後，任雲南都督的蔡鍔，大刀闊斧採取了一系列整頓財源，節儉開支的政策：「蔡鍔兩次帶頭減薪，第一次是 1912 年 1 月，都督由 600 元（兩）減為 120 元（兩），副都督由 400 元（兩）減為 120 元（兩），正副都督薪金拉平；第二次是 1912 年 6 月，原薪 60 元（兩）以上者均減為 60 元（兩），原薪 60 元（兩）以上的中高級官員薪金拉平。蔡鍔更是嚴明紀律，令行禁止。其中，有一條規定是「非星期日不得宴客」。當時的警察廳長違之，並向蔡鍔發出了邀請。蔡鍔在收到的請柬上批示：『違背功令，罰薪半月。』此後無人再敢違令請客。」

由於蔡鍔帶頭遵守廉政紀律，節儉奉公，且政策正確，致使 1912 年的雲南財政在極其困難的運轉情況下，還節餘了 20 萬元。

時任雲南省財政廳長袁家普在《蔡公遺事》一文中說：「各項軍費、政費亦皆至於減無可減，節無可節。是以元、二年以來，不惟中央未曾協濟雲南，雲南反協濟中央數十萬元，而雲南政事當行者亦均行之，並未停滯。蔡公在滇都督任內兩年，除每月之 60 元薪俸外，並未支用公費。其公館之食用費每日限用小洋二角，其律己之嚴，可見一斑矣。」

蔡鍔督滇期間的廉政事蹟還有很多，例如，易宗夔撰《新世說》記：「蔡松坡為雲南都督。滇黔商民，感其德澤，釀金為公鑄銅像。公計取其金，賑恤兩省饑民，且婉謝之曰：『君等鑄我像，享受榮名在千百年之後；若輩哀鴻，食此涓滴之賜，當可活命無算。彰人之功，不若拯人之命也。』聞者賢之。」

這是說 1913 年，蔡鍔行將奉調入京，離開昆明前，仕紳民眾欲建生祠一間、銅像一座以感念其恩德。蔡鍔立即勸止，還建議仕紳把立祠的錢款全部賑濟災民。最後民眾接受了蔡鍔的意見。他的多年好友兼部屬雷飆曾說蔡鍔是「視公款公物如性命，雖一絲一毫而莫苟」。

劉達武所編撰的《蔡松坡先生年譜》中也有記載：「1913 年 9 月，蔡鍔奉調進京離滇時，雲南省議會議定贈送法金 30000 元。蔡鍔堅辭。議會亦堅持。出於禮節，蔡鍔接受 5000 元以償還債務等。」

1913 年至 1915 年在北京任職期間，蔡鍔清廉依舊。蔣方震在《蔡公行狀略》一文中說：「身兼督辦、參政、將軍、辦事員等差，循例得俸月可入 5000 元，公悉任其事而辭其俸。」當時袁世凱任命蔡鍔多份差使，蔡鍔悉任其事，且俸祿、薪金從未多拿。

1915 年底，蔡鍔偕四方愛國將領發動護國戰爭，袁世凱忿忿不已，便下令查封蔡鍔家產。《蔡松坡先生年譜》中有記載：「邵陽縣知事陳繼良於 1916 年 1 月 6 日回復：查鍔本籍**無一椽之屋，無立錐之地，其母現尚寄食其鄉人何氏家，實無財產之可查封云**。」幾句話勾畫出一代廉將的形象。

袁世凱萬萬沒想到，蔡鍔身兼督辦、參政、將軍、辦事員等差，居然未曾利用職務的方便給自己謀一些財產和土地。雖無財產可查封，但此時在四川前線的蔡鍔也幾近病入膏肓了！

梁啟超在《護國之役回顧談》一文中說：在四川前線作戰時，「蔡公四個月裡頭，平均每日睡覺睡不到三點鐘，吃的飯是一半米一半沙硬吞，他在萬分艱難，萬分危險中能夠令全軍將官兵卒個個都願意和他同生同死……。到後來，**他的軍隊幾乎連半飽都得不著了，然而沒有一個人想退卻，都說我們跟著蔡將軍為國家而戰，為人格而戰，蔡將軍死在那裏，我們也都歡欣鼓舞地死在那裡。**」

最後，護國軍以弱勝強、以少勝多，打贏了這場曠日持久的苦戰。反袁抗戰之所以奏效，除了滇軍、桂軍、黔軍、湘軍眾眾將士驍勇善戰之外，蔡鍔在整體作戰部署中，以自己清正剛毅、廉潔為國的精神力作為號召，指揮若定，也是這場戰爭能勝出的主要關鍵。

綜觀蔡鍔將軍這種「人格的養成」，我們可稱之為「自律意識」的培養。也就是說在刻苦險峻的環境中，他敢於挑戰未知的人生！他憑藉著一股強大的信念，在這種條件之下，日復一日塑造著自己的性格，磨練出一種強烈的意志力，一種具有排山倒海並石破天驚的正義意志，鋒鍔銳利，破除邪惡勢力。

「自律」就是自我約束的意思，自律意識則是透過心靈意識的培養與鍛鍊，養成一種自然而然的心靈規律狀態。世間千色萬相，其實都是人們心靈的產物，這些千相萬色非常的迷人，有貪色貪相、權色權相、利色利相、慾色慾相……，可以說整個世界都是色色相相。

或者說，這些千相萬色就只是意識波粒子的組合狀態，有自律意識的人，會善用千相萬色的屬性來發揮人生的本質，創造出利己利人的事業來。但是少了自律意識的人，心靈思維就會不斷貪戀於這些外在色相上，使自己的貪慾變得熾盛茁壯。這樣的人即使有了偉大的理想，崇高的目標，然而，在執行它們時，一定會偏離了本來的目標和理想。中國近代的這些軍閥鉅子就是太過貪戀權慾利相，才會偏離了人生的正軌，並把自己推向害人害己的思想行為之中。

一個人想要實現自己的目標或理想，需要具備什麼條件？答案當然是「自律」！生命中的貴人固然重要，但是當貴人出現時，我們若缺乏自律的能力，那麼即使貴人給予我們各種的資助（如教導、資金等），我們終將因缺乏自律意識，失去良好能力，最後偏離了人生應執行的主計畫或該行走的主道路！

沒有自律，成功等式就不可能成立。但是我們為什麼會缺乏自律意識呢？答案是：我們被物慾慣壞了！長期以來，我們的心智已經接受了目前社會上所一直在流行的靡靡風氣，清閒時電視、滑手機，寂寥時有網際網路，失落時有酒或毒品，生氣時可以放肆專橫，壓迫他人他物出氣，等到有錢時，還可以盡情揮霍，縱慾狂歡！其實，人類早就被寵壞了！也由於恃寵而驕，當有心人士在鼓吹重整社會風氣和環境保護的運動時，人們居然不聞不問，繼續作靡爛風氣的追隨者。

　　對於這種人生模型，我們的心識、腦識早已習以為常，認為這才是生活！而那些想要強行改變我們的新學、新知、新習慣，才是不正常的人類所願接納的。整個民族如此，整個洲大陸如此，整個地球也是如此，人類的物慾正不斷地被無法無天的膨脹著！

　　人類的這種心態，這種思維，叫做「即時滿足」！而為了滿足這種慾望，人類政治界、教育界和科學界就必須不斷「發明享樂的方法」，以供無數人們縱慾狂歡！當發明享樂的條件與金錢掛上等號時，人類就會做出各種卑劣的手段！如濫墾濫砍、濫殺濫捕、濫挖濫爆、濫污濫染等。由於官商勾結，利益掛帥，各國政府根本無視於環境保護家所提出的警告，置傷痕累累的地球於不顧！這才是人類目前最大的危機！這個危機不是國破家亡而已，而是整個行星密度的爆炸！

　　當然，即便危機再大，仍是要從個人的性格改變做起。因為唯有多數人願意展開人格改變和心智轉化的工程，人類的所思所想和所作所為才有可能被改變，進而穩住不斷朝往崩潰邊緣前進的地球軌道。

　　若要形成持久的自律意識，那就要在日常生活中歷練如何陶鑄「勤奮刻苦的性格」，勤奮地練習勇於面對事實與生活的條件，勤奮地去體會當中的內容，歷練其中，獲得經驗，最後再從經驗法則中去找出改變自我窘境的方

法。

蔡鍔將軍的人生歷練是他自己的，我們也有自己的人生歷練。我們之所以向他的精神看齊，是因為他在人生的苦難中磨礪出堅勁的意志和百折不撓的品格，一棒一條痕，精衛填海，並實現了自己的理想！成就了自身的天命！這是吾輩後進立身處世的典範。

千錘百煉終成鋼，吹盡狂沙始見金，蔡鍔將軍透過千淘萬漉的歷練，千錘百鍊以實踐救民大業，這種精神，其實可以作為我們現今亂世裡「真修實行」的楷模，他努力奮鬥的故事，時至今日，依然值得我們再三咀嚼終至芬芳。

陶鑄國魂，鍛鍊武魂，轉變人民性格以拯救民族危機

1899 年 12 月 23 日，梁啟超在《清議報》上發表題為《中國魂安在乎》一文說：「今日所最要者，則製造中國魂是也。中國魂者何？兵魂是也。有魂之兵，斯為有魂之國。」

中華民族是一個古老的民族，從上古至今，宇宙一脈道統在神州大地上所顯化的精神元素從未間斷過！這些中、庸、信、誠、實、忠、義、精、孝、悌、禮、儀、俠、武、仁、恕、德、品、愛、平、和、規、矩、化、性、行、衡、修、真、質、明等的元素正是促成國家富強、社會進步、人心遷善的原動力。

然而，古聖先賢在獨善其身的同時，為何還願兼愛天下，以促進人心不斷向上遷善，社會不斷向前進步？其實，這是因為古聖先賢的肉身內有一種誠正的質地，我們稱之為「魂」！魂生則魄生，魄起性格現，性格所現，行事之所成也。魂正則魄正，魄正則性格正、行事正。相反地，魂不正，性格、行事皆會有所偏差。由此可知，「正魂」的這種質地，正是促使吾人良心血性沸騰滾動的原動力和驅策力！

魂者，於愛國性格則是國魂，於誠正愛人則是仁魂，於修道遍顯自性則

是道魂，於軍事操演強兵救國則是軍魂、兵魂，於立身處世不偏不倚則是正魂，於天下事奉獻一己之力則是博愛魂、大悲大慈魂……。然而，現今很多的政治家、軍事家、教育家等，由於肉身內不具這種「質地」，因此縱然學術高超、技術精鍊，爾後仍會有走偏路線的疑慮，淪為誤導民眾身心發展的罪魁禍首。

地球之所以兵連禍結，生靈塗炭，都是因這些專家的心性走偏所造成的！他們爾虞我詐、自私自利，明明知道做了某些事會禍害人間，他們依然昧著良心血性，把地球推向滅絕深淵。

梁啟超認為，中華民族固然淵源久遠，文化底蘊深厚，然而，愈是古老的民族，其所積累的惡習劣氣就愈是深重！因為思想窠臼太重、束縛太深，加上生活環境過於惡劣，在封建專制的體制下，世世代代的人們學到的只有如何鬥爭求生存，於是古聖先賢遺留在人間的這些元素，也就隨著世世代代的演變而逐漸消亡了！

若要救人民的這種「沉淪意識和習性」，則唯有再次喚醒人們對「魂」的重視！讓人們習得「如何讓正魂精神的力量再次現前，並用於轉變自己和他人，甚至改造這個社會」！

蔡鍔年少就讀於長沙時務學堂時，因目睹清廷國力孱弱，屢受帝國主義桀黠逼辱，內心感到悲憤難當。戊戌政變發生，他在痛定之餘，遂立下挾鞛銳志，發憤圖強，尋求救國之道。在日本求學期間，正是中國仁人志士紛紛覺醒奮起救亡圖存之時，他也深受這股愛國潮流的影響。

他曾積極帶動或參與留日學生的革命組織，在一次聚會上，他曾發出喟嘆，不忍見國家瀕臨滅亡。後來他在《軍國民篇》中寫道：「甲午一役以後，中國人士不欲為亡國之民者，群起以呼嘯叫號，發鼓擊鉦，聲撼大地。……未幾而薄海內外，風靡回應，皆懼為亡家之民，皆恥為喪國之狗。」

所謂「懼為亡家之民」，正表現出蔡鍔強烈的憂患意識！為此，他認為：「一個國家要有獨立不羈之實力及資格，在國際上與強國列於平等之地位，才能稱為「完全的國家」。」然而，國人積習已深，加之已面臨生死存亡的關頭，這時必須「**掀起改革大潮，革故鼎新，與時俱進，才能開闢民族復興的新紀元**」！

他在《軍國民篇》中寫道：中國「今日之病在國力孱弱生氣消沉銷沈扶之不能止其顛肩之不能止其墜。」他認為，人民深重的病習當中，「生氣消沉」是最大的原因之一。

革命起義當然重要，但是要革人之命之前，人民要先「革己命」！倘若人民整日只知背誦四書五經，以之作為人生成長的依歸和目的，時時顯得文弱銷沈，毫無生氣，且思想觀念全然錯誤，像這樣的民族風氣、這樣的社會習氣，只能等著被列強消滅一途了！

蔡鍔認為，若要改變這種風氣，首先要先進行人民思想的紮根工作，喚醒人民的正確思想和生命觀，即人民的「正魂」！正魂者，國魂、武魂、軍魂也。他在《軍國民篇》中說道：「故欲建造軍國民必先陶鑄國魂，**國魂者，國家建立之大綱，國民自尊自立之種子。**」

他所理解的「國民人格」，是建立在自尊、自立的基礎上的，蔡鍔和北洋將領們同樣都具有優越的軍事才華，然而，這種人格見解，卻非袁政權所能體會的。袁世凱之所以一步步走向竊國恣為的行徑，乃因其缺乏國魂人格這種本質。但是要如何陶鑄人民的國魂、武魂，使性格徹底大轉變呢？蔡鍔認為，「想要變革社會，需要一種能震撼人民心靈，以激發民族奮進的力量」，那就是「尚武」的鑄練！

當他抱定「流血救民」的志向後，其誓願絕非是逞一時之勇。相反地，他是有組織地在推動他的「救國計畫」，這計畫就是使軍人和國民透過「尚

武」來陶鑄國魂，鍛鍊武魂，重新改造性格和人格，使民族風氣從根本上徹底的獲得轉變！唯有如此，民族精神才能再次振興！

蔡鍔不認為書生可救國，他看到戊戌變法中，書生的遭遇，因此才決定棄文習武，並以軍事作為自己救國的主要手段！他向人民諄諄告誡、殷殷分析中國歷代以來，是如何崇文抑武，導致人民體力孱弱，不堪一擊。又或者誤用仁慈修身的情操，以為只要為侵略者找到合適的理由，進而原諒侵略者，這就是仁義的表現！殊不知，這樣的軟弱，最終只會淪為一再被侵略、被壓榨的對象！這種情操與溺愛小孩的父母或是縱容敵人的政府單位有何不同呢？

他曾在《軍國民篇》中斷言：「居今日而不以軍國民主義普及四萬萬，則中國其真亡矣。」因此，唯有實行「軍國民主義」（非軍國主義），變「尚文」為「尚武」，使人民有新的思想結構和性格，最後文、武合一，才有可能使中國富強壯大起來，不再遭受他人的侵略和迫害！

他還說：「欲建造軍國民，必先陶鑄國魂。」當時，國內正掀起編練新軍、改革軍制的熱潮，把練兵作為救國的「第一要務」。直此潮流，蔡鍔認為尚武不僅需要刀劍，而且更需要精神，禦侮不僅需要槍砲，更需要國魂。

當他學成歸國後，即全面展開軍事教育和軍事訓練。他希望軍人可以作為民眾的楷模，由於軍人必須保國衛民，這樣的職業與武魄、武功、武器有著最直接的關係。

愛國且尚武的軍人，其精神和形象都是民眾依循學習且效仿的目標。所以他試圖以尚武愛國的「兵魂」，來作為陶鑄國魂的基石，再通過全民尚武的環境，進一步塑造中國兵魂，從而使兵魂、國魂相互激蕩、互相促進，形成朝氣蓬勃的國民性格。

蔡鍔當時的見解雖未受到重視，然而第二次世界大戰期間，他的理論卻

被國軍和日軍廣泛地運用，成為戰場上殲滅敵方的思想利器。時至今日，國際局勢愈加詭譎多變，牽一髮而動全身，任何風吹草動都將牽動各國的角力和布局。身處在這樣的國際環境中，我們更要去推廣蔡鍔將軍陶鑄性格和國魂的精神，凝聚人民的愛國心和向心力，自立自強，共對艱難。

光輝磊落的人格，為地球樹立品德模型

蔡鍔性格剛毅，從他嚴謹自持的個性便可看出。話說蔡鍔和袁世凱之間有一個有趣的故事。1913 年，蔡鍔初到北京時，一身軍戎謁見袁世凱。袁送了他一件大氅當作見面禮，並交代以後見面不必居於禮數穿著軍服，穿大氅就行。

豈料袁世凱第二次召見蔡鍔時，在大庭廣眾下，公然耍了個心機，袁要將領們個個身著軍裝，自己也穿上大元帥服，準備給蔡鍔難堪。不料這時出現在眾人眼前的蔡鍔，依然是一身軍戎，馬靴手套勳章樣樣都不少。這一回合下來，袁世凱終是明白，這個南方年輕將領的性格極為嚴謹自持，不易搞定。

袁世凱對待蔡鍔是矛盾的，既愛其才又深怕其造反，想來想去，為了馴服蔡鍔能為自己使用，他給了蔡鍔一大堆中央核心機關要職：陸軍部編譯處副總裁、政治會議議員、參政院參政、高等軍事顧問、昭威將軍、大元帥統率處辦事員、全國經界局督辦等。

袁世凱眼光獨到，他知道一個昭威將軍蔡鍔就勝過他北洋軍中千千萬萬的將才。但身為一名堂堂正正的軍人，功名利祿違背了蔡鍔所堅定的民主原則和共和精神，他有獨立崇高的人格，廉潔奉公，絕不為眼前幻象所蒙蔽！

1915 年 5 月，袁世凱與日本交涉「二十一條」，蔡鍔得知後悲憤不已！他敏銳地觀察到日本滅亡中國的大陸政策正在奏效，於是在參政院第 15 次常會上，他發表了慷慨激昂的演說，指出「當此國家存亡危急之秋，非合全國

之力以謀之不可」，「外交既不可恃，惟有全仗己國」。然而，袁世凱卻是置之不理。

滄海橫流，眼前荊棘卻愈激發出蔡鍔高昂的奮戰意志，他守正自己的人格、堅定自己的信念，亦步亦趨踏上反袁之路。

人格，是由卓絕的精神所散發出的特質，蔡鍔化轉悲憤為熾盛的戰鬥力，他相信環境可以造就一個人的人格。一個人的人格，一旦被激盪到最大的釋放力之時，他甚至可以改變人民的人格、國家的國格，以及國家的命運——他所深信的民主與堅定不移的共和之國。

人格也是建立在自尊、自立的基礎上的，它的可貴是孕育了正直、堅毅、剛強、無畏、勇敢、忠義、上進、責任感和誠實等崇高的種子，人格的高貴不是生存在舊權威下的袁世凱所能認識到的。

在袁專制霸權時期，當時很多軍政人物選擇了與袁氏同流合污，或乾脆當一個隱士，惟恐招至禍殃。蔡鍔則不同，雖與袁政權朝夕相處，但他卻堅定著自己光輝磊落的人格，一步步設局引計，逃脫京城。

蔡鍔萬里間關潛回雲南後，梁啟超曾一再要求他從雲南都督唐繼堯手裡奪回大權，以便日後討袁時能指揮部署軍隊。當蔡鍔與唐繼堯為誰出征誰留守而僵持不下時，梁啟超又再去電，建議唐出征蔡留守。

在這件事上，蔡鍔卻有另一番更深入地看法：

其一：若奪都督之位，眾人將認定他是為權力而來，日後討袁時，勢必軍心難以服從；

其二：蔡鍔最後決定由唐繼堯留守，他率軍出征。此舉是為示眾人「公忠為國」的精神，他讓眾人明白此番回來為的是救國大業，擁護共和義無反顧，理所當然當做先鋒，也期許所有人合舟共濟，共赴國難。

蔡鍔的見解獨到，從兵家的角度來看，蔡鍔的籌略正是「上上之策」，

老謀深算。倘若蔡鍔不握兵權，如何舉事？畢竟蔡鍔離開雲南已近三載，既然不再是雲南都督，此時返滇手中並無實權，的確需要同唐繼堯斡旋，帶動他目前手中的軍隊！

蔡鍔反滇以前，就已得知唐繼堯暗中與袁世凱走得非常近，因此若想與唐繼堯交涉，請其曉以大義支持倒袁運動，勇氣要十分過人，也要具備高瞻遠矚的智謀頭腦，與其鬥智鬥謀。若是協商不妥，嫌隙逐漸加深，必定為日後的倒袁運動帶來巨大的障礙！

因此，交涉不僅要有審度觀照的智慧，還要有堅毅不屈的人格，不能將就馬虎，失去領導起義的主控權！正因為這是一場涉及權力地位的鬥爭，一旦稍有差錯，就會出現不可想像的後果，因此蔡鍔不能為了取代唐繼堯的地位而壞了護國大事。

蔡鍔與唐繼堯交涉的過程中，見「唐猶豫不決」，便向其一步步發動心理戰攻勢。雷飆在《蔡松坡先生事略》中有詳述此事：「蔡公到滇，趨訪唐繼堯，見面寒暄數語，即慷慨對唐曰：「我已到此，只有兩個辦法，不是你從我，便是我從你。如要我從你，你可將我頭斷下送交袁世凱，你可得一個公爵或一個親王頭銜。如你能從我，我兩人一個坐鎮滇中，一個率師入川作戰。兩事你任擇其一可也。」」

蔡鍔精確地掌握著唐繼堯的心理，這時唐回說：「老前輩途中辛苦過甚，稍事休息，改日再商。」蔡鍔將如此坦然磊落，直剖心臆於唐之前，簡潔鋒利的字字句句，讓人沒有迴旋餘地。唐繼堯不是不能反袁的，他瞧見眼前這位鍼芥之友、敬愛的學長，頓生不捨之情——學長波瀾壯闊的心路歷程至今已不知歷經多少萬里風霜。唐繼堯望著已是疲憊不堪的蔡鍔，清瘦中依然透著堅毅的臉龐，往日同甘共苦、並肩作戰的情景再次湧現，於是他的心動搖了⋯⋯。

作為履踐軍國民主義的軍人，抵禦強敵、拯救國難乃是蔡鍔畢生最大的心願。從他未公開的遺囑中可以看出來：「本人少年時，羨東鄰強盛，恒抱持軍國主義。是項主義，非大有為之君，不足以鞭策而前，故政體孰善，尚乏絕端之證斷。後因袁氏強姦民意，帝制自為，逞個人篡竊之私，不惜以一手掩飾天下人耳目，爰伸正誼，以爭國民人格。」這是自他18歲年留學於日本後，就不再更改的志向，直至帶領護國戰爭，依然堅持到底永不改變。

民初記者陶菊隱說，蔡鍔在舉義前，斬釘截鐵地向滇軍將校沉痛致辭：「袁勢方盛，吾人以一隅而抗全域，明知無望，然與其屈膝而生，毋寧斷頭而死。**此次舉義，所爭者非勝利，乃中華民國四萬萬眾之人格也。**」

蔡鍔還說：「眼看著不久便是盈千累萬的人頌王莽功德，上勸進表，袁世凱便安然登其大寶，叫世界看著中國人是什麼東西呢！國內懷著義憤的人，雖然很多，但沒有憑藉，或者地位不宜，也難發手。**我們明知力量有限，未必抗得過他，但為四萬萬人爭人格起見，非拼著命去幹這一回不可。**」

護國戰爭的前奏曲是倍嘗艱辛的，它不是一場臨時起意的戰役，而是一場精心安排的佈局！要佈此局，要同袁世凱鬥智鬥勇，若沒有膽識，沒有堅持不懈、矢志不渝的人格，則萬無一失的計策，到最後勢必弓折箭盡！

佈局既已功成，最後，護國軍能否打倒袁世凱，誰也沒有把握！從兩軍軍隊力量的對比上看，這場戰爭簡直不成比例。袁世凱在1913年鎮壓二次革命後，其勢力早已進一步增強，當時中國的主要精銳部隊盡皆掌握在他的手中。而蔡鍔隻身回到雲南，除了聲望和舊部屬之外，可謂一無所有。他所依靠的僅僅是自己在雲南的舊班底，以及他永不退悔的決心和永不消去的熱情。

「知其不可為而為之」，正是護國軍的精神！不可為卻願為之，並不是執匹夫之勇，而是知國難迫在眉睫，奸宄當道，一派邪風橫掃，為了國家和人民，非拼著命去幹這一回不可。護國軍出征大有風蕭蕭兮易水寒，壯士一

去兮不復還之慨！

1916 年，蔡鍔親赴四川前線，以重病之身指揮作戰，當時黃興在寫給革命同志的信中曾提到：「蔡君松坡赴滇首難……蔡君軍事優長，亦負眾望，指揮如意，所可斷言。」黃興讚揚蔡鍔的軍事優長，此舉必當不負眾望！後來蔡鍔的確不負眾望，鏖戰四川，堅決果斷，富於韜略，運籌帷幄，終至決勝千里。蔡鍔除了軍事才能高，還有更撼動人心的——是他的人格力量！

他用一齣齣的人生歷練，一場場的兵家經驗，陶鑄出剛毅的武魂和膽魄！他燃燒著性命，赤膽忠心，鋒鍔出鞘，那為國家人民爭人格、護共和而奮戰不懈的道義底氣，鏗鏘有聲！

在護國戰爭的整個過程中，蔡鍔身先士卒，艱苦卓絕，其影響，其聲譽，其人格力量和號召力，在在不斷鼓舞著護國將士們！最後，護國軍殺敵致果，奏凱而歸。「人格將軍」，罡濤捲風雲，實至名歸。

袁世凱至死都不能理解，蔡鍔之所以反對他稱帝，竟然不是為了一己的野心，也不是為個人圖私利，更不是為爭舞臺主角，而是「為四萬萬國民爭人格」！為國家爭共和！「人格」這一詞，在袁氏政權的辭典裡是找不到的。

討袁之功奏效後，人們十分自然地將他視為「再造民國」的英雄，但蔡鍔對人們的稱讚卻不以為然，他堅確地表示，「戰勝於國外乃為雄」！可見他一生最大的心願乃是為國抵禦外敵。

《中庸‧誠意》上說：「其次致曲，曲能有誠，誠則形，形則著，著則明，明則動，動則變，變則化，惟天下至誠為能化。」改變世界，惟誠能化！護國運動打的是一場改變國家命運的戰爭，然而，就是「為人格而戰」這樣必死的決心，把這人格力量從每一位士兵的軍魂中都呼喚出來！護國軍確實為我們後人留下了一種昇華人格的典範！

心如磐石，做事貫徹到底，才能達到「轉變」的作用

蔡鍔在北京任經界署督辦時，曾去外交部探望曹汝霖。當時曹正與部下開會，無法立刻出去會見他。過了一會兒聽差來報，說蔡督辦要走了，曹汝霖這時才匆忙走進會客廳，握手致歉。

蔡鍔說：「你這樣忙，不多談了，耽擱你公事，我沒有事，久未相見，想見一面而已。」說完便起身要走，曹欲留他片刻，蔡鍔堅持公事為上就走了。後來曹汝霖逢人就說，蔡鍔真是一位具有剛毅個性之人。

曹汝霖與蔡鍔一同在日本留學，原是舊識，大夥都明白蔡鍔生性耿直，言語不多。蔡鍔在作出決策前會與部下先行開會討論，認真聽取各方意見，不輕發言，但一言既出，即是一言九鼎！他的決策擢准，一旦執行也非常嚴格，坐言起行，因此部下非常信服。

蔡鍔幾乎不做與實現目的無關之事，在日常生活中，甚至連一句多餘的話都不願意說。也就是說，只有當言語成為一種行動時，他才願意開口。這樣的人不開口則已，一旦開口，歷史就必須張耳聆聽，因為石破天驚的大事很可能就要發生了。

1916 年 3 月 22 日，袁世凱被迫取消帝制，但內心仍盤算著，如何退保總統一位。袁佬雖做出了讓步，蔡鍔卻還不肯罷休，這是他的心力使然，做事前瞻後顧，貫徹始終！

蔡鍔立即致電唐繼堯說：「袁逆之撤銷帝制，一因軍事挫衄，外交逼緊，財政困窮，人心鼎沸，乃迫而出此；一因獨立省份逐漸加多，護國軍勢力繼漲增高，無力抗禦，姑借此下臺，以和緩國人之心理，孤我軍之勢力，仍盤踞現位以為捲土重來之地，其狡猾無恥，實堪痛恨。吾儕既揭義旗，自須貫徹始終，安肯罷休……。」

做事貫徹始終，乃是心力強大之人的特點。護國戰爭一事，今天如果換

了心力薄弱、意志力消沈或見識稍不如蔡鍔之人，也許覺得敵人勢力仍然強大，既肯妥協，不如見好就收。或似是而非地認為，做人要講慈悲，窮寇勿追，不如給敵人留條生路。

如果蔡鍔將軍當時心力不堅，做事猶豫不決，心存婦人之仁，那麼今天歷史就不會是這番局面了。蔡鍔貫徹始終的心力是令人血脈沸騰的，他的意志力堅韌，心力強大，堅持到底的情操，令整個中國都為之撼動。這是「個人意志力」在歷史中所起的作用，這也是也是心力創造奇蹟的勝利！也就是說他那種視死如歸的決心，正是無窮的心力使然！

心力就是心的力量，亦即一個人的心靈能量或精神能量。心靈是一個生命場，是以「場」這樣的一種形式與世間萬物相互發生作用，而心力會驅策、推動這樣無形的氣場。氣場強（心力強）的人往往會形成一股巨大的漩渦氣流，引導氣力弱的人提振心力，這也是一種「內在的驅策力」。

蔡鍔有骨氣，有堅持，這是袁世凱收買不了的，這是人性中的光輝本質。當袁世凱意欲以高官職位籠絡蔡鍔時，他堅決反對，不願做軍閥！

他沒有被局勢打倒，更沒有被名利權欲所迷住，假裝沈溺在八大胡同溫柔鄉期間，也沒有被色情所羈絆。正因他對「擔當重任」有著堅持不懈、貫徹到底的精神，才能發動護國戰爭，推倒帝制。這種成功，就是源自他「堅持到最後的正義理念」！

第二節　履險蹈難為民國，功成身退樹立典範

卓越的軍事能力和將領素質，帶出礪劍尖兵

軍事家是指能對軍事活動施以正確指引或是擅長負責軍事行動之人，亦即具有優秀的戰略思想和戰術能力。要成為一位軍事家並非一蹴可幾之事，

而是需要長期研究軍事戰略和戰術，熟悉兵法，積累大量的軍事知識，並且在戰場上得到應用始可得。這即所謂的知行合一的「實戰經驗」！

依此推斷，軍事家必須具有三個重要條件：

一：掌握豐富先進的軍事知識；

二：具有卓越的實際指揮能力；

三：能寫出見解獨到的軍事著作。

蔡鍔的軍事才華，具備了上述的三個條件，他是當時西學軍事教育軍人，知識結構新穎，專業修養深邃。他的軍事著作有《軍國民篇》、《曾胡治兵語錄》、《五省邊防計劃草案》、《軍事計劃書》等等，這些著作，構築了他作為中國現代傑出軍事家的堅實地位。

他的兵家戰術運用「攻防並重」，尤其特重視「戰、政、志」三個兵家致勝元素。錢基博在《近百年湖南學風》中說：鍔言：「兵者以戰為本，戰者以政為本，而志則又政之本。故治兵云者，以必戰之志而策必勝之道者也。所謂立必戰之志者，道在不自餒。……蓋兵也者，與敵互為因緣者也。夫習於常勝者，進一步則為虛驕，故古人必戒之以懼，曰『臨事而懼，好謀而成』。懼者，謀之基也。必戰者，至剛之志；必勝者，至虛之心。賢者負國之重，必以至剛之志，濟之以至虛之心，而其入手治兵首在擇敵。」

1904 年 10 月，蔡鍔自日本返國後，便開始將其救國理念付諸實踐，先後在江西、湖南、廣西、雲南從事創練新軍與軍事教育工作。他的軍事理念是如何陶鑄國人強健的身心體魄（陶鑄國魂）、加強國防、提升軍隊戰力、擴充威力強大的武器、從事新式軍事教育、塑造將領治軍帶兵的人格等等。

1905 年 8 月，廣西巡撫李經羲聘他入桂創練新軍，蔡鍔在廣西先後開辦隨營學堂、陸軍小學、幹部學堂、講武堂，頗有一番作為。為了砥礪自己廉潔奉公、不徇私情，他還在寓所門口貼出一對楹聯：「淡泊明志，夙夜在公」，

以此警惕自己莫追逐名利，生活宜簡單樸素，方能使己志堅毅明晰，勤於事務，公忠體國。

身為一名軍人，蔡鍔明白兵家思想著重於軍事鬥爭的實踐，其戰爭觀乃「以戰止戰」，治軍觀則是「賞罰分明，重視道德」。然而，他更明白，一個軍事家在掌握先進的軍事知識及具備卓越的指揮能力的同時，更要注重的是「軍人的素質」！

倘使不具廉正奉公的軍人素質，那麼即便擁有軍力強大的軍隊，日後心術一旦偏頗，也只會淪為侵略自家人或他國的野心家，毀了世界的和平遠景！

可以說，「淡泊明志，夙夜在公」正是蔡鍔的生命寫照，其所到之處，莫不兢兢業業，勇於拼搏；辦理軍務，總是積極熱情，嚴肅認真。他認為一個軍人如果非常看重個人的利益得失，將變得難以掌控自己的情欲，一旦利益薰心時，心中堅持的正義就可能會迷失。

蔡鍔在廣西創練新軍時，「於桂省兵事，多所建議」，為力使廣西軍隊成為全國楷模，達到各省風行草偃、全面性鞏固國家國防的目的，其「訓練新軍，不遺餘力」，以致每每體空力盡。

在軍事上，蔡鍔「創練步標，躬親教練，一切規模，皆所手訂」，做為愛國將領，他還實地到邊塞考察，短衣匹馬，巡行四千餘里，於邊情地勢，逐一箚記，草繪略圖，出入於瘴癘者經月，欣然有以自得。

蔡鍔1911年初離桂赴滇時，正值英軍入侵滇緬邊境，強佔片馬一事。蔡鍔曾在《曾胡治兵語錄》序言表示：「時片馬問題糾葛方殷，瓜分之謠諑忽起，風鶴頻驚，海內騷然。吾儕武夫，惟屬兵秣馬，赴機待死耳，復何暇從事文墨，以自溺喪？」可見當他目睹帝國主義屢屢侵犯中國而不休，就有意編寫「軍事教材」，以作為提升軍人素質，強化軍隊戰鬥力的作用。

為了培養新軍將士為國家謀利益、為民族謀生存、為百姓謀安康，蔡鍔

當機編寫了《曾胡治兵語錄》兵書。針對當時清軍將領志在高官厚祿、士兵志在虛譽餉糈的狀況，蔡鍔堅確指出：「吾儕身膺軍職，非發大志願，以救國為目的，以死為歸宿，不足渡同胞於苦海，置國家於坦途。須以耿耿精忠之衷，獻之骨嶽血淵之間，毫不返顧，始能有濟。」

他說：「果能拿定主見，百折不磨，則千災萬難，不難迎刃而解。若吾輩軍人，將校但以躋高位、享厚祿、安富尊榮為志，目兵則以希虛譽、得餉糈為志。」如此國家實沒有未來可言。

1911年辛亥昆明起義成功後，他曾勸老上司李經羲加入到革命陣營中來，甚至表示只要他宣佈反清，就讓他來主持大局，自己願意退出。但李經羲考慮到自己是李鴻章的姪子，與滿清淵源甚深，不能輕易背叛清廷，因此不肯改變立場。

蔡鍔知人各有所忠，此真性情也，故不再強迫。然而，他考量到李經羲是清朝大官，一旦被起義軍認出，恐招來殺身之禍，因此決定親自把李經羲和其家眷轉移到五華山臨時軍政府居住，然後禮送出境。

離去時，蔡鍔請人抬轎子護送李經羲一家人去車站，然後自己一路隨轎步行，為防止意外，他又派了一連兵隨車護送李經羲到河口。後來有人議論說清王朝都已滅亡了，蔡鍔未免太拘於舊觀念！其實，在蔡鍔的心裡，什麼是新？什麼是舊？什麼該廢除？什麼又該保有？他到底是明白的。做人飲水思源，知恩圖報，他表現的正是中華民族一脈相傳的精神！這種精神，非新非舊，而是歷久彌新！

他有道義、有人道思想，不能因為對方不是我方革命陣營之人，就圖個殺戮痛快。他推翻的是帝制，而不是去推倒中國舊有良好的品德，他的革命志業是守護人民，而不是守護殺業，他表現的正是革命家的仁義精神。

即使蔡鍔當時已是中華民國雲南軍政府首領，但他本著人的「良心」和

「血性」去做事，他有道義底氣，公私分明，把革命立場和私人情誼劃分得特清楚，處理得特到位。回想李經羲和蔡鍔的過往，李任廣西巡撫時，把蔡鍔請到廣西訓練新軍，後來當上雲貴總督後，又念念不忘把蔡鍔調到雲南，委以重任。

蔡鍔對這份知遇之恩，可說是感恩不盡。身為起義軍總司令，蔡鍔總是再三交代部下不可濫殺無辜，人命可貴！人命可貴的，是那裡面真情真義的元素，然而，蔡鍔也不會因此私人情誼而軟化發動民族革命的決心，他真正做到不因私情而害公義！但是當公義能全時，他也盡可能地去維護那些人類共有的情感：知遇之恩，袍澤之誼！

最後，李經羲被蔡鍔的所作所為感動了，他後來避居上海，逐漸適應了沒有主子的生活。回想自己與蔡鍔從相遇到相知，曲折百轉，辛亥昆明起義後，蔡鍔的確不曾濫殺無辜，所做的一切也是為了全體大眾，李經羲終於認同了這位將領，想想蔡鍔對待自己的何嘗不是相知之情？

後來李經羲出任梁啟超中華進步黨副總裁，協助梁啟超推動志業。在宋教仁遇刺後，他致電袁世凱，要求嚴查，儼然是一名為公義而戰的革命者！

李經羲後來終於體悟到：革命精神是中華民族的靈魂和脊骨，是中華民族傳統精神與時代精神的融會！革命推翻的是清王朝的腐敗昏庸，而非中國古老的優良思想和道德。

再來看看護國戰爭，嚴酷的形勢，更是考驗著蔡鍔的指揮能力。縱觀整個中國戰爭史，這種以弱勝強的戰役，堪稱名將的試金石：三秦之戰之於劉邦，官渡之戰之於曹操，赤壁之戰之於周瑜，淝水之戰之於謝玄，都是他們通向名將殿堂的通道。蔡鍔也是通過護國戰爭而被軍界推崇為當世名將。

在護國戰爭中，蔡鍔面對強敵的進逼，摸索出了「遊擊戰術」，他也善打「持久戰」和「迂迴戰」。護國軍與北洋軍鏖戰納溪時，他又摸索出「避

實就虛，襲敵翼側」的戰略運用，對於兵力未佔優勢的護國軍來說，無疑是高明的一著。在「白刃戰」、「夜戰」和「突襲戰」方面，他也有出色的表現，這三項戰術終使北洋軍潰不成軍。

在作戰指導方面，蔡鍔根據當時戰場瞬息萬變的態勢，不斷修改作戰計畫，調整兵力部署，力求主動，避免被動，基本上體現了他所主張的「因時以制宜，審勢以求當，未可稍有拘滯」的戰爭指導思想。

蔣方震評價摯友蔡鍔說：「其與軍事，蓋天才也。」後來國共兩黨繼而傳承他的許多戰略運用和戰術思想，在他逝世的二十多年後，令他萬萬沒想到的是，中國的軍事力量居然還沒有多大改進，後來又發生了國共內戰，徹底撕裂了神州大地。

對於蔡鍔的英年早逝，百姓無不深感僝僽歎惋，人們說可嘆！可惜！他大才未盡，軍事天才並沒有得到充分發揮！如果他不走，當時的中國局勢就不是那樣的一番局面了。

參破生死的真革命者，至死不渝的堅持

1912 年，南北議和結束後，袁世凱出任臨時大總統，同年 5 月 13 日，黃興即致電袁世凱請求撤銷南京留守。5 月 27 日，蔡鍔收到黃興準備「辭職引退」的通電後，隨即致電各省都督說：

吾輩今日所處地位，內政之叢脞，外禍之逼人，財政之支絀，險象雜陳，危機四迫。加以佥人媒蘖其間，橫生謗議。睹此種種，豈惟棄世，亦求速死之為愈。惟自我發難，滄海橫流，中流遇風，我獨返棹，非惟不勇，抑亦不仁。總之，吾輩既陷國家人民於險，自應拯而出之。繫鈴解鈴，責無旁貸，為國宣力，生死以之。若假高蹈之名，為卸責之地，是自欺欺人也。

蔡鍔認為「破壞易，收拾難，建設尤難」，他力勸各個革命菁英，當在

兵燹破壞後力行「興建民國」之責！此時非意氣用事之時，因此，力勸黃興「功尚未成，身何能退」！

　　當國家正處於「內政之叢脞，外禍之逼人，財政之支絀，險象雜陳，危機四迫」之際，縱使身為黃興好友，蔡鍔亦義無反顧直言發難，句句剖肝瀝血，直劈而下。

　　黃、蔡倆人皆是革命先知，黃興更是革命老前輩，蔡鍔視其如兄長、亦如老師。但國家大事之前要公私分明，不稍袒護，這方是真革命者，能行真革命事！黃興固然有其考量，蔡鍔亦不能輕易放行，既然早將生死置之度外，故蔡鍔直言不諱，不假辭色，而黃興氣度恢弘，能採納眾人意見，尤可見出他們真實的革命情誼。

　　蔡鍔平生，正是以「義不容辭，敢為天下先」自立：「如若為了安逸，則入世不如棄世，棄世不如速死，就因為身為國人，責無旁貸，所以才出生入死，勇於任事，禍有所不避，難有所不辭。」這是堅決的魄力和剛毅的承擔，歷來做驚天動地事業的真豪傑，生死早已參破！既然連生死都要參破，哪裡還有放不開的名利？

　　護國軍鏖戰納溪期間，蔡鍔曾在部屬面前說到：「要把全部生命獻給民國！」對於此事，朱德曾回憶他們與總司令蔡鍔在護國戰爭中的對話：「朱德遵照蔡鍔預定的計畫，率領革命士兵驅逐了帝制派軍官，宣佈起義，並全體開往昆明。到達昆明後立刻趕到蔡鍔的司令部，正趕上蔡鍔和參謀們開會。」

　　朱德接著說：當總司令蔡鍔起身向他們走去的時候，**我大吃一驚，說不出話來。他瘦得像鬼，兩頰下陷，整個臉上只有兩眼閃閃發光。**身患重病的他用意志力苦撐著，那時他的聲音已經很微弱，我們必須很留心才能聽得清。當他向我走來的時候，我低頭流淚，一句話也說不出來。**他雖然命在旦**

夕，思想卻一如既往，鋒利得像把寶劍！」

接著「我們坐下來，他（蔡鍔）為大家說明作戰起義的計畫，並且說雲南必須挑起重擔，堅持鏖戰，等待其他各省支援我們，把共和派力量組織起來。三天之後，我們就要出兵四川，袁世凱一些最精銳的部隊駐紮在那裡。……蔡鍔對我們說，要立刻出兵貴州，掃蕩袁世凱在那裡的部隊，然後轉道廣西，直奔濱海的廣東。第一軍和其他附屬部隊要出兵四川，增援部隊只要訓練完成也應跟著上前線」。

蔡鍔說完，朱德非常擔憂問著：「可是你不能帶隊去啊！你有病，要送命的！」蔡鍔望望他，又把眼光移到別處，說：「**別無辦法，反正我的日子也不多了，我要把全部生命獻給民國。**」

護國戰爭打的是一場硬仗，是中國政治制度現代化過程中的一場保衛戰，是歷史前進與倒退的一場爭奪。它的意義在當時許多人都不理解，甚至無法體會到國難當頭、民將何從的迫切危機！眼前對抗的不是只有表面上所看到的「袁氏稱帝」這麼簡單，而是裡邊所隱藏的致命危機——「各種不平等條約的簽署」！

蔡鍔等諸位將領知道他們在做什麼，因此所有弟兄們都抱著看破生死的決心參戰！護國第一軍「槍支破損，未能克日修理，衣服襤褸，未能換給；彈藥未能悉加補充，而餉項已罄，乞靈無效」。

「鏖戰經月，日眠食於風雨之中，出入乎生死以外」，「平均每日睡覺不到三個鐘，吃的飯是一半米一半砂硬吞」。可就是這樣一支「自滇出發以來，僅領滇餉兩月。半年來，關於給養上後方毫無補充，以致衣不蔽體，食無宿糧，每月火食雜用，皆臨時東湊西挪」看破生死的軍隊，重重打擊了北洋軍。

護國戰爭之所以成功，蔡鍔「堅持統一戰線」與「一秉至公，絕無偏見」

的作戰方針，以及斡旋、協調「各黨各派及無黨派人士通力合作」，摒棄成見，發揮互助合作、協調一致的「大戰線」思想，是整個軍隊能否克敵致勝的重要關鍵。再者，無論辛亥起義或護國戰爭，蔡鍔「以民意為依歸」，也是不可疏忽的關鍵性力量。英雄如何順應民意而發揮作用，民意如何擁護英雄而成為助力，向來是兵家勝負的決定性關鍵。

民心固然重要，但若沒有英雄登高一呼，人們或許只能徒喚無奈，眼睜睜看著大中華民國死於搖籃之中。然而，歷史發展的曲折過程中，常常為英雄提供了機遇，或者說，時代也常常呼喚著英雄，但真正的英雄總是少之又少，一些人不是沒有能力，而是沒有膽識，又或是有能力，但卻徒具野心。

蔡鍔使我們看到的，不僅是他對理想的執著，而且是他超人的膽識，和為理想而奮鬥的頑強和勇氣。蔡鍔得民心，其人格力量所散發出的感召當然是最大的原因！這種大無畏的真革命情操——人格力量的感召，向來不是一朝一夕就能號召一切，它是長時間的積累所散發出的真實力量。正是由於蔡鍔領導的那場護國戰爭，才使得後來想當皇帝的人無一膽敢公然加冕。

功成身退，給古今軍人樹立典範

護國之功立，蔡鍔為梁師做《盾鼻集》序曰：「西南之役，以一獨夫之故，而動干戈於邦內，使無罪之人，肝腦塗地者以萬計，其間接所耗瘁，尚不知紀及，天下之不祥，莫過是也。」

這是說護國戰爭後，蔡鍔深自斂抑，認為他一獨夫在國家內動干戈，使百姓流離失所，使無辜之人肝腦塗地，雖非自己所願，但實在無地自處，此真為天下之不祥也！因此，即使戰功彪炳，悼念同袍時，猶不忍唱高調曰「死的光榮」，言及敵軍時，更不忍咒惡辭曰「死有餘辜」！他心中悱惻憂懷，不忍之情始終縈回於胸中。

蔡鍔從不否認自己對袁世凱懷有一定的私人感情，但一旦袁世凱背叛中

華民國，背叛了自己曾經宣誓效忠的共和，他就要起來反對，毫無迴旋餘地。為了公義，為了保衛民國，國難當前，豈能兼顧私情，因此，對於討袁，他毫不後悔，作為軍人，他時時警惕自己作為軍人乃以維護民眾人格為己任，功成而不居，與專制不共戴天，寧死而不屈。

「功成身退，不參與權力鬥爭」，這也是蔡鍔最為看重的軍人品質！所以，他才會在出征前就為自己定下「成功就下野」的誓言！

無論在家書中，在師友通信中，蔡鍔都一再說明，功成即退，決不留戀權力。他曾想過回家鄉投身礦業，也曾想過繼續留在軍中從事軍事教育，卻從沒有想過要「以護國之功作為資本，從中謀取統治國家的權力」！在中國歷史上，手中擁有槍桿子卻不靠它謀取權力，實為少見。

蔡鍔的堅定和執著使他能夠對自己的選擇高度負責，對自己的理想不惜以生命捍衛，這就是他的人格，他有光輝磊落、剛強堅毅、高尚的人格。

他以軍人的身份和職責為共和護航，為人民的國格保駕，他在歷史的關鍵時刻挺身而出，完成了一個真正的烈士精神和英雄形象，他為中國軍人乃至世界各地的軍人做出了典範！

零落歸山丘，憲政百年何渺渺，共和之路仍迢迢

1916 年 11 月 8 日凌晨，蔡鍔因咽喉癌（一說肺癌）醫治無效，在日本九州福岡醫科大學醫院與世長辭，距離 34 歲生日尚有 40 天。當時潘蕙英夫人、蔣方震、石陶鈞等人都在蔡鍔身旁守護著。

石陶鈞給張孝准的信中說到蔡鍔臨終時的情形：弟到東之日，松病漸傾於壞象。至本月一日，聞克公（黃興，字克強）去世，為之大戚，因此下痢更甚，精神益衰。弟每日見面，漸不能談話。初五、六既呈險症，乃六日晚行注射後，初七日精神頓爽。並自謂前數日頗險，今日大快矣。夜間猶囑寫信上海買杏仁露。十時頃，氣喘目直視，注射後稍安息。至八日午前一時，

又因痰塞，喉斷呼吸，繼痰出，有呼吸，已極微弱。行人工呼吸法。靜掩其目，平和安然而逝。囑書遺電時，精神尚一絲不亂也，無一語及家事。

蔡鍔好友蔣百里也記下了蔡鍔臨死前口授給國會和黎大總統的遺電：

一、願我人民、政府，協力一心，采有希望之積極政策；

二、意見多由爭權利，願為民望者，以道德愛國；

三、此次在川陣亡及出力人員，懇飭羅督軍、戴省長核實呈請恤獎，以昭激勵；

四、鍔以短命，未克盡力民國，應行薄葬。

蔡鍔靈柩返國後，梁啟超在上海追悼會上泣不成聲，稱血隨淚盡，那演講令人動容不已！大家無不記得「梁啟超與蔡鍔的約定」──那共渡國難，生不在朝，死不亡命的誓言！

蔡鍔逝世後，唐繼堯等人在致黎元洪段祺瑞的電文中說：「綜其生平，既富於韜略，優於文學，尤嫻習政治，是以綜理軍民，措置裕如，滇、黔、川、桂之民，迄今思慕不置。」蔡鍔碩德豐功，其人格除了為他的戰友所肯定，也為他的政敵和反對者所承認。

前者的戰友如湖南都督譚延闓說過：「溯自辛亥以來，此公義旗首拔，艱險備嘗，締造共和，厥功最偉。」劉顯世也評價：「竊以松公勳勞德窒，中外欽仰。…讀松公先生所謂盡瘁國事，死而後已之言，益增淒慘之感，彌切崇報之私。」

後者政敵和反對者如蔡鍔起兵反袁時，極力對抗他的北洋軍系將領倪嗣沖、趙倜、曹錕、李純等人，對於蔡鍔之功竟也不得不表示折服。倪嗣沖說：「蔡公松坡，民國柱石，昊天不吊，喪此元勳。」李純也說：「蔡公松坡，民國元勳，功德昭著，大星忽隕，薄海同悲。」曹錕則說：「蔡公松坡，勳名冠時，功在民國，一旦溘逝，四海同悲。」

一些外國人士對於蔡公的不幸逝世，也表示沉痛哀悼，並給予極高的評價。如法國駐雲南交涉員韋禮德代表法國政府致函唐繼堯說到蔡松坡：「具有公民之最高德性及最熱之愛國心，……而足表率吾人者也。……然以其為國服務，鞠躬盡瘁，為精力之所不能而致死，實與死於戰地無異。苟能舉其原因而妥記之，實足為一般後人之模範。中國青年，自更可於蔡將軍之生平尋師表，而謀為與中國相稱之入也。」數日後，唐繼堯復函申謝，並稱：「蓋敝國自改革至今，求於治事精勤，操守純潔，能捍衛國家，功德垂世而為人師法者，惟蔡公耳。」

1917 年 4 月 12 日，蔡鍔將軍的國葬典禮是在湖南長沙隆重舉行，許多知名人士紛紛送來了輓聯。國父孫中山挽之：平生慷慨班都護；萬里間關馬伏波。其恩師梁啟超歎之：吾見子之出，而不見其入也；天未喪斯文，而忍喪此賢耶。民國記者兼作家陶菊隱則說：「自民國以來，武人解兵柄，棠愛猶存者，蔡松坡一人而已。」

著名的歷史學家吳相湘則認為：「蔡鍔是二十世紀初葉對於中國軍隊最具良好影響的人物。真正以身作則，實踐不私權利，赤心為國，表現出軍人卓立於社會之上的抱負。」養天地正氣，法古今完人，立德、立功、立言，皆足以不朽，蔡鍔將軍無疑是近代中國一位值得稱道的歷史人物。

綜觀蔡鍔將軍一生輝煌軍業，其於軍事思想、軍事教育、政治思想、憲政體制、經濟改革等等，均有非凡建樹。其大智大勇、無私無畏、求真務實、特立獨行，超人的膽識、宏富的思想、卓然的功業、優秀的人格，無不透露出他是一名有實力的將領！「流血救民吾輩事，千秋肝膽自輪菌」，他的情操在於愛國、治天下的理想！

為了救國、平天下，他殫精竭慮、篤實踐履身為一名義士或軍人該具備的知識和經驗，急流勇進、鍥而不捨，終至在最後關鍵一刻徹底扭轉了國家

的命運！每個人的生命中，其實都有「這關鍵一刻」，端看我們怎麼去體悟。

人世間的事業有成者，莫不屬於持之以恆之人，千錘百鍊終成鋼，吹盡狂沙始見金。人生的境界、世間的事業，就像淘金一樣，淘金要千遍萬遍的過濾，雖然辛苦，但只有淘盡了泥沙，才會露出閃亮的黃金。

蔡公的血淚和辛勤，經歷千錘百鍊後，終至造化了自己的真金，身為軍人，他沒有被世間如同惡浪的流言蜚語所捲走。相反地，他所身處的時代，許多嗜權如命的軍閥，就好像淘不盡的泥沙一樣，永遠下沉！

世間的艱難考驗，雖如狂沙襲身，刺痛難熬，但越吹越刮，只是將我們的意志磨得更光亮堅韌。百年光陰，倏忽而過！當年，我走遍了蔡鍔將軍生前所走過的地方，在昆明護國橋上駐足時，遙想蔡公當年在「討袁檄文」中所表露的心跡，時至今日，依然劍刃閃光、鏗鏘有聲：「全國的人民，拼了多少的頭顱，多少的血肉，才換得這個中華民國。各國也承認了，總統也舉起了，竟把我們國家作成公共的國家，人人都有國家的責任。若是大家同負這個責任，才能夠保存我們國家生存於列強競爭的世界上。」英雄遠逝，研究、學習、承繼他的思想與精神，吾輩義不容辭！

蔡鍔將軍生前嘗云：「夫共和國以人民為主體，譬之一家之主人翁也，為公家服務者，則為公僕，僕從而有負主人之委託，不克稱職，是為不忠，從此家道衰微，不陷主人翁於流離失所之慘境不止，僕之罪不勝誅矣。公僕之對於國家，何以異是？和衷共濟，為共和國真精神，譬之肩輿然，前者唱許，後者唱呀，則進步自促，無中途竭蹶之虞。」

蔡公的見解總是光輝磊落，浸透著共和精神！憲政百年何渺渺，共和之路仍迢迢，蔡公生前所尋求的救國之道，是否還延續在我們心中？不論我們是誰？我們都要向世人與地球證明一件事——那就是我們絕不是無用的泥沙，而是閃亮的黃金！

第三節　繼承先賢先烈的遺志，齊心戮力再造華夏文明密度

百年有將軍，再造共和第一人

梁啟超在追念蔡公之《護國之役回顧談》（1922 年 12 月 25 日雲南護國起義七周年紀念日，代表南京學界宣講）中提到：當時「他們並不愛惜他自己的生命，但他們想要換得的是一個真的、善的、美的中華民國。如今生命是送了，中華民國卻怎麼樣？像我這個和他們同生不同死的人，真不知往後要從那一條路把我這生命獻給國家。」

又說：「我們青年倘能因每年今天的紀念，受蔡公人格的一點感化，將來當真造出一個真的、善的、美的中華民國出來，蔡公在天之靈，或者可以瞑目了。」

時序推宜，在現在社會紛擾、人心動盪不安的時代，梁公的這一番話，令人感戴不已，更是受益良多！我們今天來認識這些先賢先烈的精神，就是為了創造一個更真、更善、更美的地球！倘能如此發心，身體力行，就算是不辜負自己的良心血性和先烈的奉獻了！

蔡鍔將軍曾在《**致各省將軍巡按使等電**》文中提到：

先聖不云乎，亂賊之罪，盡人得而誅之。況乃受命於民，為國元首。叛國之事實既已昭然，賣國之陰謀行且暴露，此而不討，則中國其為無人也已。

嗚呼！國之不存，身將焉托！而立國於今，抑何容易。方合兆眾為一體，日新月異，以改良其政治，稍一凝滯不進，已岌岌焉為人魚肉是懼。況乃逆流回棹，欲襲中世紀東方奸雄之伎倆，弋取職位，而謂可以奠國家，安社稷，稍有常識者，當知其無幸也。

袁氏對於國家，既不自知其職責之所在；對於世界，復懵然不審潮流之

所趨堯等或任職中樞，或濫竽專閫，為私計則尊顯逾分，更何所求？

與袁氏亦共事有年，豈好違異？徒以勢迫危亡，間不容髮，邦之杌陧，實由一人。亦既屢進痛哭之忠言，力圖最後之補救，奈獨夫更無悔禍之心，即兆眾日在倒懸之誠，是用率由國憲，聲罪致討，翦彼叛逆，還我太平。

他的字字含藏忠誠，句句為公義而戰，這就是蔡公自由、獨立、崇高的生命！他同時也給國民留下了一種自由、獨立、高貴的人格——高大健全的人格，這是蔡公留給國家和民族最為寶貴的遺產與財富！

他的精神特別值得當今世人——無論在上者還是在下者，共同學習和繼承：

對在下者來說

蔡鍔將軍以真理武裝頭腦的奮戰經驗，可指引吾輩後進如何堅定理想、堅定信念、堅定原則，並保持獨立意志和崇高信仰，不趨炎附勢，不隨波逐流，直至實踐偉大的任務！

如果把他的教誨當作自己做人的基本準則，即使不曾出大名賺大錢，也足以令人敬重和感動，不愧為人亦不枉此生。我們也可以把蔡鍔將軍看成是我們的良師益友——教導我們要具有愛國民和世界和平思想，發揮堅韌和奉獻的精神走入人生之中。

對在上者而言

蔡鍔將軍的性格顯現著意志不衰、堅忍不拔、剛正忠義、樂觀進取、胸懷曠達、氣概豪邁等特質。他在廣西任職期間，曾於南寧寓所書寫「澹泊明志、夙夜在公」八大字，以此自勉從政要廉潔奉公、潔身自好，不為名利所誘惑而陷國家於不義！

在那個兵荒馬亂的年代，許多當官者為了保全自身，目光短淺，見利忘

義，宛如蠹蟲一樣，啃食著國家的財政根本，令國本動搖。蔡鍔將軍的風範則足以為當官者鏡鑒，他殫智竭力，公忠體國，更可貴的是，他不做既得利益者。為了真理，為了理想，亦不惜舍名棄利，捐生赴死，這是很多當官者所做不到的。

蔡鍔將軍策動革命和領導護國運動捍衛共和國體之歷史功勳固然重要，但是他的精神、人格和道德尤其重要。我們要記住的，不僅是歷史的洪流，而是其所示現的典範，然後在「人生的細節」中努力去體會他的精神！所謂「緬懷先烈，牢記歷史，奮發有為，開創人生」！

若能以此著眼，則在詭譎多變的世界局勢中，便較能分辨清流與惡濁，便不至容易迷失自我和人格。要而論之，蔡鍔將軍「以天下為己任，不以天下為己」的精神、人格與道德，在如今的社會上更是具有強烈的現實指導意義和歷史殷鑒作用，後世今人不可遺忘。

下面節錄蔡鍔將軍生平說過、提過的一些話，來緬懷他於國於民之熾烈的一腔熱血。

善的源流永遠不會乾涸，而善端永遠不會斷絕

蔡鍔將軍生前常說：「人有善就拿來益我，我有善則拿出去益人，**好比連環相生，所以善的源流永遠不會乾涸，而善端永遠不會斷絕**。這樣，一個人才能停留在最好的境界，成為古今一個完全的人。」

惟誠可以破天下之偽，惟實可以破天下之虛

對於修身治人，蔡鍔將軍也提出了一些看法，他主張「以正勝邪，以直勝曲」。他在《曾胡治兵語錄》的序言和按語中有提到：「惟誠可以破天下之偽，惟實可以破天下之虛。」

修身之道在於「正、直、誠、實」，這也符合了他所宣導的「知所以修身，

則知所以治人；知所以治人，則知所以治天下國家矣」的思想。可以說一切聖哲之道皆起於「身體力行的修身之道」。

各存愚公之願，即可移山；共懷精衛之心，不難填海

這是蔡鍔將軍在《勸捐軍資文》中，為勸勉大眾「團結一心」振筆疾書的一句話。團結就是力量，團結就是希望，團結就能所向無阻。這個思想，非常相符孫中山先生在《建國方略》中說的：「一往無前，愈挫愈奮！」又如其在《人民心力為革命成功的基礎》中所說：「百折不撓，屢僕屢起。」

孟子嘗言：「樂民之樂者，民亦樂其樂；憂民之憂者，民亦憂其憂。」又在《淮南子‧兵略行》中說：「舉事以為人者，眾助之；舉事以自為者，眾去之。」愛國使人高尚，愛國使人生更富價值。但愛國之心、愛國之情，不是看我們怎麼說，而是要看我們怎麼做、怎麼行。有志有量者，千錘百鍊，愛國心始堅定不移，願深如海，筆重千鈞，他們是人類每一項進步中所蘊含的至剛道理。

人以良心為第一命，令良心一壞，則凡事皆廢

蔡鍔將軍在《曾胡治兵語錄》中說：「人以良心為第一命，令良心一壞，則凡事皆廢。」良心是什麼？是一個人的良知，良知是可以透過培養和鍛鍊去造化的，而不是強壓抑自己必須具有良知。

蔡鍔將軍心地質樸、光明，生平不愛錢，也不慕高官厚祿。他有血性，因為他「以良心為第一命」，因「血性所感」，在戰場上遂顯得無比神勇，鐵骨錚錚！袁世凱稱帝，他南天起義，爭的不是個人權力，無非出於他的良心，出於他對艱難締造的共和國的忠誠，並且「對於責任，絲毫不肯放鬆」，他是近代史上難得的一位絮死寨、打硬仗的人。

他的一切行為，都源自於「良心血性」所驅使！他有存誠去偽、坦坦蕩

蕩的良心，他的血性才顯得無比光輝，令人起敬！

滿清時期，正因為無數烈士具備超卓的良心和血性，他們前仆後繼，浴血奮戰，堅貞不屈捍衛國家，方鑄就了共和國的輝煌，樹立了一座座不朽的豐碑，也方使千瘡百孔的晚清王朝在風雨飄搖中多撐持數十年之久。正如他們所說的：「我們不犧牲，難道犧牲我們的鄉親父老！」

蔡鍔將軍出生入死，為的是民族大義；他有的是對國家的良心，對自己的良心，對一起出生入死的兄弟的良心！他打仗常出奇招，敢於冒常人所不敢冒的風險。一個俠客和敵人對陣過招，就是明知是個死，也要亮劍，倒在對手的劍下，要是不敢亮劍，喪盡人格就是丟臉。亮劍，亮出的是他的氣勢。這是他的血性。所以他所帶的兵都願意和他一起慷慨赴死，為國獻身！

在他的教導中，「陶鑄人格」是一門人生不可或缺的功課！我們並非一定要努力成為聖賢，因為聖賢並非「不貳過」，聖賢只是一種「具有較為崇高性格」的象徵。相對地，我們應當是要努力致力於自己的人生的有價值化，誠實坦白面對自我，找出提升性格的方法，發揮心力去造就屬於天人合一、人我共榮的理想生活。

愛國如命，見義勇為

這是蔡鍔將軍在《致柏文蔚電》中所相互勉勵的一句話。革命黨人裡頭有所謂的「兩烈都督」，一者安徽都督柏烈武；一者江西都督李烈鈞，他們同是孫中山先生革命活動得力的左右助手。雙烈擎天護民國，忠義肝膽兩崑崙，蔡鍔將軍讚其為革命表率。

愛國，是一種高貴的情感活動，前蘇聯教育家凱洛夫曾經說過：「愛國主義也和其他道德情感與信念一樣，使人趨於高尚，使人愈來愈能瞭解並愛好真正美麗的東西，從對於美麗東西的知覺中體驗到快樂，並且用盡一切方法使美麗的東西體現在行動中。」

懂得愛國愛民族之人，生於憂患，死於憂患，他對地球的關懷也是不變的！時代的軸承雖然隨著時空重力產生了轉移，然而，古人之愛國愛民族，與今人之愛世界愛地球，其中的情感質量豈有差別？正因沒有差別，筆者才以一種不勝孺慕的心境，有空時就往先賢先烈處朝聖，期許能將他們的精神介紹給各位地球姊妹兄弟，一同關注國際局勢的發展，一同協助已然癌化的地球！

做事須憑肝膽；為人莫負鬚眉

這是蔡鍔將軍致贈辛亥革命志士朱朝瑛的一副楹聯。這句話意思是「做事要勇敢正直，要像個堂堂正正的男子漢，不要辜負了男子漢的名義」。

一有好名之心，則瞻徇顧忌，不足以成大事

《蔡鍔集》中有云：「重九起義勝利，蔡鍔身居高位，他的弟弟從湖南老家趕來，想謀個職位。不料蔡鍔堅持不肯破例，說：『這裡沒有位置安置你。』他讓弟弟快回湖南，僅給了弟弟20元錢作為旅費，要弟弟『徒步回鄉』。蔡鍔曾對人說：『吾輩做事，不惟不怕死，不要線，並宜不好名。一有好名之心，則瞻徇顧忌，不足以成大事。』」

余素抱以身許國之心，此次尤為決心

1916 年 1 月 31 日，蔡鍔將軍在給夫人潘蕙英的家書中寫道：「余素抱以身許國之心，此次尤為決心，萬一為敵賊暗害，或戰死疆場，決無所悔。」民國記者陶菊隱說：「自民國以來，武人解兵柄，棠愛猶存者，蔡松坡一人而已。」

蔡鍔將軍的好友石陶鈞曾回憶：「蔡松坡在誓師之時，早有必死之心，願大家同歸於盡！」

知其白，守其黑

護國戰爭塵埃落定之後，1916 年 10 月，病入膏肓的蔡鍔將軍在為紀念《盛京時報》出版十周年所題的祝詞時，借用了老子《道德經》中所說過的話「知其白，守其黑」來勉勵大眾。

話說蔡鍔將軍在京師那兩年，知白守黑，能屈能伸，為了天下局勢寧安守於昏黑之勢，智鬥袁世凱，不僅瞞過了袁政權，甚至瞞過了他的家人。他流連八大胡同，與小鳳仙佯裝打得火熱，後來在給夫人潘蕙英的信中他說：「堂上以下，聞餘此次舉動，初當駭怪，繼必坦然。蓋母親素明大義而有膽識，必不以予為不肖，從而憂慮之也。」

蔡鍔將軍佈陣，瞞天過海，起陣而不亂，用而不迷，這就是「知其白，守其黑」。所謂「此次舉動」，指的是護國戰爭。可見，他甚至從未對至親有所透露，嚴密之心，可見一斑。

《祭戰死將士文》

辛亥昆明起義功成後，在一片歡呼聲中，蔡鍔被公推為雲南軍都督，繼續主持軍政，並安排戰後事宜。

蔡鍔為感念此次起義中，勞苦功高而壯烈犧牲的滇軍將士們，便於 1911 年 11 月 8 日，揮筆寫下《祭戰死將士文》，作為永恆的追思和懷念：

維皇漢四千六百有九年秋九月十八日，謹乙太牢之祭，致奠於我皇漢義軍戰死將士之靈日：

嗚呼，

逆胡竊據，垂三百年，

穢德腥聞，上通於天。

惟吾漢族，人心不死；

斷腸陷胸，一瞑不視。
東海之蹈，博浪之椎；
太白入月，胡虜可摧。
粵維今祀，天地革命。
江漢炳靈，撥亂反正。
洞庭之南，大江之西，
義旗高騫，白日可麾，
北袞齊豫，南舉閩浙。
攻無不取，戰無不克，
黔蜀粵桂，如鼓應桴。
惟吾滇土，僻在南隅。
繄我將士，同心同德。
曰爭自由，獨有鐵血。
時維九月，日在上九。
乃揮天戈，取彼淵藪。
天人合發，大告武成。
洗我國恥，揚我皇靈。
諮爾頑冥，舍順取逆，
抗我顏行，據我咽隘。
有槍如林，有彈如雨，
蟊弧先登，前僕後起。
繄我將士，於茲不死：
誰無父母，曰吾有子；
誰無夫婦，曰祈戰死；

誰無兄弟，日有外侮；

誰無婚姻，日光吾裡！

昆池之功，黔國之烈。

陟降先靈，在天對越。

五華之巔，翠海之隈，

招我國魂，與之同歸。

天作高山，瘞此忠骨。

碧血所藏，後土為熱。

酒以百壺，牲乙太牢。

崇祠有赫，百祀不祧。

嗚呼，

生為國殤，死為鬼雄。

高風遲颯，尚其來降。

尚饗。

這裡的「皇」是指天，乃皇天后土之謂。「皇漢」是辛亥革命各省慣用之詞，乃漢族之意。懿行傳後世，華表垂千古，梅花香自苦寒來，寶劍鋒從磨礪出，參破生死者才能真認識他人的生死。

《祭戰死將士文》可說是「以生命捍衛世間的誓言」！在現今這個只問成敗、不論是非，追逐權位者如過江之鯽的時代裡，蔡鍔的話尤值得大書特書，那是一種身而為人在面對世界災難時，最真切的語言。

近代革命，百年煙硝，其血淚過往早已落入世道滄桑，灰飛湮滅。時逝今日再回首，當時無數革命先烈們前赴後繼、流血犧牲，究竟是為了什麼？對於現代每天過著優渥的物質生活的我們而言，思考這樣的問題已經變得非常不合時宜，甚至難以想像，以致現在許多人根本不願動腦思考這樣的問題。

因為他們認為這是老土，這是古人的思維模式，我們是新世代族群，不應接受這種制式的落伍思想！

然而，姑且不論「國破家何在」或地球未來是否會激起毀滅性的第三次世界大戰？革命先烈的奮鬥過程不能只是被看成某個歷史事件，被死板版的放置在教課書中死背。它應該被認作是人類的某些「崇高精神」，是活生生的呈現在世人的心靈深處！

地球文明一路走來，正因他們堅持執行「為天地立心，為生民立命，為往聖繼絕學，為萬世開太平」的重願，今日才有我們生於和平，擁有邁入「星際時代」的新願景。然而，我們若不以他們的精神為依歸，只想繞過這些高尚的心靈品質，以「物質至上」的思維去研發各種的科技產品，如中子彈武器、基因食物、基因物種、電磁脈衝、生化病毒或各式各樣有毒的瓷化產品等，最終，人類將被自己不負責任的貪婪物慾和自大心態所吞歿，導致地球文明毀於一旦！

嚴格地說，先賢先烈的精神是全球人類的品格與德行能否陶鑄的至要關鍵，也是我們「拯地球於危亡」的重要依據。我們要知道，沒有偉大人物的民族是可悲的，有了偉大人物而不知珍惜的民族，更是可悲，因為他們沒有看到整體人類，是如何從上一個族群意識中，蛻變堅定地走到現在來。

蔡公雖然走了，但他的大義和精神卻不斷地受到人們傳誦，激盪人間不息，他不死的精神，依然在人類文明中摺摺發光，彌覆大地。

在此，筆者熱切企盼這本書多少能帶給您一些新的人生看法，鼓舞您一向堅毅向前的激昂鬥志。也由衷希望這本書能為您人生的崇高理想張幟，並作為您人生路途上的一把刀鍔，斬斷畏縮，迎頭向前，開創光輝。

如果我們能用心去體會「革命」（改革自我習氣，革己革人）的真諦，那麼必定會和蔡公的人格相激蕩，血脈相匯，願力共振。這不禁讓我們再次

想起，他立志流血救民，從而更名為蔡「鍔」那最真切的不滅之心——鍔，是最精華，最粹煉的的刀柄，乃刀劍之刃、最鋒銳之刃。鋒銳之志，乃是為斬斷自身屍弱，直刺邪惡勢力，完完全全地改革自己和他人。這便是蔡公的鍔之所出，鍔之所向。

最後，讓我們把蔡公革己革人的精神元素歸略如下，為這本書立下一個里程。同時，讓我們永遠牢記蔡公松坡和眾先烈的精神，更願他們在天之靈，佑吾輩後學等新世界新青年，發正心，起正念，躬行正義，確立端正之世界觀，並以道德愛地球。吾輩亦必遵紀守法，明理誠信，精武治學，永不負蔡公松坡之志：

一：牢記蔡公蔡鍔將軍「良心為上，道德優先」的血性精神！

二：牢記蔡公蔡鍔將軍「刻苦耐勞，廢寢忘食」的勤奮精神！

三：牢記蔡公蔡鍔將軍「澹泊明志，夙夜在公」的清正精神！

四：牢記蔡公蔡鍔將軍「先人後己，清廉奉公」的廉儉精神！

五：牢記蔡公蔡鍔將軍「與時俱進，不斷追求真理，不斷進步」的革命精神！

六：牢記蔡公蔡鍔將軍「物阜民豐，民胞物與」的博愛精神！

七：牢記蔡公蔡鍔將軍「先天下之憂而憂，後天下之樂而樂」的憂深精神！

八：牢記蔡公蔡鍔將軍「改天換地，鍥而不捨」的愚公精神！

九：牢記蔡公蔡鍔將軍「肝腦塗地，精忠報國」的忠義精神！

十：牢記蔡公蔡鍔將軍「無私無畏、前赴後繼、忠貞奉獻」的無畏精神！

十一：牢記蔡公蔡鍔將軍「公而忘私，以天下為己任，立志振興中華」的愛國主義精神！

十二：牢記蔡公蔡鍔將軍「胸懷全域，求同存異」的團結協作精神！

十三：牢記蔡公蔡鍔將軍「做一名堂堂正正，身先士卒」的軍人精神！

十四：牢記蔡公蔡鍔將軍「特立獨行，敢為天下先」的先鋒精神！

十五：牢記蔡公蔡鍔將軍「為四萬萬國民爭人格」的人格精神！

蔡公之為英雄也，在其對事不對人，為國而不為家；

蔡公之可貴，在其以天下為己任，而不以天下為己。

民國風雲人物，本不遜色於三國。然而，前者是為國家的生存而奔波，後者卻是為了掠奪政權而忙碌，兩者可謂天差地碌！

人格將軍蔡公，正是憑藉著自己的一身正氣，兩袖清風，贏得了崇高的威望，也感動了身旁身後的人們。蔡公的故事告訴了我們，英雄不問出身，將相本無種，男兒當自強。身而為人，不論處境如何艱難，只要具有遠大的志向，並且能在苦難中堅定自己的修行，就能磨礪出堅確的意志和百折不撓的品格。

且讓我們永遠牢記蔡公與諸眾先賢先烈的精神，繼承他們的遺志，再造（恢復）華夏文明的精神密度！有待！

參考資料：

- 《蔡鍔集》（曾業英）
- 《蔡鍔大傳》（謝本書）
- 《蔡公遺事》（袁家普）
- 《蔡松坡先生年譜》（劉達武）
- 《近百年湖南學風》（錢基博）
- 《護國之役回顧談》（梁啟超）

第十六章

鍔之所出——人人都可以作蔡松坡

鐵肩擔道義，攜手赴國難——
梁啓超和蔡鍔的約定

梁啓超第一篇演講稿

《護國之役回顧談》

（1922 年 12 月 25 日，護國運動爆發七周年紀念日之演講稿）

《護國之役回顧談》是 1922 年 12 月 25 日梁啟超在南京學界的一篇講演，淺白、生動，因其語言邏輯是常俗的。

諸君，今日是護國軍在雲南起義恢復共和的日子，學校裡都停課紀念，諸君因為我和這件事有點關係，請我來這裡講演，我很感謝諸君的盛情。哎，這件事現在已成為一段歷史了。和這段歷史有關係的人，親自來講這段歷史，聽的人自然親切有味。

卻是可憐，這段歷史是傷心歷史，我這個在歷史裡頭湊腳色的人，好比帶著箭傷的一匹小鹿，那枝箭不搖他倒還罷了，搖起來使痛徹肝腸，因為這段歷史，是由好幾位國中第一流人物而且是我生平最親愛的朋友把他們的生命換出來。**他們並不愛惜他自己的生命，但他們想要換得的是一個真的善的美的中華民國。如今生命是送了，中華民國卻怎麼樣？**像我這個和他們同生不同死的人，真不知往後要從那一條路把我這生命獻給國家，才配做他們朋

友。

六年以來，我每一想起那眼淚便在肚子裡倒流。論起當時，對於袁世凱做皇帝，真是普天同憤，**護國成功，原來是全國民心理所造成，並不是靠一部分幾個人之力。**但別方面有許多事情，我知道得不十分正確，而且為時間所限，不能多說，現在只好把我所親歷的事情中之一部分，忍著痛和諸君說說罷。

提起今天的紀念，人人都該聯想到那位打倒袁皇帝的英雄蔡公松坡——即蔡鍔。蔡公許多事業，或者諸君都還知道，不必我細說，只說我和他的交情。我二十四歲時候，在湖南時務學堂講學，蔡公那年才十六歲，是我四十個學生裡頭最小的一個。我們在一塊兒做學問不過半年，卻是人格上早已融成一片。

到第二年就碰著戊戌之難，我亡命到日本，蔡公和他的同學十幾個人，不知歷盡幾多艱辛，從家裡偷跑出來尋我。據我後來所知道的，他從長沙到了上海的時候，身邊只剩得二百銅錢即二十個銅子。好容易到日本找著我了。我和我一位在時務學堂同事的朋友唐才常先生，帶著他們十幾個人，租一間兩丈來寬一樓一底的日本房子同住著。

我們又一塊兒做學問，做了差不多一年，我們那時候天天磨拳擦掌要革命，唐先生便帶著他們去實行。可憐赤手空拳的一群文弱書生，那裡會不失敗，我的學生就跟著唐先生死去大半。那時蔡公正替唐先生帶信到湖南，倖免於難。此外還有近年在教育界很盡些力的范源廉君，也是那十幾個學生裡頭漏網的一個。蔡公舊名本是艮寅兩個字，自從那回跑脫之後，改名蔡鍔，投身去學陸軍，畢業後在雲南帶兵，辛亥革命時在雲南獨立，做了兩年都督。這是蔡公和我的關係以及他在洪憲以前的歷史大概。

民國三年春天，蔡公把都督辭掉，回到北京。他辭都督，並非有人逼著

他辭，雲南人苦苦挽留，中央也不放他走，但蔡公意思，一來，因為怕軍人攬政權，弄成藩鎮割據局面，自己要以身作則來矯正他。二來，因為他對外有一種懷抱，想重新訓練一班軍官，對付我們理想的敵國。三來，也因為在雲南兩年太勞苦了，身子有點衰弱，要稍為休息休息。

他前後寫了十幾封信和我商量，要我幫他忙把官辭掉。於是我們在北京常在一塊兒又一年，當時很有點癡心妄想，想帶著袁世凱上政治軌道，替國家做些建設事業。我和我一位最好的朋友，也是死於護國之役的湯公覺頓，專門研究財政問題，蔡公專門研究軍事問題。雖然還做我們的學問生活，卻是都從實際上積經驗，很是有趣。

民國三年年底，袁世凱的舉動越看越不對了，我們覺得有和他脫離關係之必要，我便把家搬到天津，我自己回廣東去侍奉我先君，做了幾個月的鄉間家庭生活。那年陰曆端午前後，我又出來，到南京遊玩，正值馮華甫做江蘇將軍，他和我說，聽見要辦帝制了，我們應該力爭，他便拉我同車入京，見袁世凱，著實進些忠告。不料我們要講的話，袁世凱都先講了，而且比我們還痛切，於是我們以為他真沒有野心，也就罷了。華甫回南京做他的官，我回天津讀我的書。

過了兩個多月，我記不清楚是那一天，籌安會鬧起來了。籌安會發表宣言的第二日，蔡公從北京搭晚車來天津，拉著我和我們另外一位親愛的朋友——這個人現還在著，因他不願意人家知道他，故我不說他的姓名——同到湯公覺頓寓處，我們四個人商量了一夜，覺得我們若是不把討賊的責任自己背在身上，恐怕中華民國從此就完了。因為那時舊國民黨的人，都已逃亡海外，在國內的許多軍人文人都被袁世凱買收得乾乾淨淨。

蔡公說：「眼看著不久便是盈千累萬的人頌王莽功德，上勸進表，袁世凱便安然登其大寶，叫世界看著中國人是什麼東西呢？國內懷著義憤的人，

雖然很多，但沒有憑藉，或者地位不宜，也難發手，我們明知力量有限，未必抗他得過，但為四萬萬人爭人格起見，非拚著命去幹這一回不可。」

說到這裡，我們要把蔡公一方面的事暫行擱起，說說各方面情形。蔡公在北京時候找出來商量大事的人，除了雲南軍官以外，最重要的是前任貴州省長戴公循若（戴戡）。

戴公本來是一位學師範的文人，辛亥革命時，在貴州起義，後來做了省長，是一位極有肝膽極有才略的人。他從十月間就到北京，受了蔡公命令回貴州佈置，雲南起義後二十多天，他就把貴州回應起來。他帶著一枝軍隊出到洪江，和蔡公掎角，當時和他相持者就是吳佩孚。

像他這樣一位文弱書生，用些殘兵弱卒和現在鼎鼎大名的第一流軍人能相持許久，我們可以想像他的人才和人格了。後來戴公做了四川督軍，被安福黨人劉存厚戕害，這是後話，姑且不提。

且說自從雲南起義後三個多月，除貴州以外，沒有一省回應，蔡公軍又圍困在瀘州，朝不保夕，袁世凱看著我們這些跳樑小丑指日可平，早已大踏步坐上皇帝寶座去了。我們在上海真是急得要死，自己覺著除了以身殉國外沒有第二條路了。

我自己是天天做文章鼓吹，還寫了許多信到各省的將軍們，也沒什麼功效，當時態度最不明了的，就是廣西的陸君榮廷，我們所盼望第三省的響應，也只有這一處。我寫了一封很沉痛的信給他，陸君本來是久懷義憤，或者我這封信有點子幫助也未可定，到三月中旬，陸君忽然派一位軍官姓唐的，帶著他的親筆信來找我，要我到廣西去他才獨立，我早上到，他晚上發表，晚上到，他早上發表。

我們得著這個消息，真是喜從天降，我一點不遲疑答道：「我立刻就去。」但是怎麼樣去法呢？當時袁皇帝「捕拿梁啟超就地正法」的上諭，早已通行

各省，我經過廣東到廣西是萬萬不行的，只有走安南的一條路。當時香港政府是替袁皇帝出力的，我差不多連香港一關也過不去，加以我上海的寓所中，前後左右都是偵探圍繞，我幾乎一步不能出門。我一面籌畫我去的方法，一面請我們在北京頭一天商量大計的朋友湯公覺頓先到陸君那裡幫他的忙。

俗語說得好：「天下無難事，只怕有心人。」我廣西到底去成了，我想法子從上海搭船到香港，我是蹲在煤炭房的旁邊，我下了船後上海偵探才知道，打電到香港，香港政府派人來搜船，也搜我不著。我又設法倫搭一只裝貨船到了安南。安南本來有我們設立的一個通信機關，我以為到了那裡搭火車人廣西很容易了，那知道到了過後，各車站中已經有我的相片，到處截拿，我只好坐一段車坐一段船走一段路，三天工夫才到鎮南關入廣西境。

在這個期間內，我自己碰著一件終天大恨的事。哎，我先君因病過去了，那時候我正蹲在香港船煤炭房裡頭。哀哉，哀哉，我從此便永遠為無父之人了，可憐我的朋友都瞞著不給我知道。我在廣西，怕老太爺擔心，三天五天一封稟帖去報平安，哎，講什麼國家大事，我簡直不是個人了。陸君榮廷到底是好漢，我的朋友湯公到了南寧，並報告我已經起程，陸君並不等我到步，三月十五日已經把廣西獨立了。

三月二十六日我才到南寧，廣西問題解決之後，再進一步，就是廣東問題，那時廣東的將軍是龍濟光，袁世凱封他做親王，正在高興得很，我們想不把廣東拿過來，到底不能達討賊的目的。龍濟光因大勢的壓迫，漸漸拿出模棱態度，和我們通股勤，有電到廣西請派人來商量。當時湯公激於義憤，自己擔負這個責任，跑到廣州，和龍濟光痛陳利害一日一夜，四月初九日居然把廣東獨立的電報打了出來。

那時龍濟光左右都是帝制黨人，他自己就沒有誠意，那裡經得起別人的恐嚇呢。到了明天，他便變起卦來，說是要在海珠開善後會議，把湯公和我

們在廣東共事最得力的朋友，一位是員警廳長王公廣齡，一位是陸軍少將譚公學夔，一齊請去，門外是大兵重重圍住，開議不到一會，龍濟光部將凶賊顏啟漢等，拿出手槍向湯公、王公、譚公狙擊，慘哉，慘哉！這幾位忠肝熱血足智多謀的仁人志士，竟斷送在一群草寇手裡頭。

我們在廣西得著凶報，痛憤自不待言，便連日連夜帶著大兵，從梧州順流而下，到了肇慶，肇慶鎮守使李君耀漢，歡迎我們，我和陸君就在肇慶和龍濟光相持。過了幾日，岑君春煊也從上海跑來了，聽說孫君逸仙也從外國回到上海，他手下的健將陳君炯明，也在惠州起兵響應我們，龍濟光著急了，派人到我們那裡謝罪。但是他的靠不住，誰也知道的。當時我們手下的人個個摩拳擦掌，說非打廣東不可。

但我和陸君全盤打算徹底商量，蔡公正陷在重圍，再下去個把月眼看著要全軍覆滅，我們把廣西獨立原是想出兵湖南，牽制敵勢，令根本問題早日解決，若是粵桂開起仗來，姑無論沒有必勝的把握，就令得勝，也要費好些時日，而且精銳總損傷不少，還拿什麼力量來討賊？豈不是令袁世凱拍掌大笑嗎？

論理，湯、王、譚三公，都是我幾十年骨肉一般的朋友，替他們報仇的心，我比什麼人都痛切，但我當時毅然決然主張要忍著仇恨和龍濟光聯合。但是聯合嗎？他要來打我們又怎麼呢？我說非徹底叫龍濟光明白利害死心塌地跟我們走不可。有什麼方法叫他如此呢，我左思右想，想了一日一夜，除非我親自出馬，靠血誠去感動他。

當時我就把我這意見提出來，我的朋友和學生跟著我在肇慶的個個大驚失色，說這件事萬萬來不得，有幾位跪下來攔我。但我那時候，天天接著蔡公電報，形勢危在旦夕，我覺得我為國家為朋友都有絕大的責任，萬萬不能躲避，而且我生平不知為什麼緣故有一種自信，信我斷不會橫死，信我一定

有八十歲命。當時無論何人也攔我不住，我竟自搭車跑廣州去了。

　　找到了沙面，打電話告訴龍濟光說我來了，要會他，龍濟光也嚇一大驚，跟著我就一乘轎子跑上觀音山去了。我和龍濟光苦口婆心的談了十幾點鐘，還好，他像是很心悅誠服的樣子，到第二天晚上，他把許多軍官都聚起來，給我開歡迎會，個個都拖槍帶劍如狼似虎的幾十人，初時還是客客氣氣的，啊，啊，酒過三巡，漸漸來了，坐在龍濟光旁邊一員大將，後來我才知道他名字叫做胡令萱，在那裡大發議論，起首罵廣東民軍，漸漸罵廣西軍，漸漸連蔡公和護國軍都罵起來了，鼓起眼睛盯著我，像是就要動手的樣子。龍濟光坐在旁邊整勸少說話。

　　我起初是一言不發，過了二十分鐘過後，我站起來了。我說：「龍都督，我昨夜和你講的什麼話，你到底跟他們說過沒有？我所為何來，我在海珠事變發生過後才來，並不是不知道你這裡會殺人，我單人獨馬手無寸鐵跑到你千軍萬馬裡頭，我本來並不打算帶命回去。我一來為中華民國前途來求你們幫忙，二來也因為我是廣東人，不願意廣東糜爛，所以我拚著一條命來換廣州城裡幾十萬人的安寧，來爭全國四萬萬人的人格。既已到這裡，自然是隨你們要怎樣便怎樣……。」

　　我跟著就把全盤利害給他們演說了一點多鐘，據後來有在座的人說。我那時候的意氣橫屬，簡直和我平時是兩個人，說我說話的聲音之大就像打雷，說我一面說一面不停的拍桌子，把那滿座的玻璃杯都打得丁當作響，我當時是忘形了。但我現在想起來，倘若我當時軟弱些，倒反或者免不了他們的毒手。我氣太盛了，像是把他們壓下去，那位胡令萱悄悄跑了。此外的人，像都有些感動，散席後許多位來和我握手道歉，自從那一晚過後，廣東獨立，沒有什麼問題了。

　　第三天我就回肇慶，陸君也帶著兵出湖南去了。以後湖南、浙江都陸續

獨立，四川那邊形勢鬆得多了，過些時，接著馮華甫電報，要我來上海商量解決大局方法。我五月初旬回到上海，我的兄弟和我的女兒從天津來接我。住定了兩日，才把老太爺的事告訴我，我魂魄都失掉了，還能管什麼國家大事，從此我就在上海居喪，連華甫也不便來和我商量了。過了二十多天，袁世凱氣憤身亡，這齣戲算是唱完。

共和恢復了，黎總統就任了。當下任命蔡公做四川督軍兼省長。蔡公本來說過，**成功不爭地位，而且這幾個月過的日子不是人過的，他本來已經有病的人，到這時更病到不成樣子，所以他無論如何不肯做這官，急急要將兵權交出來，自己去養病。**但一來因為自己的軍隊要收束，二來因為秩序要維持，他還扶著病親自到成都住了十天，把各方面情形都佈置停妥。當時政府無論如何不許他辭，四川人燒著香攔著路不准他走，他到底毅然決然走了。

他到上海時候，我會著他，幾乎連面目也認不清楚，喉嚨啞到一點聲音也沒有，醫生都看著這病是不能救了，北京政府接二連三派人歡迎他，他也不去，在上海住了幾天，就到日本養病，十一月七號，這位民國恩人便和這個世界長別了。

這回事件，拿國內許多正人君子去拚一個叛國的奸雄袁世凱，拚總算拚下了。但袁世凱的遊魂，現在依然在國內縱橫猖獗，而且經他幾年間權術操縱，弄得全國人廉恥掃地，國家元氣，斷喪得乾乾淨淨。

哎，紀念雲南起義，還有什麼紀念，不過留下一段傷心的史料罷了。若說還有紀念價值嗎？那麼，請紀念蔡公松坡這個人。**我們青年倘能因每年今天的紀念，受蔡公人格的一點感化，將來當真造出一個真的善的美的中華民國出來，蔡公在天之靈，或者可以瞑目了。蔡公死了嗎？蔡公不死。不死的蔡公啊！請你把你的精神變作百千萬億化身，永遠住在我們青年心坎裡頭。**

梁啟超第二篇演講稿

護國運動爆發十周年紀念日演講——蔡松坡與袁世凱

（1925 年 12 月 25 日，護國運動爆發十周年紀念日之演講稿）

今天令我很感動，到這兒一看，這樣大的禮堂，黑壓壓的都坐滿了，方才又聽見主席說，十二點鐘的時候，已經有許多人來，到一點鐘，早沒空位子了。大冷的天氣難得大家還這樣熱心，我自己很害怕，怕我的言論，不足以副諸君之望。

從今天到的人這麼多，可以看出全國人擁護共和的心理；我們的心理，就是全國人心理的表現；因為今天是擁護共和，恢復國體的紀念，大家才到這兒來，不單為聽某人的講演，為的是共和之失而復得，國體之危而復安，都在今天，所以格外的高興了。

今天去護國之役——雲南起義，剛滿十周年。十年前，蔡松坡將軍，在雲南起義抗袁，他所謂「為人格而戰」，使得已失的人格保全，已壞的國體恢復，就在今天。不過今年紀念的意味，比往年格外重大，因為今年是十周年，所以對於蔡將軍的感想，格外深長些。每年到今天，立刻想起兩個人：一個是護國將軍蔡鍔，一個是洪憲皇帝袁世凱。我今天不是比較他們二人的優劣，乃是報告事實；對他們二人，我不願多下批評。不過這幕很有名的戲劇，他們二人是主角，不得不提出來大概講講。

我們對於這個擁護共和的紀念，覺得十年前那種義舉，給我們兩種教訓：

一、國民意志力的偉大；

二、人格指導力的偉大。

從第一項，我們可以看出，無論什麼力量，都比不上國民意志力；要是全國國民公共意志所反對的，無論什麼力量，當之必破。十年前護國之役，

兩邊的力量，絕對不成比較；袁世凱在武力方面，歷史很深，從清末淮軍起，他就發生關係；他本是淮軍子弟出身，淮軍方面，自李文忠死後，承繼的人，便是袁世凱。

清末小站練新軍，他又是第一個人，在滿洲政府下面，他的勢力，已經佈滿於北洋幾省了。辛亥革命，與袁世凱毫不相干，結果，政治大權，完全落到他手裡，革命黨人，幾無所得。以他從前的地位，清末的地位，假使稍知世界大勢，國民真意，要建設強固國家，并不是不可能；但是他在作臨時大總統時已經在作當洪憲皇帝的夢，著著預備，都不外想滿足他個人的野心，我們覺得這個人可惜，又覺得這個人可恨。

那時所謂新軍，不過七八師人，器械比較精良，士卒比較有訓練，都在他一人手裡；假使他仗著這種兵力，維持治安，保護秩序，一切措施，咸以民治精神為準則，不特無人反對，大家一定幫忙。但是他不替國家設想，專替自己設想；即如張勳、倪嗣沖，在那時一個不過千餘人，都是些腐敗隊伍，早應當設法解散，而且他的力量解散張倪的軍隊，易如反掌，不過他懷著鬼胎，恐怕自己手下的新軍靠不住，極力拉攏張倪二人，以為牽制：不錯，他處得很是，後來帝制發生，段祺瑞馮國璋都不贊成，總算他有先見之明了。北洋軍隊，在我們看來，腐敗不堪，但在民國初年，實在比較稍好，他把張倪之流人物留下，北洋的名譽，便讓他們弄糟了。

他一面拉攏腐敗軍隊，抵制新軍；一面又勾結下級軍官，抵制上級軍官，中國軍紀，算是他一手破壞的。按理一師一旅，應當由師長旅長管去；他恐怕師旅長權大，天天同下級官軍勾結，連長排長，可以直接同他見面。與士卒同甘苦，古來名將，原是有的，但是老袁的用意不同，他想連長排長，都受他的指揮，不受師旅長的指揮，師旅長的命令，連排長可以不遵行，須得問他請示去；等到他作皇帝時，上級軍官雖然反對，下級軍官仍然贊成，他

便可以毫無忌憚了。我們但知道，外交方面，他斷送了許多權利，財政方面，他濫借了許多外債，還不知道軍事方面，弄得綱紀毫無，士卒離散啊！

他這種舉動，起初大家以為他別無深意，不過是他見識不到罷了；直到籌安會發生，籌備大典，大家才知道老袁用心不淺，種種舉動，種種預備，都為的是這一著；幾十年的勢力，慢慢地培植，作總統時，已經在那兒預備當皇帝了。

當民國三四年之交，籌安會的論調高唱入雲，老袁自謂算無遺策，瞪眼看看全國，差不多沒有人能同他抵抗。他並不是不知道，全國國民，珍重而且擁護我們的五色國旗；他很明白，全國國民，都反對他當皇帝；不過他以為要抵抗，除非要有充分的力量，眼看作全國人是不濟事的。

他以為頭一種力量是槍砲，放著手裡有幾十萬雄兵還怕誰來；第二種力量是金錢，有的是外債，有的是造幣廠，不愁勞人不順著他的指頭動。但是結果怎麼樣，幾十萬雄兵，幾千萬金錢，其效力幾等於零，他的皇帝，於是當不成。由這一點看，他根本上沒有知識，全不瞭解國民意志力的偉大。

轉過頭來，看蔡松坡方面，護國軍起的時候，鬧得轟轟烈烈，到底有多少人，當時不知道；他拍出來四處求援的電報，亦只吹他有幾多軍隊，幾多器械；後來戰事完了，從軍中字紙簍中，找出他支配軍隊的清單，不過三千一百三十個大人。他不單初出兵是這麼多人，始終是這麼多人，不曾得一點接濟；好幾月後，才有幾省獨立回應，但是遠水不救近火，他只能以孤軍奮鬥，好像下圍棋，走得沒有眼了，你想這是如何的危險。

他自出兵以來，以三千一百三十人，與袁世凱相對抗；初戰在敘府，蔡方有多少人，我沒調查清楚，袁方為馮玉祥一旅，蔡軍得勝，馮軍退到成都，袁世凱看見事情大了，才傾全國之兵力去討伐他。

袁軍從漢口開到重慶瀘州的，是他親信的常勝軍，第三師，第七師。直

接在前線的是第三師，曹錕是師長，那時吳子玉（吳佩孚）許還是團長。此外四川方面，依附袁軍的不少，總數大致不下十萬人。三千對十萬，人數既很懸殊，槍炮的良窳，子彈的多寡，簡直不成比較，軍餉方面，更不用說；老袁以為蔡松坡不過公麼小卒，滿不在意。不特老袁如此想，一般人亦如此想，就是外人方面，雖覺得蔡松坡人可佩服，其實不過表示表示而已，絕對不會成功的。

　　就是松坡自身，亦是毫無把握，他從北京到天津，由天津轉日本，又由日本回雲南；臨別的時候，與我相約兩句話：「成功就下野，決不爭地盤；失敗就殉國，決不想亡命」；我們都覺得這句話，不過講講而已，見面的機會，恐怕這是最後一次了。

　　蔡松坡向國內國外的，都說是為爭人格而戰，這句話從何說起呢？老袁強姦民意，偽造幾十萬人的勸進表，以為全國人都像王莽篡漢時，大家勸進一樣，松坡覺得這樣一來，我國人在世界上，大沒有面子了，他出頭爭一回已失的人格，原不打算成功。

　　但是後來雖不能擊敗袁軍，尚能兩下相持。幾個月後，袁軍內部紛紛離散，各省又獨立響應，老袁一氣而亡。固然，袁若不死，十萬不夠，再添十萬，最後失敗，總仍屬在松坡；不過最少可以表示國民的真意；反過來，松坡若敗，他帶的三千人，一個個都死完，老袁亦不會成功，因為他違反民意遲早是要敗的。蔡松坡所以打勝，自己的力量，不過一小部分，大部分的力量，靠那視之不見聽之不聞的國民意志力；袁世凱雖擁幾十萬雄兵，又有全國官吏為作爪牙，事實上全國人心都反對他，當籌安會發起時，早已痛心疾首，不過大家沒有表示的機會而已。

　　所以老袁名義上有十萬雄兵，實際上不過一個獨夫；以十萬對三千，固然彼眾我寡，以三千對獨夫，就變成彼寡我眾了。我們全國人的意志，借蔡

松坡的力量表現：他的力量，又靠全國人的意志支持；從這一點看來，令我們十分興奮，不要看見國內軍閥，如何作威作福，自己失望，其實不相干；大軍閥如袁世凱尚還不濟事，何況二等袁世凱，三等袁世凱，將來一定要走同一的命運。他們那種力量，都不是真力量，那種力量發揮得愈大，愈能激起全國民的意志力，他們的獨夫資格，一天天的加增；由建設在國民意志方面的力量看他們，都不過是些紙老虎。

以國民意志對獨夫的戰爭，頭一次為蔡松坡與袁世凱，雖然不算十分成功，但是以三千對十萬，以少對多，終能得最後勝利；由此可知靠國民意志作後盾，總可以有相當成就。我們看現在作威作福的軍閥，不要以為不得了，他們的力量，實際上很有限，國民意志力，一天天的進步，他們的力量一天天的減少。一等袁世凱去了，二等三等袁世凱亦去了，四等五等的袁世凱，亦將照樣的下去，這都是表示國民意志力偉大的證明，很可以令我們興奮。

從第二項，我們可以看出國民意志力，要有人格指導力，才能充分表現；要是人格指導力小，國民意志力，亦不易發揮出來。洪憲帝制發生，大家看五色國旗，被人扯破了，很生氣，很悲憤，當時想作蔡松坡的事業，有同樣見解，同樣理想的人，諒來不少，但是都沒有作出來，惟有他一人成功。他為什麼能成功？一方面靠從前的地位，所以能得到從前的地位，所以能舉起義旗，所以能抵抗到底，還是靠人格感化。因此我對於蔡松坡平日的修養，大概的講講。

松坡弱不勝衣，家道清貧，我同他關係很深，知道很清楚。十五歲時，他入湖南時務學堂，作第一批的學生，從邵陽家下到長沙，窮得到搭船的錢都沒有，十一月大冷天氣，冒冰霜走路去的。後來時務學堂解散，赴日本留學，到上海，身邊只剩下一百二十文有孔的銅錢，都從親戚朋友，湊合起來的，算是窮極了。他體子又不強，永遠是瘦瘦的，後來早死，身體弱是主要

的原因，但是他很能刻苦耐勞，身體他時常設法校正恢復。

他一生最得力的，是陸象山、王陽明的學問，見人講話，說不到幾句，便引到陽明象山，他又對他的鄉先輩曾文正、胡文忠很佩服，拿來作他的模範人格；他說胡文忠才氣太大，雖令人佩服然不好學；曾文正雖正，然而努力校，是最好的模範。他在青年時，約當十五，十六，十七這幾年，旁的學問沒有，惟一心學曾文正王陽明，得的工夫，倒是不少，後來出外留學，學識增加，先有底子，以後學的愈多，學得愈有力量，他個人的性格同修養大概如此。

他從日本回來，當時學新兵的人很少，許多地方都找他；起先到廣西，後來又到雲南，在雲南約僅三四個月，適逢辛亥革命，能就首先獨立，又派兵援四川，援貴州，在督軍位上，有三年之久。那時他看是武人擁兵自衛，恐怕釀咸藩鎮的禍亂，他要以身作則，首先要求解除兵柄，屢次打電報到北京辭職，袁世凱不許可他；他因為自己主張，非貫徹不可，去意異常堅決，老袁到底放他走了。他自從畢業後，作軍官六七年，作都督三年，死的時候，不惟沒有存錢，反付了五千多塊錢的帳；幸喜債主還好，不問他追要了。

他死了，家裡還是從前一般的窮困，沒有片田，沒有塊瓦，衣服樸素，飲食粗陋；他的老太太，夫人，小姐，公子，全靠政府的恤金，朋友的奠儀，生利來養活。這些雖是小節，很可以看出他對於辭受取予，異常嚴格；國家以外，不知道有個人，所以他的人格，很能使大家相信。

旁的人同他一般的志氣，旁人作不出，他作得出。他起義時，離雲南幾年了，一個手無寸鐵的人，千辛萬苦，跑到雲南，到的時候，氣象為之改觀；他以（1915 年）十二月十九，到雲南，到後不滿一禮拜，護國軍的旗幟，就舉起來了。他走的時候，本來很秘密，但是動身以後大家就知道了，一到雲南，金融（動盪）立刻平息，人民以十二分的熱忱歡迎他，請他報告北京的

情形，他於是發表主張，要為人格而戰，雲南人異常感動。十二月十九以前，還是這個地方，還是這般國民，群眾意志，為什麼不能表現？

雲南並不是沒有長官，當時的長官，為唐繼堯，唐為什麼不能起義？唐以現任都督，所不敢作的，蔡以前任都督資格去，人心如發狂，立刻作出來了，皆因人格偉大，大家看見後佩服，說壞一點，依賴，才能有這種樣子，這並不是臨時做到的，要靠平日的修養。他平日能以人格示雲南，所以一旦出頭，大家放心高興，隨他作去，可以由他初起義時，看出他人格的偉大。

他從出兵後，頭一次在敘府打勝仗，再往前進，到納溪，與十萬袁軍相對抗；本來有三千多人，加上四川回應的軍隊，有一兩萬人。但是都不得力，打先鋒的退下來了，他在後方努力支持，敗軍如潮水一般；旁的軍官，都以為沒有法子，主張退，他雖堅持，然拗不過大義的意思，慢慢地持冷靜的態度退下。

本來不退，到了非退不可時，還能看好地點，時間及步驟，一步步的往後退；那時他很悲憤，軍中遺墨（指蔡鍔逝世之後出版的《蔡松坡軍中遺墨》）中，有這兩句話：「熬不過最後五分鐘，實在可惜」退到大洲驛，士氣異常頹喪，慢慢想方法恢復；他讓大家休息，吃飯，洗臉，換衣，休息；用了兩天一夜的工夫，一連一連的慰問，士氣大振。他於是下命令說，再退一步，不是我們的死所，排長退，連長斬之，連長退，營長斬之，旅長師長退，總司令斬之，總司令退，全軍斬之，軍容又從新恢復起來。

這個時候，袁軍陸續到了，雲南方面，可是毫無接濟；以三千之眾，當十萬之兵，前後支持，凡兩個半月。據後來在他軍中的人說，他每天只睡一個半鐘頭；吃的飯，異常粗糙，帶泥沙咽下；自總司令到小兵無不捉襟見肘，這幾天的困難，就可想而知了。他與袁軍接觸，大戰三回，小戰六七回，每攻擊一次，袁軍總受大創；兩個多月的工夫，袁軍只能把他包圍，不能把他

擊退，後來漸漸的袁軍兵心離散，然後這三千多被包圍的軍隊，復活過來。

據他軍中的人說，只有他，才能於大敵包圍之下，如此鎮定，饑寒交迫，士氣仍然旺盛，換一個人，絕對辦不到。大家都同心同德，自願同生同死，皆因他感化力大，令人佩服，所以能以極少極微的力量，抵抗強敵終能獲最後勝利。（齋主點評：蔡公身處如此生死攸關之境地，恰如當年曾文正公國藩先生所遭遇的祁門之險，曾蔡二公意志力稍微薄弱一點，則前功盡棄全軍盡墨，歷史自當重新改寫不可想像）

從這點看來，救國要靠國民意志力，國民意志力，時常有的，所謂公論自在人心；但是國民意志力，要靠偉大人格作指導；有偉大人格指導，國民意志，可以發生作用，沒有，就不能發生作用。當時，有力量反袁的人如國民黨，都亡命在海外，所以袁氏心目中，以為不會有人抵抗他了；那裡知道又跳出一個蔡松坡，與他為難呢！

假使沒有蔡松坡我不敢說袁世凱亦做不成皇帝，然局面必不如此，亦許能維持一二年的局面，但民氣決不會如此發揚，這是我們可以斷定的。

所以國民意志力，要偉大人格去指導，有偉大人格指導，民氣可以很旺，我們不必怕持槍的人，他們的力量有限得很；要想抵抗他們容易，單看我們的人格修養何如，如果人格可以令許多人相信，事到臨頭，自然可以擔負重任，抵禦強敵，但這不在臨時，乃靠平日的修養。

蔡松坡自十六七歲起，不斷的鍛鍊精神，鍛鍊身體，自己覺得不偉大，以偉大人物，如王陽明、曾文正作模範，好像一盞明燈，遠遠地照耀著領導著。人格就一天天的擴大了，比他的地位，比他的模範人物王陽明、曾文正，自然他覺得不夠，但是我們看來只有關係還要重大，沒有趕不上的。我們還要知道，他死得早，死時，不過三十五歲，假使他有王曾一般的高壽，成就或者還要偉大點，亦未可知。

蔡松坡不是天才，體氣不好，努力鍛煉；知識不夠，努力用功，畢竟能做到如此偉大，在中國史上無論如何，總有他的地位。

　　大家的才氣，不弱似蔡松坡，他堅苦卓絕，進行不懈，我們亦堅苦卓絕，進行不懈，必能做到他那個樣子。

　　因為今天的紀念，大家都想他學他；乃至十年後的紀念：還想到二十年前有這樣一個人，「人人努力，人人都可以作蔡松坡，這才是這個紀念的價值」，這個紀念會才算不虛開了。

附錄一　打開您生命內的「松坡圖書館」——一個獨立、自由、高貴的戰士生命館

梁啟超籌建「松坡圖書館」——延續人間「戰士精神」

1897 年 11 月，梁啟超主講湖南長沙湖南時務學堂，15 歲的少年蔡鍔亦負笈投考，名列第二，為同學中年齡最小者，所謂「白帽輕衫最少年」是也。梁啟超教了蔡鍔兩個多月後，突然害了一場大病，不得不返回上海治疾，從而結束他在時務學堂的教學生活。

梁啟超雖然離開了，但是對蔡鍔的影響卻是終生的，他是蔡鍔新式思想的啟蒙者。

蔡鍔經常思念著梁師，日子一天一天的過去了，渭樹江雲，落月屋樑，蔡鍔決定有朝一日，一定要去上海探望梁師。

1898 年 9 月 21 日，慈禧太后發動戊戌政變，康、梁師徒被迫逃亡海外。聽聞譚恩師遇害後，蔡鍔憤而離開時務學堂，束裝就道，櫛風沐雨，趕到上海尋找梁啟超的下落。

在日本的梁啟超得知後深受感動，他想自己亡命東瀛，處境危急，不名一錢，但還是想辦法請唐才常資助了丁點旅費，讓蔡鍔與其他同學一起東渡來日本。

流亡日本的日子是極為艱苦的，梁啟超後來在《蔡松坡遺事》一文中回憶說：「他們來了之後，我在日本小石川區久堅町租了三間房子，我們十幾個人打地鋪，晚上同在地板上睡，早上卷起被窩，每人一張小桌念書。那時的生活，物質方面雖然很苦，但是我們精神方面異常快樂，覺得比在長沙時還好。」

1903 年，梁啟超在日本友人大隈重信的幫助下，讓蔡鍔進了日本士官學

校學習軍事。

在日本六年期間，師生二人意氣風發，各自展開了不少愛國活動，兩人頓牟拾芥，彼此肝膽相照，發揮了最佳默契。

1912 年 6 月 6 日，雲南都督蔡鍔特意致電袁世凱，詳細列舉了梁啟超在辦報、辦學、組織社團，宣傳愛國、平等、自由、民權等諸方面的巨大貢獻。蔡鍔說：「鍔追隨先生有年，覺其德行之堅潔，學術之淵博，持義之穩健，愛國之真摯，環顧海內，實惟先生一人。」因此他請求袁世凱邀請梁啟超返國，並禮遇賢才。

討袁活動籌畫期間，梁蔡師徒旗幟鮮明，立場堅定。他們「定策於惡網四布之中，冒險於海天萬里以外」，一個奔赴萬里間關，將軍金甲夜不脫，歷經險阻潛回雲南；一個連夜奔赴東南，遊說東南策應討袁起義。梁蔡師徒豁出性命立誓拯救民國，「功成不在朝，兵敗不亡命」，一個 42 歲的文士、一個 33 歲的將軍，鐵肩擔道義，攜手赴國難。

護國戰爭勝利後，1916 年 11 月，蔡鍔在日本病逝的消息傳回國內，梁啟超悲痛萬分，肝心若裂。12 月 5 日，梁啟超在上海為蔡鍔舉辦了公祭和私祭，梁啟超念了祭文一篇，當淚水哭乾了時，梁啟超說「血隨淚盡」了。

此前，梁啟超還率其弟梁仲策以及女兒思順、兒子思成等私祭之。除祭文外，還撰有輓聯：

知所惡有甚于死者，
非夫人之慟而為誰。

為了永久緬懷蔡鍔，12 月 13 日，梁啟超致電各位當道，擬籌建「蔡松坡紀念圖書館」。初起，因「順以時事多故，集資不易，僅在上海置「松社」。松社成立後，社會各界熱烈響應，陸續捐款數萬元、圖書數萬冊，但松坡圖

書館應建在何處，則無下文。

1920 年，梁啟超自歐洲返國，並立即著手在北京籌辦松坡圖書館。

1922 年 9 月，時機終於成熟，梁啟超等松社社員聯名向大總統黎元洪遞交《接受快雪堂設立松坡圖書館呈》，提議在北京北海公園設立圖書館，其文中寫到：「已故陸軍上將蔡鍔將軍，為反對帝制，一生冒著無數困難，首先在雲南舉義，一生從軍積勞成疾，死後匆匆安葬。啟超等人為了追念功勳，曾於民國六年提議建立圖書館，以資紀念。

幾年來，雖然形勢不斷變化，而陸續收到募捐款數萬元，收集圖書已有數萬冊，欲在此基礎上先行創辦，然後力圖擴充。但是地點必須選擇在人員集中、交通便利的地方，才能夠擴大影響起到宣傳的作用，大家多次商議，都認為選擇在首都城內為宜，但是購地建築需要經費較多，因此拖延至今尚未成立。大總統復位之初，就命令開放北海公園，**因公園是公共娛樂的地方，圖書館是教育國民的地方，而紀念前勳，更能以教育國民，為此懇切呼籲在北海內劃撥一處房地做為圖書館，以資提倡。**」

不久，黎元洪下總統令，批准將北海公園的快雪堂及西單石虎胡同七號撥予開設圖書館，並命名為「松坡圖書館」。

同年 12 月，籌備處成立，議定簡章規則，將快雪堂作為「第一圖書館」，專門收藏國文圖書。將西單石虎胡同七號作為「第二圖書館」，專門收藏外文圖書。經一番籌備後，1923 年 11 月 4 日，「松坡圖書館」正式對外開幕，梁啟超出任館長，另有徐志摩、範源濂、梁啟勳、張東蓀等七十名職員。

晚年梁啟超對於蔡鍔之懷念

急景凋年，時光荏苒，後來有人向梁啟超問到：為何要籌建松坡圖書館？他回答說，希望「以這種特殊形式來紀念這位愛國將軍」——**蔡鍔死了嗎？其實不然！他的生命是活的，就像每個人手中日日翻閱的書籍一樣！**

梁啟超的意思或許是：當您一頁一頁的看盡某本書中的故事，你總會看見最今您感動的永恆詩篇！於是，您或許會想珍藏這本書，讓它永遠活在您的心中。您甚至還會時時翻開它，將其視為生命中的試金石。因此，蔡鍔的生命如同我們手中的一本活書，會一直陪伴、眷顧我們的身心。

圖書館成立後，梁啟超還作《松坡圖書館記》及《松坡圖書館勸捐啟》，號召社會各界關心該館藏書建設及資金籌備，「庶仗群力，共襄厥成」。

北京北海公園快雪堂松坡圖書館

短短時間內，松坡圖書館已經辦的頗有起色。館內藏書近十萬卷，分為中、西文兩大部分，其中中文以《四庫全書》複本及楊守敬的二萬四千多冊藏書為主，西方包括英、法、德、俄、日等部分典籍。該館還聘請專家擔任館藏中外圖書的分類編目工作，以便利於讀者查閱。此外，館內還設有防火、防盜裝置，通風及光線等條件俱佳，備受社會各界人士的歡迎。

梁啟超建立松坡圖書館後，為了照顧蔡鍔年幼的子女，他還發起「蔡公遺孤教養協會」，以慰藉逝者在天之靈。

此後，梁啟超的書房「飲冰室」中就一直懸掛著蔡鍔的遺像，這份哀思與深情，是旁人無法體會的。

梁師看重身而為人的價值乃德行與品格，蔡鍔在他心中的價值是無價的，

因為蔡鍔具有光輝磊落的人格和崇高優良的道德。

梁啟超的後半生可謂與松坡圖書館結下了不解之緣，晚年的梁啟超，已倦於政治而潛心於著述講學了。

他研究佛學、歷史，研究先秦諸子、研究清代學術思想，並擔任清華研究院的導師。對於書法，他或考其淵源，或鑒定其衍變，或欣賞其風格特點。經他過目和考訂的各種碑帖，僅 1925 年 2 月就達 98 種。成為他一生著述等身的不可或缺的一部分。

同時，他也寫字、賣字。每天晚飯以後，他會抽根煙休息一下，然後走向書房和學生們談話家常。他喜歡寫大字，而且是站著寫，學生在邊上為他拉紙，報名款，他則揮毫落墨，一氣呵成。有時寫到快意處，且吟且笑，而當傷心時，就會望望牆上蔡鍔遺照，或許他是想到了某些既感傷又溫暖的往事了吧？

學生們總是明白，也頗善解人意陪著梁師扶清風哼吟，但或許學生們無法體會到，究竟什麼是「梁啟超與蔡鍔的約定」？

梁師賣字所得可不是為了私飽中囊，而是為了彌補松坡圖書館的日常支出。自他任該館館長後，儘管經費問題長期困擾著圖書館，但在梁啟超及其後人的艱苦努力下，並通過捐助等形式，圖書館還是能正常開館。

梁啟超知道他的弟子蔡鍔是一位「戰士」，然而，他希望透過松坡圖書館的訊息和精神，讓更多人覺醒，成為下一位戰士，而且是各行各業的戰士。

「誰憐愛國千行淚，說到胡塵意不平」，梁啟超深深地、深深地懷念著他的得意門生，並願意為之獻出自己晚年的餘熱。梁啟超籌建松坡圖書館的義舉，至今仍被後人緬懷和稱讚。

其實在我們每一個人的心中，都有「松坡圖書館」的影子，我們的生命何嘗不是一座座圖書館？獨立而高貴、自由而奔放，只是我們每位戰士，要

怎麼去開啟圖書館的大門？首先要確立的便是人生的目標，並用戰士般的精神為理想付諸實踐。

　　梁啟超與蔡鍔的生死約定，感動了無數人，然而從今日起，我們也可以和自己內在的「松坡圖書館」互許約定，一個改變自我，轉變心量的約定。

參考資料
• 《飲冰室合集·文集》

第一篇　蔡公遺事

雲南省財政廳長袁家普

余與松坡督軍交已五年矣，中經數回之事變，無一次未與余謀者。辛亥舊曆九月二十一日，余與劉君式南、文君湘芷，以宋君鈍初之電促，由奉天潛走上海。十月十三日，均隨鈍初入南京，共籌臨時政府及參議院事。十二月初一日，按蔡公來電，調余等赴滇，襄助一切。十三日，遂與鄭君開文、肖君堃、彭君廷衡、王君兆翔由滬起程。二十二日，抵雲南省城。二十三日，入謁蔡公，見即推誠相與，如舊相識，此余與蔡公定交之始也。

二十六日，奉蔡公委任為雲南都督府軍政部總參事官，凡雲南政府民國以來各種法規，皆蔡公命余起草，公隨筆改綴所訂定。元年五月，密保余為雲南財政司長，所有雲南現行之財政計劃、銀行制度及關於財政上、金融上之諸項法規，皆余秉公命詳細規定。

雲南之財政雖窮而不亂者，皆公所賜。並屢囑余曰：雲南自前清以來，本係受協省份，現在中央財政不能顧及各省，雲南亟宜自謀，務使收支適合，不可專向中央乞憐。乃下令裁減軍政各界薪餉，自都督以下每月過六十元者，均只准支六十元；六十元以下者，均酌量裁減；各項軍費、政費亦皆至於減無可減，節無可節。是以元、二年以來，不惟中央未曾協濟雲南，雲南反協濟中央數十萬元，而雲南政事當行者亦均行之，並未停滯。

蔡公在滇都督任內兩年，除每月之六十元薪俸外，並未支用公費。其公館之食用費每日限用小洋二角，其律己之嚴，可見一斑矣。

至於治軍之嚴，尤所罕見。雲南自辛亥重陽首義以後，從未添招新兵，迨援川、援黔歸來，皆令其退伍，紀律謹嚴，未曾有一亂暴之事。曾有一兵

戲放手槍一響，即罰判徒刑二年。故余在滇前后三年，未嘗聞過槍聲。尤可怪者，蔡公都督任內，全省土匪為之絕跡。雖其威望足以服人之心，亦士卒用命，軍隊之配布咸宜有以致之。

雲南其時既已安已治矣，公乃旁及於國中之大局。始則命余在雲南組織統一共和黨，旋由黨眾舉公為總理，而余與孫君敏齋副之，全省風靡，雲南之統一共和黨遂為中央及各省同黨所倚重。其后，公見國內黨爭激烈，軍人任意干涉政治，乃首倡「軍人不入黨」之論。

適值統一共和黨有合併五黨為國民黨之舉，公遂脫離黨派關係。並謂余曰：予讀法蘭西革命史，自拿破崙時代起至第三共和國成立止，其間法國憲法更變者計十九次，其重大之原因，皆因未有憲法，即先有黨。其憲法皆由當時得勢之黨派所造成，及其黨勢一衰，而其所造之憲法，遂亦因而失其效力。甲仆乙起，循環不已，故良好之憲法終不能產出。及普法戰爭之後，法國全國一致，成立今日之憲法，而共和國家亦因之鞏固。可見，政黨者乃運用及維持憲法之物，憲法不可由政黨所造而成之。今我國國基亦未固，憲法未立，而黨爭之激烈如此，吾輩切不助其焰，而揚其波。

公又默察袁世凱之行動，終非可望其為愛國救亡之人，乃內則集合滇省軍政各界要人秘密開會，定計組織建國團。首由公演說，略謂：我輩革命，原有數重：其第一重，推倒滿清，恢復舊物，可謂已達目的。其第二重，滿清雖倒，而官僚勢力尚盤踞如故，帝制難免不再發生，加之暴民亂政，亦不可不防。其第三重，經過之後，國家斷不能謂之成立。何則？國家者對於世界要有獨立不羈之實力及資格，在國際上與最強國列於平等之地位，乃得稱為完全之國家。

今我財政上、經濟上、行政上、司法上、軍事上無一不受外人之壓迫及挾制，故第三重非達到國家獨立不羈之目的不可。余本此意，已與桂、蜀、

黔等省都督聯絡，暗中組織建國團，以建立強固共和國家為主旨。乃公決派田君宗滇赴長江各省聯絡軍界，派余赴京為滇省財政代表聯絡政界。

癸丑之役（二次革命），公以余為京、滬間軍事偵察員，密電往來，日以數起。**克強先生據南京時，公即聯桂、黔、蜀實力援助，公之意蓋欲假名戡亂，由滇出兵，經湖南出武昌，屯師武漢，再行迫令袁世凱退位。後南京失敗，公聞之痛哭者累日，而袁之忌公亦以此時起。**

及其來京也，雖與袁虛與委蛇，亦欲在北方占一軍事上勢力，以期達所謂第二重、第三重革命之目的。籌安會起之第二日，公即將其太夫人、夫人及如夫人在京所生之一子，派張君瑞嵩送回寶慶，而京寓只留如夫人一人，早已準備時時可走矣。

數日後，召余密商，首問余曰：君之對於籌安全之觀察如何？有人邀君否？我將來對於此事當取若何之態度為妥？余對以該會尚無人邀余，余亦決不參入。以余觀之，外交上萬難辦到，現在歐戰時代，日本將有左右世界之機會，袁自前清北洋大臣以後，即與日本大生惡感，日本之排袁，幾同舉國一致。

袁帝制自為，日本決不承認，日本不承認，即當援助民黨，而帝制必不能成。其結果，袁不為路易十六世，即為拿破崙第三世。公一笑曰：與外國開戰之事，斷不至有，拿破崙第三世或不能學也。余繼言將軍對於此事暫宜取沈默態度，置之不理，隨後觀察形勢，以定行止。公曰：然！並囑余與上海民黨暗通消息，得其真相報告之。

迨五國提出勸告，公又召余密商曰：予觀袁實在立腳不住，上海民黨情形若何？有信來否？余對以有人來坐探將軍意見，以定進行之道。公云：此人為何人？所使能靠住否？余云：係彭君允彝、歐陽君振聲、谷君鍾秀等所使，斷不誤事。

公云：速令返滬，只說我已決定袁實行表示意思，決定帝制時，我即離京。及袁搜公私宅之後，公愈不可在京一日居。又於十一月九日召余密商曰：予已決定出京，但倡義當以何處起點為妥？余曰：能得四川支持數月，則各省必有響應，天下事尚可為也。

公曰：最好是由雲南入四川。余曰：唐將軍（繼堯）意思未知若何？公曰：無礙。又曰：予此去以先往何處為妥？余曰：宜先往日本，與民黨計議，旋赴安南，以規雲南為上策。公曰：予去後，君等務宜不動聲色，力持鎮靜，將經界法規編立成書，以為將來進行之張本。並囑電滬上各要人，以便接洽。此即余與公永別之日也！

公乃於十一月十一日出京，十九日余追至天津，則公已於先日乘山東丸赴日矣。以後遂未得有公書至。今年在滬赴成都及赴日過重慶時，接公兩電，一言介弟松垣不宜令長銅元局，恐年少有誤公事；一詢太夫人已經來省與否？急欲一見，以慰孝思。

嗚呼！公已長逝矣。余猶憶在滇時，每逢星期，與公在偕行社為彎弓射箭、踢球斗拳諸戲，一若同校之親友。及至入辦公室，則嚴如神聖，不可侵犯。此景此情，宛然如昨。

又憶南北統一紀念會之日，滇省舉行「提燈會」慶祝，市民填街塞巷，公邀余微行於人叢之中，入市店中購買遊戲之玩物，入酒店飲酒，則又如兄弟骨肉之在家庭中人，皆不知其為都督也。

公夙嫻文學，余於民國元年十月由滇赴京，曾親書橫披贈余。錄其遊西山兩絕云：

> 東風吹徹萬家煙，迎面湖光欲接天。
> 千載功名塵與土，碧雞金馬自年年。
> 雙塔崢嶸矗五華，騰空紅日射朝霞。

遙看杰閣層樓處，五色飛揚識漢家。

可見其文學之妙也。

（《長沙日報》，一九一六年十一月十一日）

第二篇　我對蔡鍔的回憶
李文漢

蔡鍔在雲南領導辛亥起義

蔡鍔到雲南後，不久就被委為三十七協協統。時雲南軍界，大多為北洋系和日本士官系，以所抱宗旨不同，競爭很烈。從蔡的表面看，似乎是不偏不倚，一視同仁；惟以砥礪志節，講求學術策勵所部。他的協司令部，就和講武堂同在一道門裡（同在舊日的洪化府），但他從來沒有到過講武堂，也沒有和學生們講過話（那時我是講武堂的學生）。

他真的是沉靜嗎？不！他內心是對革命事業非常熱烈的一個人。他同總督李經義是有淵源的，在廣西是長官部屬，調到雲南，更得到李的信任。鍾麟同、王振畿等對日本士官系屢搆讒言於李經義的面前，而蔡鍔則力為解釋，如羅佩金、韓風樓、謝汝翼、李鴻祥、唐繼堯、劉存厚等當時得不被排擠，皆鍔之力也。

時清廷改鐵路為國有，川中因爭路權，形成群眾運動，蔡逆料中國局勢將以此為導火線，即與同志諸人迭次密商，著手布置。斯時，李鴻祥充七十三標管帶，唐繼堯、雷飆充七十四標管帶。並伺機委派同志充任下級將校，黨人勢力遂幾與北洋派勢力相等。

辛亥七月中旬，蔡以計劃秋操赴宜良偵察地形。八月十九日（國曆 10 月

10日）武昌起義，蔡由宜良歸，召集同志密議數次，有人主張雲南不宜舉動，俟全局大定，再為進行，以避外人乘機干涉。蔡以雲南宜速舉事，以為西南各省倡，進而戡定川黔，得此三省，以與清朝爭衡；外人干涉之舉，以大勢計之，不足慮也。眾多贊其議，遂決定定期舉事，並決定了攻擊計劃。

當時與會者還曾歃血為盟。鍾麟同對此已有所聞，戒備極嚴，時派人尾隨蔡後。八月下旬，鍾麟同欲撤懲謝汝翼、李鴻祥諸人，蔡為力爭，乃止。時武昌光復後的《討滿洲檄文》已密秘傳至雲南，風聲更緊。只以子彈未領，預備未周，致稽時日。嗣聞漢口失守，騰越亦經起義，蔡乃於九月九日午後發令委派臨時官長，按照預定計劃分途布置，七十三標由李根源以及第三營管帶李鴻祥等率領向北門一帶攻擊前進。蔡知巫家壩步炮兩標，非親臨指揮，斷難如意發動。乃於十時頃親赴巫家壩集合兩標將校宣布起義宗旨，詞嚴義正，每發一語，則群呼萬歲；繼復集合目兵誓師，歡聲雷動。分給子彈，整理裝械既畢，即陸續出發。

時正夜半，遙見城中火起，頻聞槍聲，知七十三標已入城，乃督軍急進，途遇馬標於南校場，該標係奉鍾麟同調來城鎮壓起義者，蔡誤以該標來援，與其將校握手歡呼，讓標懾服莫敢動。旋率軍由大東門入城，以步炮機關槍各隊分布東南城一帶，待拂曉施行總攻擊；並派隊協攻軍械局及五華山督署各處。部隊所領子彈，人僅十五發，鏖戰達旦，早經告罄，非攻下軍械局，則子彈無從接濟。乃以火藥毀其圍牆，眾兵擁入，同時五華山及督署兩處亦相繼攻克。

蔡下令，飭諸軍分別占領各要地，不得擅離；並嚴飭各軍，不得妄殺一人，不得妄取民間一物，以是人民安堵，省局大定。當蔡舉事時，嘗鈐蓋小水晶章，文曰「昭陵」，昭陵者，蔡原籍邵陽舊名也。事定，送省立圖書博物館陳列。

十二、十六等日，臨安遵令反正，惟龔心湛據蒙自，希圖反抗。蔡任朱朝瑛為南防統領，趙復祥副之，命襲取蒙自。與龔軍遇於大啞口，一戰破之，殲其督帶孔繁琴，餘眾或潰或降，遂長驅入蒙，龔遁去。蔡以南防毗連越南，且防營實力頗厚，反側不安，乃編成「南征軍」一支隊，以羅佩金率之赴蒙，開廣鎮夏文炳懍於兵威，亦率所部於十九日反正。鶴麗鎮張繼良圖謀反抗，蔡命榆標嚴為防備，相機剿辦；並命講武堂教官劉法坤率步騎兵要截解往鶴慶之軍械於祿豐，悉被截獲，張勢窮，求放歸。旬日之間，全滇遂定。

蔡鍔在光復後的措施

雲南光復後，秩序很好。蔡以四川清總督趙爾豐仍據蜀，川民遭其塗炭；且四川據長江上游，若趙挾川中兵力財力，北連秦晉，東下武漢，足以制民國之死命！乃搜集軍實，編成一師，以韓建鐸長之，分為兩梯團，第一梯團以謝汝翼將之，第二梯團以李鴻祥將之；謝團取道昭通、敘州，李團取道華節、瀘州。迨師次敘、瀘，趙爾豐被迫交出政權，另行組織政府，蔡即命兩團暫住敘、瀘，無庸前進。

時川中軍府林立，政令紛歧，李鴻祥、謝汝翼、黃毓成諸將電請積極進軍，掃蕩廓清，另組統一政府，蔡切電阻之，川事稍定，即撤軍回滇。

迤西方面，因張文光在騰越起義後，分兵下永昌，出大理，襄脅甚眾，乃命李根源率省軍出巡迤西，飭將騰永號稱三十餘營之軍隊縮編為七營，調張文光為大理提督。李根源經營西事，擬從事改土歸流，蔡以財才兩乏，命採漸進方針，宜從興教育、修道路、辦警察、務墾殖入手，設行政委員領其事，將土司司法、財政收回，不改猶改，且較為有利。李皆遵照次第施行。

十月中旬，蒙自統領趙復祥，因濫招新兵，匪類混入，臨標及新招之一營全體嘩變，戕殺官長，焚劫市場，將校逃匿殆盡，南防震動。越南法兵勢將藉口侵入，蔡與法領交涉，謂蒙亂指日可平，鐵路一帶，當派兵沿途駐紮

保護，決無他慮。

蔡一面諭蒙自叛軍無得擅動，一面飭臨安（今建水）、開廣各軍嚴加防堵，令朱朝瑛赴蒙撫慰叛軍，命羅佩金赴蒙，愷切宣慰，眾心稍定，乃飭將蒙軍陸續調省，嚴加淘汰，編為二營，將為首之李鎮邦等二十餘名置諸法，軍民為之肅然。

時漢陽失守，民軍失利，南北和議遷延不決。貴州自治黨與憲政黨斗爭劇烈，憲政黨假貴州軍府名義向雲南軍府借兵。蔡正考慮中，憲政黨戴循若、劉希陶、熊鐵岩等時在昆明，復當面請求，蔡遂派唐繼堯用假道北伐名義率兵入黔。黔軍府尚設供張，唐繼堯至貴陽，不駐招待之處，逕令軍隊分紮山頭，並架設炮兵，指向貴陽。

越日，軍府被圍，而趙純臣逃矣。於是憲政黨之耆老會遂正式出面，舉唐繼堯為臨時都督，戴循若、任可澄、劉顯世以下分據要職，以後鍾山玉、趙純臣、楊樹清均先後被殺，其他軍隊，無論官長士兵，恐其不為己用，繳械之後，驅至東郊坑殺。

當醞釀派兵入黔時，李根源頗持異議，他所撰《雪生年錄》有這樣一段，節錄如次：「滇黔唇齒，當此國基未定，武漢戰急，只能維持現狀，出以調和，不宜走入極端。蔡公信熊、劉言，待余西行，以唐繼堯編一軍率之入黔。未幾莫贗入貴陽，逐楊、張，殺趙、黃，占有貴州，遂結兩省惡感，種兩派禍根，……不能不恨五華山頭，余言之不用也。」派兵入黔，實種後來若干禍根。當時余在貴州下游游擊軍任騎兵大隊長，曾參加銅仁、松桃戰事，所親見親聞者也。蔡在雲南光復後措施，此為一大錯誤，不能為賢者諱也。

蔡鍔被調入京的原因

一九一三年李烈鈞在湖口起義討袁，蔡鍔不顧當時省議會少數議員的反對，毅然任命謝汝翼（當時謝汝翼是第二師師長）組織軍部，派步兵一團、

砲兵一營入川。他通電各省，謂將率軍到前方調解。但是他的主旨不是出面調停，是想出面與袁世凱爭衡。不久，南方起義各省先後失敗瓦解，袁迭電蔡鍔撤兵，這是很觸袁氏之忌的。當時西南各省，只滇、川、黔還沒有袁的力量侵入，而雲南又比較完整，袁更不放心，因此通過梁啟超的運動，調蔡鍔入京。蔡即推薦唐繼堯繼任滇督，中了袁的詭計。這是蔡鍔離滇的主要原因。

雲南內部也有矛盾。雲南光復初期，是李根源、羅佩金相繼任軍政部長，以後李赴迤西，事畢辭第二師長職赴京，羅後委為民政長，都失去了兵權。援川軍回滇，委李鴻祥為第一師師長，謝汝翼為第二師師長，他們都想繼承蔡鍔的職務。但蔡並沒有交給他們的意思，李、謝對蔡心懷不滿，李較謝尤為明顯。

當醞釀唐繼堯調滇之初，第一師參謀長李伯庚就授意新編六團團附周興權出來要約軍界同人給唐繼堯寫信，大意說，滇軍的力量只有向外發展，不能把現有地位失去，反而收縮回來的道理。有些人表示贊成，有些人沒有表示意見，就假借大家名義寫信去阻止。阻唐回滇，亦即反對蔡的主張，亦即表現了對蔡的不滿。有時蔡還受到李鴻祥的挾制，此亦蔡鍔離滇之一因。

蔡鍔臨行前數日召集營長以上軍官的重要講話

蔡鍔調入北京，行有日矣，曾召集營長以上軍官講話。我曾親身參加，事隔四十餘年，對於當時的談話，未能詳細記出，只能概述如下：我此次被調入京，不日即將起行，現任總統袁世凱，原是我們的政敵。戊戌那年因為他臨時告密，我們的師友，有的死，有的逃，現在想起來，猶有餘痛。但衡量中國現在的情勢，又非他不能維持。

我此次入京，只有蠲除前嫌，幫助袁世凱渡過這一難關。又說：九月重陽，雲南光復，各將領的功績，謝汝翼（當日謝汝翼在座，李鴻祥未列席）、

李鴻祥都出過力，立過功。唐繼堯活潑勇敢，他在貴州還有成績，為中央所信賴。如前清總督丁振鐸在滇，不得清廷信任，就一事不能辦，錫良調滇，為中央所信任，所以向德國購械，成立十九鎮，都得到中央擬定專款，措置裕如。

此次唐繼堯調滇，對雲南是有好處的。又說：入川軍隊，當時因李烈鈞在湖口舉義，雲南曾派步兵一團，砲兵一營入川，應早調回，現在還在途間，這是有關軍紀問題。「軍紀」雖是一句老生常談，實在是軍隊命脈所關。又談到羅佩金，他說：羅佩金到京，擔任雲南軍事參議。羅對雲南措施，很多不滿，但他不向雲南政府提出，竟向中央去報告，多數人對他不滿，是有道理的。

羅本是有才幹的人，我仍電保回雲南任民政長。接著謝汝翼發言：對唐回滇，表示歡迎。但唐的部下如葉荃、黃毓成等老前輩到京，望（指蔡鍔）保薦位置以免生事。蔡鍔接著說：你所提的這些人，他們只是看看三國列國，時時想當英雄，但英雄還是要時勢才能造成，我到京，當向中央進言。

最後說：雲南最重要的還是交通問題。在國防上尤應與廣西交為一氣，如有緩急，才能應援。我到京，當向中央建議，趕速修成滇邕鐵道，以為西南國防初步基礎等語。

（《雲南文史資料選輯》，第一、四十一輯）

一、民初著名記者陶菊隱（1898年～1989年）的
《政海軼聞‧蔡松坡》

二、民初國學大師錢基博（1887年～1957年）的
《近百年湖南學風》論蔡鍔

陶菊隱《政海軼聞‧蔡松坡》

自民國以來，武人解兵柄，棠愛猶存者，蔡松坡一人而已。袁氏當國時，蔡稅居京師，滇人相語曰：「蔡將軍在，吾滇何至於此？」無何，籌安會起，蔡微服離京。袁密電滇督唐繼堯，告以蔡將間道入滇，宜偵其蹤跡。唐忌蔡甚深，即令阿迷州知事妥為佈置。阿迷州為滇越鐵道第三站，距昆明五百里，蔡入滇不能飛越而過。唐之不設伏於昆明，蓋惡居殺蔡之名，而欲假手於人也。時滇軍師旅長多與蔡有默契，蔡亦預知將不見容於唐也。主僕易裝為乘客，抵阿迷州站遇刺，僕負創未死，暴徒逸，蔡固無恙也。即晚抵昆明，有湘籍師長沈某，蔡舊屬也。

蔡於昏暮中為不速之客，沈驚喜迎之。蔡曰：「袁氏叛國，事不可緩矣。」即夕，召師旅長之厚於己者集沈宅秘議。蔡侃侃陳詞，淚隨聲下，與議者皆奮起曰：「一切唯公命，生死以之。」詰朝，蔡單騎謁唐於督署，唐駭然迎之。蔡率爾曰：「吾行阿迷州遇刺，倖免於厄，君有所聞否？」唐愕然而怒，厲聲曰：「阿迷州知事太不知事，吾必有以創懲之。」蔡曰：「此必袁世凱詭謀。時過境遷，吾人當研究救時方策。」唐曰：「吾誓從公後，先與諸將謀何如？」蔡然之，即日召集軍事會議，徵詢意見，而不知先一夕已行之矣。

及時，將校咸集，蔡致詞沉痛，略謂：「**袁勢方盛，吾人以一隅而抗全**

域，明知無望，然與其屈膝而生，毋寧斷頭而死。此次舉義，所爭者非勝利，乃中華民國四萬萬眾之人格也。」語竟，諸將默然，視線集於唐，唐俯首無語。沈師長躍起曰：「蔡將軍命，吾人罔敢或違。」眾和之，聲震屋瓦。唐慨然謂蔡曰：「君以為可者，吾亦可之，吾二人二而一者也。」旋舉總司令，諸將之厚於蔡者皆欲唐行而以蔡為居者，蓋疑唐不可恃，如居後方，恐生不測。蔡知其意，即以前驅自任，眾無已，從之。席終，蔡謂諸將曰：「吾非不知君等意，然吾志在討袁，若以責任屬唐，自居後方，人其謂我何？」眾皆嘆服。及舉兵，唐以贏師三千予之，蔡夷然任受。其時舉義佈告，列唐為首。然先一日唐尚出有佈告，其銜名為「勳二位開武將軍督理　南軍務一等侯唐」，末署洪憲年號。張貼佈告之公役不敢以新佈告加於舊佈告之上，乃橫陳而並列之。有惡唐者，攝入鏡箱，制為銅版，以彰其隱焉。

　　蔡生平不好貨財，整躬示範，部屬皆不敢妄取一介。其後吳佩孚亦不好貨財，而吳部多貪婪，吳不之察，人喻為「冀夫」，意謂吳氏僅能潔己，前後皆為穢物也。今之武人，求為冀夫又不可得矣。蔡律部下嚴，觸刑章，必治以應得之咎。從蔡遊者恆貧乏無以為生，稍失檢，且陷法網焉。人謂蔡之冷峭，有威可畏而無德可懷，然人民之謳思至今罔替，是又足以為訓矣。先是，日本士官校同學中有四傑之譽：一蔡鍔，二蔣方震，三張孝准，四周家樹。之四子者，習武功而兼擅文事，學友美之。其後蔣為軍事學者，今息影滬上。張赴德補習陸軍，歸國後任湘省榷運局長，用非其才，後以體肥重，暴卒於飲宴間。周僅任陸軍部部員及留日監督，以吟詠問世，類文士所為，亦鬱鬱以卒。四傑中湘人居其三，而蔡勳業冠儕輩，是亦有幸有不幸也。

　　帝制取消，袁亦一病不起，黃陂代位，蔡以功授川督。蔡體固贏，夙攖肺病，戎馬倉皇中，餉彈不繼，憂危郁於腠理，日即沉綿。督川令下，蔡已不自支，乃赴日就醫，委川事於羅佩金、戴戡。東渡後，卒以病入膏肓，長

辭人世，舉國為之震悼。蔡平時廉介自矢，故其死也，家人幾無以自存。政府卹典及部屬賻金數不盈萬，遺族至今仍在窮鄉，國人之所以報元勳者亦薄矣。聞蔡易簀前草遺書一通，自暴其志，謂：「本人少年時，羨東鄰強盛，恒抱持軍國主義。是項主義，非大有為之君，不足以鞭策而前，故政體孰善，尚乏絕端之證斷。後因袁氏強姦民意，帝制自為，逞個人篡竊之私，不惜以一手掩飾天下人耳目，爰伸正誼，以爭國民人格。湘人楊度，曩倡《君憲救國論》，附袁以行其志，實具苦衷，較之攀附尊榮者，究不可同日語。望政府為國惜才，俾邀寬典」云云。然政府以楊甘冒不韙，卒下通緝令，是書亦隱而未發也。

　　滇唐之於蔡將軍也，生前畏其得軍心，死後又惡其名之益彰，乃於昆明南門外自勒紀功碑，大書「會澤唐公再造共和紀念碑」，過此者嗤之以鼻。人有議建蔡祠者，唐不能拒。祠落成，褊小無隙地，皆唐授意匠人為之也。有譽蔡者，唐必怫然現於其面。言談之頃，深以蔡死為幸。蔡死後，唐每出必乘黃轎，從者塞途。部屬妻女之有豔色者，必誘之入彀。曩助松坡舉義之沈師長，某日應唐召宴，飲甚樂，歸家，夜半而卒。南遂成恐怖世界。然十六年唐亦無疾而逝，聞者駭然。或謂唐以之加諸人者，人亦以之加諸唐，其言亦近似。

　　吾述松坡事甫竟，友人來告曰：「**君所以美之者至矣。民國以來，武人如松坡者，誠不多覯。然吾人為忠實的論斷，正不必為賢者諱。松坡為人，蓋富於英雄思想而非聖賢之徒也。**先是，松坡督滇時，恒以蹙處一隅，不能展其驥足為憾。川滇之爭，松坡實有以啟之，而未能如其志。袁氏當國，松坡以為可有與為也，將往佐之。袁未能推心置腹，且防之者備至。袁意以美爵老其志，使不為己患足矣。然松坡與庸人做官不做事之心理，適相背馳，彼以事業為重，私福為輕，懷抱中恒欲得人而事，挾雷霆萬鈞之力，俾國勢

轉弱為強，與今日希忒那、慕沙裡尼之流若合符節也。既失志於袁，不能不別求生路。滇中倡義，謂為主義之爭，毋寧視為英雄思想所驅使。且松坡不慊於袁，尤以陳宧為之梗。陳小有才，善伺袁顏色，懷中挾正反兩策，知袁之將正也，以正策進，反亦如之。遇袁躊躇莫決，陳則申述各有利害，不置論斷。」袁笑曰：「二庵（陳字）實獲我心也。」不知其策皆預蓄胸中，背誦如流而已。袁左右皆見用於陳，故能知其隱而投之。

袁嘗語人曰：「松坡良不惡，然未若二庵也。」松坡聞而惡之。蓋不獨陳居己上，非所任受；即置與噲伍，亦有所不屑也。況有雷震春輩妒功忌能，松坡益不可一日留矣。其後滇軍首出四川，當之者適為陳宧（其時陳為川督）。說者謂松坡深有用意，一以竟曩歲未竟之志，二則使袁知二子孰賢。此雖近於穿鑿附會，聞者不能無感焉。松坡生平，清廉罕匹。曩為滇督，解職時幾無以成行，滇人贐以萬金。其後將星既隕，遺一妾流落昆明，今仍未歸，已不知所終矣。松坡所短，在襟懷褊狹，岸然不能容物。國人恆謂成大業者，必以休休有容為先，泱泱大國之民，尤不宜示人以不廣。松坡無祿，意中事也。然吾聞世界民族以英人為最褊狹，使其褊狹之性范於正義，濟以堅忍，雖褊狹乎何傷？英人不失為泱泱大國之民者以此。若夫頻遭橫逆，夷然無忤，馴至挫辱重重，不知人間有羞愧事而自詡其休休有容者，吾未見其可也。

錢基博《近百年湖南學風》論蔡鍔

蔡鍔，字松坡，邵陽人。年十四，補諸生。十七而負笈時務學堂，梁啟超主講席，遂奉手焉。然得啟超之心傳者少，而受楊度之薰染者為多。楊度，字皙子，湘潭人也。嘗受經王闓運，自謂承其平生帝王之學，而留學日本，倡君憲救國之論。而鍔稍長亦東渡，入日本士官學校。鄉人之中，獨與度契。休假日，必飯於度。放言高論，謂「非軍國主義不足以救積弱之中國。而近

百年來，為一切政治之原動而國制組織之根本者，立憲制是也。為一切軍事之原動而國軍組織之根本，則義務兵役制是也。兩者相反而以相成。自國家言，則立憲制者，求其個性之發展，故自由者，義取諸分，對內者也。義務兵役者，求其團體之堅固，故強制者，義取諸合，對外者也。自人民言，則有與聞政治之權利，即有保衛國家之義務。大君與人民共國家，即可課人民以兵役。」與度之君憲救國論，此唱彼和。

於時清政既替，變法無成，海外三島，志士雲集。而抱負不同，各有揭幟。持君主立憲論者，以為「法制既修，政有常軌，君主不過虛器，何必漢人屍名。國步方艱，外侮頻仍，苟以革命起釁，必貽瓦解之禍。」大放厥詞以為之主者，保皇黨之梁啟超，而《新民叢報》其喉舌也。不然其說而倡民主立憲者，則曰「治人治法，不可偏廢。非我族類，其心必異。」主之者厥為國父，而為之喉舌以與《新民叢報》旗鼓相當者，則有汪精衛、胡漢民等主編之《民報》。而度依違其間，蓋其持君主立憲與啟超同，而保皇則匪我思存。於是異軍突起以創《中國新報》。亦能持之有故，言之成理。而吐屬婉約，不激不隨，以視《新民叢報》之鋪張排比、好為無端厓之詞者。意度溫文，動人娓娓，一冊風行。而國父之自南洋抵東京也，下車之後，首造於度。談三日夕，欲伸所信而引為同志，而度不以為可。臨別而國父啞然曰：「吾舌敝而君執之堅。」度謝曰：「愧不克承公教。顧有一友，與公英雄所見略同，願介以見。」國父問何人，曰：「黃克強」。而黃興與國父之相見，則度為之介也。旋歸國應經濟特科試，列第一。或讒於太后曰：「啟超之黨也。」罷不用。

而袁世凱方柄政，力薦度，召對，賞四品京堂，以為憲政編查館提調，於是度以世凱為舉主矣。既而宣統即位，其父醇王攝政，世凱稱足疾罷，而度亦浮沉仕不進。及辛亥革命，黃興以黎元洪起兵武昌，攝政王莫知所為，起世凱督師。朝旨未頒，而度先馳謁世凱，有所陳說。世凱之出也，遣唐紹

儀赴滬媾和，而命度南下協贊。度與黃興雅故，為世凱疏通其意。而和議屢停，以有成言者，度與有力焉。蔡鍔與度過從之日久而習聞其言論，及歸國，歷主湖南、廣西、雲南總兵事，擢雲南三十七協協統。時為辛亥二月，而英人窺我片馬以有違言，於是輯《曾胡治兵語錄》以申儆諸將。意別有會，則為加按。至曾國藩論「用兵之道，審量而後應之者多勝」一語，則加按曰：「兵略是取攻勢，固也。必兵力雄厚，士馬精練，軍資完善，交通便利，四者具而後以操勝算。普法之役，法人國境之師，動員頗速，而以兵力未能集中，軍資亦虞缺乏，遂致著著落後，陷於守勢以坐困。日俄之役，俄軍以西伯裡亞鐵路之交通，僅單軌，遂為優勢之日軍所制而以挫敗。吾國兵力，決難如歐洲列國之雄厚；而『精練』二字，此稍知軍事者能辨之。至於軍資交通，兩者更瞠乎人後，如此而曰『吾將取攻勢之戰略戰術』，何可得耶。若與他邦以兵戎相見，與其孤注一擲以墮軍，不如據險以守，節節為防，以全軍而老敵師為主。俟其深入無繼，乃一舉而殲之。昔俄人之蹶拿皇，用此道也。」

　　觀於今日，我國人之堅持抗日，所見略同。而鍔燭照幾先，論之於二十年前。然抗日軍興，吾與語士大夫，罕有會其意者。吾自來湘，嘗告人：中國之對外戰爭，有兩番偉論，皆出湘人，而可以俟諸百世不惑。左宗棠之經略新疆也，俄人責言以陳兵，朝議蓄縮，而宗棠則主先進兵攻俄，引多隆阿之言，以謂「俄越境入中國，所壞者中國地方；我越境入俄邊，所壞者俄國地方。俄人須防後路，自不敢一意向前。」語詳本傳。蔡鍔主以守為戰，而宗棠則欲以攻為守，乃與自來德國兵家所倡防禦須在敵國境內之說，如出一吻。當年左公之雄圖大略，與鍔此日之操心慮危，相反相映。然而鍔知彼知己，其論為不乖於情者也。

　　既而聞黎元洪、黃興起武昌，遂舉雲南以應，為都督。顧鍔高瞻遠矚，不甘割據偏方為蠻夷大長以自恣娛，而迭電各省都督，力圖摧破省界，促成

統一，而建設強有力之中央政府，我疆我理，擴張軍管區，縮小省行政，其素所蓄積然也。於是和議成，而國父以黃興與袁世凱有成言，遂遜位而以世凱繼任臨時大總統。顧以世凱之阻兵安忍，而興有第二次革命之役，以民國二年據南京聲討。江西都督李烈鈞、安徽都督柏文蔚、湖南都督譚延闓、廣東都督胡漢民，無不回應，而鍔按兵不動。及興之敗，國父亦遁荒在外，而以其年冬電告世凱，請解兵柄為天下先。遂入京，一供職統帥辦事處，與楊度過從。

度論政而鍔談兵，意氣如昨。鍔言：「兵者以戰為本，戰者以政為本，而志則又政之本。故治兵雲者，以必戰之志而策必勝之道者也。所謂立必戰之志者，道在不自餒。夫強弱無定衡，五十年前之日本，百年前之德國，戰敗及革命之法國，彼惟不以弱灰心墮氣而有今日耳。惟志不立，萬事皆休。夫怵於外患者，退一步即為苟安，故古人必刺之以恥，曰『知恥近乎勇』。恥者，餒之砭也。所謂策必勝之道者，道在不自滿。昔普之覆幹法，蓋為墨守菲列德之遺制；而拿翁三世之亡，則在輕視普人之軍制。蓋兵也者，與敵互為因緣者也。夫習于常勝者，進一步則為虛驕，故古人必戒之以懼，曰『臨事而懼，好謀而成』。懼者，謀之基也。必戰者，至剛之志；必勝者，至虛之心。賢者負國之重，必以至剛之志，濟之以至虛之心，而其入手治兵首在擇敵。有逕以至強為敵者，如今之英德法，各有其心目中至強之對，而衡之以整軍經武，是也。有先擇一易與者為敵，而間接以達其抗拒至強之目的者，昔普欲戰法而先試之于奧，伊欲戰奧而先試之於俄。蓋凡百困難，隨一敗以俱來，即隨一勝以俱去。國家承積弱之勢而欲以自振，往住用此。惟有大不可者二焉：一曰甲可戰，乙可戰，乃既欲戰甲，又欲戰乙，則大不可。備多者力分也。一則甲可戰，乙可戰，乃今日欲戰甲，明日複戰乙，亦大不可。心不戰，力不舉也。」具詳所著《軍事計畫》一書。

總統府內史夏午詒亦以鄉人時往還。午詒，字壽田，陝西巡撫夏時之子也。貴公子早擢進士第，以楊度之舉而得進於世凱。先是南北議和之屢停也，午詒實以世凱密命，貳保定軍官學校校長廖宇春赴上海，與黃興使者會甘肅路之文明書局。使者以臨時大總統為餌，而宇春、午詒則探世凱之旨，以清室為市。宇春、午詒逕請以世凱為大總統，而使者則持之曰：『能傾覆清室者為大總統。』訟辯三日而有成言。於是宇春電告段祺瑞，而祺瑞遂率北方將士二十八萬人通電以請清帝退位，而世凱遂繼國父受任臨時大總統。授宇春陸軍中將勳三位，所以酬也。

宇春則著《辛亥南北共和記實》，印播萬冊以鳴得意。世凱大惡之，遂以投閒置散，而任午詒為內史。午詒機敏有智數，尤善筆筍。世凱有所指示，口授滔滔，而午詒則運筆如舌，手不停揮，無溢詞，無隱情，世凱倚如左右手。世凱意之所在，他人莫測，而午詒則以日侍左右，獨心領神會於語言之表。楊度有推轂之誼，午詒推知己之感，苟有知聞，必以告度。鍔日夕過度，而午詒亦與鍔上下議論。世凱以午詒侍論兵，談言微中。一日語曰：「君何書生而曉暢戎機？」午詒謝曰：「不敢，此蔡松坡之論也。」世凱因言：「小站宿將，暮氣漸深。而東鄰虎視眈眈，實逼處此。不如就南中大將知兵者，授以大任，簡練新軍，庶可去腐生新，為國扞城。」

蓋世凱舊練兵小站，所部宿將，惟王士珍、段祺瑞、馮國璋三人，諺以龍虎狗為況，咸見倚畀。然士珍素性淡泊，畏遠權勢，雖曰知方，而非有勇，雍容雅望，本不足以投大遺艱。祺瑞廉潔自將，行行如也，果于自用，知小而謀大。士珍知柔而不知剛，祺瑞知進而不知退。國璋則貪財好色，位尊而多金，既以平黃興而撫有江南，徒以酣豢，事世凱為謹，見則囁嚅，風斯下矣。一旦有急，折衝禦侮，孰堪大受？其他碌碌，世凱熟知之矣。辭氣之間，頗屬意鍔。

鍔之督雲南也，諜者報有人勸脫離中央，世凱批「應查」二字，交統帥辦事處，亦以為查無實據，束之高閣久矣。及鍔來供職，無意見之，心大危疑。而統帥辦事處主之者雷震春，亦小站練兵舊人，窺世凱之旨而有忌於鍔。諜報文書，為鍔所見，莫或使之，若或使之。帝制議起而屢遭偵伺。世凱亦敬而遠之，以高官為羈縻矣。然鍔志氣殊常，非如諸公袞袞之徒以醣豢也，勳業為重，祿位為輕。恒欲得人而匡輔之，挾雷霆萬鈞之勢，以振中國，轉弱為強。其棄雲南而入覲也，以為世凱之足與有為也。

顧世凱帝制自為，未遑遠略，不競於外而以咆咻於中國，專治一切，自便私圖，此鍔之所不能忍也。於是謁梁啟超有所諮商，而微服出京，繞道回雲南以謀聲討。世凱以民國四年十二月二十五下令民國五年為洪憲元年，而鍔先三日以雲南獨立。唐繼堯以都督任留守，而鍔自將三千人出征，稱護國軍，任總司令。申儆于諸將曰：「吾人以一隅出抗全國，庸有覬幸？然此一役也，所爭者非勝利，乃中華民國四萬萬眾之人格也。」遂進兵於四川，納溪之役，失據敗績。然義聲所播，舉國風從。世凱掉心失圖，遂以憤死，為民國五年六月六日也。萬夫所指，不僕自僵，民的可畏，於斯征矣。於是黎元洪以副總統繼任大總統，授鍔四川都督，而鍔不就。以謂：「蜀雖可為，而民情澆薄虛驕，不適於從軍。若用外軍而屏土著，主客不容，終成水火。加以連年變亂，豪紳良民，多習為盜，恬不知怪。嘗謂治蜀非十年不能澄清，談何容易！必先臨以雷震萬鈞之力，芟夷斬伐；亂根既盡，民志漸蘇，乃煦以陽和之氣，扶植而長養之，亦盛業也。然我志不在此。北軍樸勇耐勞，為全國冠，惜無國家思想，無軍人智慧，倘得賢將以董督而訓練之，可植國軍之基，不如置身彼中以為後圖。」

顧鍔欲舍蜀以事北，而唐繼堯則圖窺蜀以自廣。方鍔以孤軍入蜀而左次不得進也，世凱遣曹錕、張敬堯等帥師禦之，其眾十倍於鍔，幾不支。而繼

堯不濟師，不繼餉，坐視勝負。至是乃遣師命將，大舉入蜀。鍔則以電告曰：「我輩應為國家，不為權利，毋負初心，貫徹一致。不為外界所搖惑，不受私昵所劫持，唯義所在，公私兩濟。今袁氏亦既殞命，不撤兵而進兵，鍔愚莫測所以，兵連禍結，何以善後？鍔為滇計，為公計，不忍不告。」繼堯不聽，而鍔亦無以制也。

顧鍔清贏，病肺久，而戎馬倉皇，日以沉綿，世凱死而鍔亦不支。瘖失音，亟解兵以就醫日本，而卒無救。遺書謂：「少慕東鄰強盛，恒持軍國主義，而非大有為之君，不足以鞭策而前。今日之政體孰善，尚乏絕端證斷。特以袁氏強姦民意，帝制自為，爰申大義於天下，以為國民爭人格。湘人楊度曩倡君憲救國論，而附袁以行其志，實具苦衷，較之攀附尊榮者，究不可同日語。望政府為國惜才，界以寬典。」而於是鍔之心事乃大白，欲持軍國主義以外禦其侮，而不欲擁兵割據，以地方抗中央。志在尊主庇民，整軍經武，鷹揚虎視，別有偉抱，豈曰師命惟聽，而奉梁啟超之一言以稱兵者哉？特以所投非主，而不能以義全始終，齎志以歿，識者哀之。

後人搜其文章言論，為《蔡松坡遺集》十二冊。嗚呼！《傳》不云乎：「君擇臣，臣亦擇君。」雖共和之成，名義可以無君臣，而大業之建，事實不能無主佐。蔡鍔之治兵也，不肯擁兵割據以徇一時風氣；然欲以尊重中央而無成功者，以所欲佐者袁世凱也。

（蔡鍔於一九零二年著）

甲午一役以後，中國人士不欲為亡國之民者，群起以呼嘯叫號，發鼓擊鉦，聲撼大地。或主張變法自強之議，或吹煽開智之說，或立威詞以警國民之新，或故自尊大以鼓舞國民之志。未幾而薄海內外，風靡回應，皆懼為亡國之民，皆恥為喪家之狗；未幾有戊戌變法自強之舉。此振興之自上者也。逾年有長江一帶之騷動，此奮起自下者也。同時有北方諸省之亂，此受外族之憑陵，忍之無可忍，乃轟然而爆發者也。

文字之力，不亦大且速哉！昔中國罹麻木不仁之病，群醫投以劇藥，朽骨枯肉，乃獲再蘇，四肢五內之知覺力，逐日增加。然元氣冷零，體血焦涸，力不支軀，行佇起臥，顫戰欲僕，扁和目之曰，疾在筋骨，非投以補劑，佐以體操，則終必至厥瘵而死矣。人當昏憒與睡夢之中，毒蛇猛獸，大盜小竊，環而伺之。懼其不醒也，大聲以呼之，大力以搖之；既醒矣，而筋骨窳弱，膂力不支，雖欲慷慨激昂，以與毒蛇、猛獸、大盜、小竊爭一日之存亡，豈可得哉！

中國之病，昔在精神昏迷，罔知痛癢；今日之病，在國力孱弱，生氣消沉，扶之不能止其顛，肩之不能止其墜。奮翮生曰：居今日而不以軍國民主義普及四萬萬，則中國其真亡矣。

軍國民主義，昔濫觴於希臘之斯巴達，汪洋於近世諸大強國。歐西人士，即婦孺之腦質中，亦莫不深受此義。蓋其國家以此為全國國民之普通教育，國民以奉斯主義為終身莫大之義務。帝國主義，實由軍國民主義胎化而出者也。蓋內力既充，自不得不盈溢而外奔耳。

日人有言曰：軍者，國民之負債也。軍人之智識，軍人之精神，軍人之

本領，不獨限之從戎者，凡全國國民皆宜具有之。嗚呼！此日本所以獨獲為亞洲之獨立國也歟。日本之國制，昔為封建，戰爭之風，世世相承，剛武不屈之氣，彌滿三島。蓄蘊既久，乃鑄成一種天性，雖其國之兒童走卒，亦莫不以「大和魂」三字自矜。

「大和魂」者，日本尚武精神之謂也。區區三島，其面積與人口，遙不及我四川一省；而國內山嶽縱橫，無大川、長河，故交通之道絕；舉全國財力，僅及百二十萬萬，其民之貧乏無狀，可以概見。然而能出精兵五十萬，擁艦隊二十五萬噸，得以睥睨東洋者，蓋由其國人之腦質中，含有一種特別之天性而已。

漢族之馴良懦弱，冠絕他族。伈伈俔俔，俯首貼耳，呻吟於異族之下，奴顏隸面，恬不為恥。周之於西戎，漢之於匈奴，晉之於五胡，唐之於突厥，宋之於金遼，明之於今清，今之於俄、於英、於法、於德、於日本、於意奧、於美利堅，二千餘年以來，鮮不為異族所踐踏。鐵蹄遍中原，而中原為墟。羶風所及，如瓦之解，如冰之判（消）。黃河以北之地，儼為蠻族一大遊牧場。嗚呼！舉國皆如嗜鴉片之學究，若罹癲病之老婦，而與獷悍無前之壯夫相鬥，亦無怪其敗矣。

尾崎行雄於甲午之歲著《支那處分案》中，有一段最能探漢族致弱之病根。其言曰：「國民之戰鬥力，保國之大經也。一國之內，地有文武之差，民有勇怯之別，如九州之壯武，中國（日本地名）之文弱是也。天下之大，種族之多，國民有勇怯文武之差異，故亦理勢之當然已。自歷史上之陳跡征之，支那人係尚文之民，而非尚武之民；係好利之民，而非好戰之民。今日支那之連戰連敗者，其近因雖多，而其遠因實在支那人之性情也。」

「清兵之戰也，莫不攜有旌旗、鑼鼓、提燈等件，驟見之實堪駭異；苟知戰者，其不攜此無用之長物必矣。」

又曰：「余嘗注釋支那之所謂戰字，謂為旗鼓競爭會。支那文人敘兩軍對峙之形勢，每曰『旗鼓相當』，可知支那之所謂勝敗，不過曰旌旗多而鼓聲壯則勝，否則敗而已矣。」

又下斷言五項，謂中國永無雄飛之望。今復摘譯之於下：

A、支那民族之性情習慣，尚文好利，非尚武好戰。

B、以尚文好利之民，雖積節制訓練之功，亦不能匹敵尚武民族。

C、支那人乏道義心，上下交欺，恬不可怪，畢竟不能舉節制訓練之實。

D、支那無固有之軍器。其所謂軍器者，非殺人器，而嚇人器也。

E、既無軍器，固無戰爭之理。

支那人之所謂戰者，不過旗鼓競爭會而已耳。要而論之，支那人之戰鬥力，自今以往，其必沉淪於水平線以下矣。如斯民族，處今日之戰爭最劇之世界，而欲保其全而獨立也，能乎？不能！

尾崎者，日本前文部大臣，而今政友會（全稱立憲政友會，1900 年，伊藤博文創立。代表財閥利益，先後 7 次組閣。1940 年解散）之領袖也。彼當日之為此言也，雖曰為鼓舞其國民之敵愾心而發，然按之實際，則毫髮不易。撫心自問，能無慚然。夫流之濁也，非其本質之濁，必有致濁之由；木之朽也，非其本質之腐，必有致腐之因。漢族之墜落腐壞不堪，以致於此極者，抑亦由於有多少無形之原因所致耳。

謂予不信，請概舉其例：

一、原因於教育者

教育者，國家之基礎，社會之精神也。人種之強弱，世界風潮之變遷流動，皆於是生焉。東西各強國，莫不以教育為斡旋全國國民之樞紐。教育機關之要津在學校，故兒童達期不入校者，罰其父兄。既入學也，其所踐之課程，皆足發揚其雄武活潑之氣，鑄成其獨立不羈之精神焉。

美國者，世界所成為太平共和、固守門羅主義之國也。然其小學學童所歌之詞，皆激烈雄大之軍歌也。吾嘗檢譯日本小學讀本全籍，多蓄愛國尊皇之義，而於中日海陸戰爭之事蹟，尤加詳焉。其用意所在，蓋欲養成其軍人性質於不知不覺之中耳。夫圖畫一課，末藝也，而有戰艦、炮彈、槍炮等幅，其用心之微，固非野蠻諸邦國所得而知之矣。日本尚如此，而況歐美諸強國哉！

中國教育界之情形，錯綜不一，固難一律概之。然小學時代之為學狀態，雖萬里以外，猶出一轍也。夫自孩提以至成人之間，此中十年之頃，為體魄與腦筋發達之時代。俗師鄉儒，乃授以仁義禮智、三綱五常之高義，強以龜行鼈步之禮節，或讀以靡靡無謂之辭章，不數年，遂使英穎之青年，化為八十老翁，形同槁木，心如死灰。受病最深者，愈為世所推崇。乃復將其類我之技，遺毒來者，代帶相承，無有已時。

嗚呼！西人謂中國為老大帝國，夫中國蓋無青年之人，烏復有青年之國家哉！歐美諸邦之教育，在陶鑄青年之才力，使之將來足備一軍國民之資格；中國之教育，在摧殘青年之才力，使之將來足備一奴隸之資格。以腐壞不堪之奴隸，戰彼勇悍不羈之國民，烏見其不敗耶！烏見其不敗耶！

二、原因於學派者

宗教之移人也，亦甚矣哉！奉摩哈默德教之民，則有輕死好戰之風；奉耶穌教之民，則有博愛堅強之風；奉佛教之民，則有勘破生死、屏絕利欲之風（此惟指日本而言。若中國、若印度、若暹羅，則懸然無足觀矣，蓋所奉者非佛也）。以上諸教皆與軍國民有絕大之影響。

若苟奉以上諸教之邦，其國民之性質未有不弘毅尚武，得以淩制他族者焉。中國無宗教，而有學派代之，故一國之風尚，皆學派之薰染力所造也。中國學派，可析之為二大宗派：一曰孔派，一曰老派。孔派主動，老派主靜；

孔派主進取，老派主保守；孔派主剛，老派主柔；孔派主魂，老派主魄；孔派主實，老派主虛；孔派主責任，老派主放棄；孔派主群，老派主分；孔派主爭競，老派主退讓；孔派主博愛，老派主自私。要而論之，孔派含尚武之精神，老派含賤武之精神是也。此孔老二派最相冰炭之處也。

二千餘年以來，學界內之戰雲爭雨，此二派實互為楚漢，勝敗之機，迄今尚未決也。而自俗眼視之，素王之道，經劉、孔、韓、周、朱、程之發大義，加以歷朝民賊獨夫之推崇，赫赫炎炎，如紅日之麗中天，如流水之出三峽，電馳風發，旁魄中原，舉國之大，莫不入其彀中。李耳一派，則黯然寡色，無復有生氣矣。然核其實，則大謬不然者焉。

夫劉、孔、韓、周、朱、程之徒，名為孔派之功臣，實則孔派之蟊賊。此種蟊賊，謂之老派可也。故蟊賊之力愈大，則孔派之精神愈泯，老派勢力遂得以氾濫天下，流毒萬代，根深柢固，牢不可破。民賊獨夫，復從而鼓浪揚波，巧立推行之方法，務使老氏精神普及人間，則世世子孫可以永有其產業而無所虞。

於是，學界中之亡鹿，遂為老派所獨擒矣。雖有陸、王、顏（習之）、黃（梨州）之嶄然傑出，亦不能挽彼頹波於既潰之秋，可慨矣夫。嗚呼！中國之孔派，非孔派也，張孔派之旗鼓，而為敵派之內應耳。學派者，國民思潮之母。中國思潮之敝陋，至今日而達極點，非一洗數千年之舊思潮而更新之，則中國國民其永就沉淪之途已，安得一路德其人，推翻偽孔，而使真孔重睹天日哉！

三、原因於文學者

讀《出師表》，則忠義之心油然以生；讀《哀江南》，則起亡國之悲痛；披岳武穆、文文山等傳，則慷慨激昂；覽《山海經》、《搜神記》等籍，則遊心異域，人之情也。獨怪夫中國之詞人，莫不模寫從軍之苦與戰爭之慘，

從未有謂從軍樂者。蓋詞人多處亂世，而後有詞章之材料，窮鑿鬼工，悲神泣鬼，動魄驚心，使讀者悲惻愴涼，肝膽俱碎。雖烈士壯夫，苟遊目一過，亦將垂首喪氣，黯然銷魂，求所謂如「不斬樓蘭終不還」之句，則如麟角鳳毛之不可多得。

若是，則國民之氣，獨得不餒且潰耶！而文學之中最具感化勒者，莫如小說。然中國之小說，非佳人則才子。非狐則妖，非鬼則神，或離奇怪誕，或淫褻鄙俚。要而論之，其思想皆不出野蠻時代之範圍。然而中上以下之社會，莫不為其魔力所攝引，此中國廉恥之所以掃地，而聰明才力所以不能進步也。

四、原因於風俗者

諺曰：「好漢不當兵，好鐵不打釘。」此語也，雖窮鄉僻野之愚夫愚婦，亦常道之，而長者每持此以為警勵後生之格言。嗚呼！兵者，國家之干城。國民之犧牲，天下之可尊可敬可馨香而祝者，莫兵若也。捐死生，絕利欲，棄人生之所樂，而就人生之所苦，斷一人只私，而濟一國之公，仁有孰大於茲者？而乃以賤丈夫目之，不亦奇乎！

余未親歷歐美，於歐美之風俗，絕無所接觸。而日本社會上之於軍人也，敬之禮之，惟恐不及。其入營也，親族鄰里釀資以饋之，交樹長幟以祝之，厚宴以饗之，贈言以勵之。子弟之從軍也，父母以為榮，兄長以為樂。游幸登臨之地，軍人可半額而入之；飲食衣服之肆，於軍人則稍廉其值。其行軍於野也，則鄉人曲意優待之如賓。苟臨戰而遁逃避匿，或作非行以損全軍之名譽，一經屏斥，則父母、兄弟、鄰里、親族引為深恥奇辱，生者有生之辱，無死之榮。是以從軍者有從軍之樂，而有玷名辱國之畏。故當出鄉之日，訣別於其親曰：「此身已非父母有矣。」嗚呼！以吾國之賤丈夫，而與彼勁悍無前之國民兵戰，是猶投卵于石，熱雪於爐而已。

五、原因於體魄者

嚴子（即嚴復）之《原強》，於國民德育、智育、體育三者之中，尤注重體育一端。當時讀之，不過謂為新議奇章。及進而詳窺宇內大勢，靜究世界各國盛衰強弱之由，身歷其文明之地，而後知嚴子之眼光之異于常人，而獨得歐美列強立國之大本也。

野蠻者，人所深惡之詞。然靈魂貴文明，而體魄則貴野蠻，以野蠻之體魄，復文明其靈魄，則文明種族必敗。羅馬人之不能禦日爾曼林中之蠻族（條頓人族，即現世英、美、德、荷等邦民族），漢種之常敗於蒙古，條頓、拉丁而人種之難以抗斯拉夫（俄羅斯民族），德軍之優於法，日軍之優於歐美，皆職此之由也。

體魄之弱，至中國而極矣。人稱四萬萬，而身體不具之婦女，居十之五；嗜鴉片者，居十之一二；埋頭窗下，久事呻吟，龍鍾憊甚而若廢人者，居直之一。其他如跛者、聾者、盲者、啞者、疾病零丁者，以及老者、少者，合而計之，又居十分之一二。綜而核之，其所謂完全無缺之人，不過十之一而已。此十分之一中，復難保其人人孔物可恃。以此觀之，即歐美各強棄彈戰而取拳鬥，亦將悉為所格殺矣。

斯巴達者，歐洲上古史中最強盛之國也。推彼致強之由，則其國法以國民之生命、財產、名譽，均不得不供之國家。故人之生也，不問男女，皆由國家鑒定其體魄之強弱優劣而去留之；苟羸憊不堪，則棄之不顧也。強而優者，受家庭教育於膝下者七年；七歲而後，乃離家以受國家之公共教育。其教育則專注重於體育。從軍之期，至六十乃止，故遍國皆健男。是以雄霸希臘，永世不替者，職此之故也。德皇維廉第二世，曾演說於柏靈（即柏林）之小學校，曰：「凡吾德國臣民，皆莫不宜注重體育。苟體育不振，則男子不能負當兵之義務以捍衛國家，女子不能胎孕魁傑雄健之嬰兒，若是則有負

於國家。」云云，陸師之雄，冠絕環球，得無故歟！

昔斯巴達之雄霸希臘，羅馬之崱立歐洲，蒙古韃靼人之橫行東方，日爾曼蠻族之戰退羅馬人種，非有所謂絕倫之指揮者也，不過體力強悍，烈寒劇暑、風雨饑餓，皆足毅然耐之而不覺其苦而已。蓋有堅壯不拔之體魄，而後能有百折不屈之精神；有百折不屈之精神，而後能有鬼神莫測之智略，故能負重致遠，而開拓世界也。

以歐洲之民族觀之，拉丁（法、西、意屬之）不如條頓（英、德、美、比、荷屬之），條頓不如斯拉夫（俄羅斯人屬之）。拉丁者，將老之人種也。條頓者，既壯之人種也。斯拉夫者，青年之人種也。拉丁似血氣既衰時代之人，條頓似血氣方剛時代之人，斯拉夫似血氣未定時代之人。非僅國勢若是也，即個人莫不然焉。其尤可畏者，殆斯拉夫人種之俄羅斯乎。蓋其國民之野蠻，力足以鉗制他種而已。

近頃以降，歐美民族日趨文明，體質漸就孱弱，江河日下，靡有已時，具眼之士，竊然憂之。於是，進種改良之念生，故體操一端各國莫不視為衣服、飲食之切要。凡關係體育之事，獎勵之方無微不至。曰競漕，曰擊劍，曰競走，曰擊球，曰海泳，曰打靶，曰相撲，曰競馬，曰競射，曰競輪（以足踏車競走也），優者爭以重資贈之，或獎以寶星，甚至顯職碩儒，亦有逐隊競爭，欲搏此名譽者。習染既久，乃成為風俗。

觀其西國之丈夫，有蠖其背、龜其首、氣息奄奄者乎？無有也！觀其婦女，有鬼氣淫淫、迎風欲墜者乎？無有也！歐人體育既盛，復以醫學之昌明，衛生之適宜，無怪其魄力雄大，足以氣吞五洲，力壓他種而有餘也。

日本自甲午戰勝中國以後，因擴張陸海軍備，益知國民之體力，為國力之基礎；強國民之體力，為強國民之基礎。於是，熱心國事之儔，思以斯巴達之國制，陶鑄大八洲四千萬之民眾（斯巴達之國法，凡系強健男兒，至七

歲則離家受國家公共之教育，其教育專主體育。兵役義務之年限，至六十乃終，而婦女之教育，與男子頗相仿佛，其主旨在勇壯活潑，足以生育健兒雲），乃創體育會。而支會亦相繼林立，招國中青年而訓練之。僅歷二載，而各地學校之體操教習，殆取自該會。

自茲以往，吾恐不及十載，體育會之勢力與其注意，必將浸淫三島矣。日本自布徵兵令以來，國民多目為強征血稅，繁言嘖嘖，每有斬杆揭旗之暴舉。而今日反謂從軍樂者，抑亦由於學校興而教育昌，教育昌而民智開耳。積熱之士，復從而設推行之方，深與國民皆兵主義以助力。日人之興，其尚無涯矣乎！

古之庠序學校，及何嘗忘物武事哉！壺勺之典，射禦之教，皆所以練其筋骨，而強其體力合也。自一統以後，天下一家，外鮮強敵，內無凶寇，承平日多，乃文弱之氣日深一日。洎乎中世，而婦女纏足之風起。迨本朝而鴉片之毒遍灑中原，茫茫大地，幾無完人。二者之外，尚有八股試帖等耗散精神，銷磨骨髓，以致病苦零丁，形如傀儡者，此又其次也。

纏足之毒，遍及女流，已及四百兆之半。鴉片之毒，遍及全國，而以西南各省為最盛。綜而計之，嗜之者當不下二十兆（據近年統計表，每歲進口之鴉片，價額約在三千萬兩上下。然輸入之數逐歲減少，蓋由內地自種之數增多故也），而所謂讀書識字一流人物（即八股家等類），亦於二十兆內占去一大部分。

由是而言，則堂堂中土，欲求一骯髒丈夫如東西各強國之所謂國民兵者（東西各國，凡為兵者，須先檢查其體格、體力、目力、耳力、呼吸力等），豈可得哉！生理學家謂父母羸弱，必不能生健兒，且疾病嗜癖亦流傳悠遠。祖及其父，父及其子，子及其孫，孫及其玄孫以及耳孫，代代相承，靡有已時。

由是觀之，中國人口逾四萬萬，其無疾病嗜癖之人，必如鳳毛麟角之不

可多得矣。遍觀當代，默究吾國人之體魄，其免為病軀弱質者，實不數數覯也。天下滔滔，逝者如斯，不有以清其源而澄其流，則恐不待異種之摧挫逼迫，亦將頹然自滅矣。

六、原因於武器者

武器者，國民戰鬥力中之一大原質也。德何勝於法？美何勝於西？國初之八旗何以勝於漢兵？中日之役，海、陸二戰何皆勝於中國？此中勝敗之機，武器之良窳，未必絕無關係也。徒手搏虎，昔人所嗤。有謂張空拳足以轉戰致勝者，是激烈之輩，故為囂張之語以欺世，非確有把握耳。

中國武器已發明與四千年前，然迄今日，尤不出斧、鉞、劍、戟、戈、矛、弓、箭之類。洎乎屢次敗衄，始知從來之舊物為不可恃。於是，派人出洋學習之議起，未幾而制兵之局相繼林立。然而經營之十餘年，絕無成效可睹。據日本人所調查，則謂使製造局無西人，則不能造無煙火藥與其他精密之工程矣。

夫日本之炮兵工廠（東京一，大阪一。東京者鑄槍，大阪者鑄炮）及海軍三鎮守府，其創辦之初，未始不借力西人也。然迨及今日，則幾無一人焉。中國之所以不克若是者，以官吏負辦事之虛名，而不求實效，局內員司、工役，肥私囊而不計其優劣利害耳。若是，而欲武器之進步，豈可及耶！

尾崎行雄曾有言曰：「支那人原係尚文好利之民，故建國二千八百年之久，似未發明一以一擊而殺人之武器。」觀歐陽修之《倭刀歌》與明末倭寇之紀事，足以徵之。後晉景延廣以孫有十萬橫磨劍，足以相待等語自傲，此非劍戟以鏽敗為常之一證乎。不然，何故一磨字自誇耶！

歐洲德國之博物館，雖間藏支那之武器，然均非以一擊足以殺人只物。而吾遊就館（陳列戰俘品之所）之所藏，如牙山、平壤、旅順之戰利品，亦莫不皆然。故吾可下斷言曰：支那無固有之武器。其所謂武器者，非殺人只具，

而（係）威嚇人只具也。既無武器，烏足言戰。其所謂戰，與日本歐美諸國懸絕云云。中國無尚武之精神，是以無可恃之武器；無可恃之武器，故尚武之精神為之摧抑銷磨而不可振也，悲夫！

七、原因於政聲者

記曰：「聲音之道，與政通矣。」太史公（即司馬遷）曰：「音樂者，所以動盪血脈，流通精神，而和正心也。」又曰：「王者制事立法，物度軌則，一稟於六律。六律為萬事根本，其于兵械尤所重雲。故曰，望敵知凶吉，聞聲效勝負，音樂之感人大矣。故孔子所以深疾鄭聲之淫而懼其轉移齊民之心志也。」

昔隋開皇（文帝楊堅年號）中制樂，用何妥之說，而擯萬寶常之議。及樂成，寶常聽之，然曰：「樂聲淫厲而衰，天下其將盡矣。」時國勢全盛，聞者皆訝其妄。末幾，乃驗。陳後主能自度曲，親報（抱）樂器，倚弦而歌，音韻窈窕，極於哀思。使胡兒閹官和之，曲終樂闋，莫不隕涕，而卒以亡。自秦漢以至今日，皆鄭聲也，靡靡之音，哀怨之氣，彌滿國內，烏得有剛毅沉雄之國民也哉！

劉越石被胡騎圍困數重，乃終夜奏胡笳，群胡解圍而走。斯巴達敗於麥斯埒，求援於雅典，雅典遣一善笛者應之，斯人軍氣為之大振，卒獲勝而歸。軍人之於音樂，尤為關切深巨。今中國國則惟有拉（喇）叭、金鼓、以為號令指揮之具，而無所謂之樂。兵卒之所歌唱，不過俚曲淫詞，而無所謂軍歌。至海軍尤為可笑，聞當休息閒暇之際，則互搖胡琴，高歌以自娛。此誠克為噴飯者矣。

日本自維新以來，一切音樂皆摹泰西，而唱歌則為學校功課之一。然即非軍歌、軍樂，亦莫不含有愛國尚武之意。聽聞之餘，自可奮發精神於不知不覺之中。而復有吟詠古詩而舞劍，以繪其慷慨激昂之情者，故漢學家多主

持保全詩議焉。

八、原因於國勢者

天下一家，則安逸而絕爭競；當四分五裂之局，則人人有自危之念。故爭競心重，而團結以拒外之心生焉，自立以侵人之念生焉。

當是之時，團體以內之人民不得不勇悍輕死，不得不耐勞茹痛，不得不研究爭競，以求自存之道。故風浪疾，則同船共姓名之念切矣。

蒙古、韃靼諸人種之所以慓悍勇敢，橫行大地者，以其國無完土，逐水草而居，遊牧所至，不得不與土人劇戰以驅逐之。勝則可席捲其地之子女玉帛，以行一時之樂；敗則走而之他，故永久無安逸之期。苟一經奪據一衣食充盈之地，而得久享其溫飽，則其昔日剛強不屈之氣，必將潛銷默隱，該人種所有之特質，皆絕滅於無影無形之中。元人之領有華夏，本朝之入關定鼎，豈不然哉！豈不然哉！

中國戰爭最劇時代，莫逾於春秋，故民氣之強盛，四千年歷史中，實以斯時為最。語有云：「楚雖三戶，亡秦必楚。」楚僻處蠻方，文明程度遠遜中原，尚終古不欲屈於秦人；朔北之地，開化最先，且氣候寒烈，民風之剛勁，高出南方之上，而決不欲為強秦所奴隸魚肉可知矣。

自秦一統以後，車、書混同，而國家之觀念潛銷已。自唐以後，乃專用募兵，民兵之制既廢，而國民之義務愈薄已。民惟納租稅以供朝廷之誅求；朝廷惟工聚斂以肆一家族之揮霍，其他則非所問。嗚呼！此外寇之侵來，所以簞食壺漿，高舉順民旗，以屈膝馬前耳！

雖然，無敵國外患者，國恒亡。中國近二千年來，其所謂敵國外患，不過區區野蠻種族，逕然侵之，未幾皆為天演力所敗蝕，以致日就消亡。名則曰臣奴億兆，席捲華夏，實則注川于海洋，適益增其汪洋之浩大而已。職是之故，而國民之憂患心與爭競心遂益不振矣。吾聞物理學者曰：凡物之無自

動性者,始則難使其動,既動則難冀其靜。中國國情,殆類乎茲。自斯以往,其或感歐風美雨之震盪,知生存之惟艱,乃發畏懼心、捍衛心、團結心與一切勇猛精進心,中國之前途,庶(幾)有望乎。

軍國民之乏於中國也,原因萬端,不克悉舉。其原因中之原因,不外以上八端。然而足使舉國若癡若醉,佚佚睍睍,朝為秦奴,暮為楚妾,恬不為怪者,抑職此八端之故而已。

近世列國之軍備

自汽機興而交通盛矣,交通盛而競爭烈矣。各國有自危之心,於是互相竭精殫神,爭求所以相攻相守之道,而鐵血主義遂成立國之大本,世界列強無不奉為神訓,一若備之即足以亡國者然。此軍國民主義之所以逐日以達咸弘光大之域也。

今概舉列強陸軍現役兵與全國人口比較表於下:

國名	全國人口數	現役陸軍員	戰時員
德	46,844,926	483,000	3,000,000
法	38,138,545	550,000	4,350,000
俄	103,912,640	892,000	3,500,000
意	29,699,785	280,000	——
奧	37,869,000	302,000	1,750,000
日本	42,089,940	150,000	500,000
美	62,600,000	——	8,500,000

國名	陸軍費（元）	海軍費（元）	人口
英	109，215，540	97，911，250	318，796，000
法	137，663，101	49，433，276	38，138，545
德	135，528，766	16，345，027	46，844，926
意	71，134，490	28，000，000	29，699，785
俄	150，898，657	25，599，033	103，912，640
奧	63，593，777	7，073.891	37，869，000
日本	12，810，664	5，639，989	41，089，940
美	——	——	62，600，000

　　由是觀之，以中國人口之數而計，則現役陸軍員應得四百萬眾，而戰時人員應在二千萬以上。苟如斯，則雖傾歐美、日本全國之師以加吾，自足以從容排禦而有餘裕。即使排闥外向，步成吉思汗之舊軌，橫衝直撞，以與他族為難，恐巨獅爪牙之下，必無完軀者矣。更將裡強之陸、海軍費與人口比例表，揭之於左：

　　就上表以觀之，則國民各人之負擔軍費，在英六角五分，在法四元八角有奇，在德三元一角有奇，在意為二元四角，在俄為一元四角有奇，在奧為一元八角有奇，在日為四角四分。然則以負擔最微之日本揆之，吾國每歲軍費當在一百七十兆元以上，而今日政府歲入之數，尚不出一百兆。以言整頓軍備，不亦艱哉！

　　班固《漢書》：殷周以兵定天下，天下既定，戢藏干戈，教以文德，而猶設司馬之官，六軍之眾，因井田而制軍賦。地方一裡為井，井十為通，通十為成，成方十裡；成十為終，終十為同，同方百里；同十為封，封十為畿，畿方千里。有稅有賦，稅足以食，賦足以兵。故四井為邑，四邑為邱，邱十六井也，有戎馬一匹，牛三頭；四邱為甸，甸六十四井也，有戎馬四匹，車一乘，牛十二頭，甲士三人卒七十三人，干戈具備，是為乘馬之法。是以

除老弱不任事之外，人人皆兵。

故雖至小之國，勝兵數萬，可指顧而集，與今日歐美諸強國殆無以異。三千年以前之制度，尚復若是之精密，餘於是不得不深感吾人之祖先矣。漢代調兵之制，民年二十三歲為正，一歲為衛士，二歲為材官騎士，習禦射騎馳戰陣，至六十五乃得為民歸田。北齊軍制，別為內外二曹，外步兵曹，內騎兵曹，十八受出，二十充兵，六十免役，與斯巴達之國制頗相仿佛。

唐、宋以降，始專用募兵，而國民皆兵之制掃地矣。民既不負捍衛國家之義務，於是外虜內寇，而中夏為墟，數千年神器，遂屢為外族所據，久假不歸，烏知非有。瞻望中原，不僅為愴然傷心者矣。

自南非之戰起，英人始知募兵之不足恃，於是改革軍制之議，騷動全國，而英軍不足畏之名，亦致暴露於天下。美國常備兵員為數雖寡，而當與西班牙構釁之際，英年子弟，爭附軍籍以臨陣者，不可勝計。募兵與民兵之優劣，不待智者而知之也。

近半世紀以來，世界列強擴張軍備之期有二：一曰普法戰爭，一曰中日戰爭。普法戰爭以後，法國復仇之念迫切，其銳意擴大軍備，思以一擊而直搗柏靈。德亦憚其再起也，亦遙為防禦之冊以應之。英、俄、奧亦以禍生不虞為憂，於是竟相注意武力，軍備愈擴大，而愈自形其不足矣。既而俄法同盟、三國同盟（德、意、奧）前後繼作，而歐洲均勢之局以成。

洎夫中、日開釁以後，世界各國莫不目東注，始而驚愕，繼而垂涎，繼而染指。強者縱橫闔，任所欲為，弱者瞠乎其後，睹既熟之熊蹯，而無下箸之力，於 是自增威力以之念熾焉。甲求所以勝乙，乙求所以勝甲，既勝恐其覆敗，既敗求其轉勝，此弭兵之會所以徒虛設耳。

各國之政治家、新聞家以及稍具知識之士，莫不曰：今之世界，武裝平和之時代也。昔則有化干戈為玉帛之語，今日干戈即玉帛矣。何也？外交之

勝敗，視乎武力之強弱，武力既弛，雖聚儀（張儀）、秦（蘇秦）、畢（畢斯馬克，即俾斯麥）、加（加富爾）諸人組織一外務部，而不為功也。

以帶甲百萬之俄羅斯，而首倡萬國和平之會，在常人之眼視之，以為惡獸結放生社，不過借此以天下之猜忌而已，乃得肆其爪牙而已。至究其實，則殊不然。蓋平和局成，而其武力之為力乃益大耳。俄人豈真好平和哉！人知戰爭之可畏，而不知不戰爭之戰爭可畏，不亦誤乎。

今日世界列強，莫不曰維持平和局面，而莫不以擴張軍備為國是。其嗜武好戰之最甚者，則日以維持平和自號於眾者也。

試讀俄國元帥毛爾克之增兵策曰：「今日之形勢，非鞏固軍備，則國家不能安寧一日。苟吝國帑而忽大計，一旦開釁，敵人長驅入境，其禍盍可勝言！增兵之意，非營一國之私，以破天下之平和，實非兵力不足以保護世界之治安而已。」

美國上議院議員岐布宋提出擴張軍備案曰：「披讀我合眾國歷史，實由戰爭以興，由流血以購入今日之文明。合眾國之地位，雖非如德、法、俄諸國之介乎眾強之間，然歐洲虎噬狼吞之餘波，寧保無遙渡大西洋以撼我沿岸之一日乎！」英相哈彌董曰：「英國之海軍，須常保有匹敵二國（歐洲諸國之中）聯合艦隊之勢力，多糜國帑，所不顧也。」

俄之短於海也，乃汲汲以整頓海軍，修築軍港為事矣。英之短於陸也，自南非戰事以來，乃遂增多額之軍團矣。美則飛躍重洋，據呂宋以為染指大陸之根基，孜孜以擴充海軍為國家唯一之大計矣。德國當與法人構釁之日，僅有砲艦一艘，而今艨艟巨艦竟達四十萬噸矣。

日本當黃海之役，軍艦僅五六萬噸，而今則達二十五萬噸以上矣。粵近十年以降列強增擴軍備之故，莫不由極東事件而起。顯而言之，則東方病夫氣息奄奄，其遺產若是其豐，吾輩將何以處分之？於是，有思全吞之者，有

思延其殘喘而陰吸其膏脂者，有垂涎而無插足之資格者。漫天之悲風慘雨，遂皆從此中生矣而病夫亦自知舉世之皆敵也，乃出自衛之謀。於是，北設武衛（軍），南建自強（軍）；南握江陰之險，北據大沽之雄。然而戎事初開，即成瓦解，不惟無用，轉以資敵。而論世者遂藉以倡言曰：海陸軍非所以立國也，云云。籲！豈其然歟？

夫龍泉綠沉，壯夫俠客用之，足以縱橫六合，掃蕩奸穢；而村夫婦女用之，反以自戕，而為天下笑者，何也？無用之之資格而已。嗚呼！迄今以往，吾不欲中國之競言軍備，而欲其速培養中國國民能成軍之資格；資格既備，即國家不置一卒，而外虜無越境之虞，偶有外釁，舉國皆干城之選矣。軍國民兮，盍歸乎來！

軍國民之要素（要素即原質之謂。如云氧氣、氫氣為水之要素是也）

佛云：「人化為羊，羊化為人。人不保厥靈魂，則墜入畜道，畜道苟善保厥靈魂，則復入人世。」靈魂之為物，其重矣。夫國亦猶是耳。苟喪厥魂，即陷滅亡，永墜地獄，沉淪苦海。

猶太人之漂泊零丁，印度人之橫遭摧殘，職是之故而已。**故欲建造軍國民，必先陶鑄國魂。國魂者，國家建立之大綱，國民自尊自立之種子。其於國民之關係也，如戰陣中之司令官，如航海之指南針，如槍砲之照星，如星辰之北斗。**夜光不足喻其珍，幹將不如喻其銳，日月不足喻其光明，海岳不足喻其偉大，聚數千年之訓詁家而不足以釋其字義，聚淩雲雕龍之詞人騷客而不足以形容其狀貌，聚千百之理化學士而不足以剖化其原質。

孟子止所謂浩然之氣，老子之所謂道，其殆與之相類似乎。然恍惚杳冥，頗類魔怪，徒駭人耳目。試略舉世界各國之類似國魂者以實之，然而未敢云當也。日本之武士道，日本之國魂也。彼都人士皆以「大和魂」三字呼之。

詞客文人或以櫻花喻之，以其燦爛光華，足以代表日本之特色也；或以旭日喻之，以其初出扶桑，光照大地也。要而論之，不過日三島之精華，數千年遺下之特色而已。

德國之祖先，為歐洲朔北之蠻族，初無特色之所以眩人也。乃自拿翁（指拿破崙）龍飛，國土之受蹂躪者屢屢，人民嗟怨憤愧之心油然交迫，慷慨悲歌之士從而揚波激流。今日德國之突飛急躍，蓋胚胎於是時矣。吾讀其《祖國歌》（德國國歌《德意志高於一切》），不禁魂為之脫，神為之往也。德意志之國魂，其在斯乎？其在斯乎？

在美，則有孟魯主義（門羅主義），曰：「美洲者，美人之美洲。美洲之局，他國不得而干涉之也。」此數語也，美人腦中殆無不藏之。而今則將曰，世界者，世界之世界也，強梁勿得而專有之矣。於是，反其自衛之伎倆以外攻焉。

在俄，則約翰郭拉所唱之斯拉夫人種統一主義逐漸發達，而今影響所及，幾彌滿八千萬民族之中，前途汪洋，尚了無垠際。論者謂其將來有凌駕條頓，蹴僕拉丁之一日，不無因也。

要之，國魂者，淵源於歷史，發生於時勢，有哲人以鼓鑄之，有英傑以保護之，有時代以涵養之，乃達含弘光大之域。然其得之也，非一日而以漸。其得之艱，則失之也亦匪矣。是以有自國民之流血得之者焉，有自偉人之血淚得之者焉，有因人種天然之優勝力而自生者焉。

奮翮生（蔡鍔）沈沈以思，舉目而觀，欲於四千年漢族歷史中，搜索一吾種絕無僅有之特色，以認為吾族國魂，蓋乎其不可得矣。謂革命為吾族之特色歟？則中國歷祀之革命，皆因私權私利而起，至因公權公利而起者，無有也。以暴易暴，無有已時。

謂為吾族之國魂，吾族不願受也。謂排異種為吾族之特色歟？則數千年

來，恒俯首貼耳，受羈於異種之下，所謂排異種者，不過紙上事業而已。欲強調為吾族之國魂，吾族所愧受也。籲！執筆至此，吾汗顏矣。忍而吾腦質中，有一國魂在。

國家圖書館出版品預行編目資料

蔡鍔將軍未解之秘／軍韜著.
－－第一版－－臺北市：宇河文化 出版；
紅螞蟻圖書發行，2017.12
面 ； 公分－－（Discover；44）
ISBN 978-986-456-297-8（平裝）

1.蔡鍔 2.傳記

782.882   106019644

Discover 44

蔡鍔將軍未解之秘

作　　者／軍　韜
發 行 人／賴秀珍
總 編 輯／何南輝
美術構成／沙海潛行
出　　版／宇河文化出版有限公司
發　　行／紅螞蟻圖書有限公司
地　　址／台北市內湖區舊宗路二段121巷19號(紅螞蟻資訊大樓)
網　　站／www.e-redant.com
郵撥帳號／1604621-1　紅螞蟻圖書有限公司
電　　話／(02)2795-3656（代表號）
傳　　真／(02)2795-4100
登 記 證／局版北市業字第1446號
法律顧問／許晏賓律師
印 刷 廠／卡樂彩色製版印刷有限公司
出版日期／2017年12月　第一版第一刷

定價 450 元　　港幣 150 元

ISBN 978-986-456-297-8   Printed in Taiwan